Emil Zimmermann

Unsere Kolonien

Verlag
der
Wissenschaften

Emil Zimmermann

Unsere Kolonien

ISBN/EAN: 9783957001030

Auflage: 1

Erscheinungsjahr: 2014

Erscheinungsort: Norderstedt, Deutschland

© Verlag der Wissenschaften in Vero Verlag GmbH & Co. KG. Alle Rechte beim Verlag und bei den jeweiligen Lizenzgebern.

Webseite: http://www.vdw-verlag.de

Unsere Kolonien

Unter Mitwirkung hervorragender
Afrikaner herausgegeben von
Emil Zimmermann
Mit zahlreichen Abbildungen

1912
Ullstein & Co
Berlin-Wien

Ein Geleitwort

Dies Buch soll ein Volksbuch im weitesten Sinne des Wortes sein. Nachdem es dem Wirken des verdienten Staatsfekretärs Dernburg gelungen ist, die Ueberzeugung von dem Werte unseres Kolonialbesitzes zum immer tiefer erfaßten Volksgut zu machen; nachdem besondere Glücksumstände eindringlich gepredigt haben, daß der spröde, viel zu lange Zeit mißachtete afrikanische Boden auch in unserm Anteile vom schwarzen Kontinent bedeutende Werte birgt; nun endlich in den beiden wichtigsten Kolonien, in Südwest- und Ostafrika, das Gerüst eines Eisenbahnnetzes nahezu fertig ist, stellt sich die dringende Notwendigkeit heraus, in allen Schichten des deutschen Volkes eine bessere Kenntnis unserer Kolonien zu verbreiten. Die koloniale Literatur ist groß; an guten Büchern für den, der wissenschaftlich oder sonst tiefer in den Stoff eindringen will, ist kein Mangel; nur fehlt noch ein unseren gesamten kolonialen Besitz liebevoll umfassendes Werk, das sich von vorneherein an die weitesten Kreise wendet. Diese fühlbare Lücke in der Kolonialliteratur soll unser Buch ausfüllen.

Dem mit seiner Publikation verfolgten Ziele entsprechend soll dies Werk eine populäre Darstellung der Geschichte der Ueberseegebiete bringen, der Kämpfe um ihre Erwerbung, Erhaltung und Sicherung, ein Bild der heutigen geographischen, wirtschaftlichen und kulturellen Verhältnisse; vergessen sind auch nicht die im Schoße der Zukunft ruhenden Entwicklungsmöglichkeiten, soweit sie heute erkennbar sind. Es geht hieraus hervor, daß keine gelehrte Arbeit beabsichtigt wurde. Das größte Gewicht wurde vielmehr darauf gelegt, in lebendiger Schilderung neben dem Herausgeber Männer zu Worte kommen zu lassen, die, wie er selber, die Kolonien durchzogen und mit offenen Augen gesehen haben. Die Wiedergabe solch individueller Eindrücke sagt dem nichtgelehrten Leser mehr als die gründliche, erschöpfende, wissenschaftliche Darstellung. Dabei ist aber doch nicht unterlassen worden, die Leser des Buches in ausreichendem Maße auch mit allen jenen Daten bekannt zu machen, deren Kenntnis zur Beurteilung namentlich der wirtschaftlichen Verhältnisse in unseren Kolonien notwendig ist.

Ferner haben wir uns bemüht, die Illustrierung des Werkes möglichst vielseitig zu gestalten. Die betreffenden Photographien sind aus Tausenden ausgewählt, teilweise unter den erschwerendsten Umständen aufgenommen worden. Ihre Wiedergabe wird, hoffen wir, dem vor dem Leser sich entrollenden Bilde der Wirklichkeit unserer Kolonien weitere Lichter aufsetzen. Diese Wirklichkeit ist schön, interessant und schließt eine Fülle von Hoffnungen, Erwartungen und Möglichkeiten in sich. Ihre Darstellung soll die Freude an unseren Kolonien erwecken und damit zur dauernden Beschäftigung mit kolonialen Fragen anregen. Denn die Kolonien sind für uns Deutsche von viel größerem Werte, als weite Kreise unseres Volkes annehmen, und ohne Zweifel von immer wachsender Bedeutung. Das Deutsche Reich ist durch ihre Erwerbung in den Wettbewerb mit anderen großen Kolonialreichen eingetreten. Es hat damit eine geschichtliche Mission wieder aufgenommen, deren die Völker der germanischen Rasse seit den Stürmen der Völkerwanderung niemals vergessen haben. Mehr als andere Völker dieser Erde haben sie als Staaten- und Städtegründer, als Träger einer hohen geistigen und moralischen Kultur, als ehrliche Mittler des Welthandels ihre starke Volkskraft bewährt. Nun haben die Deutschen ihren Platz an der Sonne wieder, den sie in früheren Jahrhunderten nicht festzuhalten die Kraft hatten.

Wenn es naturgemäß vorläufig nicht vielen vergönnt ist, dieses deutsche Neuland aus eigener Anschauung kennen zu lernen, so möge dieses Werk ihnen wenigstens eine abgerundete Vorstellung von unseren Kolonien und dem Leben und Treiben in ihnen geben.

Ein Wort des Dankes jenen, die durch Unterstützung des Herausgebers auf seinen Reisen, durch freundliche Erteilung der Erlaubnis zu Auszügen aus ihren Werken und Berichten (besonders den Herren Verlegern) oder Ueberlassung von Photographien einen Anteil an diesem Buche erworben haben, vor allem Ihren Erz. Dernburg und von Lindequist, dem Reichs-Kolonialamt, dem Reichs-Marineamt, dem Kolonial-Wirtschaftlichen Komitee, einer Reihe von Kolonialgesellschaften, Offizieren, Beamten und Privaten und namentlich auch den Missionen.

Berlin, Herbst 1911

Der Herausgeber

Der Gang der deutsch-französischen Marokko-Verhandlungen hat es wünschenswert erscheinen lassen, über die Bedeutung der vermutlichen Zukunftskolonie Deutschlands im Gebiet des Kongo ein kurzes Kapitel am Schluß des Buches hinzuzufügen. Da der Herausgeber, Herr Emil Zimmermann, sich zurzeit am Tanganjika befindet, hat Herr Conrad Alberti-Sittenfeld, der Afrika gleichfalls aus eigener Anschauung kennt, diese Arbeit übernommen.

Der Verlag

Inhalt

Seite

Ein Geleitwort

Deutsche Kolonisatoren in alter Zeit . . . . 1—11
    Germanische Kolonisatoren in der Römerzeit. Die erste deutsche Kolonie. Die Vandalen als erste deutsche Seemacht. Gründung Englands. Der Schwertbrüder- und der deutsche Ritterorden. Die Hanse und ihr Ende. Deutsche Handelsherren und ihre überseeischen Unternehmungen. Die Welser-Expedition nach Venezuela. Gründung der brandenburgischen Kolonie in Westafrika. Die Guinea-Kompagnie. Friedrich der Große und die Asiatisch-Chinesische Handelsgesellschaft

Die Gründung des überseeischen Deutschland . . . . 12—16
    Wiedererwachen des kolonialen Gedankens. Ablehnung der ersten Kolonialvorlagen im Reichstag. Die ersten Erwerbungen Lüderitz'. Bismarcks historisches Telegramm vom 24. April 1884. Der Sieg der kolonialen Idee

I. Teil. Ostafrika

Das Land und seine Bewohner . . . . 17—18

1. Kapitel
Wie Ostafrika erworben wurde . . . . 19—24
    Perser und Araber in Ostafrika. Gründung von Kilwa durch Perser 987. Die Portugiesenzeit, ihr Ende. Europäische Entdeckungen. Die Peters-Expedition. Erste Verträge. Der Buschiri-Aufstand. Wißmann und seine Truppe. Die Emin-Pascha-Expedition. Expedition Götzen

2. Kapitel
Vom Jagdrevier zur Pflanz- und Handelskolonie . . . . 24—29
    Mangelndes Vertrauen, steigende Entwicklung seit 1906. Baumwolle. Sisalagave. Kautschuk. Kaffee. Viehzucht. Wollschaf- und Straußenzucht. Eingeborenentätigkeit. Bergbau, Industrie und Gewerbe

3. Kapitel
Ostafrikanische Küstenstädte . . . . 29—35
    Tanga, ein Neu-Kiel oder Neu-Rostock. Tropenabende in Tanga. Entwicklung des Hafens. Daressalam und sein „Kaiserhof". „Chakula tayari." Ueberwiegen der Beamtenbevölkerung. Werben einer neuen Großhandelsstadt. Pangani, Bagamojo und Sadani. Die südlichen Häfen

Unsere Kolonien

4. Kapitel
Neger- und Europäerleben in Ostafrika . . . . 36—43
    Völkergemisch. Ansichten über den Neger. Denken des Negers. Der schwarze Soldat. Der Neger als Industriearbeiter und Postbote. Häusliches Leben des Europäers. Die deutsche Frau als Kulturkämpferin. Die Wohnungs- und Dienstbotenfrage. Was man in den Tropen ißt und trinkt. Afrikanische Ungezieferplage

5. Kapitel
Im Bergland Usambara . . . . 44—54
    Das Usambara- und Paregebirge. Die Pflanzer beim Männertrunk. Eine Fahrt auf der Sigibahn. Auf dem Göttersitz der afrikanischen Gelehrten. Marsch durch den Usambara-Urwald. Das Sägewerk Njussi. Von Mombo nach Wilhelmstal. Plantage Lewa. Ein Tag auf der Domäne Kwai. Ostafrikanische Gastfreundschaft

6. Kapitel
Der höchste deutsche Berg und seine Geschichte . . . . 54—60
    Die ersten weißen Besucher. Vergebliche Versuche der Ersteigung. Hans Meyer und L. Purtscheller bezwingen den Kilimandscharo. Die Wodschagga und ihre Wasserbauten. Der Meruberg. Landwirtschaft am Fuße des Kilimandscharo

7. Kapitel
Am Viktoria-See . . . . 61—68
    Die Erforschung des Landstrichs. Handelsverkehr auf dem Viktoria-Njassa-See. In Muansa und Bukoba. Die Schlafkrankheit. Von Schirati zum Kilimandscharo. Fruchtbares, gesundes Gebiet. Bekämpfung der Rinderpest

8. Kapitel
Die Massai-Steppe . . . . 68—73
    Die Massai. Major Langhelds Marsch durch die Massaisteppe. Nach der großen Rinderpest. Eine Nacht in der Steppe. Die Randgebirge der Steppe

9. Kapitel
Die Zentralbahn und ihr Gebiet . . . . 74—79
    Heutiger Stand der ostafrikanischen Bahnbauten und Projekte für die Zukunft. Bau und Fertigstellung der Strecke Daressalam—Morogoro. Das Uluguru-gebirge. Von Station Morogoro bis Station Kilossa. Ein ostafrikanisches Thüringen. Ugogo. Station Dodoma. Militärstation Kilimatinde. Die Erschließung des Hochlandes von Unjamwesi

10. Kapitel
Tabora, ein altes Handelszentrum Ostafrikas . . . . 80—84
    Gründung von Tabora. Blüte der Stadt 1860. Tippu Tipp. Der „Napoleon Ostafrikas". Häuptling Sfife. Die Emin-Pascha-Expedition hißt die deutsche Flagge in Tabora. Taboras Handelsverbindungen. Die gegenwärtige Stadt und ihre Zukunft. Udjidji

11. Kapitel
Im ostafrikanischen Sagenlande . . . . 85—94
    Die acht Kirunga-Vulkane. Das Juwel der ostafrikanischen Seen. Die Kiwuinsel Kwidschwi. Offiziersposten Kissenji. Batwa und Watussi. Herzog Adolf Friedrich von Mecklenburg in Nianja. Besuch bei Sultan Msinga. Sportmeisterschaft der Watussi

Inhalt

12. Kapitel
Der Tanganjika-See . . . . 96—99
<small>Dampfer auf dem See. Innerafrikanisches Meer. Die Schlafkrankheit und ihre Bekämpfung. Bismarckburg. Die Wafipa. Katholische Missionen. Usumbura</small>

13. Kapitel
Der ostafrikanische Nil und sein Hinterland . . . . . . 100—109
<small>Der Rufiji und seine Nebenflüsse. Eine Fahrt auf dem größten Strom Ostafrikas. Die Insel Mafia. Stadt Mohoro. Ostafrikanische Zuckerfabriken. Die Rufiji-Niederung. Matumbi und die Dondeleute. Das Jägerparadies von Uffangu. Das Hochland von Uhehe. Der Tod des Wahehehäuptlings Kwawa. Station Iringa. Die Ulanganiederung und das Bergland von Upogoro. Merere</small>

14. Kapitel
Der Süden des Schutzgebiets . . . . 110—116
<small>Hauptflüsse. Das Makonde-Plateau. Matschemba. Die Wangoni. Njassa-See. Livingstone-Gebirge und Pangwe-Land. Mission Milow. Matengo-Hochland und Wiedhafen. Europäer-Kulturen im Süden. Fleißige Eingeborene. Baumwollanbau. Bevölkerungsziffern</small>

15. Kapitel
Die Tanganjika—Njassa-Länder . . . . 116—123
<small>Ufipa. Mission Mwasje. Vorteilhafter Viehhandel. Die Tschingambo-Berge. Der Rukwa-See. Der Vulkan Mbeja. Wasserscheide. Ueber den Igalepaß. Frohes Wandern in Oberkonde. Die Vulkane Rungwe und Kiejo. Missionen. Das Bergland von Ufinga. Die Karlsschule Karl Bolles. Ubenaland. Ubena-Temben</small>

16. Kapitel
Heidnischer Aberglaube und Missionsarbeit . . . . . . 123—130
<small>Koleo, die göttliche Schlange. Die Hauptpriester in Uluguru. Der Zauberer und Wettermacher Njamwezi. Der Geist Njawingi im Lande Mpororo. Wie man Mohammedaner wird. Das Gottesurteil des Muafi. Menschenopfer in Konde. Aerztliche Tätigkeit der Missionare. Medizinen der Eingeborenen</small>

II. Teil. Südwestafrika

Einleitung. Das Land und seine Bewohner 131

1. Kapitel
Das Land vor der deutschen Herrschaft . . . . 132—137
<small>Die erste Landung von Europäern durch Diego Cao 1485. Kapitän Alexanders und Andersons Forschungsreisen. Einwanderung der Herero und Hottentotten. Die Herero. Die Hottentotten und die Bergdamara. Jonker Afrikaner. Der siebenjährige Krieg zwischen Herero und Hottentotten. Jan Jonker und Moses Witboi</small>

2. Kapitel
Die ersten Pioniere des Deutschtums . . . . 138—145
<small>Die Erwerbungen von Lüderitz. Bismarcks Zaudern. Dr. Goering, der erste Reichskommissar. Die Flaschenpost in Lüderitzbucht. Dr. Goering in der Wildnis verirrt. Zug nach dem Süden. „Eau de Brême." Separatbericht an Bismarck. Englische Intrigen. Die Verleumdungen des Händlers Lewis. Der Reichskommissar in der Nachtversammlung der Herero-kapitäne. Die deutsche Flagge in Warmbad. Dr. Goerings Abschied</small>

Unsere Kolonien

3. Kapitel
Hendrik Witboi . . . . 146—152
 Hauptmann von François und die Anfänge der Schutztruppe. Gründung von Windhuk. Hendrik Witbois Anfänge. Ablehnen der deutschen Herrschaft. Der erste Krieg mit Witboi 1893. Major Leutweins Taktik. Witbois Unterwerfung. Hendrik erwirbt sich die Achtung seiner deutschen Gegner. Die Unterwerfung der Namastämme. Eine kurze Friedensperiode

4. Kapitel
Der Aufstand der Herero . . . . 152—159
 Die große Rinderpest 1897. Die Gründe des großen Hereroaufstandes. Ein Hererobrief an Hendrik Witboi. Beschwerde an den Gouverneur Leutwein. Der Aufstand der Bondelzwarts. Die Erhebung des Nordens. Mord und Brand in der Kolonie. Die Hiobsposten in Deutschland. Entsetzung Windhuks durch Hauptmann Franke. Truppennachschübe. Generalleutnant von Trotha. Der Vernichtungskampf am Waterberg

5. Kapitel
Hendrik Witbois Erhebung und Tod . . . . 160—166
 Die Erhebung des Südens. Hendrik Witbois Abfall und Kriegserklärung. Die Gefechte um Rietmont. Der fünfzigstündige Kampf im Auobtale. Hendrik Witboi auf der Flucht. Sein Tod. Morenga und Simon Copper. Frieden in Südwestafrika

6. Kapitel
In der Kalahari auf Patrouille . . . . 166—173
 Ein Kriegsbild aus den Kämpfen mit Simon Copper

7. Kapitel
Der Kampf um ein Einfallstor . . . . 173—178
 Lüderitzbucht. Suche nach einem Hafen im Norden. Die Reede in Swakopmund. Gefahrvolle Landung. Hafenbauten. Die Stadt Swakopmund und ihre Entwicklung

8. Kapitel
Streifzüge durch die Küstenwüste Namib . . . . 178—188
 Das Sandland bei Swakopmund. „Grün ist die Freiheit und grau Moabit." Pflanzen- und Tierleben in der Namib. Eine Fahrt durchs Swakoptal. Eierfarm und Nonidas. Der Friedhof von Swakopmund. Namib-Sagen. Das Kaoko-Veld. Elefantenjagd

9. Kapitel
Windhuk, die Hauptstadt Südwestafrikas . . . . 188—192
 Das Auasgebirge und die Onjatiberge. Jan Jonker in Eikhams. Besitzergreifung durch Hauptmann von François. Die Festung Windhuk. Eine Beamten- und Soldatenstadt. Mächtiger Aufschwung durch den Krieg. Viehzuchtsanlagen der Liebig-Kompanie. Industrie in Windhuk. Rehoboth, die Hauptstadt der Bastards

10. Kapitel
Das Hereroland . . . . 193—199
 Das Land und seine Hauptstädte. Der Viehreichtum der Herero. Fahrten im Hereroland. Karibib. Fahrt nach Friedrichsfelde. Wassersuche mit der Wünschelrute. Frau Hauber, das Universalgenie. Hotelier und Redakteur Meyer

Inhalt

11. Kapitel
Der Waterberg und das Karstgebiet . . . . 199—203
Der Waterberg. Omaruru. Die Kleinsiedlungen. Der stolze Kambasembi. Das Karstgebirge und seine Seen. Die Buschmänner. Outjo und Otawi

12. Kapitel
Im Ambolande . . . . 203—210
Expedition Franke 1899. Unruhen während des Hererokrieges. Eine portugiesische Strafexpedition. Die zweite Expedition Franke. Freundschaftsverträge. Das Land und seine Bewohner. Häuserbau im Amboland. Die Owambo. Wildreichtum. Häuptlingsdespotismus. Der Kopfschmuck der Owambofrauen. Der Wert des Ambolandes

13. Kapitel
Grootfontein und der Caprivizipfel . . . . 211—216
Gestorbener Fluß. Omuramba und Omatalo. Das Sandfeld Omaheke. Grootfontein. Das Kaukau-Veld. Der Caprivizipfel. Expedition des Hauptmanns Streitwolf. König Luanika und seine Vasallen. Die Zukunft des Landes. Das Okawango-Gebiet

14. Kapitel
Der Süden des Schutzgebietes . . . . 217—220
Die Nord—Süd-Senke. Die Zwiebel-Hochebene. Maltahöhe und Gibeon. Ukamas—Warmbad. Die Karasberge und das Bilandergebiet. Mangel an weißen Frauen

15. Kapitel
Bahnbauten in Südwestafrika . . . . 221—226
Die South West Africa Company und ihre Rechte. Die Maultierbahn. Bahnbau Swakopmund—Windhuk. South African Territories. Verkehrsnot im Süden des Schutzgebiets. Bahnbau nach Kubub. Die Verlängerung nach Keetmanshoop. Die neuen Baupläne

16. Kapitel
Bergbau in Südwestafrika . . . . 226—230
Kupferförderung in früherer Zeit. Transport nach Swakopmund. Die Tsumebmine. Dernburgs Besuch in Tsumeb. Die eingeborenen Bergarbeiter. Hochofenanlagen. Kohle, Zinn. Die Marmorberge von Karibib

17. Kapitel
Die Diamanten von Lüderitzbucht . . . . 231—239
Diamantenfunde beim Bahnbau Lüderitzbucht—Keetmanshoop. Diamantenfieber in Lüderitzbucht. Das Fundgebiet. Gründungsfieber. Die Sperre des Hauptfundgebiets. Die Rechte der Kolonialgesellschaft. Gründung der Diamantenregie. Der Ertrag des ersten Jahres. Die Diamantenstadt Lüderitzbucht. Die Geschäfte des Fiskus

18. Kapitel
Viehzucht und Landwirtschaft in Südwest . . . . 240—242
Früherer Viehreichtum der Eingeborenen. Viehstatistik. Besitz der Rehobother Bastards. Schnelles Anwachsen der Herden. Wassererschließung. Feldwirtschaft. Kleinsiedlungen

Unsere Kolonien

III. Teil. Togo und Kamerun

Seite

Zur Geschichte der Kolonien .... 243—252
    Woermanns Unternehmungen. Dr. Nachtigals Entsendung. Die Flaggenhissung. Erste Kämpfe, englische Intrigen. Die Kämpfe um das Hinterland der Kolonien. Togo und Kamerun in der heutigen Verfassung. Der Verkehr

Togo

1. Kapitel
Die Togoküste und die Küstenbezirke .... 252—261
    Die Stadt Lome und ihre Einrichtungen. Anecho und die Küstenbahn. Die Kalklager von Tokpli. Maiskultur. Die Eweleute. Sitten und Gebräuche

2. Kapitel
Die Togo-Hinterlandbahn und ihr Wirkungsbereich .... 261—266
    Fehlende Wasserverbindungen. Das Agomegebirge und der Kpandubezirk. Eisenbergbau im Buemlande. Der Bahnbau und seine Wirkung

3. Kapitel
Das Baumwolland von Togo .... 266—271
    Baumwollschule Nuatjä. Die Baumwollpflanze. Atalpame. Menschenschlächtereien des Königs Behanzin von Dahomey. Das heutige Atalpame. Die Landschaft Akposso. Der „Löwe" von Akposso. Die Bahn von Lome nach Atalpame

4. Kapitel
Ein altes Handelszentrum am Voltastrom .... 272—279
    Kete-Kratschi vor 15 Jahren. Der Fetischsitz Kratschi. Das Reich des Königs von Dagomba. Panzerreiter. Islamitische Wanderprediger. Das Gebiet der Weber. „Abele-Niggers", der Gebirgslianenkautschuk von Abele. Station Bismarckburg. Die Fetischpriesterin Nunu Elisi

5. Kapitel
Im Eisenlande von Togo .... 280—285
    Die Eisenlager von Banjeli. Mittagsschoppen im Bassarilande. Oberhäuptling Dyabo Bukari. Gruppendörfer am Monussluffe. Die Söldner von Saberma. Sokode und Umgebung

6. Kapitel
Im geheimnisvollen Berglande — Nordtogo .... 286—292
    Alte Sagen über Kabure. Die Fetischstadt Bufale. Hochstehender Ackerbau. Burgendörfer. Insektenplage in Nordtogo. Am Otifluße. Der Ort Sansane-Mangu

Kamerun

1. Kapitel
Ein Kameruner Küstenbummel .... 294—306
    Angesichts des Götterberges. Victoria und sein Hafen. Besuch in den Esserschen Plantagen. Kakaokultur. Aufregende Fahrt durch die Brandung vor Kribi. Die Stadt Kribi. Im Hafen von Duala. Volksleben in Duala. Bonaberi und die Manengubabahn. Ausflug nach Jabassi

Inhalt

2. Kapitel

Der Götterberg . . . . 306—314

Seite

Der karthagische Flottenführer Hanno am Großen Kamerunberge. Erste Besteigung durch die Engländer Burton und Man. Buea und seine Sennerei. Ausbruch des Kamerunvulkans 1909. Dr. Preuß über eine Kamerunbesteigung. Die Bakwiri. Das Urwaldgebiet Kameruns. Allgemeine Uebersicht

3. Kapitel

Das Rio-del-Rey-Tiefland — Die Ossidinge-Hochländer . . . . . . 314—319

Das Rio-del-Rey-Aestuar. Das Ossidinge-Gebiet. Maskentänze. Gottesurteile. Handwerk und Kultur im westlichen Urwaldgebiet. Regierungsstationen. Kämpfe gegen die Bascholänder. Station Albrechtshöhe

4. Kapitel

Die Sanaga—Njong-Ebene . . . . 319—326

Die Flüsse Sanaga und Njong. Das Kamerun-Aestuar. King Bell und sein Palast. Regierungsstation Jabassi. Die Bakoko und Bambimbi. Missionsarbeit

5. Kapitel

Im Gebiet der Kannibalen . . . . 326—336

Im Dunkel des Urwaldes. Fressen oder gefressen werden. Die Stämme des Kannibalengebiets. Gesellschaft Südkamerun. Der Aufstand 1904/05. Die Republik Bakomene. Menschenfressereien bei den Maka. Spreewald im Urwalde. Europäische Arbeit

6. Kapitel

Das Reich Adamaua . . . . 336—346

Der alte Fulbestaat ein afrikanisches Lehnsreich. Adamaua, der Emir von Yola. Zusammenbruch des Reiches Adamaua. Militärstation Garua. Bubandjidda. Die Benue- und Faro-Buchl. Grasland und Urwald, zwei verschiedene Welten. Ngaumbere. Tibati. Die Haussa, das Industrie- und Handelsvolk von Adamaua

7. Kapitel

Die Heidenländer der Westgebirge . . . . 346—354

Das Bali-Bamenda-Gebiet. Gründung und Fall von Baliburg. Seine Wiederbesetzung. Handwerke im Bali-Gebiet. Der Herrscher Fonjonge. Das Kumbo-Hochland. Die Titar. Sultan Ndjoia von Fumban. Der Kopf des Bamumherrschers Sango. Militärstation Banjo. Die Mandara-Heiden

8. Kapitel

Die Heiden des südlichen Graslandes . . . . 355—359

Das Baialand. Die Balingastation. Tragödie im Urwald. Ngila und Ngutte. Grausige Taten. Station Joko

9. Kapitel

Das Tschadseegebiet . . . . 359—368

Der Entenschnabel. In den Papyrussümpfen bei Wulgo. Die Reiche Kanem und Bornu. Das Reich Rabbehs und sein Fall. Das Logon-Sumpfland. Die Musgumheiden. Die Araberstämme der Grassteppe. Station Kusseri

IV. Teil. Die Südsee-Schutzgebiete und Kiautschou

1. Kapitel
Kaiser-Wilhelmsland und Bismarck-Archipel . . . . 369—381

Geschichte von Neu-Guinea. Versuch einer russischen Kolonie. Deutsche Erwerbungen. Die Finschküste. Ramu- und Gogol-Expedition. Expedition Tammköhler 1909. Klima und Tierwelt auf Neu-Guinea. Die Bevölkerung. Neupommern. Herbertshöhe und Simpsonhafen. Entwicklung des Bismarck-Archipels

2. Kapitel
Deutsch-Mikronesien . . . . 381—389

Entdeckungsgeschichte. Adalbert von Chamisso. Die Unternehmungen von Godeffroy. Die Palaugruppe. Die Marianen. Ponapé. Die Marshallinseln. Die Phosphatinsel Nauru. Taifune. Weiße in Mikronesien

3. Kapitel
Die Perle der Südsee . . . . 389—404

Die Unternehmungen von Godeffroy. Niedergang des Hauses. Bismarcks Eingreifen. Ablehnung des Reichstages. Englische Intrigen. Malietoa und Mataafa. Untergang deutscher Kriegsschiffe im März 1889. Der Berliner Vertrag von 1890. Seine traurigen Folgen. Der Konsul Maxse, brutale Vergewaltigung Deutscher. Endlich reinliche Scheidung. Die Insel Upolu. Sawaii. Vulkanausbrüche 1905—1908. Vegetation der Inseln. Der fröhliche Student der Völkerfamilie. Wettspiele. Gastfreundschaft der Samoaner. Familienleben. Materieller Besitz. Ahnenkultus und Schöpfungstage. Europäische Arbeit

4. Kapitel
Sitten und Gebräuche der Südsee-Insulaner . . . . 404—413

5. Kapitel
Kiautschou . . . . 413—423

Friedrich der Große und China. Vertrag zwischen Preußen und China 1861. Die Besetzung der Kiautschou-Bucht durch Admiral Diederichs. Aufforstungen durch die deutsche Verwaltung. Das Laushan-Gebirge. Salzgewinnung. Ausbau von Tsingtau. Eine werdende Großstadt. Der Große Hafen. Chinesenstadt Ta-pau-tau. Die deutsch-chinesische Hochschule

Anhang

Deutschland am Kongo . . . . 424—430
Von Conrad Alberti-Sittenfeld

Phot. Underwood

Maffai-Leute Bao spielend. Die Männer
tragen die gefürchteten Maffai-Speere

Deutsche Kolonisatoren in alter Zeit

Die erste deutsche Kolonie

Die ersten kolonisierenden Germanen, die in der Geschichte auftauchen, waren die Cimbern, Bewohner der Halbinsel zwischen Ost- und Nordsee, die nach Süden gewandert waren, um sich neue Wohnsitze zu suchen, und denen sich andere germanische Stämme, die Teutonen und Ambronen, angeschlossen hatten. Sie stießen im Jahre 113 v. Chr. auf die Römer, und zwar auf den Konsul Gnäus Papizius Carbo, der die Alpengrenze deckte, und baten ihn und durch ihn den Senat zu Rom um Land — sie wollten unter Roms Oberherrschaft also kolonisieren. Der Konsul lockte sie auf ein, wie er meinte, für sich günstiges Terrain bei Noreja in Steiermark und fiel über die Fremdlinge her, die aber nun ihrerseits auch zu den Waffen griffen und die Römer gründlich schlugen. Drei andere römische Heere hatten das gleiche Schicksal, eins 109 unter dem Konsul Marcus Junius Silanus, ein anderes 107 unter Marcus Aurelius Scaurus, ein drittes 106 unter Lucius Cassius, endlich schlugen die Cimbern am 6. Oktober 105 die vereinigten Heere des Konsuls Gnäus Mallius Maximus und des Prokonsuls von Gallien, Quintus Servilius Caenio, vernichtend bei Arausio, dem heutigen Oranje. Stets wiederholten sie ihre Bitte um Land, und erst als sie einsahen, daß sie ohne Bewilligung des Senats überhaupt Land nicht erhalten würden, wandten sich die Germanen in zwei Heeren gegen Italien, um nach Rom zu marschieren. Inzwischen hatte aber Rom Gajus Marius zum Konsul ernannt und umfangreiche Rüstungen veranstaltet. Als 102 die Teutonen und Ambronen in Gallien erschienen, wurden sie bei Aquä Sextiä, dem heutigen Aix in der Provence, geschlagen, und ein gleiches Schicksal hatten die Cimbern, welche über die Ostalpen in Italien eingebrochen waren, am 30. Sextilius (August) 101 auf den raudischen Feldern von Vercellä. Auch sie baten hier noch vor der Schlacht um Land für sich und ihre Brüder, die Teutonen, worauf man ihnen höhnend erwiderte: Ihre Brüder, die Teutonen, wären schon versorgt, sie hätten so viel Land, wie sie brauchten. Diesen Stämmen also gelang es nicht, sich Wohnsitze zu erzwingen.

Als die Völkerwanderung begann, erschienen die Westgoten unter Fritigern, vor den Hunnen zurückweichend, an der unteren Donau und erbaten Aufnahme in das Römerreich als Kolonisten. Kaiser Valens stellte ihnen günstige Bedingungen, die aber nicht gehalten wurden, so daß die Goten zum Schwert griffen und die Römer am 9. August 378 bei Adrianopel schlugen, in welcher Schlacht Kaiser Valens fiel. Der Nachfolger desselben, Gratian, schloß dann 382 den Frieden zu Konstantinopel. Die Westgoten wurden in Pannonien und Mösien angesiedelt und übernahmen den Grenzschutz.

Das ist die erste deutsche Kolonie gewesen.

Im Laufe der Völkerwanderung ging das Römerreich des Westens zugrunde. Germanische Reiche wurden auf den Trümmern gegründet, ohne lange zu bestehen, und auch zwei überseeische Kolonien entstanden, von denen eine bald ihren Untergang fand, die andere aber bis heute besteht und sich zur Weltmacht entwickelt hat — das Vandalenreich und — England! Die Vandalen waren von ihren Sitzen in Ostpreußen nach vielen Irrzügen nach Spanien gekommen und dann, etwa 80 000 Krieger stark, 429 nach Nordafrika übergesetzt, wo sie die römische Provinz Afrika in Besitz nahmen, 439 Karthago erstürmten und als selbständiges Reich von Ostrom anerkannt wurden. Sie beherrschten mit ihren Schiffen das Mittelmeer, waren also die erste germanische Seemacht, nahmen 455 Rom und hielten sich, trotz ihrer stets geringen Zahl, bis 534, in welchem Jahre Belisar, der Feldherr Justinians I., dieser überseeischen deutschen Kolonie ein Ende machte. — Die Vandalen sind sehr zu Unrecht als räuberische Horden gebrandmarkt worden; der Ausdruck „Vandalismus" für planloses Zerstören ist eine arge Verleumdung des als Kolonisatoren sehr tüchtigen Volkes. Römische Bischöfe haben die Vandalen ihrem Volke geradezu als Muster vorgehalten. Nach England gingen um 449 Jüten, Chauken, Angeln und Sachsen, wenn auch nicht gerade unter den sagenhaften Persönlichkeiten Hengist und Horsa, und gründeten die sieben noch heute bestehenden Grafschaften: Essex, Wessex, Sussex, Ostangeln, Kent, Mercia und Northumberland, welche 827 unter Egbert von Wessex vereinigt wurden.

Eine deutsche überseeische Kolonie aus der Völkerwanderung hat sich also bis heute erhalten.

Die Hanse und die Ritterorden

Durch die Völkerwanderung war vormals deutsches Land von den nachdringenden Slawen und Finnen bis zur Elbe hin in Besitz genommen worden; es mußte nun mühsam, Schritt für Schritt nach Osten hin vordringend, wiedererobert werden. Die Markgrafen gingen etwa um das Jahr 930 über die Elbe, und es begannen jene langwierigen Kämpfe um das Land zwischen Oder und Elbe, welche den Anfang der Geschichte Brandenburgs—Preußens—Deutschlands bilden. Immer aber folgte dem Ritter der Kolonist, festhaltend durch Pflug und Städtebau, was das Schwert erwarb.

Deutsche Kolonisatoren in alter Zeit

Im Norden aber erscheinen als große Kolonisatoren zwei Ritterorden, der Schwertbrüderorden in Livland und der deutsche Ritterorden in Preußen, beide seit 1237 vereint. Während der Schwertbrüderorden seit 1202 bereits in Livland saß und sein Kulturwerk begonnen hatte, erschien 1226 der deutsche Orden an der Weichsel, 1231 ging der erste Landmeister Hermann Balk über den Strom, und die Eroberung des Landes begann. Wie ein Keil

Die kurbrandenburgische Flotte
Gemälde von Liebe-Verschuir aus dem Jahre 1684 im Kgl. Schlosse zu Berlin

schob sich die deutsche Kolonie mitten in die slawisch-finnischen Stämme hinein, bis an die Ostsee. Den Rittern folgten Städter und Bauern, zahllose deutsche Dörfer und ein halbes Hundert deutscher Städte entstanden und stehen heute noch. Ein gewaltiges deutsches Kolonisationswerk ist da geschaffen worden, und so wurde Preußen ein Auszug der überschäumenden Tatkraft der besten deutschen Stämme, ein Werk deutscher Kolonisation in der Ostmark.

Zur Zeit der Eroberung Preußens blühte die deutsche Hanse, jener Bund von etwa 80 Städten, der aber nur sehr losen Zusammenhang besaß und in seiner Bedeutung heute häufig überschätzt wird. Man half sich gegenseitig mit Kredit und war darin den meisten Fürsten und Staaten der Zeit überlegen.

Die Hanse beherrschte die Ost- und Nordsee und den Atlantischen Ozean bis zur Straße von Gibraltar. Ueberall besaß sie Verbindungen und gründete auch viele Niederlassungen, Faktoreien, aber — sie kolonisierte nicht, vermied im Gegenteil ängstlich jede eigentliche Kolonisation.

Unsere Kolonien

In England besaß sie eine Anzahl Faktoreien, Stalhöfe genannt, der bedeutendste in London, aber auch an anderen Plätzen. Es waren Niederlagen mit Kontoren, Gildehallen, Wohnräumen für die Angestellten und Reisenden, die unter bestimmten Gesetzen standen, und Handelsprivilegien genossen. Auch der Peterhof zu Nowgorod und das Kontor zu Kauen (Kowno) sowie die Brücke zu Bergen und die Fitte zu Schonen waren solche bevorrechteten Hansegründungen. Aber nur unverheiratete Männer durften dort ihren Wohnsitz nehmen; die Existenz dieser Faktoreien war auf Bevorzugungen, Privilegien gestützt, und als die Völker, die ihre Anlage gestattet hatten, erstarkten, hoben sie diese Vorrechte auf. Zar Iwan zerstörte den Peterhof, Königin Elisabeth ließ 1598 den Stalhof zu London schließen, doch blieb derselbe bis 1823 im Besitz der Hansestädte Hamburg, Lübeck, Bremen. Den Hansen fehlte das Verständnis für überseeische Kolonisation, sonst würden sie Gotland mit Wisby, in dem der deutsche Kaufmann herrschte, und woher das erste Seerecht — das in deutscher Sprache geschrieben ist — stammt, in Besitz genommen haben, ebenso das fast ganz deutsche Stockholm. .

Der Ritterorden eroberte zwar 1398 Gotland und hielt die Insel gegen alle Angriffe der Dänen, aber da der Hochmeister Ulrich von Jungingen des nahen Krieges mit Polen wegen die Kräfte des Ordens nicht zersplittern wollte, gab er die Eroberung wieder heraus.

Da wurde der Seeweg nach Indien erforscht und Amerika entdeckt.

Man kann nicht behaupten, daß die Deutschen sich eifrig gezeigt haben, ihrerseits sich einen Anteil an den ungeheuren fremden Ländern zu sichern. Wohl sind sie zu vielen Millionen in sie eingewandert, aber sie haben sich dort nicht selbständig zusammengeschlossen, sich vielmehr unter fremden Schutz gestellt und dadurch nicht nur politisch nichts erreicht, sondern sie sind zumeist als Deutsche verloren gegangen.

An den großen Entdeckungsreisen haben sich die Deutschen nicht beteiligt, obwohl zu Beginn dieser Periode die Hanse noch nicht gänzlich von ihrer Höhe als herrschende Seemacht in den nordischen Meeren herabgedrückt war. Das eigentliche Ende der Hanseherrschaft ist erst auf den 29. September 1527 zu setzen, auf den Tag, an welchem zu Braunschweig das Haupt des lübischen Bürgermeisters Jürgen Wullenweber fiel, der es als letzter versuchte, die Kräfte der Hansen zusammenzufassen. Die Hansen wollten nicht auf das Weltmeer, und die Leiter der großen Handelshäuser Süddeutschlands zu Augsburg, Köln und Nürnberg hatten keine Schiffe. Immerhin befanden sich bei der Expedition, welche Pedro Alvarez Cabral mit 13 Schiffen 1499 unternahm, als Vertreter der Weltfirmen der Fugger und Welser zu Augsburg Balthasar Sprenger und Hans Mayr, die ersten Deutschen, welche die Ostküste Afrikas sahen und um das Kap nach Indien reisten. Es ist nicht bekannt, welche Folgen die Reise hatte; zur Anlage einer Faktorei führte sie jedenfalls nicht.

Deutsche Handelsherren als Kolonisatoren

Später beteiligten sich die Augsburger Firmen der Fugger, Welser, Höchstätter, Imhof und Hirschvogel an Indien-Expeditionen vorsichtig mit Geld, so an der 14 Schiffe und 6 Kraweelen starken, welche Francisco de Almeida am 25. März 1505 von Belem ausführte, und die Balthasar Sprenger als Vertreter der deutschen Firmen begleitete. — Im Jahre 1525 erlangten die Welser, welche dem Kaiser Karl V. große Summen vorgeschossen hatten, das Privileg des Verkehrs mit allen überseeischen Ländern mit den gleichen Rechten wie die spanischen Untertanen, worauf sie ein eigenes Handelshaus in Sevilla und eine Faktorei in Santa Domingo auf der Insel Española gründeten, die erste deutsche transozeanische Niederlassung.

1528 schlossen dann die Vertreter der Welser, Heinrich Ehinger und Hieronymus Sailer, Verträge mit Spanien ab, nach welchen 50 deutsche Bergleute nach Amerika geschafft werden sollten, und zwar nach Venezuela, sowie 4000 Negersklaven von der Guineaküste. Im Jahre 1530 befanden sich die Faktorei sowie größere Besitzungen in Venezuela ganz in den Händen der Brüder Heinrich und Georg Ehinger, die nunmehr aus der Firma Welser austraten, und die überseeischen Unternehmungen gingen von da ab auf den Namen der Welser allein, welche durch Vertrag vom 27. März 1528

Bartholomäus Welser

das Eigentumsrecht auf Venezuela erworben hatten und seit 1530 als Besitzer und Herren dieses Landes auftraten.

Wohl führten sie, oder vielmehr ihre Vertreter, Gouverneure genannt, einige hundert sogenannte Einwanderer schon 1528 hinüber, die am 24. Februar 1529 zu Coro an der Ostseite des Maracaibo-Sees landeten, aber diese, wie alle Nachschübe, verwandelten sich sehr bald in Krieger, die das Land plündernd durchzogen und an Kolonisation nicht dachten. Ein Wechsel der Gouverneure nutzte nichts; weder Nikolaus Feldermann noch Georg Hohermuth, noch Ambrosius Ehinger erreichten nennenswerte Erfolge, und nicht besser ging es, als Bartholomäus Welser der Jüngere und Philipp von Hutten erschienen. Sie wurden 1546 von dem Spanier Jouan de Carvajal abgefangen und ohne Urteil zu Coro enthauptet, wofür Carvajal allerdings am Galgen endete.

Nach endlosen Prozessen fällte am 13. April 1556 der Indien-Rat das Urteil, daß den Welsern zwar kein Kontraktbruch oder Verletzung des Rechts nachzuweisen wäre, daß aber nichtsdestoweniger Venezuela an die spanische Kolonie zurückgefallen sei.

So endete die Welser-Expedition, bei welcher das deutsche Welthandelshaus schwerlich glänzende Geschäfte machte, aber auch kaum große Verluste erlitt, sonst hätten die vorsichtigen Handelsherren sicher die Kolonie nicht 28 Jahre hindurch gehalten.

Das war das Ende der ersten deutschen überseeischen Kolonie.

Deutsch-Westafrika im 17. Jahrhundert

Der 30jährige Krieg schlug Deutschland so schwere Wunden, daß an weitgehende, kostspielige und unsichere Unternehmungen nicht gedacht werden konnte. Spanien, Portugal, England, Holland hatten den erreichbaren überseeischen Erwerb unter sich geteilt und zankten darum.

Friedrich Wilhelm war als Kurfürst von Brandenburg 1640, erst 20 Jahre alt, zur Regierung gekommen. Er war vier Jahre in den Niederlanden gewesen und kannte daher den Wert des Seehandels und auswärtiger Kolonien sehr wohl, aber seine Länder waren verwüstet und erschöpft, und zudem hatte er den schwedisch-polnischen Erbfolgekrieg bis zum Frieden von Oliva 1660 zu führen. Schon während desselben schuf er unter dem Oberst zu Roß, Johann von Hille, der lange in den niederländischen Kolonien gewesen war, zu Pillau 1656 eine kleine Flotte, bestehend aus den Schiffen: „Die Churfürstliche Leibjagd", „Kurfürst von Brandenburg" und „Der Clevesche Lindenbaum", wozu bald zwei den Schweden abgenommene Gallioten traten. Mit dieser Flotte machte Oberst von Hille eine Reihe kühner Expeditionen, so am 9. Oktober einen Ueberfall auf das starke Bollwerk zu Elbing. Nach dem Frieden von Oliva wurde mehr für diese Flotte getan.

Groß-Friedrichsburg, der Hauptort der brandenburgischen Niederlassung an der Guinea-Küste

Nach einer Zeichnung aus dem Jahre 1688

Unsere Kolonien

Da trat 1675 Benjamin Raule, Schöppe von Middelburg auf, ein Kaufmann und Reeder, dem es nicht allzu gut ging, und dessen Bruder Jakob, ein Seemann, häufig in Schuldhaft saß. Der Kurfürst griff die schwedischen Plätze in Vorpommern an, besonders Stettin, und gebrauchte dazu armierte Schiffe. Diese stellte Raule nach einer Anzahl von Verträgen, deren erster von Mitte März 1675 stammt, aber auf den 31. Januar vordatiert wurde. Die Zahl der Schiffe, Geschütze und Mannschaften war nach den verschiedenen Abschlüssen schwankend. Solche Verträge wurden bis zum Jahre 1684, dem Jahr der Schöpfung einer eigenen brandenburgischen Kriegsmarine durch Kauf von elf Schiffen, geschlossen.

In diese Zeit fällt die Gründung der brandenburgischen Kolonien an der Westküste Afrikas mit dem Hauptort Groß-Friedrichsburg.

Bereits am 17. September 1680 hatten Raule und seine Freunde zwei Schiffe: „Wappen von Brandenburg" und „Morian" unter dem Kapitän Pietersen Blonck an die Westküste Afrikas entsandt. Sie fuhren unter kurbrandenburgischer Flagge und hatten zwei Unteroffiziere 20 Musketiere vom Regiment Graf Dönhoff an Bord. Das „Wappen von Brandenburg" wurde Januar 1681 von den Holländern bei Fort Axim in Afrika festgehalten, „Morian" aber kam mit 100 Pfund Gold und 10 000 Pfund Elfenbein glücklich heim. Fregatte „Fuchs", die als Kaperkreuzer gegen die Holländer ausgerüstet wurde, scheiterte am 5. Dezember 1681 bei der Insel Anholt im Kattegat. So wenig günstig diese Ereignisse waren, erließ der Kurfürst ein am 17. März 1682 veröffentlichtes „Edikt wegen Oktroyierung der aufzurichtenden Handelskompagnie auf denen Küsten von Guinea". Das war die Guinea-Kompagnie mit einem Kapital von 48 000 Taler, wovon der Kurfürst 8000, Raule 24 000 hergaben. In demselben Jahre 1682 lief eine Expedition unter Führung des Majors und Kammerjunkers Otto Friedrich von der Gröben nach Westafrika aus. Sie bestand aus den Schiffen „Kurprinz", Kapitän Matheus Voß, mit 32 Geschützen, 60 Seeleuten, und „Morian", Kapitän Pietersen Blonck, mit 12 Kanonen, 40 Seeleuten. Außerdem wurden der Expedition mitgegeben 2 Ingenieure, 1 Fähnrich, 1 Sergeant, 2 Korporale, 2 Spielleute und 40 Soldaten aus Regimentern des Herzogtums Preußen.

Am 1. Januar 1683 wurde unter Flaggenhissung der Grundstein zum Fort Groß-Friedrichsburg gelegt, und am 5. Januar schloß Major von der Gröben mit 14 Negerhäuptlingen Verträge ab. Damit hatte Brandenburg-Preußen festen Fuß in Afrika gefaßt, und es entwickelte sich ein ziemlich lebhafter Verkehr zwischen dem Mutterlande und seiner Kolonie, in welcher noch drei weitere feste Plätze, Accada, Arguin und Taccarary, angelegt wurden. Groß-Friedrichsburg ist erst zwei Jahrzehnte nach dem Tode des Großen Kurfürsten, nämlich 1708, fertig geworden und zählte 44 Geschütze.

„Morian" brachte 1683 58 Pfund Gold und 9600 Pfund Elfenbein heim. Der „Kurprinz" fast nichts. Aus dem Gold wurden 7226¼ Dukaten im Werte von 14 353 Taler geprägt.

Das Fort Taccarary muß recht unbedeutend gewesen sein, denn seine Armierung bestand nur aus 3 Dreipfündern, seine Besatzung aus dem Fähnrich du Mont, 1 Gefreiten und 6 Mann. Arguin aber, ein ursprünglich portugiesisches, aber von den Franzosen zerstörtes Fort, das Oktober 1685 Kapitän Cornelius Beeren vom „Roter Löwe" entdeckte und 1687 besetzte, erhielt erst 20, dann 30 Geschütze nebst 9 Drehbassen, 3 Mörsern. Die Besatzung bestand aus 30—40 Europäern und 300—400 einexerzierten Negern.

Im Jahre 1686 waren 8 Schiffe der Guinea-Kompagnie mit Ladungen im Werte von 10 000 bis 24 000 Taler unterwegs, aber die Holländer schädigten den Handel nach Kräften, nahmen auch ein Schiff, den „Wasserhund", weg. Raule berechnet den Schaden, den die Holländer der Kompagnie zugefügt haben, auf 143 775 Gulden.

Oktober 1687 erstürmte der holländische General de Sweers Accaba und Taccarary, nahm die Besatzungen gefangen, brachte Waren und Munition nach Fort Elmina und blockierte Groß-Friedrichsburg.

Am 9. Mai 1688 ist der Große Kurfürst gestorben.

Kurfürst Friedrich III., nachmaliger König Friedrich I., brauchte viel Geld und wollte nichts in die Kolonie hineinstecken, sondern von der Kolonie Geld erhalten. Im Vertrag mit Holland vom 16. Februar 1694 wurde Accaba zurückgegeben, Taccarary aber verblieb in holländischem Besitz.

Oktober 1688 erhielt die Kompagnie eine neue Verfassung. Vorsitzender wurde der Premierminister v. Danckelmann; Raule führte den Vorsitz nur, wenn er in Emden anwesend war.

Am 2. Februar 1692 wurde dann die Afrikanisch-amerikanische Kompagnie gegründet, welche Fahrten nach Westindien unternahm. Aber beide Unternehmungen rentierten sich nicht, beide arbeiteten mit Unterbilanz, und Raule gab Friedrich III. den recht bedenklichen Rat, er möge, um Geld zu schaffen, seine Leibrenten verpfänden.

Am 20. Dezember 1697 erfolgte der Sturz Danckelmanns und am 12. Dezember 1698 Benjamin Raules Verhaftung. Man konnte ihm zwar nichts Unregelmäßiges nachweisen, aber es blieb bei der Einziehung seiner Güter, darunter Raules Hof zu Berlin und Gut Rosenfelde, jetzt Friedrichsfelde bei Berlin. Von 1705 an erhielt er ein Jahresgehalt von 1000 Taler und ist am 17. Mai 1707 zu Hamburg gestorben.

Die Flotte verfaulte, mit den Handelskompagnien ging es abwärts; Groß-Friedrichsburg und Arguin, die keine Unterstützung von der Heimat erhielten, verfielen, und König Friedrich Wilhelm I., überhaupt ein Feind kostspieliger Unternehmungen, die nicht greifbaren Gewinn brachten, verkaufte die Kolonie 1725 an die Holländer für 6000 Dukaten und die Verpflichtung, eine Anzahl großer Neger als Spielleute für das Leibregiment zu stellen.

Unsere Kolonien

Von Groß-Friedrichsburg stehen heute nur noch die Trümmer, die ab und zu von unseren Kriegsschiffen besucht werden; ein Geschütz aus der Feste liegt in der Ruhmeshalle zu Berlin.

Fast zwei Jahrhunderte vergingen, ohne daß man in Deutschland daran dachte, Kolonien zu gründen, aber zweier überseeischer Handelsunternehmungen sei noch gedacht, die beide an der Politik kläglich scheiterten.

Im Jahre 1716 erschienen an der Malabarküste Indiens zum Schrecken der Engländer in St. David und der Franzosen in Pondichery zwei große, schwer armierte Schiffe mit der kaiserlichen Flagge, dem Doppelaar im gelben Feld. Zu Utrecht war am 11. April 1713 der Friede zwischen England, Holland, Portugal, Preußen, Savoyen einerseits und Frankreich andererseits geschlossen. Kaiser Karl VI., alleinstehend, sah sich gezwungen, im Mai 1717 ihm beizutreten. Er gewann außer Mailand, Neapel und Sardinien noch die — spanischen Niederlande, jedoch diese mit der Klausel, daß die Schelde für den Verkehr geschlossen bleiben mußte. Natürlich war diese Beschränkung Karl VI. sehr unbequem, und er begrüßte es daher mit Freuden, als sich zu O s t e n d e 1714 eine Gesellschaft bildete, welche Fahrten nach Indien machen wollte. Das Geld kam bald zusammen, merkwürdigerweise meist aus Frankreich und Holland. Der Kaiser nahm die Kompagnie unter seinen Schutz, und sie fuhr unter kaiserlicher Flagge. Sie florierte sofort. 1723 erlaubte Karl VI. die Ausgabe von Aktien in Höhe von 6 Millionen Gulden, die binnen 24 Stunden gezeichnet waren, 1725 konnten 33⅓ Prozent Dividende verteilt werden, 1726 12 Prozent. Faktoreien waren in Coblore, Bengalen und Canton.

Da suspendierte Karl VI. 1727 die Gesellschaft auf sieben Jahre und versprach Frankreich und England, den Niederländern 1731 die Schiffahrt nach Ostasien zu verbieten. Das geschah im Interesse habsburgischer Hauspolitik, weil sonst die Anerkennung der Pragmatischen Sanktion, derzufolge Karls VI. Tochter Maria Theresia ihm folgen sollte, bedroht schien.

Friedrich der Große als Kolonisator

Im Jahre 1751 wurde zu Emden die Asiatisch-Chinesische Handelsgesellschaft unter Mitwirkung Friedrichs des Großen mit einem Kapital von 270 000 Taler gegründet, die es in der kurzen Zeit ihres Daseins — denn der Ausbruch des Siebenjährigen Krieges und die Besetzung Emdens durch die Franzosen 1757 machten ihr ein Ende — zu hoher Blüte brachte. Gleich das erste Schiff, der „König von Preußen", nach Canton bestimmt, nahm 700 000 Gulden gleich 400 000 Taler Bargeld mit und brachte Waren zurück, die mit gutem Gewinn abgesetzt wurden. 1754 verfügte die Gesellschaft über vier Schiffe mit 172 Kanonen, eine Seemacht, wie sie 1680 der Große Kurfürst auf von Raule gemieteten Schiffen gegen die Spanier aus

Deutsche Kolonisatoren in alter Zeit

Pillau auslaufen ließ. Als 1756 der Krieg ausbrach, erhielt der unterwegs von China befindliche „Prinz Ferdinand", das einzige Schiff, das sich draußen befand, zu St. Helena Befehl, nicht nach Emden, sondern nach einem englischen Hafen zu gehen. „Prinz Ferdinand" lief in Portsmouth ein, woselbst die Ladung an die Englisch-Ostindische Kompagnie für 768 000 Taler Gold verkauft wurde. Als die Franzosen in Emden einrückten, ging der Direktor der Gesellschaft, Teegel, mit der Kasse, „ein großes Kapital", auf den „König von Preußen" und fuhr nach dem holländischen Delfzyl.

Der französische General Bouvet verlangte zwar die Auslieferung des Schiffes, des Direktors und namentlich des Geldes, doch wurde dieselbe verweigert, der „König von Preußen" segelte ab und griff kräftig in die Aktion zur See ein, indem er die englischen Blockadeschiffe vor Emden verproviantierte.

Nach Beendigung des Siebenjährigen Krieges war Friedrich der Große so gealtert, daß sein Interesse für überseeische Unternehmungen geschwunden zu sein scheint. Nach Besitzergreifung des unter polnischer Herrschaft in eine Wüste verwandelten ehemaligen Ordenslandes links und rechts der Weichsel machte er sich dann energisch an die große Aufgabe, hier wieder deutsche Kultur aufleben zu lassen.

Der Kolberger Nettelbeck nahm im Jahre 1815 die Kolonisationsidee wieder auf; er machte den Vorschlag, beim Friedensschlusse die Abtretung einer französischen Kolonie zu fordern, fand aber in Gneisenau einen entschiedenen Gegner. Dessen Hinweis darauf, daß Preußen ohne starke Flotte durch die Kolonie in Abhängigkeit von anderen Mächten geraten werde, drang durch. Es bildeten sich später aber eine Anzahl Privatunternehmungen, die den kolonialen Gedanken pflegten, so in Berlin der Kolonisationsverein für die Moskitoküste, in Düsseldorf der Auswanderungsverein für Brasilien. Einige Zeit bestanden auch der Deutsche Adelsverein zum Schutze deutscher Auswanderer in Texas und der Preußische Verein für Westaustralien. Diese privaten Unternehmungen konnten aber, obschon das Interesse für kolonisatorische Tätigkeit immer reger wurde, nur wenig leisten; erst die Gründung des Reiches gab dem Drange nach überseeischer Arbeit des deutschen Volkes eine so unwiderstehliche Kraft, daß die Bildung eines Neudeutschland jenseits des Meeres erfolgen mußte.

Die Gründung des überseeischen Deutschland

Die im vorstehenden behandelte Vorgeschichte unserer Kolonien läßt mit aller Deutlichkeit erkennen, daß kaum ein Volk so große kolonisatorische Befähigung besitzt wie das deutsche. Wo immer die zusammengefaßte Volkskraft sich auf fremde Gebiete warf, war es ihr nicht um Raubpolitik zu tun, die den Schweiß fremder Völker heimtragen wollte, um ihnen dafür wertloses Land zu geben; die germanische Kolonisation wollte das ganze fremde Land erfassen, eigene Sitte und Kultur darin in harter Arbeit zur Geltung bringen. Bedeutsames darin haben in dieser Hinsicht die Vandalen in Nordafrika geleistet, die inmitten üppiger Natur und zügellosen Schlenderlebens sich rein und keusch erhielten, nicht die verfeinerten Zügellosigkeiten der Unterworfenen annahmen, sondern in harter Arbeit das unterworfene Land ihrem Kulturideal näherbringen wollten. Im Norden von Togo und Kamerun finden wir manche Anklänge an das deutsche Früh-Mittelalter; harte kriegerische Völker sind am Tschadsee aufgetreten, mit nordischen Zügen in ihrem geistigen Antlitz: wer kann bestreiten, daß vielleicht germanisches Wesen sich schon lange vor den neuzeitlichen Entdeckungsfahrten bis weit in den Sudan bemerkbar gemacht hat? Wer andererseits aber kann die Splitter des nach dem Untergange des nordafrikanischen Germanenreiches versprengten Vandalenvolkes durch die dunkle Nacht der afrikanischen Geschichte verfolgen? Ehrfurchtsvoll steht der denkende Mensch vor den tiefen Mysterien der Menschheitsgeschichte.

Die mittelalterliche Kolonialpolitik, die in dem Raubsystem des Kongostaates eine verspätete Auferstehung feierte, kann man nur als Verirrung bezeichnen. Es ist, als ob die Völker ein Taumel erfaßt hätte, als die Größe der Erdwelt durch die Neuentdeckungen offenbar wurde, als wären die kräftigen europäischen Nationen daran verzweifelt, dieses gewaltige Gebiet zu meistern, und hätten sie es nur als willkommenes Ausbeutungsobjekt betrachtet. Am schamlosesten gingen Spanier und Portugiesen vor, deren Kolonialpolitik auch nicht die kleinste aufbauende Leistung bis heute aufzuweisen hat, und es war, das ist sehr bemerkenswert, eine germanische Macht, England, die zuerst aus dem allgemeinen Taumel sich aufraffte und — allerdings nach starken Schwankungen — mit wirklich kolonisatorischer Tätigkeit begann. Ohne Zweifel hätte Deutschland ähnliches geleistet, wäre es stark genug gewesen, überseeisch mit Erfolg tätig zu zu sein. Glänzendes, Unerreichtes haben deutsche Bauern in der Kapkolonie zuwege gebracht. Wo selbst Engländer versagten, haben Pommern und Mecklenburger blühende Gemeinwesen geschaffen. Aber das durch den 30jährigen Krieg zersplitterte und in hoffnungslose Armut zurückgeworfene deutsche Reich war zu schwach, unter eigener Führung seine Volkskraft in Ueberſee arbeiten zu laſſen; es mußte erst das neue Deutsche Reich entstehen, ehe die deutsche Nation als Faktor im Leben der fremden Erdteile auftreten konnte.

Dr. Karl Peters

Das Hauptinteresse wandte sich Afrika zu, wo deutscher Forschergeist seit den 40er Jahren des vorigen Jahrhunderts sich hervorragend betätigt hatte; aber auch nach der Südsee blickte man hinüber, wo Hamburger Häuser (besonders das Haus Godeffroy) tätig waren.

Das Jahr 1866 gab den kolonialen Strömungen in Preußen einen kräftigen Anstoß; in Berlin bildete sich 1866 der Zentralverein für Handelsgeographie und Förderung deutscher Interessen im Auslande, und so stark war der koloniale Gedanke bereits geworden, daß in die deutsche Reichsverfassung Bestimmungen über die Kolonisation und die deutsche Auswanderung aufgenommen wurden. Den Vorschlag, im Frankfurter Friedensvertrage die Abtretung von Cochinchina und Saigon von Frankreich zu verlangen, lehnte Fürst Bismarck freilich ab; Prinz Adalbert hatte ihn auf Anregung bremischer Großkaufleute gemacht. Ebenso wenig Erfolg hatte der

Vorschlag, Sansibar zu besetzen, mit dessen Sultan verhandelt worden war. Dann kam im Jahre 1875 der Vorschlag eines Herrn von Weber, die Reichsregierung möchte das Transvaalgebiet, das Zululand und die Delagoabai erwerben. Die kolonialen Vorschläge häuften sich so sehr, daß Fürst Bismarck eigens einen Rat im Auswärtigen Amt, den Legationsrat von Kusserow, mit ihrer Bearbeitung beauftragen mußte. Die Akten häuften sich zu mehreren Bänden an. Die Burenrepubliken ließen dann auch selber Vorschläge an das Reich gelangen. Aus Furcht vor England wünschten sie deutsche Schutzherrschaft. Es wurde vorgeschlagen, die deutsche Auswanderung nach Transvaal zu lenken und mit deutscher Zinsgarantie eine Bahn von der Delagoa- oder Santa Lucia-Bai nach Pretoria zu bauen. Alle diese Vorschläge und andere stießen auf Widerstand beim Fürsten Bismarck, dem die Zeit zu einer aktiven Kolonialpolitik noch nicht gekommen schien; immerhin schloß er von 1876 ab eine Reihe von Freundschaftsverträgen mit den Südseeinseln ab. Im Jahre 1879 kam die erste koloniale Vorlage der Reichsregierung; es wurde eine Zinsgarantie für die Unternehmungen des Hauses Godeffroy auf Samoa verlangt. Der Reichstag lehnte sie ab. Tiefer als diese Niederlage kränkte die andere den Fürsten Bismarck, die er 1883-84 erlebte. Er hatte eine Vorlage zur Subventionierung unserer wichtigsten überseeischen Dampferverbindungen eingebracht; der Reichstag versagte mit großer Mehrheit seine Zustimmung. Sehr verärgert erklärte Bismarck, daß er nunmehr von kolonialen Dingen nichts mehr wissen möge. Aber die Zeit der aktiven Kolonialpolitik war gekommen. Lüderitz hatte sein Augenmerk auf die südwestafrikanische Küste gerichtet und 1883 seine ersten Verträge geschlossen, gleichzeitig beantragt, das Reich möchte den Schutz seiner Interessen übernehmen, und in Frankfurt am Main war 1882 der Deutsche Kolonialverein in der Absicht gegründet worden, durch ihn eine aktive Kolonialpolitik einzuleiten. Energischer noch als dieser Verein ging die Gesellschaft für deutsche Kolonisation vor, deren Begründer Dr. Friedrich Lange und Dr. Karl Peters die Mittel zu einer Expedition nach Ostafrika zusammenzubringen wußten, und trotz der größten Schwierigkeiten gelang es, Verträge in Ostafrika abzuschließen.

Dr. Karl Peters wurde am 27. September 1856 zu Neuhaus a. Elbe geboren, studierte 1876—1879, ging dann nach England zum Studium der dortigen Wirtschafts- und Kolonialpolitik. Von 1884 ab war er in Ostafrika tätig, im Herbst 1890 wurde er Reichskommissar des nördlichen Teiles der Kolonie, insbesondere des Kilimandscharogebiets. Bald wurde er aber wegen unbefugter Tötung eines Eingeborenen seines Dienstes enthoben, wurde 1903 rehabilitiert, aber nicht wieder in den Reichsdienst übernommen. Ohne Zweifel hat Dr. Peters bei der Erwerbung von Ostafrika Großes geleistet. Den Anstoß zum Eingreifen des Reiches gaben die Lüderitzschen Erwerbungen. Bismarck wollte sie unter englischen Schutz stellen, wurde

Die Gründung des überseeischen Deutschland

aber an das Kapland gewiesen, und es gab lange Unterhandlungen. Endlich riß dem Altreichskanzler der Geduldsfaden, und am 24. April 1884 sandte er an den Konsul in Kapstadt das folgende Telegramm:

„Nach Mitteilung des Herrn Lüderitz zweifeln die dortigen Kolonialbehörden, ob seine Erwerbungen nördlich vom Oranjestrom auf deutschen Schutz Anspruch haben. Sie wollen amtlich erklären, daß er und seine Niederlassungen unter dem Schutz des Reiches stehen."

Die Stunde der Absendung dieses denkwürdigen Telegramms war die Geburtsstunde der deutschen Kolonialpolitik. Das Reich sandte nun selber eine Expedition aus, die im Juli 1884 in Togo und Kamerun die deutsche Flagge hißte; Anfang 1885 wurde Ostafrika unter deutschen Schutz gestellt, am 15. Mai 1885 Neuguinea. Weitere Flaggenhissungen folgten in der Südsee, vom 28. bis 30. Oktober 1886 auf den Salomoninseln, im August 1885 auf Palau und den Karolinen. Der Karolinen wegen kam es zu Zwistigkeiten mit Spanien, der Papst als Schiedsrichter sprach sie diesem zu. Aber 1899 kamen sie für 16¾ Millionen Mark an Deutschland zurück. Gleichzeitig wurden auch die Marianen erworben. Auf den Marshallinseln erfolgte die Flaggenhissung am 15. Oktober 1885. Im Jahre 1897 wurde Kiautschou besetzt und 1900 — nach schweren Wirren — endlich Samoa, die „Perle der Südsee" erworben. Damit war die Zahl der Erwerbungen abgeschlossen; wir hatten nun den Besitz zu festigen und hineinzuwachsen.

Bismarcks Idee beim Erwerb der Kolonien war, ihnen nur den diplomatischen Schutz des Reiches zu gewähren und sie im übrigen privaten Gesellschaften zu überlassen; er glaubte nicht recht daran, daß die koloniale Idee die ganze Nation erfassen werde. Und es gab auch Widerstand genug, Mißgriffe genug, böse Vorkommnisse, die zur Diskreditierung der ganzen Kolonialsache dienen mußten. Und noch im Jahre 1906, als die ungeheuren Opfer für Südwestafrika verlangt wurden, erging die Aufforderung im Reichstage, den Süden von Südwestafrika aufzugeben. Das war aber auch die letzte Anwandlung zagenden Kleinmuts; mit siegender Macht hat in den letzten Jahren der koloniale Gedanke sich Bahn gebrochen. Die Diamantfunde in Südwestafrika wie die wirtschaftliche Erstarkung der Kolonien haben auch Abseitsstehende für die koloniale Sache gewonnen. In erster Linie ist dies aber dem tatkräftigen Manne zu danken, der seit Oktober 1906 an die Spitze der Kolonialverwaltung gestellt war, dem früheren Staatssekretär des Kolonialamts, Wirklichen Geheimen Rat Bernhard Dernburg. Gewiß haben die vielen Männer, die ihre Arbeitskraft, Gesundheit, ihr Leben der kolonialen Sache gegeben haben, für ein besseres Verständnis mächtig vorgearbeitet; Dernburgs unauslöschliches Verdienst aber ist es, die vielen Bestrebungen und wirkenden Kräfte zu einem wuchtigen Stoße zusammengefaßt, dem gestreuten Samen, der aufgehn wollte, günstige Wachstumsbedingungen geschaffen zu haben, so daß nun ein wogendes Halmenmeer der Ernte entgegenreift. Der koloniale Gedanke greift immer tiefer im Volke, und mehr und mehr erkennen wir, was die Kolonialpolitik uns sein soll und muß, eine Ergänzung unserer heimischen Wirtschaft, daneben auch Mitarbeit an der Geschichte und weiteren Bildung der Menschheit, die wieder in gewaltiger Gärung sich befindet und vielleicht neuen gewaltigen Entscheidungen zueilt.

Als die alte Welt um das Becken des Mittelländischen Meeres bekannt geworden war, brausten die Völkerwanderungsstürme darüber hin, alles durcheinander schüttelnd, aber auch Samenkörner ausstreuend und neues Leben weckend; heute haben wir das Erdbild in seiner Totalität erfaßt. Wilde Kämpfe gingen dem voraus; Raub- und Bereicherungszüge wurden unternommen; heute aber tritt das Bild gesunder Kolonialpolitik immer klarer aus Dunst und Nebel. Fremde Gebiete ausrauben, Raubbau an ihren Schätzen zu treiben, wird immer mehr als verwerflich erkannt, und immer lauter wird gefordert, daß zu entwickeln und aufzubauen sei. Und mit wachsendem Staunen werden wir gewahr, daß auch viele der so verachteten Naturvölker eine reiche Kultur entwickelt haben, die sich nur nach anderer Richtung entfaltet hat, eine neue Kulturvermischung bereitet sich vor und vielleicht eine neue Völkerwanderung, die über die ganze Erde sich erstrecken wird. Und in den gesunden, starken Völkern erwacht immer unwiderstehlicher der göttliche Trieb, vom eigenen Wesen mitzuteilen und zu geben, dem großen Menschheitskörper die besten eigenen Züge zu verleihen. Wir stehen vor einer Epoche gewaltiger Kulturarbeit am Leibe der Menschheit. Ein neuer Menschheitskörper will sich bilden, und alles, was gut und groß in den einzelnen Nationen ist, drängt mit der Gewalt des Naturgeschehens ins Weite, das Faule und Morsche zertrümmernd. Das ist neuzeitliche Kolonialpolitik. Der Christ sagt: Die Gottheit wandelt sichtbar über unsere erschauernde Erde, und wir müssen folgen.

Erster Teil: Deutsch-Ostafrika

Das Land und seine Bewohner

Ostafrika in seinen heutigen Grenzen ist rund 995 000 Quadratkilometer groß und hat nach neueren Schätzungen an 10 Millionen Einwohner, während eine sehr vorsichtige Berechnung auf mindestens 7 Millionen kommt. Am 1. Januar 1910 lebten in der Kolonie 3756 Weiße, darunter 2585 erwachsene Männer. Von diesen waren 322 Regierungsbeamte, 198 Schutztruppenangehörige, 402 Geistliche und Missionare. Die nichterwerbstätige Bevölkerung ist also immer noch stark im Verhältnis zur erwerbstätigen. Aber es waren doch schon 566 Ansiedler, Farmer, Gärtner in der Kolonie, 365 Techniker, Bauunternehmer, Ingenieure, Photographen, 237 Handwerker, Arbeiter, Bergleute, 285 Kaufleute, Händler, Gastwirte, Frachtfahrer, 11 Aerzte, 185 in sonstigen Berufen. Unter den 3756 Weißen waren 2703 Reichsdeutsche, 306 Kolonialengländer, 52 Russen, 100 Franzosen, 217 Griechen. Die Anzahl der Pflanzungen war am 1. Januar 1910 385. Der Gesamthandel hat im Jahre 1909 über 47 Millionen Mark betragen. Die Ausfuhr stieg von 10,874 Millionen Mark auf 13,12 Millionen in 1909-10.

Die Pflanzungen beschäftigten Anfang 1910 nicht weniger als 47 684 eingeborene Arbeiter; beim Bahnbau waren 18 000 Arbeiter tätig.

Das Schutzgebiet ist eingeteilt in 17 zivile, 2 militärische Verwaltungsbezirke und 3 Residenturen. In den anscheinend dauernd befriedigten Bezirken steht ein Zivilbeamter, der Bezirksamtmann, an der Spitze der Verwaltung. Die Bezirksämter sind: Tanga, Wilhelmstal, Pangani, Bagamojo, Daressalam, Morogoro, Rufiji, Kilwa, Lindi, Sfongea, Langenburg, Udjidji, Tabora, Dodoma, Mpapua, Moschi, Muansa. Die Militärbezirke sind: Iringa und Mahenge; sie werden vom Befehlshaber der Schutztruppe verwaltet. Endlich haben wir noch die Residenturen Bukoba, Ruanda und Urundi. Wir haben es da im Nordwesten des Schutzgebietes mit großen, sehr volkreichen Negerstaaten zu tun, die noch möglichste Selbständigkeit genießen. Die Verwaltung liegt noch zum großen Teil in den Händen der Häuptlinge, und der Resident übt nur eine Art Oberaufsicht.

An Machtmitteln haben wir im Schutzgebiet eine Polizeitruppe von 1720 Köpfen und 43 Weißen, ferner die Schutztruppe von 2532 Mann mit 270 Weißen nach dem Etat für 1911. Kompagnien der Schutztruppe liegen in Aruscha, Daressalam, Kondoa-Irangi, Kilimatinde, Iringa, Mahenge, Lindi, Sfongea, Bismarckburg, Udjidj', Ufumbura, Tabora, Muansa, Bukoba.

Unsere Kolonien

Ostafrika gilt in weiten Teilen nicht nur im Norden, sondern auch in der Mitte und im Süden als besiedelungsfähig. In seinem Vortrage, gehalten vor dem Deutschen Handelstage am 11. Januar 1907, führte Staatssekretär Dernburg unter anderem aus:

„Als Ansiedlungskolonien kommen in Frage Deutsch-Südwestafrika in der eineinhalbfachen Größe Deutschlands und diejenigen hochgelegenen malariafreien Strecken von Deutsch-Ostafrika, welche etwa die Größe des Königreichs Preußen haben."

Staatssekretär Dernburg sah also damals etwa ein Drittel von Ostafrika als durch Weiße besiedlungsfähig an. Dr. Carl Peters hat einmal die folgende Berechnung aufgemacht:

a) Unbewohnte Steppengebiete ca. . 150 000 qkm
b) Kultivationsgebiete für Eingeborene . 500 000 qkm
c) Plantagengebiete . . . . . 50 000 qkm
d) Siedlungsgebiete für Europäer 220 000 qkm

Der Rest entfällt auf Wasserflächen. Dr. Meyer rechnet 120 000 bis 150 000 qkm als Siedlungsgebiet für Europäer heraus. Es mögen nach neueren Annahmen an 100 000 Weiße (mit Familienmitgliedern) als Ackerbau und Viehzucht treibende Siedler in Ostafrika untergebracht werden können.

Denkmünze des Großen Kurfürsten
auf seine kolonialen Erwerbungen

Exzellenz Dernburg Phot. Veritas

Kapitel 1
Wie Ostafrika erworben wurde

Ostafrika ist mit unser schönstes und aussichtsreichstes Kolonialgebiet. Schon im frühesten Mittelalter spielte es in der Kolonialgeschichte der Araber eine bedeutende Rolle. Bereits vor dem Jahre 1000 n. Chr. sind Araber an die der Insel Sansibar gegenüberliegende Küste gekommen und haben da Städte gegründet; mit ihnen kamen Perser (persische Schirasi gründeten 987 die Stadt Kilwa, das jetzige Kilwa Kissiwani) und andere vorderasiatische Völkerschaften. Arabergründungen sind Mombassa, Malindi, Brawa, Makdishu. Die Araber hatten im Küstengebiet eine verhältnismäßig hohe Kultur entwickelt; als Vasco de Gama 1498 Kilwa und Mombassa besuchte, fand er volkreiche Städte vor. Ueber die Ankunft im Reiche Melinde (nördlich von Mombassa liegt heute noch an der Küste der Ort Malindi) berichten die Lusiaden des Luis de Camoens im 2. Gesang:

„Von Menschen sah man wimmeln es am Strande,
Zum Schauen strömte her die frohe Schar;
Von seinem Purpur schimmern die Gewande,
Von reicher Seide glänzet der Talar ....
Manch farbig=buntes, seidnes Zeltgewinde
Bedeckt ringsum den breiten, großen Kahn,
In dem der König und sein Hofgesinde
Nebst allen Großen seines Reiches nah'n.
Mit reichem Kleid der Herrscher von Melinde,
Wie es die Mode heischt, ist angetan;
Von maur'schem Bunde wird sein Haupt umgeben
Aus Seide, Gold und baumwollnen Geweben ...."

Der Reichtum der Küste bewog die Portugiesen, sich dort festzusetzen; sie bauten Forts in den großen Küstenorten (Trümmer sind heute noch vorhanden), nachdem sie die herrschenden Araber besiegt und ihre Herrschaft gebrochen hatten. Zum Segen sind die Portugiesen dem Lande nicht geworden; sie beuteten die Einwohner rücksichtslos aus und behandelten die Eingeborenen schlimmer als die Araber. Unter manchen Zwischenfällen konnten sie bis 1660 ihre Herrschaft ungestört behaupten, bis der Imam von Maskat sein Auge auf die Landstriche an der Küste warf. Es entbrannten heftige Kämpfe zwischen den Arabern, die ein portugiesisches Fort nach dem andern nahmen, und den Portugiesen; diese Kämpfe zogen sich bis 1740 hin und endeten mit der völligen Vertreibung der Portugiesen. Es herrschte nun der Imam von Maskat, der seine Residenz nach Sansibar verlegte, und wenn seine Macht auch nicht weit über die Küste reichte, so drangen die arabischen Händler doch weit bis in den Kongostaat vor, nach Sklaven und Elfenbein jagend.

Von der Mitte des 19. Jahrhunderts ab wandte die Forschung sich Ostafrika zu, nachdem die deutschen Missionare Rebmann und Krapf den Kilimandscharo, Meru und Kenia entdeckt hatten. Die Engländer Burton und Speke, Livingstone, Stanley, Thornton folgten ihnen. Vielleicht hätte ihre Tätigkeit eine Besetzung des Gebietes durch die Engländer herbeigeführt, wenn nicht die Deutsche Gesellschaft für Kolonisation (von Dr. Karl Peters und Dr. Friedrich Lange begründet) schnell zugegriffen hätte. Die Gesellschaft brachte 1884 Mittel auf zur Entsendung einer Expedition nach Ostafrika unter Leitung von Dr. Karl Peters, Joachim Graf Pfeil und Dr. Jühlke; dieser Expedition folgten weitere, an denen sich die Herren Otto Rochus Schmidt, v. Zelewski, v. Gravenreuth beteiligten. Es wurden Schutzverträge mit einer Anzahl Negerhäuptlinge geschlossen und die Kommanditgesellschaft „Deutsch=Ostafrikanische Gesellschaft Karl Peters und Genossen" begründet. Zu Anfang des Jahres 1885 wurden die Gebiete der Peters-Verträge durch Kaiserlichen Schutzbrief unter den Schutz des Deutschen Reiches gestellt.

Wie Ostafrika erworben wurde

Schwierigkeiten gab es wegen der Küste. Der Sultan Bargasch von Sansibar wollte der Gesellschaft die Benutzung der Häfen nicht gestatten; erst nach Erscheinen eines deutschen Kriegsschiffes vor Sansibar öffnete er Daressalam. Durch Vertrag vom 28. April 1888 überließ der Sultan schließlich das ganze Küstengebiet für die Dauer von 50 Jahren. Aber schon im Sommer des Jahres kam es unter Führung des Arabers Buschiri zum Aufstand; nur Daressalam und Bagamojo konnten mit Unterstützung deutscher Kriegsschiffe gehalten werden. Da bewilligte der Reichstag am 2. Februar 1889 zur Unterdrückung des Aufstandes zwei Millionen Mark. Der Afrikadurchquerer Hermann Wissmann*) wurde mit der Lösung der Aufgabe betraut. Wissmann nahm 20 deutsche Offiziere, Aerzte, Beamte und 40 Unteroffiziere mit, warb 600 Sudanesen und 300 Sulu an, und schon am 8. Mai 1889 erstürmte er mit dieser Truppe das befestigte Lager Buschiris bei Bagamojo.

Hermann von Wissmann

Bald darauf wurden auch die gefallenen Küstenstädte wieder genommen und im September Mpapua. Nach mehreren weiteren Niederlagen fiel Buschiri in die Hände der Deutschen und wurde am 14. Dezember 1889 in Pangani gehenkt. Der Süden widerstand noch bis Mai 1890; aber im Juni war der Aufstand völlig niedergeschlagen. Nun folgte die große Auseinandersetzung mit England, wobei Wituland und Sansibar preisgegeben wurden. England erkannte dagegen das deutsche Schutzgebiet in seinen heutigen Grenzen an. Der Sultan von Sansibar trat gegen Zahlung von 4 Millionen Mark den ihm gehörenden Küstenstreifen endgültig ab. Das ganze erworbene Gebiet wurde (nach Vertrag zwischen der Ostafrikanischen Gesellschaft und dem Reiche vom 20. November 1890) am 1. Januar 1891 zur Reichskolonie erklärt; erster Gouverneur wurde

---

*) Hermann Wissmann, am 4. 9. 1853 zu Frankfurt a. O. geboren, wurde Ende 1873 Offizier. Er schloß sich 1880 der Loango-Expedition der Deutschen Afrikanischen Gesellschaft an. Bei dieser Gelegenheit durchquerte er 1880 bis Ende 1882 Afrika von S. Paolo de Loanda nach Sadani. In den Jahren 1883/85 erforschte er das Kassaigebiet. Vom Januar 1886 bis August 1887 durchquerte er Afrika zum zweiten Male. Von Mai 1895 bis Juni 1896 war er Gouverneur von Deutsch-Ostafrika, seitdem lebte er als Privatmann. Als Major wurde er in den Adelsstand erhoben. Er starb 1905.

Freiherr von Soden. Seine Verwaltung hatte manche Unglücksfälle zu verzeichnen. Hauptmann von Zelewski geriet auf einer Strafexpedition gegen die Wahehe am 17. August 1891 in einen Hinterhalt und wurde mit fast seinem ganzen Korps getötet; am Kilimandscharo gab es andauernd Unruhen. Erst Oberst von Schele, der zweite Gouverneur, konnte den Aufstand am Kilimandscharo durch das siegreiche Treffen bei Moschi am 12. August 1893 beenden.

In die Zeit nach Niederwerfung des Araberaufstandes fällt die Emin-Pascha-Expedition, die den deutschen Einfluß im Gebiete der großen Seen befestigen sollte. Emin-Pascha brach am 26. April 1890 von Bagamojo auf; ihn begleiteten Dr. Franz Stuhlmann (einer unserer bedeutendsten Afrikaforscher; siehe: Dr. F. Stuhlmann, Mit Emin-Pascha ins Herz von Afrika. Berlin 1894), Leutnant Langheld und die Missionare Pater Schynse und Pater Achte. Die Expedition legte die Station Bukoba am Viktoriasee an, wo Langheld zurückblieb; sie stieß über den Albert-Edward-See bis ins kongostaatliche Urwaldgebiet vor, mußte dann wegen Mangels an Lebensmitteln umkehren. Emin-Pascha, der nochmals allein nach Westen ging, fiel am 20. Oktober 1892 durch Mörderhand.

Von großer Bedeutung für die Kenntnis der Kolonie wurde die Expedition des Dr. Oskar Baumann, der 1892 bis 1893 durch das Pare- und Kilimandscharogebiet nach dem Viktoriasee und in das Gebiet westlich des Sees vor-

Emin-Pascha

Urkunde eines Vertrags Emin-Paschas mit Araberchefs in Ostafrika
Original im Besitz des Herrn Major Langheld. Zum ersten Male veröffentlicht

drang und über Tabora zurückkehrte. Mehrere Expeditionen wurden vom Antisklaverei-Komitee ausgerüstet; sie brachten die Ueberführung des Peters-Dampfers zum Viktoriasee und Gründung der Station Muansa, ferner des Wißmann-Dampfers zum Njassasee, an dessen Nordende die Station Langenburg angelegt wurde. Erwähnt sei endlich noch die Expedition des Grafen Götzen, die am 21. Dezember 1903 von Pangani aufbrach. Der Graf drang als erster Europäer in Ruanda ein, entdeckte den Kiwusee; am

5. Dezember 1894 traf er an der Kongomündung ein (siehe: Graf Götzen, Durch Afrika von Ost nach West, Berlin 1895).

Die Nachfolger des Gouverneurs von Schele waren Major von Wißmann und Generalmajor von Liebert, die auch noch mit Aufständen zu kämpfen hatten; im Jahre 1901 wurde Graf Götzen Gouverneur. Unter ihm brach der letzte Aufstand 1904 aus, der besonders im Süden, im Hinterland von Kilwa und Lindi, wütete, aber bald niedergeschlagen wurde. Graf Götzen gab die Verwaltung im Jahr 1905 an den Freiherrn von Rechenberg ab, unter dem bisher Ruhe geherrscht hat. In seine Amtszeit fällt der Besuch des Staatssekretärs Dernburg in der Kolonie (Juli bis Oktober 1907). Die Zeit der Erwerbung von Ostafrika kann seit mehreren Jahren als abgeschlossen gelten; es fehlt jetzt noch die endgültige Regelung der Nordgrenze, die nicht lange mehr auf sich wird warten lassen. Das Gebiet am Kiwusee, durch Deutschland immer beansprucht, ist nach Vertrag mit Belgien im Jahre 1910 endgültig an Deutschland gekommen.

Kapitel 2

Vom Jagdrevier zur Pflanz= und Handelskolonie

Ostafrika gehört zu den lange Verkannten. Noch vor wenig Jahren konnte man hören, daß diese Kolonie als Jagdgebiet für den „Bana mkubwa" ja ganz gut sei, sonst aber keinen Wert hätte. Der „Bana" ist der Herr in der Suahelisprache, der Umgangssprache des deutsch-ostafrikanischen Schutzgebiets; Bana ist für den Neger alles, was ein weißes Gesicht trägt. Der Bana mkubwa ist der große Herr, der Beamte und Offizier, der in Begleitung von Askari (schwarzen Soldaten) durch das Land zieht.

Es schien wirklich lange Zeit, als wäre Ostafrika nicht viel mehr als ein gutes Gebiet für nach Jagdabenteuern lüsterne Herren. Die mit großen Hoffnungen begonnene Tabak= und Kaffeekultur führte zu einem ausgesprochenen Mißerfolge; für die Kaffeebahn, die in den neunziger Jahren von Tanga nach Muhesa gebaut wurde und andauernd nichts als Fehlbeträge hatte, wollte kein Unternehmer etwas geben und kein Reichstag etwas mit Ueberzeugung bewilligen. Noch in den Jahren 1904 und 1905 waren die Ansichten über den Wert von Deutsch-Ostafrika sehr geteilt, obgleich damals schon die Sisal= und Kautschukkulturen, die in den vorhergehenden Jahren angelegt worden waren, anfingen, Erfolge zu versprechen. Die Reise des Staatssekretärs Dernburg nach Ostafrika (Juli bis Mitte Oktober 1907) brachte insofern einigen Aufschwung, als eine Anzahl Großkapitalisten mit ihm gingen, die sich veranlaßt sahen, Plantagen anzulegen, hauptsächlich Baumwollplantagen. Die Leipziger Baumwollspinnerei belegte damals ein großes

Vom Jagdrevier zur Pflanz- und Handelskolonie

Gebiet bei Sadani; der württembergische Großindustrielle Kommerzienrat Otto kaufte bei Kilossa Baumwollland; der sächsische Industrielle Schubert gründete Schuberthof im Rufijitale. Es war damals eine hoffnungsfrohe Zeit, und in der Heimat schossen die kolonialen Gesellschaften, die sich in Ostafrika mit Plantagenbau beschäftigen wollten, wie Pilze aus der Erde. Auch Ansiedler zogen in verstärkter Zahl nach Ostafrika hinüber, und das Gouvernement fühlte sich veranlaßt, von einer überstürzten Einwanderung abzuraten.

Baumwolle war dasjenige Produkt, das 1907-08 die größte Aufmerksamkeit der kolonialen Kreise erregte; die großen Hoffnungen gingen aber nicht so schnell in Erfüllung, wie man gedacht hatte. Die Baumwollausfuhr aus Ostafrika hatte 1907 nicht mehr als 224 533 Mark gewertet und 1909 konnten trotz der gemachten Anstrengungen nur 491 894 Mark erzielt werden, was gegenüber dem deutschen Gesamtbedarf immer noch wenig ausmacht. Der Menge nach hatte die Ausfuhr von 1908 zu 1909 sich von ca. 1000 auf nahezu 2000 Ballen gehoben. Die europäischen Großbetriebe hatten 1910 eine befriedigende Vorwärtsbewegung zu verzeichnen. Es waren 5 Dampfpflüge in der Kolonie vorhanden, 3 in Sadani, 1 in Kilossa, 1 in Kilwa, dazu kamen 15 Entkernungsanlagen, sogenannte Ginmaschinen. Die Baumwollkapsel enthält nämlich mehrere Samenkerne, an welche die Pflanzenfasern festgewachsen sind, und diese müssen durch eine besondere Maschine von den Samen befreit werden.

Die europäischen Kleinsiedelungen haben sich nicht günstig entwickelt. Ein großer Teil der Kleinsiedler im Kilwa- und Sadanibezirk gab 1909 den Baumwolleanbau auf. Im Jahre 1909 waren folgende Flächen mit Baumwolle angebaut: im Bezirk Tanga 433 ha, Bezirk Pangani 310 ha, Bezirk Bagamojo 1069 ha, Bezirk Daressalam 245 ha, Bezirk Rufiji 146 ha, Bezirk Kilwa 540 ha, Bezirk Lindi 1207 ha, Bezirk Wilhelmstal 1076 ha, Bezirk Morogoro 870 ha, Bezirk Muansa 213 ha, in sonstigen Bezirken 35 ha. Das sind zusammen 6144 ha angebauten Baumwollandes; im Jahre 1909 waren 7806 ha mit Baumwolle bepflanzt. Auch die Eingeborenen, durch die Regierung und durch Wanderlehrer wieder und wieder auf den Anbau von Baumwolle hingewiesen, pflanzen eifrig an; allerdings kommen immer wieder Rückschläge wegen der Preisschwankungen, die den Eingeborenen noch nicht verständlich sind. Die Plantagen klagen über Ungeziefer und Krankheiten. Trotzdem ist die Hoffnung berechtigt, daß Ostafrika in absehbarer Zeit größere Mengen Baumwolle liefern wird.

Theoretisch ist die Möglichkeit durchaus gegeben. Allein in der Ulangaebene, die regelmäßige Ueberschwemmungen hat und sehr fruchtbar ist, liegen Hunderttausende von Hektaren, desgleichen in der Rukwaebene und in Ussangu. Es handelt sich nur um Heranziehung guter Arbeitskräfte und Schaffung billiger Exportwege.

Eine oſtafrikaniſche Kaffeepflanzung

Eine bedeutendere Rolle als Baumwolle ſpielen im Schutzgebiet Siſal und Kautſchuk. Siſal iſt eine Faſer, die aus den mächtigen, mehrere Meter langen und ſehr ſtachligen Siſalagaven gewonnen wird; ſie iſt für Schiffstaue, Matten, Markttaſchen außerordentlich gut verwendbar, und da ſie gelegentlich bis zu 700 Mark und mehr die Tonne hinaufging, brachte der Anbau dieſer Siſalagave gute finanzielle Erfolge. Deshalb breitete ſich die Kultur ſchnell aus; Anfang 1910 waren 17 141 ha mit Siſal angepflanzt; auf dieſer Fläche ſtanden über 45 Millionen Agaven. Davon waren über 8⅓ Millionen ertragsfähig. Die Ausfuhr von Siſalhanf belief ſich im Jahre 1909 auf 5284 Tonnen im Werte von 2 333 025 Mark, der Preis dieſes Hanfes war, weil Manila ſehr gute Ernte hatte und große Poſten Manilahanf auf den Markt brachte, auf 480 Mark pro Tonne gefallen. Man befürchtet einen weiteren Preisſturz, wenn die vorhandenen großen Beſtände ſchnittreif werden; doch hoffen die Pflanzer bei Verbilligung des Produkts auf eine reichere Verwendungsmöglichkeit.

Nicht ſo leicht wie in Siſal iſt in Kautſchuk eine Ueberproduktion zu befürchten. Deutſchland braucht für 150 Millionen Mark, und die Anſprüche der Induſtrie wachſen immer weiter. Daher haben viele Pflanzer in Oſtafrika ſich auf den Anbau von Kautſchukbäumen verlegt; es ſind rund 16¼ Millionen Bäume gepflanzt. Ausgeführt wurden 1909 aber erſt

Vom Jagdrevier zur Pflanz- und Handelskolonie

218 468 kg Plantagenkautschuk im Werte von 1 117 000 Mark und 208 835 kg wildwachsender Kautschuk im Werte von 1 426 634 Mark. Das Kilogramm Plantagenkautschuk hat demnach etwa 5 Mark gebracht, während im Jahre 1907 ein Preis von 7 Mark erzielt wurde. Kautschuk ist der Milchsaft eines Baumes. Der Kautschukbaum wird, wenn er die Reife erlangt hat (3—7 Jahre), in der Rinde eingeritzt; der Saft strömt hervor, der an der Luft erstarrt. Die Plantagen lassen aber die Schnittstelle mit einer Flüssigkeit einreiben, die den austretenden Saft zum Gerinnen bringt.

Die **Kaffeekultur** beginnt neuerdings günstigere Erfolge in Ostafrika zu zeitigen. Die Eingeborenen führten 1909 289 Tonnen Kaffee im Werte von 109 000 Mark aus, die Plantagen 619 Tonnen im Werte von 777 000 Mark. Gute Aussichten hat weiter der Anbau der Kokospalme, der Anbau von Reis, Zuckerrohr, Tabak, von Gerbrinden (Gerberakazie), von europäischem Getreide und europäischem Gemüse in den Gebirgsgegenden, von Kartoffeln, dazu kommen die typischen Nahrungsmittel der warmen Gegenden. Gute Aussichten hat anscheinend auch die Kultur des aus Japan stammenden Kampferbaumes.

Die Hochgebirgsgegenden sind geradezu hervorragend für die Viehzucht geeignet, Rinder, Ziegen, Schafe, Esel werden gezüchtet; manche inneren Bezirke haben gewaltige Bestände an Großvieh; auch Wollschafzucht

Schneiden der Hanfblätter auf einer Sisalpflanzung

wird begonnen. Wir haben in Ostafrika Wollschafzucht am Kilimandscharo, in Iringa; auch im Bezirk Langenburg sind Anfänge vorhanden.

Mehr berücksichtigt werden soll neuerdings der Anbau von Zuckerrohr, von Tabak; auch der Reisanbau hat eine große Zukunft, wenn die Ulangaebene erst einmal erschlossen ist. Jetzt wird bereits Reis angebaut in den

Eingang zu einem Glimmerbergwerk in Morogoro

Bezirken Muansa, Bukoba, Langenburg, Sjongea und Morogoro. Erdnüsse, Sesam, Oelpalmen bauen die Eingeborenen an, letztere nur an den Uferländern des Tanganjikasees. Die Ausfuhr von Oelfrüchten aus der Kolonie belief sich im Jahre 1909 auf 1 322 309 Mark, die von Kopal auf 151 565 Mark, von Häuten auf 2 030 489 Mark, von Bienenwachs auf 659 243 Mark; so spielten auch die Eingeborenenproduktion in der Ausfuhr und der Eingeborenenbedarf in der Einfuhr eine erhebliche Rolle. Der Handel Ostafrikas wird noch erheblich wachsen, wenn erst die Zentralbahn Udjidji erreicht hat und ein großer Dampfer den regelmäßigen Verkehr zwischen diesem Orte und den volkreichen Ländern am Nordende des Tanganjikasees besorgt.

Es soll hier nicht unerwähnt bleiben, daß auch der Bergbau in Ostafrika eine Rolle zu spielen beginnt. Im Ulugurugebirge wird Glimmer gewonnen; die Förderung betrug 94 852 kg im Jahre 1909 im Werte von 258 799 Mark. Gold wird in Sekenke gewonnen, 1909 an Schmelzgold 176 kg, an Feingold 139 kg und 25 kg Feinsilber. Der Gesamtwert der Produktion war fast 400 000 Mark. Die Zentralafrikanische Seengesellschaft hat auf Saline Gottorp am Tanganjikasee 19 000 Zentner Salz gewonnen; bei Langenburg wurden im Jahre 1910 Kupferfunde gemacht. Kohle liegt gleichfalls am Njassasee, wird aber noch nicht abgebaut.

Industrie und Gewerbe sind in den Anfängen vertreten. Ein großes Sägewerk ist in Neu-Hornow (Usambara), ein anderes in Sigi. In Tanga und Daressalam sind Druckereien, in Daressalam eine Bierbrauerei, die im Jahre 1909 etwa 2400 hl braute, seitdem ihren Betrieb noch vergrößert hat. Von lokaler Bedeutung ist die in manchen Bezirken vorhandene Eisenindustrie der Eingeborenen.

Kapitel 3
Ostafrikanische Küstenstädte

Wer über Port Said und Aden nach Mombassa kommt, dem Hafen für die englische Ugandakolonie, auf den wirkt dieser Ort wie eine Offenbarung. „Es gibt doch auch ein grünes Afrika," sagt man sich freudig bewegt beim Anblick der laubumrauschten Küste. Und wenn man auf der Fahrt vom Hafen zur Stadt die herrlichen Mangobäume gesehen hat mit ihren mächtigen Kronen, die prachtvolle Allee frischer Laubbäume vor der Stadt, dann fragt man wohl bangen Herzens: Wird unser Ostafrika auch so aussehen?

Einige Stunden, und der Dampfer läuft auf Tanga zu, den nördlichen deutschen Hafen, und ein noch lieblicheres Bild als in Mombassa empfängt uns, das immer größere Reize enthüllt, je näher wir kommen. Vor einer prachtvoll bewaldeten Insel, der sogenannten Toteninsel, geht das Schiff vor Anker; stattliche Gebäude grüßen vom Festlande herüber, das Bezirksamt, das Krankenhaus, schöne Hotels; unter Palmen gebettet liegt ein schmuckes Kirchlein, die evangelische Kirche von Tanga. Schlanke Palmen, gewaltige rundkronige Mangobäume, dazwischen anderes Laubwerk hüllen die Gebäude ein; über eine weite, glitzernde Hafenbucht fliegt der Blick, und in der Ferne steigen bläulich schimmernde Berge auf, die bewaldeten Höhen von Usambara. Wahrlich, in keiner Streusandbüchse liegt Tanga, und wer zum ersten Male einen Abend in diesem Orte weilt, wird wie im Traum umhergehen. Einer der Herren, die 1907 den Staatssekretär Dernburg begleiteten, hat vorgeschlagen, Tanga Neu-Kiel zu nennen; wir ziehen den Vergleich mit Rostock vor, der alten mecklenburgischen Hafenstadt. Rostock, wer denkt da nicht an breitschulterige, stiernackige und trinkfröhliche Herren von der Scholle, die das Trinkhorn mächtig schwingen, wenn sie aus ihrer Landeinsamkeit einmal in die „Großstadt" kommen: so ist's genau in Tanga. Das Hinterland, das nahrhafte Hinterland dieser ostafrikanischen sauberen Mittelstadt ist der Busch und Wald von Usambara, wo der Pflanzer sich Wochen und Monde plagt, wirklich plagt, wo er auf Wildschweine, aber weniger auf Löwen Jagd macht, weil diese nützlichen Tiere die besten Hüter der Plantagen sind, von denen sie schädliche Wühler und Nager abhalten. Wochenlang — wenn nicht gerade ein Dampfer Leben bringt — liegt Tanga still, ein schlafendes Dornröschen; wie wird es aber wach, wenn die Pflanzer von den Bergen steigen! Dann sind sie beieinander, die lange nichts anderes sahen als den Busch, schwarze Arbeiter und höchstens den weißen Gehilfen. Und der Becher schäumt, das Blut schäumt, und mißbilligend schütteln die Mangobäume ihre ehrwürdigen Häupter. Aber der erfahrene Mann weiß, daß in Afrika, der Sonnenheimat, dieses Himmelsgestirn längst vergessene Instinkte ausbrütet, und wenn wirkliche Roheiten unterbleiben, was zumeist der Fall ist, legt er wie die milde, nachsichtige Tropennacht einen Schleier über Allzu-Menschliches.

Tanga hat schöne Hotels, gute Straßen, eine große Markthalle, von wo der Verfasser sich öfter eine große prächtige Ananas für 15—20 Heller (20—26 Pfennig) holen ließ, Trollyverkehr (auf Schienengeleisen laufen von Negern geschobene kleine Wagen), eine gute Schule, die unsere Negerjungen nicht nur in die Anfänge der deutschen Sprache einführt, sondern sie in der Tischlerei, Setzerei, in Maurer- und Holzarbeiten unterrichtet; ja, eine ganz anständige Musik machen die schwarzen Kerle sogar. Wer je im Kaiserhotel-Garten in Tanga gesessen und den Klängen der schwarzen Kapelle gelauscht hat, dem wird dieser Eindruck ewig unvergeßlich bleiben. Selbst das Eingeborenenviertel macht in Tanga einen sehr guten Eindruck; die ganz sauberen Schenzihütten liegen unter Palmen und Mangobäumen; der Friede scheint hier zu Hause, wenn man am Abend träumend durch die Straßen geht . . . .

Tanga hat nach den neuesten Feststellungen ca. 6000 Einwohner. Der Ort hat eine alte Geschichte; er wurde schon zur Araberzeit viel genannt. Ende der 1860er Jahre hatte es 4000—5000 Einwohner und war Ausgangspunkt der Karawanenstraße nach Massailand, dem Kilimandscharo und dem Viktoriasee. Heute geht die Bahn nach dem Kilimandscharo ihrer Vollendung entgegen; sie und der Ausbau des Hafens werden Tanga zu reicher Blüte führen. Es lebten Anfang des Vorjahres 178 Europäer in der Stadt; 8 europäische Handelsfirmen waren tätig. Im Jahre 1909 liefen in den Hafen 179 Dampfer mit 516 136 Registertonnen ein; der Gesamthandel des Platzes belief sich 1908 auf rund 10 Millionen Mark. Im Verkehr erreichte Tanga beinahe die Landeshauptstadt. Daressalam sah im Jahre 1909 141 Dampfer

Ein Straßenbild aus Daressalam
mit den in Daressalam gebräuchlichen Wagen, Ritschas genannt

Ein Blick auf Daressalam

mit 523 485 Registertonnen in seinen Hafen einlaufen; der Gesamthandel belief sich 1908 auf 11,8 Millionen Mark. Davon entfielen aber 10⅔ Millionen Mark auf die Einfuhr und nur 1,152 Millionen Mark auf den Export, während Tangas Ausfuhr sich auf 3,54 Millionen Mark — das Dreifache belief.

Ueber Sansibar, wo die Eingeborenen alle ihre Künste im Tauchen und Rudern zeigen, der Reisende aber selten an Land gehen darf, weil zumeist die Pest im Orte herrscht, fährt der Dampfer nach Daressalam, der „Stadt des Friedens". Vom Meere her sieht man die grüne Küste sich ohne Einschnitt dehnen, und man ist recht erstaunt, zu sehen, daß der Dampfer gerade auf sie zu hält. Er wühlt sich in eine ziemlich schmale Einfahrt hinein, sucht sich, langsam sich vorwärts tastend, seinen Weg, bis nach einer Wendung ein ziemlich großes Hafenbecken von etwa 5 km Länge und 2 km Breite auftaucht. Im Bogen zieht sich die Uferlinie um diese Bucht, und auf einem Hang, der sich an 10—15 m über die Wasserfläche des Hafens erhebt, liegt die glänzende Uferstraße, einen Anblick von seltener Lieblichkeit bietend. Stolz strecken die Türme der evangelischen und katholischen Kirche ihre spitzen Pyramiden durch das Laub der Palmen, protzig liegt das Hotel Kaiserhof, eines der besten an der ganzen ostafrikanischen Küste, am Strande. Flaggen wehen, zu Ehren des ankommenden Dampfers, von allen Gebäuden. Jeder, der zum ersten Male nach Daressalam kommt, wird wie von einem Rausch ergriffen; dieses hinreißende Bild hat nicht einmal der Optimist erwartet. Und man geht an Land, besteigt eine Rikscha, einen von Schwarzen gezogenen zweirädrigen Karren, und läßt sich zum Kaiserhof fahren, einem prächtigen Hotel. Wie träumend steigt man die breiten Treppen hinauf, geht in sein Zimmer mit elektrischem Licht, legt sich in die Badewanne (zwischen je zwei Zimmern liegt ein Baderaum), und man will zunächst gar nicht glauben, daß man in Afrika ist, bis jemand an die Tür klopft: „Chakula tayari." Der brave Boy, den man (das erste Geschäft gemeinhin) eben erst angeworben hat, meldet, daß das Essen fertig ist, und sein Anblick erinnert daran, daß man in fremdem Erdteil ist. Der Boy — er ist wirklich eine sehr praktische Einrichtung; am besten ist er, wenn er nicht Deutsch kann. Mit einem Dienstboten aus irgendeiner Ecke Deutschlands, der Deutsch versteht, wirst du deine liebe Not haben; der Boy aus dem Stamme der Bantuneger bedient dich am ersten Tage beinahe tadellos, auch wenn du nicht Suaheli sprichst und er nicht Deutsch. Das europäische Selbstbewußtsein des denkenden Mannes, der frisch von Ulaya (Europa) gekommen ist, erhält gleich am ersten Abend einen kräftigen Stoß. Diese Neger sind wirklich nicht so dumm und unbelehrbar, wie man gemeinhin anzunehmen sich erkühnt. Die Leute können nur nicht verstehen, daß jemand auf Jahre hinaus sorgen kann, da die sie umgebende Natur alle Tage ihrem Körper die nötige Wärme liefert und — wenn nicht gar zu schlimme Zeit kommen — auch das nötige Essen.

Ostafrikanische Küstenstädte

Hafen von Tanga

Der erste, wohl auch der zweite und dritte Tag in Daressalam verlaufen ganz stimmungsvoll; dann aber kommt die große Ernüchterung; Potsdam, die Beamten- und Militärstadt, wird in Afrika lebendig. Anfang 1908 hatte Daressalam 327 steinerne Häuser und rund 24 000 Einwohner. Anfang 1910 rund 500 Weiße, von den etwa 400 erwachsenen weißen Männern waren aber sicher beinahe 200 Regierungsbeamte und Schutztruppen-Angehörige. Daressalam ist also immer noch ausgeprägte Beamten- und Soldatenstadt. Neuerdings tritt eine Wendung zum Bessern ein; aber leicht wird das strenge Abschließen der Berufe voneinander nicht ganz verschwinden. In den ersten Jahren, als Daressalam und Tanga noch ungesunde Fiebernester waren und der Tod keinen schonte, war der Zusammenhalt noch ein anderer; mit stiller Wehmut erzählen die wenigen Alten von diesen vergangenen Tagen. Da saß alles, Offizier, Beamter, Kaufmann, Pflanzer, am einfachen Tisch zusammen; auch Wißmann fand sich ein. „Heute ist heut!" war die Parole; jeder wußte, daß das Morgen schon den Tod bringen konnte.

Heute ist Daressalam mit seinen schönen breiten Straßen, die abends elektrisch beleuchtet sind, seinen stattlichen Häusern, Gärten und Promenaden eine verhältnismäßig gesunde Stadt, und mit dem weiteren Vordringen der Zentralbahn, die Juli 1912 Tabora und 1914 vielleicht den Tanganjikasee erreicht hat, wird es sich mehr und mehr zu einer soliden Hafen- und Handelsstadt entwickeln. Von hervorragenden Gebäuden seien erwähnt das Gouvernementsgebäude, in schönem Garten gelegen, das luftige, reich ausgestattete Krankenhaus für Europäer; weiter gibt es mehrere Schulen, ein Aquarium, koloniales Museum, Versuchsgärten u. a. Auch die Eingeborenenstadt von Daressalam ist recht gut gebaut; ein Teil liegt sehr idyllisch unter Palmen. Die Daressalam gegenüberliegende Halbinsel Kurasini ist neuerdings durch eine hohe Brücke mit der Stadt verbunden; auf ihr liegen Werft und Reparaturwerkstätten der Gouvernementsflottille.

Neben Tanga und Daressalam spielen die übrigen Häfen nur eine geringe Rolle. Südlich von Tanga liegt Pangani, wo einst die Araber festen Fuß gefaßt hatten und schwunghaften Sklavenhandel trieben. Im Jahre 1888 hißte die Deutsch-Ostafrikanische Gesellschaft in der Stadt die deutsche Flagge. Bald brach der Araberaufstand aus; Pangani wurde von den Arabern besetzt und leistete den heftigsten Widerstand, bis Mitte Mai 1889 die Wißmann-Truppe im Verein mit der deutschen Marine die Stadt einnahm. Anfang 1908 hatte die Stadt ca. 830 Häuser mit 3200 Einwohnern, darunter nur 10 Weiße. Auf der Reede verkehrten 1908 127 Dampfer mit 66 140 Registertonnen; Ein- und Ausfuhr beliefen sich auf 1 210 674 bezw. 1 427 404 Mark.

Zuckerfabrik Pangani der Deutsch-Ostafrikanischen Gesellschaft

Von noch geringerer Bedeutung als Pangani ist Sadani mit (Anfang 1908) 1750 farbigen und 21 weißen Einwohnern. Größere Wichtigkeit wird dieser Ort erlangen, wenn die Baumwoll-Unternehmungen guten Fortgang nehmen, die bei Sadani, im Schwemmland des Wami, entstanden sind. Es arbeiten dort die Leipziger Baumwollspinnerei und mehrere deutsche und griechische Unternehmer im Großbetrieb mit Dampfpflügen. Alle diese Unternehmungen haben aber 1908 und 1909 mit großer Trockenheit zu kämpfen gehabt.

Der nächste Hafen Bagamojo war lange Zeit Haupthafen von Ostafrika; er hat auch heute noch große Bedeutung. Die Stadt hatte Anfang 1908 1136 Stein- und Lehmhäuser und 4978 Bewohner, worunter (einschließlich Missionare) 41 Weiße. Nicht weniger als 149 Dampfer mit 198 305 Registertonnen verkehrten 1908, und der Gesamthandel belief sich

Ostafrikanische Küstenstädte

auf rund 3 Millionen Mark. Bagamojo ist Bischofssitz und Hauptstation der Mission der „Väter vom heiligen Geist"; diese schon 1869 gegründete Station ist die erste christliche Kulturstätte an der ostafrikanischen Küste. Die Mission hat sehr bedeutende Anlagen errichtet. Der Anbau von Kokospalmen wird bei Bagamojo gepflegt; auch der Baumwollbau gewinnt an Umfang. Neuerdings geht infolge Weiterführung der Zentralbahn der Handel von Bagamojo stark zurück.

Südlich von Daressalam liegen Kilwa Kiwindsche, Kilwa Kissiwani (das alte Quiloa der Portugiesen und Kiloat der Araber), Lindi und Mikindani. Der erstgenannte Ort hat nur eine Reede, trotzdem hat Kilwa zirka 4500 Einwohner. In seiner Umgebung wird viel Baumwollbau getrieben; der Gesamthandel beläuft sich auf rund 1½ Millionen Mark (1907). Einen sehr guten Hafen hat das südlich von der Stadt gelegene Kilwa Kissiwani, das alte Kilwa. Es wurde 987 von den persischen Schirasi gegründet; 1505 eroberten es die von dem Reichtum der Stadt angelockten Portugiesen; 1698 fiel der Ort den Arabern in die Hände. Er hat zahlreiche Ruinen, ein 20 m langes Fort aus der Portugiesenzeit mit drei Ecktürmen (der vierte ist verschwunden), ein altes Schloß und die Reste einiger Moscheen. Der hervorragende Hafen wäre der beste Ausgangspunkt für eine Bahn nach dem Njassasee.

Lindi, an der breiten, schönen Lindibucht gelegen, die sich weit ins Land zieht, hat ca. 3500 Einwohner, darunter 24 Europäer; der Gesamthandel beträgt ca. 1¾ Millionen Mark. In der Umgegend haben sich eine ganze Anzahl Plantagen angesiedelt. Auch Mikindani hat einen guten Hafen, den die größten Ozeandampfer benutzen können; der Ort ist aber nur von geringer Bedeutung.

Ruine eines Araber-Forts aus Kilwa Kissiwani

Kapitel 4
Neger- und Europäer.eben in Ostafrika

Deutsch-Ostafrika beherbergt eine ganze Anzahl sehr verschiedener Rassen und Typen; neben dem Europäer ist da der Goanese, der Araber, Inder, vereinzelt findet man Perser; neben dem mittelafrikanischen Neger tritt der Sudanese auf. Araber und Inder spielen in der immer stärker einsetzenden mohammedanischen Bewegung eine große Rolle. Die wichtigste Bevölkerungsgruppe ist in Ostafrika neben dem Europäer natürlich die Masse der eingeborenen Neger, einmal ihrer Zahl wegen, dann wegen ihrer Bedeutung als Arbeiter. Der Inder und ein Teil der Araber sind Händler; Südeuropäer suchen als Angestellte der Großunternehmen durchzukommen; der Deutsche tritt als leitender Beamter und Organisator auf. Natürlich ist diese Scheidung nicht streng begrenzt. Die Uebergänge verwischen sich.

Ueber den Neger gehen die Ansichten immer noch weit auseinander, weil es schwer ist, ihn zu verstehen. In einer andern Umgebung, andern Tradition, unter ganz andern Lebensformen als der Europäer aufgewachsen, denkt er ganz anders als wir. Zweifellos aber denkt er, und er besitzt eine große Portion Geriebenheit. Wer bei ihm europäisches Empfindungsleben voraussetzt, wird schwer getäuscht werden. Und das von Rechts wegen, so sagt der Neger. Er ist der richtigen Meinung, daß der Fremde das Land kennen soll, in das er kommt, kennt er's nicht, so will er eben betrogen sein.

In gewissem Sinne europäisches Fühlen hat der Neger dagegen in seinem persönlichen Verhältnis zum Führer; doch handelt es sich da um ein mehr allgemein menschliches als speziell europäisches Fühlen. Der Neger ist gewöhnt, sich unterzuordnen; deshalb ist er ein guter Soldat und ein williger Gefolgsmann dem, der ihn zu packen versteht. Die feste Hand des Führers weiß er zu schätzen; er will nicht verzärtelt sein. Aber er verlangt vom Führer Schutz seiner Person und seiner Interessen. Der Askari will sein Gewehr haben, seine angesehene Stellung; der Karawanenführer soll für Nahrung für seine Leute sorgen und auf dem Platze sein, wenn ihnen Gefahr droht. Er hat die Autorität verloren, wenn er Furcht zeigt. Ueber den Neger als Soldaten wußte Conrad Alberti zu berichten: Auch erscheint der Neger hier als der geborene S o l d a t. Schon beim Besuche der Askarikaserne war uns die stramme Festigkeit der Leute aufgefallen; die Freude am Beruf leuchtete aus ihren schwarzen Augen. Sie hielten sich vorzüglich, sie sahen in ihren gelben Khakianzügen mit gelbem Nackenschutztuch und blauen Gamaschen gar schneidig aus. Sie haben es auch vortrefflich. Sie wohnen frei in der Kaserne in behaglichen Stuben, etwas dunkel, aber gegen die Hitze geschützt, sie haben ihre Frauen bei sich, sie erhalten den hohen Monatssold von 20 bis 70 Rupien (27 bis 93 Mark), jeder hat seinen Boy, der ihm aufwartet. Und unser Erstaunen stieg bei dem Kompagnieexerzieren, das Oberstleutnant Quade abhielt. Kein „Maikäfer", kein „Franzer" kann besser „Griffe kloppen" — Ausschwärmen, Einschwenken, Attacke gingen musterhaft. Von besonders ausgebildeten Mannschaften wurden die schwierigen Manipulationen am Maschinengewehr, am Heliographen tadellos ausgeführt, Depeschen in deutscher Sprache durch Flaggensignale vorzüglich übermittelt. Beim Scharfschießen auf die Mannscheibe waren 65 Prozent Treffer. Der

Askari beim Exerzieren

Neger ist gern Soldat. Die Askari haben sich jedenfalls im letzten Aufstande brillant geschlagen. Ueber den Neger als Industriearbeiter sagt derselbe Autor:

Weiter sah ich den Neger als Industriearbeiter. Der Direktor der hiesigen Niederlassung der Deutsch-Ostafrikanischen Gesellschaft hat die gute Idee gehabt, Kopra (das Innere der Kokosnuß) und Sesam, die bisher im Rohmaterialzustand nach Europa geschickt werden mußten, hier schon an Ort und Stelle zu pressen, so daß das Oel in Europa nur noch raffiniert zu werden braucht. Große Räder zerquetschen die Früchte, das Mehl wird in langen Säcken kuchenartig gepackt, diese werden unter eiserne Walzen gebracht — das Oel fließt in Kübel ab, der feste Restbestand gibt vortreffliches Viehfutter. Zum Antrieb der Maschinen dient ein Ottoscher Motor. Es ist die erste Anstalt dieser Art in Deutsch-Ostafrika. In wenigen Wochen haben die Schwarzen unter Leitung des deutschen Direktors die Maschinen zusammengesetzt und bedienen den schwierigen Mechanismus mit einer Gewandtheit, als hätten sie regelrechte Lehrjahre bei einem Meister hinter sich. Der Direktor der Gesellschaft ist vollkommen zufrieden, das Geschäft geht glänzend.

Sehr verläßlich sind die Neger im allgemeinen als Postboten; als solche besorgen sie den Verkehr zwischen den Stationen im Innern und sind 8—12 Tage auf dem Marsche, die Kolonne von 6 bis 10 Mann nur mit 1—2 Gewehren versehen. Auch als Träger sind die ostafrikanischen Stämme zumeist vorzüglich. Diese Arbeiten besorgt der Neger gern aus Lust an herumschweifendem Leben; er kennt nichts Schöneres, als abends mit Gefährten am Lagerfeuer zu sitzen und zu schwatzen. Dabei ist dies Leben zuweilen recht mühselig. Im übrigen bestellt der Neger sein Feld, ohne sich dabei aufzuregen, zieht sein Vieh; seine Hauptsorge im Innern ist die Beschaffung der drei Rupien Hüttensteuer. Mehr und mehr machen aber auch seine Weiber Ansprüche. Sie wollen bunte europäische Tücher und sonstigen Tand; dafür geht der Neger seufzend beim Mzungu (Europäer) arbeiten.

Sein häusliches Leben vollzieht sich sehr einfach. Die Tafelfreuden sind nicht groß; ein richtiges Familienleben gibt's nicht. Hauptfreuden des Mannes sind der Tumbacco- (Tabak-) und der Pombe- (Hirsebier-) Genuß. Aber auch das schönere Geschlecht pflegt im Innern zu trinken und zu rauchen. Die Küstenneger hingegen pflegen Abstinenzler zu sein.

Das Leben des Europäers vollzieht sich an der Küste und Küstennähe — mit Einschränkungen natürlich — in denselben Formen wie zu Haus. Ueber die mancherlei kleinen Leiden, die aber meist mit einem gewissen Humor ertragen werden, hat der schon genannte Conrad Alberti berichtet:

Die deutsche Frau, die nach Ostafrika übersiedelt, wird sich bald ihrer Rolle als Kulturkämpferin bewußt werden. Sie hat hier viel zu lehren, aber sie wird fünf Minuten, nachdem sie das Land betreten, merken, wie viel sie selbst umzulernen hat. Ich möchte niemandem, weder Mann noch Frau, raten, ohne K e n n t n i s d e r S u a h e l i s p r a c h e hierher zu kommen — sie ist zum Glück nicht sehr schwer, und man kann sie sich in Europa in ein paar Monaten aneignen — schlimmstenfalls durch Selbststudium. Es ist hier Politik, die Eingeborenen so wenig wie möglich die Herrensprache lernen zu lassen: das System hat sich in den englischen Kolonien bewährt; man soll es auch hier weiter befolgen — nur für den Neuling ist es nicht angenehm. Mit der Dienerschaft verkehrt man n u r in Suaheli.

W o h n u n g e n sind schwer zu bekommen und teuer — ein ganz kleines Quartier nicht unter 600 Rupien (800 Mark), und der Komfort ist gering. Die Wasserleitung pflegt zu versagen, wenn man sie am nötigsten braucht. Man muß sich daran gewöhnen, daß häufig die Fenster keine Glasscheiben haben, sondern nur Holzrolläden. Für Beamte liegt die Wohnungsfrage besonders unbequem. Das Zusammenwohnen mit Kollegenfamilien in den der Regierung gehörigen Häusern wird nicht jeder Hausfrau willkommen

Suaheli-Weiber im Schmuck des Weniema-Ngoma Phot. Dr. Lohmeyer

sein. In Khartum sucht die englische Regierung dahin zu wirken, daß die Beamten, auch die Junggesellen, sich eigene Villen bauen, damit sie als Ansässige lebhaftere Teilnahme für die Kolonie gewinnen. In Deutsch-Ostafrika verbietet die Regierung den Beamten Landerwerb und schließt mit ihnen nur auf zwei Jahre Vertrag, der nur in Einzelfällen verlängert wird. Natürlich bleibt der Beamte gewöhnlich ein Fremder, hat wenig Interesse am Gedeihen des Ortes und strebt höchstens danach, möglichst viel von seinem Gehalt zu sparen. Das alles wirkt natürlich auf die Entwicklung der kolonialen Ortsgemeinden höchst ungünstig, und eine weitere Folge ist, daß sich das gesellige Leben auf die engsten Kreise beschränkt, da die Beamten auch untereinander streng die Rangklassen innehalten.

Nicht geringe Sorge pflegt der deutschen Hausfrau hier die K ü c h e zu bereiten. Der Gatte verlangt Abwechslung, und die Auswahl ist schwer. Fleisch ist zwar nicht teuer: das Pfund Buckelrind 25 Heller (38 Pfennig), Kalbfleisch 30, — dafür aber auch zäh und ungepflegt. Schweinefleisch ist selten am Markt und dann recht teuer: mindestens 60 Heller. Ich war anfangs sehr unzufrieden mit dem beständigen Konservengemüse, dem der Magen sich bald widersetzt. Die Schwestern der katholischen Mission und einige Chinesen bauen in der Umgebung von Tanga, im Msimbasital, das schönste Gemüse der Welt. Alles gedeiht hier prächtig: Karotten, Kohl in riesigen Köpfen, Bohnen — die Fruchtbarkeit ist enorm. Aber kein Mensch will es kaufen. Die schwarzen oder goanesischen Köche sind zu faul, es ordentlich herzurichten, und nehmen lieber die bequemeren Konserven. Dabei zahlt man — es gibt in der Kolonie fast nur männliches Dienstpersonal, das außer dem Hause wohnt — einem Koch etwa 40 Mark den Monat. Diese einheimischen Dienstboten sind dreist und unzuverlässig — sie laufen fort, wenn es ihnen paßt, und die Polizei legt ihnen ihr Treiben nicht, weil die Regierung es für politisch angemessen hält, die Eingeborenen zu stützen, denn der Deutsche gehorcht auf jeden Fall, der Schwarze macht vielleicht Aufstand.

Der deutschen Hausfrau, die nach Afrika kommt, fällt es anfangs schwer, sich auf die durchaus männliche Bedienung einzurichten, aber mohammedanische Negerinnen gehen nicht in Europäerhäuser. Selbst das „Kindermädchen" ist in der Regel ein Boy, der aber bisweilen sein Amt in ganz ausgezeichneter Weise versieht. Frau Direktor Unger in Mkolomuzi, mitten im Usambaragebirge, konnte von ihrem Boy nicht genug rühmen, wie gut er zu dem kleinen Prinzen des einsamen Hauses im Walde sei.

Ein großes Kreuz für jede Hausfrau ist in unserer Kolonie die W ä s c h e. Inder und Goanesen befassen sich damit, und man kann bei ihnen monatlich abonnieren. Sie klopfen die Wäsche auf Steinen („die Wäsche schlagen" lautet der Ausdruck in Suaheli) und ruinieren sie in der abscheulichsten Weise. Oft bekommt man sie viel schmutziger zurück, als man sie fortgegeben, und voll großer Löcher. Wer klug ist, nimmt daher nach Ostafrika nur sein schlechtestes Weißzeug mit. Herrenkleider aus Drell, Khaki oder Bastseide bekommt man hier gut und billig, Damen aber sind gezwungen, fast alle Toiletten aus Europa kommen zu lassen, und solch eine Lieferung dauert oft monatelang.

Die Frage der Getränke spielt hier eine große und nicht immer angenehme Rolle. Unabgekochtes Wasser ist fast sicheres Gift. Vom Bier wird behauptet, es sei in den Tropen schädlicher als Wein oder der beliebte „Whisky mit Soda". Man hält sich tagsüber meist an Sauerbrunnen oder Zitronenlimonade; wenn ein Dampfer Faßbier herüberbringt, so ist das ein Festtag, zu dem man seine Freunde einladet. Flaschenbier ist entsetzlich teuer, im Restaurant 1 Rupie die Flasche. Eis, nach dem man förmlich lechzt, ist nicht immer zu haben — selbst hier in Tanga vermißt man es seit Monaten und ist gezwungen, auch den Sekt warm zu schlürfen.

Araber von Tanga im Festgewand

Auf den Ansiedlungen im Gebirge versucht man Geflügel zu züchten. Das Huhn hat schwer unter der Pest zu leiden, es legt hier nicht gern Eier, und diese sind klein und unschmackhaft. Die jungen Puten, Enten, Küken holt oft am Tage der Geier, nachts der Leopard. Pferden, Eseln, Maultieren wird in den Tälern die Tsetsefliege gefährlich, aber bei guter Wartung und konsequenter Stallfütterung hat einer meiner Bekannten sein kleines arabisches Halbblut schon übers vierte Jahr hinausgebracht. Ich habe es selbst geritten und kann sagen, daß es munter und feurig ist. Die Versuche, Pferd und Zebra zu kreuzen, sind erst in den Anfängen, und über ihre Ergebnisse läßt sich noch nichts Bestimmtes sagen. Jedenfalls ist auch für Frauen ein bißchen Reitkunst in den Bergen geradezu unentbehrlich.

Die größte Plage des tropischen Haushalts ist vielleicht das Ungeziefer. Ohne Moskitonetz zu schlafen, ist lebensgefährlich und bringt fast

Mjimbassistraße im Negerviertel von Daressalam

immer Fieber, die Fußnägel müssen jeden Morgen auf Erdflöhe untersucht werden, die ekligen Kakerlaken schwärmen in den Küchenräumen zu Hunderten, und kaum die eisernen Tropenkoffer sichern vor den Räubereien der Ameisen, besonders der weißen Termiten, die meterhohe Hügelbauten errichten und die Rinde der längsten Bäume bis zur Krone zerstören. Man duldet dagegen gern die drolligen Mauereidechsen, die abends an den Zimmerwänden entlang huschen und vieles Ungeziefer vernichten. Die Welt von Käfern, Fliegen, Raupen, die uns hier umschwirrt, scheint von endloser Mannigfaltigkeit. Es ist eben ein großes Lebensprinzip, das hier Gutes und Verderbliches, Schönes und Häßliches hervorbringt: die märchenhafte Blütenpracht, die riesigen Gaukelfalter, die saftstrotzenden Früchte, wie die giftigen Insekten, die schwer ausrottbaren Schädlinge. Auf diesem beinahe noch jungfräulichen Boden, in dieser feuchtschweren Luft wächst alles rascher, reicher, kraftvoller heran als im überkultivierten ausgesogenen Norden. Die Lebensbedingungen sind hier ursprünglicher, und so wird das Leben nach allen Seiten üppiger. „Dem Trocknen, Feuchten, Warmen, Kalten entwinden tausend Keime sich." Ueberall schießt Neusprossung hervor, überall ein rapides Werden, und das Sein ist urwüchsiger, stärker, willkürlicher, maßloser als in den gemäßigten Zonen. Der Mensch muß erst langsam lernen, es zu bändigen.

5-Rupien-Note der Deutsch-Ostafrikanischen Bank

Kapitel 5
Im Bergland Usambara

Als Staatssekretär Dernburg im Sommer 1907 seine Fahrt nach Ostafrika machte, ging der Herausgeber dieses Buches im Auftrage einiger Tageszeitungen gleichfalls dorthin. Einige Wochen verwandte er auf das schöne Bergland Usambara, das er zunächst in Begleitung eines weißen Reisegefährten, dann allein mit seinem Dutzend Schwarzen durchzog. Diesen Zügen die Bahnlinie aufwärts mit Abstechern nach rechts und links verdanken die unten abgedruckten Reiseschilderungen ihr Entstehen. Wer sie aufmerksam liest, wird bald das richtige Bild gewonnen haben, daß Usambara das in der europäischen Besiedelung am weitesten vorgeschrittene Gebiet Deutsch-Ostafrikas ist, dazu eines der schönsten Bergländer dieser Kolonie. Plantage reiht sich von Tanga aufwärts bis weit über Mombo hinaus an Plantage; dauernd fließende Wasserläufe rieseln von den Hängen der Berge herab, die zum Teil mit prachtvollem Urwald bestanden sind; eine kühle, angenehme Bergluft, in der auch der Europäer dauernd leben kann, streicht über die Höhen.

Usambara, an das sich nach Nordwesten das bis zum Kilimandscharo streichende Paregebirge anschließt, wird im Südwesten vom Panganiflusse begrenzt, im Norden und Nordosten geht das Gebiet in die Umbasteppe über, die sich nach Britisch-Ostafrika hineinzieht. Die höchsten Berge im Usambaragebirge sind der Magamba mit 2240 Meter und der Mtumbi mit 2262 Meter. Das Paregebirge steigt bis zu 2070 Meter auf. Die mittlere Gebirgshöhe beträgt 900 1000 Meter, überragt also die der deutschen Mittelgebirge bedeutend.

Wer Usambara nicht gesehen hat, kennt nicht Deutsch-Ostafrika, kann man getrost sagen. Ich begann zunächst mit Tanga, mit seinem Schwefelbade Amboni, seiner Toteninsel und den mancherlei interessanten Leuten, die sich da in der Hafenstadt sammelten. Die Pflanzer stiegen gerade aus ihren Bergen hernieder, als ich in Tanga weilte, und es ging etwas wüst zu, wie ich gestehen muß. Wohlerzogenen Beamten, die nur im Klub zu Tanga und Daressalam mit steifem Halskragen und noch gesteifterer Seele zu verkehren gewöhnt sind, mag schon ein Grauen ankommen, wenn sie diese urwüchsigen Gestalten in vorgerückter Stunde beim festen Männertrunk sehen; wer aber nicht so zart besaitet ist und seinen armseligen Lebenskahn durch manchen schweren Sturm hat führen müssen, an gefährlichen Klippen vorüber, kann diese Leute, die da im fernen Erdteil im dunklen Busche hausen, immer auf sich gestellt, dem Tode viel öfter ins grinsende Knochengesicht schauend, als sie selber zugestehen mögen, wohl begreifen, wenn er sie auch nicht gerade in allen Stücken als Vorbilder wählen möchte.

Im Bergland Usambara

Bahn der Deutschen Holz=Gesellschaft in Ost=Usambara

Mein erster Besuch galt der Kautschuk- und Sisalpflanzung Ngomeni, zwei Stunden Bahnfahrt von Tanga gelegen. Es war weniger der Wunsch, die neu angelegte Pflanzung zu sehen, der mich hinführte, als das Verlangen, den Leiter der Plantage kennen zu lernen, der als einer der Erfolgreichsten im Usambaragebiet genannt wurde. Ich fand einen ernsten Mann vor, unermüdlich tätig; seine Unternehmungen reichen bis zum Viktoriasee, wo er bei Butoba eine Vieh- und Kautschukfarm angelegt hat.

Von Ngomeni, das insofern noch bemerkenswert ist, als da die Bahn durch zwei Schleifen eine Terrainschwierigkeit überwindet, fuhr ich nach Tengeni, von wo die Sigibahn abgeht. Dort arbeitet die Sigi=Export= Gesellschaft, die aus schwerem afrikanischen Holz Möbel und Schwellen sowie Bretter aller Art herstellt und auch Holz nach Deutschland versendet. Es handelt sich hauptsächlich um das sogenannte Mvuleholz, das durch seine außerordentliche Härte vor Insektenfraß geschützt ist.

Die Fahrt mit der Sigibahn, einer von Koppel in Berlin gebauten Kleinbahn, wird als gefährlich bezeichnet, weil zeitweise schon Wagen den Bahnabhang hinabgestürzt sind; wir kamen aber nach fünfviertelstündiger Fahrt glücklich bis zum vorläufigen Endpunkt bei Kilometer 17.*) Wir hatten ganz schöne Ausblicke auf die Usambaraberge und in naheliegende Täler mit ziemlich reicher Vegetation; wunderschön machten sich die vielen Zitronen= und afrikanischen Apfelsinenbäume an der Strecke mit ihren leuch-

---

*) Heute ist die Bahn bereits fertiggestellt. D. H.

tenden Früchten, die in verschwenderischer Fülle aus dem dunkelgrünen Laub hervorsahen. An Edelholz war im ersten Teile der Fahrt nicht viel zu entdecken; erst gegen Ende gab's hochstämmigen Wald mit gutem Baumbestand, darunter manchen prächtigen Stamm. Eine Beobachtung machte ich schon auf dieser Fahrt, und das fiel später immer wieder auf, daß Usambara trotz ziemlich guten Bodens sehr schwach von Negern bewohnt ist. Die letzte große Hungersnot hat Zehntausende hinweggerafft; neue Leute sind nicht gekommen. Es eignet sich Usambara deshalb gut zur Besiedelung, weil es keine Landkonflikte mit der einheimischen Bevölkerung gibt.

Am Spätnachmittag trafen wir in Sigi ein, schön in einem von gut bewaldeten Bergen umgebenen Talkessel gelegen; das Wohnhaus, ganz behaglich eingerichtet und von einer prächtigen deutschen Hausfrau in Ordnung gehalten, liegt inmitten eines kleinen Gartens auf kleiner Anhöhe; die Sägemühle gehört natürlich dicht an den Fluß. Das Ganze macht einen recht heimischen Eindruck; wenn nicht das Negerdorf in der Nähe mit seinen Schenzihütten störte, würde man glauben, irgendwo im Frankenwalde oder Böhmerwalde zu sein.

Nach eintägigem Aufenthalt in dem gastlichen Sigi stieg ich nach Amani hinauf, dem Göttersitz der afrikanischen Gelehrten. Eines der Gelehrtenhäuser sieht man von Sigi aus am Berghange liegen; es dauert aber mehrere Stunden, ehe man zur Höhe emporgeklettert ist. Der Weg ist recht bequem; er führt durch Wald, größtenteils aber durch Pflanzungen von Amani, die sich bis ins Sigital hinunterziehen.

Auf der Höhe angelangt, kommt man zunächst ins Negerdorf; dahinter breitet sich die Station Amani aus, prächtig anzuschauen mit ihren freundlichen Häusern, wo die Gelehrten in völliger Abgeschiedenheit ihrer Arbeit obliegen. Ueber die Station selber und ihre prächtige Umgebung ist genug geschrieben worden; ich möchte den Ernst und Eifer hervorheben, womit in Amani gearbeitet wird. Jeder der Herren gibt sein Bestes, und jeder ist unglücklich, daß er nicht noch mehr leisten kann. Im Laboratorium werden Pflanzen aller Art auf ihre Verwertbarkeit geprüft. Da wird fortwährend an Kautschuk und allen möglichen Pflanzenfasern herumprobiert, werden Oele aller Art gewonnen, wird extrahiert, destilliert, auf Retorten gesetzt und gekocht, daß es eine Freude ist. Man arbeitet mit echt deutscher Gründlichkeit für die Zukunft. Ein gemütlicher Schwabe, aber eifriger Herr ist der Entomologe Prof. Dr. Vosseler, in dessen Junggesellenwohnung ich zwei allerliebste Nachtaffen kennen lernte, Tierchen von Rattengröße, die die Gesellschaft des Menschen geradezu suchen; bewundernswerte Frische hat sich trotz mehr als 20jährigen Aufenthalts in Afrika Geheimrat Stuhlmann[*]) bewahrt, neben Prof. Zimmermann, den ich leider nicht antraf, Leiter von Amani. Mit ihm machten wir einen herrlichen Ausflug nach dem Bomole, einem Berge,

---

[*]) Geheimrat Professor Dr. Stuhlmann ist jetzt Leiter des Kolonialinstituts in Hamburg

Galerie-Wald am Mduruma mit Sägewerk

der sich einige hundert Meter über Amani erhebt; sehenswert sind die Chinin- und Kampfer-Pflanzungen an seinen Abhängen. Oben vom Berge hat man eine herrliche Aussicht über die Waldlandschaft von Usambara, und nach der anderen Seite schweift der trunkene Blick bis zum Indischen Ozean.

Den Geheimrat Stuhlmann lernte ich auch in seiner Behausung kennen, einer gediegen eingerichteten Gelehrtenwohnung im fernen Afrika.

Schnell gingen die wenigen Tage in Amani mit ihren vielerlei Anregungen vorüber; schwer hingen die Nebel hernieder, als wir an einem Augustmorgen nach Njussi hinuntermarschierten. Kräftiger Regen setzte ein. Aber es dauerte nur kurze Zeit; dann brach die Sonne wieder durch. Auf diesem sechsstündigen Marsche sah ich endlich wirklichen Urwald in Deutsch-Ostafrika mit stolz emporstrebenden Baumriesen, zwischen denen Lianen oft von Armstärke herumklettern, mächtige Baumfarne ihre zierlichen Wedel schwingen, wo auf umgestürzten, morschen Stämmen neues Leben erblüht: nur gedämpft fällt das Tageslicht in diese Wildnis, in der tiefes Schweigen herrscht, nur vom gedämpften Gemurmel des Gebirgsflusses unterbrochen.

Wir wandern und wandern, die Träger bald fröhlich singend, bald lautlos marschierend; immer neue schöne Bilder tun sich auf. So geht es, bis plötzlich der Wald sich lichtet und drüben auf einer Anhöhe ein weißgetünchtes Haus aufragt. Wir haben Kwamkoro vor uns, die Kaffeeplantagen des Prinzen Albrecht von Preußen. Eingekehrt bin ich nicht bei dem Verwalter der Plantage; aber wir durchquerten sie in ihrer ganzen Ausdehnung. Die Bäumchen standen prachtvoll; schön machten sich die roten Beeren im dunkelgrünen Laub, in deren saftigem Fleisch die Kaffeebohne steckt; bester Usambarakaffee jedoch bringt knapp 50 Pfennig für das Pfund. Was hilft da der beste Stand der Anlagen! Kwamkoro ist vorüber, eine Zeitlang kommt Busch; dann treten wir wieder in den Hochwald ein. Er ist leichter als vor Kwamkoro, aber immer noch schön, mit mächtigen Mwulestämmen. Bergauf, bergab geht der Weg; es wird Nachmittag; aber immer noch ist von Njussi nichts zu sehen. Auf einmal entringt sich da ein Laut der Ueberraschung meiner Brust, daß die Träger stehen bleiben; die dichten Büsche zur Rechten sind zurückgetreten, und ich sehe das Gebirge über 600 Meter tief steil in die Ebene hinabstürzen, die unten wie ein wogendes Meer liegt. Da liegt auch die Bahnstation Njussi; aber bis zum Sägewerk des Herrn von Leckow, meinem Ziele für den Tag und über eine halbe Stunde von der Bahn gelegen, brauche ich immer noch 1½ Stunden.

Den Besitzer von Plantage und Sägewerk Njussi, der mich freundlich eingeladen hatte, fand ich nicht vor; ich hatte vergessen, mich anzumelden. Doch wurde ich freundlich aufgenommen, und ich hatte bis zum nächsten Morgen Gelegenheit, das Anwesen gut in Augenschein zu nehmen. Welcher Gegensatz zu Sigi! Dort hat Kapital aus dem vollen gearbeitet; dem Sägewerk Njussi hingegen sieht man an, daß es unter Mühen und Sorgen

Amani-Dorf in Erwartung Seiner Exzellenz von Lindequist

Landschaft bei Wilhelmstal

entstanden ist. Einfach sind die Gebäude; einfach ist auch das strohgedeckte Wohnhaus. Im kalkgetünchten Speisezimmer hängen an buckeliger Lehmwand Eltern und Bruder des Besitzers im Rahmen, stolze Rassegesichter. Es stimmt eigen, sie in dieser Bauernhütte zu sehen. Einige Tage darauf traf ich auch den Besitzer des Hauses, eine kräftige, rassige Gestalt mit dem müden und oft harten Zug derer um Augen und Mund, die hart mit dem Leben gerungen haben.

Als ich am nächsten Tage zum Zuge marschierte, machte ich noch die Entdeckung, daß in der Gegend von den Eingeborenen eifrig Reis gebaut wird, und zwar ohne Bewässerung; in regenreichen Jahren sollen sie gute Ernten erzielen. Pflanzer haben es mit dem Reisbau noch nicht versucht.

Mombo erreichte ich von Njussi aus mit der Eisenbahn; es ist ein ganz interessanter Ort, jetzt besonders wichtig, weil es Endstation der Bahn ist und Lagerplatz für die vielen Frachten, die in die Umgegend und bis zum Kilimandscharo hin gehen und von da zur Bahn kommen. Täglich treffen Karawanen ein und marschieren ab, so daß es für einen Fremden sehr schwer ist, Träger zu erhalten.

Der bedeutende Verkehr hat Mombo zum bevorzugten Platz für Händler und Gastwirte gemacht; es gibt dort zwei Hotels, die gute Geschäfte machen, und die Händler haben nicht zu klagen. Neuerdings will sich auch ein Berufsspediteur am Orte niederlassen und dem Speditionsgeschäft eine solide Grundlage geben.

In der äußeren Erscheinung drückt sich die Bedeutung Mombos allerdings nicht aus; das kommt daher, daß kein Unternehmer sich für längere Zeit auf das Bleiben am Orte einrichtet. Jeder weiß, daß mit dem Fortschreiten der Bahn nach dem Kilimandscharo Mombo viel verlieren muß, und man erwartet allgemein, daß der Zeitpunkt des Weiterbaues der Bahn bald eintritt.

Von Mombo marschierte ich nach Wilhelmstal hinauf, in 1500 Meter Höhe schön in den Bergen gelegen. Der Weg, ein 3—5 Meter breiter Fahrweg, war für afrikanische Verhältnisse als sehr gut zu bezeichnen. So ging es flott in die schwach bewaldeten Berge hinein; aber doch hat die ziemlich vegetationsarme Gegend einen eigenen Reiz. Seltsam geformte Höhen türmen sich auf, zwischen denen tiefe, einsame Schluchten liegen, anscheinend ohne alles tierische Leben; nur Raubvögel schweben „spähend" über der Weite und erinnern daran, daß der Mensch in dieser Oede nicht allein ist. In größerer Höhe trafen wir einige kleine Negerdörfer mit den dazu gehörigen Bananenhainen an, prachtvolle Ausblicke eröffneten sich auf die Berge und die weite Massaisteppe. Wir mochten 1000 Meter hoch sein, und es wurde recht kühl; einige Gipfel strebten noch 500 bis 600 Meter höher in finsteres Gewölk hinein, das drohend auf unsere Straße zu zog. Doch fielen nur wenige Regentropfen. Nach einem Marsche von etwa 3 Stunden hatten wir den Kamm des Gebirges überschritten und strebten nun auf der nordöstlichen Seite auf Wilhelmstal zu. Die Gegend wurde freundlicher und vegetationsreicher; etwa eine Stunde vor Wilhelmstal führt die Straße in ein schönes Flußtal mit prächtiger Vegetation auf beiden Ufern des Gebirgsbaches. Sogar einen Wasserfall von etwa 20 Meter Höhe gibt es. Weiterhin wurde die Straße wieder glatt; wir waren auf der Hochebene, auf der unser Reiseziel lag. In dieser Höhe von 1400 bis 1500 Meter fanden wir Kartoffeln und europäische Gemüse, die sichtlich gut gediehen;

Das Dorf Korogwe im Pangani-Tal

sie bekommen aber in Afrika einen wilden, strengen Geschmack, der dem deutschen Gaumen nicht zusagt.

Nach einem Marsche von fünf Stunden zog ich stolz vor das Bezirksamt Wilhelmstal, auf gastliche Aufnahme hoffend, denn das von einem Griechen gehaltene „Hotel zum kleinen Leutnant", mitten im Negerdorf gelegen, sah nicht sehr einladend aus. Meine Bitte fand Gehör; ich erhielt beim Bezirksamtmann gute Unterkunft. Spätere Besucher von Wilhelmstal aber werden bereits ein modernes Hotel finden; ein Deutscher läßt am Eingange des Ortes ein großes Haus mit 10 Fremdenzimmern bauen; es steht bereits im Rohbau fertig. Der unternehmende Mann hofft, daß Wilhelmstal einmal Sommerfrische für Pflanzer in Usambara und die Beamten und Kaufleute in Daressalam werden wird. Seine gesunde Lage läßt den Ort durchaus geeignet erscheinen. Selbst in der Trockenzeit ist es oben frisch und überall grün; in den heißen Monaten ist die Hitze durch die Höhenlage bedeutend gemindert. Neben Kartoffeln und europäischem Gemüse gedeihen oben Kaffee, Zedernbäume, Kampfersträucher, Eukalyptus; zum Bezirksamt führt eine breite Eukalyptus-Allee hinauf. Wilhelmstal hat ein Gefängnis, das von Askari streng bewacht wird; daneben erhebt sich das alte Bezirksamt, ein elender, strohgedeckter Lehmbau. Die früheren Beamten haben in diesem „Palast" sicher nicht immer gute Tage gehabt.

Bei Spaziergängen in Wilhelmstal konnte ich die schwarzen Frauen vielfach bei der Hausarbeit beobachten, die sie auf der Straße vor ihren Hütten verrichten; ich sah sie Perlenschnüre herstellen, Matten flechten, Mehl bereiten, kleine Kuchen in Fett backen; leider gelangen keine photographischen Aufnahmen. Die Damen entflohen entsetzt, sobald ich den Apparat aufklappte. Nur zwei ließen sich photographieren; sie waren beim Herstellen der sehr kunstvollen Haarfrisur.

Unter den Besuchen, die ich sonst noch machte, war der interessanteste der auf Plantage Lewa, der ältesten in Deutsch-Ostafrika, die alle Phasen der Plantagenentwicklung mitgemacht hat. Sie fing mit Tabak an, dessen Kultur der langjährige Leiter der Plantage, Herr Köhler, auf Sumatra kennen gelernt hatte; sie ging zu Kaffee über und allem möglichen, bis sie jetzt auf Kautschuk gekommen ist. Lewa liegt in gut bevölkerter Gegend, vier Stunden von der Sation Muhesa und zwei Stunden vom Panganiflusse entfernt; ich marschierte von Muhesa aus hin. Schon in diesem Orte fielen mir die vielen Inderläden auf, die Verkaufshallen für Obst und Fleisch; auf dem Marsche streiften wir eine ganze Anzahl großer Negerdörfer. Das Land ist sichtlich fruchtbar und gut bebaut. Trotzdem führt der Weg von Muhesa nach Lewa etwa zwei Stunden durch einen fast unheimlichen Busch von unglaublicher Dichte und noch mit mannshohem Gras durchwachsen; da soll der Aufenthalt zahlreicher Leoparden und Löwen sein. Die Bestien sind im allgemeinen ungefährlich und sogar nützlich, da sie die Wildschweine wegschlagen. Diese machen in den Kautschukpflanzungen viel Schaden, wühlen den Boden auf und fressen die süßen Wurzelknollen der jungen Bäume. Man könnte daher den Löwen das Haustier der Kautschukpflanzer nennen.

In Lewa mit seinen Straußen, Pfauen, Marabus und Hundsaffen verlebte ich zwei angenehme Tage; interessant war mir das Markttreiben auf der Pflanzung am Sonntag. Fleisch, Fisch, Bohnen, Maiskolben, Tabak: alles mögliche wurde von Männern und Weibern feilgeboten und gekauft; Leute von den verschiedenartigsten Stämmen mischten sich untereinander, denn Lewa holt Arbeiter bis aus Lindi.

Montag früh schied ich mit der Ueberzeugung, daß die vielgeprüfte Plantage nunmehr im Kautschuk die rechte Anbaupflanze gefunden hat.

Im Bergland Usambara

Die Domäne Kwai*)

Wie ein deutscher Gutshof im Harz mutet die Niederlassung uns an mit den weißen Wänden und dem roten Dach des Herrenhauses, mit den weiten, luftigen Ställen, mit den Kesseln und Spritzen der Wurstmacherei! Aber den interessanten Zug verleiht ihm der subtropische Einschlag: wir essen derbes deutsches Landbrot aus hier gewachsenem Roggen, Kartoffeln, die man vor

Blick auf die Domäne Kwai

ein paar Tagen ausgemacht hat, und pflücken uns gleichzeitig die herrlichen Zitronen für unsere Limonade von den grünglänzenden Zweigen, schneiden uns die mächtigen Artischockenköpfe für unsere Mahlzeit selbst von den Sträuchern.

Hier, in dieser tsetse- und zeckenfreien köstlichen Bergluft, hier, wo abends das Holzfeuer lustig im Kamin aufflackert, gedeiht alles vortrefflich, was den Stall füllt. Zwei Dutzend flinke Pferde tummeln sich auf der Weide, die Schweineherde grunzt fröhlich und sieht ahnungslos ihrer Verwandlung in Schinken, Speckseiten und Mettwürste entgegen. Illichs bester Erfolg aber ist die Rindviehzucht: er hat das niederbeinige, magere Eingeborenenvieh nach rationeller Methode mit zwei europäischen Bullen aufgekreuzt — und siehe da der Erfolg! Eben wird die Herde heimgetrieben: schon in der ersten Generation verschwindet der Fettbuckel, die Beine werden hoch, die Brust breit, die Seiten voll, die Stirn edel, die Hörner kurz und gerade, jedes einzelne Stück ansehnlich und kraftvoll. Die Euter strotzen voll

---

*) Den deutsch-afrikanischen Mustergutshof, der 1639 Meter hoch liegt, hat Conrad Alberti besucht, dessen Reiseberichten für die „Berliner Morgenpost" wir obige Schilderung entnehmen.

Milch, und willig läßt die Kuh sie entleeren, während die Eingeborenenkuh rasch versagt und jedem Melkversuch den bockigsten Widerstand entgegensetzt.

Die Arbeit vieler mühevoller Jahre steckt in diesen Erfolgen, die in Deutsch-Ostafrika einzig dastehen. Wenn ich die großen Leopardenfelle betrachte, die hier in meinem Zimmer die Wände zieren, und deren einstige Träger der Pächter von Kwai alle hier oben persönlich geschossen, so verstehe ich, daß es ein Land mit schweren, fremdgearteten Existenzbedingungen ist, in dem eine landwirtschaftliche Kultur nach deutschem Muster einzubürgern nicht harmloses Spielwerk ist. Und der Askari, der mit geladenem Gewehr an den Grenzen der Domäne auf und abgeht, um jedes fremde Stück Vieh niederzuschießen, das, aus dem verseuchten Innern kommend, unberechtigt dieses rein gehaltene Stück Kulturwelt betritt, erinnert mich, daß nur unablässige, strenge Wachsamkeit hier in gefahrvoller Neunzehntelbarbarei deutschem Fleiß die schwer erkämpften Erfolge auf die Dauer sichern und sie vor plötzlichem, unheimlichem Zusammenbruch bewahren kann. Ein einziges, winziges Insekt, heimlich eingeschleppt, könnte diese schöne Schöpfung zerstören, die einzig dasteht und vorbildlich wirken soll.

Neben der Arbeit herrscht hier oben die fast schrankenlose deutsch-ostafrikanische Gastfreundschaft in glänzender Weise. Die Hausfrau ist auf einer Reise nach Europa begriffen, aber ein halb Dutzend Gäste hat sich hier eingefunden, alte Afrikaner und frisch Herübergekommene. Ich treffe noch zwei Träger des Altberliner Namens Bötzow, die nicht weit von hier, auf Bago, Sisal und Kaffee bauen. In stundenlangen Unterhaltungen werden alle Probleme des deutsch-ostafrikanischen Koloniallebens durchgesprochen.

Kapitel 6
Der höchste deutsche Berg und seine Geschichte

Bis um die Mitte des vorigen Jahrhunderts lag der Riese Afrikas für die europäische Kulturwelt in dunkler Nacht. Völkerstürme brausten an ihm vorüber. Der schöngegliederte Bantu mit dem unfertigen Kopfe kam aus dem Norden; in drei Wanderungen folgten ihm arabische Stämme, das Volk der Massai. Sie sahen den Riesen sein eisbedecktes Haupt in den afrikanischen Glutenhimmel strecken; in Europas Denken existierte er nicht. Im Altertum war die Sage gegangen, daß im Innern Afrikas, unter der Mittagssonne, schneebedeckte Berge lägen; Herodot hatte sie als törichte Fabel bezeichnet.

Es war vor mehr als 60 Jahren, im Sturmjahre 1848, daß der Kilimandscharo zum ersten Male weiße Männer in seinem Schatten sah. Es waren Boten des Friedens, die beiden aus Württemberg stammenden

Der Kilimandscharo

Missionare J. Rebmann und L. Krapf, und Friede war dem Kilimandscharo nötig, denn an seinen Hängen herrschte grimmer Kampf. Noch heute hat dieses Berggebiet auf einer Fläche von 8000 qkm, die so groß ist wie der Harz und nur 80 000 Bewohner trägt, nicht weniger als 38 Staatengebilde; früher bildete fast jedes der zahlreichen Gebirgstäler eine politische Gemeinschaft. Und grimme Fehden wurden zwischen ihnen ausgefochten, während aus der Ebene wieder und wieder die Massai in die Gebirgstäler einbrachen und sie mit wildem Kriegsgeschrei erfüllten. Von den jahrhundertelangen Kämpfen berichtet kein Lied, kein Heldenbuch; die vielen Völkerschaften am Kilimandscharo haben keine gemeinsame Tradition zu entwickeln gewußt.

Der Bericht der Missionare wurde in Europa mit Zweifel aufgenommen; in der Londoner Geographischen Gesellschaft wurde er mit Hohn überschüttet; aber diese selbe Gesellschaft sah sich schließlich doch veranlaßt, 1861 den Geologen Thornton zur Untersuchung des Rätsels nach Afrika zu schicken. Er ging mit C. v. d. Decken, der wiederholte Reisen ins Kilimandscharogebiet machte, zum Kilimandscharo; Thornton erforschte seine Südhälfte bis zur Urwaldgrenze. Schon 1862 erfolgte die zweite Kilimandscharo-Expedition von Baron Claus v. d. Decken und O. Kersten; es wurde der Kilimandscharo auf der Westseite bereist und oberhalb Moschi die alpine Region bis 4000 m Höhe bestiegen. Die Forscher wurden durch einen mächtigen Schneesturm zur Umkehr gezwungen.

Im Jahre 1883 war Thornton wieder am Kilimandscharo, den er ganz umkreiste; 1884 erstieg der Engländer H. H. Johnston den Berg bis zu 4000 m Höhe. Im großen und ganzen war das Berggebiet nun auch in Europa bekannt geworden. Man hatte festgestellt, daß der Berg zwei Gipfel habe, den Ostgipfel Mawensi mit 5355 m Höhe und den Westgipfel Kibo, dessen Höhe auf 5888 bis 6010 m angegeben wird. Beide Gipfel sind durch eine tiefe Einfaltung getrennt. Ihre Besteigung war noch nicht versucht worden; an die Bewältigung dieser Aufgabe machten sich die nächsten Forscher. Vor allem war es auf den Kibo abgesehen, dessen Besteigung Graf Telecki und von Höhnel versuchten; sie kamen immerhin bis zu 5000 m Höhe. Auch Hans Meyer-Leipzig, der den Kilimandscharo zu seinem speziellen Forschungsgebiet machte, kam 1887 nicht viel weiter. Dafür winkte ihm 1889 das Glück; er bezwang am 6. Oktober dieses Jahres gemeinsam mit dem österreichischen Hochtouristen L. Purtscheller den jungfräulichen Berg. Seitdem aber hat er keines Menschen Fuß wieder auf seinem Gipfel gesehen. Im Jahre 1898 führte Hans Meyer eine nochmalige Besteigung des Berges, aber nur bis zum Gipfelkrater durch.

Von seiner ersten Besteigung des Kilimandscharo hat Hans Meyer, der verdienstvolle Mitbesitzer und Leiter des Bibliographischen Instituts zu Leipzig, in seinem Buche „Ostafrikanische Gletscherfahrten" eine interessante Schilderung gegeben.

Am 3. Oktober machten Meyer und L. Purtscheller den ersten Versuch, den Kibogipfel zu erreichen. Sie waren am 2. Oktober mit fünf Trägern und dem Boy Muini in etwa 4400 m Höhe angelangt, sandten die Träger zurück und bereiteten sich auf den nächsten Tag vor. Bereits nachts 3 Uhr brachen die beiden Männer auf; gegen 7 Uhr hatten sie 5000 m Höhe erreicht. Etwa 3 Stunden später standen sie an der unteren Grenze des geschlossenen Kiboeises in 5480 m Höhe, und 12,20 Uhr waren 5700 m erreicht, und sie hatten vor sich die letzte steilere Erhebung des Eishanges.

Dschagga-Mann in Moschi

„Endlich, gegen 2 Uhr," berichtet Meyer weiter, „näherten wir uns dem höchsten Rand. Noch ein halbes Hundert Schritte in äußerst gespannter Erwartung, da tat sich vor uns die Erde auf, das Geheimnis des Kibo lag entschleiert vor uns, den ganzen oberen Kibo einnehmend, öffnete sich in jähen Abstürzen ein riesiger Krater..."

In die Freude mischte sich sehr bald der Schmerz, daß der erreichte Punkt (5870 m) nicht der höchste war. Die höchste Erhebung des Kibo lag links in einer Entfernung von 1½ Stunden. Da die Kräfte nicht mehr ausreichten, mußten Meyer und Purtscheller blutenden Herzens umkehren, zum Lager zurück, wo sie kurz vor 7 Uhr abends eintrafen. Sie beschlossen aber, an einem späteren Tage ein Lager in größerer Höhe anzulegen und dann den Besteigungsversuch zu wiederholen. Er gelang bereits am 6. Oktober.

Am Kilimandscharo wohnen, wie schon erwähnt, die Wadschaggastämme; sie machten in den Jahren 1891—93 durch Unbotmäßigkeit der deutschen Verwaltung viel zu schaffen. Die Leutnants von Bülow und Wolfram wurden 1891 von ihnen getötet; erst am 12. August 1893 gelang es dem Obersten von Schele, durch das siegreiche Treffen bei Moschi die Aufständischen zu unterwerfen.

Eine Bevölkerung von 80 000 Köpfen in einem Kulturgürtel von etwa 2000 qkm Ausdehnung ist als eine verhältnismäßig recht dichte zu bezeichnen; die Wadschagga sind denn auch sehr geschickte Ackerbauer und wissen auf kleinem Raume viel zu erreichen. Sie haben das System der künstlichen Bewässerung zu einer erstaunlichen Vollendung gebracht. Nach Professor Meyer wird das Wasser meilenweit in einem großen System von Kanälen und davon abgezweigten Gräben aus den Quellen des Gürtelwaldes und den Oberläufen der Bäche an den Talhängen entlang nach der Ackerbauzone des Dschaggalandes herabgeführt. Die Wadschagga haben Staudämme angelegt, Wehre, führen ihre Kanäle über Schluchten, sind also in der Wasserbautechnik weit vorgeschritten. Sie liefern auch prächtige Schmiedearbeiten, die im ganzen nördlichen Deutsch-Ostafrika berühmt sind, namentlich die mächtigen Massaispeere. Das Vieh wird mit Rücksicht auf die vielen Diebstähle in Stallfütterung gepflegt.

Das Dschaggaland liegt auf der Südseite des Berges in 1100 bis 1800 m Höhe, darunter erstreckt sich ein trockenes Steppengebiet mit Tsetsefliege bis in die Ebene. Ueber dem Dschaggalande breitet sich bis zu 2800 oder 3000 m Höhe der Bergurwald aus, der sich wie ein Gürtel um das ganze Gebirge legt, dann folgen Gestrüpp und alpine Grasflur bis 4400 m. Darüber folgt alpine Wüste. Der Mawensi hat wegen seiner schroffen Felszacken keinen ewigen Schnee, während der Kibo ewigen Firn und Gletscher trägt.

Auf der Südseite des Gebirges liegt Moschi, jetzt Sitz des Bezirksamts gleichen Namens, das den Kilimandscharo, Meru, Iraku und Nordpare umfaßt. Es ist in sehr schneller Entwicklung. Mitte 1909 hatte der Bezirk 800 weiße Bewohner, darunter rund 200 männliche Farmer und Kleinsiedler. Anfang 1909 waren etwa 60 europäische Niederlassungen am Kilimandscharo mit etwa 16 000 ha Gesamtfläche. Da die Volksdichtigkeit der Kulturzone mindestens 40 beträgt, gibt das Gouvernement Land nur noch sehr widerstrebend ab. Es wird Kaffee gepflanzt, Kautschuk, Mais, Getreide, Gemüse und Vieh produziert. Wenn die Usambarabahn, die

Station Moschi am Kilimandscharo

Der höchste deutsche Berg und seine Geschichte

Stilleben in einem Wadschagga=Dorf   Phot. Underwood

jetzt von Tanga über Korogwe, Mombo und Same geht, den Kilimandscharo erreicht hat, wird alles verfügbare Land sehr schnell besetzt sein. Möglichenfalls beginnt dann im trockenen Steppengebiet auch der Baumwollbau.

In einer Entfernung von 70 km vom Kibogipfel liegt der Hauptgipfel des Meruberges mit 4630 m Höhe, an dessen Hang Aruscha und die vielgenannten Ansiedlungen der Deutsch=Russen liegen. Der Berg ist noch verhältnismäßig wenig von wissenschaftlichen Reisenden erforscht. Am Ostfuß des Berges liegen 15 Seen, deren größter 4 qkm Oberfläche hat. Wie der Kilimandscharo hat auch der Meruberg Vulkancharakter.

Die Zahl der Eingeborenen im Bergbezirk wird auf 10 000 geschätzt. Am Meru sind zahlreiche Ansiedler zugezogen, darunter 45 Burenfamilien, von denen nur wenige durch Fleiß vorwärts gekommen sind, die meisten Buren sind wenig erwünschte Elemente. Noch weniger als die Buren haben sich die herangezogenen Deutsch-Russen bewährt, die für die Ackerwirtschaft unter fremdem Himmel ganz unbrauchbar sind. Dagegen machen die wenigen deutschen Ansiedler im Gebiet gute Fortschritte.

Die Kilimandscharobahn soll bis Arusha fortgeführt werden. Ist das erreicht, dann wird bald Iraku besiedelt werden und das prächtige Bergland im Ostafrikanischen Graben. Alle diese Gebiete eröffnen dem strebsamen Ansiedler gute Aussichten und dürften bedeutende Zukunft haben.

Eine amtliche Denkschrift, die Ende 1909 erschien, stellte fest, daß im Kilimandscharogebiet rund 1 Million Kaffeebäume gepflanzt und mindestens noch 10 000 ha besten Kaffeebodens verfügbar waren, die 10 Millionen Bäume zu tragen vermögen. Ferner haben Sachverständige etwa 40 000 ha besten Baumwollandes festgestellt, wovon die Hälfte leicht zu bewässern ist, 40 000 ha für Anbau von Kautschukbäumen und Sisalagaven. Dazu liegen 60 000—80 000 ha besten Weidelandes unmittelbar um die beiden Gebirgsstöcke herum; die Pferde-, Esel- und Wollschafzucht bietet gute Aussichten. Weiter wird in der erwähnten Denkschrift ausgeführt:

„Neben diesen Erzeugnissen der tropischen Landwirtschaft, der neuerdings auch wieder die Straußenzucht hinzugetreten ist, bietet das Land an den beiden Gebirgsstöcken auch reiche Entwicklungsmöglichkeiten für diejenigen Bodenerzeugnisse, die dem Siedler bereits von der Heimat her vertraut sind. Kartoffeln kommen sehr gut fort; es wurden vom Hektar bisher 150 Zentner geerntet, auf ausgesuchten Böden auch 200 Zentner und mehr. Weizen trägt im allgemeinen zum mindesten das 20fache Korn, vorausgesetzt, daß es dem Siedler gelingt, rostfreie Saat zu bestellen. Mais kommt sehr gut fort. Auch Roggen verspricht bei einiger Umsicht befriedigenden Ertrag; er ist sowohl in Westusambara wie am Meruberg, wenn auch zunächst nur in kleineren Partien, bereits mit Erfolg angebaut. Lohnend ist schließlich auch der Anbau von Bohnen, nach denen stets rege Nachfrage, zumal von seiten der Eingeborenen, herrscht. . . . Das für diese letztgenannten Kulturarten am Kilimandscharo und Meru besonders geeignete und noch verfügbare Land darf auf annähernd 10 000 ha geschätzt werden."

Auch aus diesen Angaben der amtlichen Denkschrift geht hervor, daß das Gebiet der großen Vulkane eine ausgezeichnete Siedlungsgegend ist.

Kapitel 7
Am Viktoriasee

Der Viktoria(Njansa)see, dessen Spiegel 1180 m über dem Meere liegt, bedeckt eine Fläche wie das Königreich Bayern. Er ist der größte innerafrikanische See. Dies mächtige Becken scheint aber verhältnismäßig flach zu sein; allerdings ist es immer noch sehr ungenügend ausgelotet. Man kennt nur das Fahrwasser in der Nähe der Küsten. J. H. Speke hat im Jahre 1857 den See zum erstenmal von Süden her gesehen; teilweise befahren hat er ihn erst 1858 und 1860—1864 zusammen mit J. A. Grant. Von Speke hat der Speke-Golf seinen Namen, der sich nach Osten ins Land hineinzieht. Stanley besuchte den See 1875; er kam in das nördlich gelegene Königreich Uganda, wo er ein hochentwickeltes, recht kriegerisches Volk fand. Dort setzte bald nachher die Missionstätigkeit mit dem Erfolge ein, daß Katholiken und Evangelische sich grimmig befehdeten; die deutsche Station Bukoba hat im Anfang der 90er Jahre wiederholt fliehenden Missionaren Schutz gewähren müssen.

Stanley hatte von der Wildheit und Kriegstüchtigkeit der Bewohner Ugandas viel Aufhebens gemacht; das hielt aber Dr. Peters nicht ab, zum Viktoriasee zu ziehen und dort 1889-90 Schutzverträge abzuschließen. Seine Arbeit wurde von Emin-Pascha fortgesetzt, der 1890 mit Stuhlmann und dem damaligen Leutnant, jetzigen Major Langheld am See erschien. Nach dem Führer der Expedition heißt die südwestliche Bucht der Emin-Pascha-Golf. Zwischen Speke- und Emin-Pascha-Golf zieht sich eine verhältnismäßig schmale Bucht ins Land, an der Muansa liegt, der Hauptort am deutschen Teile des Njansaufers. Muansa hat starken Handel. Erdnuß, Häute, Felle, Bienenwachs werden weither gebracht, auch Lianenkautschuk; die Ausfuhr aus Muansa hat 1907 über 2,4 Millionen Mark betragen, die Einfuhr beinahe 2½ Millionen. Sie war 1908 auf 1¾ Millionen Mark gesunken und die Ausfuhr auf 1,39 Millionen Mark; im Jahre 1909-10 ist aber der Stand von 1907-08 wieder erreicht worden. Der Handelsverkehr benutzt von Muansa und den beiden anderen deutschen Stationen am See, Bukoba und Schirati, aus die englischen Dampfer nach Port Florence und von da die englische Bahn nach Mombassa. Sie ist Erschließungsbahn auch für die deutschen Njansauferländer geworden. Während die drei deutschen Stationen Muansa, Bukoba und Schirati im Jahre 1904, dem Jahre der Eröffnung der englischen Bahn, nur einen verschwindend geringen Handel hatten, stieg er 1907 auf rund 6,6 Millionen Mark. Das nächste Jahr brachte einen Fall um über 2 Millionen, weil der Weltmarkt für Häute und Lianenkautschuk sehr ungünstig lag; aber der Handel hat 1909 wieder den alten Stand erreicht. Eine Schilderung von Muansa gibt Prosper Müllendorff in seinem 1910 erschienenen Buch: „Ostafrika im Aufstieg":

„Nachdem wir auf der Fahrt von Bukoba vier bis fünf Stunden nichts als Wasser gesehen hatten, kam die große Insel Ukerewe in Sicht, dann das Festland mit den eigentümlichen Felsbildungen, die dem südlichen Gestade seinen Charakter geben; sie erinnern stark an die von Gerolstein in der Eifel. Durch die lange Bucht fahren wir zwischen den mit solchen Felskastellen gekrönten Hügeln auf Muansa zu, das mit seinen abgerollten, in basteiartige Gebilde zusammengewürfelten Steinblöcken — ganz ähnlich denen von Otahandja und Omaruru in Südwest — sich harmonisch in die Landschaft einfügt; viel Raum ist ihm zwischen Hügel und Wasser nicht geblieben. Der Dampfer legte an einer regelrechten Landungsbrücke an, die auf den Rat der Ugandabahn- und Dampferverwaltung angelegt worden ist, und die von dieser englischen Verwaltung verzinst wird. Die Landungsbrücke, die die englische Verwaltung für Bukoba seit langem empfiehlt, konnte noch nicht zustande kommen.

Herb ist der Anblick Muansas. Auch hier mußte im Bereich des Gestades alles Unterholz ausgerodet werden, um den Erregern der Schlaf= krankheit keinen Schlupfwinkel zu lassen. Unweit vom Landungsplatz und dem Zollschuppen, in welchem als Einfuhrware ganze Ballen alter europäischer Männerkleider zum Trägerversand nach dem Tanganjikasee und dem Kongo= lande aufgestapelt waren, liegt der Markt, eine offene Halle, eine durch die Gebühren lohnende Schöpfung der Kommune, daneben eine gerade Basar= straße, während rechts davon, von Mauern umzogen, die weitläufige Boma mit dem Exerzierplatz sich hinzieht. Muansa ist Sitz eines Bezirksamtes und einer Kompagnie zugleich. Da auch der europäische Handel durch die Deutsch=Ostafrikanische Gesellschaft, Hansing & Cie., die Deutsche Njansasee= Gesellschaft u. a. am Platze vertreten ist, hat dieser eine für seine Lage im Herzen Afrikas starke weiße Bevölkerung von etwa 100 Köpfen . . ."

Um den südlichen Teil des Viktoriasees wohnen Wassukuma und Wanjamwesi; wie diese sind auch die ersteren ganz betriebsame Leute. Sie stellen eines der besten Bevölkerungselemente in der Kolonie dar.

Die Station Schirati, nördlich des Spekegolfes am Ostufer des Viktoria-Njansa, dicht an der englischen Grenze, gelegen, ist nur klein; sie ist gegründet zur Verhinderung des Schmuggels. Ihr gegenüber liegt an der Westseite des Sees Bukoba, die älteste deutsche Station am See. Sie wurde 1890 auf Veranlassung Emin-Paschas gegründet und zuerst mit Langheld als Stationsleiter besetzt. Bukoba ist Sitz einer Residentur. Wie in Ruanda und Urundi haben sich auch in der Landschaft Karagwe, die westlich des Viktoriasees auf deutschem Gebiete liegt, große, starke Neger= reiche gebildet; einer der mächtigsten Herrscher ist Kahigi, dessen Residenz, wenige Stunden südlich Bukoba gelegen, im Jahre 1907 von Staatssekretär

Am Viktoriasee

Dernburg besucht wurde. Kahigi, wie auch die anderen Sultane, haben sich mit der deutschen Oberherrschaft ausgesöhnt; sie sind fast ausnahmslos dem Neuen zugängliche Herrscher, die den Wert europäischer Kultur einigermaßen zu schätzen wissen, weil sie ihre Ueberlegenheit durch den Dampferverkehr auf dem See sehr häufig vor Augen haben. Die am See wohnenden Sultane sind in den letzten Jahren sehr häufig besucht worden, kann man jetzt doch in 10—12 Tagen von Mombassa bis nach Bukoba gelangen.

Der Golf von Muansa am Viktoria-See

Bukoba ist von steilen Höhen umrandet, von denen mehrere Bäche herabfließen; auf den Höhen haben sich ziemlich zahlreich Eingeborene angesiedelt, welche die fruchtbaren Hänge nach Möglichkeit ausnutzen. Die Boma liegt im Tale, recht ungünstig; im Falle eines Aufstandes würde sie sich unter dem Feuer der Eingeborenen befinden. Neben ihr bilden den „europäischen" Teil einige italienische und arabische Handelsfaktoreien und die Versuchspflanzung des Seidenraupensyndikats. Die Landung ist ziemlich schwierig, weil keine Hafenbucht vorhanden ist; es ist daher seit langem geplant, die Station an die südlich gelegene Maschokerobucht zu verlegen. Die Häuptlinge der Umgegend haben in Bukoba ihre Rasthäuser, die sie bewohnen, wenn sie dem Residenten Besuch machen. Diese Häuser hat die deutsche Verwaltung gebaut; dafür halten die Sultane in ihren Dörfern dem Residenten Rasthäuser zur Verfügung.

Der große Personen- und Frachtverkehr auf dem Viktoriasee liegt in den Händen der Engländer; sie lassen den See durch einen 750- und drei 600-Tonnen-Dampfer befahren. Die deutsche Flagge ist vertreten durch die kleinen Dampfschiffe der Deutschen Njansa-Schiffahrtsgesellschaft, einer Gründung des um die Entwicklung Ostafrikas sehr verdienten Kommerzienrats Otto-Stuttgart. Neuerdings hat diese Gesellschaft 90-Tonnen-Dampfer auf den See gebracht.

Am Viktoriasee herrscht leider die unheilvolle Schlafkrankheit sehr stark; bei Schirati ist ein Schlafkrankenlager errichtet. Auch die Wurmkrankheit tritt unter den Eingeborenen dieses Gebietes stark auf. Nach der neuesten amtlichen Denkschrift geht die Schlafkrankheit am Viktoriasee zurück.

Von Schirati zum Kilimandscharo

Das Gebiet, das sich vom Viktoriasee nach Osten erstreckt und aus einer Steppe allmählich in das Berggebiet des Kilimandscharo übergeht, schilderte Staatssekretär von Lindequist, der es 1908 als erster durchzog, in einem Bericht an die Budgetkommission des Reichstages in folgender Weise.

Wir haben von Schirati aus den nicht ganz ungefährlichen Zug durch die verhältnismäßig wenig bekannten Gebiete zwischen dem See und dem Ostafrikanischen Graben unternommen. Es gelang uns nicht ohne Mühe, die nötige Trägerzahl zu bekommen, weil die Leute bis zum Marafluß wohl ganz gern mitgehen wollten, aber nicht darüber hinaus, weil dieses ihnen gänzlich unbekannte Land als wasserlos und von früher her wegen der Massaigefahr für sehr gefährlich galt. Wir haben bis zum Marafluß eine ruhige und liebenswürdig entgegenkommende Bevölkerung gefunden. Im allgemeinen sind diese Gegenden nicht dicht bevölkert. Namentlich ist das große Plateau von Maramu, welches in die Maraebene abfällt, sehr dünn bevölkert. Dasselbe liegt auf einer Höhe von 1700 Meter. Im ganzen haben wir uns vom See ab oder richtiger etwa 100 Kilometer östlich des Sees auf einer Höhe von 1350 bis 2100 Meter bewegt. Auf dieser Höhe liegt zum Beispiel das mit vorzüglicher Weide bestandene Plateau von Oleondo mit dem wasserreichen Bach gleichen Namens in der Nähe des Ostafrikanischen Grabens.

Dies Gebiet vom Marafluß bis zum Ostafrikanischen Graben dürfte für Rindvieh- und Wollschafzucht besonders geeignet sein. Das ist die Gegend, auf welche wir von den Engländern aufmerksam gemacht worden waren. Sie hat für mich das Ueberraschende gehabt, daß wie auf den Hochländern Britisch-Ostafrikas, so auch hier die Gräser sehr denen von Deutsch-Südwestafrika ähneln, wie überhaupt die ganze Form und der

Aufbau des Geländes dem von Südwestafrika sehr ähnlich sind, nur daß das nahrhafte, mit Mark gefüllte Gras sehr viel dichter steht. Außerdem fanden wir zu unserem großen Erstaunen, daß diese Hochländer sehr viel reichlicher bewässert waren, als man bisher glaubte, so daß wir von unseren mitgenommenen Wasserbehältern unterwegs nur einmal haben Gebrauch machen müssen.

Dazu muß ich noch bemerken, daß nach allem, was wir von den Eingeborenen hörten, zu jener Zeit eine außergewöhnliche Trockenheit geherrscht hatte. Es waren zwei sehr schlechte Regenjahre gewesen, so daß man annehmen kann, die Wasserverhältnisse können kaum ungünstiger sein als in der Zeit, wo wir dort waren; im Gegenteil sehr viel besser unter normalen Verhältnissen.

Dieses ganze Gebiet nun fanden wir, ich kann sagen, absolut menschenleer. Nach dem, was wir gesehen haben, und nach dem, was uns die nächste, südlich belegene Militärstation in Itoma mitgeteilt hat, dürften sich vielleicht 300—400 sogenannte Wanderobbo in den durchzogenen Gebieten aufhalten, arme Eingeborene, welche von der Viehzucht leben, und deren Gesamtzahl im ganzen Norden des Schutzgebiets auf etwa 1200 geschätzt wird. Sie hatten kleine Herden von Klein- und Groß-

Hügelgelände am Südwestabhang des Kilimandscharo
Phot. Sr. Exzellenz v. Lindequist

Krater-See. Djalla-See am Kilimandscharo
Phot. Sr. Exzellenz v. Lindequist

Randgebirge am Südweststrande des Natron-Sees
Phot. Sr. Exzellenz v. Lindequist

vieh. Die Herden sahen vorzüglich aus, namentlich die großen Massaischafe, sehr große Fleischschafe, welche die gewöhnlichen eingeborenen Schafe im Körperbau weit übertreffen.

Nun fragt man sich unwillkürlich, und wir haben uns auch diese Frage vorgelegt: Wie ist es möglich, daß diese schönen, gut bewässerten Gegenden von den Eingeborenen so wenig bevölkert sind, während sich tausend und abertausend Stück Wild, Antilopen, große und kleine aller Art, Löwen und sonstige Raubtiere dort herumtreiben? Es ist nur die eine Erklärung möglich, die mir dann auch von kompetenter Seite in Daressalam bestätigt wurde, daß diese Gebiete früher von den Massai bewohnt waren, bis diese in der Rinderpestzeit nahezu ihren ganzen Bestand an Rindern verloren. Da sie immer nur auf Rinder, nicht auf Kleinvieh züchteten, standen sie nach Beendigung der Pest gänzlich mittellos da. Sie haben sich dann zum Teil zu ihren Stammesbrüdern in das britische Gebiet zurückgezogen, andere haben sich mehr nach dem Kilimandscharo zu gewendet und sind jetzt in Reservate gebracht worden. So ist es gekommen, daß diese Gebiete jetzt unbewohnt sind.

Das Klima auf diesen Höhen war ein sehr angenehmes. Wir haben für ostafrikanische Verhältnisse sehr starke, ja so große Märsche gemacht, wie wir es nur den Eingeborenen gegenüber, die wir mit hatten, irgend verantworten zu können glaubten. Wir sind meist morgens um 4 und halb 5 Uhr aufgebrochen und bis in den Nachmittag hinein mit kurzen Ruhepausen marschiert. Trotzdem hat keiner der Europäer irgendwie Beschwerden gefühlt oder unter Fieber gelitten. Von den Trägern, die uns bis an den Graben gebracht haben, ist uns kein einziger erkrankt. Erst später, als wir in kaltes, rauhes Klima kamen, sind an Lungenentzündung mehrere erkrankt, von denen leider auch einer gestorben ist.

Wir sind zu der Meinung gelangt, daß diese Gebiete für die Viehzucht überaus günstig sind, und glauben, daß, wenn in Britisch-Ostafrika die Wollschafzucht wirklich so vorangeht, wie wir nach dem, was wir gesehen haben, annehmen müssen, diese Zucht auch in diesem Gebiete möglich sein wird. Daß das Rindvieh dort gut gedeihen wird, darüber kann kein Zweifel sein. Denn es ist, wie ich schon ausführte, bekannt, daß die Massai dort hervorragende Rinderherden besaßen.

Die Rinderpest ist augenblicklich gänzlich beseitigt. Sie besteht seit Jahren nicht mehr, auch in Britisch-Ostafrika nicht. In Südwestafrika haben wir mit der Rinderpest bittere Erfahrungen gemacht, aber wir fürchten sie nicht mehr sehr, da sie durch die Kochsche Behandlung leicht einzudämmen und zu beseitigen ist; auch in Südwestafrika und in Britisch-Südafrika, wo sie sehr stark aufgetreten ist, ist sie längst gänzlich erloschen.

Am Viktoriasee

Um durch die Expedition ein möglichst großes Gebiet erforschen zu können, teilte ich sie zwei- bis dreimal. So zogen wir teils auf dem Umwege über Iraku, Mangai, Ufiomi, teils im Ostafrikanischen Graben entlang nach dem Kilimandscharo und Meru. Dieses Gebiet fanden wir viel mehr besiedelt, als wir zunächst angenommen hatten. Unsere Expeditionen trafen in Aruscha wieder zusammen, dessen üppige Fruchtbarkeit uns überraschte. Dieser Eindruck hat nicht getrogen. Der Bodenchemiker von der Biologischen Anstalt Amani, welcher mich gleichfalls begleitete, hatte nämlich ebenso wie Herr Weber zahlreiche Bodenproben während der Reise genommen, und die in der Nähe von Aruscha entnommenen haben sich als ganz besonders reichhaltig und günstig zusammengesetzt erwiesen.

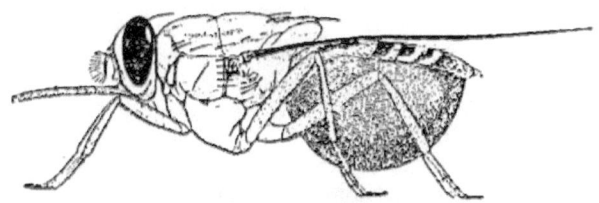

Tsetsefliege, sechsfach vergrößert

In der Umgegend von Aruscha fanden wir die Farmen hauptsächlich mit Buren besiedelt. Offenbar sind den Buren verhältnismäßig zu große Farmen gegeben worden. Es sind nur wenige gewesen, welche ihr Landgebiet entsprechend entwickelt haben. Augenblicklich geht man damit um, auf Grund der ihnen auferlegten Kulturbedingungen denjenigen, welche diese nicht erfüllen, rücksichtslos das Land wieder fortzunehmen.

Wir haben nach alledem die Ueberzeugung gewonnen, daß jedenfalls in diesen Gebieten, die wir bis zum Kilimandscharo durchzogen haben, mit Ausnahme des Ostafrikanischen Grabens, im allgemeinen die Weißen sehr wohl längere Zeit, ja ein ganzes Menschenalter hindurch leben können. . . . Was nun die Tsetsefrage anbetrifft, so haben wir dieser die größte Aufmerksamkeit gewidmet, gerade auch mit Rücksicht darauf, daß wir wegen der Verkehrsverhältnisse uns immer die Frage vorgelegt haben, ob nicht der Träger vielleicht durch ein anderes Transportmittel ersetzt werden könnte, sei es durch Maultiere oder Esel oder aber durch den südafrikanischen Ochsenwagen, der unseres Erachtens für weite Strecken verwendbar ist. Wir haben da gefunden, daß die Gebiete, über welche ich vorhin ausführlich gesprochen habe, insbesondere die große Massaisteppe, absolut tsetsefrei sind. Ich bin mit einem Pferde, welches von Daressalam heraufgeschafft wurde, von Schirati bis an die Küste gekommen, ohne daß dem Pferde gesundheitlich irgend etwas anzumerken war. Schließlich hat es sich durch die Ungeschicklichkeit eines Jungen einen Fuß verletzt. Ebenso habe ich probeweise eine Anzahl Ochsen und mehrere Stück Kleinvieh von Schirati bis nach Wilhelmstal durchtreiben lassen. Diese Ochsen sind gleichfalls vollkommen gesund und in guter Kondition in Wilhelmstal angekommen. Der Bezirksamtmann hat mir vor kurzem mitgeteilt, daß die Ochsen weiter aufbewahrt würden — ich hatte darum gebeten —, und daß sie noch immer völlig gesund seien, die Reise und den Klimawechsel also sehr gut ertragen haben.

Wir haben Tsetsefliegen auf der ganzen Strecke bis zum Ostafrikanischen Graben trotz größter Aufmerksamkeit nicht gefunden. Nur beim Abstieg zum Graben ist an zwei Stellen je eine Tsetsefliege gefangen worden."

Kapitel 8
Die Massaisteppe

Von Kilimatinde, der Militär- und Verwaltungsstation im Innern Afrikas, zieht sich in fast nördlicher Richtung zum Natronsee an der deutsch-englischen Grenze die ostafrikanische Bruchstufe hin, ein bis zu 3600 Meter aufsteigendes Randgebirge. Oestlich davon liegt die Massaisteppe. Westlich von dieser Bruchstufe dehnt sich das eigentliche Massaihochland aus, sehr wasser- und viehreich, 1400—1700 Meter hoch gelegen; es wimmelt dazu auf diesem Hochlande, dessen Kuppen sich bis zu 3000 Meter und höher erheben, von jagdbaren Tieren aller Art. Viele Volkssplitter haben sich in diesem Berglande niedergelassen.

Auf der großen Steppe östlich davon sind der Hauptstamm, der lange Zeit der herrschende war, die Massai, die in langer Wanderung aus ihrer Urheimat im Norden der arabischen Halbinsel bis unter den Aequator vorgedrungen sind. Die Massaivölker sind wahrscheinlich in drei Heerhaufen ins Land gekommen, der letzte, die eigentlichen Massai, hat die früheren Einwanderer, die Wakuafi und die Wanderobbo, unterjocht. Alle diese Völkerschaften sind hamitischen Ursprungs, wahrscheinlich mit Nilnegern vermischt. Die Massai sind Viehzüchter und waren gefürchtete Viehräuber; bis Ende der 80er Jahre des vorigen Jahrhunderts verbreiteten sie Angst und Schrecken um sich her. Die jungen Männer waren sämtlich Krieger; ihr langer Speer mit ¾—1 Meter langem Blatt war eine gefürchtete Waffe, mit der sie heute noch dem Löwen kühn zu Leibe gehen. Zum Speer kamen der schwarz-weiß-rot bemalte Schild und das schmale, 50—60 Zentimeter lange Schwert in der Lederscheide. So ging der Massaikrieger sehr stolz im Bewußtsein einher, den umwohnenden Stämmen weit überlegen zu sein. Das Volk hätte uns viel zu schaffen gemacht, hätte nicht die 1890—92 in Ostafrika wütende Rinderpest zwei Drittel dem Hungertode überliefert und den Rest

Die Massaisteppe

Freie Bewohner der Steppe Phot. Dr. Berger

zu Sklaven degradiert. Die weite Massaisteppe ist nun fast verlassen, nur von dem Jägervolk der Wanderobbo durchstreift; die Wildnis ist unwegsamer als je. Einzelne Massaistämme, die von der deutschen Verwaltung am Meru, am Paregebirge und im Panganital angesiedelt worden sind, haben sich langsam wieder erholt; wir müssen auf der Hut sein, daß sie nicht gefährlich werden.

Aus einem Massai=Kraal Phot. Dr. Lohmeyer

Ein Marsch durch die Steppe
Von Major Langheld

Die nachstehende Schilderung entnehmen wir mit Erlaubnis des Herrn Verfassers dem im Vorjahre erschienenen Buche Langhelds „Zwanzig Jahre in deutschen Kolonien".

„In Mamboja hielt ich ein großes Schauri (Verhandlung) über den einzuschlagenden Weg ab, und es gelang mir, einen alten Elefantenjäger zu engagieren, der die Massaisteppe wie seine Tasche kannte. Bewundernswert war das Vertrauen des Mannes auf den Instinkt der Tiere. Als einmal der an und für sich mangelhafte Weg nicht mehr zu erkennen war, verfolgte er eine Elefantenspur, um uns ans Wasser und damit zum Lager zu bringen. Als ich meinen Zweifel darüber äußerte, ob dies praktisch wäre, sagte er mir: „Der Elefant irrt sich nie." Der Elefant hatte sich auch nicht geirrt, nur war seine Ausdauer bedeutend größer als die der Menschen, und wir erreichten das ersehnte Lager erst gegen Abend .... Unser Marsch führte uns über Takakoi, Murgussia, Mridjo nach Burungi twa Damaß, dem ersten wieder bevölkerten Dorf. Wir brauchten neun Tage, um diesen Teil der Massaisteppe zu durchqueren. In dieser Zeit sahen wir außer einigen verfallenen Massaikrals keine Ansiedlung, und unsere Leute konnten sich keine Nahrungsmittel kaufen.... Die Massaikrals, welche wir passierten, waren in einem jämmerlichen Zustande. Die große Rindviehseuche hatte kurz vorher das Land verheert, und die Massai, welche sich fast nur von Fleisch, Blut und Milch nähren, hatten auch die wenigen, ihnen übrig gebliebenen Stücke aufgezehrt und gingen nun langsam dem Hungertode entgegen. Es waren entsetzliche Gestalten, denen wir begegneten. Sie bettelten uns um Nahrung an und fraßen mit Gier alle Abfälle. Ihre Not war so groß, daß sie sich ihrer Kinder entledigen wollten und sie uns als Geschenk anboten.

Ein leichtes Fieber, das mich überfiel, hinderte bei einer späteren Expedition meinen Abmarsch nicht. Als Führer hatte ich zwei Massai und drei Leute des Wali engagiert. Wir verfolgten den alten Weg und lagerten bei dem bekannten Sultan Damaß in Burungi. Inzwischen war nach meinem Besuch im Jahre 1893 die Route sehr begangen worden, und der alte Herr legte mir eine große Anzahl von Empfehlungsschreiben vor, unter anderen von Werther, Neumann, Eugen Wolf, Köther, Graf von Götzen. In Mridjo, den nächsten Wasserlöchern, fingen einige Eingeborene an, sich anzusiedeln, ein Unternehmen, das von unserer Seite alle Förderung verdiente. Ich hielt mich nicht lange auf, sondern marschierte nach einem Orte Jenga, von Graf Götzen Massimani genannt, mit mehreren Wasserlöchern, wo angeblich das ganze Jahr hindurch reichlich Wasser vorhanden sein sollte. Trotzdem wir die kleine Regenzeit hinter uns hatten, war nur wenig Wasser da. Nur auf dem Boden befand

Wanderobbo, die Jäger der Massaisteppe   Phot. Oberlt. Weiß

sich etwas schmutziges, durch Erde sehr verunreinigtes Naß. Ich ließ die Leute lange Reihen bilden und einzeln an die Wasserlöcher herantreten. Frauen und Kinder kamen zuerst und erhielten je zwei Tassenköpfe voll, die übrigen Leute nur je einen. An Abkochen und Waschen war nicht zu denken. Mir erschien die Lage etwas bedenklich, mit der großen Karawane durch die Steppe zu gehen, da die Wasserverhältnisse so schlecht waren. Aber zurück konnte ich nicht mehr. Ich beschloß, den nächsten Tag hier liegen zu bleiben, um meine Leute nicht der Hitze auszusetzen, und in der nächsten Nacht zum Murgussiateich vorzudringen. Auch an diesem Tage erhielten die Leute dieselbe Portion Wasser, nachdem während der ganzen Nacht an der Vertiefung der Wasserlöcher gearbeitet war. Das Vieh konnte nicht getränkt werden, empfand aber den Durst anscheinend nicht so schlimm, da durch die Niederschläge der kleinen Regenzeit frisches Gras auf der Steppe stand und morgens etwas Tau fiel. So verlebte ich den Silvesterabend. Während sich in der Heimat die Leute ein glückliches neues Jahr wünschten, schlug ich mich mit meiner fast verschmachteten Karawane durch den Busch auf der Suche nach Wasser. In ihrer Not baten mich die Leute, durch einen Medizinmann Regenzauber machen lassen zu dürfen. Ich brachte es nicht übers Herz, ihnen diese Bitte abzuschlagen. Um 6 Uhr abends ließ ich antreten und betrat die weite, baumlose Steppe. Am Horizont ging der Vollmond als blutrote Scheibe auf, und ich fragte mich, ob wohl die mir anvertrauten Leute alle das Aufgehen des Tagesgestirns erleben würden. Lautos ging die lange Kolonne in der Steppe vorwärts. Kurz hinter dem Lager fand ich einen der nach Fleisch ausgesandten Träger am Wege liegend am Verschmachten. Ich sprang von meinem Maultier und labte ihn durch einen Schluck aus meiner Feldflasche, ohne daran zu denken, daß ich mich selbst beraubte. Ich hatte die Freude, ihn sich erholen zu sehen, so daß er den Marsch fortsetzen konnte. Auf die Eingeborenen hatte meine Hilfe an dem Neger großen Eindruck gemacht. Noch viel später hörte ich sie davon an ihren Lagerfeuern erzählen.

Nach ungefähr einer Stunde Marsch kam eine Jagdpatrouille zurück und meldete mir, daß sie hinter einer kleinen Terrainwelle nördlich unseres Weges zwei Regenteiche mit viel Wasser gefunden hätten. Ombadscha (Gefreiter) Abedi kam kurze Zeit darauf und bestätigte mir die Angabe. Meine Führer, selbst die Massai, hatten keine Ahnung von dem Vorhandensein dieser Wasserstellen. Ich ließ sofort halten, die Lasten niederwerfen, und alles strömte dorthin, um sich satt zu trinken, und auch das Vieh konnte getränkt werden. Es war für mich eine große Beruhigung, denn der vor uns liegende dreizehnstündige wasserlose Marsch hätte bei der geringen Versorgung mit Wasser an den beiden Tagen vorher sicher Opfer an Menschenleben gekostet. So endete die Silvesternacht 1895-96 glücklicher, als ich erwarten durfte. Am 18. Januar 1896 traf ich mit meiner Karawane in Pangani ein."

Im allgemeinen kann auch in der Massai-Grassteppe die Wassernot nicht so groß sein, wie man aus der Schilderung des Majors Langheld zu entnehmen geneigt ist. Die Massai haben vor der Rinderpest große Herden besessen, die getränkt werden mußten; für sie und die Leute ist Wasser genügend vorhanden gewesen. Allerdings sind die Massai in der Trockenheit wohl nach den Rändern der Steppe gezogen, wo sich Gebirgszüge aufwulsten, in deren Tälern auch während der langen Trockenzeit etwas Wasser bleibt. Nach der Küste zu wird die Massaisteppe durch das Unguu- und das südlich davon

Die Maſſaiſteppe

gelegene Nord-Rubeho-Gebirge abgeſchloſſen; beide ſind ſchöne, verhältnismäßig reiche Bergländer, aber noch wenig bekannt. Sie ſind nicht von Maſſai, ſondern von andern Stämmen bewohnt, die als zum Teil recht heimtückiſch geſchildert werden. Ein Herr, der im Sommer 1910 durch dieſe Gebiete zog, verſicherte aber dem Herausgeber, daß die Eingeborenen ſich ganz freundlich gezeigt hätten.

Gegen Weſten wird die Steppe von den Gebirgen des Oſtafrikaniſchen Großen Grabens begrenzt, einer mächtigen Bruchſtufe, die ſich bis zum Ruahafluſſe hinzieht. Ein großer Teil des die Bruchſtufe begleitenden wilden Berglandes wird das Maſſaihochland genannt, deſſen Kern bei der Station Kondoa Irangi und beim Hohenloheſee liegt. Dieſe kühlen und friſchen Bergländer werden, wenn ſie erſt einmal erſchloſſen ſind, gute Anſiedlungsgebiete für Weiße werden. Einige Viehzüchter ſind bereits bis zum Großen Graben gegangen.

Ein gefällter Koloß   Phot. Oberlt. Weiß

Kapitel 9

Die Zentralbahn und ihr Gebiet

Der Eisenbahnbau in Ostafrika hat in den letzten Jahren erhebliche Fortschritte gemacht; von einer einigermaßen zureichenden Erschließung der Kolonie kann aber noch keine Rede sein. Die Kilimandscharobahn hat jetzt (Ende 1911) den mächtigen Berg beinahe erreicht; die Zentralbahn, die Daressalam mit Tabora, dem wichtigen Handelszentrum zwischen Viktoria- und Tanganjikasee, verbinden soll, wird voraussichtlich im August 1912 bei ihrem vorläufigen Endpunkt angelangt sein, und noch im Herbst des nächsten Jahres dürfte die Eröffnung der ganzen, rund 860 km langen Bahnlinie Daressalam—Tabora erfolgen. Das ist sehr erfreulich; aber die alsbaldige Fortführung zum Tanganjikasee (Tabora—Udjidji, rund 400 km) ist wegen der Erschließung der belgischen Kongokolonie für den freien Handelsverkehr unbedingtes Erfordernis; dazu kommt, daß durch eine leistungsfähige Dampferlinie auf dem Tanganjikasee unsere Zentralbahn um mehr als 600 km verlängert wird. Wenn eine Vorlage auf Fortführung der Zentralbahn bis Udjidji und im Anschluß daran auf Hinaussendung eines 600-Tonnen-Dampfers auf den Tanganjikasee an den Reichstag kommt und noch im Frühjahr 1912 genehmigt wird, so daß mit dem Weiterbau sofort begonnen werden kann, sobald Tabora erreicht ist, dann hat Anfang 1914 Ostafrika einen durchgehenden Verkehr von Daressalam bis zum Nordende und Südende des Tanganjikasees, und ganz bedeutende Entwicklungsmöglichkeiten tun sich dann auf. Vor allem werden die sehr volkreichen Sultanate Urundi und Ruanda östlich des Kiwusees erschlossen.

Die große Zentralbahn hat eine lange Geschichte; es ist nicht leicht gewesen, sie dem mißtrauischen Reichstage, der an die Entwickelung von Ostafrika nicht recht glauben wollte, abzuringen. Die Erfahrungen mit der Usambarabahn, der „Kaffeebahn", schreckten. Das Reich hatte den kleinen Bahnstumpf von Tanga nach Muhesa seinerzeit übernehmen müssen, weil die Bahngesellschaft vor dem Zusammenbruch stand; die Kaffeeplantagen in Usambara wurden eine gewaltige Enttäuschung, und damit schien eine gesunde Entwickelung dieser Bahnlinie überhaupt ausgeschlossen. Erst in der Folgezeit brachte die Kultur der Sisalagave und des Kautschukbaumes Usambara neuen Aufschwung und damit der Usambarabahn Rentabilität.

Der Bau einer Bahn von Daressalam nach Morogoro wurde schon 1891 angeregt. Im Jahre 1895 schloß die Kolonialabteilung mit der Deutsch-Ostafrikanischen Gesellschaft und der Deutschen Bank einen Vertrag, wonach unter Leitung eines zu gründenden Komitees die Vorarbeiten für eine Bahn von der Küste nach den großen Seen ausgeführt werden sollten. Schon 1896 unterbreitete das Komitee dem Reichskanzler ein Projekt auf Ausbau der

Die Zentralbahn und ihr Gebiet

Bahn mit 75 cm Spur von Daressalam aus mit Anschlußstrecke nach Bagamojo, und bald bildete sich unter Führung der Deutschen Bank ein Konsortium, das für 12 Millionen Mark den Ausbau der Bahn bis Morogoro übernehmen wollte; doch sollte die Regierung eine 3prozentige Zinsgarantie übernehmen und der Gesellschaft ein Fünftel aller über 1 Million Mark hinausgehenden Zolleinkünfte überweisen. Auf eine Annahme einer derartigen Vorlage im Parlament war nicht zu rechnen; nach einigen weiteren fruchtlosen Verhandlungen löste sich das Komitee 1897 auf. Nun forderte die Regierung im Etat für 1900 zu Vorarbeiten für die Bahnstrecke Daressalam—Morogoro 100 000 Mark; der Reichstag lehnte ab. Weitere Forderungen für 1902 und 1903 fanden gleichfalls die Genehmigung des Reichstages nicht. Erst 1904 wurde einer von der Deutschen Bank geführten Bankgruppe die Konzession für den Bahnbau Daressalam—Morogoro in Meterspur erteilt. Der Reichstag willigte in eine Zinsgarantie von 3 Prozent für das Anlagekapital von 21 Millionen Mark; die Anteilscheine sollten zu 120 ausgelost werden, wobei das Reich auch diese 20prozentige Erhöhung zu garantieren hatte. Außerdem bekam die auf dieser Grundlage gebildete Ostafrikanische Eisenbahngesellschaft Land- und Minenrechte, wofür das Reich am Gewinn beteiligt sein und nach 88 Jahren die Bahn schuldenfrei und unentgeltlich zu eigen erhalten sollte. Nach zehnjähriger Bemühung war endlich der große Wurf gelungen; so bald wie möglich ging die Baufirma an die Arbeit. Am 9. Februar 1905 tat Prinz Adalbert von Preußen den ersten Spatenstich; die ganze Strecke Daressalam—Morogoro befuhr zum ersten Male Staatssekretär Dernburg im September 1907. Anfang 1908 wurde der Betrieb eröffnet.

Im Frühjahr 1908 forderte Staatssekretär Dernburg die Verlängerung der Zentralbahn bis nach Tabora und machte zugleich eine Vorlage, wonach das Reich 20 Millionen Mark des Aktienkapitals der Deutsch-Ostafrikanischen Gesellschaft übernahm. Beides wurde vom Reichstage angenommen.

Der günstige Einfluß des Bahnbaues auf das Schutzgebiet ist ganz unbestreitbar. Schon die Durchführung der Strecke Daressalam—Morogoro schuf neue bedeutende Entwickelungsmöglichkeiten. Die Puguberge, etwa 40 km von Daressalam, wurden eröffnet, dann aber das schöne Ulugurugebirge, das sich von Morogoro südwärts bis nach Kissaki hinzieht und mit seinen grünen Bergen, deren höchste bis zu 2420 m ansteigen, und anmutigen, fieberfreien Bergtälern Ansiedlern eine gesunde und aussichtsreiche Heimat bietet. Der Blick vom Dorfe Morogoro, das in der Ebene des Flusses Ngerengere liegt, auf die herrlichen, auch in der Trockenzeit oft wolkenverhangenen Berge ist herzerfreuend. Einen großartigen Eindruck aber empfängt man beim Aufstieg in das Gebirge, das bis zu 1500 m Höhe von den Eingeborenen besiedelt ist. Am Osthang des Gebirges wächst von 1700 m Höhe an üppiger, immergrüner tropischer Bergwald mit hohen Bäumen,

Baumfarnen, riesenblätterigen wilden Bananen; wo der fast undurchdringliche Wald zurücktritt, streckt mächtiges Bambusgebüsch seine glatten Stämme bis zu 20 m Höhe. Das ganze Gebirge ist von zahllosen Bächen durchflossen, die genug Wasser liefern, die große Steppe zu berieseln, die sich westlich und nordwestlich des Ulugurugebirges breitet.

Morogoro, noch 1907 ein Negerdorf mit 800—900 Einwohnern und der etwa 3 km davon entfernten, am Hange des Gebirges in etwa 650 m Höhe gelegenen Regierungsstation, hat sich seit Eröffnung der Bahn sehr schnell entwickelt; es dürfte jetzt an 1700 Einwohner zählen, und im Bezirk sind in den verschiedensten Unternehmungen über 300 Weiße tätig. Der Ort hat zwei Hotels, mehrere Gasthäuser, eine Anzahl europäische Handelsfirmen, über ein Dutzend indische Kleinhändler; Morogoro ist Sitz eines Bezirksamts und einer Forstverwaltung. In einiger Entfernung vom Orte liegen die hübschen Gebäude der katholischen Mission in gesunder Höhe am Berghange. Der Bezirk Morogoro ist verhältnismäßig stark bevölkert; die Eingeborenen sind betriebsam und haben besonders im Baumwollbau ganz Gutes geleistet.

Noch eifriger als die Eingeborenen sind aber die Europäer gewesen. Der Herausgeber war Juli 1907 in Morogoro; vom hochgelegenen Bezirksamt blickte man damals auf eine mit Gras und niedrigem Busch bestandene Ebene hinunter. Welch anderes Bild, als im Oktober 1910 der Herausgeber des Buches an derselben Stelle stand. Baumwollfeld reihte sich an Baumwollfeld; Kautschukpflanzungen fügten sich ein; von Morogoro fuhr er beinahe drei Stunden lang westwärts durch unter Kultur genommenes Land. Und an der Bahnstation Morogoro war eine große Ginnerei (zum Entkernen der Baumwolle) mit Baumwollpresse im Bau. Auch die Bahnfahrt von Morogoro nach Daressalam hinunter ging durch ausgedehnte Pflanzungen; im Juli 1907 hatte da überall noch wüster Busch gestarrt.

Die Mkatasteppe, welche die Bahn auf der Fahrt nach Kilossa durchkreuzt, ist noch nicht in Angriff genommen; einstweilen schrecken die Ansiedler und Großpflanzer vor dieser Arbeit noch zurück. So präsentiert sich dieser Teil noch recht wüst. Dafür ist aber bei Kilossa sehr bedeutende Arbeit geleistet worden. Dicht beim Orte und der Regierungsstation beginnt die Otto-Plantage, die sich weit in die Ebene hinein ausdehnt. Sie hat bereits an 1000 ha urbar gemacht, arbeitet mit Dampfpflügen und mehreren tausend Arbeitern. Die Ausführung einer Bewässerungsanlage ist geplant. Eine größere Plantage haben auch der Deutsch-Grieche Scutari angelegt, der Deutsche Frech; beinahe ein Dutzend größere und kleinere Pflanzungen sind bei Kilossa entstanden. Ueberhaupt scheinen die nördlich und südlich Kilossa gelegenen Landschaften eine größere Zukunft zu haben. Das nördlich gelegene Kaguruland soll für Kleinsiedler sehr geeignet sein; südlich Kilossa liegt das teilweise an Thüringen erinnernde fruchtbare und liebliche Ussagara, von den

Die Zentralbahn und ihr Gebiet

Baumwollernte in Ostafrika

ersten Besuchern in den höchsten Tönen gepriesen. Dr. Karl Peters, der dort die erste deutsche Flagge hißte, versetzte das Land geradezu in Entzücken.

Für ihn ist „dieses entzückende Land eine der wunderbarsten Schöpfungen afrikanischer Natur, wo alles an die schönen Berge Thüringens, an Neckar und Rhein und andere liebe Landschaftsbilder der nordischen Heimat erinnert." Das mag überschwenglich erscheinen, aber selbst ein Mann wie Dr. Franz Stuhlmann („Mit Emin-Pascha ins Herz von Afrika") schreibt:

„Ussagara bildet den aufgeworfenen Rand des zentralafrikanischen Hochplateaus, der durch die erobernde Kraft des Wassers in zahllose Täler zerklüftet ist. Die von Osten kommenden Seewinde geben an diese Berge ihre Feuchtigkeit ab, so daß auch außerhalb der Regenzeit fast in jedem Monat kleinere Schauer niedergehen und damit die üppige Vegetation dieses Gebietes befördern. Besonders zeichnet sich das Mukondokwatal wie eine Oase vor den sonst so trockenen Steppengebieten Deutsch-Ostafrikas vorteilhaft aus. Die schön bewaldeten Hügel erinnern beinahe an unser heimatliches Thüringen."

Kurz vor Mpapua tritt die Bahn in recht unfruchtbares, wenig besiedeltes Steppengebiet ein; dahinter breitet sich die gefürchtete Marenga Mkali (bitteres Wasser) aus, eine von Norden nach Süden ca. 100 km lange und von Osten nach Westen 40—50 km breite furchtbare Wildnis von vertrocknetem Busch mit zur Regenzeit natronhaltigem, bitterem Wasser in den wenigen Bachbetten. Die Marenga Mkali gehört zur Landschaft Ugogo, die sich zwischen Mpapua und Kilimatinde breitet; ihre Eigentümlichkeit sind Salzsteppen und große Trockenheit in der regenlosen Zeit. Wie im Massaigebiet jagt dann der Ostwind ungeheure Staubwolken über die weite Hochebene. Major von Wissmann nennt Ugogo das häßlichste, ärmste, ungastlichste Land, das er in Afrika kennen lernte. Andere Beurteiler sprechen Ugogo wieder sehr große wirtschaftliche Bedeutung zu, und es ist Tatsache, daß sich die großen Handelskarawanen Tippu Tipps in diesem Lande zu erholen und zu verproviantieren pflegen. Auch als Viehzuchtland soll Ugogo sehr wertvoll sein.

Bald hinter Mpapua tritt die Bahn in die Landschaft Dodoma ein, dort ist infolge des Bahnbaus und Verkehrs der wichtige Ort Dodoma entstanden, seit 1. April 1911 an Stelle von Kilimatinde Bezirksamt. Einstweilen sieht die Gegend um Dodoma und nördlich davon bis zur Militärstation Kondoa Irangi noch ziemlich wüst aus; ihren wirtschaftlichen Wert hat sie noch zu erweisen. Immerhin wohnen im Bezirk Dodoma (früher Kilimatinde) an 250 000 Eingeborene, in Mpapua an 150 000. Kilimatinde ist als Militärstation einstweilen bestehen geblieben; es liegt etwas abseits der Bahn. Bald hinter Kilimatinde wird die Bahn in das zentrale Hochland von Unjamwesi eintreten, ein Tafelland von 450 bis 600 km Länge von Norden nach Süden und 280 bis 360 km Breite von Osten nach Westen mit einer durchschnittlichen Höhenlage von 1100 bis 1300 m über dem Meeresspiegel. Die Flüsse dieses Tafellandes führen zumeist nur in der Regenzeit Wasser. Das Gebiet hat ungefähr 6 Monate Regen (Ende Oktober oder Anfang November bis Ende April) und 6 Monate Trockenzeit mit minimalen Niederschlägen. Etwa 60 Prozent dieses Gebietes nimmt der Steppenwald ein; dazwischen liegen weite Grasfluren. Bewohnt ist der größte Teil des Landes von den Wanjamwesi, den „Sachsengängern Ostafrikas". Die Leute sind tüchtige Ackerbauer; noch größer aber ist die Lust an Reisen und Abenteuern. Seit dem Eindringen des arabischen Karawanenverkehrs nach Unjamwesi wandert Jahr für Jahr fast die ganze männliche Bevölkerung aus, sobald die Felder bestellt sind. Als Händler, Träger, Plantagen-, Eisenbahnarbeiter finden die fleißigen und betriebsamen Leute überall Unterkommen. Nach Fertigstellung der Bahn bis Tabora werden die Wanjamwesi gern auf die Plantagen zur Arbeit kommen; ihr Land selber

Militärstation Mpapua

Bahnhof Morogoro; im Hintergrund die Uluguru-Berge   Phot. Vincenti, Daressalam

ist für die Besiedelung durch Weiße nicht geeignet, doch wird die Einführung der Baumwollkultur in Unjamwesi beabsichtigt; es ist eine amtliche Saatzuchtstelle eingerichtet worden. Die Gebiete nordwestlich Tabora gehören zu den unbekanntesten des Schutzgebiets. Unjamwesi hat 1—1½ Millionen Einwohner.

Kapitel 10
Tabora, ein altes Handelszentrum Ostafrikas

Tabora ist die größte ostafrikanische Stadt; gegenwärtig hat es über 40 000 ständige Einwohner, darunter aber nur etwa 50 Weiße. Größer ist die Zahl der Inder, die die einst herrschenden Araber mehr und mehr verdrängt haben. Die Stadt ist eine alte Araberniederlassung, etwa ums Jahr 1820 gegründet; sie wurde bald Zentralstation des arabischen Handels nach dem Viktoria- und Tanganjikasee, dem Kongobecken; besonders waren es Elfenbein- und Sklavenhandel, die Taboras Größe begründeten. Es muß ein nach afrikanischen Begriffen geradezu glänzendes Leben in dieser innerafrikanischen Zentrale gewesen sein, als Tippu Tipp seine großen Sklavenzüge machte mit Hunderten von Gewehren, als er reiche Beute heimbrachte und die Scharen glücklicher Jäger und lärmender Träger die Stadt füllten. Um diese Zeit (etwa 1860) hatte der Sultan von Sansibar einen arabischen Gouverneur in der Stadt, und 500 000 Karawanenträger und mehr durchzogen alljährlich ihre Straßen.

Diese durch die Araber getragene Entwickelung erhielt einen sehr kräftigen Stoß, als Mitte der 60er Jahre des vorigen Jahrhunderts Unjamwesi ein gewaltiger Kriegsmann im „Napoleon Ostafrikas", dem aus dem Urundigebiet stammenden Mirambo, erstand. Er brach mit seinen Kriegerscharen in Unjamwesi ein, unterjochte einen Stamm nach dem anderen, und als die Araber gegen ihn zu Felde zogen, schlug er sie vernichtend im Jahre 1871 und erstürmte Tabora, das er zu seiner Residenz machte. Mit eiserner Faust hielt er sein Reich Groß-Unjamwesi zusammen. Die Araber beugten sich unter die Herrschaft des mächtigen Mannes und betrieben ihren Handel nach wie vor, doch konnte Tabora nicht zu der Blüte der 60er Jahre kommen. Die Stadt verfiel langsam; viel trug dazu bei das Anfang der 80er Jahre scharf einsetzende Vorgehen der europäischen Mächte gegen den Sklavenhandel. Mirambo starb 1886; nach ihm versuchte der Häuptling der Landschaft Unjanjembe (in der Tabora liegt), namens Ssile, die Macht an sich zu reißen, jedoch ohne großen Erfolg; auch machte die 1890 durch Deutschland erfolgte Besetzung von Tabora seinen Bestrebungen bald ein Ende. Anfangs mußte die nur mit 25 Mann besetzte Station sich noch manche Ungehörigkeiten von Ssike gefallen lassen; aber im Juni 1892 konnte er während der Anwesenheit mehrerer Expeditionen in Tabora nachdrücklich bestraft werden, und Leutnant Prince zerstörte zwei Jahre später sein Dorf und überlieferte den Haupträuber dem Galgen.

Die deutsche Flagge wurde Anfang August 1890 von der Emin-Pascha-Expedition in Tabora gehißt, die am 26. April des Jahres mit etwa 100 Soldaten von Bagamojo ausgezogen war. Dr. Franz Stuhlmann hat in seinem Reisewerke „Mit Emin-Pascha ins Herz von Afrika" den Verlauf der Unternehmung, an der er selber teilnahm, geschildert. Der Pascha hatte einen Araber mit der deutschen Flagge nach Tabora geschickt, wo sie von den dortigen Arabern aufgezogen worden war; Ssike aber erzwang ihre Niederholung. Auf die Mitteilung, daß die Araber aber den Einmarsch der Deutschen sehnsüchtig erwarteten, eilte die Expedition in die Stadt, wo sie Ende Juli eintraf. Sogleich begann Emin-Pascha Verhandlungen wegen Hissung der deutschen Flagge. Wir lassen nun Dr. Stuhlmann weiter berichten:

„Die Verhandlungen mit den Arabern gingen wider alles Erwarten glatt vor sich, nur im letzten Moment zauderten sie noch mit der Unterschrift wegen des im Vertrage erwähnten Sklavenhandels, erklärten sich aber bald, dank der diplomatischen Kunst des Paschas, zu allem bereit. Auf der Veranda des Hauses von Ssef-bin-Ssad hatten sich am Morgen des 1. August sämtliche Araber versammelt, um nach Verlesung des Vertrages diesen zu unterzeichnen. Nach Vollzug dieses Aktes ließ der Pascha zur Bekräftigung sämtliche Anwesenden die Fatha — die erste Sure des Korans — beten.

Einige Tage später nahmen unsere Soldaten an einem hohen, tags vorher errichteten Flaggenmaste Aufstellung. Begleitet von allen anwesenden Europäern und Arabern erschien der Pascha, mit seiner hohen deutschen Dekoration geschmückt, auf dem Platze: „Im Namen Seiner Majestät des Deutschen Kaisers ergreife ich Besitz von diesem Lande und hisse als äußeres Zeichen die deutsche Flagge. Seine Majestät, er lebe hoch!"

Unter den brausenden Hochrufen sämtlicher Anwesenden stieg die schwarz-weiß-rote Flagge langsam in die Höhe, von drei Salven unserer Soldaten begrüßt."

Tabora konnte einstweilen nicht besetzt werden, und deshalb ließ Emin-Pascha von den Arabern einen Liwali (Gouverneur) aus ihrer Mitte wählen; die Wahl fiel auf Ssef-bin-Ssad.

Stuhlmann berichtet nun weiter:

„Zur selben Zeit wurden auch Verhandlungen mit Ssike, dem Unjamwesihäuptling geführt, um denselben, falls die Araber abfallen sollten, gegen diese auszuspielen. Da aber die Verhandlungen mit den Arabern einen für uns günstigen Verlauf nahmen, so hielt sich Ssike sehr von ihnen zurück und betrachtete uns mit argwöhnischen Blicken. Der Pascha verlangte von ihm vor allem die Auslieferung eines Teiles des der Firma H. Ad. Meyer geraubten Elfenbeins sowie die Herausgabe eines alten Bronzegeschützes, das der Sultan von Sansibar vor Jahren hinaufgesandt hatte, und einer noch von der belgischen Expedition herrührenden Mitrailleuse. Am 3. August, einen Tag vor der Flaggenhissung, erschien eine Reihe von Trägern aus Ssikes Dorf und brachte das große, kurze bronzene Geschütz von 12,7 cm Kaliber, auf dem neben dem Namenszug von Said Bargasch die Jahreszahl 1859 angebracht war, dessen Lafette sich jedoch als völlig unbrauchbar erwies. Mit ihm zugleich kamen etwa 30 kleine Kisten an, die je zwei alte hohle, mit Zündloch versehene Eisenbomben sowie eine Art von Kartätschen enthielten. Noch am selben Tage schickte Ssike auch die verlangte Mitrailleuse mit 4000 Patronen, die sich jedoch als verdorben herausstellten, dazu vier von den geforderten 10 Elfenbeinzähnen und 73 Ochsen.

Es war gewiß ein gewagtes Unternehmen, daß der Pascha an der Spitze von 100 Soldaten dem mächtigsten Unjamwesihäuptling solche Bedingungen diktierte. Er nützte jedoch die Stimmung aus, die die Niederwerfung des Küstenaufstandes und unser plötzliches Erscheinen hervorgerufen hatten. Den energischen Forderungen des Paschas gegenüber erwies sich Ssike als sehr furchtsamer Mensch. Am Abend nach der Flaggenhissung jedoch erschien plötzlich, während wir eben beim Essen saßen, der neuernannte arabische Liwali Ssef-bin-Ssad und meldete uns, Ssike habe sich mit den Wangoni verbündet und wolle uns von zwei Seiten her angreifen. Auch der kurz nachher erscheinende Mr. Shaw hatte im Orte Gerüchte von diesem Ueberfall vernommen, sowie davon, daß Ssike gleich nach unserer Abreise von Tabora die Araber bestrafen wolle, weil sie ohne seine, des Landeschefs, Einwilligung die deutsche Flagge gehißt hätten. Wenn der Pascha auch wußte, daß im allgemeinen auf derartiges Negergerede nicht viel zu geben sei, so ließ er doch, um allen Möglichkeiten vorzubeugen, die außerhalb unseres Hauses stehenden Zelte abbrechen und alle Lasten ins Innere schaffen. Gleichzeitig machten wir unsere Soldaten mobil, stellten das Geschütz an passender Stelle auf und umgaben unser Haus mit regulären Feldwachen; alle, auch Mr. Shaw und seine Frau, wachten die ganze Nacht hindurch, und fortwährend wurden Patrouillen ausgesandt, ohne daß jedoch irgend etwas erfolgte. Ssef-bin-Ssad bot sich aus freien Stücken an, bis unter das Dorf von Ssike zu schleichen, fand es aber in tiefster Ruhe vor.

Am nächsten Morgen versicherte Ssike dem Pascha durch Brief und Boten, daß er niemals feindliche Absichten gehabt habe, und daß er wegen des Elfenbeinraubes um Verzeihung bitte; er werde die noch fehlenden Zähne in den nächsten Tagen nachliefern. Zugleich bat er den Pascha, ihm im Hause von Ssef-bin-Ssad eine Unterredung zu gewähren, denn er fürchte sich, in unserm Lager zu erscheinen. Nachdem jedoch zwei Brüder Ssikes er-

Tabora, ein altes Handelszentrum Ostafrikas

schienen waren und sich davon überzeugt hatten, daß der Pascha ein ganz friedlicher Mann sei, kam Ssike selbst mit etwa 500 bis an die Zähne bewaffneten Leuten in das Haus des Liwali, während der Pascha und ich mit nur 20 Soldaten erschienen. Ssike zitterte am ganzen Körper und erklärte sich zu allem bereit. Wir nahmen von dieser Unterredung die Ueberzeugung mit, daß, wenn man die jetzige Stimmung Ssikes benutzen und Tabora von der Küste

Marktplatz in Tabora   Phot. Major Langheld

aus sofort mit einer stärkeren Garnison besetzen könnte, man kaum Schwierigkeiten mehr von ihm zu erwarten hätte. Dieser Eindruck wurde noch verstärkt, als einige Tage darauf bei einem Besuch der verlassenen Missionsstation Kipalla-palla Leutnant Langheld mit zirka 70 Soldaten Ssike in seinem nahe der Mission gelegenen Dorf besuchte. Er marschierte geradeswegs mitten in das stark befestigte Dorf vor Ssikes Haus, allerdings mit geladenen Gewehren, ließ dort etwas exerzieren und weidete sich an der Furcht des Häuptlings. In der Folgezeit, wo nur Herr Sigl mit 20—25 Soldaten in Tabora stationiert werden konnte, trat Ssikes Uebermut wieder hervor, da er sich den schwachen Kräften der Gegner gewachsen glaubte."

Zu jener Zeit — im Jahre 1890 — war Tabora schon stark niedergegangen; die Absperrung der Kongostaatsgrenze gegen den freien Handel gab ihm den Rest. Es schien verurteilt, ein armseliges Provinznest zu werden.

Da kam die Eröffnung der Uganda-Eisenbahn im Jahre 1903 und brachte neues Leben in die Stadt.

(Die Uganda-Eisenbahn im britischen Ostafrika verbindet Mombassa, nördlich von Tanga, mit Port Florence am Viktoriasee. Die Bahn ist 940 km lang.)

Tabora ist jetzt Mittelpunkt des Handels geworden, der aus Unjamwesi und vom Tanganjikasee nach Muansa am Viktoriasee und von da über die Ugandabahn zum Weltmarkt geht; wie sehr dieser Handel gewachsen ist, zeigen die Zolleinnahmen in Muansa, die betrugen: 1902: 7885 Rupien, 1903: 20505 Rupien, 1904: 99436 Rupien, 1905: 182561 Rupien, 1906: 294244 Rupien. In den beiden folgenden Jahren wurde der Stand von 1906 nicht wesentlich überschritten, und mit dem Fortschreiten der Zentralbahn hat Muansa wieder verloren. Der Handel zieht nach Tabora und geht von da die Zentralbahn entlang zur Küste.

Tabora hat, wie schon erwähnt, rund 40000 Einwohner. Es ist Sitz eines Bezirksamts, das in einem neuen Fort untergebracht ist. Weiter hat die Stadt Post- und Telegraphenamt, eine Gerichtshalle, ein Hospital; dazu kommen Beamtenvillen, das Missionsgebäude der Weißen Väter, Markthalle, Brunnen, einige ansehnliche Gebäude europäischer Unternehmer. Etwa 30 arabische Handelsfirmen bestehen in Tabora, dazu kommen drei Dutzend indische und zwei Dutzend Suaheli-Geschäfte. In letzter Zeit haben auch europäische Großfirmen Niederlassungen errichtet. Es ist ganz natürlich, daß diese Stadt, in der sich ständig einige Tausend Karawanenleute aufhalten, dem Neger als der Inbegriff des Großartigen erscheint. In schöner Umgebung liegt die Stadt nicht. In einer flachen Talmulde dehnt sie sich stundenweit, und vor den Toren breitet sich die wenig ansprechende Hochebene von Unjamwesi. Aber Tabora hat gerade, breite Straßen, mit Akazien- und Mangobäumen eingefaßt; Fruchtgärten und Gehölze legen sich um die Gebäude; so macht der Ort einen ganz freundlichen Eindruck.

Die wichtigste Verbindung für Tabora ist für die nächste Zeit die nach Udjidji. Dieser von den Arabern für den Verkehr nach dem Kongo gegründete Ort hat sich in den letzten Jahren trotz ungünstiger Lage gut entwickelt und zählt 20000 Einwohner, obschon der Handel in den letzten Jahren fast ganz lahmgelegt war.

Jetzt winkt auch Udjidji eine reichere Zukunft. Es ist anzunehmen, daß Mitte 1912 die Zentralbahn nach Udjidji weitergebaut wird; sie würde Anfang 1914 am Tanganjikasee sein, der dann gleichzeitig einen großen deutschen Dampfer erhalten wird. So kann Udjidji den Handel der ganzen Tanganjika-Uferländer an sich ziehn. Belgien will eine Bahn von Albertville, das Udjidji gegenüber liegt, nach dem Kongo bauen. Damit würde eine große Verkehrslinie von Daressalam bis zum Kongoflusse geschaffen.

Kapitel 11
Im ostafrikanischen Sagenlande

Seit Stuhlmann und Graf Götzen die erste Kunde von ihm brachten, hat das Bergland in der nordwestlichen Ecke der ostafrikanischen Kolonie die Forscher mächtig angezogen. Der prachtvolle Kiwusee liegt dort, das Juwel aller afrikanischen Seen; die Gipfel mächtiger, zum Teil mit Schneehauben gekrönter Vulkane spiegeln sich in seinen Fluten, und in seiner Umgebung scheinen die Märchen aus unserer Kindheit von den Riesen und Zwergen lebendig geworden zu sein. Dort liegt das sagenhafte Land Ruanda; es zieht sich von der Vulkanreihe bis zu den Quellen des Kagera hinunter, in dem manche Forscher den Quellfluß des Nils erblicken wollen.

Die acht Kirungavulkane zerfallen in drei Gruppen, eine Ost-, Mittel- und Westgruppe. Zur ersteren gehören die drei anscheinend erloschenen Vulkane Muhawura (4117 m), Mgahinga (3485 m) und Sabinjo (3680 m). Die Mittelgruppe, die höchste, umfaßt auch drei Berge, und zwar Kissaffa oder Wissoke (3814 m), der auf seinem Kegel einen Kratersee von 700 m Durchmesser trägt, Mikeno (4434 m), in seinen oberen Schluchten von ewigem Schnee bedeckt, und Karissimbi (4500 m), dessen Gipfel auch eine

Vulkane an der Nordküste des Kiwu-Sees

ständige Schneekappe trägt. Niedriger sind die heute noch tätigen Vulkane der Westgruppe, der Niragongo (3412 m) und Namlagira (2960 m). Beide wurden 1894 vom Grafen Götzen und seinem Begleiter Dr. Kersting entdeckt; Götzen bestieg den Niragongo. Dieses interessante Berggebiet wurde 1907 von der Afrika-Expedition des Herzogs Adolf Friedrich zu Mecklenburg eingehend studiert, und sämtliche Vulkane wurden zum Teil mehrmals bestiegen.

Vom Vulkangebiet, in das einige kleine Seen eingesprengt liegen, zieht sich östlich um den Kiwusee ein mächtiges Randgebirge, das bis zu 2900 m Höhe ansteigt und sich nach Süden zum Tanganjikasee fortsetzt; es fällt zum Kiwusee ab, der noch 1455 m hoch liegt, und zum Russissi, dem Abfluß aus dem Kiwu- nach dem Tanganjikasee, der die gegebene Grenze zwischen Deutsch-Ostafrika und dem Kongostaat bildet. Dieses Randgebirge ist noch gut bewaldet, trägt schönen tropischen Urwald, doch ist bereits arg von den Bewohnern niedergeschlagen worden. Namentlich der nach dem See zu liegende Gebirgshang ist fast völlig von Wald frei und wird eifrig und sorgfältig angebaut. Tiefe Fjorde winden sich in die Gebirgskette hinein, die sich zu Kuppen und Hügeln erniedrigt, oft auch schroff und steil in den See stürzt. Grüne Bananenhaine, Erbsen- und Bohnenfelder legen Zeugnis ab vom Fleiße der dicht um den See sitzenden Bevölkerung. Der Kiwusee ist 101 km lang und 50 km breit; seine Ufer, abgesehen vom Norden, sind hoch, oft steil und wild zerklüftet. Sie sind meist steinig und auf weite Strecken mit einer Kruste von Kalk bedeckt. Der See ist sehr oft stürmisch bewegt, die Fahrt in den Kiwubooten, etwa 10 m langen und 1 m breiten Einbäumen, die von den Eingeborenen in jahrelanger Arbeit hergestellt werden, nicht ungefährlich. Trotzdem ist der Verkehr auf dem See mit seinen vielen Inseln ziemlich groß. Die größte Kiwuinsel Kwidschwi ist zirka 40 km lang und an ihrer breitesten Stelle 15 km breit. Zur Hälfte etwa bedeckt sie hochstämmiger Urwald, zur anderen Hälfte gutes Ackerland. Auf der Insel wohnen etwa 20 000 Menschen. Im Innern der Insel wohnen Batwa, eine nur 1,40—1,60 m große Zwergrasse. Der Urwald auf der Insel ist von großartiger Schönheit; zwischen mächtigen und doch schlanken Stämmen schießen 10—12 m hohe Baumfarne hervor, Adlerfarne, krautartige Gewächse mit mächtigen Blättern und großen, leuchtenden Blüten; überaus reich an schönen Arten ist auch die Tierwelt. Kleinere Inseln am See sind Wau und Mugarura.

Am flachen Nordufer des Sees liegt der Offiziersposten Kissenji. Noch im Jahre 1906 hatte dieser Ort aus wenigen Eingeborenenhütten bestanden; bereits ein Jahr später fand die Expedition des Herzogs Adolf Friedrich von Mecklenburg einen beinahe täglich wachsenden Handelsort mit mehr als 800 Einwohnern und gegen 80 Kaufläden. Mit der Erschließung des Kongostaates für den freien Verkehr wird Kissenji natürlich noch erheblich anwachsen. Oestlich von Kissenji erhebt sich auf dem Randgebirge der interessante Bugoiewald, ein großer Bergwald, bewohnt vom Zwergvolke der Batwa, in dem aber doch Größen bis zu 1,70 m erreicht werden, während die Durchschnittsgröße 1,60 m beträgt. Ein eigentliches Zwergvolk sind die Batwa also nicht;

Watussi=Rinder auf der Weide

sie erscheinen nur klein im Vergleich zu dem herrschenden Stamm im Ruandagebiet, den Watussi, bei denen Größen über 2 m beinahe die Regel sind. Im Bugoiewalde leben viele Büffel und Elefanten, eine Eigentümlichkeit dieses und der umgebenden Gebiete sind die umfangreichen Bambuswaldungen. Armdicke Halme schießen bis zur Höhe von 17 m empor; sie sind fast von der Wurzel an mit langen, lanzettförmigen Blättern bewachsen, die an der Spitze so dicht stehen, daß kaum die Sonne durchdringt. Die Bambuswälder sind von zahlreichen Rinderherden belebt, die mit Vorliebe die jungen Bambustriebe fressen.

Zwischen dem bewaldeten Randgebirge und dem Kagera dehnt sich eine hochgelegene, gut angebaute und sehr weide- und viehreiche Berglandschaft aus, durchweg über 1000 m über dem Meeresspiegel gelegen; im Zentrum liegen der Mohasi-, Mugessera- und Rugerasee. Das Klima dieses Berglandes ist sehr gesund, und es ist mit etwa 3½—4 Millionen Bewohnern als außerordentlich bevölkert zu bezeichnen.

Den nördlichen Teil des Berglandes nimmt das Sultanat Ruanda ein, das wir in Nieder=Ruanda (1400—1700 m) und Hoch=Ruanda (1800—3000 m) einteilen können; das Sultanat hat 2 Millionen Einwohner, Kandt schätzte 2½—3 Millionen. Die Bevölkerung des Landes sind die schon besprochenen Batwa, die Wahutu, ein ackerbautreibender Bantustamm mit unschönen Formen, von mittlerer Körpergröße; die Wahutu bilden die Hauptmasse der Bevölkerung. Die herrschende Oberschicht sind die Watussi, ein den Massai verwandter Stamm hamitischer Abstammung, die zu den längsten Menschen der Erde gehören. Geradezu erstaunlich ist ihre Körpergewandtheit. Herrscher über Ruanda ist Juhi Msinga; ihm unterstehen eine Reihe Unterhäuptlinge (Watuales), gleichfalls aus dem Stamm der Watussi. Seine Macht ist unbeschränkt; seine Residenz ist Niansa.

Besuch bei Sultan Msinga
Von Herzog Adolf Friedrich zu Mecklenburg

Herzog Adolf Friedrich zu Mecklenburg hat auf seiner Reise durch Zentralafrika die Residenz Niansa des Sultans Msinga besucht. Mit Erlaubnis des Verfassers entnehmen wir seinem bei Klinkhardt & Biermann in Leipzig erschienenen Werke „Im innersten Afrika" die folgende hochinteressante Schilderung seines Aufenthalts in Niansa.

Endlich näherten wir uns der hochgelegenen Residenz (Niansa, Hauptstadt des Sultans Msinga). Hunderte von Watussi schritten uns vorauf, die ohnehin stattliche Karawane noch vergrößernd. Einige Vornehme waren von einer Anzahl Träger begleitet, die die Kleidung und Lebensbedürfnisse des „Herrn" in großen Körben auf dem Kopfe trugen. Andere führten gar eine Kuh mit, damit ihnen die täglich frische Milch nicht fehle. Kurz vor dem Einmarsch hatten wir die Freude, Hauptmann von Grawert (Residenten von Ruanda), welcher zu unserem Empfang den weiten Weg aus Usumbura nicht gescheut und der schon mehrere Tage beim Sultan kampiert hatte, zu begrüßen. Tausende von Menschen beobachteten von ferne, von den Kuppen der Hügel und Anhöhen, in ruhiger Haltung unseren Anmarsch; kein Lärmen, kein Schreien, kein Volksgedränge, wie sonst üblich, begleiteten den Einzug. Die Haltung der Bevölkerung unterschied sich auf das vorteilhafteste von der ihrer Genossen an der Küste.

Die gespannte Aufmerksamkeit, mit welcher die Bewohner von Niansa uns beobachteten, hatte aber auch noch einen besonderen Grund. Denn die ungeheuren Mengen Lebensmittel, die großen Mengen von Vieh, die als Geschenk des Sultans hier aufgestapelt lagen, nicht zum wenigsten die Anwesenheit des Residenten von Grawert selbst, der in voller Uniform uns einholte, hatten die Vorstellung ganz besonderer Machtentfaltung, die sich hauptsächlich um meine Person drehte, in der Phantasie der Leute erweckt. Erzählungen unglaublichster Art schwirrten in der Luft umher und bildeten das Gesprächsthema.

„Der große Stier kommt mit seinen Kälbern," flog es von Kuppe zu Kuppe, „er hat vier Arme und sechs Beine," womit weniger ein Porträt meiner Persönlichkeit gezeichnet als vielmehr, der Denkungsart des Hirtenvolkes entsprechend, meine Macht und Stärke angedeutet werden sollte.

Auf einem weiten Platz unweit der Sultanshütte, der dank Hauptmann von Grawerts Bemühungen vortrefflich vorbereitet worden war, wurde diesmal das Lager mit ganz besonderer Sorgfalt hergerichtet. Denn wir erwarteten den Besuch des „Mami".

Ehe der Allmächtige erschien, wurden wir aber noch Zeugen eines höchst erheiternden Vorganges. Rings um das Lager standen große Mengen von Wahutu. Neugierig hatten sie sich um das Lager geschart und starrten uns Ankömmlinge an. Aber offenbar störten diese Volksmassen nach Msingas Ansicht die Wirkung seines Anmarsches, denn plötzlich erschienen zwei in

Schmucktöpfe und Besen
der Bakulia-Mädchen

Phot. Oberlt. Weiß

rote Togas gehüllte Gestalten und wirbelten in nicht mißzuverstehender Absicht ihre langen Stäbe um den Kopf, starr auf das Menschenknäuel blickend. Dann sausten die Stäbe mit voller Gewalt krachend und rücksichtslos in das Menschengewühl hinein. Aber der Volkshaufe kannte augenscheinlich dies Manöver schon, denn in dem Augenblicke, als die Stockträger schwungholend ihre Waffe über die Köpfe erhoben, stob der ganze Haufe in wilder Flucht davon, so daß nur noch einige Nachzügler getroffen wurden. Augenblicklich war der Platz leer. Einige wiederkehrende Neugierige wurden mit Steinwürfen verscheucht.

Gleich darauf ertönten Trommelwirbel aus dem Palast. Und nun erlebten wir ein Schauspiel so voll echter Ursprünglichkeit und Originalität, wie man es nur noch hier, fernab vom allgemeinen Pfad der Reisenden, erleben konnte. Paarweise, in feierlicher Ruhe, schritten die Prachtgestalten der Ruandafürsten mit ihren Söhnen voran. Die Sänfte Msingas, die eben das Tor der Residenz verließ, folgte langsam. Alle trugen Festtracht. Der Körper ist nackt. Nur die Hüften umschlingt ein schmaler, in zwei Querfalten gelegter Schurz aus gegerbter Rindshaut, von der viele Schnüre aus Otter- oder Rinderfell bis zu den mit vielen Drahtringen geschmückten

Knöcheln herabhängen. Ueber den Kopf läuft ein Haarkamm von Ohr zu Ohr, in dem eine dünne Perlenkette glänzt. Um den Hals hängt bis auf die Brust herab eine Fülle gelber Schnüre aus Bananenbast, an denen Perlenschmuck verschiedenster Größe, Mitalo genannt, befestigt ist. Armbänder aus Kupferdraht und bunten Perlen umschließen die Handgelenke. So bewegte sich der Zug gemessenen Schrittes in vornehmer Ruhe auf mein Zelt zu. Die dem Sultan zustehende Wache der Expeditionstruppe, ein Schausch (= Unteroffizier, farbig) und zwei Mann, trat ins Gewehr. Des Sultans Sänfte, ein langer, einfacher Korb, dessen Bambusstangen auf den Schultern von Batwaleuten ruhten, wurde vorsichtig herabgelassen, und mit den deutschen Worten: „Guten Morgen, Eure Hoheit" reichte mir Msinga die Hand.

Die Gestalt des Sultans, die infolge seiner bequemen Lebensweise etwas rundliche Formen zeigt, überragt ebenfalls die Höhe von 2 m. Man sucht zuerst in seinem Gesicht vergebens den Ausdruck seiner gepriesenen Intelligenz, auch stören ein Augenfehler und stark vorspringende Oberzähne den sonst sympathischen Eindruck. Aber seine Fragen, die er, neben mir im langen Stuhle sitzend, an mich und die Umstehenden richtete, streiften die verschiedensten Interessensphären und gaben Zeugnis von scharfem, logischem Denkvermögen.

Nachdem die Unterhaltung in der Sprache der Suaheli sich eine Zeitlang auf den verschiedensten Gebieten bewegt hatte, bat mich Msinga, seine Geschenke überbringen zu dürfen. Dieser Augenblick bedeutete für den Sultan, seine Freunde sowohl wie seine Gegner einen hochpolitischen Akt voll peinlichster Spannung, freilich, ohne daß ich selbst davon etwas ahnte. Denn es hatte sich das Gerücht verbreitet, daß die Ablehnung eines Teils der Geschenke meinerseits ein Zeichen sein würde, daß ich dem Kronprätendenten, einem Verwandten Msingas, zum Throne verhelfen und den jetzigen „Mami" stürzen wolle.

Eine ungeheure Volksmenge hatte sich daher hinter den Stühlen, auf denen wir mit dem Sultan Platz genommen hatten, sowie diesen gegenüber aufgestellt, eine Gasse bildend, und erwartete mit mühsam unterdrückter Erregung das Erscheinen der Liebesgaben. Und sie kamen; kamen in endlosen Reihen. Voran wandelte eine Milchkuh, deren Kalb nebenher getragen wurde. Sie bedeutete die größte Ehrung, die mir widerfahren konnte. Dieser folgten zehn Rinder mit kapitalen Hörnern als Schlachtvieh und dann eine nicht endenwollende Herde von Ziegen. Trupp folgte auf Trupp, immer neue Mengen wälzten sich heran und überschwemmten das Lager. Es folgte eine endlos lange Kette schwertragender Wahutu, die Hunderte von Lasten, bestehend aus Mehl, Milch und Honig, Butter, Bohnen und Bananen, schleppten. Ihnen folgten andere Züge mit dem hier seltenen und daher besonders wertvollen Brennholz. Alle diese Schätze wurden im Lager aufgestapelt, das Vieh aber in eine Umzäunung getrieben und von einer Askaripatrouille bewacht. Die Dauer des Vorbeizuges währte fast eine Stunde. Selbst Grawert erklärte, trotz seines langen Aufenthaltes hier niemals ein ähnlich imposantes Schauspiel erlebt zu haben.

Nachdem also der große Moment ohne die gefürchtete Ablehnung vorübergegangen war, atmete man auf im Parteilager des Msinga. Dann hatte der Besuch sein Ende erreicht, und nach feierlicher Verabschiedung bestieg der Herrscher wieder seine Sänfte und schwebte davon. Ein Wald von 5000 Speeren folgte ihm. Ein unvergeßlicher Eindruck.

Der Gegenbesuch am Nachmittag entfaltete den höchsten, aber immerhin noch sehr bescheidenen Pomp, den eine reisende Karawane zu entwickeln imstande ist. Die möglichst sorgfältig ausgewählten Geschenke — außer den landesüblichen Gaben an Zeug und Perlen — sollten vor allem die Mienen des Herrschers erfreuen und sein Herz erhellen, da ein Aequivalent im eigentlichen Sinne natürlich unmöglich war. Unter Vorantritt der Askari mit enthüllten Fahnen, gefolgt von allen Boys, jeder mit einem Geschenk auf den vorgehaltenen Armen, zogen wir unter Hörnerklang in den Hof des Sultans ein, der, freundlich und sauber gehalten, den eigentlichen Palast umgibt, und den ein aus Flechtwerk und Papyrus hergestellter Zaun umschließt. Der Sultan mit allen Watuales erwartete uns. Nach den üblichen Begrüßungsworten, und nachdem wir Platz genommen hatten, erfolgte die Ueberreichung unserer Geschenke, welche die Boys, einzeln herangewinkt, um den Anblick zu erhöhen, heranschleppten!

Die landesüblichen Geschenke erregten die Aufmerksamkeit des Herrschers nicht sonderlich; sie wurden ziemlich achtlos fortgetan oder gleich unter die Großen verteilt. Das Rasseln einer Weckeruhr, die bis in alle Details erklärt werden mußte, befriedigte Msinga aber schon mehr; diese Befriedigung steigerte sich zum Entzücken bei der Ueberreichung meines Jagdmessers und der mit Munition gefüllten Patronentasche, welche zu der ihm verliehenen Jägerbüchse, Modell 71, paßte. Den Höhepunkt aber erreichte seine Begeisterung, als ich ihm eine Säge feierlich überreichte, um die er besonders gebeten hatte. Nach einigen mißglückten Versuchen gelang es ihm bald, die Beine meines Stuhls und alles nur sonst Erreichbare mit bestem Erfolg an- und abzusägen. Auch das „Ministerium" beobachtete die Versuche mit lebhaftem Interesse. Zufriedenheit erregte auch die Askaritruppe, welche ich exerzieren ließ, und auch die Wirkung einer scharf geschossenen Salve verfehlte den gewünschten Eindruck nicht.

Die folgenden Tage waren sportlichen Wettspielen gewidmet, von denen das Hochspringen der jungen Watussi wohl das Erwähnenswerteste ist. Zwischen zwei dünnen Bäumen wurde eine Schnur gespannt, die sich beliebig erhöhen ließ. Diese mußte auf einer schräg aufwärts führenden Fläche angelaufen werden; zum Absprung diente ein kleiner, fußhoher Termitenhaufen. Und trotz dieser ungünstigen Bedingungen wurden Leistungen erreicht, die alle europäischen weit in den Schatten stellten. Die besten Springer, prachtvolle, überschlanke Gestalten mit fast indianerhaftem Profil, erreichten die unglaubliche Höhe von 2,50 m, junge Knaben eine verhältnismäßig nicht minder bedeutende Leistung von 1,50 bis 1,60 m.

Es gelang mir und Weidemann, mit dem gut laufenden Meßterschen Kinematographen einige wohlgelungene Bilder dieser denkwürdigen Leistungen herzustellen, deren Reproduktion in Deutschland allgemeines Interesse erregte.

Als Preise wurden „goldene Ketten" oder ähnliches verabreicht. Großen Erfolg hatte ich auch bei den schmuckliebenden Watussi mit Schmuckstücken aus Taits-Diamanten, die ich für besondere Ehrengeschenke aus Deutschland mitgebracht hatte. Ringe, Sterne, Broschen usw. waren schließlich so begehrt, daß mein Zelt von Liebhabern stets umlagert war und ich die Störenfriede endlich energisch vertreiben mußte, um meine „Kostbarkeiten" nicht ganz zu verausgaben.

Wir hatten auch Gelegenheit, eine Reihe von Tänzen zu beobachten, die sich in ihrer Eigenart von denen, die ich in der Massaisteppe und bei den Küstenleuten sah, nicht unwesentlich unterscheiden. Bei den meisten dieser Tänze, von denen wir elf verschiedene Spezies feststellten, fehlte die Musik, eine sonst ständige Begleiterscheinung bei allen Tänzen der Negervölker. Trotzdem aber mangelte der Rhythmus nicht. Vielen Tänzen lagen Bedeutungen zugrunde, die aus dem Tierreich entnommen waren, und je nachdem wurde einzeln oder in Gruppen getanzt. Ich erinnere mich eines Tanzes, der die Bewegungen des Kronenkranichs versinnbildlichen sollte, und wohl die des balzenden. Die ausgestreckten Arme waren den Flügeln nachgeahmt, die bei dem Balzakt abgespreizt zu werden pflegen, ähnlich wie wir es bei unseren Vögeln, bei dem Pfau, dem Truthahn, dem Birkhahn, zu sehen gewohnt sind. Wir lächeln zwar über diese naive Negersitte, aber ganz zu Unrecht. Finden wir doch in unserem hochkultivierten Europa, ja sogar in Deutschland, die nämlichen Ideen. Oder was ist der Schuhplattler der Oberbayern anderes als eine Nachahmung des Balzgesanges und der Balzbewegungen des Birkhahnes?

Ganz anders gestalten sich die Kriegstänze. Diese wurden in Gruppen aufgeführt, und auch hier unterschieden wir mehrere Phasen. Bald stürzten sich zwei Parteien wie zum Angriff aufeinander, die Speere und die langen Stäbe erhebend. Bald tanzte eine Anzahl Krieger in verschiedenen Pas im Kreise um einen sich nach Massaiart senkrecht mit anliegenden Armen in die Luft schnellenden Mann. Aber niemals wurden die Bewegungen wild, niemals arteten sie in groteske Sprünge mit rhythmischem Kriegsruf oder taktmäßigem Gestöhne aus, wie man dies bei den wilden Völkerstämmen sonst oft sieht, stets blieben die Bewegungen gemessen und vornehm. Jede einzelne dieser Tanzgruppen war von einem der großen Watuales eingeübt. Die Regie über den gemeinsamen Tanz der Vornehmsten hatte der Sultan

Tracht der Watussi-Frauen   Phot. Oberlt. Weiß

selbst übernommen. Er unterließ es nicht, nach jeder neuen Phase mich zu fragen, ob die Gruppe mich befriedigt habe, und ich hütete mich wohl, etwas anderes als dem Ohr des Herrschers angenehm Klingendes zu antworten.

Ferner zeigten einige junge Watussi ihre der unseren weit überlegene Gewandtheit, indem sie, zehn Schritt langsam anlaufend, sich fast zur Erde hintenüberneigend, ihre kurzen Wurfspeere besonderer Art in ungeheure Höhen schleuderten, und zwar mit solcher Wucht, daß zwei Lanzenschäfte in der Luft durch die Vibration zerbrachen. — Dasselbe gilt vom Wettschießen mit Pfeil und Bogen, wozu der Schaft eines Bananenbaums als Ziel diente. Auf etwa 50 m wurden recht gute Treffprozente erzielt. Es gehört eine gewaltige Kraftanstrengung dazu, den Bogen kunstgerecht zu spannen, und nur durch langjährige Uebung vermag man ihn auf seine volle Spannkraft zu bringen. Die Schnellkraft des Bogens, der etwa 1,30—1,50 m hoch ist, ist dann aber auch eine ungewöhnlich große, und der Pfeil fliegt von der voll angezogenen Sehne über 200 Schritt weit fort. — Auch Wettläufe wurden veranstaltet, deren genaue Zeiten ich infolge ungenügender Meßinstrumente leider nicht in der Lage bin anzugeben. Ich zweifle aber nicht, daß auch hier der europäische Rekord zum mindesten erreicht worden ist.

Vorführungen auf dem Grammophon, die wir den Watuales bereits einige Tage vorher geboten hatten, erregten auch hier die verschiedensten Wirkungen. Einige wohnten den Vorführungen mit stoischem Gleichmut bei, andere lauschten mit tellergroßen Augen, wieder andere mit entzückt verzerrten Gesichtern. Auch hier wurden unsere früheren Beobachtungen bestätigt, daß unsere militärischen Märsche gar kein Interesse erregten, die unverständlichen Gespräche allgemeine Freude hervorriefen, die weibliche Singstimme aber, sobald sie die hohe Lage erreichte, wieherndes Gelächter verursachte. Das Lachen aber machte den Watussi einige Schwierigkeiten. Es gilt nämlich nicht für fein. Da es aber schlechterdings nicht zu unterdrücken ging, so war es sehr belustigend zu beobachten, wie dann sofort eine Hand vor den Mund gehalten wurde, um sein Verziehen zum Gelächter zu verbergen. Wenn dann der Heiterkeitsausbruch vorüber war, blickte der Betreffende wieder ganz ernst auf die Tube des Grammophons, bis ein verdächtiges Zucken der Mundwinkel sofort wieder die Hand mit der oberen Kante unter die Nase führte.

Das Gedränge um das Instrument, für dessen Sicherheit ich zu fürchten begann, wurde immer dichter und lichtete sich erst, als Serenissimus höchst eigenhändig mit seinem langen Stock zwischen das Auditorium hieb, daß die Splitter flogen.

Da der Sultan die Weißen auch noch schießen zu sehen wünschte, wurde auf 150 m Entfernung ein irdener Topf als Ziel aufgesteckt. Da es mir sowohl wie anderen Herren glückte, dies nicht allzu schwere Ziel mehrfach hintereinander zu treffen, erhoben sich allgemeine Beifallsbezeigungen der Menge, und unzählige Hände streckten sich uns zur Beglückwünschung entgegen. Der Sultan, wohl fürchtend, er könne in diesem Punkte geschlagen werden, ging mit der Jägerbüchse Modell 71 in der Hand auf 50 Schritt heran. Seine Leistungen waren gerade keine glänzenden. Doch hätte jeder Kompagniechef seine Freude an dem tadellosen Anschlag dieses Mannes gehabt, der alle Bewegungen ausführte, wie ein Infanterist auf dem Schießstande.

Der Sultan schenkte mir auch eine Reihe interessanter Gegenstände heimischen Gewerbes. Dagegen stieß der Kauf von ethnographischen Sachen zunächst auf hartnäckigen Widerstand. Auf unsere Bitte erteilte jedoch Msinga selbst die Erlaubnis zum Tauschhandel, und nun strömte alles Volk herbei, um sich an dem hohen Lohn der verkauften Gegenstände zu bereichern.

Die beiden Sultanate Ruanda und Urundi sind noch wenig bekannt; da sie nach einigen Schätzungen 3—4, nach andern bis 5½ Millionen Einwohner zählen, würde ihre Erschließung von größtem Einfluß auf die Entwicklung der Kolonie Ostafrika sein.

Msinga, der König von Ruanda

Kapitel 12
Der Tanganjikasee

Von größter Bedeutung für den westlichen Teil des Schutzgebietes, seinen Handel und Verkehr ist der Tanganjikasee, der eine Verkehrsstraße von 30 bis 70 km Breite und über 600 km Länge darstellt. Er ist von hohen Ufergebirgen umgeben, aus deren Tälern der Wind aus beinahe stündlich wechselnder Richtung bläst; das macht die Segelschiffahrt auf dem See recht gefährlich. Trotzdem hat früher, ehe die Belgier den Kongo gesperrt hatten, ein lebhafter Verkehr über den See stattgefunden. Er ist jetzt ganz eingeschlafen, so daß die beiden Dampfer, der deutsche „Hedwig von Wissmann" und der belgische, bis in die jüngste Zeit nicht zu viel zu tun gehabt haben.

Der Tanganjikasee macht im allgemeinen den Eindruck eines großen Meeres, besonders da, wo die gegenüberliegende Küste nicht zu sehen ist, und erinnert vielfach in der Küstenansicht an die Ostsee, ist aber bedeutend schöner als diese. Paul R e i c h a r d entwirft in seinem Buche „Deutsch-Ostafrika, das Land und seine Bewohner" ein hübsches Bild dieses Sees:

„Bei klarem Himmel ist das Wasser von wunderbar tiefblauer Farbe. Es ist ein intensives, tiefes Azurblau, wie es selbst der Indische Ozean nicht zeigt. Wenn der heftige Südostpassat von Mai bis Ende Oktober über die Riesenwasserfläche mit großer Stärke und konstanter Kraft dahinweht, so wird der ganze See aufgewühlt, und mächtige Wogen von 2 m Höhe, was auch für das Meer schon eine ganz bedeutende Dünung ist, rollen in majestätischer Gleichmäßigkeit dahin, brechen sich brüllend und dröhnend an den hohen Felsgestaden, werfen haushoch weißen Gischt an scharfen Felsen in die Höhe, daß die Wassermassen prasselnd und plätschernd niedersausen oder in Regenbogenfarben in der Sonne zerstäuben. Oder sie rollen in mächtigem Schwall rauschend den flachen Sandstrand hinauf, um sich donnernd zu überschlagen, eine weit hinter der andern, in 30—40 m Entfernung sich folgend . . . Wehe dem Schiffer, der jetzt in den gebrechlichen Fahrzeugen der Eingeborenen sich hinauswagen wollte in den brandenden, weißschäumenden See, oder wenn er zur Regenzeit in einen Sturm gerät und heulende Böen über den See dahinfliegen, Welle auf Welle auftürmend, und ein furchtbarer Regen im Gewitter niederprasselt."

Der Tanganjikasee hat wenig Zuflüsse; der bedeutendste ist der Mlagarassi, der südlich Udjidji mündet. Seine Quellflüsse reichen im Norden bis ins Bergland von Urundi hinauf, im Süden bis in die Landschaft Itumba, südwestlich von Kilimatinde, hinein. Der Fluß hat so viele Stromschnellen, Wasserfälle, daß er als Verkehrsstraße nicht brauchbar ist. Der Fluß hat große Mengen von Schlamm und Sand in den Tanganjikasee geführt, so daß ein größeres Mündungsdelta entstanden ist; dieselbe Erscheinung zeigt sich auch bei den kleineren Wasserläufen der Ostseite. Diese

Der Tanganjikasee

Station Usambara vom Tanganjikasee aus gesehen

Flußdeltas beherbergen eine reiche Tierwelt. Millionen von Wasservögeln, zahlreiche Nilpferde und Krokodile tummeln sich; leider sind die Schilf- und Buschdickichte dieser Fluß- und Seeufer auch der Sitz einer der unheimlichsten Geißeln der Menschheit, der gefürchteten S c h l a f k r a n k h e i t. Diese verheerende Krankheit, der ganze Stämme zum Opfer gefallen sind, stammt anscheinend von der Westküste Afrikas, wo sie schon im Jahre 1803 beobachtet wurde. Von Senegambien hatte sie sich bis nach Angola ausgebreitet; am häufigsten kam sie von jeher am Unterlauf des Kongo vor. Von der Westküste Afrikas hat die Krankheit, den Flußläufen und Handelsstraßen folgend, sich nach Osten ausgebreitet zum Viktoria-Njansa, von da den Nil aufwärts, zum Tanganjikasee und neuerdings auch zum Njassasee. Erreger der Krankheit ist das Trypanosoma gambiense, ein Verwandter des Malariaparasiten. Beide gehören nicht zu den Bakterien oder anderen

Station Bismarckburg am Njassasee

Pilzen; sie sind Protozoen, einfachste tierische Lebewesen, nur aus einer Zelle bestehend. Durch den Stich einer Fliege, der Glossina palpalis, gelangen sie in den menschlichen Blutkreislauf. Sie leben nicht, wie der Malariaparasit, in den roten Blutkörperchen des Menschen, sondern in der die Blutkörperchen umspülenden Flüssigkeit. Hat eine Infektion stattgefunden, so merkt der Erkrankte lange Zeit so gut wie gar nichts; die ersten Anzeichen sind ein manchmal recht unbedeutendes Fieber mit Kopfschmerzen, allgemeiner Mattigkeit und Gliederschmerzen; diese Vorboten vergehen nach einiger Zeit wieder. Das Fieber kommt aber in unregelmäßigen Zwischenräumen wieder und wieder; schließlich pflegt dann auch eine Schwellung der Drüsen an Hals und Nacken aufzutreten. Dies ist das erste sichere Anzeichen der Schlafkrankheit. Wenn nun nicht sofort energisch eingegriffen wird, ist der Kranke unrettbar verloren. Seine Klagen über Kopf- und Gliederschmerzen nehmen nun zu; bald geht eine auffällige Aenderung im Temperament und Charakter des Kranken vor. Der bisher Lebhafte wird gleichgültig; er wird mürrisch, arbeitsunlustig; schließlich kommen Zittern in den Gliedmaßen, Unsicherheit in den Beinen, und allmählich tritt das Stadium ein, das der Krankheit den Namen gegeben hat. Es tritt eine zunehmende Neigung zum Schlafen ein, die so weit geht, daß der Kranke, wenn er zum Essen geweckt worden ist, mit dem Bissen im Munde wieder einschläft. Und langsam geht der Bedauernswerte zugrunde.

Um die Bekämpfung der Schlafkrankheit hat sich Geheimrat Professor Dr. Koch große Verdienste erworben, der sich über 1½ Jahre in den Krank-

Schlafkrankenlager

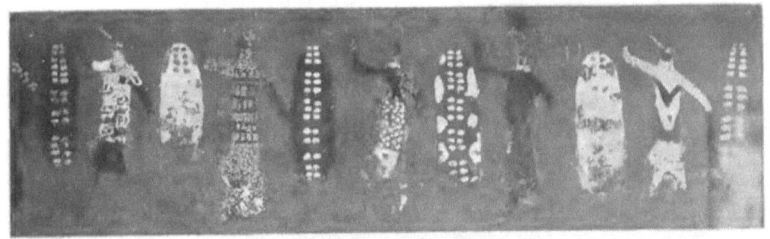

Wandmalerei eines Mhehe

heitsgebieten am Viktoriasee aufgehalten hat; er hat die Behandlung mit Arsenikpräparaten, arsenitsaurem Natron, dem sogenannten Atoxyl, eingeführt. Es werden Einspritzungen mit Atoxyl vorgenommen; in dem ersten Stadium der Krankheit haben sich gute Erfolge gezeigt. Allerdings zeigen sich schlimme Nebenwirkungen, Störungen des Sehvermögens, die bis zu völliger Erblindung gehen können. Die Regierungen sind eifrig bemüht, der Seuche entgegenzuwirken; für die Schwerkranken sind Schlafkrankenlager eingerichtet; zur Behandlung der leichter Erkrankten hat das Gouvernement von Deutsch-Ostafrika eine ganze Anzahl Aerzte und Sanitätsunteroffiziere in den gefährdeten Gebieten verteilt. Um die Glossinen zu vertreiben, wird das Gebüsch an den Wegen und Wasserstellen beseitigt. Auch die Missionen rühren sich nach Kräften, der bösen Seuche, die leider auch in Kamerun und Togo schon Eingang gefunden hat, Abbruch zu tun.

Am Südende des Tanganjikasees liegt die deutsche Station Bismarckburg, von Wissmann gegründet und als Militärstation ausgerüstet. Sie liegt auf weit in den See vorgeschobener Landzunge und macht äußerlich einen schönen Eindruck. In halbstündiger Entfernung von der Station liegt der große Eingeborenenort Kassanga. Der Handel von Bismarckburg ist unbedeutend. Es ist Nebenstation von Udjidji; in dem von etwa 200 000 Eingeborenen bewohnten Bezirk wohnen verschiedene Völkerschaften. Der bedeutsamste Stamm sind die Wafipa, die in den Bergländern seitwärts des südlichen Drittels des Sees wohnen. Ihr Großsultan Kiatu, ein ganz intelligenter Mensch, ist Christ geworden.

Von Bismarckburg nach Udjidji aufwärts liegen an zum Teil schönen felsigen Buchten Missionsstationen der katholischen Pères blancs, wie Kala, Kirando, Utinta, Karema; die Väter, die ihre Niederlassungen um den ganzen See herum haben, haben sehr tüchtige Arbeit geleistet. Am Nordende des Sees liegt die Verwaltungs- und Militärstation Usumbura. Sie wird von 1914 ab als Stützpunkt der Erschließung Urundis und Ruandas und des Handels nach dem Kongo von großer Bedeutung werden.

Kapitel 13
Der ostafrikanische Nil und sein Hinterland

Etwa hundert Kilometer südwärts Daressalam schiebt sich aus der flach landeinwärts geschweiften Küste, der Insel Mafia gegenüber, eine Landaufschüttung von 45 km Breite ins Meer, durchzogen von mehreren Dutzend Wasseradern, darunter acht größeren; da hat sich der Rufiji, Deutsch-Ostafrikas größter Strom, sein Mündungsdelta aufgebaut, und nicht dies allein, sondern auch die großen Ueberschwemmungsebenen der viel verästelten Wasseradern erinnern an den Nil. Das Quellgebiet der Hauptströme des Rufiji reicht bis in die Gebirge zwischen Njassa- und Rukwasee; die nördlichen Zuflüsse dieser Ströme kommen bis aus der Gegend von Kilimatinde her. Nicht weniger als ein Viertel von Ostafrika umfaßt das mächtige Stromgebiet. Die Hauptströme sind über 800 Kilometer lang; schiffbar sind sie nur in recht beschränktem Maße. Nicht nur, daß die Hauptadern wiederholt durch Katarakte gesperrt sind (wir nennen die Panganifälle, kurz hinter der Vereinigung von Rufiji und Ruaha, und die Schugulifälle), auch ist der Wasserstand sehr wechselnd; dazu kommt noch, daß fortwährend Sandverschiebungen im Strombette stattfinden. Man muß Meyer recht geben („Das deutsche Kolonialreich" von Professor Dr. Hans Meyer), wenn er sagt, daß der Rufiji für die Erschließung des südlichen Deutsch-Ostafrika sehr wenig in Betracht kommt. Um so bedeutsamer ist dieser Fluß für die koloniale Wirtschaft; sein Delta und die Niederungsebenen sind von erstaunlicher Fruchtbarkeit.

Wir gehen den Fluß aufwärts bis zu seinen Quellen. Wir haben zunächst eine unterste Randzone, die durch unzählige Krieks in Hunderte von Inseln geteilt ist. Professor Dr. Paasche, der im Jahre 1906 das Rufijidelta und einen Teil des Flußlaufes besuchte, schildert die Randzone, die eigentlich mehr aus ins Meer geschobenen Schlammassen als aus festem Lande besteht, in seinem Buche „Deutsch-Ostafrika wirtschaftlich dargestellt" (Verlag von C. A. Schwetschke und Sohn, Berlin) folgendermaßen:

„Ein breiter, schöner Strom schmutziggelben Wassers nahm uns auf; zu beiden Seiten drängten die Mangrovengebüsche ins Wasser hinein. Von menschlichen Ansiedlungen war nichts zu sehen, nur zeigten die aus dicht nebeneinanderstehenden langen Stangen gebildeten, vom Ufer aus spitzwinklig in das Wasser hineinlaufenden Fischfänge, in denen bei ablaufendem Wasser die Fische leicht von den Eingeborenen gefangen werden können, daß auch dieses scheinbar unpassierbare Sumpfland menschliche Bewohner beherbergte . . .

Der ostafrikanische Nil und sein Hinterland

Stromschnellen des Rufiji

An einzelnen Stellen war es uns möglich, bis auf wenige Meter an das „Festland" heranzukommen. Aber dieses feste Land erwies sich als eine gewaltige Schlammasse, die jetzt bei ablaufendem Wasser zirka 2 Meter über den Wasserspiegel emporragte, aus der mit unzähligen Luftwurzeln, dicht miteinander verschlungen, die Mangrovengebüsche mit ihrem lichten Grün emporwuchsen. Auf den eben vom Wasser verlassenen, tonigen Schlammassen bewegten sich allerlei kleine Seetiere, Krabben und Muscheln lagen umher, und zahlreiche Vertreter der Vogelwelt, Strandläufer und kleine, weiße Reiher, fanden an diesen Wassertieren reichliche Nahrung...

Der starke, wenn ich nicht irre, 5—6 Meter betragende Unterschied zwischen Hoch- und Niedrigwasser gibt hier den Mangrovengebüschen ein ganz anderes Aussehen, als ich sie vielfach auf den westindischen Inseln zu beobachten Gelegenheit fand. Während dort eine Fülle von Luftwurzeln aus den überhängenden Zweigen langsam zum Wasser hinunterwachsen, machen die hier vorhandenen niedrigen Büsche eher den Eindruck, als ob das dichte Wurzelgeflecht allmählich vom Wasser ausgewaschen sei, so daß die Stämme auf diesem Gerüst von Wurzeln balancieren. Jedenfalls ist das dichte Gewirr der Wurzeln auch hier der beste Halt für den sich allmählich absetzenden Schlick und Schlamm, der nach und nach doch zum Festland emporwächst und schließlich, wie wir später beobachten konnten, auch anderen Pflanzen als jenen stelzwurzeligen Mangrovengebüschen Halt gewährt..."

Unsere Kolonien

In diesen Kriks können menschliche Wohnungen sich nicht befinden, aber die Eingeborenen fischen dort, und die dort wachsenden Mangrovenbäume sind für unsere Industrie ganz brauchbar. Es ist sehr wohl möglich, daß aus diesen Schlammassen einmal festes Land wird, gehen doch die Ansichten sogar dahin, daß die Insel Mafia vom Rufiji aufgebaut worden ist. Die Insel ist nur 17 km vom Festlande entfernt, erstreckt sich in 50 km Länge von Südwesten nach Nordosten und ist 434 qkm groß. Sie erhebt sich nur an wenigen Stellen mehr als 30 m über den Meeresspiegel. Außerordentlich gut gedeiht die Kokospalme auf der Insel; weit über 1 Million Bäume sind angepflanzt. Einige deutsche Unternehmer befassen sich mit der Kopragewinnung.

Auf die Kriks des Rufiji-Deltas folgt das feste Land, auch noch von zahllosen Flußarmen durchströmt, von Myriaden Moskitos umschwirrt, so daß das Delta zu den ungesundesten Strichen von Ostafrika gehört; aber es ist bereits die Anlage von festen Wohnsitzen möglich. Auf diesem Festlande des Deltas liegt die Stadt Mohoro in verhältnismäßig gesunder Lage, der Sitz des Bezirksamts Rufiji. Er ist 1911 weiter landeinwärts verlegt worden. Da auf gesundheitlich gute Lage gesehen werden mußte, liegt der Ort nicht am Flußarm und hat als Hafen keinen Wert. Ueber seinen Besuch in Mohoro erzählt Professor Dr. Paasche in seinem schon erwähnten Buche:

„Ich muß gestehen, ich war nicht gerade angenehm überrascht, als ich den sogenannten Landungsplatz erblickte. Von irgendwelchen menschlichen Ansiedlungen war keine Spur zu finden. 2—3 m hoch ragte das Ufer über dem Wasser, steil ansteigend, empor, und nur an einer Stelle war oben das Gras niedergetreten, so daß es den Anschein erweckte, als ob hier ein Uferpfad einmündete. Einige tief in den Schlamm eingetretene Fußspuren konnten darauf hindeuten, daß auch andere hier schon vor uns das Ufer erklettert hatten, aber niemand war zu unserem Empfange bereit. Wir kamen mit leerem Magen, ohne irgendwelche Vorräte, und hatten wahre Sehnsucht, bald wieder unter Menschen zu sein, um Hunger und Durst stillen zu können.

Endlich, nachdem der Dampfer wiederholt laute Signale mit der Dampfpfeife gegeben hatte, erschien oben am Uferrand der alte Jumbe des etwa 20 Minuten vom Strande entfernt liegenden Dorfes Pondende im langen, weißen Hemd mit rotem Fes auf dem Kopf und erklärte, daß die Träger seit Mittag uns erwartet hätten und nun, in der Meinung, daß wir nicht mehr kommen würden, in das Dorf zurückgekehrt seien; er habe aber sofort Nachricht gesandt, und in kurzer Zeit würde die Karawane zur Stelle sein.

Wir kletterten also mit einigen Schwierigkeiten das steile Ufer hinauf und konnten richtig nach wenigen Minuten die ganze Karawane in schnellem

Der ostafrikanische Nil und sein Hinterland

Schritt hereneilen sehen. . . . Es war mein erster Marsch auf afrikanischem Boden und mir deshalb alles besonders interessant und neu. Der schwarze, tiefgründige Marschboden, offenbar von ungewöhnlicher Fruchtbarkeit, war, da wir uns dem Ausgange der Trockenzeit näherten, tief eingerissen, so daß die Spalten, die, in den Boden getrocknet, oft 5—6 cm breit waren und das Marschieren Sorgfalt und Aufmerksamkeit erforderte. . . . Ueberall war derselbe tiefgründige und fruchtbare Boden vorhanden, nur daß er, je weiter vom Dorfe entfernt, um so weniger kultiviert war und mächtiges

Von Lianen überwucherte Bäume Phot. Dr. Lohmeyer
an den Ufern des Rufiji-Stroms

Gras, mit einzelnen Büschen durchwachsen, fast ausschließlich die Erde deckte. An großen Zuckerrohrfeldern kamen wir vorbei, die meine besondere Aufmerksamkeit erregten, weil sie trotz der Trockenheit des Bodens ziemlich üppig bestanden waren und reiche Ernte in Aussicht stellten . . ."

Dr. Paasche nahm in den nächsten Tagen die Umgebung eingehend in Augenschein. „Außerordentlich gut gewachsene und gepflegte Baumwollfelder waren in der Nähe der Regierungsgebäude vorhanden. Schöne, junge Kokospalmen breiteten ihre mächtigen Wedel über üppige Mais- und Mohogofelder (eßbare Wurzeln) aus, deren Erträge zum Unterhalt der Eingeborenen dienen. Etwa 9—10 ha Landes waren mit Zuckerrohr bepflanzt und gediehen ohne alle Bewässerung, wenn auch nicht gerade übermäßig üppig. Sechs Jahre lang trägt das Rohr nach Angabe des Besitzers ohne eine andere Bearbeitung, als daß Laub und Spitzen des Rohres zwischen den etwa 1½ m voneinander entfernten Reihen liegen bleiben, um so die Entwicklung des Unkrauts zu hindern, bis neue Schößlinge aus den Wurzelstöcken des Rohres emporschießen. Fünf Ernten werden ohne Neuanpflanzung vom Boden gewonnen. Vier Monate etwa dauert die Kampagne, bis Ende Oktober. Uebermäßig sorgfältig war weder die Kultur noch die Ernte . . .

Die Fabrik selbst war primitiv genug. In einem offenen, weiten Schuppen war eine kleine Rohrmühle aus drei eisernen aufrechtstehenden Walzen aufgestellt, die durch direkten Antrieb mittels langer Zugbäume in Bewegung gesetzt wurde. Etwa 20 Neger, darunter zur Hälfte Weiber, zogen und schoben an den Zugstangen des Göpelwerks unter ständigem Singen wie in einem Karussell gleichmäßig herumlaufend."

Für den Zentner ungereinigten Zucker erhielt der Araber an Ort und Stelle etwa 8 Mark, und noch 8—10 solcher Zuckerfabriken waren zu Paasches Zeit im Distrikt Mohoro. Der Ort Mohoro ist Hauptzollstation des Rufiji-Bezirks; er hat Post- und Telegraphenagentur, eine kleine Polizeistation; das Hauptgebäude ist die Boma (Festung) des Bezirksamts. Wenige weiße Beamte und Pflanzer „bevölkern" die Stadt. Wichtig ist Mohoro als Zentralpunkt für den Zucker- und Baumwollbau im Delta. Diese über 1200 qkm (120 000 ha) große Fläche, die im Mai und Juni weit und breit überschwemmt ist, ist von außerordentlicher Fruchtbarkeit; die eingeborene Bevölkerung erzielt oft eine dreimalige Reisernte im Jahr. Sonst werden gebaut: Maniok, Mais, Bananen, Ananas, Erdnüsse; europäische Unternehmer bauen besonders Baumwolle, die während der sieben Monate langen Trockenzeit (da bewässert werden kann) außerordentlich gut gedeiht. Eine Reihe von Gesellschaften und Privaten haben bereits an 50 000 ha Baumwolland belegt; Dampfpflüge sind in Tätigkeit; Ginstationen befinden sich in Mohoro und Panganja. In diesem Orte hat das Kolonialwirtschaftliche Komitee eine Baumwollschule ins Leben gerufen.

Vom Delta folgt landeinwärts der Unterlauf des Rufiji, der auf einige 80 km noch eine sehr breite, fruchtbare Niederungsebene hat, die sehr fleißig angebaut wird. Krokodile, Flußpferde, Nilgänse, Pelikane, Reiher, Störche beleben die Gewässer, und in der Flußniederung ziehen sich lange Hüttenreihen hin, oft von prächtigen Mangobäumen oder Kokospalmen überschattet. Professor Dr. P a a s c h e war während des letzten Aufstandes in der Rufiji-Niederung, als der Krieg vieles verwüstet hatte; er kann aber doch in seinem früher erwähnten Buche berichten:

„Durch völlig ebenes Gelände zog sich unser Weg durch die fruchtbaren Marschen des Niederungsgeländes dahin. Ueberall sah man die Spuren der deutschen Herrschaft. Anfangs war durch die sumpfigen Stellen hindurch ein breiter Fahrweg geschüttet, . . . dann wurde der Weg enger . . . Das

Der ostafrikanische Nil und sein Hinterland

Land, das wir durchzogen, war fruchtbarer, tiefgründiger Aueboden, der zwar hier und da etwas sumpfig und mit saurem Humus bedeckt erschien, meistens aber wertvolles Kulturland und dabei verhältnismäßig gut bebaut war.

Während der ersten Wegstunden glaubte man auf einer langen Dorfstraße zu wandern, da immer wieder die leichten, viereckigen Hütten zwischen den gut bestellten Mais-, Mohogo- und Mtamafeldern an der Straße entlang standen. Schöne Mangobäume, zum Teil von gewaltigem Umfange, beschatteten die verschieden großen Hütten, deren Wände meist aus dünnen Stangen und starkstengligem Hirsestroh hergestellt und mit Lehm beworfen waren, während ein ziemlich steiles Dach aus Palmblättern weit über die Vorderfront nach der Straße zu hervorragte und so einen schattigen Vorplatz bildete, auf dem Männlein und Weiblein mit ihrem Nachwuchs hockten und neugierig zu den vorüberziehenden Fremden aufblickten. Die Männer traten meist unter dem tief herabhängenden Dach hervor und ließen, mit der rechten Hand an der Kopfbedeckung, ihr freundliches „Jambo Bwana" erschallen, während die Weiber, an der Erde hockend, sich eher unseren Blicken zu entziehen suchten."

Von Süden her treten die Kitschi-Berge an den Unterlauf des Flusses heran; sie leiten zum Hochlande von Matumbi (zwischen Kilwa Kiwindsche und Mohoro) über, dessen unzuverlässige Bewohner Ende Juli 1905 als erste die Fahne der Empörung erhoben. Sofort folgten die Dondeleute nach, die südwestlich von Matumbi in Donde wohnen, einem Hügellande, das sich zwischen dem in den Rufiji mündenden Luweguflus und den Nebenflüssen des bis

Speerverhau einer Niederlassung während des Aufstandes in Uhehe im Jahre 1905/06

Kilwa ins Meer strömenden Matandu breitet. Sie griffen den Posten Liwale an, wurden aber abgeschlagen; dagegen gelang ihnen die Ermordung des Bischofs Spieß und seiner Begleiter.

Bald aufwärts der Panganifälle teilt sich der Rufiji in den Ulanga-Kilombero und den Ruaha. Wir folgen zunächst dem letzteren, dessen Quellen zwischen Kilimatinde und dem nördlichen Randgebirge des Njassa-Sees liegen; er bildet ein weitverzweigtes Flußsystem, das prächtige Bergländer bewässert, die mit zu den schönsten von Deutsch-Ostafrika gehören. Schiffbar ist der Ruaha trotz seines langen Laufes und der vielen Zuflüsse nicht. Der mächtige Gebirgsstock der Berge von Uhehe legt sich vor seinen Oberlauf; er fängt die Regenmassen auf, die aus Südwest kommen, und läßt nur wenig nach Ussangu, dem Quellgebiet des Ruaha, hinüber. Das **Ussangugebiet** ist eine Niederungslandschaft. Die Stromniederung der Flüsse steht in der Regenzeit zumeist unter Wasser, daher ist das ganze Gebiet recht ungesund. Im welligen Norden des Gebiets herrscht lichter Buschwald, im Süden baum- und vielfach auch buschlose Grassteppe, die von ungeheuren Wildmengen bevölkert ist. Elefant, Nashorn kommen häufig vor, Antilopen, Zebras in so kolossalen Mengen, daß man nach dem Bericht des Leutnants Th. Prince oft 1000 Stück nebeneinander sehen kann. Giraffen, Strauße fehlen nicht; in den Flüssen wimmelt es von Fischen und Krokodilen, Flußpferden, Geflügel aller Art. Die Bewohner des Landes sind die Wassangu, einst sehr kriegstüchtig. Sie sind sehr fleißige Ackerbauer.

Zum Gebiet des Ruaha gehört auch das Hochland von Uhehe, das sich im Utschungwe-Gebirge bis zu 2500 m Höhe erhebt. Dies Gebirge mit seinem Gewirr von Bergen, Felszacken, Schluchten, Kesseln, Tälern, schäumenden Bächen wird Uhehe jedem als eines der schönsten Länder der Erde erscheinen lassen, während die nordwestliche Abdachung zur Ussangu-Ebene weniger reizvoll erscheint. Pater Basileus schildert die Aussicht vom 2000 m hohen Gebirgskamm des Utschungwe-Gebirges folgendermaßen:

„Ueber Mahenge lagerte dichter Nebel, der nichts erkennen ließ; vor uns aber breitete sich das Land im Glanz der eben voll aufgestiegenen Sonne wie eine sturmbewegte, versteinerte See aus. Unabsehbar erhob sich Gipfel an Gipfel, Kamm an Kamm, bald nackte Felsen, bald von frischem Gras oder spärlichem Buschwald bedeckt. In den tiefeingerissenen Tälern und Schluchten plätscherten unzählige Quellen und Bächlein und zauberten eine üppige Pflanzendecke an die schroffen Hänge. Hier auf freier Höhe, umweht von kühlem Morgenwind, konnte man glauben, auf einmal nicht mehr in Afrika zu sein; es war wie ein frischer Maimorgen in Europa."

Hauptmann Engelhardt wieder schreibt in „Meine Reise durch Uhehe" usw.:

Der ostafrikanische Nil und sein Hinterland

„Dunkler Urwald wechselt mit dichtem, schier undurchdringlichem Busch, in dem sich unsere Brombeere häufig findet, Wiesen und dunkelgrüne, mit mannshohem Farn bewachsene Flächen unterbrechen die Waldbestände. Silberne Bächlein plätschern in dunklen Schluchten oder winden sich in sonnigen Wiesen dahin. Kühle, nebelfeuchte Luft erhält Körper und Geist frisch und kräftig zur Arbeit."

Die Bewohner dieses schönen Gebirges sind die Watschungwe (ca. 15000); die W a h e h e sitzen auf dem 1200—1700 m hohen Hochplateau und in den Niederungen; sie zählen rund 35 000 Köpfe. Die geschichtliche Größe der Wahehe hebt in den 60er Jahren des vorigen Jahrhunderts an, als sich Mujugumba, der sich auch Mujinga nannte, zum Oberhäuptling aufwarf. Er drillte sich einen Stamm von Kerntruppen, die Wajinga, deren eigenartiger, von Mujinga erfundener Fechtweise nichts widerstehen konnte. Die Wahehe wurden der Schrecken des südlichen und zentralen Deutsch-Ostafrika und blieben es auch, als Mujinga 1878 starb und ihm sein Sohn Kwawa, eine Despoten- und Kriegernatur von scharfem Verstande und großer persönlicher Tapferkeit, folgte. Kwawa dehnte die Kriegs- und Raubzüge immer weiter aus, unterwarf sich weder den Arabern noch den Deutschen; es mußte im Jahre 1891 eine Expedition gegen ihn ausgerüstet werden. Ihre Leitung lag in den Händen des Hauptmanns v. Zelewski. Im Rugaro-Defilé, einem vielfach gewundenen, zu beiden Seiten mit mächtigen Gesteinstrümmern bedeckten Wege, der aus dem kleinen Flußtal zum Dorfe Rugaro hinaufführt, überfiel Kwawa mit seinen Kriegern die Expedition und machte sie bis auf die Nachhut nieder. Erst im Jahre 1894 gelang es, diese schwere Scharte auszuwetzen. Der Gouverneur von Schele erstürmte am 30. Oktober die Feste Kwawas, Iringa. Doch leistete Kwawa

Militärstation Iringa

Dampfpflug einer Baumwollplantage

noch bis 1898 in einem hartnäckigen Guerillakriege Widerstand. Im Juli 1898 erschoß er sich, um nicht in die Hände der Deutschen zu fallen. Seitdem herrscht in Uhehe Ruhe; auch 1905-06 schlossen sich die Wahehe dem Aufstande nicht an. Der Hauptort des Landes ist jetzt Iringa mit Polizei- und Militärstation. Es hat sich zu einem hübschen Städtchen mit massiven Steinhäusern, Boma und Markthalle entwickelt. Mehrere deutsche Ansiedler wohnen im Ort, einige griechische, viele farbige, darunter zwei Dutzend indische Händler. Die Bevölkerungszahl beträgt jetzt beinahe 3000. Uhehe ist in vielen Teilen für europäische Ansiedlung geeignet.

Die Hauptader des Rufiji ist der Ulanga-Kilombero; von den Pangani- bis zu den Schuguli-Fällen führt er noch den Namen Rufiji. Auf dieser Strecke ist der Fluß stark eingeengt und bietet wenig Raum für Kulturen. Oberhalb der Schuguli-Fälle beginnt die Ulanga-Niederung, eines der fruchtbarsten, aber auch heißesten und ungesundesten Gebiete in Ostafrika. Sie gehört zur Landschaft Mahenge. Die Niederungsebene ist 30—50 km breit, 150 km lang; in dem ersten Jahresdrittel gleicht sie bis in den Mai einem großen See, aus dem nur die höchsten Punkte heraussehen. In der Trockenzeit dorrt die Niederung aus. Auf ihrem schweren Alluvialboden, der in seinem unkultivierten Teil ganz mit dichtem, bis 4 m hohem schilfigen Gras bedeckt ist, gedeiht der üppigste Reis- und Bananenbau. Die Steppe der Niederung ist sehr wildreich. Nördlich der Ulanga-Niederung dehnen sich die schon besprochenen Utschungwe-Berge aus; im Süden liegt das Bergland Apogoro, auf dessen Ostabhang in 1025 m Höhe die Station Mahenge erbaut ist. Es erreicht bis zu 1200 m Höhe. Das Bergland ist ziemlich kühl und recht gesund; seine Bewohner, die W a p o g o r o, sind ein hinterlistiges Bantuvolk von geringer Kultur.

Das oben erwähnte Ussangugebiet ist der Sitz der Wassangu, deren alter Häuptling Merere unterhalb des Vulkans Mbeja in Alt-Utengule saß. Vor seinem Widersacher Kwawa, der ihn hart bedrängt hatte, hatte er sich bis dahin zurückgezogen und eine doppelt ummauerte große Boma (Festung) gebaut, deren Ueberreste heute noch das Erstaunen der Reisenden erregen. Merere war ein Anhänger deutscher Herrschaft. Sein Sohn, der junge Merere, wollte sich auflehnen; aber da wurde die Boma erstürmt und das Volk nach Neu-Utengule im südwestlichen Ussangu verpflanzt. Ein unruhiger Geist, der den deutschen Behörden manche Schwierigkeiten machte, blieb Merere trotzdem; er sollte deshalb im vergangenen Jahre abgesetzt werden. Er entfloh vor den deutschen Truppen und machte auf der Flucht einen Selbstmordversuch.

Inneres der großen Moschee zu Kilwa Kissiwani Phot. Dr. Lohmeyer

Kapitel 14
Der Süden des Schutzgebiets

Obgleich der Süden des oftafrikanischen Schutzgebiets in den beiden sehr guten Häfen Kilwa Kissiwani und Lindi vorzügliche Eingangspforten besitzt, ist er nur wenig bekannt geworden. Das hat seinen Grund zum guten Teil darin, daß die großen Dampfer den Süden nicht besuchen und daher der Strom der Reisenden hauptsächlich nach Tanga und Daressalam geht. Daraus darf man aber nicht schließen, daß der Süden wertlos wäre. Die Araber haben in Kilwa eine sehr alte Ansiedlung gehabt, das beste Zeichen dafür, daß auch im Hinterlande genug zu holen war. Gegenwärtig allerdings ist dies Hinterland völlig vernachlässigt; die Unternehmungslust folgt dem Bahnbau.

Hauptflüsse im Süden sind der Lukuledi, der bei Lindi mündet und die verhältnismäßig große Lindi-Bucht bildet, und der Grenzfluß Rowuma. Dieser entspringt dicht am Njassasee auf dessen Randgebirgen und ist über 600 Kilometer lang. Nahe der Küste strömt der Fluß in einer bis zwei Kilometer breiten, sehr fruchtbaren Ebene, die außerordentlich wildreich ist. Auch das Tal des Lukuledi-Flusses strotzt förmlich von Fruchtbarkeit, da der Fluß nie versiegt; im Tale drängt sich ein Dorf ans andere. Die Leute gehören dem Makuastamm an.

Zwischen Lukuledi und Rowuma breitet sich das sehr schwer zugängliche Makonde-Plateau, mit dichtem Dorn- und Bambusbusch erfüllt; da hatte sich Ende der 80er Jahre des vorigen Jahrhunderts Matchemba niedergelassen, der uns viel zu schaffen gemacht hat. Er war nicht Stammeshäuptling, sondern aus dem Portugiesischen südlich des Rowuma eingewandert; als geborene kraftvolle Herrschernatur hatte er sich zum Oberhäuptling über die Wakondeleute aufgeschwungen. Bei ihm sammelten sich alle schwarzen Uebeltäter und Mißvergnügten des Südens. Nachdem er lange getrotzt hatte, bot er, nachdem 1894 der gefährliche Hassan ben Omar gefangen und in Kilwa gehängt worden war, seine Unterwerfung an; lange hielt er aber nicht Ruhe. Als schließlich doch gegen ihn vorgegangen werden sollte, floh er mit seinen Getreuen über den Rowuma. Im großen Aufstand 1905-06 kehrte er vorübergehend zurück, mußte aber bald wieder fliehen.

Um Liwale herum wohnen die Donde-Leute, die sich am Aufstand 1905-06 hervorragend beteiligten; sie waren es, die den Bischof Spieß und seine Begleiter ermordeten und auch einen Angriff auf den Liwaleposten wagten. Südlich von ihnen, im westlichen Teile des Bezirks Lindi, wohnen die Wahjao.

Hauptstamm im Bezirk Ssongea sind die Wangoni, ein von Süden gekommener Zulustamm. Sie haben die jetzigen Küstenstämme, die früher weiter im Innern saßen, aus ihren alten Sitzen verdrängt, und bis zu der 1897 erfolgten Gründung der damaligen Militärstation Sjongea machten sie alljährlich Kriegszüge, raubten und schleppten Leute mit, die sie zu Sklaven machten. Bei ihren Angriffen pflegten die Wangoni eine bestimmte Taktik zu befolgen. Sie schritten in frühester Morgenstunde zum Angriff gegen das Dorf, das sie plündern wollten, stellten die Hauptmacht, die sich völlig lautlos verhielt, vor dem Eingang des Dorfes auf, während eine kleine Abteilung von der andern Seite mit wildem Geschrei angreifen mußte. Die erschreckten

Christliche Waheheleute

Leute liefen dann der Hauptmacht in die Arme. Was sich widersetzte, wurde niedergemacht, der Rest in die Gefangenschaft geschleppt.

Ungoni, das Land der Wangoni, ist bergig mit schönen Tälern und verhältnismäßig vielen Wasserläufen; es steigt zum gut besiedelten Livingstone-Gebirge an, das steil zum Njassasee abfällt.

Der See ist ca. 500 km lang; seine größte Tiefe ist mit 706 m gemessen. Er liegt 478 m über dem Meeresspiegel. Das Livingstone-Gebirge (höchste Erhebung der Kipengere mit 2926 m) ist noch gut bewaldet; es birgt Partien von großer Schönheit. Da sitzen die Pangwe-Leute, die fleißig Weizen bauen, aber noch besser wegen ihrer Trunksucht bekannt sind.

Ueber das Pangwaland schreibt der Missionar Klamroth in seinem Buche "Auf Bergpfaden":

"Tritt man aus dem Walde heraus, so zeigen sich dem Blick allerorten beackerte Abhänge, grüne Weideflächen oder ausgedehnte Bambushaine, in denen der Pangwa sein Nationalgetränk, das Bambusbier, „schneidet". Frisch genossen wirkt dasselbe außerordentlich erfrischend, doch schon nach kurzer Zeit macht die schnelle Gärung dies Bier zu einem stark berauschenden Getränk. Der Pangwa aber macht es mit Hilfe seines Klimas und einer ganz besonderen Behandlung seines Bambus möglich, daß er in jedem Jahr monatelang länger zapfen kann als seine nördlichen Nachbarn. Zu manchen Zeiten kann man fast sagen: „Das ganze Land ist betrunken." Vom Säugling, dem die Mutter den Trank gibt, bis zum ältesten Mann, der nur noch mit Mühe zum Gelage wanken kann, wird getrunken und wieder getrunken.

In solchen Zeiten tat mir das Herz weh, wenn ich durch das Land ritt und sah die Vorbereitungen oder die Folgen solcher Gelage. Hier in dem Dorf war eine Mutter, die ihr Kind auf den Rücken gebunden hatte, betrunken auf dasselbe gefallen — wenige Tage darauf mußte sie es begraben. In jenem Dorf hatte eine trunkene Mutter ihr Kind ins Feuer fallen lassen und kam nicht eher zur Besinnung, als bis nur noch eine Hand und die Füße und ein verbrannter Leib übrig waren. Und das ist nicht etwa aus vielen Jahren zusammengetragen, nein, in der kurzen Zeit, in der ich im Lande war, ist es alles in der näheren Nachbarschaft vorgekommen.

Die Pangwa sind wegen ihrer Trunksucht verrufen, und Schlägereien im Rausch sind nicht selten. Im Mai 1902 wurde ein Pangwa zu mir gebracht, der sich an einer Kopfwunde, die ihm ein Genosse bei solcher Gelegenheit beigebracht, beinahe verblutet hatte. Eine Schlagader war angeschlagen, und da man bei dem dichten Wollhaar nur schwer an die Wunde herankommen konnte, gelang es erst nach vieler Mühe, das Blut zum Stehen zu bringen und notdürftig einen Verband anzulegen. Fast glaubte ich schon, es sei alles zu spät, er würde mir unter den Händen sterben, als er vom Blutverlust erschöpft ohnmächtig zusammensank. Und dabei stand die alte Mutter neben mir und jammerte: „Mein Sohn! Mein Sohn! Sie haben ihn erschlagen!" — So mancher Mutter Sohn ist wohl unter den Pangwa schon auf die Art um sein Leben gekommen, aber sie haben harte Ohren und wollen nicht hören, die Trunksucht hält sie in ihren Banden nach wie vor.

Ein ganz gefährliches Instrument ist in den Händen solcher Leute das Haumesser, mit Stiel etwa über 1 m lang, die Klinge an der Spitze einwärts gekrümmt. Als Missionar hat man mehrfach Gelegenheit, Wunden, die von dieser Waffe rühren, zu behandeln, und wenn der Kopf oder das Schienbein getroffen war, so machten sie einem oft viel Not.

Doch es ist nicht allein die Trunk- und Händelsucht, die die Pangwa gefangen hält. Raub, Diebstahl, Muafitrinken stehen gleichfalls an der Tagesordnung. Und dazu kommt noch manches andere, über das man lieber einen dichten Schleier zieht."

Das sind nun sehr böse Eigenschaften; ihnen stehen aber auch manche gute gegenüber. Und manche schlechte Angewohnheit hat den Eingeborenen erst die weiße Kultur gebracht. Sehr verständig sagt der erwähnte Missionar: „Nimm die Vielweiberei. Es ist eine heidnische Sitte, und sie verstößt gegen Gottes Willen. In Christengemeinden muß sie der Einehe weichen. Das ist klar. Aber viel lieber ist mir die Polygamie als das, was die Afterzivilisation ins Land gebracht. Früher ging es alles nach festen

Bucht bei Wiedhafen am Njassasee

Ordnungen; auf Ehebruch und Hurerei standen schwere Strafen. Jetzt wird das anders. Für wenig Geld kann der Weiße seiner Lust frönen, warum soll der Schwarze es nicht ebenso machen? Und wer das Volk lieb hat, der steht dabei mit blutendem Herzen. Was helfen alle Vorschläge über allmähliche staatliche Beseitigung der zurzeit unter den schwarzen Stämmen zu Recht bestehenden Polygamie, wenn man nichts Besseres an die Stelle zu setzen hat?

Und so ist es mit allen Sitten, die der Mensch von seinen Vätern überkommen hat. Mögen sie entartet sein, mögen sie dem Weißen, mögen sie dem Christen auf den ersten Blick unsinnig erscheinen, dennoch wird in vielen Fällen die bestehende Sitte mehr wert sein als die Zügellosigkeit, die einreißt, sobald das Alte abgetan wird, ohne daß ein besseres Neues an seine Stelle tritt."

Die Landschaft Upangwa, der Wohnsitz der Pangwa, ist gut bevölkert; die Dörfer bestehen aus niedrigen Pfahlhütten.

Im Pangwa-Lande arbeitet die Berliner Mission; die Station heißt Milow; sie ist 2100 m hoch in den Bergen gelegen. Im letzten Aufstande wurde sie zerstört und ist jetzt wieder aufgebaut. Ueber Milow plauderte eine Missionarsehefrau im „Njassaboten" (von der Berliner Mission herausgegeben):

„Mit unsern Christen- und Katechumenenfrauen will ich nächstens eine kleine Näh- oder besser Flickschule eröffnen. Hier auf unserm Platze wohnen jetzt etwa 20 Familien; die meisten sind jung verheiratet. Nähen kann natürlich nicht eine einzige der Frauen, das überlassen sie ihren Männern, von denen einige wirklich recht geschickt sind. Einer von ihnen kann, ohne daß ich ihm je dabei geholfen habe, sehr schöne Hemden und Jacken zuschneiden und nähen. Früher schnitt er alles mit einem Messer zu; seit ich ihm eine kleine Schere geschenkt habe, ist er sehr stolz auf seine Kunst und wagt sich an noch schwerer zu machende Kleidungsstücke. Er kann ja der Dorfschneidermeister bleiben. Aber wenn die Frauen Christinnen werden und christliche Sitten annehmen wollen, so ist es auch richtig, daß sie selbst für ihre und der Ihrigen Kleidung Sorge tragen. Vor allem sollen sie auch vom Flicken etwas lernen. Sehr häufig weist die Kleidung der Frauen große Brandlöcher auf. Ein Wunder ist es ja nicht, da sie beim Kochen immer am offenen Feuer herumhantieren müssen. In Zukunft werden sie sich solche Löcher nun immer selbst recht schön zunähen, hoffe ich; Flicken und Zwirn will ich ihnen schon liefern.

Jetzt sind wir hier in der Hauptregenzeit; es hat in diesem Jahre viel geregnet. Die 14tägige Pause zwischen kleiner und großer Regenzeit fehlte ganz. Alle Felder stehen üppig und frisch; sie versprechen wieder eine gute Ernte. Hier einen Garten zu haben, macht der Hausfrau sehr viel Freude. Alle Arten Gemüse gedeihen ausgezeichnet, und ich kann jeden Mittag Gemüse auf den Tisch bringen. Kürzlich wog ich einmal einen großen Kohlrabikopf, der mir selbst so riesig vorkam. Er war drei Pfund schwer und dabei durch und durch saftig und wohlschmeckend. Freilich kann ich nur in der Regenzeit hier oben auf dem Berge Gemüse bauen. Sobald diese vorüber ist, lasse ich den sogenannten Wintergarten zurechtmachen. Wir haben ihn in einer Schlucht angelegt, die etwa 100 m tiefer als die Station liegt. Ein kleines Gewässer fließt hindurch, und jedes Beet kann dadurch feucht und fruchtbar gemacht werden. Die geschützte, sonnige Lage, der fruchtbare Boden und die immerwährende Feuchtigkeit bringen auch dort ein üppiges Wachstum hervor. So kann ich auch in den kalten, trockenen Monaten immer Gemüse ziehen. Zwar ist der Weg da hinab sehr steil, und ich muß beim Hinaufkrazeln manchen Schweißtropfen vergießen, aber der Erfolg belohnt schließlich alle Mühe. Weizen, Roggen,

Gerste und Hafer wachsen hier auch, wie im Kiongaland. Unsere Leute sind allmählich auch dahinter gekommen, daß Weizenmehlbrei sehr schön schmeckt. Mein Mann schenkte ihnen im vorigen Jahre Saat und leitete sie im Säen an. In diesen Wochen haben sie große Weizenfelder geackert, es ist jetzt die Zeit der Aussaat."

Diese kurzen Auslassungen gewähren einen Einblick in die treue, tüchtige Arbeit der Missionare.

Südlich vom Livingstone-Gebirge liegt das Matengo-Hochland, frisch und gesund; da steht die Landwirtschaft der Eingeborenen auf sehr hoher Stufe. In dieser Landschaft liegt am Njassasee die deutsche Station Wiedhafen; in ihrer Nähe ist ein Kohlevorkommen festgestellt.

Im Küstengebiet des Südens haben europäische Gesellschaften mit Baumwoll- und Kautschukpflanzungen begonnen; die größte Unternehmung ist die Baumwollpflanzungs-Gesellschaft Kilwa (ein Dampfpflug), die etwa 6000 ha belegt hat. In der unmittelbaren Umgebung von Kilwa sollen nach sachverständigem Urteil etwa 100 000 ha gutes Baumwolland sein. In der Gegend von Lindi werden Sisal, Kautschuk und Baumwolle angebaut, ebenso bei Mikindani. Neuerdings sind auch am Rowuma zwischen Kionga und dem Tschitscha-See Baumwollpflanzungen angelegt worden. Da unten liegt die Post- und Zollstation Kionga; auch ist neuerdings am mittleren Rowuma eine Station angelegt worden.

Der Süden des Schutzgebiets ist stark vernachlässigt; er wurde auch durch den letzten Aufstand wieder zurückgeworfen. Aber er ist sehr fruchtbar und besitzt eine sehr fleißige und in der Zahl bisher stark unterschätzte Bevölkerung. Ueber den guten Anbau im Livingstone-Gebirge und im Matengo-Hochland haben wir bereits gesprochen; aber auch bei den Wangoni steht der Ackerbau auf sehr hoher Stufe. Die Leute kennen Aschen-Gründüngung, Mischkulturen und Wechselwirtschaft. Ungoni war früher die Kornkammer des Südens; Nieder-Ungoni soll für Baumwollanbau sehr geeignet sein. Um Liwale bauten die fleißigen Eingeborenen auf Veranlassung der Mission Baumwolle; gute einheimische Baumwolle hat man im Matengo-Gebiet gefunden.

Mgoni im Kriegsschmuck

Die Einwohnerzahl im Bezirk Lindi wird neuerdings auf 360 000 geschätzt; es findet seit 1908 eine starke Rückwanderung und Zuwanderung aus dem Portugiesischen statt. Im Jahre 1908 wanderten etwa 10 000 Personen ein, 1909 etwa 25 000—30 000.

Zur schnellen Entwicklung des Südens fehlt nichts als die Eisenbahn nach dem Njassa-See. Da sie aber mit 600 km Länge an 60 Millionen Mark kosten würde, wird an die Ausführung vorerst nicht zu denken sein.

Kapitel 15
Die Tanganjika—Njassa-Länder

Zu den schönsten Gebieten Ostafrikas gehören die Länder, die sich vom Tanganjika- zum Njassa-See hin erstrecken und um die Rukwa-Senke gruppieren. Sie zerfallen in sechs voneinander verschiedene Gebiete:
1. die Bergländer südwestlich der Rukwa-Senke,
2. die Senke des Rukwa-Sees,
3. die Vulkangebiete um den Mbeja,
4. das Kondeland,
5. Ukinga und
6. das Ubena-Land.

Wenn man von Bismarckburg in südöstlicher Richtung ins Gebirge hinaufsteigt, kommt man in mehr oder weniger dichten Laubwald, zieht über Bergketten, zwischen denen sich grasreiche, frische Hochebenen breiten, auf denen zahlreich Groß- und Kleinvieh weidet; die Bergzüge auf den Hochebenen sind reich an Eisenerzen. Südlich Bismarckburg trifft man auf dem Wege zum Grenzfluß Kalambo viele Hochöfen der Eingeborenen, desgleichen auf dem Marsche von Bismarckburg nach der Rukwa-Ebene. Der Teil dieses Gebiets nahe Bismarckburg gehört noch zu Ufipa; da haben in etwa 1900 Meter Höhe über dem Meere die Pères blancs die Missionsstation Mwasje gegründet, die Roggen und Weizen anbaut. Einige Viehzüchter hatten sich in diesem Gebiet und weiter nach Südwesten, in Unjika, niedergelassen; das war zu jener schönen Zeit, als bald nach dem Burenkriege im benachbarten Rhodesien, in Salisbury, der Ochse mit 8 englischen Pfund (160 Mark) bezahlt wurde. Die Händler kauften in Ufipa und in Unjika den Ochsen mit 8—12 Rupien (10½—16 Mark), trieben das Vieh über die Grenze nach Salisbury und machten riesige Geschäfte. Bald wurde die Grenze gesperrt und dieser gewinnbringende, aber das deutsche Gebiet von Vieh entblößende Handel hörte auf.

Der hauptsächlichste Bergzug in diesem teilweise ganz fruchtbaren und wasserreichen, sehr gesunden Gebirgsgebiet sind die Tschingambo-Berge,

Die Tanganjika—Njassa-Länder

Landschaftsbild aus der Rukwa-Ebene

die sich bis zu 2280 m Höhe erheben. Sie fallen sehr steil zur Rukwa-Ebene und zum Tal des Flusses Momba (Saïssi) herab, der sich in den Rukwa-See ergießt.

Der Rukwa-See, 800 m über dem Meeresspiegel gelegen, ist früher viel größer gewesen; 1882 wurde seine Fläche auf 2300 qkm berechnet. Sie war Ende des 19. Jahrhunderts bis auf etwa 700 qkm zurückgegangen, seitdem aber soll der See wieder im Steigen sein. Die Rukwa-Ebene ist doppelt so breit und um ein Vielfaches länger als der See; sie ist als die heißeste und ungesundeste Gegend Ostafrikas zu bezeichnen. Sie ist vollkommen flach, in der Regenzeit zum Teil überschwemmt, hat sehr fruchtbaren Alluvialboden; in der Trockenzeit herrscht eine schwüle, feuchte Hitze bis zu 45 Grad Celsius. Die Ebene und ihre nächste Umgebung werden von den Wasafua, Wabungu, Wuande und Wafipe bewohnt, friedlichen Stämmen, die Viehzucht und sorgfältig Ackerbau treiben. Der Fischfang am See ist sehr ergiebig. In der Rukwa-Ebene wächst überall Baumwolle, verwildert, aber nicht wild; die katholischen Missionen der Weißen Väter, die zahlreich in der Ebene und den umgebenden Bergen sich befinden, sind eifrig bemüht, diese alte Volkskultur zu erhalten. Die Ebene ist zur Baumwollkultur ganz vorzüglich geeignet. Am See findet sich ein außerordentlich reiches Tierleben. Der große Fischreichtum hat eine Unmenge von Krokodilen angezogen; große Schildkröten und Flußpferde sind sehr häufig. Scharen von Enten, Gänsen, Reihern, Pelikanen, Möwen, Marabus bevölkern die Ufer. Auch die Ebene ist außerordentlich wildreich.

Aus der Rukwa-Ebene steigt man nach Süden zum Unjika-Land hinauf; in sehr schöner, grasreicher Gegend liegt da die Bezirksnebenstelle Ithaka.

Oestlich davon liegt das Vulkangebiet von Usafua; der Kern desselben ist ein schroffer, wildzerklüfteter Bergzug, aus dem sich trotzig und gewaltig der Vulkan Mbeja (2830 m hoch) erhebt. Unterhalb desselben hat der Farmer Köstlin sein Heim aufgeschlagen. Der Bergzug wird von zwei Flüssen umklammert, dem Songwe und seinem Nebenfluß Sira, die zum Rukwa-See strömen; am Songwe liegen, dem Mbeja gegenüber, einen Tagemarsch von Alt-Utengule (Herrnhuter Mission) entfernt, heiße Quellen und bemerkenswerte Höhlenbildungen. Nach Osten zu geht das Vulkangebiet in die Ebene von Ussangu über.

Die bisher genannten Gebiete haben zwar auch in der Trockenzeit genügend fließendes Wasser, um als gute Viehzuchtgebiete zu gelten; im europäischen Sinne aber sind sie als trocken zu bezeichnen. Eine von ihnen ganz verschiedene Welt beginnt an der Wasserscheide zwischen Rukwa- und Njassasee. Da wulsten sich die Gebirge bis zu 2000 m Höhe auf und scheiden die Tanganjika—Rukwa- von der Njassa-Region. Den scharfen Uebergang zwischen den beiden Regionen schildert der folgende Reisebrief des Herausgebers, der im August 1910 von Alt-Utengule über den 1930 m hohen Igalepaß nach Neu-Langenburg marschierte:

„Höher und höher führte in vielen Windungen die gute Regierungsstraße; das Steigen zumeist gegen heftigen Wind ermüdete sehr und zwang zu wiederholter Rast; das Auge schweifte dann zurück zu der weiten Grashochebene von Utengule und der Bergkette seitwärts mit dem mächtigen, das Bild beherrschenden Mbeja. Auf 1700 m Höhe traten wir in Akazien-Bergwald ein; bald ging er in ganz hübschen Hochwald über, in dem ich meine Träger fand. Da in der Höhe gab es etwas Wasser, und mächtige Laubbäume, mit grünen Schlinggewächsen umwunden, haben sich um das belebende Naß angesiedelt. Die Träger erquickten sich reichlich; ich zog zwei Flaschen Honigbier vor, in der Mission Utengule gebraut. Dieses Honigbier, sehr billig herzustellen, da die Eingeborenen das Pfund Honig für wenige Pfennige liefern, erscheint mir als guter Ersatz für das teure Exportbier, das im Hinterlande über eine Rupie die Flasche kostet.

Der Fleck Hochwald, wo ich rastete, war nicht sonderlich groß; beim Weitermarsch hatte ich ihn sehr bald durchschritten; es ging wieder durch den charakteristischen Steppenbusch der Usafua-Hochebene immer bergan. Zu den Seiten aber zeigten sich kleine Sumpfflächen, und weißgelbe, dicke Wolken hingen über dem sich nähernden Bergkamm, dem ich zustrebte. Es wurde nachmittags 1 Uhr, die Zeit, da sonst die Träger anfingen, Mattigkeit zu zeigen; aber sie marschierten flott vorwärts. Ein Nachtlager in dieser unwirtlichen Höhe erschien ihnen wenig angenehm. Gegen 2 Uhr näherten wir

Missionsstation Tandala im Livingstone-Gebirge

Blick auf Alt-Langenburg

uns der Paßhöhe, die sich durch höhere Bäume und einen grauen Busch von ferne schon angezeigt hatte, der sich hinterher als Bambus herausstellte; nach dem Passieren dieses Busches und der letzten Höhe befanden wir uns tatsächlich mit einem Schlage in einer anderen Welt. Gewaltige Laubbäume, von Schlingpflanzen dicht umwachsen, strecken ihre Aeste hoch in die mit Feuchtigkeit geschwängerte Luft; schwellenden, grünen Rasen tritt der Fuß; wilde Bananen von solcher Mächtigkeit stehen am Wege, daß selbst mein Küstenboy Salim vor Verwunderung den Mund aufriß. Die fleischigen, saftigen Stämme von 3 bis 5 m Höhe zeigten einen Durchmesser bis zu 1 m; gewaltige Blätter mit armdicken Rippen und bis 3½ m lang und 80 cm breit heben sich stolz vom Stamme; manche der Riesen waren umgestürzt, und neues Leben brach aus den gewaltigen faulenden Stümpfen. Zwischen diesen Großen der Pflanzenwelt ein buntes Gewirr von Kleinen, von bunt blühenden Sträuchern, Blumen aller Art, von Farnen und Schaftlobelien; es herrscht auf dieser Paßhöhe eine schier berückende Fülle. Dieser Ueberreichtum verschwindet von den Berghängen, wenn man tiefer steigt; er zieht sich in günstig gestellte Fluß- und Bachtäler zurück. Am üppigsten aber scheint sich die Vegetation in gewisser Bergeshöhe zu gestalten, wo die aus der regenreichen Konde-Ebene aufsteigenden Wasserdämpfe als Nebel und Wolken sich auf die Bergwände niederschlagen.

Das erste Nachtlager im Njassagebiet hatte ich etwa 200 m unterhalb des Igalepasses in 1750 m Höhe neben einer kleinen Quelle; in wilder Urwaldschlucht, zu der ich sehr vorsichtig hinuntersteigen mußte, tropfte aus zwischen dichtem Lianengestrüpp gelegenem Gestein aus mehreren Metern Höhe eine schwache Quelle.

Obgleich wir viel Feuer gemacht hatten, wurde es bald empfindlich kalt; ich trank einen warmen Tee nach dem andern, und die Träger krochen in den elenden, aus Reisig und Schilf hergestellten Rasthütten eng aneinander. Starker Nebel war bald nach Sonnenuntergang gefallen; als am nächsten Morgen gegen 7 Uhr mein Boy mich weckte, jagten schwere Schwaden über die Berghänge, und die Sonne war kaum zu sehen. Erst kurz vor 8 Uhr wurde es hell; aber noch immer schwebten Nebelschleier an der Sonne vorüber, und als wir tiefer stiegen, schwammen sie als leichte Wolken im Aether.

War das ein fröhliches Wandern an diesem Tage! Wie in der Heimat sah ich Wolken über den blauen Himmel gehen; ein kühler Wind wehte; Bäche sprangen von den Bergen, und Grün sproßte unter den Füßen, und Blumen nickten zu beiden Seiten des Weges: blaue, gelbe, weiße und rote, Glockenblumen, Trauben und Dolden; wie in der Heimat fühle ich mich, froh war das Herz und leicht der Fuß. Hütten unter Bananenhainen grüßten von den Bergen; Leute stiegen hernieder, deren Sprache weder von mir noch von meinem Boy verstanden wurde, und wir stiegen tiefer und tiefer, rauschende Bäche zur Seite, gingen über sie hinüber auf jenen Steinbrücken, die für diese Bergwelt charakteristisch sind. Das Flußbett wird lose mit Steinen aufgefüllt, so daß das Wasser durch die Zwischenräume abfließen kann, im Notfall auch über die Brücke hinübergehen; aber doch reißt das Hochwasser der Regenzeit diese Brücken regelmäßig fort. Links seitwärts vom Wege hatten wir den mächtigen Vulkan Rungwe, dessen Gipfel in Wolken gehüllt war, rechts hoben sich hintereinander scharf die Bergzüge vom Himmel ab, die bis ins englische Gebiet hinein diese Ecke Deutsch-Ostafrikas ausfüllen. Wie diese Welt lockte, sie zu besuchen!

In der Hochebene, die ich weiterhin durchschritt, weidete auf saftigen, grünen Matten, von zahlreichen Bächen durchzogen, viel Vieh; sie haben prächtiges Rindvieh, diese Leute von Ober-Konde, die stolz an mir vorüberschritten. Ihre Sparkasse sind Kupfer- und Messingringe von Daumenstärke, die sie bis zu sieben, acht Stück um den Leib tragen. Die Leute sind im allgemeinen wohlhabend zu nennen; ein gutes Zeichen für den unter der den Frieden sichernden deutschen Herrschaft wachsenden Wohlstand ist, daß die Leute gern europäische Rassehunde kaufen und dafür bis zu 50 Rupien pro Stück bezahlen. Der Wasserreichtum von Konde- und Ukingaland ist ganz erstaunlich. Auch zwischen Bismarckburg und dem Igalepaß gibt es in der Trockenzeit genügend Wasser; aber in Konde- und Ukingaland rieselt es von den Hängen wie im wasserreichen nordischen Gebirge, und so stark ist der Einfluß dieser Wassermassen und der nahen Gebirge, daß selbst in Mwaja nach einem heißen Tage im September das Thermometer nachts bis auf + 15 Grad Celsius sinken kann."

In dem großen zum Njassasee sich langsam herabsenkenden Kessel liegen die Vulkane Rungwe (3175 m) und Kiejo (etwa 2200 m); sie müssen früher sehr tätig gewesen sein. Heiße Quellen und Seen vulkanischen Ursprungs gibt es mehrfach in diesem Kessel. Der Hauptstamm der Bevölkerung sind die Wakonde, die Viehzucht und Ackerbau treiben. Die Leute sind recht wohlhabend zu nennen. In Unter-Konde ziehen sich an den Flußläufen oft Dörfer von stundenlanger Ausdehnung hin. Hauptstation ist Neu-Langenburg, schön und gesund gelegen, einige Stunden davon liegt in Masoko eine Kompagnie Schutztruppe. Am Njassasee haben wir die Nebenstation Mwaja mit Zollamt.

Die Mission ist im Kondelande sehr tätig. Am Gebirgsabhang liegen die Herrnhuter Stationen Ruiwa, Kjimbila, Rutenganjo; die Berliner Mission hat errichtet: Manow, Neu-Wangemannshöhe, Mwakaleli, Alt-Langenburg.

Aus der Konde-Ebene erhebt sich gegen Osten steil und schroff, oft wild zerklüftet, das Bergland von Ukinga, dessen höchste Erhebungen bis beinahe zu 3000 m Höhe ansteigen. Da wohnen die Wakinga, ein früher sehr armes Volk; nachdem sie sich auf den Weizenanbau, die Schmiederei und Töpferei geworfen haben, steigen sie langsam empor. Das Land ist

Blick auf den Rungwe-Vulkan

frisch, gesund, sehr wasserreich; die Bewohner sind sehr fleißig. Die Frauen sieht man noch mit einem Grasschurz herumlaufen, da der Verdienst noch nicht zum Anschaffen von Kleidung reicht.

Missionsstationen sind im Berglande Bulongwa (daneben die Missionstischlerei Madehani in prächtiger Umgebung mit entzückendem Blick auf die Weizenfelder der Kingaleute) und Tandala. Auch dies liegt sehr schön. Daneben befindet sich die Karlsschule für Missionskinder; sie ist von dem verstorbenen Berliner Großindustriellen Karl Bolle gestiftet.

Tandala liegt 2100 m hoch. Marschiert man von da nach Osten auf langsam fallendem Terrain, dann gehen nach einem Tagemarsch die schroffen Bergbildungen in sanft gerundete Kuppen über; man tritt ins Ubena-Hochland ein. Es liegt nur noch 1300—1600 m hoch, ist aber auch in der Trockenzeit frisch und wegen der heftigen Winde beinahe kühl. Morgens fallen oft so starke Nebel ein, daß das Wasser bei Sonnenaufgang von den Bäumen tropft, und daß bis 10 Uhr vormittags Wolken die Sonne verhüllen. Ubena — die Berliner Mission hat da mehrere Stationen — ist ein ausgezeichnetes Viehzuchtland. Charakteristisch sind die Bena-Temben.

Im Unterschied von den sonst in Afrika vielfach beliebten Rundbauten und Rundhütten, die wie Bienenkörbe aussehen, sind diese Temben viereckig angelegt. Als Baumaterial wird Holz, Lehm, Gras, Rohr und Erde verwandt. Zunächst wird Pfahl bei Pfahl in die Erde gerammt, dann werden durch Beplackung oder Bekleibung mit Lehm die Wände dichter und fester gemacht, worauf dann das Ganze mit einem flachen Dache bedeckt wird, das auf diesen Wänden und einigen Trägern ruht. Hergestellt wird das Dach aus Gras und Rohr, das schließlich, um den Regen einigermaßen abzuhalten, noch mit Erde beschüttet wird.

Im Innern dieses verhältnismäßig großen Gevierts befindet sich ein Hof, so daß die Tembe eigentlich den Eindruck macht, als wären vier längliche Häuser rechtwinklig dicht aneinander gebaut, oder, um einen andern Vergleich zu brauchen, als sei sie ein großer, viereckiger Kasten mit einem großen Loch in der Mitte, dem Hofraum. Dieser Innenhof ist von außen meist nur durch einen leicht verwahrbaren Zugang zu erreichen, und erst von hier aus führen schmale Eingänge zu den einzelnen Abteilungen, deren es in einer Tembe eine ganze Zahl gibt, weil dieselbe ja nicht bloß einer Familie, sondern oft hundert Menschen und mehr zur Wohnung dient. Der Ndzagila, der Tembeälteste, führt über solche Tembegemeinschaft die Aufsicht und sorgt für Ordnung, soweit von solcher die Rede sein kann.

Kapitel 16
Heidnischer Aberglaube und Missionsarbeit

Die Mission arbeitet seit den 60er Jahren des vorigen Jahrhunderts mit großem Eifer in Ostafrika; noch aber ist nur ein kleiner Prozentsatz des Heidentums bekehrt, und noch viel weniger sind die heidnischen Bräuche verschwunden. Es ist bekannt, daß das Unwesen der Zauberer eine der Hauptursachen des Aufstandes 1905-06 war. Sehr interessant berichtete darüber der Missionssuperintendent Klamroth von der Evangelischen Mission I, im Jahre 1905 der Missionsstation Kisserawe, nicht weit von Daressalam, zugeteilt. Er schreibt:

„Was ist nun der Grund all dieser Unruhen, von denen auch wir hier in Usaramo etwas zu spüren bekommen haben? Der eigentliche Grund ist die Unzufriedenheit über die Fremdherrschaft, besonders über die von der Regierung eingesetzten, hier meistens mohammedanischen Akiden. Das läßt sich nicht leugnen. Aber geschickt haben die Führer der Bewegung derselben ein religiöses Gewand umgeworfen. Koleo — wer ist das? Noch vor zwei Monaten waren es nicht viele Europäer, die überhaupt etwas von ihm wußten, und als ich im Vorjahre mit den Saramo hie und da über diesen alten Schlangengott sprach, dachte auch ich nicht im entferntesten daran, daß derselbe uns noch so viel Not machen würde. Aber was ist's mit dem Koleokult?

Der Koleokult ist Schlangenkult, wie er sich unter ähnlichem Namen vielfach in Ostafrika findet, ja wie er überhaupt dem religiösen Empfinden der Bantuneger eigentümlich zu sein scheint. Die zugrundeliegende Idee ist die: Gott hat Koleo (eine große Schlange) gesandt, um alles wieder zurecht zu bringen, was hier auf Erden verderbt ist.

Einst, so erzählt die Saramosage, gingen zwei Frauen in den Wald, um Wurzeln zu graben. Die eine war vom Geschlecht der Mgana, die andere von dem der Mlali. Da hörten sie plötzlich den Boden dröhnen. Sie spähen umher, aber können niemanden entdecken. Mlamgana flüchtet ängstlich ins Dorf zurück, Mlamlali bleibt. Da erscheint eine große Schlange, nimmt sie mit sich in ihre Höhle und spricht dort zu ihr: „Gott (Mulungu — Weltschöpfer) hat mich gesandt, ich soll dich zu meiner Frau machen, damit du meine Botschaften der Menschheit verkünden kannst. Und ihr Leute von der Sippe der Mlali sollt meine Leute sein und mir dienen immerdar hier in dieser Höhle der Uluguruberge. Meint auch nicht, daß ich allein gekommen sei, wir sind unser drei (Koleo, Mhangalugome, Njaluvela), und unser Auftrag ist, alles wieder zurecht zu bringen, was auf Erden verderbt ist."

Lange suchten die Leute nach Mlamlali, aber vergeblich. Endlich kehrte sie selbst zurück, schön geschmückt und unversehrt, so daß sich alle schier verwunderten. Als sie dann ihre Botschaft vorbrachte, fand sie bei allen Glauben. Mlamgana aber wurde weidlich wegen ihrer ängstlichen Flucht verspottet.

Diese Saramosage weist selbst auf eine weiter westlich gelegene Gegend hin (Uluguruberge). Dort scheint überhaupt der Hauptsitz des Koleodienstes zu sein, und zwar soll der Hauptpriester Bokero (Amtsname, nicht Eigenname) südlich der Berge am Rufiji, in der Nähe der Panganischnellen des Rufiji, gewohnt haben. Er ist inzwischen, wie ich höre, gehenkt. Die Schlange sollte in den Schnellen selbst ihre Wohnung haben und neuerdings den Krieg gegen alle Fremden geboten haben. Heißes Wasser aus einer nahen warmen Quelle mache unverwundbar, Asche aufs Feld gestreut die Aecker fruchtbar. Bokeros Sendboten sind nach allen Richtungen von dort gegangen.

Als ich das erfuhr, fiel mir ein, was ich einst in Upangwa (zwischen Wiedhafen und Langenburg am östlichen Njassaufer) hörte. Dort lebte ein alter Zauberer und Häuptling Njamwezi (auch kein Eigenname, seine Nachfolger heißen auch alle so). Der soll einst monatelang weit fort gewesen sein, „dort, wo das Wasser siedet". Als er zurückkehrte, prophezeite er schlechte Zeiten und das Kommen der Weißen aus Ssongea.

Es fällt aber bei diesem Rufi-Koleo auf, daß er auch jetzt nicht von seinem eigentlichen Gebiet, der Landwirtschaft, lassen kann, denn dafür ist er nach dem Glauben der Leute zunächst zuständig (Dürre, Regen, Heuschrecken), wenn er sonst ja auch in gegenwärtiger Zeit mehr in kriegerischem Gewande einherschreitet.

Wenn der Regen ausbleibt oder sonst Hungersnot droht, versammelten sich die Saramo früher regelmäßig, um die Zauberstäbe nach dem Grunde der Plage zu befragen. Die Antwort lautete sicher: „Koleo zürnt, bringt ihm schwarze Hühner, schwarze Perlen, schwarzes Zeug." Die Gaben werden gesammelt, und nun geht die Gesandtschaft ab nach den Ulugurubergen. Der Priester Koleos empfängt sie. Sie bringen ihr Anliegen vor, müssen dann aber von ferne stehen, während der Priester in die Höhle geht und betet: „Du Berggott, der du in dieser Höhle wohnst, Leute sind gekommen, um dich zu ehren. Sie bringen schwarze Hühner usw. Sie bitten um Regen, denn deine Leute müssen Hungers sterben."

Wenn er zurückkehrt, gibt er ihnen kleine Holzstückchen, die müssen sie auf ihre Felder legen, dort herumtanzen und -springen, das soll helfen. Wenn sie dann geerntet haben, so wird Koleo wieder ein Dankopfer dargebracht, natürlich wieder zu Händen des Priesters in Uluguru.

Das ist's, was man bisher der Hauptsache nach über Koleo weiß. In Einzelheiten werden die Erzählungen örtlich verschieden gefärbt sein, aber die Hauptzüge bleiben dieselben: Im Hintergrunde Mulungu, Muungu, der unbekannte Gott, der die Welt geschaffen. Sein Bote, die große Schlange, die wieder Boten an die Menschheit braucht (die Bokeros u. a., Männer wie Frauen). Koleos Fürsorge bez. Strafen betreffen zunächst die Früchte des Feldes, doch beschränkt er sich nicht allein hierauf. Seine Leibfarbe ist schwarz, weswegen er oft auch Befehl gibt, alle weißen Hühner, Schafe und Ziegen zu schlachten. Das schien Mitte dieses Jahres manchem Saramo bei Maneromongo doch etwas zu hart. Schleunigst brachten sie alle weißen und bunten Hühner dem Missionar zum Verkauf. Vielleicht merkt's Koleo nicht!

Afrikanischer Zauberer, einen Trank reichend

Nun, das Ende dieser ganzen Bewegung ist noch nicht abzusehen. Es ist eine Zeit, wo die Wogen des Völkermeeres allerorten brausen."

Außer diesen Sagen vom Schlangengott gibt's unzählige andere; das ganze Leben der Neger ist von Aberglauben erfüllt, und schlaue Leute, die sogenannten Zauberer, wissen das trefflich für ihre Zwecke auszubeuten. Verhältnismäßig harmlos sind noch die Regenmacher, die zu Zeiten der Dürre mit allerlei Hokuspokus das für Menschen und Tiere so nötige Naß herbeizuziehen suchen; von ihnen wissen die europäischen Reisenden wieder und wieder zu berichten.

Sehr interessant ist, was Major a. D. Langheld in seinem Buche „Zwanzig Jahre in deutschen Kolonien" über den Geist Njawingi im Lande Mpororo zu berichten weiß. Diesen Geist, den Geist einer Sultanin, verehrten die Leute von Katoma als ihren Herrscher. Erst im Jahre 1905 lüftete Hauptmann von Stuemer den Schleier, der über dieser geheimnisvollen Sache lag. Er besuchte den Geist in seinem Hause, und es wurde ihm gesagt, er befände sich hinter einer Wand, vor der er, Stuemer, saß. Nachdem Stuemer alle farbigen Leute hinausgeschickt hatte, verlangte er, der Geist solle vor ihm erscheinen. Er gab an, er heiße Njawingi und sei die Tochter des Sonnengottes Kaffowa. Ihr Wohnsitz sei in den Wolken, aber sie käme zur Erde und könne im Augenblick hier, im nächsten aber auch in Bukoba sein. Menschliche Eltern habe sie nicht, sie stürbe nie. Auf der Erde müßte sie menschliche Nahrung zu sich nehmen; sie tränke Milch. Ihr Kleid seien die Wolken; ihr Schlag wäre der Blitzstrahl. Sie herrsche über Mpororo, aber auch die Europäer wären ihre Kinder. Von Stuemer ließ die Hütte unauffällig umstellen, riß die Scheidewand nieder und fand ein junges, schlankes Mhimaweib vor sich. Sie war ziemlich groß, von heller Farbe, mit großen Augen, von langen Wimpern behaftet, hatte scharf ausgesprochene Adlernase, kleinen Mund und schöne Zähne. Sie spielte ihre Rolle geschickt weiter. Sie sagte zu Stuemer, die Göttin Njawingi dürfe von keinem Sterblichen gesehen werden; sie sei in die Wolken entschwebt. Sie selber sei ein Mensch, Dienerin der Göttin; der Mund der Sultanin. Durch sie erführe das Volk, was Njawingi wolle.

Wo so viel Zauberei herrscht, wurden natürlich auch die Weißen als große Zauberer angesehen. Vom Grafen Götzen, der als erster die Kirungavulkane erstieg, glaubten beispielsweise die Eingeborenen, er wäre ein großer Zauberer und habe das Feuer der Berge verlöscht.

An die geheiligten Bräuche erinnern auch manche Tänze. Jene werden so bald nicht aussterben, noch Jahrzehnte hindurch das Denken unserer schwarzen Mitbürger beherrschen, das von dem unsern noch meilenweit entfernt ist.

Sehr nett beleuchtet den Aberglauben der Neger die nachfolgende ergötzliche Erzählung, die Missionsinspektor Axenfeld nach einer Uebersetzung von Struck in den „Berliner Missionsberichten" mitteilt. Sie ist betitelt:

Heidnischer Aberglaube und Missionsarbeit

Wie man Mohammedaner wird

Die Schilderung stammt aus dem in Sansibar erscheinenden, in Suaheli gedruckten Blatt „Simulizi". Der Artikel lautet:

„Wadjinga ndio waliwao" — „Die Dummen werden nicht alle" (wörtlich: „Die Dummen sind, was sie sind"). Es zog einmal ein Mann aus auf der Insel Sansibar, der dort in der Stadt wohnte, zur Zeit S. M. Sejjid Majid bin Said. Es war einer von denen, die auf richtige Arbeit keinen Wert legten. So zog er es vor, den großen Leuten nachzugehen, und im Umgang mit ihnen fühlte er sich wohl. Seine Arbeit bestand früher im Lasttragen ins Innere, im Anbau der Feldfrüchte und deren Verkauf. Und diese Arbeit behagte ihm nicht. Schließlich wurde er des Stadtlebens, da es ihn nicht vorwärts brachte, überdrüssig. Da suchte er sich einen schönen Kanju heraus und legte ihn an, wand sich einen weißen Turban ums Haupt, steckte einen Koran unter den Arm und schlug den Weg nach den Plantagen hin ein, um dort mit seiner Sache zu hausieren. Als Beruf hatte er sich die Tätigkeit eines Mwalimu erwählt, d. h. die Leute im Beten zu unterrichten. Indes konnte er selbst auch nicht einen Buchstaben lesen. So wählte er den Weg zu den Wahadimu (Urbevölkerung im Innern der Insel), weil dort eben niemand des Lesens kundig war und der Islam noch keinen Eingang gefunden hatte. — So kam unser Mwalimu nach Uugudja-Ukuu (Groß-Sansibar, Wahadimu-Siedlung im Innern). Und als die Wahadimu den Fremdling bemerkten, kamen sie heran, und wie sie hörten, daß er ein Mwalimu sei, näherten sie sich mehr und mehr und empfingen ihn mit Ehren. Täglich mit Tagesanbruch klappte er seinen Koran auf und schaute hinein, das war seine ganze Arbeit; die Leute aber dachten, er lese. Und es geschah, daß sie ihm umsonst ein Haus und täglich Speise gaben. Schließlich sagte er: „Laßt uns eine Moschee bauen! Ich will Euch beten lehren." Und die Wahadimu bauten eine Moschee. Als aber die Gebetsstunde kam, war kein Muezzin da, denn jene seine Gastfreunde verstanden nichts davon. So mußte er selbst den Gebetsruf erschallen lassen, und er stand auf und rief: „Allah akbar! Allah akbar! Wadjinga ndio waliwao! (Die Dummen werden nicht alle.) Allah akbar!" Und dann füllte das Volk die Moschee. Aber jener Mwalimu konnte, wie gesagt, weder lesen, noch verstand er sich aufs Beten. Und als die Leute alle in der Moschee waren, konnte er sich nicht mehr vom Vorbeten drücken. So wandte er sich in der Richtung der Kibla um, zu beten, und murmelte: „Hm, hm, hm, hm, hm, wadjinga ndio waliwao!" Und die Wahadimu antworteten regelmäßig mit „Amen!" So ging es fort mit Niederwerfen und Aufstehen, und wenn das Gebet zu Ende war, so ging man auseinander. Die Wahadimu aber lobten ihren Mwalimu nach allen Seiten für sein schönes Vorbeten. Und dies hielt lange Zeit so an, und man bezahlte ihn gut.

Eines Tages nun hatte ein richtiger Mwalimu, der lesen und beten konnte, die Stadt verlassen und durchwanderte die jenseits gelegenen Pflanzungen. Er kam auch nach Ungudja-Utuu und erfuhr, daß es da einen sehr gelehrten Mwalimu gebe, der in der Moschee vorbete. Aber er suchte ihn nicht sogleich auf, sondern wartete bis zur Gebetsstunde. Als diese kam, vernahm er, wie der Muezzin zum Gebet rief, aber seine Worte deuchten ihm gar wunderlich: „Gott so groß! Gott ist groß! Die Dummen werden nicht alle!" Er sagte nichts, sondern ging in die Moschee mit den andern Leuten, die sich nur so drängten. Und da, gerade vor ihnen sah er den Mwalimu; es war ein Mann, den er von der Stadt aus gut kannte, und von dem ihm bekannt war, daß er nichts wußte. Nun drängte er sich weiter vor, hin und her, bis in die Nähe, da er ihn gut verstehen konnte. Auch der Vorbeter kannte den fremden Mwalimu sehr genau, und als er ihn nun sah, wußte er, daß an diesem Tage sein Schwindel offenbar würde. Und er änderte ein bißchen den Wortlaut des Gebets, und betete: „Hm, hm, hm, hm, Mwalimu, verrate mich nicht! Bekomme ich sechs, drei für mich, drei für Dich!" — „Amen!" — Aber diese Worte verstanden nur jene zwei, denn die andern waren zu weit weg. „Hm, hm, hm, hm, Mwalimu, verrate mich nicht! Bekomme ich acht, vier für mich, vier für Dich!" — „Amen!" — Und auf diese Weise fuhr er fort zu beten bis zum Ende. Als man hinausging, lachten sich die beiden Mwalimu nur so ins Gesicht, und die andern meinten, sie lachten über einen Witz, und doch lachten sie nur über die Gebetsworte in der Moschee. Auf diese Weise lebten sie noch eine Zeitlang weiter und nährten sich von der Dummheit der Leute. Schließlich bekamen sie davon genug und kehrten als reiche Leute in die Stadt zurück."

Weniger harmlos als diese mehr humoristische Geschichte ist der Muafizauber, von dem Missionar Klamroth in seinem Werkchen „Auf Bergpfaden" berichtet. Er erzählt:

„Es war im Jahre 1903, als böse Gerüchte durch das Land gingen. Es sollten wieder einmal zehn Leute am Muafi gestorben sein. Was ist's mit diesem Muafi?

Der Häuptling ist krank, oder ein angesehener Mann stirbt plötzlich. Kann das mit rechten Dingen zugehen? — Natürlich nicht, sagt der Heide. Ein Zauberer hat seine Hand im Spiel. — Aber wie es herauskriegen, wer der Schuldige ist? Es wird vermutet, beschuldigt, abgestritten, die Würfel werden geworfen, endlich kommt der Zauberdoktor und bietet seinen unfehlbaren Trank an, den der Angeklagte trinken muß. Bricht er ihn wieder aus, so ist seine Unschuld bewiesen. Stirbt er aber daran, dann ist ihm recht geschehen, dann natürlich war er schuldig. Dieser Trank heißt Muafi.

Man findet solche und ähnliche Gottesurteile häufig bei afrikanischen Stämmen in den Njassa-Ländern, oft auch in derselben Form. Allein noch bei keinem Stamm habe ich es gefunden, daß der Trank so oft tödlich wirkt, wie bei den Pangwa. Vermutlich wird eine Strophantusart dazu verwandt, doch ist es sehr schwer, hinter das eigentliche Geheimnis zu kommen.

Also zehn Menschenleben auf einmal! Mochte das Gerücht auch etwas übertrieben haben, so handelte es sich doch allem Anschein nach um mehrere Menschenleben. Am andern Morgen sattelte ich meinen Esel und ritt hin zu dem Häuptling, in dessen Dorf die Sache passiert war. Er war krank, aber endlich erschien er doch noch, obgleich er ziemlich schwach war. Nach

Ein Geisterbaum

der üblichen Begrüßung entwickelte sich etwa folgendes Gespräch: „Du bist krank?" — „"Ja, seitdem ich dem Weißen nach Songea folgte, der damals die Steuer eintrieb, will es und will es nicht wieder besser mit mir werden."" — „Und deshalb hast Du Deine Leute Muafi trinken lassen?" — „"Ja."" — „Wieviel sind denn daran gestorben?" — „"Einer, zwei . . . drei . . . vier!"" — „Weißt Du auch, daß Du aufgeknüpft wirst, wenn der Weiße in Songea das erfährt?" — „"Was? Soll ich denn einfach ruhig krank sein und meine Leute ihre schwarzen Künste an mir treiben lassen, soviel sie wollen? Aufgeknüpft werden?"" — „Ja, aufgeknüpft werden."

Ich versuchte ihm klarzumachen, daß er nach einem Marsch nach Songea durch Sümpfe und Flüsse hindurch sicher mit einem Fieber rechnen müsse, dazu brauchte ihm erst gar keine Hexe über den Weg zu laufen. Ich wies ihn dann hin auf Gott, vor dessen Augen solcher Aberglauben ein Greuel sei.

Allein in seinem Herzen klang es nur immer wieder: „Aufgeknüpft soll ich werden! Ob er mich wohl in Ssongea anzeigen wird?"

Wir hatten am Wegrand gesessen. Jetzt brach ich auf, und eiligst schickte er nach den nächsten Hütten, um einige Hühner als Geschenk holen zu lassen. Allein ich wies die Gabe zurück."

Die Missionare berichteten an die Station Ssongea; ehe sie aber eingreifen konnte, brach der Aufstand aus.

Sehr viel Aberglaube herrscht bei den Wakonde, die heilige Haine und heilige Steine besitzen; in jenen opfern sie Tiere. Aber noch im Jahre 1910 ist in der Nähe der Mission Manow ein Menschenopfer vorgekommen.

Gegen die alteingewurzelten Aberglauben kommen die Missionare schwer an; die Leute wollen nicht leicht von den alten Bräuchen lassen. Viel kommen die Missionen ihnen durch ärztliche Fürsorge näher; so tut die Berliner Mission sehr viel zur Bekämpfung der im Kondelande sehr verbreiteten Lepra. Bei inneren Krankheiten halten sich die Eingeborenen aber doch lieber an ihre Zauberer, und neue Forschungen haben ergeben, daß diese manche sehr wirksamen pflanzlichen Heilmittel besitzen.

Begräbnisstätte eines Wahehe-Fürsten

2. Teil: Südwestafrika

Einleitung

Südwestafrika ist mit einer Flächenausdehnung von 835 100 qkm etwa eineinhalb mal so groß wie Deutschland; die Küstenausdehnung beträgt rund 1450 km. Nach dem Stand vom 1. Januar 1910 (die Statistik hinkt leider sehr nach) betrug die weiße Bevölkerung 12 935 Köpfe, darunter 8451 männliche, 2173 weibliche Erwachsene und 2311 Kinder. Die einheimische farbige Bevölkerung (abgesehen vom Ambolande und Caprivizipfel) belief sich auf 65 726 Köpfe, einschließlich von 5090 Mischlingen, ausschießlich 3197 nicht eingeborener Farbiger, wie Betschuanen, Kapjungen, Kru-Jungen. Von den Weißen waren 10 226 Deutsche, 154 Oesterreicher und Ungarn, 486 Engländer, 1483 Kolonial-Engländer, 151 Russen; der Rest gehörte verschiedenen Nationalitäten an. Auf die einzelnen Verwaltungsbezirke verteilte sich die weiße Bevölkerung wie folgt: Grootfontein 693 (Vorjahr 743), Outjo 319 (253), Omaruru 759 (570), Karibib 991 (1045), Otahandja 475 (494), Gobabis 316 (319), Windhuk 2129 (2188), Rehoboth 289 (280), Gibeon 775 (731), Maltahöhe 287 (229), Keetmanshoop 1653, Bethanien 376 (Vorjahr beide zusammen 1791), Warmbad 888 (875), Lüderitzbucht 1773 (940), Swakopmund 1212 (1333) Weiße.

Unter der farbigen Bevölkerung des Schutzgebiets wurden gezählt: 19 962 Hereros, 18 613 Bergdamara, 13 858 Nama (Hottentotten), 4858 Buschleute, 5090 Mischlinge, 372 Betschuanen, 2581 Kapjungen, 124 Kru-Jungen, 120 Sonstige.

Die Bevölkerung des Ovambolandes wurde auf 80 800, die des Caprivizipfels auf 5000—6000 Köpfe geschätzt.

Der Gesamthandel Südwestafrikas im Jahre 1909 belief sich auf 56 784 352 Mark, 34 713 448 Mark in der Einfuhr, 22 070 904 Mark in der Ausfuhr.

Kapitel 1
Das Land vor der deutschen Herrschaft

In den Hallen der Marine-Akademie in Kiel steht ein verwittertes schlichtes Steinkreuz; es stammt vom Kap Croß in Südwestafrika, jener Landspitze wenig nördlich von Swakopmund, auf der im Jahre 1485 der portugiesische Indienfahrer Diago Cao landete. Schnell floh er wieder die wüste, unwirtliche Küste; aber er errichtete zuvor im Namen seines „erhabenen und glorreichen Königs Dom Joao II. von Portugal" auf der Landspitze das erwähnte Kreuz. Kaiser Wilhelm ließ es 1894 nach Kiel bringen und eine neue Säule an der Stelle der alten errichten. Manches Schiff ist dann noch an den Gestaden von Südwest vorübergezogen; keiner der Schiffer machte den Versuch, den Strand zu betreten, an dem kein einziger guter Hafen zum Bleiben einlud, und der nur Sand zeigte, nichts als Steine und Sand. Auch als Südafrika holländisch geworden war und später die Engländer ans Kap kamen, Kimberley und Johannesburg entdeckt wurden, blieb das heutige Südwest, von der Land- wie Seeseite durch breite Wüstengürtel umgeben, fast ganz unbekannt. Erst 1836-37 brachte der Vorstoß des Kapitäns J. E. Alexander Aufschlüsse über das Namaland, und sehr viel trugen dann zur Kenntnis des Gebietes bei die Fahrten des schwedischen Forschers und Jägers Anderson, der mit Dalton zusammen große Teile des Ovambolandes erforschte und 1852 allein auch das Namaland durchzog. Prächtige Schilderungen bringt er in seinem großen Reisewerk „Lake Ngami" über das zu seiner Zeit großartige Tierleben der Steppe, das von weit größerem Reichtum als heute war. Auch der Wasserreichtum war größer; viele Seen sind stark zurückgegangen. Einige Jahre später ging der Engländer Chapman vom Ngamisee quer durch Südwestafrika nach der Walfischbai. Im Jahre 1858 entdeckte Anderson den Okavangofluß, 1864 den Kunene. Er übte eine große politische Autorität im Lande aus und führte 1863 die Ovaherero zum Siege über ihre geschworenen Gegner, die Hottentotten.

Weder der Volksstamm der Hereros noch derjenige der Nama-Hottentotten kann als Urbevölkerung des südwestafrikanischen Schutzgebiets angesehen werden. Die Hereros mit den naheverwandten Ovabandjeru stammen wahrscheinlich aus den jetzt unter dem Namen Mashonaland

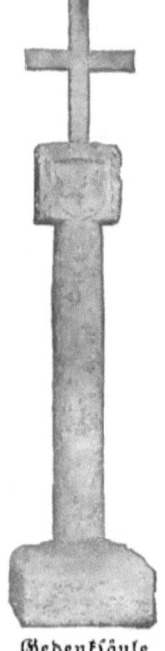

Gedenksäule portugiesischer Seefahrer auf Kap Croß, jetzt in der Marine-Akademie zu Kiel

Das Land vor der deutschen Herrschaft

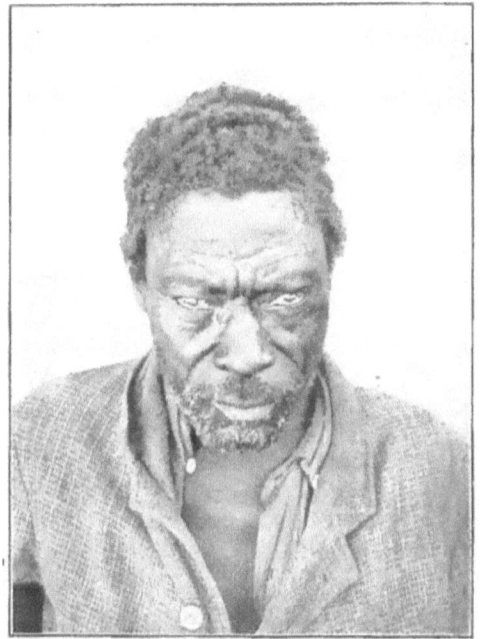

Typischer Berg-Damara   Phot. Dr. Lohmeyer

bekannten Landstrichen und dürften gegen Ende des 18. Jahrhunderts über den Okawango eingewandert sein. Sie fanden bei ihrem Eindringen die sogenannten Bergdamaras vor, welche von ihnen unterjocht, des Landes beraubt und zu Sklaven gemacht worden sind. Als solche sind sie von den Hereros mit brutaler Willkür behandelt worden, bis sie im Jahre 1894 die Schutzgebietsverwaltung von der drückenden Herrschaft befreite und in einem Reservat bei Okombahe als selbständige Eingeborenengemeinde ansiedelte. In Erinnerung an diese Wohltat haben sich die Bergdamaras dem Hereroaufstande ferngehalten und uns während des Krieges gute Dienste geleistet.

Die Einwanderung der Hottentotten erfolgte aus dem südlichen Afrika über den Oranjefluß, und zwar geraume Zeit früher als die der Hereros. Auch von ihnen wurden die angetroffenen Bewohner des Landes, als deren Reste vielfach die sogenannten Buschleute bezeichnet werden, vertrieben und geknechtet. Im Gegensatz zu den zuerst eingewanderten Hottentotten, zu denen die „Rote Nation" (Hoachane), Fransman-Hottentotten (Gocha), Veldschoendrager (Koes) und Bondelzwarts (Warmbad) gehören, werden die Afrikaner-, Bethanier-, Versebaer- und Witboi-Hottentotten, welche erst

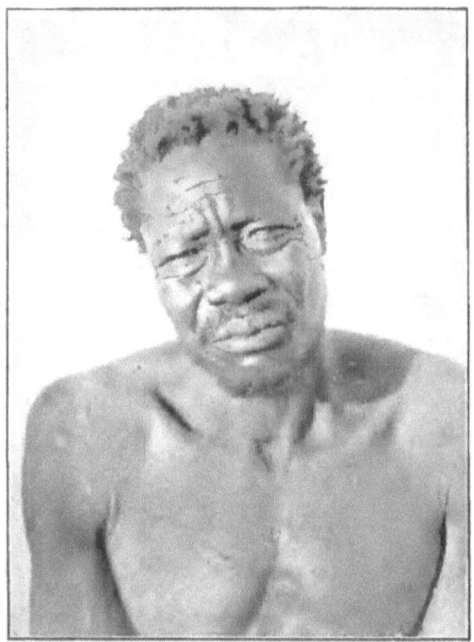

Herero-Mann Phot. Dr. Lohmeyer

Anfang des 19. Jahrhunderts aus der Kapkolonie eingewandert sind, als Orlam bezeichnet. Bei dem Erscheinen der letztgenannten Stämme im Schutzgebiete war die Rote Nation auf Grund langer Kämpfe mit den übrigen Hottentottenstämmen das gebietende Volk. Wenn sich die Rote Nation auch der neuen Zuwanderung nicht widersetzte, so bedurfte es doch mancher harten Kämpfe mit den bereits vorhandenen, der Roten Nation botmäßigen Stämmen im Süden, ehe die Orlam ihre derzeitigen Wohnsitze ungestört behaupten konnten.

Es sei hier gleich einiges über die Hereros gesagt, die neben den Witboi-Hottentotten die interessanteste Völkerschaft im Schutzgebiet sind. Sie stehen den Kaffern Südafrikas sehr nahe, sind schlanke, kräftige, durchaus wohlgebildete Leute von 1,70—1,80 m Größe; auch die Frauen zeichnen sich durch stattlichen Wuchs aus und sind im Besitze einer guten Figur. Die Gesichtszüge sind nicht unintelligent; wir haben es in allem mit einer ganz tüchtigen Rasse zu tun. Uebermäßig sauber sind die Hereros — wie alle viehzüchtenden Rassen — nicht gerade; Lügen und Stehlen sehen sie nicht als Untugenden an. Geiz ist eine ihrer hervorstechendsten Eigenschaften; dazu kommt die dem Kaffer eigentümliche kalte Grausamkeit, die leicht in Bestialität

Das Land vor der deutschen Herrschaft

Hottentotten-Häuptling   Phot. Dr. Lohmeyer

übergeht. Unsere Soldaten wissen davon zu erzählen. Großsprecherei und anmaßende Frechheit traten häufig hervor; allerdings haben die ersten Weißen, die als Händler kamen, ihnen keine übertriebene Hochachtung eingeflößt. Als die südwestafrikanische Farmer-Deputation 1905 in Berlin war und geladenen Pressevertretern ihre Vorträge hielt, erzählte einer der Herren, daß die Hereros den weißen Händler gelegentlich über die Deichsel seines Wagens zogen und ihm eine Tracht Prügel versetzten, wenn er nicht die Waren brachte, die sie wünschten. Sie hatten eben keine hohe Achtung vor den Weißen, die feilschend ihr Land durchzogen.

Auch die Hottentotten sind kein uninteressanter Volksstamm; zu den Negerrassen Süd- und Mittelafrikas kann man sie keinesfalls rechnen, die Hautfarbe ist ein fahles, oft sehr helles Gelb; dunkler erscheinende Herrschaften starren nur von Schmutz. Das Gesicht ist eckig; die Backenknochen treten hervor; die Nase ist flach und aufgestülpt; dazu kommen die schiefstehend erscheinenden Augen, so daß der Hottentotte auffallend dem Chinesen oder Südostasiaten gleicht. Vom mongolischen Typus trennt ihn aber wieder der merkwürdige Haarwuchs; das kurze Haar steht in einzelnen Büscheln auf dem Kopfe. Die Frauen sind fast noch häßlicher als die Männer, in höheren Lebensjahren durch Fettansammlungen verunstaltet.

Bei diesem häßlichen, abstoßenden Aeußern besitzen die Hottentotten aber bedeutende Geistesgaben; sie müssen geradezu als die geistig höchststehende farbige Rasse Afrikas angesehen werden. Schon die Sprache der Hottentotten ist gut ausgebildet. Auffallend ist die Häufigkeit einsilbiger Wörter, deren Verbindung andere Begriffe ergibt. Peschel macht darauf aufmerksam, daß die Hottentottensprache einen Ausdruck für „Menschlichkeit" hat, ein Begriff, der den Bantus und Kaffern völlig fremd ist. H. S ch i n z sagt von den Namans (Hottentotten):

„Wie jedes Volk, so haben auch sie ihre Tugenden und Laster, aber zu deren Beurteilung müssen wir von dem oft künstlichen Piedestal der Kultur heruntersteigen, uns in ihre Vergangenheit, die umgebende Natur und ihre Denkweise versetzen; dann erst dürfen wir erwarten, das ungetrübte Bild ihres psychischen Zustandes erfassen zu können. Wer jahrelang in Gesellschaft von Hottentotten gereist ist, mit ihnen gehungert und gedürstet, Freud' und Leid geteilt hat, der entdeckt sicherlich in der rohen Hülle den guten Kern, lernt ihn schätzen und muß gestehen, daß die Lichtseiten die Schattenseiten bei weitem übertreffen."

Von guten Kennern wird weiter gerühmt die hohe Begabung der Hottentotten für Poesie und Musik, ihrer Frauen für Kunstfertigkeit; was die Männer im Benutzen des Geländes, im Spurenlesen leisten, übertrifft die erstaunlichsten Erzählungen vom Scharfsinn der Indianer.

Als im Laufe vieler Generationen verkümmerte Hottentotten werden von manchen Forschern die Buschmänner Südwestafrikas angesehen.

In das Gebiet der Hereros eingesprengt wohnten B e r g d a m a r a s , die wir als die Ureinwohner Südwestafrikas anzusehen haben. Sie werden auch Klippkaffern genannt und sind für uns, da sie anstellig und arbeitsam sind, ein sehr wertvolles Bevölkerungselement. Ueber die Bergdamaras schreibt Professor Dr. Karl Dove, einer der besten Kenner des Schutzgebiets: „Verfolgt von den Ovahereros und von den Hottentotten, ohne Herden und ohne Gärten, führten sie in den einsamen Bergländern das Leben von wirklichen Wilden, sich von wilden Feldfrüchten, von der Jagd und in der Nähe ihrer Unterdrücker auch wohl vom Viehdiebstahl kümmerlich nährend, scheu und flüchtig wie das Wild ihrer menschenleeren Hochländer. Habe ich es doch selbst erlebt, daß bei einer Reise durch die wilden Steppen des Komaslandes Bergdamaras, die uns unvermutet erblickten und die niemals einen Weißen zu Gesicht bekommen hatten, in hastiger Flucht vor uns über die steilen Talgehänge davonstürmten, als seien wir leibhaftige Teufel.

Ein nicht geringer Teil des Volkes lebte allerdings schon seit längerer Zeit in der Stellung von Hörigen unter den Ovahereros und den Naman, und nachdem die Zahl der Europäer innerhalb des jetzigen Schutzgebiets sich vermehrt hatte, wurden zahlreiche Haukoin auch von diesen als Dienstleute beschäftigt... Die Gutmütigkeit und der — immer in afrikanischem Sinne zu verstehende — Fleiß der Leute wird in dieser Beziehung wesentlich unterstützt durch eine gewisse Gewandtheit und Anstelligkeit, welche sie befähigt, sich sehr schnell in ihnen bis dahin unbekannte Verhältnisse zu finden.... Auffallend ist nicht nur die Schnelligkeit, mit welcher sich die meisten Bergdamaras gewisse Kulturerrungenschaften aneignen, sondern auch das Hervortreten von Eigenschaften, die sie selbst für wichtigere Dienstleistungen geeignet machen. Dahin gehört ihre Zuverlässigkeit im Beaufsichtigen von Herden oder von Zugochsen, ihre Brauchbarkeit zu persönlichen Dienstleistungen in Haus und Hof und endlich eine Art von Verantwortlichkeitsgefühl, dieses allerdings nur bei besonders tüchtigen Personen. Als ein Beweis für diese Tatsache mag angeführt werden, daß gerade Bergdamaras es gewesen sind, in deren Händen lange Zeit hindurch die Besorgung der Postsäcke von und nach der Küste lag. Und nicht allein in friedlichen Jahren haben sie sich dabei als ganz tüchtige Leute bewährt, sondern fast mehr noch, als sie während der ersten dreiviertel Jahre des Witboikrieges nur zu oft genötigt waren, mit ihrer kostbaren und wichtigen Last auf Schleichwegen vorzudringen, sich stets bewußt, daß ein Zusammentreffen mit dem Feinde für sie gleichbedeutend sei mit sicherem Tod. Aber auch in der Küche und in den meisten Arbeiten des Haushaltes waren sie vortrefflich zu gebrauchen, vorausgesetzt, daß sie zu der ihnen obliegenden Arbeit richtig und mit etwas Geduld erzogen worden waren."

Als Anfang der vierziger Jahre des vorigen Jahrhunderts die Hereros aus dem nördlichen Kaokofelde nach dem Süden drängten und sich der Häuptling der Roten Nation nicht stark genug fühlte, es allein mit ihnen aufzunehmen, wandte er sich an den im Süden bei Warmbad sitzenden Kapitän der Afrikaner-Hottentotten Jonker Afrikaner, welcher wegen seiner Verwegenheit und Erfolge als Räuberhauptmann sich im Lande großer Berühmtheit erfreute. Beiden gelang es, die Hereros zu unterjochen und zu Sklaven der Hottentotten zu machen. In diesem Zustande verblieben die Hereros bis zu Beginn der sechziger Jahre, welcher Zeitraum durch blutige Kämpfe der Hottentotten untereinander ausgefüllt wurde. Durch den Tod des gefürchteten Jonker Afrikaner ermutigt, erhoben sich die Hereros unter Führung eines Engländers und des Schweden Anderson und brachten den Hottentotten bei Otjimbingwe eine schwere Niederlage bei. Sieben Jahre dauerte die blutige Fehde zwischen den Hereros und Hottentotten, ehe es zum Frieden kam. Nachdem sich das Land in zehnjähriger Ruhe von den Wechselfällen des Krieges etwas erholt hatte, brach auf Grund von Streitigkeiten zwischen Herero- und Hottentotten-Viehwächtern aufs neue der Kampf aus. Er begann mit der Niedermetzelung sämtlicher Hottentotten auf Okahandja und endete mit der

Besiegung Jan Jonkers, der die Hottentotten führte. Es trat aber bald in der Person des Kapitäns von Gibeon, Moses Witboi, ein neuer Rächer auf. Er strebte gleich Jan Jonker nach der Oberherrschaft über die Nama. Aber auch er wurde von den Hereros geschlagen, die in der Folgezeit aus Angegriffenen zu Angreifern wurden. An Versuchen, diesen fortdauernden Streitigkeiten der Eingeborenen ein Ende zu machen, hat es auch in der Zeit vor der deutschen Herrschaft nicht gefehlt. Im Jahre 1876 wurde ein gewisser P a l g r a v e, 1882 Missionar H u g o H a h n von der Kapregierung als Vermittler entsandt. Ihr Eingreifen hatte aber keine nennenswerten Erfolge.

Kapitel 2
Die ersten Pioniere des Deutschtums

Während noch diese blutigen Kämpfe unter den Eingeborenenstämmen tobten, hatte in den Jahren 1883 bis 1885 der Bremer Kaufmann F. A. L ü d e r i tz durch seinen Beauftragten Vogelsang eine Reihe von Gebieten in Südwestafrika erworben. Diese Erwerbungen umfaßten:

1. einen Landstreifen an der Küste in der Breite von zwanzig Meilen vom Oranjefluß bis zum 26. Grad südlicher Breite, die Bai von Angra Pequena einbegreifend, gekauft von dem Kapitän J o s e p h   F r e d e r i c k von Bethanien laut Verträgen vom 1. Mai und 25. August 1883;
2. einen nördlich an den vorgenannten anschließenden Landstreifen längs der Küste von 20 Meilen Breite, vom 26. bis 22. Grad südlicher Breite, mit Ausschluß des britischen Walfischbaigebiets, gekauft von dem Topnaer Kapitän P i e t H a i b i b laut Vertrag vom 19. August 1884;
3. den nördlich an vorgenanntes Gebiet anschließenden Küstenstrich bis zur portugiesischen Grenze, das sogenannte Kaokofeld, gekauft von den Kapitänen C o r n e l i u s Z w a r t b o o i auf Otjitambi und J a n U i c h i m a b auf Zesfontein, laut Verträgen vom 19. Juni und 4. Juli 1885;
4. das Gebiet des Kapitäns J a n J o n k e r A f r i k a n e r, östlich an das Gebiet Piet Haibibs anschließend und sich bis gegen Windhuk erstreckend, gekauft durch Vertrag vom 16. Mai 1885.

Lüderitz kam es nun darauf an, sie unter Reichsschutz zu stellen. Er kam nach Berlin und trug sein Anliegen dem Legationsrat im Auswärtigen Amt Dr. Kusserow vor, der die kolonialen Sachen bearbeitete. Dr. Kusserow wußte sehr wohl, daß Bismarck die Ablehnung seiner Samoavorlage noch nicht verwunden hatte; dieser lehnte es zunächst auch ab, sich mit der Sache zu befassen, willigte endlich aber ein,

Die ersten Pioniere des Deutschtums

Lüderitz zu empfangen. Damit war nun noch nicht allzuviel erreicht; der Altreichskanzler fragte zunächst in London an, ob man geneigt sei, Lüderitz und seine Erwerbungen unter englischen Schutz zu nehmen. Es gab eine längere Korrespondenz, in deren Verlauf Gladstone die Angelegenheit nach Kapstadt verwies. Und als auch Kapstadt noch mit allen möglichen Anfragen kam, riß dem Fürsten Bismarck der Geduldsfaden; am 25. April 1884 erging das berühmte Telegramm nach Kapstadt an unseren Konsul, er möge der kapländischen Regierung mitteilen, daß die Erwerbungen des Lüderitz unter deutschem Schutz ständen.

Mehr tat Fürst Bismarck vorläufig nicht; Reichsgelder wollte er für die Kolonien nicht ausgeben, auch in ihre Verwaltung nicht eingreifen; erst 1885, als Lüderitz seine Erwerbungen weiter ausgedehnt und die Kolonialgesellschaft für Südwestafrika sich gebildet hatte, entschloß er sich auf Ansuchen aus der Kolonie hin, in der sich ganz verwickelte Rechtsverhältnisse herausgebildet hatten, einen Juristen zur Untersuchung dieser Verhältnisse als Reichskommissar nach Südwestafrika zu entsenden. Die Wahl fiel auf Dr. jur. Heinrich Ernst Goering, damals Landgerichtsrat in Metz, als Sekretär wurde ihm der Referendar Louis Nels beigegeben. Goering wurde auf zwei Jahre nach Südwestafrika beurlaubt und fuhr im Frühsommer 1885 ab. Er reiste nach Kapstadt, von da über Land nach Port Nolloth, von wo ein kleines Schiff nach Angra Pequena und Walfischbai ging. Eine Zeitlang machte die „Meta" diese Reisen, in Lüderitzbucht die „Bottle Mail" (die Flaschenpost) genannt, weil sie Wasser und volle Bierflaschen nach Lüderitzbucht brachte und leere, als einzigen Exportartikel, mitnahm. Am 1. September 1885 traf Dr. Goering in Walfischbai ein; am 10. September trat er seine Reise ins Innere an. Es ging im Ochsenwagen zum Swakop und das Swakoptal aufwärts nach Otjimbingwe, wo der alte Zacharias saß, der seinen Tribut an Kognak nahm, zunächst mit Stammesleuten zusammen, dann aber heimlich im Dunkel der Nacht kam, sich eine Extraflasche zu holen,

Franz Adolf Lüderitz

von der er keinem etwas abgeben wollte. In Okahandja traf der Kommissar Mitte Oktober 1885 ein; am 21. Oktober schloß er mit Maharero Katjamuaha, dem Oberhäuptling der Hereros, einen Schutz- und Freundschaftsvertrag ab. Es schien dem Kommissar wichtig, auch den mächtigen Häuptling Manasse in Omaruru zu besuchen; er zog dorthin, und am 3. November trat Manasse mit seinen Großen dem mit Maharero geschlossenen Schutzvertrage bei.

Auf der Rückfahrt nach Okahandja erlebte der Reichskommissar ein sehr böses Abenteuer, das um ein Haar seiner Wirksamkeit ein schnelles Ziel gesetzt hätte. Der Ochsenwagen schlich langsam auf dem Wege hin; Goering ließ ihn weiterfahren, nahm die Büchse auf die Schulter und bog nach rechts aus, um auf die Jagd zu gehen. Er glaubte, daß er nach einiger Zeit nur links zu gehen brauche, um wieder auf den Weg und zum Wagen zu kommen. Im Jagdeifer verlor er aber völlig die Richtung und mußte bald einsehen, daß er sich völlig allein in unbekanntem Lande in sehr übler Lage befände, denn die Nacht drohte hereinzubrechen. Weit und breit war kein Mensch zu sehen; Notschüsse hatten keinen Erfolg; es blieb Goering nichts übrig, als Feuer anzuzünden und sich ein Nachtlager herzurichten. Bald hatte er einen Haufen Reisig zusammengetragen, die Flamme lohte auf, und ermattet streckte er sich nieder, als er im Halbschlummer etwas über den Leib kriechen fühlt und mit Entsetzen eine große Mamba (Giftschlange) gewahrt, die auf ihm liegt und mit erhobenem Kopfe bald zu ihm, bald zum Feuer hinüberblinzelt. Dem jäh Wachgewordenen sträuben sich die Haare; er ist unfähig, sich zu rühren, und das ist seine Rettung. Nach einigen Minuten regungslosen Verharrens gleitet die Schlange fort; der Geängstigte kann aufatmen. An Schlaf war natürlich nicht zu denken.

Kaum graute der Tag, als Dr. Goering schon wieder auf die Suche nach der verlorenen Spur ging; er schrie aus Leibeskräften, ließ die letzten Schüsse ab. Alles nützte nichts. Es wurde Mittag; zum Hunger gesellte sich quälender Durst. Halluzinationen stellten sich ein. Der Ermattete sieht seinen Wagen, stürzt darauf zu und — greift in die Luft. Dann sieht er seinen schwarzen Boy (Diener) an den Baum gelehnt: „Wie könnt Ihr mich so lange herumirren lassen!" stammelt er, und wieder starrt ihn höhnisch ein verkrüppelter Baumstamm an. Der Verschmachtete will schon zusammenbrechen; da sieht er einen Damara mit Lanze: „Rikana, rikana, omeva!" (Bitte, bitte, Wasser!) ruft er ihn an mit dem Aufgebot der letzten Kraft. Und siehe, es ist kein Spiel der Phantasie; ein Mann kommt auf ihn zu, der ihn am Arm nimmt und zu einem Wasserloch schleppt. Gierig trinkt der Verschmachtete, läßt sich von seinem Retter noch den Weg nach Omaruru zeigen, da es nach Okahandja zu weit ist und er seinen Wagen voraussichtlich doch nicht mehr trifft; kaum ist er aber einige Hundert Schritte gegangen, als quälender Durst ihn wieder zum Wasserloche zurücktreibt. Er trinkt sich erneut voll und taumelt dann fort, wohin, weiß er kaum. Er sieht einen zweiten Damara in weiterer Ferne und folgt seiner Spur; ein längerer Marsch bringt ihn gegen Abend denn auch zu einem Eingeborenen-Pontok. Er hört von Omaruru sprechen, wundert sich aber nicht weiter darüber; widerstandslos läßt er sich in den Pontok schleppen, auf ein hartes Lager betten, und gierig trinkt er die Milch, die ihm geboten wird. Am nächsten Morgen beschenkt er seine Gastgeber mit seinen Taschentüchern; leider konnte er den Hauptwunsch seines Lebensretters — er wünschte die Beinkleider von Dr. Goering — nicht erfüllen. Auf dem Wege nach Omaruru traf Dr. Goering viele Eingeborene, die ihm mit Milch entgegenkamen; Manasse hatte sein halbes Dorf aufgeboten, den vermißten Reichskommissar zu suchen. Die Ochsenkarre Goerings war, als er von dem Jagdabstecher nicht zurückkehrte und das Suchen keinen Erfolg hatte, schleunigst nach Omaruru zurückgekehrt, und auf die Bitte des Sekretärs Nels hatte Manasse sofort seine Leute in Bewegung gesetzt. Manasse machte dem geretteten Kommissar väterliche Vorwürfe. Wie könnte er so allein ins Land gehen, sagte er. Er möge seine (Manasses) Ermahnungen annehmen; denn auch die Weißen betrachte er als seine Kinder.

Dr. Goering, der erste Gouverneur von Deutsch-Südwestafrika

Von Omaruru ging nun Dr. Goering über Okahandja nach dem Süden; überall traten bedeutsame Rechtsfragen an ihn heran. Die interessanteste Beschwerde war die der Bethanier-Hottentotten gegen die Verträge mit Lüderitz. Ihr Verfasser war der Schulmeister Christian Goliath, der spätere Kapitän von Berseba; seine Eingabe hat Dr. Goering als eines tüchtigen deutschen Rechtsanwalts nicht unwürdig bezeichnet. Goliath, ein Schüler des Missionars Büttner, schrieb ein schönes Hochholländisch und wußte sich sehr gewandt in dieser Sprache und auch gut im Englischen auszudrücken.

In Bethanien, beim Kapitän Frederick, den Goering in Ulanenuniform antraf, die Lüderitz ihm geschenkt hatte, lernte der Reichskommissar auch die Wirkungen des Eau de Brême kennen. Frederick, der die Ulanka nur halb über seinem dicken Bauche zusammenbekam und eine recht putzige Figur machte, trat sehr stark betrunken an; der „Stoff", an dem er sich gütlich tat, war in eine Art Parfümerieflasche verpackt und trug die merkwürdige Etikette „Eau de Brême". Dieses neue „Parfüm" fand Dr. Goering später in großen Kisten im Lüderitzschen Store zu Kubub, und über seinen Zweck konnte er das Folgende ermitteln: Die Missionare waren Lüderitz bei seinen Landerwerbungen gern behilflich gewesen; er hatte aber versprechen müssen, keine Alkoholika ins Land zu bringen; dafür brachte er aber ein neues „Parfüm", das schon genannte „Eau de Brême".

Dr. Goering hatte auf seiner Reise gesehen, daß eine gründliche Aussprache über manche Punkte in der Heimat nötig sein würde; er stellte telegraphisch dahingehenden Antrag. Und bald kam der telegraphische Befehl, zur Berichterstattung nach Berlin zu kommen. Die Wartezeit in Lüderitzbucht, damals Angra Pequena genannt, benutzte der Kommissar zur Fertigstellung seiner Berichte; am 22. Februar 1886 sandte er auch einen Separatbericht an den Fürsten Bismarck über Land und Leute ab. Interessant an diesem Bericht ist, daß Dr. Goering damals schon die Anlage von Fangdämmen vorschlug, um Wasser anzustauen. Weiter teilte er mit, daß die Rehobother-Bastards vor Ausbruch des 1880er Krieges anfingen, Wollschafe einzuführen. Im Kriege 1880—85 aber sollen die Hottentotten den Hereros über 300 000 Stück Rinder und eine große Zahl Kleinvieh abgejagt haben. Trotz dieser Verluste nennt Dr. Goering die damaligen Hereros ein für ihre Verhältnisse reiches Volk. Ueber den damaligen Handel macht der Reichskommissar in seinem Separatbericht die folgenden interessanten Angaben:

„In bezug auf den Handel kann ich nicht genug hervorheben, daß nur gute Sachen, ich möchte sagen, nur Waren von Prima-Qualität gesucht und sowohl von Hereros wie Hottentotten teuer bezahlt werden; den Irrtum, als sei für die Eingeborenen alles gut genug, hat die Firma Lüderitz schwer büßen müssen. Die besitzende Klasse der Eingeborenen ist schon seit Jahren mit den besten Gewehren neuester Konstruktion bekannt; beliebt sind namentlich Henry-Martini- und Wesley-Richard-Gewehre. Die gangbarsten Handelsartikel sind außer Gewehren mit fertiger Munition, Pulver und Blei, Sättel und Zaumzeug, fertige Männerkleider, besonders von Kordroy-Zeug, Zeuge für Frauenkleider, hauptsächlich Blaudruck, Kopftücher in Baumwolle und Seide, Schuhe und Stiefel, eiserne Kochtöpfe in allen Größen, Küchengeschirre von Zinn und Blech, Messer und Werkzeuge, Reis, Mehl, Kaffee, Tee und Tabak. Die reicheren Leute würden auch anfangen, mehr Luxusartikel, Möbel, Spiegel, Lampen usw. zu konsumieren. Alle diese Sachen werden mit Vieh so hoch bezahlt, daß ein schwerer Schlachtochse etwa 22—40 Mark, ein Schaf 5 Mark und eine Ziege etwa 3 Mark dem Händler kosten würde."

Die ersten Pioniere des Deutschtums

Der erste Ochsenwagen der Regierung in Südwestafrika

Interessanter als diese Hinweise auf den Handel ist das Bild von der Lebenshaltung der Eingeborenen, das darin entrollt wird. Wir haben es mit keinen Kindern zu tun, die sich an Glasperlen und allem möglichen Tand erfreuen; schon 1885 verlangten die südwestafrikanischen Eingeborenen gediegene Sachen und hatten sie Bedürfnisse.

Dr. Goering kam Anfang 1887 nach Berlin zurück; er hatte bis August des Jahres Heimatsurlaub. In Berlin angekommen meldete er sich auf der Polizei und gab als ständigen Wohnsitz Südwestafrika an. Damit wußte der diensttuende Beamte nicht viel anzufangen, und ziemlich ratlos sah er den merkwürdigen Besucher an. Erst als er hinzufügte: „Na, denn Angra Pequena!" erhellten sich die Mienen des Polizeibeamten; gleichzeitig stürzte aber ein Polizeiwachtmeister aus dem Nebenzimmer, packte Dr. Goering beim Arm. „Also Sie sind aus Neupreußen? Mann, Sie sehen aber gar nicht so schlecht aus. Die Zeitungen müssen doch falsch über das Land schreiben!" Ueber das „Neupreußen" hat Fürst Bismarck weidlich gelacht.

Nach seiner Rückkehr ins Schutzgebiet hatte Dr. Goering viel mit den Umtrieben der Engländer zu kämpfen; besonders feindselig benahm sich der Händler Lewis, ein Agent von Cecil Rhodes, wie sich später herausstellte. Lewis hatte sich von Maharero die Potmine und die Otavimine schenken lassen; da aber seit Jahrzehnten die Ovambos dort Kupfer hatten holen lassen, betrachteten die Ovambos die Mine als ihr Eigentum. Die alte Potmine in der Küstenwüste hatte Gold enthalten, wie entnommene Proben, die in Kapstadt untersucht worden waren, ergeben hatten; Lewis kannte die Lage der Mine, wußte auch, daß die Deutsche Kolonialgesellschaft darauf Anspruch erhob. Er fürchtete nun, daß Dr. Goering Maharero veranlassen werde, ihm die Mine zu entziehen; deshalb setzte er einen ganzen Intrigenfeldzug gegen den deutschen Reichskommissar ins Werk. Der Kommissar hatte keine Macht und nur geringe Mittel; er mußte infolgedessen mit sehr geringer Begleitung durchs Land ziehen; darauf gründete Lewis seinen Plan. Er zog bei den Hererohäuptlingen herum und flüsterte ihnen ein:

„Der fremde Mann will der Vertreter des großmächtigen Deutschen Kaisers sein; findet Ihr es da nicht seltsam, daß er nur mit wenigen Leuten durchs Land zieht? Wenn Ihr Reisen macht, begleiten Euch viele Krieger; wer aber mag dieser Fremdling ohne Anhang sein?"

Nachdem Lewis das Mißtrauen der Leute genügend geweckt hatte, griff er zu schärferen Mitteln; er stellte Dr. Goering als einen Abenteurer hin, dem man nicht trauen dürfe, und als auch das noch nicht zog, verbreitete er, daß der angebliche Reichskommissar ein gewöhnlicher Schwindler wäre. Er hätte schon in Deutschland im Gefängnis gesessen, wäre entflohen und suche nun durch Schwindeleien im Hererolande eine Rolle zu spielen. Lewis brachte es schließlich so weit, daß Maharero eine Versammlung aller Häuptlinge und Großleute zusammenrief, um über den Fall zu urteilen. Dr. Goering war von einem befreundeten Schwarzen gewarnt worden und hatte in Erfahrung gebracht, daß in einer Nacht 200 Kapitäne und Großleute in Okahandja zusammenkommen sollten. Sofort brach er nach Okahandja auf und kam recht unerwartet, namentlich dem Händler Lewis. Die Versammlung trat zusammen, Lewis hatte sich zu Füßen Mahareros niedergekauert; Goering trat seinen Anklägern furchtlos gegenüber. Zunächst wurden allerlei verfängliche Fragen an ihn gerichtet, wem wohl dieses oder jenes Gebiet gehöre; Goering entgegnete, er habe sich noch kein Urteil gebildet; er sei doch deshalb vom Deutschen Kaiser entsandt, um diese Dinge zu untersuchen. Es war eine Art Verhör, das geraume Zeit dauerte; schließlich wurde seine Sendung offen angezweifelt. Sonst geschah nichts weiter. Dr. Goering ging am nächsten Tage nach Otjimbingwe, seinem Amtssitz, zurück und schrieb an Maharero, er müsse sein Gebiet verlassen, weil er ihn als Kommissar des Deutschen Kaisers nicht anerkenne. Der Kommissar zog ins Wüstengebiet und schlug dort seinen Wohnsitz auf. Diese Versammlung in Okahandja und das Auftreten Goerings dort hatten ein Nachspiel; dem Kommissar wurde von der Kolonialgesellschaft für Südwestafrika heftig vorgeworfen, daß er ihre Interessen preisgegeben habe. Die Agitation wurde so stark, daß Dr. Goering um seine Entlassung einkam. Sie wurde ihm ehrenvoll gewährt; er wurde zum Ministerresidenten in Domingo ernannt; doch erhielt er den Auftrag, nochmals nach Südwestafrika zurückzukehren, um den Eindruck nicht aufkommen zu lassen, als hätte er sein Amt sich unbefugt angemaßt. Inzwischen war auch eine kleine Schutztruppe des Reiches unter Hauptmann K. von François nach Südwestafrika entsandt worden; Dr. Goering konnte energischer auftreten und den Hetzer Lewis ausweisen. Maharero und seine Unterhäuptlinge sahen ein, daß sie unrecht gehabt hatten. Goering machte noch eine

Die ersten Pioniere des Deutschtums

Samuel Maharero

Reise durchs ganze Gebiet; er hatte die Genugtuung, in Warmbad mit den Bondelzwarts und den Veldschoendrager Schutzverträge abschließen zu können. Kapitän William Christian zu Warmbad hatte sich lange gesträubt, unter deutsche Oberhoheit zu treten. Er besorgte für die Kapregierung Polizeidienste und erhielt dafür ein kleines Gehalt; deshalb wünschte er die deutsche Oberhoheit nicht. Nachdem die Kapregierung auf Ersuchen der deutschen Regierung die Zahlungen eingestellt hatte, erkannte William Christian die deutsche Oberhoheit an. Am 21. August 1890 hißte Dr. Goering in Warmbad die deutsche Reichsflagge. Ueber Kapstadt ging er dann nach seinem neuen Wirkungskreise Haiti; sein Nachfolger wurde Hauptmann von François.

Kapitel 3

Hendrik Witboi

Der neue Reichskommissar Hauptmann von François verfügte schon über eine gewisse militärische Macht, wenn man die Anfänge der Schutztruppe, die ein Jahr früher ins Leben gerufen worden war, so nennen darf. Diese Schutztruppe bestand nämlich aus 21 Mann. Sie konnte natürlich nicht als Machtfaktor gegenüber den Eingeborenen angesehen werden. Ihre Entsendung war auch nicht zu kriegerischen Zwecken erfolgt. Sie sollte lediglich Fühlung mit den Kapitänen suchen, den Frieden nach Möglichkeit aufrecht erhalten und nur gegen einzelne Personen bei Zuwiderhandlungen gegen bestehende Anordnungen einschreiten. Die Schutztruppe, die nach einem Jahr auf 50 Mann verstärkt wurde, führte ihre Aufgabe mit Geduld und Geschick durch. Trotzdem sie bei den bis zum November 1892 andauernden Kämpfen zwischen den Witbois und Hereros ihrer Instruktion gemäß strikte Neutralität übte, gelang es ihr, nach und nach doch Einfluß zu gewinnen. So ward es ihr ungeachtet ihrer geringen Stärke möglich, eine gewisse Kontrolle über die Einfuhr von Waffen, Munition und Schnaps auf dem Seewege auszuüben. Einen entscheidenden Wandel zum Bessern vermochte diese Kontrolle aber insbesondere hinsichtlich der beiden erstgenannten Artikel nicht zu schaffen, da die Eingeborenen aus früheren Zeiten reichlich über moderne Feuerwaffen verfügten und da bei der großen Ausdehnung der weit abgelegenen Landgrenzen dem Schmuggel auf diesem Wege nicht wirksam begegnet werden konnte. Auch wurde in zahlreichen Verhandlungen mit Hendrik Witboi versucht, diesen zur Einstellung seiner das Land verwüstenden Raubzüge und zum Abschluß eines Schutzvertrages zu bewegen. Wenn auch diese Verhandlungen erfolglos blieben, so gelang es doch, den kühnen Räuber von manchen Streichen abzuhalten. Der Sitz des Reichskommissars und der Schutztruppe war Windhuk, wo Hauptmann von François eine für Eingeborene uneinnehmbare Festung hatte aufführen lassen. Um diese Festung herum entstand dann im Laufe der Jahre die heutige Hauptstadt von Deutsch-Südwestafrika.

Reichskommissar und Schutztruppe konnten zunächst nur untätige Zuschauer der Kämpfe sein, in denen sich die beiden großen Volksstämme der Hottentotten und der Hereros in dem Ringen um die Vorherrschaft in diesem Teile Afrikas zerfleischten. Allein die Gefahr, daß sich die im Streite liegenden Völkergruppen vereinigen würden, um gemeinsam gegen den weißen Feind zu ziehen, rückte immer näher. Beide Stämme empfanden die Erschwerung der Waffen- und Munitionseinfuhr als überaus lästig, und als in dem Hottentottenkapitän Hendrik Witboi den Eingeborenen ein kriegstüchtiger, zielbewußter Führer erstand, war auf die Dauer ein kriegerischer Zusammenstoß unvermeidlich geworden.

Hendrik Witboi, der „schwarze Napoleon", wie er nicht selten genannt wurde, ist in den Kämpfen um Deutsch-Südwestafrika der gefährlichste, aber auch der ehrlichste Gegner der Deutschen gewesen. Eine gewisse Größe des politischen Denkens, hervorragender Mut und eine durch keinerlei Mißerfolge zu erschütternde Ausdauer waren ihm eigen.

Das erste Auftreten Witbois fällt in die Zeit, als in den ewigen Kriegen zwischen Hereros und Hottentotten die ersteren Angreifer geworden waren.

Major von François   Phot. Noack

Sie hatten den Hottentottenführer Jan Jonker aufs Haupt geschlagen, und als Moses Witboi, der Kapitän von Gibeon, sein Glück versuchte, wurde auch er von den Hereros besiegt. Nun trat Hendrik Witboi auf, der Sohn von Moses. Er war mit seinem Vater in Streit geraten und hatte sich von ihm losgesagt. Unter Berufung auf eine Mission Gottes, die er zu erfüllen habe, zog Hendrik Witboi im Jahre 1884 gegen Kamaherero, den Oberkapitän der Hereros, zu Felde; es wurde aber Frieden geschlossen, ohne daß es zu nennenswerten Feindseligkeiten kam. Aber schon 1885 trat Hendrik mit einer neuen göttlichen Sendung hervor, die ihn zu einem Zuge gegen die Hereros begeisterte; diese brachten ihm aber eine völlige Niederlage bei. Nicht besser erging es ihm bei einem dritten Angriff. Nunmehr verlegte sich Hendrik Witboi aufs Viehrauben, wobei er eine große Geschicklichkeit entfaltete, die ihm großen Zulauf seiner Stammesgenossen verschaffte. Um diese Zeit, zwischen 1887 und 1888, hatte der Vater Hendrik Witbois, der alte Moses, heftige Kämpfe gegen Unterkapitäne. Um sich die Hilfe seines Sohnes zu sichern, versöhnte sich Moses mit ihm und übertrug Hendrik die Kapitänswürde. Hendrik half seinem Vater, indem er für die meuchlerische Ermordung von dessen Gegner sorgte; damit hatte der Streit ein Ende gefunden. Nun wurden die Veldschoendrager und die Rote Nation bekriegt und geschlagen; den gefährlichen Gegner Jan Jonker räumte Hendrik Witboi durch Meuchelmord aus dem

Wege. So stellte er durch teilweise recht bedenkliche Mittel die Einigkeit unter den sich bekriegenden Nationen der Hottentotten her. Ende 1889 war Hendrik Witboi gegen die Bondelzwarts gezogen, um auch sie seiner Botmäßigkeit zu unterwerfen; da erreichte ihn in Keetmanshoop die Nachricht, daß die Hereros einen neuen Angriff gegen seine Leute unternommen und an 100 Frauen und Kinder hingeschlachtet hätten. Er eilte nach Hoornkrans, seiner Feste im wilden Nu'uibeb-Gebirge, zurück, erklärte sich in einer Proklamation zum Oberherrn von ganz Namaland und rief es zum Kriege gegen die Hereros auf. Heftige Kämpfe entbrannten, die sich bis zum November 1892 hinzogen und mit wechselndem Glück geführt wurden. Die deutsche Schutztruppe, ganze 50 Mann stark, konnte, wie erwähnt, nur den aufmerksamen Zuschauer spielen.

Hendrik Witboi wußte sich in diesen langandauernden Kämpfen zum anerkannten Oberführer der Hottentotten zu machen; er stand damals auf dem Gipfel seiner Macht. Auch dieser große Kampf gegen die Hereros brachte ihm keinen unbestrittenen Erfolg; durch Tapferkeit und Kaltblütigkeit wußte er aber seinen Leuten zu imponieren. Es wird erzählt, daß er während eines Gefechts ruhig beim Kaffee in einem Hause saß, durch das die Kugeln schlugen, und von dort aus seinen Unterführern Befehle erteilte; auch manche Züge von Edelmut werden mitgeteilt. Dann aber sicherte ihm vor allem die Sympathien der Eingeborenen sein konsequentes Ablehnen der deutschen Herrschaft. Die Hottentotten zu Berseba, Hoachanas, die Bastards zu Rehoboth, die Hereros und die Bondelzwarts schlossen Schutz- und Freundschaftsverträge mit dem Deutschen Reiche ab; Hendrik Witboi ließ alle Einladungen unbeachtet. Ja, er ging noch weiter. Die von ihm bedrängten Völkerschaften, die Schutzverträge mit dem Deutschen Reiche abgeschlossen hatten, ersuchten den Reichskommissar, einzugreifen; Hendrik aber verlachte alle Ermahnungen, die deutschen Schutzbefohlenen in Ruhe zu lassen. Namentlich während des letzten großen Krieges zwischen ihm und den Hereros wurde er vom deutschen Kommissar wiederholt aufgefordert, unter seiner Vermittlung Frieden zu machen; Hendrik Witboi lehnte alles ab. Den Hererokapitänen schrieb er mit offenem Hohn, daß die Deutschen ihnen nicht helfen könnten; seine Taktik ging offenbar darauf hinaus, Hereros und Hottentotten zu einem großen Schlage gegen die Weißen zusammenzubringen. Das drückte sich besonders im Friedensschluß zwischen Hereros und Hottentotten zu Otjimbingwe aus. So mußten denn die Waffen entscheiden.

Ein langer und schwerer Kampf begann nun. Nachdem am 1. April 1893 die Stärke der Schutztruppe auf 250 Mann erhöht war, führte Hauptmann von François diese Macht gegen die Hauptniederlassung Hendriks, die Feste Hoornkrans; sie wurde am 12. April 1893 gestürmt. Das ging ohne schwere Verluste für unsere Truppe nicht ab; denn die Hottentotten, tüchtige

Schützen, wehrten sich verzweifelt. Wenn wenigstens noch der Erfolg ein nachhaltiger gewesen wäre! Aber dem größten Teil der Witbois war es gelungen, zu entkommen, und es begann nun ein lang sich hinziehender Kleinkrieg, in dem von beiden Seiten mit großer Tapferkeit und Gewandtheit gefochten wurde. Die deutsche Truppe war trotz einer im September 1893 angelangten Verstärkung von 120 Mann viel zu schwach, überall das Feld zu beherrschen, und so erschienen Streitscharen der Witbois bald da, bald dort vor unbefestigten Plätzen, unheimlich aber mehrten sich die Ueberfälle von Transporten. Die einschneidendste Wirkung aber übte das Gemetzel von Horebis aus, wo eine ganze Ochsenwagen-Karawane vernichtet wurde. Zwanzig Bastardfahrer und zwei Buren büßten das Leben ein. Handel und Verkehr stockten; die Preise erreichten eine unglaubliche Höhe; kein Farmer fühlte sich seines Lebens sicher. Erschien doch eines Tages ein Streifkorps der Witbois sogar vor Windhuk. Die lange Dauer des Kampfes hatte die maßgebenden Kreise in der Heimat veranlaßt, weitere Verstärkungen

Hendrik Witboi und seine Unterkapitäne Phot. Antelmann

zu senden; mit ihrer Hilfe konnten in der ersten Hälfte des Jahres 1894 die Witboi-Hottentotten in die berühmt gewordene wilde Naukluft gedrängt werden, und es gelang, wenn auch unter unerhörten Anstrengungen, ihre Hauptmacht dort festzuhalten. Major Leutwein, der Anfang 1904 Landeshauptmann geworden war, hatte mit langer, allerdings sehr dünner Postenkette das ganze Gebirge umspannt; da die Truppe beritten war, gelang es, an entscheidender Stelle immer eine genügende Macht zusammenzuballen, um Ausbruchsversuche zu verhindern. In zahllosen Gefechten wurden die Witbois immer wieder ins unzugängliche Gebirge zurückgeworfen, und als einzelne deutsche Abteilungen ihnen sogar in die wilden Gebirgsschluchten folgten und ein letzter entscheidender Schlag bevorzustehen schien, wurde Hendrik des Kampfes müde. Mitte September unterwarf er sich; es kam der Vertrag vom 15. September 1894 zustande. Er sah aber wesentlich anders aus als die früheren Schutzverträge. Hendrik Witboi wurde zugestanden, daß er bei Streitigkeiten zwischen seinen Leuten und Weißen, deren Regelung einem deutschen Gericht vorbehalten blieb, einen Ratsmann als Beisitzer entsenden durfte; ferner erhielt er von der Regierung jährlich 2000 Mark.

In den Bestimmungen des Friedensvertrages kommt die große Achtung zum Ausdruck, die Hendrik Witboi seinen Gegnern abgezwungen hatte. Zwei in dieser Hinsicht besonders bemerkenswerte Paragraphen des Vertrages seien hier wiedergegeben:

§ 6. Bei der Gewißheit, die der Major Leutwein haben zu dürfen glaubte, daß der Kapitän Hendrik Witboi sein einmal gegebenes Wort unverbrüchlich halten wird, beläßt er denselben im Besitz seiner sämtlichen Waffen und Munition. Der Kapitän verbürgt sich dafür, daß auch seine Leute keinen Mißbrauch damit treiben. Die während der Kriege in Besitz des Kapitäns gekommenen deutschen Gewehre und Karabiner (9) wünscht Major Leutwein wieder zurückzuerhalten, will aber den Kapitän auf dessen Bitte nicht darauf drängen, sondern freiwillige Rückgabe abwarten. Sobald letztere erfolgt, erhält der Kapitän Ersatz in anderen Gewehren oder je nach Wunsch in Lebensmitteln, der Kapitän verspricht, diese Rückgabe im Auge zu behalten.

§ 7. Zur Unterstützung des Kapitäns in seinem Bestreben, Ruhe und Ordnung aufrecht zu erhalten, sowie zur Erhöhung seiner und seines Volkes Sicherheit will der Major Leutwein nach Gibeon eine deutsche Garnison legen. Der Kapitän Hendrik Witboi erklärt sich damit einverstanden und wird derselbe einen Platz zum Bau eines Garnisongebäudes überlassen. Der Major Leutwein wird dem Stationschef ein freundliches und entgegenkommendes Verhalten zu dem Kapitän und seinem Volke zur Pflicht machen. Der Kapitän verspricht dagegen, auch seine Leute zu einem solchen gegen die Garnison anzuhalten.

Während wir bis dahin lediglich geduldet und bei Durchführung unserer auf die Beruhigung des Landes gerichteten Maßnahmen meist auf den guten Willen der Eingeborenen angewiesen waren, hatte uns der Erfolg über den weitgefürchteten Witboi-Kapitän der Stellung als Regierende erheblich näher gebracht. Die günstigen Folgen dieses Wandels zeigten sich insbesondere gar bald im Namalande, dessen Stämme durch die jahrzehntelangen

Auf gefährlichen Reitpfaden

Kriege unter sich und mit den Hereros verarmt, verwildert und an den Rand des Abgrunds gebracht waren. Der Witboi-Stamm sammelte sich unter der wohlwollenden Führung der Regierung und ließ sich in Gibeon nieder. Angesichts seiner völligen Verarmung ermöglichte ihm die Schutzgebietsverwaltung durch Abgabe von Vieh eine neue Grundlage für seine Existenz. Die Khauas-Hottentotten, welche die durch den Witboi-Krieg geschaffene Lage durch Gewalttätigkeiten und Räubereien gegen Weiße und Eingeborene zu ihren Gunsten ausgenutzt hatten, wurden unter Mithilfe der Witbois bestraft und unter Aufsicht gestellt. Ebenso ließ man die nicht minder räuberischen Fransman-Hottentotten den erstarkten Arm fühlen, was zu dem Erfolge führte, daß sich diese als letzter Namastamm dazu verstanden, sich unter den Schutz und die Oberherrschaft des Reichs zu stellen. Seinen Abschluß fand das Bestreben, im Namalande Ruhe zu schaffen, in dem Zuge des Landeshauptmanns nach dem Süden, wo bislang nicht einmal Spuren einer deutschen Verwaltung vorhanden waren. Noch unter dem frischen Eindruck des Witbois-Erfolgs ausgeführt, war die Expedition von nachhaltender Wirkung. Durch Einsetzung von militärischen Stationen und Errichtung eines Bezirksamts in Keetmanshoop wurde dafür gesorgt, daß auch in diesem Teile des Schutzgebiets den Zeiten der Unruhe und Verwirrung ein Ende gemacht wurde.

Seit dem Jahre 1894 weiß die Geschichte des Schutzgebiets über Kämpfe der Eingeborenen unter sich nichts mehr zu berichten. Dagegen liegt es in der Natur der Sache begründet, daß die Eingeborenen die Macht der Verwaltung mit Mißbehagen fühlten und sich manchmal nach den Zeiten des fröhlichen Raubens, des ungebundenen Kriegslebens und der wohlgefüllten Branntweinfässer zurücksehnten. Die ersten, die den Versuch machten, diese verlockenden Zustände wieder herbeizuführen, waren die Owabandjeru-Hereros unter Führung des Nikodemus, dem sich die Khauas-Hottentotten unter Kahimema angeschlossen hatten. Der Schauplatz ihrer Tätigkeit, die in erster Linie auf Viehraub ausging, war das Gebiet um Gobabis im Osten des Schutzgebiets. Da man bei Ausbruch der Unruhen die Möglichkeit nicht außer Betracht lassen durfte, daß sich die übrigen Herero-Stämme der Erhebung anschließen und für diesen Fall die vorhandenen Machtmittel nicht ausreichen würden, erfolgte die Verstärkung der Schutztruppe um 400 Mann. Als diese im Juni 1896 im Schutzgebiet eintrafen, war es jedoch Gouverneur Leutwein bereits gelungen, der Erhebung Herr zu werden. Die befürchtete Anteilnahme der übrigen Hereros am Aufstande war nicht eingetreten. Auch die Witbois waren ihrem Heeresfolgevertrage getreu zur Unterstützung der deutschen Truppen herbeigeeilt.

Kapitel 4
Der Aufstand der Hereros

Endlich schien es, daß der erste freundliche Sonnenstrahl auf das unter solchen Nöten erworbene südwestafrikanische Schutzgebiet fallen, als ob die ruhige, günstig fortschreitende Entwicklung keine schweren Störungen mehr erfahren sollte. Neben Windhuk, das rasch einen schönen Aufschwung nahm, war 1892 Swakopmund von Hauptmann von François gegründet worden, die Kämpfe der Eingeborenen hatten aufgehört, das Ansehen der deutschen Verwaltung schien gefestigt. Da brach 1897 die große Rinderpest über diese Länder herein, die in kurzer Zeit den ganzen Viehreichtum der Eingeborenenstämme vernichtete. Erst nach Jahren konnten die Folgen dieses Schlages überwunden werden. Und als das Schutzgebiet anfing, wirtschaftlich zu erstarken, brach ein neues Unglück herein, eine Katastrophe darf man sagen. Es kam der große letzte Aufstand.

Ueber die Gründe des großen Hereroaufstandes ist viel geschrieben worden; sie liegen für den völlig klar, der die Geschichte dieses Stammes kennt. Die Hereros, ein Viehzucht treibendes Volk, hängen mit ganzem

Der Aufstand der Hereros

Herzen an ihren Herden; für ihre großen Viehbestände brauchten sie weite Gebiete. Sie hatten nichts dagegen, daß die Deutschen kamen und Handel trieben, Minenrechte verlangten und im Bergbau sich betätigten; als immer mehr und mehr Farmer in ihrem Gebiete sich ansetzten und der Viehzucht sich zuwandten, wurden die Hereros stutzig. Sehr richtig sagten sie sich: Wenn noch mehr Weiße kommen und ihre Herden sich mehren, wenn sie Weide und Wasser für ihre Tiere verlangen, was soll da aus den unseren werden? Sehr bezeichnend für den Gedankengang der Hereros ist der Brief, den Samuel Maharero und sein Unterkapitän vor Ausbruch des Aufstandes an Hendrik Witboi gerichtet haben. Er lautet nach einem Bericht des Gouverneurs Leutwein an das Kolonialamt:

An
den Hochwohlgeborenen Kapitän H. Witboi
Gibeon.
Anfang fehlt.

Denn all unser Gehorsam und unsere Geduld mit den Deutschen hilft uns nichts, denn sie schießen jeden Tag einen Mann für nichts tot und lassen Sie, mein Bruder, nicht Ihr erstes Wort gelten, um von dem Aufstand abzustehen, sondern ganz Afrika gegen die Deutschen fechten und uns lieber zusammen sterben und nicht sterben durch Mißhandlung, Gefängnis oder auf allerlei andere Weise. Ferner machen Sie es allen Kapitänen da unten bekannt, daß sie aufstehen und arbeiten.

Ich schließe meinen Brief mit herzlichsten Grüßen und mit dem Vertrauen, daß der Kapitän meinen Wunsch erfüllen wird. Und schicken Sie mir noch vier von Ihren Männern, daß wir von Mund zu Mund sprechen, verhindern Sie den Krieg des Gouverneurs, daß er nicht vorbei kommt. Und machen Sie doch schnell, daß wir Windhuk stürmen, dann haben wir Munition. Weiter ich fechte nicht allein, wir fechten alle zusammen:

Kapitän Zacharias, Otjimbingwe,
„ Michael, Omaruru.
„ David, Waterberg.

Viele Grüße von mir und meinen Ratsleuten an Sie Kapitän und Ihr ganzes Volk.

Kapitän Samuel Maharero.
Assa Riarua.
Johannes (oder Barkab).
Wilhelm (Schulmeister).

Maharero beklagt sich, daß die Deutschen um nichts Leute erschießen, daß aller Gehorsam nichts nütze; noch deutlicher aber kommt die Gemütsstimmung der Hereros in einer Klage zum Ausdruck, die einige Herero-Großleute durch Vermittelung der Mission schon am 19. August 1901 an den Gouverneur Leutwein richteten. Es wird erzählt, daß eine große Zahl Händler und Farmer sich im Hererogebiet niedergelassen haben, und dann fährt die Klage fort: „Aber nun, geehrter Herr Gouverneur, wo sollen wir bleiben, wenn unser ganzer Fluß und alles Land uns abgenommen wird? Anbei legen wir ein Verzeichnis aller Werften, welche im Gebiete von Otjituepa bis Omitava liegen. Diese alle tränken ihr Vieh im weißen Nossob. Und so fragen wir nochmals, wo sollen alle diese Leute hin?

Wir sehen mit Entsetzen, wie ein Platz nach dem andern in die Hände der Weißen übergeht, und bitten wir daher unsern geehrten Herrn Gouverneur untertänigst, doch keinen weiteren Verkauf hier im Gebiete des weißen Nossob zu genehmigen und alles Land, welches noch nicht verkauft ist, zu einem großen Hereroreservat zu machen."

Das Hereroreservat ist freilich Gedanke der Mission; die Klagen über die Besetzung des Landes und der Wasserstellen aber klingen ganz natürlich. Wie die Dinge lagen, mußte es zum Kampfe mit den Hereros kommen, die freiwillig ihr Land nicht aufgeben wollten.

Major Leutwein Phot. Seligmann

Im äußersten Süden des Schutzgebietes loderte zuerst das Feuer des Aufstandes empor. Ein Teil des Stammes der Bondelzwarts-Hottentotten war im Oktober 1903 gegen Warmbad gezogen und belagerte diese Station, ein anderer Teil sammelte sich in den Karasbergen. Die bei Warmbad versammelten Leute wurden zwar am 21. November bei Sandfontein völlig geschlagen, und die Banden in den Karasbergen trieb Hauptmann von Burgsdorff am 10. Dezember auseinander. Gouverneur von Leutwein setzte trotzdem die erste und zweite Feldkompagnie und die Gebirgsbatterie nach Süden in Marsch; er selber brach am 8. Dezember von Windhuk nach Keetmanshoop auf. Im ganzen nördlichen Gebiet blieb nur die vierte Feldkompagnie in Outjo und eine schwache Abteilung in Grootfontein. Dies benutzten die Hereros, am 12. Januar 1904 einen allgemeinen, offenbar seit langem geplanten Aufstand ins Werk zu setzen. Am selben Tage wurden im ganzen Hererolande die

Farmen überfallen, die Weißen, mit Ausnahme der Engländer, Buren und Missionare, grausam ermordet, alles wurde verwüstet, Eisenbahnbrücken zerstört; wie eine ungeheure Flut wälzte sich der Aufstand daher, alles unter sich begrabend.

Furchtbar hauste das schwarze Wetter. Drei Monate später führte den Missionar Rohrbach sein Weg nach Etiro, einem Orte zwischen Karibib und Omaruru, und sein Tagebuch erzählt:

„Ein hübscher Fleck Erde, aber auch hier haben Mord und Verwüstung gehaust. Am Rande des breiten sanderfüllten Riviers mit seiner grünen Blumenpracht steht ein sauberes weißes Haus, Brunnen und Tränktrog, dahinter ein großer Garten mit vielen jungen Apfelsinenbäumchen, frisch angelegten Weinlaubgängen und Blumen. Hier wohnte der Kaufmann Joost; er war ein wohlhabender Viehbesitzer und hatte im Hause einen flottgehenden Store mit Ausschank, wo jedermann zwischen Omaruru und Karibib einkehrte. Als der Aufstand ausbrach, war er draußen im Feld; dort ist er erschlagen worden. Niemand weiß wo. Seine Frau schloß sich dem als Patrouille nach Omaruru reitenden Unteroffizier Schneidewind an. Kaum eine Viertelstunde vor der Feste überfielen Michaels Leute den herankommenden Wagen, rissen Schneidewind herunter und ermordeten ihn. Frau Joost taten sie nichts und ließen sie zu Fuß nach Omaruru weitergehen. Im Joostschen Store war ein großes Hutlager. Das haben die Hereros auch geplündert, aber die Krempen waren ihnen zu breit, und Dutzende rundum abgeschnittener Filzstreifen liegen noch umher. Im Hause und draußen liegt zahlloses zerrissenes und beschmutztes Papier, alte Journale, Zeitschriften, Wirtschaftsbücher, Briefe, Kladden und dergleichen. Anderswo haben die Hereros alle Bücher und Schriften, die sie in den Stores fanden, sofort verbrannt, um ihre Schulden, von denen sie wußten, daß sie dort irgendwo aufgeschrieben waren, aus der Welt zu schaffen."

Mit welcher Grausamkeit die Hereros verwundete und von ihnen gefangene deutsche Soldaten quälten, wie sie die Leute unter viehischen Martern zu Tode brachten, ist nur zu bekannt geworden; der Kaffer, wenn er einmal Blut gesehen hat, ist eben eine wilde Bestie, keiner menschlichen Regung fähig. Nur vor den Frauen hatten die Leute einigen Respekt und ließen sie zumeist ungeschoren.

In der Heimat überstürzten sich inzwischen die Unglücksdepeschen. Eine Hiobspost folgte der anderen. Zunächst war der Norden abgeschnitten, dann blieben die Nachrichten aus Windhuk, Okahandja und Karibib aus. Und was durchkam und in die Heimat gelangte, jagte uns das Entsetzen durch die Adern. Ein Entsatztransport von 226 Mann war nach Swakopmund unterwegs, 1 Bataillon Marineinfanterie wurde sofort in Marsch gesetzt; fieberhaft erregt folgte die deutsche öffentliche Meinung den Schiffen, welche diese Streitkräfte nach Swakopmund trugen. Inzwischen war aber schon das Kanonenboot „Habicht" aus Kapstadt in Swakopmund angekommen; es schob am 19. Januar ein Landungskorps bis Karibib vor. Hauptmann Franke aber hatte mit seiner zweiten Kompagnie in Gibeon kehrtgemacht, war in Eilmärschen nach Windhuk gezogen, das er nach wiederholten siegreichen Gefechten entsetzte; großen Jubel rief sein schneidiges Vorgehen gegen die bei Okahandja versammelte Hauptmacht des Samuel Maharero hervor, die von ihm am Kaiser-Wilhelms-Berg glänzend geschlagen wurde. Hauptmann Franke, der bald darauf durch den Orden Pour le mérite ausgezeichnete Held, war in aller Mund. Die ersten Verstärkungen waren inzwischen in Südwestafrika angekommen; wiederholt wurden die Hereros geschlagen; die schwere Schlappe von Owikororero am 13. März 1904 aber, die schweren und sehr verlustreichen Gefechte von Okaharui und Owiumbo ließen sehr bald die traurige Wahrheit erkennen, daß der Feind nicht nur zahlreich, sondern auch kriegskundig und wohlbewaffnet war. Immer neue Verstärkungen

Major Franke,
der Sieger von Okahandja

mußten herangezogen werden; ganze Regimenter waren nötig zur Sicherung des Nachschubs an Munition und Verpflegung, und so kam es, daß bald über 15000 Mann auf dem Kriegsschauplatze versammelt waren.

An die Stelle Major Leutweins, des verdienten Gouverneurs von Südwestafrika, war inzwischen Generalleutnant von Trotha als Höchstkommandierender getreten, mit ihm eine Aenderung der Taktik im Kampfe mit den Hereros. Leutwein hatte das Bestreben, den Aufständischen schnelle Schläge zu versetzen und den Fliehenden das Vieh abzujagen. Trotha wollte durch einen großen Schlag den Widerstand des Gegners brechen.

Am Waterberg, einem mächtigen Sandsteinmassiv im Norden des Hererolandes, sollte sich im August 1904 das große Drama abspielen, das der Untergang einer Nation bedeutet. Um den Waterberg sammelte Generalleutnant von Trotha seine gesamten verfügbaren Kräfte. Hierher hatte sich die Hauptmasse der Hereros mit ihrem Vieh geflüchtet. Bis Anfang 1904 waren im Norden über 7000 Soldaten verfügbar, wovon aber die Hauptmasse zur Sicherung der rückwärtigen Verbindungen verwendet werden mußte. Für

Die Hereros greifen an!
Howarter Schanze, 17. Januar 1904

Auf Vorposten in Süd-West

Hereros, die sich unsern Truppen ergaben

den Kampf blieben nur 16 Kompagnien mit etwa 1500 Gewehren, 30 Geschützen und 12 Maschinengewehren verfügbar. Von vier Seiten gingen Mitte August diese Truppen, nachdem die Hereros auf einen Raum von etwa 40 km im Umkreis zusammengedrängt worden, waren gegen ihre Stellungen vor; es sollte nun der Hauptschlag geführt werden. Ein wilder Kampf entbrannte. Die deutsche Truppe ging mit aufopfernder Tapferkeit vor, mit dem Mute der Verzweiflung fochten die Hereros. Ihre Uebermacht war an zwei Stellen so groß, daß unsere Abteilungen sich nur mit Mühe halten konnten; die vollständige Einkreisung kam nicht zustande. Noch während des Kampfes brachen große Haufen der nichtkämpfenden Hereros mit dem gesamten Vieh fast unbemerkt an mehreren Stellen durch; in der Nacht folgten ihnen die Krieger. Und während die erschöpften deutschen Truppen sich um die Lagerfeuer sammelten, strebten die Haufen der Hereros in größtmöglicher Eile der Omaheke zu, dem großen, fast noch unerforschten Buschfelde. Am nächsten Morgen jagte von deutschen Truppen, was verfügbar war, hinterher; die Flüchtlinge konnten aber nicht mehr eingeholt werden. Erst im Februar des nächsten Jahres traf die in das Sandfeld eindringende Kolonne des Oberleutnants Grafen Schweinitz am Otjosondu-Omuramba auf die Spuren der geflohenen Hauptmacht der Hereros. Die Kadaver gefallener Tiere lagen noch, wie Graf Schweinitz berichtete, zu Hunderten dicht neben- und übereinander. An vielen Stellen fand man 15—20 Meter tief aufgewühlte Löcher, in denen vergebens nach Wasser gegraben worden war. Die Flucht war ein Todeszug gewesen. Das Vieh war in Massen hingestorben und nach ihm Kinder, Weiber, die älteren Männer. Nur kleine Trupps waren bis zum Okawango gekommen, andere hatten sich ins Ovamboland durchgeschlagen. Die Hereronation schien völlig dem Untergange geweiht, und das mittlere Südwestafrika drohte zur Wüste zu werden. Da trat zum Glück für das Land ein Umschwung in der Auffassung der leitenden Stellen ein. Herr von Lindequist, der Ende 1905 als Zivilgouverneur mit voller Gewalt nach Südwestafrika geschickt wurde, trat mit der Rheinischen Mission in Verbindung und erließ eine Proklamation, in welcher allen Hereros, die sich in bestimmten, unter der Leitung von Missionaren stehenden Lagern einfänden, das Leben zugesichert wurde, insofern sie nicht nachweisbar einen Mord begangen hätten. Auch sollten sie das in ihrem Besitz befindliche Vieh zu ihrem Lebensunterhalt behalten. Langsam fanden sich die herumstreifenden Leute ein; 14 000 Hereros, Männer, Frauen und Kinder, konnten gesammelt werden. Diese Leute brachten 3 Pferde mit; ihr ganzer Viehreichtum war dahin. Was sie vor dem Kriege ihr eigen nannten und durch die ersten Kämpfe noch hindurchgebracht hatten, lag verdurstet in der Omaheke. Unterstaatssekretär von Lindequist erklärte am 5. Dezember 1906 vor der Budgetkommission, daß nach seiner Schätzung zwei Drittel des Hererovolkes umgekommen wären; bedenkt man aber, daß am 1. Januar 1908 im Schutzgebiet nur 16 360 Hereros gezählt wurden, dann kann kaum bestritten werden, daß drei Viertel des Volkes im Vernichtungskampf ihren Untergang fanden.

Herero-Familie
Die Frauen mit ihrem charakteristischen Kopfputz

Kapitel 5
Hendrik Witbois Erhebung und Tod

Mit der Schlacht am Waterberg war der Widerstand der Hereros für immer gebrochen. In Deutschland begann man aufzuatmen, da man nunmehr glaubte, eine friedliche Entwicklung der mit so viel Opfern an Blut und Geld erworbenen Kolonien erwarten zu dürfen. Da brach völlig unerwartet im Oktober des Jahres 1904 ein neues Kriegswetter herein. Dem Aufstande des Nordens folgte die Erhebung des Südens. Hendrik Witboi erhob sich aufs neue gegen die deutsche Herrschaft.

Sein Wort, der deutschen Macht Heeresfolge zu leisten, hatte Hendrik Witboi bis ins Jahr 1904 gehalten. Zu Beginn des Herero-Aufstandes sandte er sogar Hilfstruppen. Sie kamen viel mit neu nach Südwest gekommenen Truppen zusammen, die landesunkundig waren; mag sein, daß Hendrik geglaubt hat, über diese Soldaten leicht siegen zu können. Wahrscheinlich aber ist, daß die Ankunft des Generals von Trotha im Schutzgebiet und der Abgang des Obersten Leutwein Hendrik Witboi veranlaßte, die Waffen zu erheben. Er mag sich gesagt haben: „Der Kapitän geht fort, mit dem ich meinen Vertrag schloß, ein neuer ist da, den ich nicht kenne, und wer weiß, was werden mag. Da ist es besser, an die Waffen zu appellieren!"

Am 3. Oktober 1904 übersandte Hendrik Witboi dem Bezirksamtmann von Gibeon, Hauptmann von Burgsdorff, eine förmliche Kriegserklärung. Der Hauptmann eilte nach Rietmont; die Nachricht, daß Hendrik Orlog (Krieg) zu machen gedenke, wollte ihm unglaublich erscheinen. Er wurde unterwegs erschossen. Damit hatten die letzten großen Kämpfe in Südwestafrika begonnen.

Die gut berittenen und bewaffneten Aufständischen sammelten sich in der Stärke von 500—600 Gewehren bei Rietmont und Kalkfontein. Sie wurden alsbald durch die rote Nation und die Fransman-Hottentotten von Gochas verstärkt. Auch ein Teil der Bethanier und die anfangs als treu gemeldeten Veldschoendrager schlossen sich dem Aufstand an.

Zur Bekämpfung des Feindes wurden sofort zwei Kompagnien vom Norden nach dem Süden geschickt, von denen die eine Hoachanas, die andere Kub und die Grenze des Bastard-Landes besetzte. Diesen folgten später drei weitere Kompagnien und zweieinhalb Batterien. Ein Bataillon zu drei Kompagnien wurde in der Heimat aufgestellt.

Sowohl bei Kub wie bei Hoachanas fanden im Laufe des Oktober und November Gefechte statt, welche aber keine wesentliche Entscheidung brachten. Erst am 22. November, nachdem Oberst Deimling mit zwei Kompagnien und einer halben Batterie bei Kub eingetroffen war, wurden hier die Witbois völlig zurückgeworfen. Sobald noch zwei Batterien herangekommen waren, nahm Oberst Deimling den Vormarsch wieder auf, warf die Hottentotten unter einem Verlust von 50 bis 60 Toten am 4. Dezember bei Naris zurück, erbeutete 15 000 Stück Vieh und besetzte am folgenden Tage Rietmont. Hier wurden eine Kompagnie, eineinhalbe Batterie belassen. Mit drei Kompagnien und einer Batterie verfolgte Major Meister die Hottentotten, die sich auf Gochas und Kalkfontein zurückgezogen hatten, bis Stamprietfontein.

Von den bei Rietmont zurückgelassenen Truppen wurde eine Kompagnie und eine halbe Batterie unter Oberleutnant Ritter zur Niederwerfung der aufständischen Nordbethanier verwandt und dann nach Gibeon gezogen, wohin sich Oberst Deimling auch begeben hatte.

Da nach den eingegangenen Nachrichten die Witbois in Gochas sich wieder verstärken sollten, so beschloß der Oberst, alle verfügbaren Kräfte gegen diesen Ort zusammenzuziehen. Die Abteilung Meister sollte Auob abwärts, die Abteilung Ritter, mit welcher eine über

Oberst von Deimling

Lüderitzbucht gesandte Ersatzkompagnie und eine Gebirgsbatterie vereinigt worden waren, von Gibeon aus dorthin vorgehen, während Major v. Lengerke, der von Keetmanshoop nach Koes marschiert war und hier die Veldschoendrager geschlagen hatte, zur Mitwirkung über Persip heranmarschieren sollte.

Im Vorgehen über Stamprietfontein hatte Major Meister zwischen dem 1. und 4. Januar sehr ernste Gefechte gegen die Hottentotten unter Hendrik Witboi, welche durch 250 Hereros verstärkt waren, zu bestehen. Ein fünfzigstündiger Kampf gegen den hartnäckig Widerstand leistenden Gegner endete mit einem siegreichen Sturmlauf.

Dieser fünfzigstündige Kampf im Auobtale war die unvergleichliche Heldentat, von der einer, der mit dabei war, in der „Jugend" sang:

Unsere Kolonien

Ein Dunkles, Wirt! Mit dem zerschoff'nen Strunk
Kann ich's schon wieder heben. So ein Trunk!
Ja, Kameraden, dursten! Nichts dagegen
Ist so'n verdammter Witboikugelregen.
Das ist Musik, doch Mut behalten, Mut
Bei einem Durst und einer Höllenglut,
Wie wir sie in dem Auobtale litten! . . .
Drei heiße Tage haben wir gestritten.
Wir waren eins zu fünf, der Hundesohn,
Der Hendrik Witboi, kennt den Rummel schon,
Und, wie ein preuß'scher Hauptmann, mit den Schützen
Versteht er das Gelände auszunützen.
Da ist die Düne, drauf ein wüst Gestein,
Das senkt sich sturmfrei in das Tal hinein,
Und eine Knarre fast in jeder Ritze.
Wir aber sahn nicht eine Nasenspitze.
Da ziel' und triff! Uns stürzten Mann und Vieh.
Wie wir, vergeblich schoß die Batterie.
Daß uns der alte Fuchs mit seinen Massen,
Die wir gleich ausgeschwärmt, nicht konnt' umfassen,
Zog unser M e i s t e r, unser Herr Major,
Was wir noch an Reserve hatten, vor.
Doch nun der Train! Wie Geiern bei dem Aase,
Saß ihnen diese Beute in der Nase,
Und da auf einmal kam's in einem Stoß
Die Düne runter. Ja, wir waren's los,
Wär' nicht ein Leutnant frischweg auf den Haufen
Mit einem Zuge, marsch, marsch, losgelaufen.
Da schrien die Kerle, rannten wie geschmiert,
Und unsern Train hat keiner angerührt.
Was aber half's? In Flasch' und Wassersäcken
Kein Troppen mehr. Nun ging es ans Verrecken!
Und drüben hörten wir die Hottentoten
Mit ihrem: „Wasser hier!" uns noch verspotten.
Sie hielten hoch den vollen Wassersack,
Und: „Dutschman durstig!" höhnte uns das Pack.
Nur was zu trinken! Knochenhart die Erde.
Wer's konnte, trank das Blut der toten Pferde,
Manch einer sprang im Wahnsinn taumelnd auf,
Lief an den Feind. Wir haben tags darauf
Die armen Kerls, in Stirn und Brust die Wunden,
Vor unsrer Front beim Vormarsch tot gefunden.
Nur Wasser, Wasser! In der höchsten Not —
Die Hälfte war verwundet oder tot,
Und die wir in den Schützenreih'n noch lagen,
Uns hielt's Delirium auch schon fest beim Kragen,
Die ganze Truppe war zum Jammern schlapp —
Da kam ein Karren, und war's auch man knapp,
Es goß doch was wie Leben durch die Glieder,
Und eine Weile, Jungens, ging es wieder.
'ne Stunde rückwärts hatten sie's entdeckt.
Ihr tränkt es nicht, uns schmeckte es wie Sekt.
Was einmal glückte, konnte wieder glücken;
Doch da, da hörten wir, daß uns im Rücken
Die Kerls das Tal gekreuzt von Ost nach West

Hendrik Witbois Erhebung und Tod

Zu Fuß und Pferd; so saßen wir denn fest,
Und wieder ward gebürstet und gelauert.
Ich weiß nicht recht, wie lang es angedauert,
Da horch' ich. Unser Alter kommandiert.
Wir auf. Das taumelt und das deliriert.
Ein Leutnant wird von zwei Mann hergetragen,
Ein andrer will gar den Major erschlagen
In seinem Wahnsinn; doch er sieht ihn an,
So fest und ruhig. Ja, das ist ein Mann!
Der weiß, ich sag's Euch, Tote zu erwecken.
Auf läßt er uns die Käsemesser stecken
Ob auch Schnellfeuer uns entgegenfegt.
Was kümmert's uns? Wir stürmen unentwegt,
Und wie das braune Unzeug sieht das Blitzen
Sich näherrücken, bölken sie und flitzen
Euch heulend aus. Zweihundert Meter noch,
Der Sieg ist unser und das Wasserloch!
Todmüde Kerls, wie jagten wir die Kunden
Nach einem Kampf von vierundfünfzig Stunden!
Ja, unser Meister! Der versteht den Kram,
Und, Jungens, ist mein Fittich nicht mehr lahm,
Adjes! Ich werd' nicht lang bei Muttern hocken.
Noch so eins, Wirt! Der Hals, der ist mir trocken.

Alle diese heldenmütigen Kämpfe konnten die Witbois nicht vernichten. Als Hendrik Witboi im Januar 1905 von Oberst Deimling am Auob geschlagen war, entwich er in die Kalahari, wohin unsere Truppen wegen Mangels an Verpflegung und Reittieren nicht folgen konnten. Es wurden mehrere sehr anstrengende Versuche gemacht, ihn zu erreichen, leider vergeblich. Endlich gelang es im August 1905, die Witbois zu stellen. Sie hatten sich in kleinen Trupps aus der Kalahari nach der Gegend zwischen Gibeon und Hoornkrans gezogen; von da wurden sie durch starke deutsche Kräfte nach dem Rande der Namib in die bis dahin unbekannten Achabberge gedrängt. Am 13. September mußten sie sich zum Kampfe stellen. 92 Männer fielen; Hendrik Witboi aber konnte sich mit 50 Mann durchschlagen. Aber auch seine Stunde war gekommen. Am 29. Oktober 1905 überfiel er bei Fahlgras (östlich von Berseba) einen Verpflegungstransport. Dabei erhielt er einen Schuß in den Oberschenkel und starb eine Stunde darauf an der erhaltenen Wunde. So fand der alte Kämpe einen ehrlichen Soldatentod. Mit seinem Tode war die Widerstandskraft der letzten Reste der Witboi-Hottentotten gebrochen; die Nation ist vernichtet.

Der stärkste, weil tapferste und verschlagenste Gegner und seine Leute waren mit Witbois Tode abgetan. Schwer machten uns aber noch die Bandenführer Morenga und Simon Copper zu schaffen. Daneben tauchten Banden auf unter den Hottentotten Elias, Morris, Cornelius, Andreas, die außerordentlich schwer zu fassen waren. Weitaus die bedeutendsten unter diesen Bandenführern waren die beiden

Morenga mit zweien seiner Leutnants

ersten, und Morenga war bedeutender als der zwar sehr schlaue, aber auch persönlich sehr feige Simon Copper. Morenga, ursprünglich Kapboy, nicht ohne Bildung, glaubte sich zu Großem berufen; er meinte, daß die Engländer auf seiner Seite wären, die ihn als kriegführende Macht behandelten, ihm tatsächlich auch manche Unterstützung zukommen ließen; unermüdlich wußte er neue Banden zusammenzubringen und mit ihnen die Gegend zwischen den Karasbergen und der englischen Grenze unsicher zu machen. Schon Ende 1904 hatte Morenga eine kleine Bande von 150 bis 200 Bewaffneten zusammengebracht; er kam aber wenig zur Geltung, weil alles Witboi zulief. Immerhin hatte er die Genugtuung, daß die deutsche Kriegsleitung, die gegen jenen die Hände frei haben wollte, Anfang 1905 mit ihm Verhandlungen anknüpfte. Sie zerschlugen sich aber. Am 19. Mai griff Hauptmann Siebert den Bandenführer bei Leutopp, dicht an der englischen Grenze, an und schlug ihn glänzend; Morenga floh ins Kapland. Er wurde angeblich entwaffnet, trat aber nach wenigen Stunden schon wieder auf deutsches Gebiet über. Am 17. Juni griff er die Abteilung des Majors v. Kampß bei Narus an und brachte ihr einen Verlust von 17 Toten und 30 Verwundeten bei, so daß sie in große Gefahr geriet; die herbeieilende Abteilung Erckert verhütete das Schlimmste, hatte aber noch 14 Stunden mit dem Gegner zu ringen. Morenga zog sich nach den Karasbergen und knüpfte neue Verhandlungen an, die zu einem gewissen Waffenstillstande führten, der von dem Bandenführer zur Stärkung seiner Kräfte benutzt wurde. Am 7. Oktober begann er mit der Einnahme der Station Jerusalem den Kampf von neuem; am 24. Oktober brachte er bei Hartebeestmund dem Hauptmann Semmern eine schwere Schlappe bei; unsere Abteilung hatte 21 Tote und

Hendrik Witbois Erhebung und Tod

34 Verwundete. Dadurch wuchs seine Unternehmungslust bedeutend und er hatte großen Zulauf. Major von Estorff, der „alte Römer", einer unserer erfahrensten Afrikaner, erhielt am 28. Dezember 1905 das Kommando gegen Morenga, es wurden 13 Kompagnien, 11 Geschütze und 6 Maschinengewehre gegen den gefährlichen Gegner in Bewegung gesetzt. War gegen ihn noch kein Erfolg zu erringen, so wurde doch Cornelius mürbe gemacht. Er ergab sich am 3. März mit dem Rest seiner Bande.

Morenga hatte sich im März 1906 mit Morris vereinigt; bis dahin konnte nichts gegen ihn unternommen werden. Erst zwischen dem 12. und 14. März wurden Teile seiner Bande gestellt und geschlagen. Die umsichtigen Maßnahmen Estorffs erreichten aber, daß Morenga nicht mehr Ruhe fand; überall wurde er gejagt und ein Teil nach dem andern von seiner Kolonne abgesplittert. Den Hauptteil verfolgte Hauptmann Bech am 4. Mai bis auf englisches Gebiet und vernichtete ihn. Morenga entkam nur mit 10 Leuten. Später wurde er von der Kappolizei erschossen.

Morengas Rolle suchte Simon Copper in der Kalahari zu spielen. Die höchst langwierigen blutigen Kämpfe mit seinen Banden machten die deutschen Truppen mit all den ungeheuren Schwierigkeiten eines Guerillakrieges im unwegsamen Innern Afrikas bekannt.

Auch Simon Copper konnte endlich gefaßt werden, und mit ihm war der letzte der Hauptgegner beseitigt; es kriselte aber im Schutzgebiet bis weit ins Jahr 1907 hinein. Noch im

Major von Estorff, der Führer der Expedition gegen die Bondels

August 1907 wurde plötzlich ein Offizier, der den Staatssekretär Dernburg nach Afrika begleitet hatte, nach Südwest beordert. Erst Ende 1907, vier Jahre nach Ausbruch des Kampfes, war das Land beruhigt.

Beinahe eine halbe Milliarde hat uns der schwere Kampf gekostet und — was noch viel schwerer wiegt — Hunderte blühender Menschenleben; die Witboi-Nation hat er vernichtet, die Zahl der Eingeborenen im betroffenen Gebiet auf ein Drittel des Bestandes vor dem Aufstande herabgedrückt. Schwere Wunden sind zu heilen; die Diamanten haben uns darüber einstweilen hinwegsehen lassen. Die Folgen des Krieges werden sich aber noch einstellen.

Kapitel 6
In der Kalahari auf Patrouille
Ein afrikanisches Kriegsbild von Hans Berthold

„Sandmeer" nennen wir Deutschen die Wüste. Ich habe die arabische Wüste durchquert, die Sahara bis tief hinein nach Aïn Salah kennen gelernt, und die Kalahari wurde mir liebe Heimat. Gerade auf sie paßt das deutsche Wort „Sandmeer" hervorragend.

Wer die See sah, aufgepeitscht von wilden Stürmen, vermeinte sie hier wieder zu erblicken in ihrer wilden Größe. Nur scheint sie urplötzlich erstarrt zu sein. Es fehlt Leben und Bewegung, jenes wunderbare Wechselspiel der Formen. Gleich langen, hintereinander herdrängenden Wogen, die sich zu überstürzen drohen, liegen die oft haushohen Dünen vor uns, hier und da hören die strengen Parallelen auf. Die Täler schließen sich, die Dünen treten aneinander und bilden Sandnester auf ihren Gipfeln. Üppiges Gras bedeckt diese losen Sandmassen, deren zarte Linien leise in das Tiefblau des südwestafrikanischen Himmels übergehen.

Viele Meilen weit reicht der Blick in dieser beispiellos klaren Luft, und doch ist dem Reiter oft unmöglich, die nahe Gefahr zu erspähen, die nur wenige Schritt weit auf ihn lauert. Mühsam keucht sein Tier die Düne hinauf, oft bis zum Bauche im tiefen Sande versinkend, und mit verhaltenem Schritte, vorsichtig tastend, oft im Zickzack, steigt es in Schweiß gebadet auf der anderen Seite wieder hinab. Ein mühsames Reisen. Und gar die schweren Treckwagen, die oft 25 Ochsenpaare nur ruckweise und unter Hergabe der letzten Kraft diese furchtbaren Wälle einer riesigen natürlichen Festung hinaufziehen, sie legen in 24 Stunden oft nur wenige Kilometer zurück. Hier und da steigt unvermittelt eine schwarze Felsenpyramide aus dem Gemisch von Gelbrot und Grün heraus, oder auch ein verkrüppelter, schattenloser, weißbastiger Baum oder ein dürrer, knotiger Strauch. Strichweise kriechen an den Hängen melonenartige Gewächse hin — die Shama oder

In der Kalahari auf Patrouille

Major von Estorff verkündet den Bondels den Frieden
Missionsstation Heirachabis 1907

Tsama. Die körnerreichen, bis kindskopfgroßen Früchte schmecken fade, manche sogar gallig bitter, aber sie spielen hier eine ganz besondere Rolle.

Die Kalahari ist nicht regenarm. Furchtbare Wetter gibt es in den Monaten Dezember bis oft in den März hinein. Aber das kostbare Naß verteilt sich in den Sandmassen, sammelt sich auf der Lehmschicht, welche unter diesen liegt und sucht sich unterirdisch seinen Weg. Nur auf dem tennenartigen harten Boden, der bisweilen zwischen den Dünen liegt, bilden sich dann Vleys, offene Wasserstellen. Aber sie nehmen einen brackigen Geschmack an, und die glühende Sonne leckt die seichten, leicht gekräuselten Gewässer bald hinweg, brennt den Boden wieder steinhart, so daß kein Sämchen darin Fuß fassen könnte, selbst wenn das Zuviel an Kali des vegetationslosen Bodens beseitigt wäre. Aber an Brackwasser gewöhnt sich Mensch und Tier. Selten hält dies offene Wasser der Vleys länger als bis März. Dann liefert die Shama die nötige Flüssigkeit und ermöglicht uns bis Mai, ja bis zum Juni in dieser Wüste zu leben, welche, einmal systematisch erschlossen, zu den idealsten Farmgründen gehört, die ich je gesehen habe.

Jetzt sind die Gräser vergilbt und vertrocknet, die Shama zusammengeschrumpft. Mensch und Vieh fliehen die wasserlose Steppe, deren Kleid auch den Reiz, die wunderbare Farbenmischung, verloren hat. Der Ernst des Todes starrt uns an.

Auch Simon Copper, der wie der Urbewohner der Kalahari, der Buschmann, die Kalahari kennt, jeden Tümpel, jedes Wasserloch, jeden Shamastrich, der letzte unserer Widersacher, ein persönlich feiger, aber schlauer, selbstsüchtiger Bursche, hat die sicheren Weidegründe verlassen müssen, in welchen er, hundert Kilometer östlich der Grenze, tief im britischen Gebiete Mitte März dieses Jahres die furchtbarste Niederlage erlitt, welche je deutsche Truppen diesen heimtückischen, flüchtigen Hottentotten beibringen konnten. Die Tapferen, welche diesen glänzenden Sieg mit ihrem Leben bezahlten, an ihrer Spitze der in so vielen Gefechten bewährte Hauptmann Friedrich von Erckert, liegen in fremdem Boden begraben. Es war ein schwerer Schlag für Simon Copper, aber — das wußte jeder — nicht der letzte, der entscheidende. Nun stehen seine ausgehungerten Horden anscheinend wieder in den Grenzgebieten.

Hunger und Durst sind die schlimmsten aller Feinde, aber sie können auch unsere besten Bundesgenossen werden. Das haben unter von Estorffs glänzender Leitung die Bondels schon erfahren, und Simon Copper wird damit wohl noch Bekanntschaft machen müssen, wenn er nicht doch noch vorziehen sollte, zu verhandeln.

Am Eingange des mächtigen gelben Stallzeltes, welches Massen von Proviant und Rationen birgt und auch den Kompagnieschreibern Unterkunft gewährt, hängt eine Tafel aus Kistenholz. Darauf hat man eben ein Heliogramm geheftet, welches die Leute mit den jüngsten Ereignissen bekannt macht und den Befehl an die Kompagnie enthält, sich marschbereit zu halten und Patrouillen zu entsenden. Unter dem orangefarbenen Heliogrammformulare klebt ein weißer Zettel, auf welchem der Abgang der nächsten — für manchen nun vielleicht der letzten — Feldpost angekündigt ist.

Wie ein Lauffeuer geht die Kunde durch das Lager. Alles strömt herbei, um selbst zu lesen. In den mehr als primitiven Quartieren der Leute geht es lustig zu. Beile, Kellen, Hämmer, Schaufeln werden wieder mit der Waffe vertauscht, die Langeweile des faulen Friedenslebens auf der Station ist vorbei, das Soldatenhandwerk hat seinen Reiz noch nicht verloren. Lieder ertönen. Lustige Soldatensänge wechseln mit getragenen Weisen ab, die uns in die traute Heimat, an unser Mütterchen erinnern. Anders im „Kasino" der Offiziere. Dort bespricht der Hauptmann mit seinen Offizieren die Lage und die erforderlichen Maßnahmen. Die Kampfeslust paart sich mit dem Gefühle der Verantwortlichkeit. „Also, Herr Leutnant, Sie reiten nach Tisch ab. Nehmen Sie die besten Tiere mit und Proviant auf sechs Tage. Im übrigen überlasse ich alles Ihrer Umsicht. Vermeiden Sie Gefechte nach Möglichkeit, wir wollen Nachrichten! — Und" — hier stockte die Stimme etwas — „wenn Sie noch einen Auftrag haben für den Fall ... na, Sie wissen ja!"

Der Angeredete, ein schlankgewachsener junger Mann, der noch vor zwei Jahren in Berlin, das Monokel ins Auge geklemmt, als bedeutende Modeautorität galt und nur die vornehmsten Klubs besuchte, fast nie zu Fuß ging, war ein richtiger Feldsoldat geworden. Das braungebrannte Gesicht umrahmt ein blonder Vollbart, die Hände fühlten schon längst keinen Handschuh mehr, und die eleganten Lackstiefel hatten schweren Feldschuhen und Wickelgamaschen Platz gemacht. Er weiß allerdings, was der Hauptmann sagen wollte, aber der Ehrgeiz, der erste am Feinde zu sein, drängt alles zurück. — —

Die Kamele sind von der Weide zurückgekommen, getränkt und in den Kral geführt, den man aus Dornzweigen zusammengefügt. Bei der Befehlsausgabe werden Freiwillige für die Patrouille gefragt, die ganze Kompagnie tritt vor die Front, die nur noch durch die Spuren bezeichnet wird, welche die formlosen, schweren Reiterschuhe in den losen Sand gedrückt haben. So war's schon immer gewesen, obwohl Patrouillen nur zu oft nicht wiederkehrten.

Septembernächte pflegen schon milder zu sein. Aber heute pfeift ein eisiger Südwind über die weite Ebene, auf welcher die Kompagnie schon lange Monate lagert. Die Leute hüllen sich in ihre molligen grauen Mäntel und ziehen den Schlapphut tiefer ins Gesicht. Sie stehen reisefertig bei ihren Kamelen, die am Boden liegen und von Zeit zu Zeit einen gurgelnden Laut von sich geben. Ein Unteroffizier hat eben die Patrouille zum Abmarsch bereit gemeldet. Im „Kasino" wird Abschied genommen. Noch einmal schüttelt man dem scheidenden Kameraden, „Glücklichen Orlog" wünschend, die Hand. Der Hauptmann spricht auch mit den Leuten noch ein paar freundliche Worte: „Also aufpassen, nicht zuviel plaudern; auseinanderreiten und keine unnütze Schießerei! — Und nun „Gut Pad" und — — auf Wiedersehen!"

„Fertig zum Aufsitzen! Auf—gesessen!" Ein Stück von hinten, dann einer von vorn, und noch ehe das Kommando: „Zu zweien rechts brecht ab — Marsch!" erfolgt, ist die Abteilung in Bewegung. Kamele haben halt ihren eigenen Kopf. Noch einmal wird ein Gruß gewechselt, dann heißt es „Rührt Euch!" — lautlos huschen die Reiter, Schatten gleich, durch die stille Mondscheinnacht. In scharfem Trabe geht es bergauf, bergab, drei Stunden lang. Gesprochen wird wenig. Nur hin und wieder ertönt ein leises Donnerwetter — die Tiere sind gar zu ungleichmäßig, die Abteilung wurde eben zusammengestellt, so gut es ging, aus den Beständen der Transportkolonnen.

Kurz vor Mitternacht wird Rast gemacht, die Tiere zusammengekoppelt, Wachen ausgestellt. Der Rest schläft und träumt von Kriegsruhm und von den Lieben daheim. Der Wind legt sich. Gegen zwei Uhr bricht man wieder auf. Jetzt wird eine Spitze vorgeschoben und die Flanken soweit möglich gesichert. Jetzt kommen die Nachteile des Kameles zum Vorschein. Sie „kleben"! Es sind halt Herdentiere. Und doch, wie sicher fühlt sich der Reiter in dieser Einöde auf dem Kamele, wo das Pferd nur zu bald versagt. Dann und wann fliegt kreischend ein Vogel auf, oder ein Stück Wild huscht erschreckt über das Feld. Der feine lose Sand rieselt leise die steilen Hänge hinab. Drüben im Osten bleichen schon die Sterne, und der Himmel erhellt sich.

Eben ist die Spitze wieder in einer Talmulde verschwunden. Halt! — Was war das? — Ein Springbock kommt die nächste Düne herabgejagt, gerade auf die Reiter zu. Droben wird ein Hut sichtbar, ein zweiter, dritter. Im Nu sind sie wieder verschwunden. Die Reiter werfen ihre Tiere herum und stürmen über die Höhe zurück, wo sie mit dem Gros fast zusammenprallen.

Kurz entschlossen läßt der Führer nach rechts abbiegen, wo zwei Dünen aneinanderstoßen und so Deckung nach allen Seiten gewähren. Weit drüben im Westen blitzt das Licht eines Heliographenpostens auf. Ein paar kurze, klare Befehle an den Unteroffizier, der sich zur Verteidigung einzurichten hat, dann kriecht der Offizier, von einem Reiter begleitet, geschickt die Falten des Geländes benutzend hinab, durchquert das schmale Tal und steigt die gegenüberliegende Höhe hinauf. Mit verhaltenem Atem folgt die kleine Schar mit den Augen dem Wege, welchen der Führer nimmt. Da krachen Schüsse. Man glaubt auch einen Schrei vernommen zu haben. Zwanzig, dreißig dunkle Gestalten springen den Hang herab hinter einem Flüchtlinge her.

„Wache zurückbleiben! — Auf, marsch, marsch! Hurra!" Im nächsten Augenblicke ist man handgemein mit dem erschreckten Gegner, der mit so starken Kräften offenbar nicht gerechnet hat. Der Offizier ist verwundet, aber frei, sein Begleiter wird vermißt. — „Nur keinen liegen lassen!" — tönt es durch die Reihen. In wilder Jagd stürmen die Tapferen hinter dem überraschten Gegner her bis auf die Höhe. Der zweite Verwundete hat einen Backenschuß. Während einzelne Reiter durch Schüsse, die sie hinter dem Feinde hersenden, den Transport des Verwundeten decken, wird dieser behutsam nach dem Lager getragen und notdürftig verbunden. Dann feuert man eine Rakete ab, die mit donnerartigem Knall in der Luft platzt. Nach einer Weile steigt auch drüben auf dem Heliographenposten eine Rakete als Antwort auf.

Die Hauptaufgabe ist gelöst. Nun mag kommen, was wolle! Vor Tagesanbruch ist keine Aussicht mehr auf Erfolg. Eine Stunde hat man noch Ruhe. Dann wird die Patrouille geteilt. Der Unteroffizier und fünf Mann bleiben bei dem Verwundeten zurück und halten die Stellung. Der leichtverwundete Offizier reitet mit dem Reste seiner Leute den Spuren des Feindes nach, der noch nicht weit sein kann mit seinen unbeholfenen Reitochsen, welche die Mehrzahl seiner Transportmittel zu bilden scheinen.

Die Spuren teilen sich. Jetzt heißt es den Feinden auf den Hacken bleiben. In breiter, dünner Front, so gut es geht, aber immer zu zweien trabt man auf der Spur entlang. Kommt man an eine Höhe, so muß die andere Abteilung noch zurückbleiben, bis man weiß, daß die Luft rein ist

Kameltransport

drüben. Dort links steigt Staub auf, meldet einer der Reiter und zeigt auf ein winziges Wölkchen, das hinter einer Anzahl Sandberge aufsteigt. Die Entfernung wird kürzer, obwohl man vorsichtiger reitet, denn der Feind ist listig und beispiellos gewandt im Stellen von Fallen. Man verläßt die Spur und reitet direkt auf die Wolke zu, so schnell die Tiere laufen können, immer in breiter, dünner Linie. Jetzt steht man in einer riesigen Ebene. Eine lange Reihe von verkrüppelten Bäumen und Sträuchern zieht sich in sanften Windungen durch das Gelände, in dessen Hintergrund die Flüchtenden sichtbar werden. Man hält. Sorgsam sucht der Führer mit dem scharfen Glase jeden Busch, jede Unebenheit ab. Nichts ist zu sehen außer den Flüchtlingen, die in wilder Hast davoneilen.

„Vorwärts, marsch!" — Die Hälse der Tiere strecken sich, die großen runden Augen schweifen suchend nach allen Seiten. In unglaublich kurzer Zeit ist man an den Büschen, welche das trockene Bett eines Riviers bezeichnen. Schon sucht man einen passenden Durchgang, denn der Busch ist dicht und die Füße der Kamele empfindlich gegen Dornen. Ein Witzbold, der Kompagnie-Komiker, schlägt schon vor, Kaffee zu kochen und „Kuchen" zu essen. Ein anderer spottet: Ja, Pflaumenkuchen wohl gar! — Da kracht es hinter den Bäumen, Sträuchern, Sandhaufen hervor. Ein

Zurück gibt es nicht. Runter von den Tieren, die sofort niederknien, das Gewehr aus dem Schuh, und Feuer! —

Ja, wohin zielen? Man sieht nichts, man hört nur den scharfen Knall der modernen Waffen des Gegners, der wenigstens vierzig Gewehre stark ist. Man steht vor der Hauptmacht! Der Offizier, der noch zwei Fleischschüsse abbekommen hat, erkennt die Lage sofort. Er gibt zwei Leuten den Befehl, zurückzureiten, wenn er stürmt und das Feuer des Feindes für einige Minuten auf sich zieht. Die andern noch halbwegs gefechtsfähigen Reiter werden zusammengezogen. Sprung! Auf — marsch, marsch! — Hurra, Hurra!

Der Feind stutzt einen Augenblick. Die beiden Boten rasen davon. Dann ein entsetzliches Feuer. Aber man hat die Deckung schon erreicht. Der Offizier schaut sich um nach seinen Meldereitern, die soeben hinter der ersten Düne verschwinden. Noch fünf Mann sind übrig. Der Rest liegt tot oder schwer verwundet unter den glühenden Strahlen der Sonne.

Das Feuer des Gegners wird schwächer. Schließlich verstummt es ganz. Aber nichts ist zu sehen. Wohl eine halbe Stunde mag vergangen sein, da kracht es auch vom Rücken her. Im selben Augenblicke wird es auch in der Front wieder lebendig. Einige besonders kecke Gesellen heben den Kopf — sie bezahlen das Wagnis mit dem Tode. Auch unsere Reiter wissen zu treffen. Alle bluten schon.

„Wenn doch die gelben Hunde die Sache kurz machten und stürmten!" brummt einer der Reiter. Das liebt der Hottentott nicht, besonders dann nicht, wenn die Beute ihm sicher zu sein scheint.

Die Minuten werden zu bangen Stunden; der Durst plagt; die Augen brennen. Das rote Blut rieselt leise in den heißen Sand, Tropfen um Tropfen.

Was ist das? Es kommt Bewegung in den Feind. Hat er die Geduld verloren? — Der Puls schlägt schneller.

„Die Kompagnie!" ruft einer. — Dort liegen sie auf der Düne und knallen zwischen die gelbe Gesellschaft, die uns vom Rücken her umfaßte. Ein Zug stürmt die steile Böschung herab, gedeckt vom Feuer eines anderen Zuges. Und dort oben wird eine dritte Abteilung sichtbar, die das Gehölz zu erreichen sucht. Wie Springböcke jagen die behenden Feinde über Büsche und Klippen dem schützenden Gehölze zu, unaufhaltsam verfolgt von den Deutschen, die nun zugleich fast den Busch erreichen. Jetzt greift auch die Patrouille wieder in das Gefecht ein. Von Stamm zu Stamm wird der Weg erkämpft. Aber schon mancher liegt starr mit dem Gesicht auf der heiß umstrittenen Erde. Dann wird es still. Der Gegner ist spurlos verschwunden, die Reiter sind zu Tode erschöpft. Einer der letzten, die fielen, war der kühne Führer der Patrouille. Wo er liegt, wird ein Grab ausgehoben, die Gefallenen mit Woylachs zugedeckt. Dann ein kurzer, herzergreifender Nachruf und ein schlichtes Vaterunser. Scharf knallen drei Salven über das Grab der Helden . . .

Im Notizbuch des Leutnants findet man eine Bleistiftnotiz: „Meine Seele dem Herrgott — Mein Herzblut dem Kaiser. Das ist die Losung des deutschen Soldaten!"

Als der Mond ruhig und milde sein Silberlicht auf dies Gefechtsfeld gießt, sitzen die rauhen Reiter in der Runde um das Feuer und singen das schönste aller Soldatenlieder: „Morgenrot, Morgenrot!" —

Kapitel 7
Der Kampf um ein Einfallstor

Die ersten Kommissare des Reiches, die Ansiedler und ersten Schutztruppen, betraten Südwestafrika entweder über Lüderitzbucht oder über Walfischbai, die beiden einzigen Häfen an der 1400 km langen Küste. Walfischbai aber hatten die Engländer bereits in den fünfziger Jahren des vorigen Jahrhunderts besetzt, und so blieb für uns nur der Hafen Lüderitzbucht. Wie aus der beigefügten Abbildung zu ersehen, greift eine breite Meeresbucht ins Land, und von ihr aus zieht sich mehrere Kilometer weit der sogenannte Lüderitzhafen von Norden nach Süden. Dieser Hafen ist so seicht, daß er nur für Boote brauchbar ist; auch unsere ersten Dampfer haben nicht mehr in ihm angelegt. Sie ankerten hinter der Haifischinsel, die bei niedrigem Wasserstande mit dem Festlande in Verbindung steht, weshalb sie auch deutsch geblieben ist. Denn sämtliche Inseln, die der südwestafrikanischen Küste vorgelagert sind, haben die Engländer beansprucht, und sie sind mit diesem Anspruch auch durchgedrungen. Auch die Bucht, die von der Haifischinsel gebildet wird, ist bereits versandet, und wir hätten auch bei Lüderitzort keinen Hafen mehr, wenn nicht nördlich von der Haifischinsel die Pinguin- und die Seehundsinsel — beide englisch — lägen. In ihrem Schutze finden heute die Dampfer guten Ankergrund; doch müssen sie 4—5 km vor Lüderitzbucht liegen bleiben. Sehr schön sieht der Strand bei der Lüderitzbucht nicht aus; man hat nur Felsen und Sand vor sich. Nirgends ein Baum, ein Strauch. Und als Lüderitz von dem Kapitän Joseph Frederik von Bethanien im Mai und August 1883 um 260 Gewehre und 600 englische Pfund, gleich 12 000 Mark, die Sandwüste erwarb, wird der alte Frederik wohl sicher geglaubt haben, ein gutes Geschäft gemacht zu haben.

Kriegsmedaille für die Teilnehmer an den Kämpfen in Südwest 1903—1907

Aber Lüderitz sagte sich mit Recht: Sollen wir eine Kolonie haben, so muß auch ein Hafen dazu sein, und er tat recht daran, uns die einzige brauchbare Bucht außer Walfischbai zu sichern.

In den achtziger Jahren schon hatten wir Südwestafrika ziemlich im heutigen Umfange erworben; aber für den ganzen Norden hatten wir keinen Hafen. Wir schienen auf die Walfischbai geradezu angewiesen, und die Engländer rechneten darauf, daß wir sie ihnen eines Tages um einen hohen Preis würden abkaufen müssen, namentlich nachdem im Jahre 1890 Groß-Windhuk erworben und daran anschließend zur Hauptstadt der Kolonie gemacht worden war. Aber das eifrige Suchen unserer Kriegsschiffe nach einem geeigneten Ankerplatz nördlich von Walfischbai hatte 1891 Erfolg; es wurde festgestellt, daß in nächster Nähe des englischen Gebiets, an der Mündung des Swakopflusses, trotz einer ziemlich starken, unmittelbar vor der Küste stehenden Brandung bei normaler See eine Landung wohl möglich wäre. Wir hatten damit einen eigenen, wie sich in der Folge zeigte, ganz brauchbaren Landungsplatz, und auf der deutschen Seite der Swakopmündung (die deutsch-englische Grenze geht mitten durchs Flußbett) wurde im September 1892 eine Station errichtet. Sie wuchs sich langsam zur jetzigen Stadt Swakopmund aus, in der sich heute schon leben läßt. In den ersten Jahren des Bestehens der Station fand man dort aber nichts, rein nichts. Trinkwasser war keins vorhanden; was aus einzelnen offenen Stellen im Swakopbette von weither geholt werden mußte, schmeckte abscheulich bitter. Knietiefer Sand umgab den Ort, der das Fortkommen erschwerte; keine andere Landungsgelegenheit als wenige Meter lange, flach liegende Brücken waren vorhanden. Leichter schleppten die Güter und Personen bis in die Brandung, Boote nahmen sie dann mit vieler Mühe auf: den letzten Weg durch die rollende Brandung aber mußten Menschenfüße und Menschenleiber bahnen.

Einen vollen Begriff von den Schwierigkeiten der damaligen Landung kann sich nur der machen, der bei bewegter See vom Pier aus aufs Schiff gegangen ist. Als der Herausgeber dieses Buches Mitte Juni 1908 morgens vor Swakopmund eintraf, lag die See wie ein Spiegel; die Fahrt zum Pier in 10 Tonnen-Leichtern, von kleinen Schleppern gezogen, und der Aufstieg zum Pier im Korbstuhl war ein wahres Vergnügen. Ganz anders aber vier Wochen etwa später, als der Herausgeber nach Kapstadt fuhr. Schwerer Nebel deckt am Morgen die See; dumpfes Brüllen dringt aus dieser Dunkelheit an die Ohren. Das ist die Brandung, die ständig fast rechtwinklig zur Küste steht und heute ausnahmsweise stark ist. Fröstelnd gehen wir, die wir abfahren wollen, auf den Holzstegen, die die Stelle der Trottoirs vertreten, vor dem Hotel herum; ein feiner Sprühregen geht hernieder. Von Regen darf man aber nicht sprechen; jeder Swakopmunder faßt das als persönliche

Der Kampf um ein Einfallstor

Lüderitzbucht im Jahre 1908

Beleidigung auf. In Swakopmund regnet's nie. Es gibt nur starke und schwache Nebel. Wir lauschen in die Dunkelheit auf dem Meere hinaus und schauen zum Turm der Woermann-Agentur, ob die Fahne schon aufgezogen wird, die das Eintreffen des Dampfers auf der Reede anzeigt; nichts ereignet sich. Nur die schrillen Dampfpfeifen der Hebekräne auf dem Pier zerreißen mit gellenden Tönen die dicke Luft. Sie lassen sich alle fünf bis zehn Minuten hören, um dem nahenden Dampfer die Orientierung zu erleichtern. Eine halbe Stunde vergeht, dann ein dumpfes Heulen aus dem dicken Nebel; der Seeriese naht, und er wird sich seinen geeigneten Platz suchen.

Ich beeile mich nicht sehr, nach dem Pier zu kommen; es heißt, man werde mit dem Einbooten warten, da mittags das Wetter voraussichtlich günstiger wird. Als ich aber bald nach elf Uhr ankomme, stehen nur noch wenige Leute auf der Brücke. Wir werden als die letzten in einen Leichter genötigt; der Schlepper soll jede Minute kommen. Keck setze ich mich in den Korbstuhl; ein Mann steht vor, einer hinter mir, der Hebekran zieht an, und gleich darauf schweben wir zwischen Himmel und Wasser. Unter uns hüpft ein Boot, bald 10 m vor, bald ebensoviel hinter uns, bald 4 m emporgehoben, bald hinuntergeschleudert. In dies Boot sollen wir hinein, ohne daß wir uns oder den Leuten im Boot die Schädel einschlagen. Die Sache erfordert die ganze Aufmerksamkeit der Bedienungsmannschaften. Auf einmal gibt's einen Ruck, der Korb liegt im Boot, und gleichzeitig werde ich gepackt und aus dem Korbe gezogen. Als ich wieder zur Besinnung komme, liegen wir 10 m vom Korbe ab und tief unter ihm. Nun sitzen wir im festgemachten Boot, ein Spiel der Brandung. Brüllend kommen die Wellen an, überspülen den Kopf des Piers, reißen uns herauf und herunter: „Zum Donnerwetter," sagt nach zehn Minuten ein strammer Krieger, „lieber noch zehnmal gegen die Hereros fechten, als hier noch zehn Minuten sitzen." Nach fünf Minuten waren wir erlöst; wir sahen alle ziemlich blaß aus, als wir auf den Dampfer kamen.

Die Landung in Swakopmund ist heute noch unter Umständen kein Spaß; wie muß es vor 15, 18 Jahren gewesen sein! Und dann das Leben in der Einöde! Wohl zeigt sich in 800 m Entfernung von der Stadt ein graugrüner Streifen, die Pflanzendecke des Swakoptales, die Schafen und besonders genügsamem Rindvieh zur Nahrung dient; auch tummelt sich heute noch Wild in diesem wasserlosen Flußtal, und früher wird es noch viel mehr gewesen sein. Aber dieser mit niedrigem Gestrüpp bedeckte graugrüne Pflanzenwuchs muß früher die Oede nur noch fühlbarer gemacht haben. Wie wenig gesund früher der Aufenthalt in Swakopmund war, zeigt ein Besuch auf dem sandumwehten Friedhof; Grab reiht sich an Grab, und aus früheren Jahren stammen sie zahlreicher als aus der Jetztzeit, obgleich Swakopmund jetzt das Vielfache an Einwohnern zählt.

Trotz der ungünstigen Verhältnisse entwickelte sich der Ort weiter, namentlich nach dem im Jahre 1897 erfolgten Bau der Bahn nach Windhuk; damals stellte sich auch die Notwendigkeit heraus, für bessere Landungsgelegenheit zu sorgen. Es wurde der Bau einer Steinmole von 200 m Länge mit einem Seitenarm beschlossen. Man hatte gehofft, daß der Sand sich an der Mole festlegen und sich dahinter eine stille Hafenbucht bilden werde; mit großer Begeisterung wurde die Eröffnung der Mole (1903) gefeiert. Aber schon

Teilansicht des Hafens von Lüderitzbucht

Der Kampf um ein Einfallstor

Löschbetrieb an der Landungsbrücke von Swakopmund

1904, während des Hereroaufstandes, war es schwierig, mit großen Leichtern an den Steindamm heranzukommen, da auch die Innenbucht hinter dem Damm versandete. Gegen Ende 1904 drohte der Betrieb ganz zu stocken, und die Pioniere mußten schleunigst den 300 m langen Pier aus Holz aufführen, der noch heute steht und sich auch bei verhältnismäßig schwerer See bewährt hat. Er trägt sieben Dampf-Hebekräne und ist recht leistungsfähig. Trotzdem war dieser hölzerne Landungspier, der andauernd ausgebessert und verstärkt werden mußte, nur ein Provisorium. Eine schwere See kann ihn schließlich einmal fortspülen, und es ist sehr erfreulich, daß man sich entschlossen hat, eine eiserne Landungsbrücke zu bauen. Sie wird den wachsenden Verkehrsansprüchen auf lange Zeit genügen.

Swakopmund hat sich in den letzten Jahren zu einer ganz netten Stadt entwickelt mit Wasserleitung, elektrischem Licht, und seitdem das Wasser billiger geworden ist, sieht man auch mehr und mehr Gärtchen entstehen. Vor dem Bezirksamt ist ein ganz netter Schmuckplatz angelegt; inmitten erhebt sich das im Juli 1907 eingeweihte, ganz ansprechende Denkmal für die während des Aufstandes Gefallenen. Der Ort ist von einem Schienennetz durchzogen, auf dem die Wagen der Speditionen und Geschäftsfirmen rollen; anders wäre eine Güterbeförderung in dem tiefen Sande kaum möglich. Das Pumpwerk für die Wasserleitung steht im Swakoptal. In den ersten Jahren nach Entstehen der Stadt stellten die Einwohner im Tale des Swakop Brunnenschächte her durch Einlassen von leeren Fässern bis zu 10 m Tiefe; vor einigen Jahren aber wurde ein tiefer Brunnenschacht gegraben und wird Wasser aus größerer Tiefe heraufgeholt. Auch dieses Wasser schmeckt noch etwas salzig, so daß sich der Neuling daran erst gewöhnen muß; es ist aber verhältnismäßig einwandfrei. Der Wärter des Wasserleitungswerkes hatte 1908 auf blankem Sande einen Gemüsegarten angelegt; bei reichlicher Wasserzufuhr trug der dürre Boden überraschend gut. Besser noch trägt der Alluvialboden des Swakoptales, das 8—9 km oberhalb Swakopmund bis zu 1000 m breit wird; so sind denn im Flußbette bei Heigamchab (32 km von Swakopmund flußaufwärts) einige Farmen entstanden. Die Besitzer bauen Gemüse und liefern nach Swakopmund. Ende 1910 hatte die Stadt Swakopmund 1129 weiße Einwohner, darunter 37 Regierungsbeamte, 21 Schutztruppenangehörige, 4 Geistliche und Missionare. Den übergroßen Hauptteil der weißen Einwohner stellten Kaufmannschaft und Gewerbe. Das drückt sich sehr merkbar im Leben der Stadt aus. Zwei Bahnhöfe (Staatsbahn und Otavibahn) sind vorhanden, ein Dutzend Hotels, von denen nur zwei auf ihre Kosten kommen, ein Leuchtturm, der verbessert werden soll; am 18. Dezember 1910 wurde der Grundstein zu einer evangelischen Kirche gelegt. Ein schöner Bau ist auch das Postgebäude. Für den äußeren Menschen sorgen Ausstattungsgeschäfte wie die Filialen von Rudolph Hertzog-Berlin, Tippelskirch u. Cie., Richter u. Nolle; geistige Anregung ist in den letzten Jahren genügend vorhanden. Nachdem die Verhältnisse im Schutzgebiet günstiger geworden sind, geht man mehr und mehr zum Bau von Steinhäusern über; prachtvolles Material liefern die nahe am Orte liegenden Steinbrüche.

Kapitel 8
Streifzüge durch die Küstenwüste Namib

Der Woermann-Dampfer nähert sich Swakopmund; flach und graugelb hebt sich die niedrige, sandige Küste aus dem Wasser. Häuser sieht man am Strande; ein verhältnismäßig ausgedehnter Ort taucht aus dem flimmernden Dunst, der über dem Lande liegt; rechts und links aber Sand und Stein. Durch tiefen Sand watet man, am Lande angekommen, zur Zollstelle, Sand deckt die Straßen und wird von der Brandung an Land gespült, und Sand und Stein sieht man stundenlang, wenn man die Bahn besteigt und ins Innere fährt. Es geht sehr langsam; denn die Steigung ist groß. 50 km vom Bahnhof Swakopmund entfernt, der in 15 m Seehöhe liegt, sind schon 500 m Höhe mit der Otavibahn erreicht, in 100 km Entfernung von der Küste sind wir schon auf 1000 m Seehöhe gestiegen. Bis über den

50 Kilometer hinaus sieht man auf dieser Fahrt mit der Otavibahn auch nicht einen Halm; dann wird der Gesamteindruck etwas besser, Büsche treten auf; bemerkenswert ist der Milchbusch, der weite Strecken bedeckt. Seine etwa meterlangen, rutenartigen Zweige enthalten einen kautschukartigen, stark ätzenden Saft. Getrocknet, brennt der Busch ausgezeichnet; der Milchsaft ist unverwendbar. Zum Busche gesellt sich vom 70. Kilometer an vereinzelt stehendes Krüppelholz; es beginnen nun auch die Nebel zu weichen, die von der Küste tief landeinwärts den Himmel verhüllen; aus der feuchtnebligen Küstenregion geht es hinüber in die niederschlaglose des afrikanischen Winters mit andauerndem Sonnenschein und ausdörrender Luft. Der Wechsel von Kälte in der Nacht und Hitze am Tage — im Juni und Juli

Landungsbrücke von Swakopmund mit ihren Dampfkränen

gibt es Nachtfröste in Südwest, während die Tagestemperatur auf 25 Grad steigt — wirkt im Verein mit der ausdörrenden Luft so stark, daß umherliegende faust- und kopfgroße Steine, wenn man sie gegen größere Felsen schleudert, wie Glas zerspringen.

Diese öde, aus Stein und Sand bestehende Gegend ist die Namibwüste, die im Süden den Reichtum an Diamanten enthält. Von der südlichen Namib zwischen Lüderitzbucht und der Küste gibt Hauptmann M. Bayer eine sehr anschauliche Schilderung:

Zwischen Kubub und der Küste — schreibt er — liegt die wasserlose Namib mit ihren steilen Bergkuppen, den weiten Sandstrecken und den

Dünen. Am vorletzten Tage hielten wir mittags am Hang einer hohen Sandwelle und legten uns im grellen Sonnenlicht zur Ruhe. An einer flachen Stelle bemerkte ich einen ganz schwachen Grashauch: Er war nur zu sehen, wenn man sich ganz flach an den Boden legte und über ihn hinwegsah. Vielleicht war viele Meter darunter ein wenig Wasser, das nach der Oberfläche sickerte und verdunstete. Auf diesem Fleck ließen wir die Pferde weiden. Die armen Tiere fielen in ihrem Hunger glatt auf diesen Schein einer Weide hinein und versuchten die mikroskopischen Hälmchen mit dem Lippenrand zu fassen. Kein Wunder, hatten sie doch, gleich uns, seit langer Zeit kein frisches Grün in der Natur gesehen.

Kleine, hübsche Kieselsteine funkelten in der Sonne. Wir ließen sie spielend durch die Finger gleiten und freuten uns der glitzernden Lichter. Wer weiß, vielleicht hat einer von uns damals einen Kohinoor oder gar einen Cullinan achtlos beiseite geworfen, denn wo wir rasteten, fanden sich später die Diamanten, nach denen jetzt alles fieberhaft sucht, und die einen Teil der großen Kriegskosten wieder einbringen sollen.

Von dem Reichtum, der da im Sande verborgen lag, ahnten wir freilich nichts, ebensowenig wie alle die Tausende, die gleich uns, mit müden Tieren, einsilbig, verdrossen, auf das „wertlose, öde Land" schimpfend, durch die Wüste zogen.

Unsere Schutztruppenoffiziere haben die Namib gründlich kennen gelernt, namentlich diejenigen, die vor Bau der Bahn Lüderitzbucht—Kubub die großen Transporte für Verproviantierung der im Süden kämpfenden Truppe durch die Küstenwüste zu leiten hatten. Sie hatten sich dabei aber nicht allein mit den Tücken einer menschenfeindlichen Natur herumzuschlagen, sondern auch mit einem merkwürdigen Material von Frachtfahrern. Diese „Helden", die sich alle „Buren" nannten, hat ein mit trockenem Humor begabter Offizier also besungen:

„Was sich hier so Buren nennt,
Ist ein höchst gemischtes Element
Aus Franzosen, Spaniern, Serben, Sizilern,
Kanadiern, Argentiniern, Mexikanern, Brasiliern.
Darunter war freilich kaum eine Perle,
Dagegen viele verdächtige Kerle.
Ich sah sogar zwei B u r e n zieh'n,
Die waren aus Pankow und aus Berlin.
Sie verstanden zwar nichts vom Ochsentreck,
Doch die Allüren der „Kappschen" hatten sie weg.
Sie spukten im Bogen und soffen in Massen
Den „Koffi"*) und „Suppi"**) aus „Koppis" (aus Tassen),
Sie wuschen sich nie und sprachen perfekt
Den deutsch-buren-holländischen Dialekt.

*) Kaffee. **) Schnaps.

Streifzüge durch die Küstenwüste Namib

Nur einmal haben sie sich vergessen:
Als sie nämlich im Streusand der Wüste gesessen,
Da sprach der Berliner nach einer Pause:
„Du, August, det is hier genau wie zu Hause!"
Der andere nickte: „Die Gegend ist schön,
Vor allem nicht e i n Schutzmann zu seh'n!
Auch keinen Schangdarmenhelm sehe ich blitzen —
Und ich hab' drei Jahre noch abzusitzen! —
Selbst hier in der Wüste sagt mich mein Gemüt:
Grün ist die Freiheit und grau Moabit! —
Und dann auf dem Baiweg, welch sicheres Gefühl,
Ueberbenzt mich kein selbststinkend Automobil.
Kein Radler und keine elektrischen Wagen
Fahren mit „Wuppdich" mir über den Magen,
Und wegen „Schnellfahrens" schickte bis heute
Die Etappe noch kein Protokoll an die Leute.
Kurz, Fritze, ich glaube, ich bleibe B u r
Und pfeife getrost auf die ganze Kultur."

Diese wilden Burenfahrer haben zwischen Lüderitzbucht und Kubub manches Tier totgehetzt, dessen Knochen heute noch in der Sonne bleichen.

In der Heimat stellt man sich die Namib, die Gegend zwischen dem 21. Grad südlicher Breite und dem Oranjefluß und von der Küste 40—80 km landeinwärts, immer als völlig vegetationslose, von keinem lebenden Wesen bewohnte Wüste vor; das ist durchaus falsch. Auch ist dieses Gebiet durchaus nicht eintönig. Berge gibt's und Schluchten, tief eingeschnittene Täler, und in ihrer gewaltigen, schweigenden Einsamkeit gehört die Namib zu den packendsten Landschaften und erstrahlt in unvergleichlicher Schöne, wenn der Vollmond sein silberweißes Licht darüber gießt. Der Botaniker Dinter, ein vorzüglicher Kenner der Namib, hat mehrere Dutzend Arten Pflanzen in der Küstenwüste festgestellt. Die zahlreichen, tief eingeschnittenen Flußtäler, die oft in romantischen Schluchten die Namib durchschneiden, bergen nicht nur Kräuter und Gras, sondern auch Büsche und ansehnliche Bäume, die sich an begünstigten Stellen zu Uferwäldern vereinen. So soll es am mittleren Kuiseb im 1½—2 km breiten Flußbette prachtvolle Waldungen mit guten Hölzern geben. Den Kuiseb zogen früher diejenigen, die ins mittlere Schutzgebiet wollten, von Walfischbai aufwärts. Das ist der sogenannte Baiweg. Er ist unbequem, weil Dünengürtel zu überwinden sind. Der Weg im Swakoptale aufwärts ist dünenlos. Die Flüsse führen in der Namib zwar nur selten laufendes Wasser; aber nicht weit von Swakopmund findet man im Swakoptale offene Wasserstellen. Man kann in diesem „trockenen Flußbett" leicht bis an den Hals ins Wasser fallen, wenn man unvorsichtig ist. Die Flußbetten nähren Tiere aller Art; unter den jagdbaren Tieren der Namib steht voran der Paauw, die südafrikanische Trappe, die Freude des glücklichen Jägers. Dann gibt es Leoparden,

Hyänen, Schakale, der Springbock kommt vor; wilde Strauße scheinen in der Namib recht häufig zu sein. Dazu kommen Feldhühner aller Art und kleineres Getier, so daß ein ziemlich reichhaltiges Tierleben in der anscheinend so wüsten Namib zu finden ist. Von Echsen findet man das Chamäleon in der Küstenwüste, auch Giftschlangen sollen ziemlich häufig vorkommen. Es sei hier gleich bemerkt, daß die Schlangenplage im Schutzgebiet ziemlich groß ist. Der Reisende, namentlich in der niederschlaglosen Jahreszeit, bemerkt so gut wie nichts, weil die Schlangen den Menschen fliehen; wer aber länger in Südwestafrika weilt, macht mit den Untieren schließlich doch Bekanntschaft. Nach Dove ist es nichts Außergewöhnliches, daß Giftschlangen in den Räumen einer Wohnung gefunden werden; allein im Kommissariatsgebäude in Windhuk wurden während der Zeit des Aufenthalts des genannten Herrn sechs Giftschlangen getötet. Oberleutnant Schwabe wurde sogar einmal von einer riesigen aus dem Gebüsch hervorschießenden Mamba angegriffen. Die Mamba ist die Speischlange Südwestafrikas, die eine Art Speichel, nicht aus den Giftdrüsen stammend, auf den Angreifer schleudert. Gelangt diese Flüssigkeit ins Auge, so ruft sie eine stürmische Entzündung hervor, die sehr schmerzhaft ist. Außer dieser Art gibt es die Bobra, die Puffotter, dann die interessante kleine Springschlange, die als giftig gilt, aber getrocknet in pulverisiertem Zustande von den Eingeborenen als Mittel gegen den Schlangenbiß genommen wird. Als sehr gefährlich gilt der Biß der Hornviper; ungefährlich ist die große grüne Baumschlange, die 3—4 m lang wird. Auch eine große Bergschlange soll es geben.

Einen klaren Begriff von der Namib gibt schon ein Nachmittagsausflug von Swakopmund aus und ein Spaziergang in die Dünen, die sich auf der englischen Seite des Swakop, schon 20 Minuten von der Stadt entfernt, erheben. Darüber gibt die folgende Schilderung Näheres.

Strandfahrten in der Namib

Nicht immer umhüllt grauer Nebel die ausgedorrte, unwirtliche südwestafrikanische Küste. Auf die sonnenlosen, feuchtkalten Tage, an denen es zuweilen fein vom Himmel herniederrieselt, als regne es, und abends und morgens von den Dächern tropft, folgt auch im Winter wieder und wieder eine Periode mit klarer, sonnendurchstrahlter Luft. Es war an einem prächtigen Augusttage, als Herr Dr. Schenke, der liebenswürdige Bezirksamtmann von Swakopmund, mich einlud, ihn auf einer Fahrt das Swakoptal hinauf zu begleiten.

Nach dem Mittagessen stand die mit sechs Eseln bespannte Karre vor dem Bezirksamt bereit; eine so reichliche Bespannung eines kleinen Wagens als übertrieben anzusehen, hatte ich mir schon abgewöhnt. Die Pad mit ihrem tiefen Sande kannte ich zur Genüge. Ueberflüssig waren auch nicht

Streifzüge durch die Küstenwüste Namib

Dünen in der Namib

die beiden schwarzen Begleiter. Der eine saß vor uns auf dem Wagen und schwang andauernd die lange Peitsche, die bis zu den Köpfen des vordersten Eselpaares reicht; dieses Treiben und Dirigieren der sechs Tiere ist keine leichte Arbeit. Der zweite Schwarze ritt auf einem Maulesel hinterher; er muß aus Vorsorge mitgenommen werden für den Fall eines Mißgeschicks mit dem Gefährt.

Wir bogen in die Pad ein, als wir aus Swakopmund heraus waren; bis zum „Martin Luther" ist der Weg abscheulich. Tiefer Sand, in den die sehr schweren und breiten Räder der Karre weit einsinken; die Esel kamen nur langsam vorwärts. Der „Martin Luther" ist eines der stehen gebliebenen Troostschen Automobile, die nicht weiter konnten; es geht langsam in der Küstenwüste zugrunde. Von dem Unternehmen hört man nichts mehr. Hinter dem verlassenen Wagen wird die Pfad besser; der Boden ist steinig und fest. Wir kamen schneller vorwärts. Von Vegetation und Leben sieht man nur sehr wenig in der Küstenwüste; da und dort fristet ein verkümmerter

Strauch sein elendes Dasein. Das ist alles. Aber Tierfährten kreuzen wir doch; Schakale, wilde Hunde, große Trappen, Perlhühner leben im Tale des Swakop und machen von da aus Wanderungen. Schakale kommen nachts bis vor die Tore von Swakopmund. Ein kleines, weißes Haus taucht im Flußtal auf; da liegt die sogenannte Eierfarm auf Kilometer 6. Der Besitzer hält Hühner und einiges Vieh. Die Swakopmunder spazieren zu ihm hinaus und trinken bei ihm eine Flasche Bier oder mehrere; ist der Besitzer nicht zu Haus, dann wird ein Zettel mit dem Namen und der Angabe, wieviel verzehrt wurde, hinterlassen. Haus Eierfarm liegt zwischen Sandhügeln, mit dürrem Gestrüpp bestanden; auch einige Bäume machen den Versuch, fortzukommen. Es gelingt ihnen aber schlecht. Wasser ist auch in der Trockenzeit reichlich vorhanden; der Swakop führt bis beinahe zur Mündung stellenweise offenes Wasser.

Eierfarm lassen wir rechts liegen; wir fahren auf Nonidas zu. Von weit her sieht man auf einer Klippe die Gebäude der alten Polizeistation liegen. Jetzt dient Nonidas oft als Viehposten; gepfändetes Vieh, auch erkranktes, wird dort gehalten. Als wir über die Station hinaus waren, bogen wir ins Swakoptal ein; ich war überrascht, dort schwarzen Boden zu finden, das Gras, Sträucher und auch einige Bäume trägt. Er machte den Eindruck guter Ackerkrume; sicher kann im Tale des Swakop Gemüse, Getreide gebaut werden, und es werden tatsächlich auch Kohl aller Art, Möhren, Rüben gezogen und nach Swakopmund geliefert. Der Baumwuchs wird immer besser, je weiter man das Flußtal hinaufkommt; Herr Dr. Schenke erzählte mir, daß das alles aber noch gar nichts wäre gegen die prächtige Vegetation im Tale des Kuiseb. Er muß als Bezirksamtmann auch die Polizeistation Ururas gelegentlich kontrollieren; Fahrten von da aus den Kuiseb aufwärts geben prächtige Bilder. Das kilometerbreite Tal hat herrlichen, sehr reichen Baumbestand; an eine Ausnutzung ist freilich nicht zu denken. Wenn man die Vegetation im Swakop- und Khan-Tale sieht, von den reichen Beständen am Kuiseb hört, kann man daran nicht mehr zweifeln, daß in der Namib tatsächlich ein gutes Weide- und Wassergebiet mit zahlreichem Wild liegt, wie von Buschmännern erzählt wird, das sogenannte Buschmannsparadies. Von der Homs-Hochebene strömten eine Anzahl Flüsse in die Namib herab, daß sie völlig verschwinden, kann nach dem, was an anderen Flüssen beobachtet wird, als ausgeschlossen gelten. Einige Kilometer von Nonidas aufwärts machten wir Halt; Dr. Schenke schoß ein paar Perlhühner. Größeres Wild zeigte sich leider nicht.

Die Sonne stand schon ziemlich tief, als wir die Heimfahrt antraten, und als wir Nonidas verließen, wo wir beim Farmer Levermann uns an Milch und Dickmilch erlabt hatten, war sie im Begriff unterzugehen. Der Himmel wurde blasser, die Sterne flammten auf; die Gegend nahm im Schein des Mondes ein Aussehen an, als hätte frisch gefallener Schnee alles eingehüllt. Klar standen die Dünen auf dem englischen Gebiet gegen den allmählich tiefer sich färbenden Himmel, als wir durch das an dieser Stelle recht sandige Swakoptal auf die Eierfarm zustrebten; von einer Düne stieg langsam ein Mann herab. War es ein Weißer oder ein Neger? Solche Fragen beschäftigen in Südwest, wo die Menschen nicht so zahlreich herumlaufen, sehr intensiv.

Einige rotzkranke Pferde und Maultiere waren gut untergebracht und von anderm Vieh getrennt; nach dieser Feststellung verließen wir Eierfarm und das Swakoptal und strebten auf Swakopmund zu. Tiefe Nacht war hereingebrochen, der Weg kaum noch erkennbar; wir fragten auch nicht, ob wir die Pad hatten oder nicht. Ganz überließ sich jeder dem Reiz der Stunde, dem Genießen dieser Fahrt durch schweigende, schimmernde Wüste. Ein Licht blitzt in der Ferne auf, verschwindet, kommt wieder; das ist der Leuchtturm von Swakopmund. Auf ihn fahren wir zu; er und der Turm auf dem Gebäude der Damara- und Namaqua-Handelsgesellschaft sind uns Führer. Mit einigen Händen voll Sand auf meinen Kleidern kam ich in Swakopmund an.

Vor der Abfahrt nach Haus unternahm ich in den letzten Tagen selbständig einige Wanderungen; an einem Vormittag stieg ich in die Dünen hinein, die sich auf englischem Gebiet bis ans Swakoptal heranschieben, es aber nicht überschreiten. Es war ein mühsames Herumklettern, tief sank der Fuß in den weichen Sand ein, der rötlichgelb aussieht und fein ist wie der beste Streusand. Bald hatte ich aber herausgefunden, daß dieser weiche Sand nur auf der dem Meere abgekehrten Seite der Düne liegt, daß die andere Seite ziemlich fest ist. Ob sich dieselbe

Fließender Swakopfluß bei Otjosasa

Erscheinung immer und auch weiter im Innern zeigt? Oder wird nicht unter dem Einfluß der Seenebel aller Sand mit der Zeit fest, und ist nicht die lose Masse nur der frisch herzugewanderte Sand, der vom Winde bald auf die eine, bald die andere Seite der Düne geblasen wird, bis auch er erhärtet und neu herzugewanderte Mengen seine Stelle einnehmen? Ist das richtig, dann müssen die Dünen im Laufe der Jahre immer höher werden. Aus dem Meere stammt der Dünensand keineswegs, er kommt aus dem Landinnern, ist Zerfallprodukt. An der Spitze der Dünen bildet er einen messerscharfen Grat; streicht man mit dem Stocke darüber, so kommt er in Bewegung und rieselt den Abhang herunter. In der Nähe des Swakops fand ich noch Tierspuren im Sande, da und dort zeigte sich auch ein kleiner Käfer; bald aber hörte jedes Leben auf. Ich stand allein in grauenvoller Einöde. Die Dünen ziehen nicht alle in derselben Richtung; sie bilden zuweilen Täler, in denen der felsige Grundboden der Namib zutage tritt. Ob vielleicht der Dünensand sich an Bodenerhebungen festlegte und so die Dünen nach und nach emporwuchsen? Weshalb aber fehlt nördlich vom Swakop die Dünenbildung? Eine Wanderung nach dieser Seite zeigte mir, daß da überall fester Felsboden zutage tritt, der mit Gesteinstrümmern, keineswegs aber mit Sand bedeckt ist. An zwei Stunden wanderte ich in die Dünenwelt hinein; allzuweit dürfte ich aber nicht gekommen sein. Doch wurde die Orientierung schon etwas schwer, und ich mußte umkehren. Ich ging auf das noch immer sehr vernehmliche Rauschen der Meeresbrandung zu und gelangte etwa 3 km von der Swakopmündung entfernt an die englische Küste. Den Weg nach Walfischbai fand ich ziemlich belebt; am Strande begegnete ich einigen Leuten, die gelandete Meerestiere sammelten und nach Krabben suchten. Die Küste ist sehr felsig; lange Felsenreihen ziehen sich weit ins Meer. Durch die Brandung prachtvoll abgeschliffene Steine liegen am Strande; ich sammelte einige von Eiform und marmorähnlichem Aussehen. Fischern begegnete ich; sie haben sich im Swakoptale, auf englischem Gebiet noch, ein paar elende Hütten gebaut. Ihren Fang setzen sie in Swakopmund ab; so erwerben sie das zum Leben Notwendige. Die Leute haben ein erbärmliches Dasein.

Eine Nachmittagswanderung führte mich zu den Friedhöfen von Swakopmund; da in der Wüste sind diese Orte doppelt düster. Der Europäerfriedhof mit über 300 Grabstätten sieht noch etwas würdig aus; Kreuze aus Marmor und Holz schmücken die Gräber, und kümmerliche Blumen führen einen Verzweiflungskampf gegen die Dürre des Sandes; der Eingeborenenkirchhof aber macht einen trostlosen Eindruck. Lange Reihen von Sandhügeln ziehen sich hin mit Tafeln, auf denen kaum noch die Nummern zu lesen sind; da und dort liegen ein paar Feldsteine als Schmuck auf dem Grab; ein anderes ziert eine runde Lampenglocke. Andere haben wieder nachgeahmt, was sie auf dem Europäerfriedhof gesehen haben; aus Bier-

Streifzüge durch die Küstenwüste Namib

Partie aus dem Khan-Gebirge

flaschen haben sie Kreuze und Sterne gebildet. Sie werden in den weichen Sand gesteckt, daß nur die Flaschenböden heraussehen; sie bilden die beabsichtigte Zeichnung. Die Europäergräber sind vielfach in dieser Weise geschmückt; so spielt die Bierflasche noch auf dem Ruheplatz der Toten eine Rolle. Viele Kinder und junge Leute schlafen auf dem Friedhof der Weißen den ewigen Schlaf; so mancher hat sich wohl durch eigene Schuld ins frühe Grab gebracht. Erschüttert hat mich die Inschrift auf einem Reitergrabe, die mit schlichten Worten verkündet, daß der Tote im Sandfeld verdurstet ist. Welch entsetzliches Sterben!

Langsam ging ich von den Friedhöfen wieder nach Swakopmund hinein, wo alles lebt und schafft und keiner ans Sterben denkt. Es sind ja fast alle Leute in den besten Jahren. Aber das war auch früher so, und doch hat der Tod reiche Ernte gehalten. Die Verhältnisse sind jedoch besser geworden; einigermaßen brauchbares Wasser ist da, und es entwickelt sich ein Familienleben.

Wie in der vorstehenden Skizze schon angedeutet, laufen unter den Eingeborenen und den alten Ansiedlern interessante Sagen über die Namib um; die verbreitetste ist die vom Buschmannsparadies inmitten der Sand- wüste. Nach den Erzählungen alter Buschleute soll in der Namib an einer gewissen Stelle reichlich Wasser vorhanden sein, und eine grüne Oase mit reichem Baumbestand soll da ungeheure Mengen von Wild beherbergen. In Zeiten reichlicher Regen sei das Wild aus dieser Oase ins Hottentotten- land gekommen. In der Oase lebten völlig nackte und mit Bogen und Pfeil bewaffnete Buschleute. In Walfischbai erzählen die alten Ansiedler, daß in den 60er Jahren des vorigen Jahrhunderts ein Europäer völlig zerlumpt aus der Küstenwüste nach Walfischbai gekommen wäre. Er hätte mit niemand gesprochen, auf Fragen keine Antwort gegeben und wäre dann wieder in die Wüste gegangen und verschollen.

Eine Nachprüfung dieser Sagen ist bisher nicht möglich gewesen, doch ist es nicht undenkbar, daß es in der Namib, einem Gebiet von 50 000 qkm, an schwer zugänglichen Stellen Oasen gibt. Während des Krieges ist festgestellt, daß die Wasserstellen viel weiter ins Küstengebiet reichen, als man vorher angenommen hat. Wie schon erwähnt, fließen von der Homs-Hochebene eine ganze Anzahl Flüsse in die Namib, die während der Regenzeit eine Menge Wasser in die Wüste führen. Es ist nicht ausgeschlossen, daß es an einigen Punkten innerhalb der Wüste zutage tritt und sich dort grüne Oasen mit gutem Wildstand gebildet haben.

Nördlich Swakopmund zieht sich bis zum Kunene das sogenannte Kaoko-Veld hin, über das wir nur sehr wenig Bescheid wissen. Der Wüstengürtel am Meere wird schmäler; dahinter erhebt sich ein im Durchschnitt 1000 m hohes Plateau, das im Norden, nach dem Grenzfluß Kunene zu, ganz gut bewachsen ist. Weite Grasflächen wechseln mit Busch, der nach dem dauernd Wasser führenden Fluß hin immer dichter wird. Im Kunene gab es bis vor wenigen Jahren noch viele Flußpferde und Elefanten; portugiesische und englische Jäger haben aber unter dem Bestande gewaltig aufgeräumt. Im Kaoko-Velde wohnen Owahereros und Topnar-Hottentotten; vereinzelt streichen Buschleute herum. Verwaltungsposten ist Zesfontein.

Kapitel 9
Windhuk, die Hauptstadt Südwestafrikas

Genau in der Mitte des Schutzgebiets liegt der mächtige Riegel des regen- und quellenreichen Auas-Gebirges, an dessen Fuß die kupferführende Matchleß-Mine schon in den sechziger Jahren des vorigen Jahrhunderts bekannt war. Durch eine Talsenke ist das Gebirge vom weidereichen Komas-Hochlande geschieden, auf dem sich die Liebig-Kompagnie einen großen Stamm guter Rinder für die Ausfuhr von Fleisch und Fleischkonserven auf den Weltmarkt heranzüchtet. Von der Südseite des Hochlandes streicht das Auas-Gebirge in leicht ostnördlicher Richtung ab, von der Nordseite aber ziehen sich von Okahandja her die Onjatiberge nach Osten. Mit ihrer höchsten Erhebung von 2195 m übertreffen sie die nur 2130 m messende Gipfelhöhe des Auas-Gebirges um 60 m. Zwischen diesen mächtigen Gebirgszügen und der Komashochebene hatte sich in quellenreicher, schöner Gegend Jan Jonker festgesetzt, der Kapitän der „Roten Nation" und Fransman-Hottentotten. Er war nach dem Tode des mächtigen Hottentottenhäuptlings Jonker Afrikaner Führer der Hottentoten geworden und hatte die Oberherrschaft über Namaland, obgleich er von den Hereros wiederholt geschlagen worden war. Hauptsitz des Jan Jonker und seines Stammes war Eithams (Heißes

Windhuk, die Hauptstadt Südwestafrikas

Waſſer, wegen der heißen Quellen bei Windhuk). Von der Oberherrſchaft Jonkers ſuchte Hendrik Witboi ſich frei zu machen. Es kam zu heftigen Kämpfen zwiſchen ihm und Jan Jonker, die damit endeten, daß Jonker und ſeine Scharen von Eikhams vertrieben wurden. Hendrik Witboi beſetzte den Platz nicht, auch die Hereros wagten ſich nicht hin aus Furcht vor Jan Jonkers Reiterſcharen. So war der Ort gewiſſermaßen herrenlos geworden. Da er außerordentlich günſtig im Mittelpunkt der großen Verkehrsſtraße

Groß-Windhuk   Phot. Dr. Lohmeyer

in das Baſtardland und nach Süden lag, ergriff der Landeskommiſſar von François Ende 1890 von Eikhams Beſitz und baute dort eine ſtattliche, für Eingeborene faſt uneinnehmbare Feſtung. Das war der Anfang von Windhuk. Unſer erſter feſter Ort im Schutzgebiet war Wilhelmsfeſte (Tſaobis); dieſe Station kontrollierte allen über Walfiſchbai nach dem Innern kommenden Verkehr. Sehr feſt war der Platz nicht; gegen heranſtürmende Eingeborene hätte ſich die erſte, 25 Mann ſtarke Schutztruppe dort nicht halten können.

An die Feſtung in Groß-Windhuk ſchloſſen ſich bald Regierungsgebäude an, auch Privathäuſer; Leben bekam der Ort ſehr bald, weil in ſeiner Umgebung der erſte größere Anſiedlungsverſuch gemacht werden ſollte. Es bildete ſich ein Siedlungskomitee in Berlin, das den Grafen Pfeil nach Südafrika ſandte, um Buren zu gewinnen; daraufhin kamen einige Kaufleute und Schank- und Gaſtwirte nach Windhuk. Aus der großen Sache wurde aber nichts. Die Anſiedlung von Buren unterſagte die Kolonialverwaltung; aus Deutſchland aber kamen nur drei Anſiedler. Der Krieg gegen Hendrik Witboi brachte dann Windhuk einigen Aufſchwung. Die größer gewordene Schutztruppe war zu verſorgen, und das zog weitere Händler und Unternehmer herbei. Ein ſchwerer Schlag war die Rinderpeſt für die Stadt, die den Viehſtand der

Hereros vernichtete; aber sie brachte auch die Bahnverbindung mit Swakopmund und Windhuk damit in ein neues Stadium seiner Entwicklung.

Die Besiedelung der wertvollen Plätze um die Hauptstadt setzte mit Macht ein; wir haben in Windhuk und der weiteren Umgebung mit den besten Teil des Hererolandes. Das zeigt sich schon auf der Bahnfahrt. Unter lichtem Dornbusch gibt es wogende Grasflächen; Wasser ist dort, in der Nähe der Gebirge, auch genügend vorhanden. Es ließen sich sogar leicht Talsperren anlegen; der Staudamm bei Neudamm aber ist ein recht kostspieliges Experiment geworden. Als Sitz des Gouvernements und sonstiger Regierungsbehörden erlangte Windhuk immer größere Bedeutung, teilte allerdings auch eine Zeitlang das Schicksal aller afrikanischen Hauptstädte, Beamten- und Soldatenstadt zu sein. Darüber ist Windhuk jetzt aber hinaus, wenn es auch immer noch viele Beamte und Offiziere in seinen Mauern birgt.

Der Krieg, der während des Höhepunktes der Operationen über 15 000 Weiße mehr ins Land führte, brachte wie Swakopmund auch Windhuk viel Leben und neuen Aufschwung; eine große Anzahl neuer Häuser entstanden; Geschäfte aller Art taten sich auf. Zum Glück für die Stadt gab es aber nicht eine so gewaltige Ueberspekulation wie in Swakopmund, wo ein Dutzend Hotels entstanden waren, daneben einige Dutzend Bars und Bierstuben. Die Geschäftsgründungen und Häuserbauten hielten sich in Windhuk in mäßigen Grenzen, so daß während des Krieges wiederholt Wohnungsnot entstand. Auch jetzt noch fehlt es häufig an geeigneten Beamtenwohnungen. Einiges Wissenswerte über Windhuk und seine Umgebung gibt der folgende Auszug aus einem im Juli 1908 geschriebenen Reisebrief:

„Die Fahrt von Okahandja nach Windhuk führt durch einen der schönsten Teile des Hererolandes. Mein Urteil, daß wir da im Herzen des Schutzgebiets ein prächtiges Weideland hätten, wurde durch den Vertreter der Liebig-Kompagnie, einen jungen, aber recht energischen Herrn, durchaus bestätigt. Die Liebig-Kompagnie hat auf dem zwischen Windhuk und Okahandja gelegenen Komas-Hochlande ein großes Terrain erworben — ein weiteres nördlich von Okahandja — und sie ist fleißig dabei, die Riesenfarmen mit Vieh zu bestocken. Es wird tüchtig gearbeitet, und es werden bereits auch fleißig Wege gebaut. Den Farmern ist es nicht recht, daß die Kompagnie selber Viehzucht treibt, aber zunächst muß für Vieh gesorgt werden, ehe das Unternehmen an die Herstellung von Fleischkonserven herangehen kann. Wir haben noch zu wenig Vieh im Lande. Nach meinen Erkundigungen stehen nur an 8000 Stück Muttervieh im Hererolande,*) und dies allein kommt für die Arbeit der Gesellschaft in Betracht. Sie kann nicht eher mit ihrem industriellen Unternehmen beginnen, bevor nicht mindestens

---

*) Nach der Viehstatistik vom 1. April 1910 gab es in ganz Südwestafrika 121 139 Stück Rindvieh, darunter 2051 Bullen, 32 238 Ochsen, 43 436 Kühe, 15 215 Färsen, 28 199 Kälber. In den Bezirken Karibib, Okahandja, Windhuk und Rehoboth standen 51 216 Stück Rindvieh, darunter 20 397 Kühe. Sonach dürfte der Zeitpunkt energischer Arbeit der Liebigkompagnie, wenn nicht Rückschläge erfolgen, in 3 bis 4 Jahren gekommen sein.

100—150 schlachtreife Ochsen und Rinder täglich zur Verfügung stehen. Bei einer Saison von 4 bis 5 Monaten im Jahre sind also 12000—18000 Rinder mindestens erforderlich; die Gesellschaft rechnet aber mit 200 Tieren täglich und mindestens 20000—25000 jährlich. Zu deren Erzeugung sind an 40000—50000 Stück Muttervieh nötig. So lange nicht ein sehr starker Bruchteil dieser Anzahl vorhanden ist, kann die Gesellschaft die Arbeit nicht aufnehmen. Von Farmern wird gesagt, die Kompagnie wolle selber einen Teil ihres Bedarfs decken, um die Preise drücken zu können; eine Verwertung von südwestafrikanischem Fleisch auf dem Weltmarkt erscheint mir aber wenig möglich, bevor der Preis für gutes Schlachtvieh nicht auf etwa 100 M. pro Stück gesunken ist. Unter diesen Satz aber wird die Liebig-Kompagnie die Preise schwerlich drücken können. Man muß den Beginn ihrer industriellen Arbeit abwarten; ergeben sich Uebelstände, wird man ihnen abhelfen können. Daß die Kleinsiedelungen im Hererolande, die sich auf Gemüsebau und Viehzucht geworfen haben, wenig Erfolg versprechen, habe ich bereits berichtet. Eine andere Frage ist die, ob für den Export an Rosinen, Datteln, Apfelsinen, Zitronen usw. Genossenschaften gebildet werden können. Was bei verständnisvoller Arbeit gemacht werden kann, habe ich bei Ludwig in Klein-Windhuk gesehen. Er hat allerdings reichlich Wasser zur Verfügung und hat lange Röhrenleitungen (im ganzen 7 km) zu jedem einzelnen Beet gelegt; auf seinen Aeckern stehen an 20000 Weinstöcke, eine Anzahl Obstbäume; zwischen den Obst- und Weinpflanzungen wachsen Gemüse, Gerste, Tabak. Jedes Fleckchen Erde, jeder Tropfen Wasser wird ausgenutzt. Unter gleich günstigen Bedingungen wie dieser Mann wird nicht jeder arbeiten können; aber größere Wein-, Zitronen- und Apfelsinen- sowie Dattel-Anpflanzungen sind an vielen Orten in Südwest möglich. Zitronen

Kaiser-Wilhelmstraße in Windhuk
mit Grand-Hotel Stadt Windhuk

Phot. Dr. Lohmeyer

und Apfelsinen, auch Datteln gedeihen sehr gut; was aber den Weinbau betrifft, so darf man natürlich nicht gleich an Weinerzeugung in Südwest denken. Doch bringt auch der Export von Rosinen Geld ein, darauf sollte hingearbeitet werden.

Klein-Windhuk präsentiert sich jetzt — im Winter — schon ganz nett; während der Regenzeit muß es einen sehr schönen Anblick gewähren. Die Stadt Windhuk hingegen hat mir nicht sehr gefallen. Sie zieht sich zwischen kalkhaltigen, schwach mit Busch bestandenen Bergen über eine halbe Stunde lang hin; die Hauptstraße — Kaiser-Wilhelmstraße — ist lang und staubig. Es gibt außer dem Gouvernementsgarten noch einige sehr schöne Privatgärten im Orte; einer der schönsten ist der von Schluchwerder, einem Ansiedler, der bereits 30 Jahre in Südwest sitzt. Einen sehr schönen Anblick gewährt Sperlingslust, ein altes Fort auf stolzer Höhe, jetzt Ausflugsort; der Berg ist nur etwas schwer ersteigbar."

An Industrien bestanden Mitte 1908 in Windhuk zwei Brauereien, eine Sandsteinfabrik und eine Wagenbauerei. Die Sandsteinwerke stellten Zementsandsteine für den Hausbau her (Luftziegel sind nicht termitensicher), Fliesen, Fußbodenbelag aus Zementsandstein, Kunstgranit und Kunstmarmor, Badewannen und anderes mehr. Das Bier der Windhuker Brauereien wurde gern getrunken. Vier Zehntel Liter kosteten nur 30 Pf., während für drei Zehntel Liter Exportbier aus der Heimat 50—75 Pf. zu zahlen waren. Die Kaiser-Wilhelmstraße mit einzelnen recht ansprechenden Gebäuden und den vielen Läden gewährt einen ganz hübschen Anblick; man geht auch ganz gut auf Trottoirs; den Fahrweg aber deckt tiefer Sand. Ganze Wolken fliegen auf, wenn eine Herde vorübergetrieben wird.

Windhuk hat etwa 1500 weiße Einwohner, wovon 400—450 — die Zahl wechselt stark — Regierungsbeamte und Schutztruppenangehörige sind. Die Zahl der schwarzen Einwohner belief sich auf etwa 6000. Sie sind außerhalb der Stadt in Werften untergebracht, die nach Stämmen geordnet sind. Die Eingeborenen dürfen sich Klein- und Großvieh halten; auch kleine Gärten haben sie sich angelegt. Einen großen Teil ihres Lebensunterhalts erwerben sie sich durch Arbeit in Windhuk.

Etwa 40 km südlich der Hauptstadt, durch das Auas-Gebirge von ihr getrennt, liegt der interessante Ort Rehoboth, die Hauptstadt der Bastards; besonders die Rehobother Bastards machen ganz den Eindruck von Europäern. Die jungen Mädchen können sich neben jungen Südeuropäerinnen sehr wohl sehen lassen. Die Bastards sind ausgezeichnete Viehzüchter; viele sind zu einer gewissen Wohlhabenheit gelangt.

Rehoboth macht fast ganz den Eindruck eines von Weißen besiedelten Platzes. Wenn man seine Kirche sieht, die nach Burenart gebauten Häuser, die großen mit Schirmakazien bestandenen Plätze, glaubt man sich in einem Landstädtchen des Oranjefreistaates.

Kapitel 10
Das Hereroland

Als Hereroland im weitesten Sinne gilt das Gebiet, das im Norden vom 19. Grad südlicher Breite und im Süden vom Wendekreis begrenzt wird; im Westen ist die Grenze etwa der Uebergang aus der Küstenwüste zum Weideland, und im Osten geht das Hereroland in die Omaheke, das große Sandfeld, über und die Ausläufer der Kalahari. Wenn von Hereroland gesprochen wird, meint man im allgemeinen aber nicht dies ganze große Gebiet, sondern nur seinen südlichen Teil, das Land, welches von Linien umschlossen wird zwischen Outjo, Wilhelmsfeste (Tsaobis), Gobabis, Grootfontein, Outjo. Die Südlinie Wilhelmsfeste—Gobabis ist im Bogen zu ziehen, daß sie etwa Rehoboth berührt. In diesem Gebiet sind die Omatakoberge östlich von Omaruru mit rund 2700 m die höchste Erhebung. Nördlich davon steigt der Waterberg empor, südwestlich das schöne Erongogebirge; die Onjatiberge liegen bei Okahandja, das Auasgebirge südlich von Windhuk. Das ganze südliche Hereroland bildet ein mächtiges Hochgebiet, das im Durchschnitt etwa 1500 m über dem Meeresspiegel liegt. Ihm sind Bergkuppen der mannigfachsten Art aufgesetzt, die an vielen Orten (so namentlich bei Karibib) aus Marmor von guter Beschaffenheit bestehen. Hauptorte der Hereros waren in diesem Gebiet: Okahandja, wo Samuel Maharero saß, Omaruru, der Sitz des alten, ruhigen Manasse, der sich nur schwer in den letzten Aufstand hineinziehen ließ, endlich Otjimbingwe, seit langem Sitz einer Missionsstation. Das Hereroland, bergig und wellig, von zumeist lichtem, mit saftigem Gras durchsetztem Dornbusch bestanden, darf als eines der besten Weideländer der Erde bezeichnet werden, das den besten Weiden von Transvaal gleichkommt. Zahllose Flußläufe durchziehen dieses Land, von denen ein Teil ständig offenes Wasser hat. Es ist nicht genug, Ackerbau darauf zu gründen, aber Menschen und Tiere finden des kostbaren Nasses genug, und die Hereros haben einen sehr reichen Viehstand in diesem Gebiet herangezogen und waren vor ihrer Vernichtung als selbständige Nation ein wohlhabendes und stolzes Volk. Gegenwärtig leben in dem Gebiete schwerlich mehr als 23 000 Hereros (nach amtlicher Angabe am 1. April 1910 19 962 Köpfe); vor dem Kriege, der sie furchtbar heruntergebracht hat, sind es sicher an 80 000 gewesen. Ihren Viehstand richtig anzugeben, dürfte schwer halten; es ist sicher aber nicht zu viel behauptet, wenn man sagt, daß die Hereros in ihren besten Zeiten über 300 000 Rinder besessen haben.

Das alte Hererogebiet, durch die Bahn Swakopmund—Windhuk erschlossen, hat die ersten Ansiedler am meisten angezogen; da liegen die ältesten Farmen. Die Anwesenheit produzierender und Bedürfnisse hegender Landwirte hat Handwerker herbeigezogen; Kaufleute waren in diesem Gebiet alten Handels mit den Hereros von vornherein da. Es haben sich daher verhältnismäßig ansehnliche Städte entwickelt, wie (abgesehen von Windhuk) Okahandja, Karibib, Omaruru, Otjimbingwe.

Die erfreulichen und anziehenden Eindrücke, die der Reisende auf seinen Fahrten durch das Hereroland erhält, seien hier in einer Skizze aus dem Jahre 1908 wiedergegeben.

„Unter meinem Fenster saust die elektrische Bahn, und die nun wohl bald besteuerte Gaslampe brennt auf meinem Schreibtisch; über 11 000 Kilometer bin ich von dem Orte entfernt, wo ich meine ersten südwestafrikanischen Eindrücke niederschrieb, und doch ist mir's, als brauchte ich nur aufzustehen und könnte wieder hinübergehen in mein Zimmer hinten in der Dependenz des Hotels Roesemann in Karibib. Es geht über den Hof, am Lagerschuppen und an der großen Turn- und Festhalle vorüber, zum Hoftor hinaus und über die Straße. Geheimnisvoll, wie der Zauber alter Sagen, liegt bleiches Mondlicht auf dem Wege, den paar Häusern in der Runde, auf den fernen Bergen, hängt silberglänzend in der Luft, und eine heilige Stille schaut aus verträumten Augen auf die silberumsponnene Erde, als wäre die Zeit schlafen gegangen und hätte das Wiederaufstehen vergessen. Leiser tickt selbst die Uhr, die ich in Gedanken aus der Tasche ziehe, als schämte sie sich, ruhelos zu sein in diesem allgemeinen Feiern, und ich stehe und schaue auf die Häuser, den Weg, die Berge, und ich will nichts, nichts . . . Ich bin nichts, fühle nichts, denke nichts; alles Streben, Hasten und Jagen liegt hinter mir. Das ist echt afrikanische Feierstimmung, hehr wie die ungebändigte große Natur des Landes; das ist der Zauber, der Afrika verschönt und dem empfängliche Naturen wieder und wieder erliegen.

Und mir ist, als müßte jeden Augenblick der kleine, dicke Roesemann mir auf die Schulter klopfen und sagen: „Die Tafelrunde ist versammelt." Die Tafelrunde in Karibib, alle die netten Leutchen mit ihren kleinen Sorgen, dem großen Durst, den manchmal wunderlichen Ansichten und doch braven Herzen.

Und das runde, gutmütige und doch so kluge Gesicht des Hauptmanns Wehle taucht dann auf, des vortrefflichen Bezirksamtmanns von Karibib, der es so wunderbar versteht, mit seinen Leuten fertig zu werden, und ich denke der belehrenden Stunden, die ich in seinem Junggesellenheim verbrachte und der vielen Freundlichkeiten und Gefälligkeiten. Denke des genußreichsten Tages, den seine Freundlichkeit mir verschaffte, des Sonntagsausfluges nach Friedrichsfelde und Okakoara zur Farm Hauber.

Morgens bald nach 8 Uhr stand die Eselkarre des Bezirksamts, mit sechs Eseln bespannt, vor der Tür meines Hotels, der immer fröhliche Bezirksamtsekretär Kunze daneben, und eine halbe Stunde später ging's mit Hallo zum Städtlein hinaus. Der brave Eselführer, ein stämmiger Herero, trabte

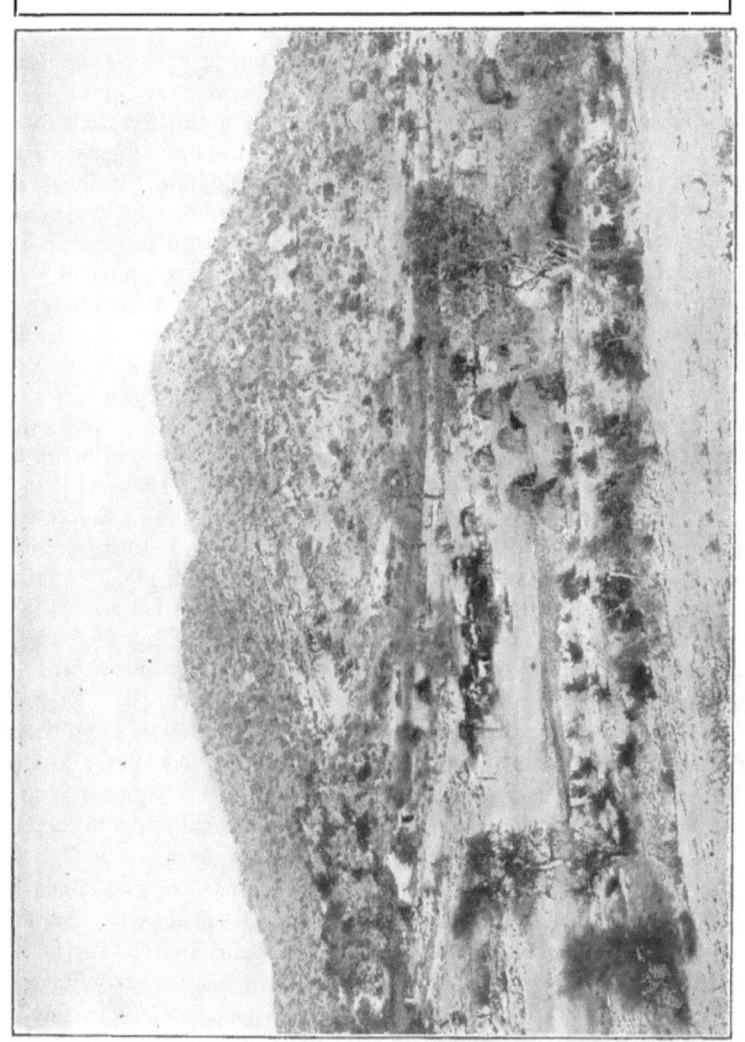

Typische Landschaft aus dem Hererolande mit Herero-Werft

auf seinem Mulus hinterher, unser zweiter Schwarzer aber saß vor uns und schwang mit wildem Gebrüll die lange Peitsche, keine leichte Arbeit. Ich versuchte es einmal eine halbe Stunde lang, die Esel mit dem mächtigen Instrument zu dirigieren; der rechte Arm war danach einen halben Tag lang wie gelähmt.

Prachtvoll war der Morgen. Noch war es kühl; die Sonne entwickelte noch nicht ihre volle Kraft; die Straße glänzte, als wäre sie aus einem Goldbade gekommen. Perlhühner und Pfefferfresser flogen auf; Erdbachse stoben in eiliger Flucht davon; wir beiden Weißen aber schauten vergnügt in die Welt und sprachen von allem möglichen. Rechts erscheinen die Berge, die während des Aufstandes eine Rolle gespielt haben; da traten die Einwohner Karibibs den Hereros bei Verteidigung ihrer Viehherden entgegen. Der und jener fiel; der andere wurde verstümmelt; Herr Kunze nennt mir die Namen. Unser Herero will sich auch wichtig machen; er zeigt nach links und erklärt, daß der große Wassermann dort kein Wasser gefunden habe. Die Sache stimmt. Der große Wassermann, Herr v. Uslar, hatte dort am Fuße der Berge gewünschelt und Wasser angegeben; Bohrungen ergaben aber gar keinen Erfolg. Kein Tropfen Wasser wurde gefunden. Weiter geht unsere Karre; unsere Schwarzen brüllen wie besessen auf die Esel los; Schreien gehört zum Fahren, scheinen sie zu glauben. Ab und zu bleibt die lange Peitsche in den Dornbüschen hängen; wir müssen dann halten und sie wieder freimachen. Ich habe mich in eine Schutzdecke gehüllt und den Ueberzieher über die Knie geworfen; trotzdem sitzt mein Anzug dick voll Sand. Er dringt überall durch; es ist nichts dagegen zu machen. Man kann sich mit der Tatsache nur abfinden und tut das auch ohne alles Klagen. Nach 1½stündiger Fahrt tauchen die weißen Häuschen von Friedrichsfelde auf; wir nähern uns der Gouvernements-Versuchsstation, deren Leiter Dr. Luz ist. Schneller traben die Esel; einen Abhang geht's hinunter und dann wieder in die Höhe: wir sind am Ziel. Ein kräftiger junger Herr empfängt uns, Herr Dr. Luz; im Wohnzimmer tritt uns eine elegante Dame entgegen, die Frau des Hauses. Die Einrichtung der Wohnung atmet Eigenart und kommt mir recht luxuriös vor; als ich später diesem Gedanken Ausdruck gebe, schlägt Frau Dr. Luz lächelnd die Decken zurück, die über eine Anzahl Stücke der Einrichtung gebreitet sind, und ich neige in stummer Anerkennung das Haupt. Das Gespräch wird lebhafter; wir werden wärmer, und dann zeigt die Herrin des Hauses Schuhe, die sie selber besohlt hat, Pantoffeln, von ihr angefertigt, und dankbar gedenkt sie ihrer Lehrmeisterin in diesen Künsten, der Frau Hauber, die ich nachmittags kennen lernen soll. Sie wird mir in den höchsten Tönen gepriesen; Frau Hauber spielt den Maurer und führt mit ihrem Gatten um die Wette Neubauten auf; sie fertigt Damen- und Herrenkleider, legt Wasserleitungen; Frau Hauber kann alles. Und ich verstehe den Enthusiasmus der

Das Hereroland

Straße in Karibib

Herren, obschon ich erst wenige Wochen in Südwest bin; eine tüchtige, geschickte Frau ist dort mehr wert als das größte Vermögen. Wohl dem Manne in Südwest, der sie gefunden hat.

Schnell verflogen die Stunden in Friedrichsfelde im Gespräch, mit dem Ansehen der Einrichtungen; es war 4 Uhr nachmittags geworden, als wir zur Farm Hauber nach Okakoara aufbrachen. Es ging durch bald lichten, bald dichten Busch; aus der Ferne zur Linken grüßten die Häuser der Bahnstation Johann-Albrechtshöhe herüber. Da hat die Liebig-Kompagnie ein Terrain belegt, auf dem, wenn die Entwicklung weit genug vorgeschritten ist, eine Fleischkonservenfabrik errichtet werden soll. Wenn im Hererolande jährlich 20 000 Schlachtrinder zum Preise von 80 Mark pro Stück zu haben sind, soll mit dem Betriebe begonnen werden.

Ein freundliches weißes Haus taucht vor uns auf, als wir um eine Wegbiegung herum sind; das ist Haubers Wohnhaus, das neue. Das alte sieht windschief und sehr afrikanisch aus; wie alle ersten Wohnhäuser der tüchtigen Wirte in Südwest verdankt es der gemeinsamen Arbeit des Farmers und seiner Schwarzen das Entstehen. Maurer und Zimmermann haben wenig dabei geholfen. Herr Hauber und seine blonde Gattin empfangen uns; nach dem Kaffee — die Sonne ist im Untergehen, und das Vieh wird hereingetrieben — müssen wir den toten und lebenden Besitz des Herrn Hauber ansehen. Im Rindviehkraal stehen an 300 Stück Vieh, 250 Kühe darunter; alles prächtige, wohlgepflegte Tiere; im Monat Juli hatte Herr Hauber durch seine Milch- und Hühnerwirtschaft über 900 Mark Einnahme. Das erzählt der frühere bayerische Offizier voller Stolz; nicht aber erzählt er von den Kämpfen, die er durchgemacht hat, ehe er aus bescheidenen Anfängen heraus zur Höhe kam. Neben dem Großvieh, das Herr Hauber durch Ankauf noch vermehren will, hat er 600 Stück Kleinvieh, Ziegen und Schafe, auch mit der Wollschafzucht will er beginnen, obgleich sein Besitz dazu nicht recht geeignet ist. Das Land trägt zuviel Dornbusch, der den Schafen die Wolle ausreißt.

Okatoara ist begünstigt, weil es viel Wasser hat und eine vorzügliche Lage für den Absatz; Karibib ist 23 km entfernt, Usakos 67 km. Beide Orte sind, da sie große Eisenbahnwerkstätten haben und viele Arbeiter, gute Abnehmer für Milch, Butter, Eier und Fleisch. Und der Liter Milch bringt 30 Pfennig, das Dutzend Eier 3 Mark, das Pfund Butter 2 Mark.

Als wir uns zum Abendessen niedersetzen wollten, kam das Ehepaar Lutz auf Maultieren angebraust; es wurde ein sehr gemütlicher Abend. Wir saßen bis weit nach Mitternacht zusammen; mancher Schoppen wurde geleert. Es war zwei Uhr nachts geworden, als wir uns endlich von den liebenswürdigen Gastgebern verabschiedeten. Und dann die Heimfahrt durch die schweigende, mondscheinüberglänzte Nacht wie eine Fahrt durch Märchentage der Kindheit; das war ein Stück Poesie, und ich konnte mich kaum darein finden, daß es schon zu Ende sein sollte, als morgens 4 Uhr unsere Eselkarre vor dem Hotel Roesemann hielt.

Andere Fahrten kommen mir in den Sinn. Der Besuch beim Farmer Schmidt in Habis und seiner jungen, liebenswürdigen Frau, der stolzen Mutter des ersten Zwillingspaares im Bezirk Karibib, das Herumsteigen mit Schmidt in den Marmorbergen, wo er und ein Gefährte voller Unruhe einst den Tag erwarteten, als sie vor den blutdürstigen Hereros in die Klippen geflohen waren. Ich denke an den kleinen, stämmigen Hotelwirt Meyer in Okahandja, wo ich mit zerschlagenem Bein einige Tage in guter Pflege lag, und von wo aus manche Ausfahrt in die Umgebung und den Busch gemacht wurde. Der Sand knirscht unter den Rädern; heiß brennt die Sonne. Mittag ist nahe; aber unser ostpreußischer Gaul und wir spüren keine Ermüdung in dieser wunderbar klaren, frischen Luft, die die Lungen durchbadet wie mit Lebenstau. Und wir biegen vom Wege ab und jagen in den Busch hinein, an den knorrigen, eisenharten Bäumen vorüber; oft passieren wir eine der prachtvollen, hochgewachsenen Anaakazien, dieser schönsten Bäume des Hererolandes. Pfefferfresser mit großen roten Schnäbeln und andere Vögel fliegen auf. Wir passieren einen alten Baum, der einen dürren Ast ausstreckt, auf welchem Ochsengehörne bleichen. „Hier ist ein altes Hererograb," sagt Herr Meyer. Wenn ein Mann gestorben war, wurden für die Trauerversammlung Rinder geschlachtet; das Gehörn wurde über seinem Grabe an einem Baume aufgehängt. Je reicher und vornehmer der Verstorbene, desto größer die Trauerversammlung und die Zahl der geschlachteten Tiere; desto mehr Hörner schmücken sein einsames Grab im Busch, an dem der Herero einst in frommer Scheu vorüberging. Heute braust eine neue Zeit über Afrika, alte Sitten und Gebräuche gehen unter wie die alten Stämme. Der weiße Mann ist gekommen, und seine Kultur modelt das Land um und verändert die Einwohner.

Nach Osona sind wir hinausgefahren zu den Kleinsiedlern, durch Flußtäler, die wirklicher Waldbestand umsäumt; sie hatten sich das beste Stück von Südwest ausgesucht, unsere gefährlichsten Widersacher, deren alte Stammesorganisation nun zerbrochen ist. Der freie, stolze Herero ist ein Knecht geworden, und vielleicht ist es wahr, was man sich erzählt, daß seine Weiber nicht mehr gebären wollen. Sie wollen keine Knechte in die Welt setzen, sagen sie. Das ist eine Sache, der Beachtung geschenkt werden muß.

Der kleine Meyer, nebenbei Redakteur des „Okahandja-Kicker", der alle Jahre einmal erscheint, ist ein liebenswürdiger, guter Mensch, aber der schlechteste Hotelwirt in Südwestafrika. Er kann kein Geld nehmen. Für die Benutzung seines Gaules und Wagens hat er mir nichts berechnet, und als ich deshalb eine Flasche Henkel trocken mit ihm austrank, um ihn einigermaßen zu entschädigen, wollte er durchaus die Hälfte selber bezahlen. Möchte er trotzdem vorwärts kommen; trotz seiner originalen Derbheit ist er einer der besten Menschen, die ich in Südwest kennen lernte. Und wenn ich wieder einmal nach Südwest kommen sollte, werde ich nicht vergessen, zu Meyer zu fahren, und sollte er im äußersten Zipfel des Schutzgebietes sitzen."

Kapitel 11

Der Waterberg und das Karstgebiet

Im vorangehenden Kapitel haben wir das engere Hereroland besprochen, das ungefähr von den Verwaltungsbezirken Karibib, Okahandja und Windhuk eingenommen wird, dazu dem südlichen Teil von Omaruru; wir haben dort aber schon bemerkt, daß das eigentliche Hereroland viel weiter reichte. Nach Norden ging es über den Waterberg hinaus bis jenseits Grootfontein und über Outjo zur Etoschapfanne, reichte nordwestlich sogar bis Jesfontein hinauf; nach Osten begriff es Epata, Epukiro, Gobabis in sich und erstreckte sich bis in die Omaheke. Wir wollen uns zunächst mit dem Gebiet beschäftigen, dessen Kernpunkt der W a t e r b e r g ist. Hier hat sich 1904 jener furchtbare Kampf abgespielt, der mit der fast völligen Vernichtung der Hereros seinen tragischen Abschluß fand.

Von Windhuk, das 1625 m hoch liegt, zieht sich im Bogen um Okahandja herum, dicht an Owikokorero vorüber auf den Omatakoberg zu und von da nach Outjo die mächtige Wasserscheide des zentralen Hochlandes von Südwestafrika, die sich in 1600—1700 m Meereshöhe hält und auf ihrem Rücken den Omatakoberg trägt, mit seinen 2680 m die höchste Erhebung Südwestafrikas. Er liegt etwa 70 km von Omaruru entfernt; von der Bahnlinie aus ist der Berg bei klarem Wetter noch zu erkennen. Omaruru, langgestreckt am Omarurufluß gelegen, der auch in der Trockenzeit Wasser führt, weshalb in seinem Flußbett Getreide gebaut wird, ist eine aufblühende Stadt, in der Nähe liegt bestes Farmland. Halbwegs zwischen Omaruru und Otavi liegt der Ort Otjiwarongo, vorläufig nur aus wenigen

Stores und zwei Gasthäusern bestehend, in denen man zur Not schlafen kann; diese Ansiedlung könnte von Bedeutung werden, wenn von Otjiwarongo aus Zweigbahnen nach dem Waterberg und nach Outjo gebaut werden sollten.

Der Waterberg (Wasserberg) liegt 70 km von Otjiwarongo; er bildet ein mächtiges Massiv aus rötlichem Sandstein, das in einer Länge von 100 km von Südwest nach Nordost streicht. Das Gebirge fällt nach Südosten und an den Flanken steil in die Ebene ab; fast senkrecht steigt der obere Teil aus einer mächtigen Schutthalde mit großen Felstrümmern heraus. Dicht unter der oberen Stufe entspringen um das Plateau herum eine ganze Anzahl Quellen, die recht bescheiden sind, immerhin aber so viel Wasser liefern, daß Gemüsegärten und kleine Weizenfelder damit genügend befeuchtet werden können. Der Waterberg war deshalb ausersehen zu dem von dem damaligen Unterstaatssekretär im Reichskolonialamt Dr. von Lindequist angeregten Experiment mit den Kleinsiedlungen, das anfangs fehlschlug; neuerdings aber kommen die Kleinsiedlungen sehr gut fort. Es wurden an Unteroffiziere der Schutztruppe und sonstige geeignete Elemente zinsfreie Ansiedlungsbeihilfen von 6000 Mark gegeben, und es hatten sich Leute am Waterberg und 30—40 in Osona, 8 km von Olahandja gelegen, daraufhin angesiedelt. Zum Teil wurde die gestellte Aufgabe von den Ansiedlern nicht richtig angefaßt, zum Teil fehlte es an Absatz; nur wenige der Kleinsiedlungen sind bestehen geblieben. Damit ist aber nicht gesagt, daß nicht in einer späteren Periode, wenn wir erst einigermaßen entwickelte Städte in Südwestafrika haben, Gemüse-, Obst- und Tabakbauer in den Flußtälern so viel ziehen könnten, um von dem Absatz dieser Produkte zu leben. Gegenwärtig leben nur zwei Farmer und ein Handwerker am Waterberg; aber 41 Regierungsbeamte (für den Bezirk Omaruru) waren am 1. April 1909 dort ansässig. Doch sind im Jahre 1908-09 von der Regierung 27 Farmen zwischen Omaruru und Waterberg verkauft worden. Am Berge wachsen Feigenbäume, Apfelsinen, gute Kartoffeln; für die Viehzucht ist das Gebiet hervorragend geeignet. Waterberg war Sitz des mächtigen Hererohäuptlings Kambasembi; er war ein stolzer, streng konservativer Herr. Zwar war er gewissermaßen deutschfreundlich, da er uns nie Schwierigkeiten gemacht hat; aber selbst auf die höheren weißen Regierungsbeamten sah er mit einer gewissen Verachtung herab. Kambasembi lehnte entschieden europäische Kleidung ab und blieb bis zu seinem Tode den alten Hererobräuchen treu; seine Freude und sein Stolz waren seine gewaltigen Viehherden, deren Besitz ihn zum reichsten Hererokapitän stempelte.

Das sehr schmale Waterbergplateau fällt nach Nordosten sanft in die Ebene herab, die sehr bald anderen Charakter annimmt als das zentrale, aus Urgestein bestehende Hochplateau. Das Gelände bekommt Karstcharakter; überall steht Kalkstein an, vielfach durchfressen und unterhöhlt, oft mit starker

Der Waterberg und das Karstgebiet

Humusschicht überzogen; der Dornbusch des zentralen Hochlandes macht dem Laubbusch Platz. Die gewaltige Zertrümmerung der Gesteine — eine besondere Eigentümlichkeit der südafrikanischen Hochländer mit ihren in der Trockenzeit hohen Tages- und sehr tiefen Nachttemperaturen — findet man aber in diesem Gebiet ebensowohl wie auf dem gewaltigen zentralen Gneisplateau. Die ganze Hochebene vom Ovambolande hinunter bis nach Keetmanshoop ist von Gesteinstrümmern in allen Größen übersät, und dies macht Südwestafrika zu einem überaus schwierigen Kampfterrain. Fast

An der Biegung des Waterbergs

überall gestattet das Gelände einem gewandten Gegner — und das waren Witbois und Hereros — ein fast völliges Verschwinden, und die Unübersichtlichkeit wird durch den Dorn- und Laubbusch vermehrt, der beinahe ununterbrochen diese Hochländer bedeckt. Offene Grasflächen sind verhältnismäßig selten. Sie werden auch nicht einmal besonders geschätzt, da sie saure, harte Gräser tragen, dem Vieh wenig zuträglich. Die beste Weide sind die feinen, zwischen den Steinen der Trümmerhalden hervorsprießenden Gräser, die in der Sonnenglut zwar gelb werden, aber nicht verdorren, sondern frisch und markig bleiben, auch mehrere Jahre aushalten. Das Laubbusch- und Karstgebiet im Norden ist bemerkenswert durch seine Höhlen und Einstürze, deren viele Wasser enthalten. Die bekannteste feste Wasserstelle in diesem Gebiet ist der Otjikotosee, 15 km von Tsumeb gelegen. Er ist ein ovaler Einsturz im Kalkgebirge mit einem Längsdurchmesser von 250 und einem Querdurchmesser von etwas über 200 m, 50 m tief. Helle

Kalksteinwände, 10—12 m hoch), mit großen Sykomoren bestanden und anderem Laubholz, umrahmen die leuchtend blaue Wasserfläche; der Fels stürzt so steil ins Seebecken, daß man nur an zwei Stellen zum See hinunter kann. Es ist ein prachtvoller Fleck Erde; bewaldete Berge, weite Täler sieht das Auge; seine ganze Schönheit aber entfaltet dieses Gebiet erst im regnerischen Sommer, der hier im Norden schon reichlich Niederschläge bringt, so daß die Malaria immer noch recht häufig ist. Die Otavi-Minengesellschaft hat am Otjikotosee ein Pumpwerk errichtet, das durch Leitungsrohre Wasser nach Tsumeb schafft.

Ein düsteres Gegenstück zum Otjikotosee ist die Wasserstelle von Guinas, westwärts davon in sehr kulturfähiger Gegend gelegen; eine nachtschwarze Wasserfläche liegt zwischen steilen, kahlen Felswänden, zu der nur Buschleute, mit Händen und Füßen am Felsen klebend, hinabklettern können. Durch eine finstere Spalte in der kahlen Uferwand setzt sich der See unterirdisch in unbekannte Tiefe fort. Noch interessanter ist die Wasserstelle von Korokoab, nördlich von Tsumeb gelegen. Dort befindet sich ein Loch im Kalkfels, in das die Buschleute hineinschlüpfen, um nach einiger Zeit mit Wasser herauszukommen. Ein schräger Schlot, der sich aber mehrmals krümmen, sich erweitern und wieder verengen soll, führt zum Wasser. Auch bei Outjo liegt eine unterirdische Wasserstelle, die verhältnismäßig spät gefunden wurde. Die Vermutung liegt nahe, daß das Karstgebiet zwischen Outjo und Grootfontein ziemlich reich an solchen wasserführenden Höhlen ist und eine Aufschließung dieser Schätze diesen Landstrich zu einem sehr guten Ackerbaugebiet machen wird.

Die Viehzucht treibenden Hererovölker haben dies Karstgebiet mit seinem mehr derben Graswuchs nicht auszunutzen vermocht, ihren Rindern waren die feinen salz- und würzereichen Gräser der zentralen Hochebene zuträglicher. Und deshalb haben sie die Gebiete zwischen Outjo, Grootfontein und der Etoschapfanne den Buschleuten überlassen. Diese Buschmänner werden als entartete Hottentotten angesehen. Als Unterschiedsmerkmal wollten manche Forscher die eigenartig runzelige Haut der Buschmänner ansehen; Leute, die regelmäßig Nahrung bekommen, sehen bald aber glatt und wie richtige Hottentotten aus. Die herumschweifenden Buschleute sind wegen ihrer Aasjägerei sehr verhaßt. Sie schießen das Wild mit vergifteten Pfeilen an, so daß Tiere, die nur gestreift werden und flüchtig gehen können, nach einiger Zeit doch verenden.

Outjo und Otawi sind die Hauptorte des Karstlandes; Outjo ist von großer Bedeutung, weil von da über Okaukwejo, am westlichen Ende der Etoschapfanne, die große Pad (Weg) ins Land der Ovambos hinaufführt. Ein zweiter Weg führt nach Zeßfontein ins Kaoko-Veld und von da hinauf zum Kunene. Der Bezirk Outjo ist sehr groß; er umfaßt den ganzen Nordwesten. Am 1. April 1910 wurden 51 Ansiedler und Farmer in diesem Bezirk gezählt. Die Gesamtbevölkerung war 319 Weiße, darunter 18 Regierungsbeamte und 118 Schutztruppenangehörige. Otawi gehört zum Verwaltungsbezirk Grootfontein; es hat nur 42 weiße Einwohner, darunter aber 9 Farmer. Der Ort ist ganz schön unterhalb bewaldeter Höhenzüge gelegen; von da geht die 91 km lange Bahn nach Grootfontein.

Kapitel 12

Im Ambolande

Das deutsche Owamboland ist lange Zeit für uns unbekanntes Gebiet gewesen. Im Jahre 1899 wurde das Amboland, wie man richtig sagen muß, zum erstenmal im Auftrage des Gouvernements von Südwestafrika bereist durch den damaligen Oberleutnant Franke, den Sieger von Okahandja, jetzigen Major; Gouverneur Leutwein fand es geraten, zu den Stämmen in diesem noch unerschlossenen Gebiet in Beziehungen zu treten. Es war, um sicher zu gehen, bei den Missionaren der finnischen Mission, die im Lande arbeiten, angefragt worden, ob eine Bereisung tunlich sei; sie hatten abgeraten. Die Häuptlinge wären feindlich gesinnt, hieß es. Trotzdem trat der damalige Oberleutnant Franke, nur von wenigen Reitern begleitet, den Zug an. Da Franke maßvoll und besonnen, dabei aber doch imponierend auftrat, wurde er überall gut empfangen; es gelang ihm, das Vertrauen zur deutschen Regierung zu wecken und späteren Expeditionen den Boden zu bereiten. In den Jahren 1900—1902 gingen denn auch nacheinander Major Müller, Oberleutnant von Winkler und Oberarzt Jodtka ins Amboland; auch sie hatten keine Schwierigkeiten.

Die deutsche Regierung sah davon ab, das Land militärisch zu besetzen; es sollte, auf die seit Jahrzehnten im Lande sitzenden Missionare Rautanen und Wulfhorst gestützt, das Vertrauen der Häuptlinge gewonnen werden, damit sie freiwillig die deutsche Oberhoheit anerkannten. So maßvoll das deutsche Gouvernement vorging, so unbesonnen verhielt sich die portugiesische Regierung, die gegen die nördlich der deutschen Grenze wohnenden Owambos mit großer Härte vorging, Forts anlegen ließ, zunächst am Kunene; im Jahre 1904 wurde eine Expedition in die östlich des Kunene liegenden Owambogebiete bis nahe an die deutsche Grenze vorgestoßen. Diese Expedition wurde nach schwerem Kampfe vollständig niedergemetzelt.

Im Jahre 1907 hatte Portugal eine Strafexpedition gegen seine Owambostämme vorgeschickt; sollte die deutsche Verwaltung nicht ihr Ansehen bei den Owambos verlieren, so mußte auch von unserer Seite etwas geschehen. Anfang 1908 beauftragte daher Gouverneur von Schuckmann den damaligen Hauptmann Franke mit einem neuen Zuge ins Owamboland; er sollte die dortigen Häuptlinge bewegen, sich der deutschen Schutzherrschaft zu unterstellen. Die Missionare Rautanen und Wulfhorst sagten gern ihre Mitwirkung zu; wieder von nur wenigen Reitern der Schutztruppe begleitet, zog Franke im Februar 1908 von seiner Station Outjo nach Norden. Nach langen Verhandlungen, wobei die Missionare Rautanen und Wulfhorst sehr bedeutende Dienste leisteten, gelang es dem Hauptmann Franke, mit den Owambo-Häuptlingen Kambonde-Ondonga, Ipumbo-Ukuambi, Tjaanika-Ongandjera, Zita ja Nalitoke-Ukualuitzi und Nande-Ukuanjama schriftliche Verträge abzuschließen, auf Grund deren diese die Oberhoheit des Deutschen Kaisers über ihr Gebiet anerkannten und ihr Volk unter den Schutz der deutschen Regierung stellten. Die Häuptlinge haben sich ferner schriftlich mit der Anwerbung von Arbeitern seitens des Gouvernements in Windhuk einverstanden erklärt. Der nördliche Teil des Ukuanjama-Stammes unter Häuptling Nande wohnt auf portugiesischem Gebiet; Nande hat den lebhaften Wunsch, seinen ganzen Stamm unter deutsche Oberhoheit zu stellen.

Das Amboland erstreckt sich von der Etoscha-Pfanne bis zum Kunene hinauf und wird im Osten durch 17 Grad 30 Minuten östl. Länge, im Westen durch die Ostgrenze des Kaokogebiets von Zwartboidrift am Kunene bis zu ihrem Schnittpunkt mit 18 Grad 30 Minuten südl. Breite begrenzt. Das Land ist reich bevölkert. Nach Angabe des Missionars Rautanen haben die beiden Ondonga-Stämme 20 000 bis 22 000 Seelen mit 4000 waffenfähigen Männern. Der Ukuambi-Stamm hat 15 000 Seelen mit 3000 waffenfähigen Männern, der Ougandjere-Stamm 7000 Seelen mit 1500 waffenfähigen Männern, der Aukualusi-Stamm 7000 Seelen mit 1000 Waffenfähigen, der Ukuanjama-Stamm 45 000 Seelen mit 10 000 waffenfähigen Männern und der Ombandja-Stamm 35 000 Seelen mit 10 000 Waffenfähigen. Die beiden letzten Stämme wohnen zum großen Teile auf portugiesischem Gebiet. Die gesamte deutsche Owambobevölkerung wird auf 80 000 Seelen geschätzt.

Das ganze Land ist eine ungeheure Ebene, in der auch die geringste Erhebung fehlt. Von Süden her führen zwei Hauptwege hinein, der eine über Okaukvejo, der andere über Namutoni.

Stundenlang reitet man über reine Grassteppe, anfangs noch wenig mit Busch- oder Baumwuchs bestanden; bei weiterem Vordringen nach Norden findet man dagegen starke Baumvegetation, darunter sehr schöne brauchbare Nutzhölzer. Namentlich heben sich hervor die hohen Fächerpalmen, der wilde Feigenbaum, der Marulla- und der Tambuti-Baum. Großwild ist allenthalben vorhanden; die nördlichen Gegenden werden auch von einer reichen, bunten Vogelwelt belebt; namentlich am Kunene selbst wimmelt es von Fischadlern, von wilden Gänsen und Enten, Reihern, Tauchern, Eisvögeln, Wasserhühnern, Strandläufern und vielen anderen Arten. Die Eingeborenen haben das Land streckenweise dicht bevölkert, die

Owambo-Mädchen beim Dreschen des Maises
Das Mädchen rechts zeigt die charakteristische Frisur der Owambo-Mädchen

Postboten im Owambolande
Den Fleischproviant für den Weg hat sich der eine Bote mit aufgepackt

Werften folgen hart aufeinander und bilden oft große Dörfer. Es handelt sich hierbei um die eigentlichen Stammesgebiete im engeren Sinne, d. h. um die Wohnsitze der Ondongas, der Ukuanjamas usw., die inselartig in der riesigen Ebene des Owambolandes verteilt sind.

Der Boden des ganzen Landes besteht, wie wir einer Beschreibung im „Deutschen Kolonialblatt" entnehmen, fast durchweg aus grauweißem Sand, in dem sich hier und da auch Kalktuff und Tonmischungen finden; leider ist der zur Erbauung von Häusern so dringend nötige Lehm nicht vorhanden. Immerhin haben die im Lande lebenden Weißen — bis jetzt fast nur Missionare — sich zu helfen gewußt. Ihre Häuser sind sozusagen aus Sand, aus an der Luft getrockneten Sandsteinen aufgebaut, die nur durch die mächtigen, überhängenden Dächer gegen jeden Regentropfen geschützt und so vor der Zerstörung bewahrt werden. Wahre Kunstwerke sind diese Dächer; ihre Herstellung erfordert einen Riesenaufwand von Fleiß und Geschicklichkeit. Der steil gehaltene Dachstuhl besteht aus geschältem Stangenholz, das in Dreieckverbänden ein festes Gefüge bildet. An Stelle von Bolzen, Klammern, Nägeln und Draht tritt der Ochsenriemen, welcher von den Eingeborenen aus roher Ochsenhaut geschnitten, mit Fett eingerieben und etwas rund gedreht wird. Diese Riemen werden in nassem Zustande verarbeitet. Beim Trocknen entsteht durch die Verkürzung eine vorzügliche Verbindung, die sich schließlich nur durch die Axt wieder lösen läßt. Die Bedachung besteht aus dem Kornstroh des Landes, das weit über mannshoch wird. Diese Dächer haben, abgesehen von ihrer Wasserdichtigkeit, den großen Vorzug, daß sie den Gebäuden trotz des tropischen Klimas eine angenehme Kühle verleihen. Gleichzeitig genießen die Bewohner durch das weit überhängende Dach die Annehmlichkeit einer das ganze Gebäude umgebenden Veranda.

Die Bewohner des Ambolandes sind Kaffernstämme, Angehörige der großen Bantu-Rasse, deren Ursprung auf Zentralafrika weist. Die Männer sind herkulische Gestalten, meistens über 1,70 m groß, einige 1,90 m und darüber. Die Muskulatur ist kräftig entwickelt, namentlich die Wadenmuskulatur. Die Statur der Frauen ist im Gegenteil klein, aber von schönem Ebenmaß.

Die Owambos treiben fast nur Ackerbau und Viehzucht. Bei den in der Nähe und unter dem Einfluß der Missionen lebenden Familien beteiligen sich auch die Männer an der Feldarbeit. Sonst ist die Feldarbeit meist Sache der Frauen und der größeren Kinder, ebenso die Herrichtung der Nahrung, Kornstampfen, Bierbrauen, Backen usw. Die Männer widmen sich mehr der Viehzucht, zum Teil auch der Jagd. Angebaut werden Korn, Hirse, Bohnen u. dergl. Die Felder müssen meist auf die Hoffnung hin bestellt werden, daß der Regen rechtzeitig einsetzt und dem Boden die erforderliche Feuchtigkeit zuführt. Es kommt vor, daß zu starker Regenfall

Im Amboland

Affenbrotbaum

die Saaten verdirbt. Leider haben die Jahre 1908 und 1909 in bisher kaum dagewesener Weise zusammengewirkt, um im Amboland schwere Hungersnot hervorzurufen, welche zahlreiche Opfer forderte. Im Jahre 1908 verdarb eine entsetzliche Dürre die meisten Ernten, 1909 wurden durch den überaus starken Regen die mühsam bestellten Felder überflutet und sämtliche Saaten vernichtet. Die Wasserverhältnisse sind sehr eigentümlich. In der Trockenzeit, April bis November, ist kaum Wasser genug für Menschen und Vieh, geschweige noch für Bewässerung von Ackerland vorhanden; in der Regenzeit, die etwa die andere Hälfte des Jahres andauert, steht sozusagen das ganze Land unter Wasser. Dann tritt der Kunene über seine Ufer und füllt die zahlreichen, das Land durchziehenden Omuramben (mit Gras bestandene Wasserrinnen) mit Wasser. Die nicht versickernden Wassermassen werden auf diese Weise nach der — bedeutend tiefer als die Kunene-Ufer liegenden — Etoscha geleitet. Solange die Omuramben „laufen", leidet der Owambo keine Not, denn dann spenden diese periodischen Flüsse Fische aller Art in reichlicher Menge, dann wird aus dem Landmann der Fischer, der in dem flachen Wasser leichte Arbeit hat.

Den Eingeborenen dienen auch die Früchte der zahlreichen Fruchtbäume als Nahrung; auch bereiten sie aus den Früchten berauschende Getränke, die einem starken Schnaps gleichen. Zur Zeit der Reife dieser Früchte ist nach übereinstimmenden Angaben der Missionare das ganze Volk tagelang betrunken. Häufig kommt es dabei zu Streit und zu Raubzügen zwischen den einzelnen Stämmen.

Die Bewaffnung der Eingeborenen besteht im allgemeinen aus Vorderladern, Lanze (Assagai), Pfeil und Bogen, Messer und Kirri. Mit Gewehren und Munition wurde bis vor kurzer Zeit ein schwunghafter Handel aus dem portugiesischen Gebiet getrieben, ein Gewehr mit Munition oft mit mehreren Ochsen bezahlt. Die Zahl der Gewehre wird von Landeskundigen auf mehrere Tausende geschätzt.

Die oben erwähnten Raubzüge sind häufig blutig und grausam. Die Unterliegenden werden meistens in Sklaverei geschleppt, wobei sie teils von den Häuptlingen zu eigenen Zwecken verwendet, teils an portugiesische Händler verkauft werden.

Infolge der häufigen Ueberfälle sind die Werften der großen regierenden Häuptlinge sowie diejenigen von Nande, Kambruck usw. von hohen Palisaden, 3 m langen, oben zugespitzten und am Feuer gehärteten Pfählen, umgeben. Die Eingänge sind meist sehr eng, die Werften selber schneckenhaus- oder irrgartenähnlich angelegt, so daß ein Fremder sich sehr schwer zurechtfinden kann. Im Zentrum der Werften befinden sich die Beratungsräume, die von Hütten und Pfahlzäunen umgeben sind. Hart neben solchen burgähnlichen Werften befinden sich die Kornspeicher der Eingeborenen. Auf etwa ¾ m hohen Pfählen stehen gewaltige runde Körbe von der Gestalt eines Flaschenkürbisses, die aus Gras, Bast oder Stroh geflochten sind. In diesen Behältern, welche je nach der Größe der Werft und dem Felderreichtum ihrer Bewohner in verschiedener Zahl zusammenstehen, wird das geerntete Korn aufbewahrt. Das aus dem Korn bereitete Mehl, welches die Frauen klein stampfen, gibt an weißer Farbe unserem besten Roggenmehl nichts nach.

Die Wohnung eines gewöhnlichen Mannes besteht im allgemeinen aus zwei bis zehn Hütten, welche von einem mehr oder weniger starken, hohen Stangenzaun umschlossen werden.

Wie schon erwähnt, pflegen die Männer hier und da, namentlich im nördlichen und westlichen Teile des Landes, der Jagd. Der Osten ist daher entschieden am wildreichsten: Gnus, Hartebeeste, Bastard-Gemsböcke und dergleichen kommen dort vor. Großwild ist dort noch in großen Herden vorhanden; auch Elefanten, Zebras, Löwen sind durchaus nichts Seltenes.

Im Ambolande

Leider tun portugiesische und englische Jäger diesem Wildreichtum erheblich Abbruch.

Neben Viehzucht spielt der Tauschhandel mit Elfenbein und Straußenfedern eine gewisse Rolle. Geld ist den Eingeborenen unbekannt; als Tauschartikel nehmen sie Tabak, Perlen, Bekleidungsstoffe und mit besonderer Vorliebe Gewehre und Munition an.

Die Owambos sind trotz der jahrzehntelangen Tätigkeit der finnischen Missionare größtenteils noch Heiden. Der Häuptling übt unumschränkte Macht aus. Ohne die Genehmigung des Häuptlings darf keiner seiner Untertanen das Land verlassen. Die Leute werden daher auch nur zu Arbeiten in der Tsumebmine und an der Bahn beurlaubt, und wehe dem, der nicht zurückkehrt, nachdem sein Urlaub abgelaufen ist. Ihn trifft härteste Strafe. Die Rache des Häuptlings weiß Flüchtlinge sogar fern vom Owambolande zu finden. Gewöhnlich müssen die Owamboleute zur Feldbestellung im Lande zurück sein, und nach der Ernte werden sie wieder beurlaubt. Der Verdienst der Leute gilt als Eigentum des Häuptlings. Was sie mitbringen von ihrer Arbeit an Decken, Kleidungsstücken, Schmuck, Geld müssen sie vor dem Häuptling ausbreiten, der seinen Teil nimmt und dem Manne das übrige „schenkt".

Die echte Owambofrau trägt einen merkwürdigen Kopfschmuck. Eine ganze Anzahl zopfartiger Gebilde, in Kranzform angeordnet, wird an dem natürlichen Kopfhaar der Trägerin befestigt. Zur Herstellung werden Tiersehnen verwandt: zwei solcher Sehnen in der ungefähren Stärke einer Zuckerschnur werden zu Stricken zusammengeflochten, mit den Kopfhaaren fest verwebt

Missionsstation Omupanda im Owambolande

und verklebt und dann am unteren Ende mittels Bast zu je vieren gebündelt. Gewöhnlich setzt sich der Schmuck aus zehn solcher Bündel zusammen, d. h. also aus 80 einzelnen Sehnen. Hierzu kommen noch 6 bis 10 schmale Lederriemen von ¼ bis 1 m Länge, welche das Gesamtgebilde noch beträchtlich verlängern. Die Länge der Zöpfe richtet sich nach Reichtum und sozialer Stellung. Man kann in Ondonga „vornehme" Frauen sehen, deren Kopfbedeckung wie die Schleppe unserer Damen den Boden fegt. Bedenkt man hierzu, daß der ganze Apparat Tag und Nacht fest und unauflöslich mit dem Kopf der Trägerin verbunden bleibt, daß die Sehnen dauernd durch intensives Einreiben mit Fett geschmeidig erhalten werden, daß als Kopfkissen größtenteils Mutter Erde dient, dann wird man sich ein ungefähres Bild machen können nicht nur von der Last, welche solch ein weibliches Wesen mit sich herumschleppt, sondern auch von der Verfassung, in der sich diese, namentlich bei älteren Frauen, gewöhnlich befindet. Der dem Haupt einer Ondonga-Schönen entströmende Geruch übertrifft, von seiner Eigenart abgesehen, an Intensität das teuerste Pariser Modeparfüm.

Der Lendenschurz der Weiber wird aus Glasperlen und Tierfellen gearbeitet. Form und Färbung der Perlen sind genau so der Mode unterworfen wie die Toiletten unserer Damen. Dieser Schurz ist in der Tat ein sehr graziöser Schmuck, der den meist gut gewachsenen, schlanken Gestalten eine gewisse Anmut verleiht.

Der Wert des Ambolandes für Südwestafrika liegt in seinem Arbeitermaterial. Durch den letzten Aufstand ist der mittlere und südliche Teil der Kolonie entvölkert, so daß die Arbeiterfrage nur durch die Heranziehung der Owambostämme gelöst werden kann. Das Bestreben des Gouvernements von Südwestafrika geht nun dahin, durch verständige Einwirkung auf die Kapitäne den Owamboarbeitern einen längeren Urlaub zu bewirken, damit sie ein Jahr und länger auf ihrer Arbeitsstelle bleiben können. Daß nur an friedliche Einwirkung gedacht wird, ist außerordentlich erfreulich. Eine gesunde Kolonialpolitik muß auf Erhaltung der so wertvollen Arbeitskraft der Eingeborenen und darum Vermeidung des Krieges gerichtet sein; sie muß danach streben, die fortgeschritteneren Elemente von der Nützlichkeit eines Systemwechsels zu überzeugen, und das Land langsam in den Bannkreis europäischer Wirtschaft und europäischer Ideen ziehen. Die Mission ist bei Erschließung des Owambolandes gar nicht zu entbehren.

Eine Besiedlung des tropischen Ambolandes durch Weiße ist vorläufig und vielleicht dauernd ausgeschlossen; doch wird es vielleicht möglich sein, die Owambos für den Tabak- und Baumwollanbau zu gewinnen. Das nächste wird sein die Einrichtung einer Residentur, die sich ähnlich wie die Residentur in Ruanda (Deutsch-Ostafrika) zu betätigen hätte.

Kapitel 13

Grootfontein und der Caprivizipfel

Am Omatakoberg, 70 km von Omaruru, nimmt ein Flußlauf seinen Ursprung, der in Länge der Oder die Omaheke durchzieht und in den Otawango mündet, soweit von Mündung bei einem Flusse die Rede sein kann, in dem nur an wenigen Stellen in der Regenzeit Wasser steht. Es handelt sich um den Omuramba-u-Omatako, Omuramba genannt, wie alle die Flußläufe zwischen dem Otawango und Eiseb. Wir zählen von Norden nach Süden Omuramba-u-Ombungo, Löwen-Omuramba, Omuramba-u-Owambo, der der Etoschapfanne zuströmt, und Omuramba-u-Omatako mit seinen Zuflüssen.

Ein Omuramba ist gewissermaßen ein gestorbener Fluß. Meist ist das frühere Flußbett bis zum Rande mit Sand und Erde ausgefüllt, so daß die Ufer kaum zu erkennen sind; nur die reiche Vegetation verrät die Nähe starker Wassermassen, die immer noch den alten Flußlauf, von Sand und Erde allerdings verschüttet, talabwärts ziehen. Stellenweise stehen noch steile Uferwände an; auch nimmt der Flußlauf wohl — und dadurch zeichnet sich besonders der Omuramba-u-Omatako aus — den Charakter einer weiten grünen Ebene an. An solchen Stellen standen in diesem Flusse große, stark bevölkerte Hererowerften, die sich vor dem Kriege von Osire an bis weit über Otjituo hinaus hinzogen. Bei Osire bildet der Fluß ein 1—2 km breites grünes Tal mit Kameldornbäumen an den Ufern und lichter Waldvegetation im Bette; zwischen Otjimavare, einem alten Hereroplatz, und Koblenz bildet er eine breite, saftige Wiesen- und Parklandschaft von idyllischer Schönheit. Auch bei Otjituo ist der „Fluß" ein breites, tiefes Trockental. In den Oma-

Grootfontein

tato münden der Omuramba von Omambonde und Ondengaura ein; letzterer bildet stellenweise ein wildromantisches Tal mit mächtigen Uferwänden aus rotem Sandstein.

Die Omuramben, die alle mehr oder weniger gleich sind, durchströmen alle die sogenannte Omaheke, das große Sandfeld, wie wir früher sehr unzutreffend gesagt haben. Die Hereros haben den ersten Ansiedlern den Glauben beizubringen gewußt, daß die Omaheke reine Sandwüste wäre; ihre Werften haben aber bis tief in dies Gebiet hinein gestanden, und ihr Vieh haben sie wohl immer schon in die Omaheke getrieben. In ihrem nördlichen Teil bildet sie nämlich ein großes Grasgebiet mit dichtem, oft sehr stattlichem Laubwald bestanden; das Land macht den Eindruck eines großen, schönen Parkes, namentlich in der Regenzeit und zu Ende der Regenzeit. Im nördlichen Teil, der bis zum Omuramba-u-Omatako reicht, sind auch genügend Wasserstellen bekannt, so daß auch in der Trockenzeit Weidewirtschaft möglich ist. Auf den Regenfall hin aber könnte Mais angebaut werden.

Eine Sonderstellung nimmt in diesem Gebiet die Grootfonteiner Gegend ein. Seinen Namen erhielt Grootfontein von den Buren. Ein Bur namens Jordaan hatte 1874 aus politisch-religiösen Gründen Transvaal mit etwa 50 Gefährten verlassen. Sie zogen erst nach Portugiesisch-Angola, wo ein Teil der Buren blieb; die anderen zogen unter Führung Jordaans zuerst ins Kaoko-Veld über den Kunene; im Jahre 1884 kamen sie in die Grootfonteiner Gegend. Dort wollten sie sich ansiedeln, deshalb „kaufte" Jordaan Grootfontein von den Owambohäuptlingen nebst einem Territorium von 50 000 Geviertkilometer für 25 Gewehre, ein gesalzenes Pferd (ein Pferd, das gegen die Pferdesterbe immun ist) und ein Faß Branntwein. Die Buren gedachten in dieser Gegend einen neuen Freistaat zu gründen. Schon war alles zur Heranziehung von Nachwanderern vorbereitet, als Jordaan im Owambolande ermordet wurde. Die deutsche Militärstation Grootfontein konnte erst 1896 eingerichtet werden.

Grootfontein nimmt in dem Gebiet insofern eine Sonderstellung ein, als es fließendes Wasser besitzt. Selbstverständlich haben die Buren die besten Plätze mit reichlich fließendem Wasser besetzt; die Leute sind aber faul, schmutzig, seit ihrer Einwanderung zurückgegangen. Besser kamen deutsche Ansiedler fort, die auch auf den jährlichen Regenfall (November bis April) hin Mais bauen, Tabak, Getreide, Gemüse; es gab 1910 im Bezirk Grootfontein 125 Ansiedler, Pflanzer, Farmer. Die gesamte weiße Bevölkerung des Bezirkes, eingeschlossen 34 Regierungsbeamte und 33 Schutztruppenangehörige, betrug am 1. April 1910 693 Köpfe. Es gibt im Grootfonteiner Bezirk auch schlechte Jahre, wo der Regenfall ungenügend bleibt und die Saat verdorrt; die Farmer rechnen auf zwei gute ein schlechtes Jahr.

Grootfontein und der Caprivizipfel

Südlich des großen Omatako wird die Omaheke dürrer. Zwar ist sie auch da noch bis über den Epukiro Grassteppe mit einzelnem Baumbestand, aber sie geht bald in das kalahariartige Kaukau-Veld über, das in der Regenzeit eine ideale Weide für Ziegen und Schafe darstellt, wo große Vleys sich dann bilden, die noch einige Zeit, auch während der Dürre aushalten; bald aber ist die weite Ebene wasserlos, und Menschen und Vieh müssen elend verdursten. In diesem Teile der Omaheke sind die Hereros zu Tausenden zugrunde gegangen, auch unsere Truppen haben auf den zahlreichen Vorstößen

Aukwe-Männer aus Rietfontein Phot. Seiner

in dieses Gebiet seine Schrecken kennen gelernt. Dieses Kaukau-Veld senkt sich zum Okavangobecken mit dem Ngamisee, der bis 1890 deutsch war; diese Grenze wurde durch den Vertrag von 1890 aufgegeben. Wir erhielten dafür den sogenannten Caprivizipfel. Dieses Gebiet, sehr unzugänglich, ist erst 1909 von Hauptmann Streitwolf erforscht.

Der Caprivizipfel war bis Anfang 1909 in die deutsche Verwaltung nicht einbezogen; infolgedessen war er eine Zufluchtsstelle allerlei lichtscheuen Gesindels geworden, darunter auch weißer Elemente, die den reichen Wildstand des Gebietes durch Aasjägerei schlimmster Art schädigten. Infolgedessen wurde durch Verordnung des Gouverneurs vom 16. Oktober 1908 der Zutritt zum Caprivizipfel ohne besondere amtliche Genehmigung untersagt; sodann wurde der Distriktschef von Gobabis, Hauptmann Streitwolf, als Resident mit einem Feldwebel, zwei Sergeanten und 14 Eingeborenensoldaten nach dem Caprivizipfel entsandt. Streitwolf brach am 15. November

1908 von Gobabis auf, betrat nach einem Zuge durch das britische Betschuanaland am 27. Januar 1909 den Caprivizipfel und erreichte am 3. Februar das rechte Sambesi-Ufer gegenüber dem britischen Lager Seßheke. Dort schlug er sein Lager auf und errichtete die Station Schuckmannsburg.

Streitwolf fand im Caprivizipfel eigenartige Verhältnisse vor. Ein großer Teil der in diesem Gebiet lebenden Stämme, der Masubia, Majue und Masei, war den Barotse unterworfen, deren König Luanika sein Reich absolut regiert. Es zerfällt in mehrere Provinzen, an deren Spitze Häuptlinge, in der Regel Luanikas Söhne, stehen. Die Provinzen sind eingeteilt in kleinere Bezirke, die von Idunas verwaltet werden. Sie und die Häuptlinge werden vom König eingesetzt. Zwei Barotse-Provinzen reichten in den Caprivizipfel hinein, nämlich die Provinz des Häuptlings Letias von Seßheke und die des Häuptlings Letia-Njana in Kaunga. Außerdem pflegten die Barotse in der Trockenzeit ihr Vieh regelmäßig in deutsches Gebiet auf die Weide zu schicken. Vor Ankunft des Hauptmanns Streitwolf hatte der britische Resident dem Barotsekönig Luanika die neue Lage erklärt, hatte ihm vor allem gesagt, daß das Hin- und Hertreiben des Viehes nun aufhören müsse. Daraufhin ließen Luanika und seine Söhne sofort ihr Vieh auf britisches Gebiet treiben; ferner befahl Luanika den Barotse und den unterworfenen Stämmen, die im Caprivizipfel wohnten, auf britisches Gebiet überzutreten. Wer diesem Befehl nicht nachkam, wurde durch Letias Leute mit Gewalt auf das linke Sambesi-Ufer gebracht, und wer entfloh, dem wurde wenigstens das Vieh weggetrieben. Infolgedessen fand Hauptmann Streitwolf hauptsächlich die Flußniederungen menschenleer.

Als Streitwolf seine Station gebaut hatte, unternahm er Reisen in das Gebiet; seine erste Reise galt dem einflußreichen Iduna Mamili, dessen Werft am Kwando liegt. Der Hauptmann weihte Mamili in die neuen Verhältnisse ein. Er ließ dann die Dorfschulzen zusammenrufen, die für die neue Lage volles Verständnis zeigten; sie klagten aber, daß Letia ihnen Vieh weggetrieben habe, und baten, der Hauptmann möge ihnen ihr Vieh wieder besorgen. Das gelang; Letia gab 300 Rinder im Werte von 30 000 Mark zurück. Hauptmann Streitwolf konnte auf friedlichem Wege die deutsche Herrschaft im Caprivizipfel etablieren. Sein authentischer Bericht erzählt von diesem wenig erforschten Gebiet:

„Die eingeborene Bevölkerung des bisher bereisten Teils unseres Schutzgebietes beträgt ungefähr fünftausend Köpfe. Wirtschaftsgeographisch gehört der Caprivizipfel zum Sambesi-Gebiet; infolge seiner schweren Zugänglichkeit sind die wirtschaftlichen Verhältnisse des Landes bisher aber noch wenig entwickelt gewesen. Seine Bewohner haben ausschließlich Ackerbau und Viehzucht getrieben, sich auch von den Erzeugnissen der Jagd ernährt. Was die Geeignetheit des Bodens zum Ackerbau und zur Viehzucht anlangt, so

Weiber von Sumpfbuschmännern am Okawango Phot. Seiner

Mambukuschudorf im Caprivizipfel
durch Palisaden vor Löwen geschützt Phot. Seiner

sind zwei Hauptgebiete zu unterscheiden, nämlich das Ueberschwemmungsgebiet, das heißt die Linjanti- und Sambesi-Niederung, und das Wald- und Trockengebiet. Das Ueberschwemmungsgebiet hat Savannencharakter und wird jedes Jahr durch das periodische Steigen der genannten beiden Flüsse mehr oder weniger unter Wasser gesetzt. Sein Boden ist durchweg etwas sandig, doch gibt es auch weite Strecken schönen Mutterbodens. Am Linjanti ist der Boden fruchtbarer als am Sambesi, weil der Sambesi mehr Sand über die Niederungen flutet als der langsamer fließende Linjanti. Das Niederungsgebiet hat überall guten Weideboden und gegenüber anderen Gebieten den Vorteil, daß es in der Trockenzeit, wo in jenen das Gras abstirbt, immer frische grüne Wiesen besitzt. Das Waldgebiet, in welchem zwischen Niederungswald und Trockenwald unterschieden wird, führt schwarzen, moorigen Boden, nur an höher gelegenen Stellen tritt mehr Sand hervor. Der Wald besteht zum großen Teil aus herrlichen, wertvollen Mopane-Bäumen, kann aber zurzeit wegen mangelnder Verkehrswege nicht ausgenutzt werden. Das Land ist deshalb zur Viehzucht besonders gut geeignet, weil das Vieh, wenn es in der Trockenzeit in die Niederungsgebiete getrieben wird, das ganze Jahr hindurch frisches Futter hat."

Hauptmann Streitwolf glaubt, daß das Niederungsgebiet für den Reisbau geeignet sein dürfte, da sich Tausende von Hektaren mit Reis bestellen lassen würden. In den Trockengebieten dagegen hält er den Baumwollanbau für aussichtsreich und lohnend. Er hat auch schon mit entsprechenden Versuchen begonnen. Das Land besitzt, obwohl seinem Wildbestand — teilweise auch durch englische Jagdexpeditionen — bereits arg zugesetzt wurde, an wertvollem, großem Wild, wie Elefanten, Giraffen und Flußpferden, immer noch einen großen Reichtum, der bei verständiger und schonender Ausnutzung eine dauernde beträchtliche Einkunftsquelle bilden kann.

Weder zum Caprivizipfel noch zur Omaheke gehört der wenig besuchte, aber sehr fruchtbare Landstreifen am Okawango, der noch in deutsches Gebiet fällt. Die Okawangoleute sind bis in die neueste Zeit recht unzuverlässig gewesen; ihr Häuptling Himarua hat recht viel bei uns auf dem Kerbholz. Wir werden auch dies Gebiet demnächst in straffe Verwaltung nehmen müssen. Die vom Kolonialwirtschaftlichen Komitee veranstaltete Kunene--Sambesi-Expedition hat das Okawango-Gebiet besucht; sie fand auf der linken (der portugiesischen) Uferseite zahlreiche Dörfer. Am rechten, dem deutschen Ufer, fand sie wohl einzelne bebaute Felder, aber nur wenig Hütten. Die Niederung zu beiden Seiten des Flusses bietet eine vortreffliche Viehweide und einen zum Anbau von Mais oder Weizen sehr geeigneten Boden. Auch auf der portugiesischen Seite ist die Bevölkerung sehr unzuverlässig; die Expedition des Kolonialwirtschaftlichen Komitees fand im Hauptdorfe die Ueberreste eines Burenwagens, dessen Besitzer ermordet worden war.

Kapitel 14
Der Süden des Schutzgebietes

An das Hererogebiet schließt sich nach Süden das Groß-Nama-Land, das Hauptgebiet der Hottentotten. Es ist ebenfalls sehr gebirgig. Es wird von Norden nach Süden von einer Senke durchzogen, in der der Große Fischfluß und seine Quellarme ihr Wasser zum Oranjefluß führen. Sie gehören zu den wasserreichsten Strömen (wenn man von den Grenzflüssen Kunene, Okawango und Oranje absieht) Südwestafrikas. Zwischen den beiden Hauptquellflüssen, dem Konkip und Oub, liegt die Zwiebelhochebene, ein ziemlich gras- und weidereiches Gebiet. Westlich des Konkip-Grabens erheben sich von Norden nach Süden das Naukluft-, Zaris-, Tiras-Gebirge und die Huib-Hochebene (südlich Aus). Sie sind alle noch sehr wenig bekannt. Oestlich des Oub gehen die Gebirge bald in wellige Hochebene, die Karroo, über; da ziehen die Rinnen des Auob- und Nossob-River nach Südosten. Dies Gebiet ist noch kaum bekannt. Südlich Keetmanshoop erheben sich die Großen und Kleinen Karasberge. Diese sind bis 1500, jene bis 2000 m hoch.

Der nördliche Teil des Südens, zwischen Rehoboth etwa und Keetmanshoop, ist der wertvollere. Er umfaßt hauptsächlich die beiden Ver-

Frachtboote der Masubia am Sambesi-Ufer   Phot. Seiner

Szenerie am Fischfluß

waltungsbezirke Maltahöhe und Gibeon, dann die nördlichen Teile von Keetmanshoop und Bethanien. Maltahöhe und Gibeon hatten am 1. April 1910 zwar nur 287 und 775 weiße Bewohner, darunter waren aber 56 und 137 Farmer und Ansiedler. Im Keetmanshooper Bezirk lebten 122 Farmer und Ansiedler. Dieser hatte am 1. April 1910 allein 12 106 Stück Rindvieh; Maltahöhe und Gibeon hatten zusammen 11 259 Stück. Dagegen standen in den Bezirken Bethanien und Warmbad zusammen nur 7416 Stück. Immerhin zeigen diese Ziffern, daß auch der Süden, der in trockenen Jahren einen geradezu trostlosen Eindruck macht, nicht so wertlos ist, wie der flüchtige Besucher annehmen möchte. In der Schafzucht Südwestafrikas wird der Süden des Schutzgebiets eine große Rolle spielen. Am 1. April 1910 standen im Bezirk Warmbad 30 478 Fleischschafe, in Bethanien 12 733, Keetmanshoop 62 859, also über 100 000 in diesen drei Bezirken. Wollschafe hatten sie etwas über 9000.

Die Gesamtzahl der Weißen betrug am 1. April 1910 in Gibeon 775, Maltahöhe 287, Keetmanshoop 1653, Bethanien 376, Warmbad 858; also auch im Süden lebten 3979 Weiße. Allerdings waren davon 1530 Regierungsbeamte und Schutztruppenangehörige und von den verbleibenden Zivilpersonen nicht weniger als 1202 Engländer und Kolonialengländer.

Die Gegend von Ulamas nach Warmbad ist öde, von ähnlichem Charakter wie das ganze Kapland. Bedeutende Bergzüge sind nicht vorhanden; aber kleine Kuppen erheben sich überall, die „Kopjes" der Buren. Sehr reichlich kommt der „Melkbosch" (Milchbusch) vor, eine ginsterartige

Der Süden des Schutzgebietes

Landschaft aus dem Nama=Lande

Pflanze, deren meterlange Ruten einen gummihaltigen Milchsaft geben. Getrocknet dient dieser Busch als Brennmaterial. In den Nächten herrscht in unsern Sommermonaten eine ziemlich strenge Kälte. Als Staatssekretär Dernburg bei seinem Besuche in Südwest am Vormittag des 15. Juli von Ukamas fortritt, klang es von den steinigen Hügeln wie Gewehrfeuer herüber, so daß er und seine Begleiter sich besorgt umsahen. Sie wurden aber von den Landkundigen dahin belehrt, daß die an Gewehrschüsse erinnernden Töne von den platzenden Steinen herrührten, die in der kalten Nacht sich zusammen= gezogen hatten, und deren Inneres der unter den Sonnenstrahlen rasch sich erwärmenden und ausdehnenden Oberfläche sich nicht schnell genug anpassen konnte. Die Gegend um Warmbad und weiter hinauf nach Keetmanshoop erscheint dem Reisenden geradezu trostlos; Steine und Sand, soweit das Auge reicht; an Vegetation zeigen sich nur verdorrte Kräuter und ab und zu in größeren Mengen der „Melkbosch". An Nahrungsmitteln war in dieser Oede fast nichts zu haben, ab und zu nur eine Tasse Kaffee über dem mit Melkbosch angerichteten Feuer gekocht.

Von großer wirtschaftlicher Bedeutung ist dieser Süden des Schutzgebiets schwerlich; er mußte durch eine Bahn erschlossen werden, weil die Karasberge dem Grenzgesindel leichte Schlupfwinkel bieten und die Beunruhigung des Südens bis Keetmanshoop hinauf eine dauernde ist, wenn die Verwaltung nicht in der Lage ist, Ruhestörern sofort mit überlegener Macht gegenüber=

zutreten. Wertvoll können die Großen und Kleinen Karasberge werden; sie enthalten gute Wasserstellen und Weideplätze. Verhältnismäßig gut kann auch das sogenannte Bilandergebiet genannt werden, das sich nördlich Ukamas dicht an der Grenze aufwärts zieht; es ist reich an Wasser und hat gute Viehweiden. Der größte Teil dieses Gebiets ist in Händen von Engländern und Buren, die sich im Süden zahlreich niedergelassen haben.

Der Süden hat Zeiten großer Dürre, wie im Jahre 1908, als Staatssekretär Dernburg im Schutzgebiet weilte; einen großen Vorzug hat dieser Teil vor dem übrigen Schutzgebiet; er bleibt fast ganz von Viehseuchen verschont. So gibt es vor allem keine Pferdesterbe, so daß der Pferdezüchter des Südens im mittleren und nördlichen Südwestafrika guten Absatz findet. Sehr geeignet ist der Süden für die Aufzucht von Schafen und Angoraziegen. Auch Strauße kommen recht häufig vor und könnten in diesen vegetationsarmen, aber gesunden und genügsamen Tieren ausreichende Nahrung bietenden Landstrichen mit Erfolg gezogen werden.

Am Großen Fischfluß, dem Löwen- und Oranjefluß ist Land für Gemüsekultur vorhanden; wenn die Anlage von Staudämmen Wasser genug liefert, um daraufhin den Anbau von Luzerne in größerem Maßstabe zu betreiben, ist die Viehzucht im Bezirk Keetmanshoop-Warmbad sichergestellt. In einigermaßen guten Regenjahren wächst genügend Nahrung im Süden für Herden von Schafen, Angoraziegen und Straußen; eine große Gefahr sind aber die immer wiederkehrenden Jahre der Dürre, die den größten Teil des Viehstandes vernichten würden, wenn es in solchen Jahren nicht gelingt, mit dem Anbau von Luzerne auszuhelfen.

Im Süden von Südwest fehlt es noch sehr an weißen Frauen; Heiraten mit eingeborenen Weibern sind früher viel vorgekommen. Deshalb sind die Bemühungen, weiße Frauen in die Kolonie zu bringen, auch vorzugsweise auf die südlichen Bezirke gerichtet. Der Frauenbund der Deutschen Kolonial-Gesellschaft hat in Keetmanshoop ein Mädchenheim errichtet, wo junge Mädchen, die frisch in die Kolonie kommen, den ersten Aufenthalt bis zur Erlangung einer Stellung finden, die sehr bald immer in die Stellung einer Hausfrau überzugehen pflegt.

Kapitel 15
Bahnbauten in Südwestafrika

Wenn man auf südwestafrikanische Bahnen zu sprechen kommt, kann man das Kapitel der Konzessionen nicht umgehen, eines der traurigsten der deutschen Kolonialgeschichte. Südwestafrika war diejenige Kolonie, für die bis in die jüngste Zeit eine sehr ungünstige Meinung fast allgemein verbreitet war; viel trug daran die Schuld das böse Wort von dem „Probejahr", das er der Kolonie noch gewähren wolle, welches Reichskanzler Graf Caprivi 1890 gesprochen hatte. Eine überaus kritische Zeit folgte; es fehlte nicht viel, und Südwestafrika wäre an die Engländer übergegangen. Mit Freude wurde es daher auch in kolonialen Kreisen begrüßt, als 1891 sich unter überwiegender Betätigung englischen Kapitals auf Anregung der Ham-

Am Oranje-Fluß

burger Dr. Scharlach und Wichmann eine Gesellschaft bildete, die sich des schwer bedrängten Schutzgebiets wirtschaftlich annehmen wollte. Nachdem am 3. August 1892 den Herren Dr. Scharlach und Wichmann die sogenannte Damaraland-Konzession unter Vorbehalt erteilt worden war, wurde am 12. September der von ihnen gegründeten „South West Africa Company Limited" in London die Konzession endgültig erteilt.

Die Gesellschaft erhielt folgende Rechte: 1. das ausschließliche Recht zur Aufsuchung und Gewinnung von Mineralien in einem Bezirk in der Ausdehnung von 2 Breiten- und 3 Längengraden, die Kupferminen von Otavi umfassend; 2. die unentgeltliche Ueberlassung des ausschließlichen Eigentums an Grund und Boden von einem Flächeninhalt von 13 000 qkm in diesem Gebiet; 3. das auf 10 Jahre befristete ausschließliche Recht, ein- oder zweigleisige Eisenbahnen anzulegen, zu betreiben und zu unterhalten, von einem Punkte des Schutzgebiets nördlich von Walfischbai nach einem beliebigen Punkte des unter 1. bezeichneten Gebiets, nebst allen Zweiglinien, Hafen- und sonstigen Anlagen.

Für die Konzession übernahm die Gesellschaft die Verpflichtung, mindestens drei deutsche Direktoren zu haben, in vier Jahren 600 000 Mark auf das Konzessionsgebiet zu verwenden, für zwei Expeditionen 300 000 Mark auszugeben, an die Regierung jährlich 2000 Mark und nach Ablauf von 30 Jahren jährlich 20 000 Mark zu zahlen, aus der Förderung von Edelmetallerzen 2 pCt., von sonstigen Erzen 1 pCt. Abgabe zu entrichten.

Die Konzession wurde erteilt, weil man hoffte, daß das Schutzgebiet infolgedessen eine Bahn erhalten werde; die Gesellschaft ließ auch eine 570 km lange Bahnlinie von Swakopmund nach Otavi trassieren mit einer 300 Kilometer langen Abzweigung nach Windhuk. Der Bau verzögerte sich aber, und als 1897 infolge der Rinderpest eine schwere Hungersnot drohte, mußte die Regierung an den Bau der Bahnlinie Swakopmund—Windhuk herantreten. Da die Konzession der South West Africa Company entgegenstand, wurde die erste Strecke als Maultierbahn ausgebaut; aus Argentinien beschaffte Maultiere schleppten die Eisenbahnwagen auf Schienengleisen durch die Küstenwüste. Dieser Betrieb war natürlich sehr kostspielig, und die Regierung trat mit der Gesellschaft in Verhandlungen ein wegen Abänderung ihrer Konzession. Die Verhandlungen führten zu einer neuen Vereinbarung, die der Regierung den Bau der geplanten Bahn nach Windhuk gestattete, wogegen die Gesellschaft auch noch Minenrechte im Owamboland erhielt. Nun konnte endlich energisch an den Ausbau der Bahnlinie nach Windhuk gegangen werden; die 382 km lange Strecke wurde Mitte Juni 1902 eröffnet. Der Bau wurde ausgeführt durch ein Kommando der Eisenbahnbrigade; das Material wurde zum Teil den Kriegsbeständen dieser Truppe entnommen. Die Schwierigkeiten beim Bau der als Militärbahn zu bezeichnenden Bahn lagen in der Ueberwindung

Bahnbauten in Südwestafrika

des der Küste vorgelagerten Wüstengürtels, in der Wasserarmut des Geländes und in den starken Steigungsverhältnissen. Die Bahn, an der Küste fast in Meereshöhe beginnend, steigt bis Karibib (194 km) auf 1165 m, bis Okahandja (311 km) auf 1321 m und bis Windhuk (382 km) auf 1637 m Meereshöhe. Die Gesamtkosten haben rund 15 Millionen Mark oder pro Kilometer 39 200 Mark betragen. Als Feuerungsmaterial kommen nur Steinkohlen zur Verwendung.

Die Südbahn in den Wanderdünen

Die kleine Bahn von 60 cm Spurweite, teilweise — namentlich auf den ersten hundert Kilometern — schlecht gelegt, ist wenig leistungsfähig; deshalb ist der Umbau der Strecke Karibib—Windhuk mit einem Kostenaufwand von 11 Millionen beschlossen und bereits in Angriff genommen. Es wird für den Umbau die breite Kapspur (1,067 m) ausgeführt.

Die alte Bahn (das Bähnle, wie die Südwestafrikaner sagen) ist während des Herero-Aufstandes von unschätzbarem Werte gewesen; ohne sie wäre ziemlich alles — bis auf Windhuk — verloren gegangen und hätte unter schweren Opfern wiedererobert werden müssen. Großartiges hat die Bahn später für die Verpflegung der Truppe geleistet.

Im südlichen Teile des Schutzgebiets war es die South African Territories, Ltd., von der lange Zeit der Bau einer Bahn erwartet wurde. Diese Gesellschaft war Rechtsnachfolgerin des englischen Karaskhoma Exploring and Prospecting Syndicate, Ltd., London, das 1889 und 1890 mit den Häuptlingen der Bondelzwarts-, Zwartmodder- und Veldschoendrager-

Hottentotten Verträge abgeschlossen hatte, ehe noch diese Stämme dem deutschen Schutz unterstellt wurden. Das Syndikat hatte von den Häuptlingen sehr zahlreiche und weitgehende Rechte erworben. Am 21. August 1890 wurden die genannten Gebiete mit Unterstützung der Vertreter des Karasthoma-Syndikats unter deutschen Schutz gestellt. Das Syndikat verlangte nun Anerkennung der ihm von den Häuptlingen verliehenen Rechte; die Regierung konnte das aber nicht gewähren, weil die Verträge eine völlige Auslieferung des Gebiets an die Gesellschaft bedeuteten. Nach langen Verhandlungen kam die Vereinbarung vom 31. Oktober 1892 zwischen der deutschen Reichsregierung und dem Syndikat zustande. Danach sollte das Syndikat 128 in den genannten Gebieten von ihm auszuwählende Farmen von je 10 000 kapschen Morgen (1 kapscher Morgen = 0,8565 ha) zum Eigentum erhalten, sobald es die Gründung einer Gesellschaft mit barem Betriebskapital von 200 000 Mark nachweist, weitere 128 Farmen bei ernster Inangriffnahme der Vorarbeiten für eine Bahn Lüderitzbucht—Aus. Ferner sollte das Syndikat für Herstellung dieser Bahnlinie noch weitere 256 Farmen erhalten; zugesprochen wurden ihm im Gebiet der drei Stämme auch die Berg- und Minenrechte.

Das Syndikat trat nicht ernstlich an den Bahnbau heran, sondern gründete am 11. September 1895 in London die South African Territories Ltd., der es seine Rechte übertrug. Die neue Gesellschaft wurde erst am 7. Juni 1897 von der Regierung als Rechtsnachfolgerin des Syndikats anerkannt. Auch die neue Gesellschaft nahm den Bahnbau Lüderitzbucht—Aus nicht ernstlich in Angriff; daher sind ihre Rechte auf 128 Farmen und die Minenrechte beschränkt, die aber im Jahre 1917 am 31. Oktober verfallen.

Der Hottentottenaufstand, der im Oktober 1903 ausbrach, erforderte dringend die Herstellung eine Bahnlinie von Lüderitzbucht nach Keetmanshoop, wenigstens aber von Lüderitzbucht nach Kubub. Die Verpflegung der im Süden von Keetmanshoop im Felde stehenden Truppe machte ungeheure Schwierigkeiten; die Ernährung des Soldaten kam auf 10 000 Mark und mehr zu stehen. Immer dringender forderten die Truppenführer in zahlreichen Telegrammen ans Kolonialamt den Bau der Bahn; dieses zögerte, weil die Schwierigkeiten der Durchquerung des bald hinter Lüderitzbucht beginnenden Dünengürtels als unüberwindlich angesehen wurden. Als man im Sommer 1905 sich darüber klar war, daß es doch gehen würde, verlangten koloniale Kreise eine sofortige Einberufung des Reichstages, aber ohne Erfolg. Erst zu Weihnachten 1905 wurde die Bahn von Lüderitzbucht nach Kubub bewilligt, und schon im Januar 1906 erfolgte die Inangriffnahme. Es war auch höchste Zeit. Riesensummen hatte die Verpflegung der im Süden kämpfenden Truppe verschlungen; ein Ende des Aufstandes war noch gar nicht abzusehen. Mit großer Energie ging die Baufirma Lenz & Cie. an die Arbeit; schon am 1. November 1906 konnte die Strecke Lüderitzbucht—Aus eröffnet werden. Das Kolonialamt — an seine Spitze war im Herbst 1906 Staatssekretär Dernburg getreten — brachte Oktober 1906 die Forderung des Weiterbaues der Bahn nach Keetmanshoop an den Reichstag; sie konnte durchgesetzt werden. Wie dringend notwendig die Bahn war, zeigt folgende Aufstellung des Großen Generalstabes: Noch im September waren für Verpflegung der im Süden kämpfenden Truppe, die Sicherung der Etappen und Transporte eingesetzt: 61 Offiziere, 1360 Soldaten, 2535 Treiber, 12 350 Tiere aller Art, außerdem 430 Privatwagen mit 9600 Zugtieren. Ein solch ungeheurer Apparat war nötig, weil die Bahn fehlte. Und welche Summen mußten ausgegeben werden! Ein Zentner aus dem Kaplande bezogener Hafer kam in Keetmanshoop auf 70 Mark zu stehen. Wahrlich, die furchtbarste Not hat zum Bau der Bahn Lüderitzbucht—Keetmanshoop gezwungen. Die Eröffnung der ganzen Strecke erfolgte im Juli 1908 durch Staatssekretär Dernburg.

Sehr schwer hatte es gehalten, vom Reichstag die ersten Bahnen zu bekommen, weil alles unter dem Eindruck der Wertlosigkeit Südwestafrikas stand und die furchtbaren Opfer für den Krieg schreckten; nachdem aber das Eis gebrochen war, ging es schneller mit dem Bewilligen im Reichstage. Im Frühjahr 1908 wurde der Bau einer 183 km langen Linie von Seeheim nach Kalkfontein genehmigt (in der Nähe von Warmbad), und Anfang 1910 stimmte der Reichstag dem Ankauf der Otavibahn nebst Zweiglinie nach Grootfontein zu und dem Bau einer Bahn von Windhuk nach Keetmanshoop. Ueber die Otavibahn wird in einem folgenden Kapitel das Nötige gesagt; wir haben uns daher noch zu beschäftigen mit den Gebieten, welche die neue Nord—Südbahn durchziehen soll, und mit ihr selber. Diese Bahn geht zunächst von Windhuk nach Rehoboth, dem Hauptsitz der Rehobother Bastards, dann tritt sie in das Gebiet der Hottentotten, das Groß-Namaland, ein. Südwestlich von Rehoboth, um Hoachanas, wohnt die Rote Nation; um Gibeon haben sich die spärlichen Reste der Witboi-Hottentotten an-

Gibeon-Hottentotten beim Bau eines Pontoks

gesiedelt. Es kann sich kaum um 100 Familien handeln. Oestlich von ihnen wohnen um Gochas die Fransmann-Hottentotten. Berseba und Bethanien, die Plätze der uns treuen Bethanier, wird die Bahn nicht berühren; sie verläuft von Gibeon nach Keetmanshoop auf den östlichen Randbergen des Oubtales.

Zur schnellen Entwicklung von Keetmanshoop hat die Eröffnung der Bahnlinie Lüderitzbucht—Keetmanshoop viel beigetragen. Danach ist anzunehmen, daß nach Eröffnung der Nord—Südbahn die Bezirke Rehoboth, Maltahöhe und Gibeon schnell aufblühen werden. Die Eröffnung der etwa 530 km langen Linie wird im Jahre 1915 erfolgen. Den Verkehr schätzt die Kolonialverwaltung in den ersten Jahren gering ein; sie glaubt, daß er sich mit einem Zuge in der Woche nach jeder Richtung werde bewältigen lassen. Gegenwärtig hat Südwestafrika an fertigen Bahnen:

Swakopmund—Windhuk	mit 382 km
Swakopmund—Tsumeb	„ 578 „
Otavi—Grootfontein	„ 91 „
Lüderitzbucht—Keetmanshoop	„ 370 „
Seeheim—Kalkfontein (Süd)	„ 183 „
Summa	1604 km

Mit rund 1604 km fertiger Bahn hat das südwestafrikanische Schutzgebiet das größte Bahnnetz von allen deutschen Kolonien. Wenn die Nord—Südbahn mit 530 km hinzukommt, wird es 2130 km Bahn besitzen. Die Hälfte von dieser Bahn ist auch bereits fertiggestellt.

Kapitel 16
Bergbau in Südwestafrika

Das Vorkommen von Kupfer in Südwestafrika war schon in den 50er Jahren des vorigen Jahrhunderts bekannt; besonders hatte die Matchleßmine, 35 km südwestlich von Windhuk im Komas-Hochlande gelegen, das Interesse der Kapitalistenkreise schon in den siebziger Jahren erregt. Damals hatte sich eine englisch-amerikanische Gesellschaft zur Ausbeutung dieser Kupfermine gegründet. Sie hat ziemlich eifrig gearbeitet; bei neueren Untersuchungen fand man recht ausgedehnte Baue und das kupferhaltige Erz bis zum Grundwasserspiegel rein ausgenommen.

Altbekannt sind auch die Gorob- und Hope-Mine in der Küstenwüste, im Bogen des Kuisebflusses gelegen. Wiederholt wurden in früheren Jahren Aufschlußarbeiten versucht; es fehlte aber an genügendem Kapital. Dazu kam, daß die Lagerstätten zwar ein reichhaltiges Kupfererz boten, aber doch nicht in so großer Menge, daß ein Großbetrieb lohnend gewesen wäre.

Bergbau in Südwestafrika

Streckenbild von der Otavi-Bahn   Phot. Dr. Lohmeyer

Bekannte reichere Kupferfundstätten gab es nur im Norden des Schutzgebietes in der Gegend von Otavi. Diese Minen wurden schon vor unserer Besitzergreifung von Südwestafrika von den Ovambos ausgebeutet. Sie pflegten in Otavi und Tsumeb Kupfer zu holen. Andererseits erhoben auch die Hereros Anspruch auf diese Minen, und Kamaherero hatte sie dem berüchtigten englischen Händler Lewis zugesprochen. Auch der Engländer Tönnessen hatte die Otaviminen genau kennen gelernt und von Deutschen der damalige Bergassessor, spätere Bergrat Duft. Die Bestrebungen, diese Minen abzubauen, sind alt; aber ohne Eisenbahn ging es nicht. Und die Reede von Swakopmund schien den Unternehmern nicht leistungsfähig genug, eine Bahn für die Versendung von Kupfererzen dorthin zu bauen. Es wurde im Norden der Kolonie nach einem geeigneten Hafen gesucht — Herr Tönnessen machte zwei Reisen ins Kaoko-Veld; später kam man auf den Gedanken, von der portugiesischen Tiger-Bai aus eine Bahn nach Otavi zu bauen. Man ließ ihn aber wieder fallen und ging im Jahre 1903 an die Ausführung der Bahnlinie Swakopmund—Tsumeb. Die Arbeit war nicht leicht; während des Baues mußte das Trinkwasser teilweise mit Ochsenkarren auf 50—60 km Entfernung herangeschafft werden. Bohrversuche führten vielfach zu keinem Ergebnis. Lange Zeit war man genötigt, Wasser für Usakos von Swakopmund (151 km) mit der Bahn heraufzubringen. Auch heute noch muß für einige Bahnstationen das Wasser durch Wasserwagen in den Zügen mitgeführt werden. Trotz aller Schwierigkeiten konnte die 578 km lange Strecke Swakopmund—Tsumeb im November 1906 eröffnet werden, und damit begann in Tsumeb ein reger Abbau. Im Jahre 1906/07 konnten 21 400 Tonnen Erz mit etwa 12 Prozent Kupfer und 24 Prozent Blei gefördert werden; 1907-08 belief sich die Förderung auf rund 27 500 Tonnen. Es wurde dann auch der Tiefbau in Angriff genommen, und 1908-09 wurden aus dem Tagebau 29 469 Tonnen, aus dem Tiefbau 15 580 Tonnen Erz gewonnen. Zur Versendung gelangten 31 295 Tonnen Kupfererz, 3478 Tonnen Kupferstein und 3020 Tonnen Blei. Im August 1908 besuchte Staatssekretär Dernburg die Mine; am 12. August abends 9 Uhr traf der von der Otavibahn gestellte Extrazug mit der Reisegesellschaft des Staatssekretärs in Tsumeb ein. Tsumeb zeigte sich dabei recht großartig wie eine afrikanische Großstadt. Eine Menge elektrischer Bogenlampen erhellten die Nacht; weiß gekleidete Mädchen harrten am Zuge, Böllerschüsse von den Bergen, Zischen und Fauchen der Maschinen im Werk, das Entleeren glühender Schlackenmassen, aus denen Flammen emporzüngelten: das Ganze verwirrte ordentlich den an einfache Dinge gewöhnten Geist, und man mußte sich erst sammeln. Die Größe der bergbaulichen Anlage ließ sich erst am nächsten Tage erkennen. Mit bedeutenden Kosten ist ein moderner Hochofenbetrieb eingerichtet worden, ein von außen sich ungemein stattlich präsentierendes Werk; um die Gruben, die nun auch im Tiefbau bearbeitet werden, liegen die weitausgedehnten Anlagen. Dabei befinden sich auch die sogenannten Lokationen für die Owamboarbeiter, die sich nicht gern mit den anderen Stämmen mischen; die Leute leben ganz für sich, abgeschlossen von der Außenwelt. Sie scheinen gar nicht das Bedürfnis zu fühlen, andere Orte aufzusuchen als die Arbeits= stelle und ihre abgeschlossene Behausung. Es war nicht leicht, sie an gewisse Notwendigkeiten zu gewöhnen, die das Zusammenleben größerer Menschen= mengen auf engem Raum mit sich bringt. Die Owambos werden als gute Arbeiter geschätzt; aber auch die Hereros sind sehr brauchbar. Nur bummeln sie viel eher als jene, schätzen die regelmäßige Arbeit nicht. Sie wohnen in ihren Pontoks im Busch; ein weißer Vorarbeiter nimmt ihre Interessen wahr und verkehrt in ihrem Namen mit der Leitung der Mine. Auch mit Buschleuten hat die Minenleitung es versucht; diese scheuen Gesellen sind aber sehr schwer zu halten. Die weißen Minenarbeiter setzen sich aus allen möglichen Nationalitäten zusammen; es kommen nicht immer die besten Elemente nach Tsumeb. Die Zahl der weißen und schwarzen Arbeiter ist wechselnd; schwarze Arbeiter sind bei der geringen Zahl der Eingeborenenbevölkerung in Südwestafrika schwer in genügender Zahl heran= zuschaffen. Die Minenverwaltung hat in Tsumeb ein gut geleitetes Hospital mit eigenem Arzt und Krankenpflegepersonal; für die Arbeiter ist im großen und ganzen gut gesorgt. Der Gesellschaftsarzt befährt in regel= mäßiger Folge die Bahnlinie bis Usakos hinunter und versorgt auch das an der Strecke arbeitende Personal. Die Minenverwaltung hat ferner vom 20 km entfernten Otjikotosee eine Wasserleitung nach Tsumeb angelegt, die den Ort mit gutem Wasser versorgt.

An der Menschenansammlung gemessen — 2000 Arbeiter und einige Dutzend Beamte — hat Tsumeb wenig selbständige Gewerbetreibende; die weiße Ansiedlung ist verhältnismäßig klein. Es gibt zwei Hotels, wenige Stores, die Bäckerei, dann kommen die Häuser noch einiger Gewerbetreibenden, die der Beamten und die Post, und damit ist es schon zu Ende. Die Häuser sind zum Teil aus Holz gebaut, eine Bauart, die sich wenig empfiehlt, weil die Termiten alles Holz auffressen. Die Termitenplage ist sehr groß.

Tsumeb hat eine ganz ansprechende Umgebung; die laubbewaldeten Berge und vielen grünen Täler bieten ganz hübsche Bilder. Schön muß das Bild im afrikanischen Frühling sein, wenn der Busch blüht. Dann beginnt aber auch die ungesunde Zeit; die Malaria ist in Tsumeb noch immer zu Hause. Nach der Aussage des Gesellschaftsarztes Dr. Wunderlich soll es neuerdings aber besser werden.

Auf der Hüttenanlage der Tsumebmine ist inzwischen der dritte Hochofen aufgestellt worden; die geringwertigen Erze werden zu einem Kupferstein von 50 Prozent reinem Kupfer angereichert. Sehr schwachprozentige Kupfererze müssen auf der Halde liegen bleiben, weil ihre Verhüttung zu teuer wird; die Minenverwaltung sucht nach einem billigen Verfahren. Im Jahre 1909 sind in den Tsumebminen zusammen 48 673 Tonnen Erze gefördert worden.

Weitere gegenwärtig in Abbau befindliche Bergwerksunternehmen sind die Khangrube im Khanflusse, die Otjosonjati-Mine in der Nähe von

Ansicht der Tsumeb-Mine

Otahandja, die 1909-10 rund 935 Tonnen Kupfererz mit einem Durchschnittsgehalt von 21 Prozent versandte. Ueber die Gorob- und Matchleßmine sind die Ansichten noch verschieden. Geschürft wurde bis Ende 1909 noch an vielen Stellen auf Kupfer, aber ohne nennenswerte Erfolge. Bei Gobabis, Johann-Albrechtshöhe und an der Südbahn ist lebhaft nach Gold gesucht worden; im Süden des Schutzgebietes waren Ende 1909 etwa 70 Schürffelder auf Kohle belegt. Zinnerze sind im Erongo-Gebirge bei Karibib gefunden worden, Asbestlager bei Karibib; viel wird von der Tätigkeit des Südwestafrikanischen Minensyndikats erhofft, das 1907 von einer Anzahl erster deutscher Firmen gegründet wurde. Die Geschäftsleitung liegt in den Händen der Metallurgischen Gesellschaft zu Frankfurt a. M. Das Syndikat will das Schutzgebiet nach Erzvorkommen systematisch durchsuchen lassen. Nicht unerwähnt dürfen endlich die großen Marmorvorkommen bleiben, die namentlich von Karibib die Staatsbahn abwärts nach Swakopmund zu in großer Mächtigkeit liegen; es hat sich eine Gesellschaft zu ihrer Ausbeutung gebildet. Der Marmor ist prachtvoller Architekturstein von hervorragendem Muster. Die Marmorfunde sind so reichhaltig — bei Karibib stehen ganze Marmorberge an —, daß diese Industrie eine große Zukunft haben müßte, wenn es gelingt, den Marmor vorteilhaft zu verwerten. Aber die Versendung ist nicht so einfach. Die hohen Güterfrachtsätze, die die südwestafrikanischen Bahnen erheben müssen, kann der Marmor nicht tragen; ein weitgehendes Entgegenkommen wird den Bahnen erschwert, weil die Marmorbeförderung viel rollendes Material beansprucht, diese vielen Wagen aber keine Rückfrachten von Swakopmund nach Karibib zurück finden könnten. Sie müßten zum größten Teile leer laufen.

Für den Marmor wäre genügender Absatz in Südamerika da, das sehr viel Architektur-Marmor braucht; es ergibt sich aber dieselbe Schwierigkeit wie mit der Bahn. Man kann mit Marmor beladene Schiffe von Südwestafrika nach Buenos Aires und Rio de Janeiro schicken; man weiß aber nicht, was diese Schiffe von dort nach Südwestafrika bringen sollen. Müssen sie aber mit Ballast laufen, so wird die Marmorfracht ganz erheblich verteuert. Es ist jetzt nicht leicht, dem südwestafrikanischen Marmor einen Markt zu schaffen; vielleicht kann er später einmal nach Britisch-Südafrika und Rhodesia gehen, wenn dort sich mehr Weiße ansiedeln, die, um schöne und kühle Räume zu haben, ihre Häuser innen mit Marmor auskleiden. Auch in der Kolonie selber könnte der Marmor zu Bauten Verwendung finden; vielleicht geschieht das, wenn die Diamantenmagnaten der Zukunft sich Paläste bauen.

Kapitel 17

Die Diamanten von Lüderitzbucht

Schon in den neunziger Jahren des vorigen Jahrhunderts gingen in Südwestafrika Erzählungen über Diamantenfunde von Mund zu Mund; besonders auf die Gegend von Gibeon, wo das Vorkommen von Blaugrund festgestellt war, richteten sich wieder und wieder die Blicke der Glücksucher, ohne daß sie aber Erfolg hatten. Auch bis heute ist bei Gibeon noch nichts gefunden, obschon die Gibeon-Schürf- und Handelsgesellschaft die Blaugrundstellen gründlich hat durchsuchen lassen.

Anfang des Jahres 1908 hatten nun eingeborene Arbeiter der Firma Lenz & Cie. beim Bau der Bahn Lüderitzbucht—Keetmanshoop Diamantenfunde gemacht. Merkwürdigerweise waren diese Funde nicht bei Beginn der Bahnbauten erfolgt, sondern erst viel später. Auf Grund dieser Funde belegten Angestellte der Firma Lenz & Cie. im Mai 1908 Diamantenschürffelder in der Nähe von Lüderitzbucht. Die ersten Mitteilungen darüber kamen Mitte Juni nach Swakopmund, wo sie sehr skeptisch aufgenommen wurden, obwohl bald Leute nach Swakopmund kamen, die Lüderitzbuchter Diamanten bei sich führten. Als der Herausgeber Anfang Juli nach Kapstadt fuhr, wurde noch wenig über die Diamanten gesprochen; sehr bald änderte sich aber die Stimmung. Ende Juli war schon eine brillantenbesetzte Dose in Kapstadt ausgestellt, die Lüderitzbuchter Schürfer (der Besatz waren südwestafrikanische Diamanten) durch den Staatssekretär Dernburg dem Kaiser wollten überreichen lassen; am 26. Juli 1908 hatte Staatssekretär Dernburg die Lüderitzbuchter Diamantenfelder besichtigt. Mit dem Dampfer, der am 29. Juli von Kapstadt nach Lüderitzbucht fuhr, schiffte sich schon über ein Dutzend Kapstädter Glücksucher ein, und im August 1908 hatte das Diamantenfieber in Lüderitzbucht bereits eine beispiellose Höhe erreicht. Zunächst wurden nur kleine Steine von $\frac{1}{2}$—1 Karat ($\frac{1}{10}$—$\frac{1}{5}$ Gramm) gefunden; dann entdeckte man solche von 4, 6, 10 Karat, und immer größer wurde das Fundgebiet. Schon am 22. September wurde das ganze Gebiet vom 26. Grad bis zum Kunene gesperrt. Eine dem Reichstage am 10. Januar 1910 vorgelegte Denkschrift macht die folgenden Angaben:

„Im Mai des Jahres 1908 belegten auf Grund von Funden, welche eingeborene Arbeiter der Firma Lenz & Co. bei den Bahnarbeiten gemacht hatten, Angestellte dieses Unternehmens Diamantenschürffelder in der Nähe von Lüderitzbucht. Die Diamanten finden sich in der Dünenformation der Namib in bisher noch nicht bekannter Ausdehnung von der Gegend des Oranje bis in die Nähe des Kuiseb. Die fraglichen Fundstellen sind also nahezu über das gesamte im Küstenstreifen liegende Bergwerksgebiet der Deutschen Kolonial-Gesellschaft für Südwestafrika zerstreut. Die Diamanten lagern nur stellenweise; sie sind von guter und regelmäßiger Beschaffenheit. Anfangs zeigten sie meist nur geringes Gewicht, doch haben sich in der Folgezeit die Funde von schwereren Steinen gemehrt. Eine größere Anzahl von Steinen bis zu 10 Karat und auch solche von 17 Karat sind gefunden worden. Während man bisher annahm, daß die Steine nur an der Oberfläche oder bis etwa 40 cm unter derselben vorkommen, hat man jetzt auch Steine in tieferen Lagen gefunden. Mit einer genauen Kenntnis der Lagerstätten wird noch auf längere Zeit nicht gerechnet werden können, da erst die methodisch vorzunehmenden Schürfarbeiten hierüber Aufschluß geben werden. Die bisher bekannten Lagerstätten liegen vom Norden angefangen bei Conception-Bucht, Hollams Bird Island, Spencer-Bucht und östlich und südlich von Lüderitzbucht. Die Ausdehnung der Funde an den drei erstgenannten Stellen ist bisher noch nicht festgestellt. Soweit Steine als aus diesen Gegenden stammend abgeliefert sind, handelt es sich um solche von kleinem Gewichte. Ob die Funde abbauwürdig sind, ist zurzeit noch fraglich. Die reichsten Stellen auf den Lüderitzbuchter Feldern befinden sich ziemlich weit im Süden, anscheinend im Bereiche der sogenannten Pomona-Konzession.

Das ganze Fundgebiet ist eine vegetations- und wasserlose Wüste, häufigen Sandverwehungen ausgesetzt und ohne Verkehrswege. Es ist infolge seiner sehr großen Längenausdehnung schwer zu bewachen. Eine rationelle Förderung muß den größten Schwierigkeiten begegnen, soweit sich nicht die Felder in Bahnnähe befinden. Dies trifft nur für den kleinsten Teil der Fundstätten zu. Die Förderung ist bisher eine sehr unvollkommene gewesen und vollzog sich lediglich durch primitives Auswaschen in Sieben mittels Handbetriebes. So muß angenommen werden, daß an den bereits bearbeiteten Stellen noch große Diamantenmengen ungefördert geblieben sind. Von sachkundiger Hand nach dieser Richtung vorgenommene Versuche im Gebiete der Colmanskop-Gesellschaft und auf dem Regierungsblocke haben das erwiesen. Es wird deshalb notwendig sein, überall zu einer maschinellen Förderung überzugehen. Sowohl die Koloniale Bergbau-Gesellschaft (Stauch & Genossen) als auch die Deutsche Diamant-Gesellschaft (Südwestafrikanisches Minensyndikat und Deutsche Kolonialgesellschaft) und die Colmanskop-Gesellschaft haben bereits Maschinen konstruiert, welche Erfolg zu versprechen scheinen."

Die Schwierigkeit der Diamantenförderung hat nicht zu verhindern vermocht, daß sich zahlreiche Gesellschaften im Schutzgebiet zur Ausbeutung der Diamantenfelder bildeten; wir zählen im „Kolonial-Handelsadreßbuch" für 1910 nicht weniger als 54 Diamantengesellschaften in Lüderitzbucht und 7 in Swakopmund. Wahrscheinlich wären noch mehr Gesellschaften entstanden, wäre durch Verfügung des Reichs-Kolonialamts vom 22. September 1908

Die Diamanten von Lüderitzbucht

Sortieren von Kupfererzen in Tsumeb

nicht das Hauptfundgebiet gesperrt worden. Eine endgültige Regelung bedeutete diese Sperre nicht; die Klärung der Rechts- und Besitzverhältnisse im Diamantengebiet ist inzwischen auf Grund von Verträgen mit der Deutschen Kolonialgesellschaft für Südwestafrika erfolgt.

Sie beanspruchte das Eigentumsrecht auf das ganze Diamantengebiet aus den Verträgen heraus, die sie in den 80er Jahren des vorigen Jahrhunderts abgeschlossen hat. Diese Kolonialgesellschaft ist Rechtsnachfolgerin von Lüderitz und Inhaber seiner Erwerbungen. Lüderitz hatte am 1. Mai 1883 vom Kapitän Joseph Frederiks von Bethanien die Bucht von Angra Pequena und das angrenzende Land in der Ausdehnung von fünf Meilen landeinwärts gegen 100 englische Pfund und 200 Gewehre gekauft. Am 25. August 1883 trat derselbe Kapitän für 60 Gewehre und 500 Pfund (10 000 Mark) das Land von der Mündung des Oranjeflusses bis zum 26. Grad südlicher Breite und landeinwärts bis zu 20 Meilen von der Küste an Lüderitz ab. Am 19. August 1884 verkaufte Piet Haibib, der Kapitän der Topnaar, für die Summe von 20 Pfund (400 Mark) an Lüderitz sein Gebiet vom 26. bis 22. Grad südlicher Breite zwanzig Meilen von jedem Punkte der Küste entfernt landeinwärts. Am 16. Mai 1885 erwarb Lüderitz von dem Kapitän Jan Jonker Afrikaner dessen Stammesgebiet zwischen Swakop- und Kuisebfluß, umfassend das Gebiet von Windhuk, für 100 englische Pfund (2000 Mark) mit Ausnahme der Privatrechte des

Jan Jonker und seines Stammes. Endlich verkaufte Kapitän Cornelius Zwartboi am 19. Juni 1885 an Lüderitz für 100 englische Pfund das sogenannte Kaoko-Veld.

Lüderitz hatte durch diese Vereinbarungen und die Vorarbeiten dazu den größten Teil seines erheblichen Vermögens geopfert; er war nun gezwungen, sich nach Unterstützung in der Heimat umzusehen. Unter dem Einflusse des Fürsten Bismarck, den Lüderitz durch sein originales Wesen gewonnen hatte, kam eine Anzahl patriotischer Teilnehmer zusammen, die für 500 000 Mark die sämtlichen von Lüderitz erworbenen Rechte und Ländereien übernahmen. Sie bildeten die Kolonialgesellschaft für Südwestafrika; ihr wurden durch Allerhöchste Kabinettsorder vom 13. April 1885 die Rechte einer juristischen Person verliehen. Sie schloß weitere Verträge ab mit dem Bastardkapitän Hermanus von Wyk, mit dem Hererokapitän Maharero, übernahm Verträge, die andere Personen und Gruppen geschlossen hatten; so wurde die Kolonialgesellschaft für Südwestafrika die Eigentümerin der Küstenwüste und die Trägerin der Minenrechte im Innern. Durch Kaiserliche Verordnung vom 25. März 1888 wurde ihr das Bergregal auf alle für den Bergbau in Betracht kommenden Mineralien eingeräumt. Die Gesellschaft sollte die Bergbauhoheit unter Aufsicht des Reiches ausüben und gewisse fiskalische Einkünfte aus dem Bergbau beziehen. Im übrigen war der Bergbau freigegeben. Die Kolonialgesellschaft errichtete eine Bergbehörde mit dem Sitz in Otjimbingwe. Geschäftsführer waren vier aus der Heimat entsandte Bergbeamte. Zum Schutz der bergbaulichen Tätigkeit richtete die Gesellschaft eine Schutztruppe ein, die unter dem Oberbefehl des Reichskommissars stehen und aus zwei heimischen Offizieren, fünf heimischen Unteroffizieren und 20 Eingeborenen zusammengesetzt sein sollte. Sehr bald aber mußte das Reich eingreifen, die Berggerechtsame der Gesellschaft wurden eingeschränkt; diese verkaufte im Jahre 1891 auch das Kaoko-Veld an die Kaoko-Gesellschaft. Das Lüderitzbuchter Diamantengebiet aber blieb Eigentum der Kolonialgesellschaft, und daraus leiten sich die großen Rechte der Gesellschaft her.

Durch einen Vertrag vom 26. Februar bezw. 2. April 1908 erkannte die Kolonialgesellschaft das Bergregal des Staates an und begab sich vieler Rechte; dieser Vertrag hat zu lebhaften Agitationen und Kämpfen geführt. Die Gegner der Kolonialgesellschaft meinen, sie habe durch diesen Vertrag auf ihre Bergbaurechte verzichtet und habe im Diamantengebiet nichts mehr zu sagen, während das Kolonialamt und andere Kreise auf einem weniger radikalen Standpunkt stehen und der Gesellschaft Entgegenkommen zeigen wollen.

Allgemeinere Anerkennung als seine Haltung gegenüber der Deutschen Kolonialgesellschaft für Südwestafrika fand die Gründung der Diamanten-Regie durch Staatssekretär Dernburg (16. Januar 1909). Sie

Die Diamanten von Lüderitzbucht

erfolgte, ausgehend von dem Gedanken, daß eine Vielheit von Schürfern sich untereinander Konkurrenz machen werde, die Diamantenförderung zu Schleuderpreisen auf den Weltmarkt werfen und die Funde in Südwestafrika entwerten. Eine große Gesellschaft sollte daher die gesamte Förderung übernehmen, sie unter genauer Beobachtung des Weltmarktes zu guten Preisen verkaufen, eventuell auch zurückhalten. In dieser Diamanten-Regiegesellschaft für Südwestafrika sind fast alle führenden deutschen Banken vertreten. Ihr gehören an:

1. die Berliner Handels-Gesellschaft zu Berlin;
2. die Bank für Handel und Industrie zu Berlin;
3. die Berg- und Metallbank Aktien-Gesellschaft zu Frankfurt a. M.;
4. das Bankhaus S. Bleichröder zu Berlin;
5. das Bankhaus Delbrück, Leo & Co. zu Berlin;
6. die Deutsche Bank zu Berlin;

Die Khan-Mine an der Bahnlinie Swakopmund—Karibib

7. die Deutsche Kolonial-Gesellschaft für Südwestafrika zu Berlin;
8. die Diskonto-Gesellschaft zu Berlin;
9. die Dresdner Bank zu Berlin;
10. die Gibeon Schürf- und Handels-Gesellschaft zu Berlin;
11. das Bankhaus von der Heydt zu Berlin;
12. das Bankhaus Mendelssohn & Co. zu Berlin;
13. die Nationalbank für Deutschland zu Berlin;
14. das Bankhaus Sal. Oppenheim jun. zu Köln;
15. der A. Schaaffhausensche Bankverein zu Berlin;
16. das Bankhaus Lazard Speyer Ellisen zu Frankfurt a. M.;
17. das Bankhaus Jacob S. H. Stern zu Frankfurt a. M.;
18. das Bankhaus M. M. Warburg & Co. zu Hamburg.

Gegenstand des Unternehmens ist: gemäß der Kaiserlichen Verordnung vom 16. Januar 1909 betreffend den Handel mit südwestafrikanischen Diamanten im Auftrage und unter Aufsicht des Reichs-Kolonialamts die im südwestafrikanischen Schutzgebiete geförderten Diamanten von den Förderern zwecks Vermittelung der Verwertung entgegenzunehmen, zu verwahren und zu versenden, die Bewertung zu bewirken und die Erlöse nach Abzug der vom Reichs-Kolonialamt festgesetzten Gebühr an den Berechtigten abzuführen, endlich auch die zur Sicherung und zur Erfüllung ihrer Zwecke erforderlichen oder nützlichen Maßnahmen festzusetzen und durchzuführen. Das Grundkapital beträgt 2 Millionen Mark und ist in 20 000 Anteile von je 100 Mark zerlegt. Die Aufsicht über die Gesellschaft und über ihren Geschäftsbetrieb übt das Reichs-Kolonialamt aus, wobei es zur Ausübung dieses Aufsichtsrechts für den einzelnen Fall oder ständig einen oder mehrere Kommissare bestellen kann.

Ein sehr nützlicher Zweig der Tätigkeit dieser Gesellschaft ist die Bevorschussung der geförderten Diamanten. Da die Förderer nicht verkaufen dürfen, aber ein halbes Jahr und mehr vergehen kann, ehe sie von der Regie Bezahlung für die gelieferten Steine erhalten, könnten kleine Schürfer sehr leicht in Bedrängnis geraten. Deshalb gibt die Regie nach Ablieferung der Steine Vorschüsse bis zu 30 Prozent des Wertes.

Die Tätigkeit der Regiegesellschaft ist auch in Südwestafrika als sehr nutzbringend anerkannt worden; daran können neuerdings erhobene Vorwürfe nichts ändern. Durch die Regie sind im Jahre 1909 rund 600 000 Karat = 120 000 Gramm oder 120 Kilogramm Diamanten für rund 18 Millionen Mark verkauft worden; davon fallen etwa 7 Millionen Mark an den Landesfiskus von Südwestafrika.

In Lüderitzbucht sind infolge der Diamantenfunde ganz neue Verhältnisse eingekehrt; die Stadt hat in zwei Jahren einen riesigen Aufschwung genommen. Im Jahre 1905 noch bestand Lüderitzort aus wenigen, meist

Aus dem Diamantenfeld von Colmanskoop. Haufen durchgesiebten Sandes
Phot. Dr. Lohmeyer

Beim Diamanten-Sieben
Das Sieb mit den ausgewaschenen Steinchen wird umgekippt, und unter den schwersten Steinchen leicht erkenubar liegen die Diamanten sodann oben in der Mitte und können mit der Pinzette herausgenommen werden. Phot. Dr. Lohmeyer

Wellblechhäusern. Im Sommer 1908, zur Zeit des Dernburg-Besuches, waren schon eine ganze Anzahl stattlicher Gebäude vorhanden; ebene Straßen durchzogen das Gelände nach mehreren Richtungen, weil mit einer erheblichen Vergrößerung der Stadt gerechnet wurde. Sie ist infolge der Diamantenfunde eingetreten, und wahrscheinlich wird Lüderitzort, das jetzt sogar seine eigene Zeitung hat, Swakopmund sehr bald überflügelt haben. Spricht doch noch zu seinen Gunsten, daß es einen natürlichen Hafen hat, nicht eine offene Reede wie Swakopmund. Lüderitzort ist auf felsigem Grunde in gebirgiger Gegend erbaut; der Blick auf den Lüderitzhafen mit der Haifischinsel davor und der Diazspitze mit dem Leuchtturm im Hintergrunde ist ganz malerisch. Von Vegetation ist allerdings gar nichts zu sehen; die ersten Bilder in deutschen Familienblättern von Lüderitzort mit wehenden Palmen an freundlichem Strande waren eine greuliche Verirrung der deutschen Publizistik.

Lüderitzbucht und die weitere Umgebung haben kein brauchbares Trinkwasser; die Wasserversorgung erfolgt daher durch große Kondensatoren, durch die das Meerwasser in einigermaßen trinkbares Süßwasser umgewandelt wird. Trinkwasser ist infolgedessen in Lüderitzbucht nicht billig; auf entfernten Diamanten-Schürfstellen werden 0,50—1 Mark für ein Liter Trinkwasser gezahlt.

Die Volkszählung vom 1. Januar 1910 ergab für Lüderitzbucht eine weiße Bevölkerung von 1379 Personen gegen 648 im Vorjahre. Davon sind 952 Männer, 429 Frauen, 171 Kinder. Im Vorjahre waren nur 256 Frauen und 97 Kinder. Inzwischen dürfte die weiße Bevölkerung auf weit über 1600 Personen angewachsen sein.

Wie die Diamantenfrage sich weiter entwickeln wird, läßt sich noch in keiner Weise übersehen. Jetzt sind schon bis beinahe nach Walfischbai hinauf die kostbaren Steine gefunden worden, und es hat den Anschein, als berge der Wüstensand der Namib Hunderte von Millionen. Ländereien, für die vor fünf Jahren kein Mensch auch nur 20 Pfennig für den Hektar gegeben hätte, sind von großem Werte geworden, und aus den dürren Sandflächen schöpft das südwestafrikanische Schutzgebiet die Mittel für den Bau langer und für die wirtschaftliche Entwickelung sehr wichtiger Bahnlinien. Für den Fiskus wird zunächst ein Ausfuhrzoll von $33\frac{1}{3}$ Prozent des Wertes der Diamanten erhoben, weiter erhält er $6\frac{2}{3}$ des Wertes der Förderung, so daß jetzt 40 Prozent der Förderung an den Kolonialfiskus fallen. Dazu besitzt er einen Regierungsblock von 10 km Breite und 30 km Tiefe, der in das Diamantengebiet fällt. Als nämlich die Bahn Lüderitzbucht—Keetmanshoop gebaut wurde, trat die Kolonialgesellschaft zwischen Lüderitzbucht und Aus an den Fiskus zu beiden Seiten der Bahnlinie Geländeblöcke von 10 km Breite mit einem Abstande von jedesmal 10 km voneinander dergestalt ab, daß je ein für den Fiskus abzusteckender Block dem der Kolonialgesellschaft verbleibenden Gelände gegenüberliegt. Die Tiefe der dem Fiskus überlassenen

Die Diamanten von Lüderitzbucht

Blöcke beträgt, soweit es sich um Grundeigentum handelt, 10 km, für die Bergwerkgerechtsame 30 km.

Von den auf diese Weise dem Fiskus überwiesenen Blöcken fällt der erste südlich der Bahn gelegene in das Gebiet der Diamantenfunde. Er erstreckt sich in einer Länge von 30 km bis zur Elisabethbucht und steht zur freien bergbaulichen Ausnützung des Fiskus ohne Beschränkung durch die bergbaulichen Vorschriften der Kolonial-Gesellschaft für Südwestafrika, insbesondere auch ohne Verpflichtung zur Leistung von Abgaben an diese.

Im Jahre 1909 hat die Förderung auf den Diamantenfeldern 656 710 Karat (etwa 131 000 Gramm) im Werte von rund 20 Millionen Mark betragen.

Das erste Weizenfeld in Epukiro

Kapitel 18

Viehzucht und Landwirtschaft in Südwest

Wer die vorgehenden Kapitel aufmerksam gelesen hat, wird bereits zur Genüge erkannt haben, daß die südwestafrikanische Kolonie ein sehr gutes Viehzuchtland ist. Die Hereros haben große Rinderherden besessen (man rechnet bis 300 000 Stück und noch mehr); Viehzüchter (allerdings in noch höherem Maße Viehräuber) waren auch die Hottentotten. Die Owambos dürften heute noch einen ansehnlichen Viehstamm besitzen; Viehherden bilden die Habe und den Reichtum der Dörfer auch im Caprivizipfel. Die Rinderherden der Hereros und der Hottentotten hat der letzte große Krieg freilich vernichtet. Der Viehstand hat sich in den letzten Jahren aber wieder gehoben, und die Verwaltung tut alles, um auch den Eingeborenen einen bescheidenen Besitz zu ermöglichen. Doch war am 1. April 1910 der Viehbesitz der Eingeborenen immer noch recht gering. Und hauptsächlich waren es die Rehobother Bastards, die die Hauptmasse des Eingeborenen-Viehes besaßen. Von 350 Bullen und 4178 Ochsen im Besitze von Eingeborenen gehörten den Rehobothern 166 und 2379, von 6578 Kühen 3250, von 2094 Färsen 1876, von 4654 Kälbern 2636. Nur 17 854 Stück Großvieh besaßen (abgesehen von den Owambos und dem Caprivizipfel) am 1. April 1910 die Eingeborenen in Südwestafrika, und 9507 Stück davon, mehr als die Hälfte, gehörten den Rehobother Bastards. Dafür besaßen aber die Weißen 103 285 Haupt Rindvieh, und sehr bald werden die Herero- und Namalande wieder 300 000 bis 500 000 Rinder stellen. Die Herden vermehren sich sehr schnell. Im Jahre 1897 war die große Rinderpest gewesen,

Farm Harris bei Windhuk

Viehzucht und Landwirtschaft in Südwest

Weingarten der katholischen Mission in Klein-Windhuk

und Anfang 1904, zu Beginn des Aufstandes, besaßen die Hereros bereits wieder große Herden; so werden auch in wenigen Jahren die Nachwehen des Krieges überwunden sein.

Bemerkenswert ist das schnelle Anwachsen der Schafherden. Am 1. April 1909 wurden 280 644 Fleisch- und 20 089 Wollschafe in Südwestafrika gezählt; am 1. April 1910 waren die Bestände auf 343 989 und 29 201 Stück angewachsen. Im Besitze der Eingeborenen waren 55 459 Fleisch- und 550 Wollschafe. Die Wollschafe gehörten sämtlich den Rehobothern, von den Fleischschafen gehörten ihnen 30 797 Stück. Weiter wurden in der Kolonie am 1. April 1910 gezählt: 895 Angoraziegen, 10 661 Pferde, 6064 Maultiere, 6629 Esel, 954 Kamele, 334 Strauße, 5208 Schweine.

Für seine Viehherden braucht der Farmer in Südwestafrika riesige Landflächen; am größten müssen sie im Süden sein, wo selbst ein Schaf eine Fläche von 3 bis 5 Hektar braucht, sich zu ernähren. Die größten Feinde der Farm- und Viehwirtschaft sind die lange Dürre und der Mangel an fließendem Wasser. Es gibt nur sehr wenige Plätze in Südwestafrika, wo dauernd Wasser ist. Für die Erschließung des Landes ist die Wasserbeschaffung außerordentlich wichtig; es sind dauernd zwei Bohrkolonnen im Schutzgebiet tätig, und alljährlich werden 500 000 bis 600 000 Mark für die Wassererschließung in den Etat eingestellt. In der letzten Zeit hat die im Norden arbeitende Kolonne der Omaheke und der Kalahari besondere Aufmerksamkeit zugewandt; es sind mehrere artesische Quellen erschlossen, so daß einige Hoffnung besteht, diese Gebiete besiedlungsfähig zu machen. Im Jahre 1909 haben die beiden Bohrkolonnen Wasser erschlossen, zum Unterhalt von 260 000 Menschen oder zum Tränken von 130 000 Stück Großvieh bezw. 520 000 Stück Kleinvieh hinreichend. Daneben wird eifrig an der Errichtung von Staubecken gearbeitet; in den beiden Jahren 1908 und 1909 sind 65 Staubecken fertiggestellt worden.

Trotz dieser eifrigen Wassererschließung sind, wenn der Regen zu spät oder zu spärlich kommt, schwere Notzeiten nicht ausgeschlossen. So war Ende 1910 ein arger Wassermangel eingetreten, der viele Farmer zwang, mit ihrem Vieh in besser gestellte Gegenden zu ziehen.

Feldwirtschaft im größeren Stil ist nur im Norden des Schutzgebiets in der Grootfonteiner Gegend möglich. Da werden mit durchschnittlich gutem Erfolg Mais und Kartoffeln auf Regen, Tabak und Luzerne auf künstliche Bewässerung hin gebaut. Im mittleren und südlichen Teile des Schutzgebiets muß sich die Feldwirtschaft auf die Flußtäler und sonstige günstige Plätze beschränken; sie wird vorzugsweise von Kleinsiedlern betrieben. Sie bauen Tabak, Wein und Obst an, Gemüse aller Art; im Distrikt Bethanien haben auch Anbauversuche mit Baumwolle gute Erfolge ergeben. Der Weinbau gewinnt immer mehr Boden im Schutzgebiet, desgleichen der Tabakbau.

Am 1. April 1910 gab es 1081 Farmen in Privatbesitz in Südwestafrika.

Milchbüsche in der Namib

Dritter Teil: Togo und Kamerun

Zur Geschichte der Kolonien

Die Kolonialgeschichte von Kamerun ist mit dem Namen C. Woermann eng verknüpft. Um die Mitte des 19. Jahrhunderts hatte dies Hamburger Haus kaufmännische Unternehmungen in Westafrika begonnen, so in Batanga an der Kamerunküste eine Faktorei angelegt. Obgleich die Engländer scharfe Konkurrenz machten, gewann der Woermannsche Handel an Ausdehnung, so daß die Firma 1868 am Kamerunflusse selbst eine Faktorei anlegte. Ihr folgten 1875 Jantzen und Thormählen mit gleichen Unternehmungen, und die deutschen Händler arbeiteten so rührig, daß bereits zu Anfang der achtziger Jahre des vorigen Jahrhunderts mehr als die Hälfte des westafrikanischen Handels in deutschen Händen war. Die genannten Firmen besaßen um jene Zeit allein an der deutschen Kamerunküste Niederlassungen in Victoria, Bimbia, Malimba und am Kampo, dazu hatte Woermann eine eigene Dampferlinie eingerichtet. Schon 1874 hatte Woermann in einer Eingabe an das Auswärtige Amt um Ernennung eines deutschen Konsuls für jene Küstenstriche gebeten, hatte aber wenig Erfolg. Um so eifriger waren die Engländer, die häufig ihre Kriegsschiffe den Kamerunfluß anlaufen ließen und eine gewisse Oberhoheit ausübten. Waren doch die deutschen Häuser noch Anfang der achtziger Jahre genötigt, die englische Regierung um Schutz für ihre durch Eingeborene bedrohten Interessen anzugehen. Im Jahre 1882 rieten die englischen Händler den Dualahäuptlingen, die englische Regierung zu bitten, ein Protektorat über Kamerun zu übernehmen; das Gesuch ging auch ab, blieb aber über 1½ Jahre unbeantwortet.

Inzwischen war die deutsche Kolonialpolitik aber mehr in Fluß gekommen; im Jahre 1883 hatte die Reichsregierung die Hansastädte aufgefordert, über Lage und Umfang ihres westafrikanischen Handels und die für seine Sicherung und Hebung wünschenswerten Maßnahmen zu berichten. Die Hamburger Handelskammer sandte eine entsprechende Denkschrift ein; auf sie erfolgte am 22. Dezember 1883 der Bescheid, daß die Reichsregierung geneigt sei, den geäußerten Wünschen Rechnung zu tragen. Sie werde ein Kriegsschiff mit einem kaiserlichen Kommissar zur Vertretung deutscher Interessen und Abschließung von Verträgen mit unabhängigen Negerstaaten an der afrikanischen Westküste absenden. Aber erst im Mai 1884 ging das Kanonenboot „Möwe" mit dem bisherigen Generalkonsul in Tunis, Dr. Gustav Nachtigal, und seinem Begleiter Dr. Max Buchner von Gibraltar aus in See.

Dr. Gustav Nachtigal, der sich um die Erwerbung von Kamerun und Togo die größten Verdienste erworben hat, begann seine Laufbahn als Militärarzt in Köln; nichts ließ den späteren großen Forscher ahnen. Eine schwere Brustkrankheit, die ihn 1862 zwang, nach Algier und von da nach Tunis zu gehen, sollte zum Wendepunkt seines Lebens werden. Der Generalgouverneur von Tunis wurde auf den liebenswürdigen und kenntnisreichen Mann aufmerksam; er machte ihn zu seinem Leibarzt. Sechs Jahre blieb Nachtigal in dieser Stellung, bis er völlige Heilung gefunden hatte. Eben wollte er in die Heimat zurückkehren, als der Afrikareisende G. Rohlfs in Tunis eintraf, dem vom König Wilhelm I. der Auftrag geworden war, eine Expedition zum Sultan von Bornu zu führen, der die deutschen Forscher Barth und Rohlfs freundlich aufgenommen hatte, und dem Kaiser Wilhelm daher einige Geschenke zugehen lassen wollte. Rohlfs hatte das Recht, eventuell auch eine andere geeignete Persönlichkeit mit der Erledigung dieser Aufgabe zu betrauen, und er erkannte bald in Dr. Nachtigal den geeigneten Mann. Am 6. Juni 1869 trat dieser seinen Marsch nach Kuka am Tschadsee an. Sein Aufenthalt im afrikanischen Innern dauerte bis 1874. Er hatte das Reich Bornu besucht, den Tschadsee umzogen, war in Kordofan und Dar Fur gewesen; Anfang 1874 traf er in Khartum ein. Die deutsche Reichsregierung war längst auf den tüchtigen Mann aufmerksam geworden; sie ernannte ihn 1875 zum Konsul in Tunis; später wurde er Generalkonsul am selben Orte. Als Generalkonsul in Tunis erhielt er Anfang 1884 den ehrenvollen Auftrag, den deutschen Rechten an der Westküste Afrikas Geltung zu verschaffen.

Im Mai segelte Dr. Nachtigal mit dem Kanonenboot „Möwe" von Gibraltar ab; die erste Flaggenhissung nahm er in Klein-Popo vor an der Togoküste. Dort hatten deutsche Kaufleute seit 1880 Niederlassungen gegründet und mit den einheimischen Häuptlingen Verträge geschlossen, die ihnen ungehinderten Handelsverkehr in ihren Gebieten sicherten. Bald aber hatten sie infolge der Wühlereien der Engländer arge Belästigungen zu erdulden; die Kaufleute mußten die deutsche Regierung um Schutz ansuchen. Im Januar erschien die Fregatte „Sophie" auf der Reede von Klein-Popo; die Unruhen schienen mit einem Schlage beigelegt. Kaum war das Kriegsschiff aber abgefahren, als schon die deutschen Kaufleute sich an Leben und Eigentum bedroht sahen. Da ritt einer von ihnen nach Groß-Popo, wo die „Sophie" vor Anker lag, und benachrichtigte den Kapitän; sofort kehrte die „Sophie" nach Klein-Popo zurück. Der Kapitän von Stubenrauch landete am 5. Februar 100 Mann und ließ die Hauptanstifter der Unruhen gefangen nehmen. Sie wurden als Geiseln nach Berlin gebracht. Das energische Vorgehen des Kommandanten der „Sophie" schaffte für einige Zeit Ruhe; aber bald gerieten auch in anderen Orten der Togoküste deutsche und englische Interessen hart aneinander. Deshalb sollte Dr. Nachtigal durch Flaggen-

Zur Geschichte der Kolonien

Dr. Gustav Nachtigal

hissung für klare Verhältnisse sorgen. Am 2. Juli 1884 erschien er mit den zurückgebrachten Geiseln auf "Möwe" vor Klein-Popo. Es wurde mit dem König von Togo in Togostadt ein Vertrag abgeschlossen, und am 5. Juli hißte der kaiserliche Kommissar in Bagida und am Tage darauf in Lome die deutsche Flagge. Wegen Klein-Popo und Porto Seguro kam es mit Frankreich zu Differenzen; dies ließ aber im September 1885 seine Ansprüche fallen.

Von Togo eilte Dr. Nachtigal nach Kamerun, wo die Agenten der Firma Woermann mit Bangen seiner Ankunft entgegensahen. Die Engländer setzten, als sie von der Anwesenheit der "Möwe" in westafrikanischen Gewässern Nachricht erhalten hatten, alle Hebel in Bewegung, um uns zuvorzukommen. Sie hatten das Kanonenboot "Goshawk" entsandt, das zum Schrecken der Deutschen am 10. Juli im Kamerunfluß einlief. Man glaubte schon alles verloren, doch hatte das Boot den englischen Konsul nicht an Bord; es sollte ihn erst von Bonny holen. Der Kapitän des "Goshawk" erklärte den Häuptlingen, daß in spätestens acht Tagen der englische

Konsul erscheinen würde; bis dahin dürften sie keinerlei Verträge mit den Deutschen abschließen. Mit der Drohung, daß zuwiderhandelnde Dörfer in Brand geschossen und ihre Häuptlinge abgesetzt würden, verließ der Engländer den Fluß. Die deutschfreundlichen Häuptlinge Bell und Akwa waren nun doch in Besorgnis geraten, und immer trüber wurde die Stimmung der Deutschen, als auch der 11. Juli verstrich, ohne daß die „Möwe" sich sehen ließ. Da dampfte spät am Abend ein kleiner Küstendampfer mit der Meldung heran, daß er ein deutsches Kriegsschiff gesichtet habe; sofort wich die tiefe Niedergeschlagenheit großer Freude. Noch in der Nacht wurde mit Bell ein Vertrag abgeschlossen. Am 12. Juli vormittags erschien die „Möwe" im Kamerunfluß und ging bei der Joßplatte vor Anker; am 14. Juli ging unter dem Salut der „Möwe" auf Joßplatte die deutsche Flagge hoch. Die Besitzergreifung wurde an allen Punkten, wo sich deutsche Niederlassungen befanden, wiederholt. Victoria am Fuß des Kamerunberges blieb englisch. Am 19. Juli traf auf dem englischen Kanonenboot „Flirt" der englische Konsul Hewett ein; er konnte nur noch gegen die Besitzergreifung protestieren. Die „Möwe" fuhr mit Dr. Nachtigal weiter; er hißte die deutsche Flagge an der Nigermündung und ferner in Konakry; diese beiden Posten wurden später aufgegeben und dafür Victoria eingetauscht und eine Ausdehnung der Kamerunküste erzielt, die aber im Verhältnis zur Breite des Schutzgebietes noch immer als recht gering zu bezeichnen ist. Noch schlimmer sind wir aber mit Togo daran. Die Küste ist nur 52 Kilometer lang, während die durchschnittliche Breite des Schutzgebietes rund das Dreifache beträgt. England hat uns von der natürlichen Grenze, dem Voltafluß, abgedrängt; Frankreich mußte durchaus den schmalen Küstensaum zwischen Anecho (Klein-Popo) und dem Monuflusse haben. Diese beiden Mächte, die sich recht kleinlich zeigten unserer Kolonialpolitik gegenüber, haben Togo von seiner natürlichen Grenze nicht weniger als 80 Kilometer vorzuenthalten verstanden.

Am meisten kleinlich benahm sich England, das es nicht verschmerzen konnte, am Kamerunflusse fünf Tage zu spät gekommen zu sein. Nachtigal hatte den Dr. Buchner als provisorischen Vertreter in Kamerun, aber ohne alle Machtmittel, zurückgelassen; bald nach Abfahrt der „Möwe" begannen die englischen Intrigen. Englische Agenten und Kaufleute erzählten den Eingeborenen, daß der „King of Hamburg" nur ein einziges Schiff besäße, eben die „Möwe", daß es England ein Kleines wäre, seine Macht zu vernichten; die den Häuptlingen Bell und Akwa feindlich gesinnten Stämme gerieten in immer stärkere Gärung. Sie verhöhnten die deutschen Schutzbefohlenen, bedrohten die deutschen Vertreter, die sich kaum noch aus ihren Häusern wagten; im Dezember 1884 kam es zu offenen Feindseligkeiten. Der Häuptling Bell wurde verjagt und sein Dorf verbrannt; eine Niedermetzelung aller Deutschen an der Küste schien bevorzustehen. Zum Glück waren aber starke deutsche Streitkräfte in der Nähe. Die Haltung der Engländer und Franzosen hatte es der deutschen Reichsregierung geraten erscheinen lassen, ein stärkeres Geschwader, aus vier Schiffen bestehend, unter Konteradmiral Knorr, an die afrikanische Westküste zu entsenden; die Schiffe „Olga" und „Bismarck" dieses Geschwaders gingen am 18. Dezember vor der Mündung des Kamerunflusses vor Anker. Dr. Buchner begab sich zur Besprechung auf das Flaggschiff; es wurde beschlossen, durch Anwendung von Waffengewalt das Ansehen der deutschen Flagge wiederherzustellen. Am 20. Dezember früh 6 Uhr ging unter Führung des Kapitäns zur See Karcher die Landungsdivision in Stärke von 330 Mann mit 4 Geschützen den Kamerunfluß aufwärts; Joßdorf sollte zunächst angegriffen werden. Es zeigte aber die weiße Flagge, und so fuhren die Boote weiter und gingen gegen die aufsässigen Dörfer Hickori und Old-Bell vor. Beide Orte wurden nach kurzem Kampf genommen und in Brand gesteckt. Dann wurde mittags noch das Steilufer bei Joßdorf gestürmt; dabei machte man die erstaunliche Entdeckung, daß Joßdorf nach der Landseite durch einen regelrechten Schützengraben gesichert war. Auch sonst wies manches auf die tätige Beteiligung von Engländern hin. Es kam nach diesem 20. Dezember noch mehrfach zu Zusammenstößen; aber Admiral Knorr griff ganz energisch durch. Er nahm den Küstennegern die Neigung zu weiteren Aufständen gründlich.

Die inneren Grenzen der Schutzgebiete konnten erst nach langwierigen Verhandlungen mit England und Frankreich gewonnen werden; bis jetzt sind teilweise noch immer Vertragsgrenzen und nicht natürliche Abgrenzungen vorhanden. Die Süd- und Ostgrenze von Kamerun ist erst durch Vertrag

Joßplatte mit den Hafenanlagen der Woermann-Linie   Phot. Dr. Lohmeyer

mit Frankreich vom Jahre 1908 endgültig festgelegt; an der endgültigen Feststellung der Nordwestgrenze arbeitet die deutsch-englische Grenzkommission. Togo fehlt noch zwischen Lome und dem Voltaflusse die natürliche Grenze, ebenso im Nordosten.

Mit der Festsetzung an der Küste und den Verträgen mit den Großmächten waren die Kolonien noch lange nicht erworben; ja, wir müssen sagen, daß die deutsche Herrschaft in Kamerun und Togo noch heute nicht endgültig aufgerichtet ist. Oestlich von Lome und von Ngaumdere ist unser Einfluß in Kamerun kaum merkbar; auf dem ganzen Gebiet zwischen Garua und Offidinge müssen immer noch schwere Kämpfe geführt werden, und Adamaua und die Tschadseeländer sind von einer noch lange nicht unterworfenen fanatischen Bevölkerung bewohnt. Auch im nördlichen Togo ist unser Einfluß noch recht gering; erst der Bahnbau bis dahin wird die Lage bessern.

Zur Gewinnung des Hinterlandes von Kamerun war es nötig, eine Verbindung zwischen den Tschadseeländern, die von Rohlfs, Barth, Owerweg, Nachtigal, Eduard Flegel besucht worden waren, und der Küste herzustellen; erst 1888 gelang es der Expedition von Kund, Tappenbach und Weißenborn von Batanga aus die unbewohnte Urwaldregion zu durchqueren. Die Expedition rettete sich mit Mühe zur Küste zurück; doch konnte 1889 die Station Jaunde begründet und damit der erste Schritt ins Innere gemacht werden. Schneller als wir waren aber die Franzosen, die vom Kongo und Senegal aus ins Hinterland von Kamerun eindrangen und dort Verträge abschlossen. Sie haben uns viel zu schaffen gemacht. Viel zur Erschließung der Kolonie trug dann bei die Gründung und Konzessionierung der Gesellschaften Nordwest- und Südkamerun. Die Verleihung der Konzessionen war ein Fehler; aber die fraglichen Gebiete wurden nunmehr wenigstens erforscht und besetzt. Im Jahre 1901 wurde die Stadt Ngaumdere gestürmt und besetzt; die Fulbe wurden glänzend geschlagen und ihre Macht gebrochen; Oberstleutnant Pavel zog Anfang 1902 bis zum Tschadsee und legte im Norden Stationen an. Auch das Südgebiet wurde in den folgenden Jahren langsam unterworfen. Aber von einer allgemeinen Etablierung deutscher Herrschaft konnte nicht die Rede sein; mußte doch 1905 das Manengubaplateau, das nahe der Küste liegt, erst schwer erkämpft werden, und im Südgebiet standen wir noch 1907 vor einem allgemeinen Aufstande. Eine vollständige Pazifizierung ist noch nicht eingetreten; auch der Norden ist noch sehr unsicher, ferner das Grenzgebiet zwischen Garua und Offidinge. Erst eine weitere Erschließung Kameruns durch Bahnen kann dauernd die Ruhe im Schutzgebiet verbürgen.

Die Gewinnung des Hinterlandes von Togo hat sich auf ruhigere Weise vollzogen; es ist ohne größere Kämpfe dabei abgegangen. Eine Zeitlang — Mitte der neunziger Jahre — schienen schwere Verwicklungen nicht ausbleiben

Gerichtsverhandlung in Togo. Im Vordergrund die mit Menschenschädeln verzierte Signaltrommel

zu wollen; das Streben der Mächte, im Innern möglichst viel Verträge abzuschließen, hatte zu ganz unhaltbaren Zuständen geführt. Namentlich Deutschland und Frankreich waren sich arg in die Quere gekommen; in den Landschaften Tschaudjo und Sugu befanden sich Stationen und Posten der beiden Mächte dicht nebeneinander. Endlich legte der Vertrag vom 23. Juli 1897 die deutsch-französische Grenze fest. Auch die deutsch-englische Grenze konnte durch friedlichen Vertrag geregelt werden. Um die Erforschung Togos haben sich besonders verdient gemacht: Dr. Gruner, der die große Togo-Hinterland-Expedition 1894-95 leitete, Graf Zech, der derzeitige Gouverneur, Hauptmann Seefried, Dr. Plehn, Hupfeld u. a.

Togo ist in seiner heutigen Gestalt 87 200 Quadratkilometer groß und hat rund 1 Million Einwohner. Dies ist natürlich nur Schätzung; eine genaue Zählung hat nicht einmal in den küstennahen Gegenden vorgenommen werden können. Die letzte Denkschrift über die Entwicklung der Schutzgebiete (im Februar 1911 herausgegeben) gibt folgende Einzelziffern an: Lome-Stadt 7415, Lome-Land 117 500, Anecho ca. 100 000, Misahöhe 125 000 bis 130 000, Atakpame 58 500, Sokode-Bassari ca. 275 000, Mangu-Jendi 224 500.

Die weiße Bevölkerung von Togo ist sehr gering an Zahl; sie betrug am 1. Januar 1910 trotz der Verwendung von Europäern beim Bau der Bahn Lome—Atakpame nur 372 Köpfe, darunter 310 männliche, 62 weibliche Personen.

Der Gesamthandel des Schutzgebiets belief sich 1909 auf 18 607 349 Mark, davon entfielen 11 235 293 Mark auf die Einfuhr und 7 372 056 Mark auf die Ausfuhr. Haupteinfuhrartikel waren Tabak mit 309 542 Mark, Kola mit 575 072 Mark, Branntwein aller Art mit 492 919 Mark, Textilwaren mit 2 483 206 Mark, Eisenwaren mit ca. 1 900 000 Mark, Maschinen mit ca. 650 000 Mark; Geld wurde für 1 598 949 Mark eingeführt. Hauptausfuhrartikel sind Mais (980 000, im Jahre 1908 ca. 2 Millionen Mark), Palmkern und Palmöl (1 635 438 und 911 666 Mark), Rohbaumwolle (417 499 Mark), Kautschuk (969 478 Mark), Geld für 1 575 385 Mark. Ohne den Geldverkehr hat sich der Außenhandel nur auf rund 15½ Mill. Mark belaufen. Im Jahre 1911 sollen die Ausgaben und Einnahmen des Schutzgebietes im ordentlichen Etat mit 3 216 000 Mark balancieren. Togo ist in 8 Bezirke eingeteilt: Lome-Stadt, Lome-Land, Anecho, Misahöhe, Atakpame, Kete-Kratschi, Sokode-Bassari, Mangu-Jendi. Eine Schutztruppe besitzt dies Schutzgebiet nicht; es ist nur eine kleine Polizeitruppe von 416 Mann vorhanden und eine Grenzwache von 112 Grenzwächtern. Der Landfriede ist — abgesehen von kleineren Unruhen — in den letzten Jahren in diesem Schutzgebiet nicht gestört worden.

Zur Geschichte der Kolonien

Das Kameruner Schutzgebiet hat einen Flächeninhalt von 495 600 Quadratkilometer; seine farbige Einwohnerzahl wird auf rund 2 300 000 Köpfe berechnet. Die weiße Bevölkerung belief sich am 1. Januar 1910 auf 1284 Köpfe; unter den 1084 erwachsenen Männern waren 214 Regierungsbeamte, 109 Schutztruppenangehörige, 95 Geistliche und Missionare, 95 Ansiedler, Pflanzer, Gärtner, 389 Kaufleute, Händler,

Die 1911 teilweise eingestürzte Landungsbrücke in Lome

Gastwirte. Kamerun und Togo sind keine Kolonien für weiße Besiedlung; sie kommen nur für Plantagen und Handel in Betracht.

Der Außenhandel Kameruns belief sich 1908 auf zusammen 33 424 000 Mark; die Einfuhr betrug 17 723 000 Mark, die Ausfuhr 15 701 000 Mark. Unter den Einfuhrgegenständen stehen Gewebe aller Art mit 3 049 930 Mark Wert obenan; dann folgen Eisenwaren 1 811 000 Mark, tierische Nahrungsmittel 1 783 440 Mark, Leibwäsche, Kleider usw. 1 187 703 Mark, Reis 730 048 Mark, Tabak 651 413 Mark, Branntwein aller Art 512 972 Mark. Die Ausfuhr zeigt das folgende Bild: Kautschuk 7 551 935 Mark, Kakao 2 854 431 Mark, Palmkerne 2 611 478 Mark, Palmöl 1 096 733 Mark, Elfenbein 1 132 280 Mark, Bau- und Nutzholz 177 117 Mark. Abgesehen von der Anleihe für den Bahnbau beliefen sich die Einnahmen des Schutzgebiets im Jahre 1908 auf 7 130 752 Mark, die Ausgaben auf 6 963 162 Mark, so daß ein kleiner Ueberschuß blieb. Kamerun bezieht allerdings immer noch einen Reichszuschuß für die Militärverwaltung, während Togo seit Jahren ohne einen solchen auskommt. Kamerun ist eingeteilt in 6 Bezirksämter: Ossidinge, Victoria, Duala, Edea, Jaunde und Kribi; 6 Verwaltungsbezirke: Buea,

Johann-Albrechtshöhe, Bare, Jabassi, Lomie, Molundu; 5 Stationen unter einem Bezirksamt oder Verwaltungsbezirk stehend: Rio del Rey, Joko, Atono-Linga, Ntun, Kampo; 3 Posten (mit Aufgaben wirtschaftlicher Art und beschränkten polizeilichen Befugnissen): Bamum, Abong Mbang, Lolodorf. Dies sind die zivilen Verwaltungsbehörden. Dazu kommen die militärischen, als da sind: 1. Verwaltungsbezirke mit dem Chef der stationierten Kompagnie an der Spitze, und zwar Banjo, Bamenda, Dschang, Ebolowa, Dume; 2. militärische Posten, dauernd mit Weißen besetzt: Mbo, Akoafim, Sang-Melima und Kadëi. Dazu kommen noch die beiden Residenturen in Garua und Kusseri mit verschiedenen kleinen Grenzposten, von welchen Dikoa und Bongor und der Posten gegenüber Binder dauernd mit einem Weißen besetzt werden müssen.

Kamerun hat sowohl eine Schutztruppe als auch eine stärkere Polizeimannschaft. Die Schutztruppe besteht aus 154 weißen Offizieren und Unteroffizieren und rund 1300 farbigen Soldaten, die in 10 Kompagnien eingeteilt sind. Die Polizeitruppe besteht aus 570 Mann einschließlich Chargen.

In den Häfen von Kamerun liefen im Jahre 1909 ein: 224 Dampfer unter deutscher und 159 unter nichtdeutscher Flagge mit zusammen 1 034 654 Registertonnen; die Reede von Lome wurde von 188 deutschen Dampfern mit 399 084 Tonnen und 181 nichtdeutschen mit 290 920 Tonnen angelaufen.

Togo

Kapitel 1
Die Togoküste und die Küstenbezirke

Blendend weiße, schöne Häuser grüßen aus Palmengärten auf das Meer hinaus, wenn sich das Schiff der Stadt Lome nähert, dem Hauptorte des Küstenlandes von Togo. Es ist noch heute nicht allzuleicht, an die Küste heranzukommen, denn Lome hat die gefährlichste Brandung an der ganzen Küste Südwestafrikas. Beinahe haushoch rollen schwere, schaumgekrönte Wellengänge gegen die Küste heran. Besonders in den Monaten März und Juni tobt die Brandung mit solcher Macht, daß früher eine Landung unmöglich war. Die Schwierigkeiten wurden überwunden durch Anlage einer Landungsbrücke, die sich 355 Meter ins Meer hinauszog. Leider ist sie infolge besonders schwerer Seen im Frühjahr 1911 zum großen Teil eingestürzt.

Fünfzehn Jahre ist diese afrikanische Stadt erst alt, allein der Strom des Handelsverkehrs, der sie durchzieht, hat sie schon zu einem stattlichen Gemeinwesen wachsen lassen. Feste, aus gestampftem roten Lehm hergestellte

Die Togoküste und die Küstenbezirke

Lome von der Landungsbrücke aus gesehen

Straßen durchziehen sie, und eine Reihe schöner, moderner Bauten geben ihr stellenweise ein fast europäisches Aussehen; Woermann und die Deutsch-Westafrikanische Bank, die Deutsche Togo-Gesellschaft und die Deutsch-Südwestafrikanische Handelsgesellschaft haben da stattliche Häuser errichtet, dazu kommen eine Reihe sauberer Beamtenhäuser, ein europäisches Krankenhaus, ein Schlachthaus, der Bahnhof. Beherrscht aber wird dieses Städtebild durch eine doppeltürmige katholische und eine schöne evangelische Kirche. Die sonst öde Szenerie des sandigen Strandes wird bei Lome durch zahlreiche Kokospalmen belebt, die von Portugiesen gepflanzt sein sollen. Hinter dem etwa 1—2 km breiten Strande erstreckt sich ein langsam fließendes Gewässer, die L a g u n e, hin, die sich stellenweise zu förmlichen Laguneseen erweitert. Bei Lome liegt die Lagune trocken und ist mit Sand überweht.

In den Straßen und auf den Plätzen Lomes herrscht meist ein sehr bewegtes Treiben. Da ist der Johann-Albrecht-Platz, der namentlich das Bild eines lebhaften Handelsverkehrs widerspiegelt. Hierher strömt die Schar der Landbewohner, um ihre Waren feilzuhalten, Karawanen kommen mit ihren hochbepackten Tragtieren aus dem Innern des Landes, Haussas aus dem Norden, selbst handeltreibende Syrer drängen sich durch die Menge. Das Bild des lebhaften Handelsverkehrs wird noch verstärkt, wenn man auf den Bahnhof kommt und dort sieht, wie die Züge aus zwei Richtungen aus dem Landesinnern Baumwolle und Mais, Palmöl und Palmkerne herbeischleppen. In der Bramowstraße sieht man eingeborene Weber und Färber an der Arbeit. So herrscht blühendes Leben in der Küstenstadt Lome, die nach der letzten Zählung (1910) von 7415 farbigen Einwohnern und 196 Weißen bevölkert wird. Die Stadt ist allgemach für den Verkehr zu eng geworden, und so soll jetzt im Norden der Stadt ein neuer Marktplatz angelegt werden. Außerhalb der Stadt liegt „Moabit" auf dem Gelände östlich der Landungsbrücke, das sich die Regierung vorbehalten hat. Dieser Teil Lomes umfaßt das neue Regierungsgebäude, das Gericht und das Gefängnis — daher offenbar der Name — sowie die Bureaus und die Maschinenhalle. Auf diesem Terrain wirft auch der „Grunewald von Lome" seinen Schatten. Er ist ein stattlich emporgewachsener Wald von Eisenholzbäumen, durch den eine schöne Allee von Kokosbäumen zu dem direkt am Strande gelegenen Regierungssitz führt. Die schwarze Jugend von Lome findet Aufnahme in der Regierungsschule, die im Jahre 1909 bereits 126 Schüler zählte, außerdem gibt es noch eine Handwerkerschule, deren Schüler später in den Regierungswerkstätten als Schmiede, Schlosser, Zimmerleute, Tischler usw. verwendet werden. Von dem verhältnismäßig hohen Kulturniveau der schwarzen Bevölkerung von Lome spricht die Tatsache, daß das Gouvernement die Errichtung einer Druckerei für nötig befand, daß unter den zahlreichen Gewerbetreibenden sich 6 eingeborene Photographen befinden und — last not least — daß ein europäischer Seifenfabrikant sich da niederlassen konnte. Die Handwerker von Lome sind auch in Kamerun und in den außerdeutschen Besitzungen gesucht.

Von Lome führt an der Lagune und dem Botanischen Garten im Osten der Stadt vorüber die Küstenbahn zunächst nach dem Orte Bagida, wo das Gouvernement ein Aussätzigenheim errichtet hat. Die Orte Seguro und Kpmene gewinnen durch ausgedehnte Pflanzungen von Kokospalmen und Stielagaven größere Bedeutung. Die nächste ansehnliche Stadt, in der zugleich die Küstenbahn endet, ist Anecho, das frühere Klein-Popo. Obwohl hier nur verhältnismäßig wenig Europäer ihren ständigen Wohnsitz haben, hat doch ein reges Handelstreiben dem Orte seinen Stempel aufgeprägt. Es wurden breite Straßen angelegt, große Faktoreien deutscher Firmen mit den dazu gehörigen netten Häusern erstrecken sich längs des Strandes, aber auch wohlhabende Neger bauen bereits Häuser nach europäischer Art. Diese ein- bis zweistöckigen Bauten nehmen sich im Negerviertel inmitten der grasbedeckten Hütten der Eingeborenen ganz merkwürdig aus. Eine romanische Kirche bildet den architektonischen Mittelpunkt von Klein-Popo. Malerisch ist das Bild des Marktplatzes, der an der Lagune gelegen ist. Im Schatten hoher Kokospalmen herrscht hier ein ähnliches Treiben wie in Lome, das nur durch das Hin- und Herschießen der Kähne auf der Lagune eine andere Note erhält. Anecho, das auf einer ganz schmalen Landzunge zwischen dem Meere und der Lagune liegt, galt früher als besonders ungesund, da sich die Lagunensümpfe bis nahe an die Stadt erstreckten. Durch Errichtung einer Steinmauer in der Lagune und Ausfüllung des gewonnenen Raumes mit Erde wurden die Fiebersümpfe beseitigt. Nebenstation für Anecho ist Tokpli, in dessen Nähe sich gute Kalklager befinden, die für die sonst kalkarme Kolonie von großem Werte zu werden versprechen.

Die Togoküste und die Küstenbezirke

Nördlich von Lome, im Bezirk Lome-Land, liegt die vom Schio durchströmte Maisgegend von Togo. Seit der Togo-Mais auf den europäischen Märkten einen besonders guten Ruf erlangt hat und sehr hohe Preise erzielt, hat sein Anbau einen außerordentlichen Aufschwung genommen. Folgende Exportziffern illustrieren dies aufs deutlichste: Während im Jahre 1904 im ganzen die Maisausfuhr aus Togo 659 593 kg betrug, die für

Marktstraße in Lome

38 945 Mark verkauft wurden, betrug 1908 die Ausfuhr bereits 30 204 899 kg im Werte von 2 030 746 Mark. Die Maisgegend macht einen ähnlichen Eindruck wie die ungarische Tiefebene mit ihren gewaltigen bebauten Flächen, die die Buschvegetation verdrängt haben. Mehr als 30 km weit von Lome erstrecken sich die Maispflanzungen. Dann werden sie immer spärlicher. An ihre Stelle treten Palmen und Affenbrotbäume. Im Jahre 1909 ging infolge schlechter Preise der Maisanbau sehr stark zurück.

Südtogo ist von dem sehr interessanten Volke der Ewhe bewohnt. Man kann sie als eines der tüchtigsten Völker Westafrikas bezeichnen, denn es sind nicht wenige Gebiete der menschlichen Tätigkeit, in denen sie verhältnismäßig Hervorragendes leisten; so als Ackerbauer, Handwerker, Fischer und namentlich als Handelsleute. Um so merkwürdiger ist es, daß das religiöse Leben der Ewhes sich auf einer besonders tiefen Stufe befindet. Obgleich einige tausende Ewheleute bereits das Christentum angenommen haben, sind sie doch noch zum allergrößten Teile dem törichtsten Fetischdienst ergeben. Als höchstes Wesen verehren sie Mawu, den sie sich als mächtigen, großen König in einer fernen Stadt denken. Mawu wird von seinen göttlichen Geschäften so sehr in Anspruch genommen, daß er für die einzelnen Landschaften, die ihm dienen, Untergötter einsetzen mußte, eben die Fetische. Diese bleiben ebenso wie ihr Obergott Mawu dem Anblick der Menschen entzogen, doch hat ihnen das Verehrungsbedürfnis Symbole in Form von ganz primitiven Lehmfiguren errichtet, die man vielfach selbst als die Fetische ansieht. Unzählig sind die Fetische, die über den Ewhemann herrschen, und ein jeder hat andere Obliegenheiten. Der eine macht das Wetter, der andere sorgt für eine glückliche Geburt, der dritte für ein langes Leben, dann gibt es Fetische, die die Diebe und die Ehebrecher ausfindig machen, solche, die dem Menschen auf der Jagd oder im Kriege helfen oder ihn vernichten. In einer Beziehung aber zeigen die Fetische eine vollkommene Uebereinstimmung: Alle fordern und nehmen so viele Opfer, wie sie nur bekommen können. Darin sind sie nicht einmal besonders wählerisch: ob es nun Schafe, Ziegen oder Hühner sind, Feldfrüchte oder gefüllte Schnapsflaschen, der Fetisch kann alles brauchen. Er hat einen guten Magen.

Es ist natürlich, daß die Götter selbst weder Schafe essen noch die Ginflaschen leeren. Das besorgen die Fetischleute oder Fetischpriester, die die vermittelnde Instanz zwischen Menschen und Göttern sind. Sie tun den Fetischen, mit denen sie in direktem Verkehr stehen, die Wünsche und Bitten der Erdenkinder kund, die sie sonst nicht erreichen können. Da es kaum eine Lebensbetätigung gibt, die nicht unter dem maßgebenden Einfluß eines mächtigen Fetischs steht, so lebt der Ewhe von der Geburt bis zum Tode in Abhängigkeit von dem Fetischpriester. Insbesondere ist auch das Rechtsleben der Ewheleute ganz vom Fetischglauben beherrscht. Bei allen wichtigeren Angelegenheiten wird der Fetischmann zu Rate gezogen, dem Fetisch obliegt die Ermittelung der Diebe, und wenn ein Ewhe stirbt, so gibt der Fetisch durch den Mund seines Priesters die Ursache des Todes bekannt. Es liegt dann oft im Belieben des Fetischpriesters, anzugeben, daß Gott Mawu den Verstorbenen abberufen habe, oder daß dieser einem Morde zum Opfer gefallen sei, wobei er gewöhnlich das Dorf oder das Haus, in dem angeblich der Mörder lebt, bezeichnet. Der Spruch des Fetischs wird unbedingt geglaubt, und ein so des Mordes Angeschuldigter kann sich oft nur durch ein ihm vom Fetischmann auferlegtes Gottesurteil retten, wenn er dadurch nicht, was öfter der Fall ist, erst recht zugrunde geht. Das gefährlichste dieser Gottesurteile ist der Fetischtrunk. In einem Gefäß wird dem Beschuldigten ein mit Pflanzengift gemischter Trunk gereicht. Stirbt der Angeklagte daran, dann gilt seine Schuld erwiesen, kommt er heil davon, dann ist er natürlich unschuldig. Am sichersten wird sich in solchen Fällen die Unschuld des Angeklagten erweisen, wenn er den Fetischmann gehörig besticht, so daß dieser ihm anstatt des Giftes irgend eine ungefährliche

Die Togoküste und die Küstenbezirke

Fetisch=Priester in seiner Hütte

Flüssigkeit zu trinken gibt. Dadurch ist der Priesterschaft eine ungeheure Macht verliehen. Dem Gottesurteil des Gifttrunks hat übrigens die Verwaltung der Kolonie mehr und mehr ein Ende gemacht. Die Ausbreitung des Christentums, die in den Händen der Evangelischen Norddeutschen Missionsgesellschaft und der Katholischen Mission liegt, hat bisher dem Fetischglauben nur wenig Abbruch getan, obwohl die Erfolge der Missionstätigkeit im übrigen keine geringen sind.

Neben den Fetischpriestern gibt es auch Medizinmänner und Zauberer, die ebenfalls eine große Rolle spielen. Sie üben eine sehr primitive ärztliche Kunst aus, lesen in der Zukunft und betreiben noch andere ähnliche Geschäfte. Eine ähnliche blutsaugerische Rolle wie die Fetischpriester übte auch der Yewe=Geheimbund aus, dessen Treiben inzwischen die Verwaltung lahmgelegt hat. Der Bund war dem Yewe=Fetisch geweiht und hatte eigentlich kaum ein anderes Ziel, als seine Anhänger unter allen Umständen zu schützen und gegen alle Nichtmitglieder mit grausamer Rücksichtslosigkeit vorzugehen. Der Bund arbeitete mit Gewalttaten und Erpressung, durch

Gift, Eisen und Brandstiftung und übte einen schauderhaften Terrorismus aus. Die Ewhe glauben an ein Leben nach dem Tode in einem Reiche der Toten. Doch muß ihr Geist zuvor noch einige Zeit auf Erden umherirren. Man gibt deshalb den Verstorbenen allerlei Nahrungsmittel, Spaten und Dolch, Kleider und Schmuck sowie einige Geldstücke für den Fährmann mit, der die Seelen in das Totenreich übersetzt. Dieser afrikanische Charon heißt Akotia.

Den Ewheleuten ist es nicht gelungen, irgendeine staatliche Organisation zu gründen. Selbst die Macht der Oberhäuptlinge reicht nicht weit über ihr eigenes Gebiet hinaus. Sie tragen zum großen Teile bereits europäische Kleidung, und die Männer, die wohlproportionierte Gestalten haben, sehen darin sehr gut aus. Die Frauen dagegen sind meist klein und unansehnlich. Unter den Ewheleuten ist die Vielweiberei üblich. Die Kinder werden zumeist mit Sorgfalt erzogen und sehr rein gehalten, wie denn überhaupt die Ewhes einen für afrikanische Begriffe sehr bedeutenden Verbrauch an Seife haben. Die Frauen wissen sich, namentlich wenn sie reichen Kindersegen haben, auch in der Ehe eine ziemlich selbständige und geachtete Stellung zu bewahren. Die Mädchen werden schon frühzeitig versprochen. Sind sie erwachsen, so werden sie dem verlobten Bräutigam, der häufig ihrem Vater schon lange um sie gedient hat, übergeben und die Hochzeit unter großen Gin- und Palmweingelagen gefeiert. Solcher Gelage gibt es auch bei den Totenfesten, doch haben die Missionare schon mäßigend eingewirkt.

Ewhe-Dorf　　　　　　　　　　　　　　　　Phot. Major Langheld

Die Ewhe sind tüchtige Ackerbauer; Maniok, Jams, Bananen, Erdnüsse sind die Hauptprodukte. Daneben werden Bohnen angebaut, Zwiebeln, Tomaten, Kürbisse, Papayas, Ananas, roter Pfeffer. Besondere Aufmerksamkeit schenkt der Ewhe der Kultur der Oelpalme; Palmöl und Palmkerne sind ein bedeutender Handelsartikel. Aus dem Saft des Baumes wird der Palmwein gewonnen, der im Leben des Ewhe eine sehr bedeutende Rolle

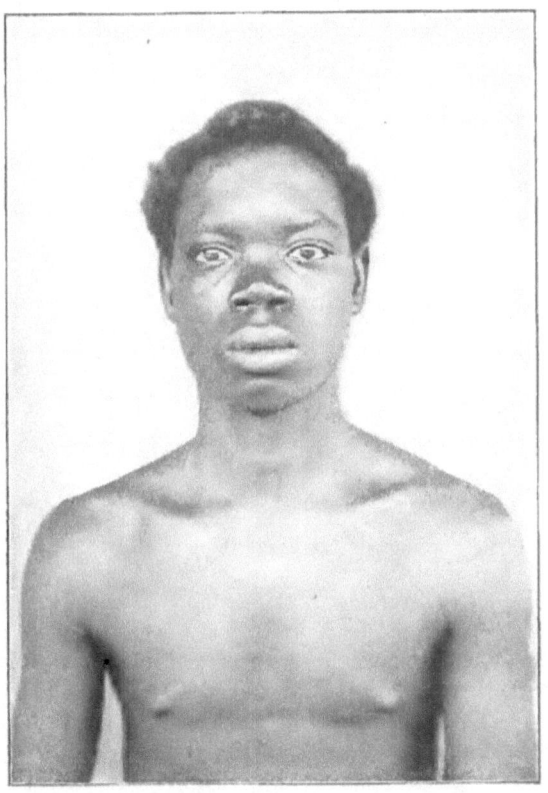

Ewhe-Mann — Phot. Dr. Lehmeyer

spielt. Der Baum wird unter dem männlichen Blütenstand angebohrt; der Saft tropft in eine untergehängte Kalebasse. Neuerdings arbeiten die Leute durch Anbau von Mais und Baumwolle kräftig für den Export; auf die Baumwolle kommen wir noch zu sprechen. Die Wasserverhältnisse des Vorlandes von Togo sind nicht gerade ideale. Es gibt zahllose Wasserrinnen, aber nur der Schio und Haho führen ständig Wasser. In der Trockenzeit müssen die entlegenen Landstriche meilenweit von diesen Flüssen Wasser holen. Das Gouvernement widmet deshalb dem Bau von Brunnen seine besondere Aufmerksamkeit.

Die Viehzucht der Ewhe steht auf niedriger Stufe. Man findet nur kümmerliche Schafe und Ziegen, Schweine, Tauben, Enten und Hühner aller Art. Neuerdings werden im Küstenlande Versuche zur Aufzucht eines Rindviehstammes gemacht; der Erfolg steht aber noch aus.

Handwerk und Handfertigkeit hatten schon vor der deutschen Besitzergreifung in Togo weite Verbreitung. Jedes Dorf hat seinen Schmied,

Erzeugnisse der Töpferkunst in Kpandu

der früher sein Roheisen aus dem Hinterlande bezog. Jetzt verarbeitet er importiertes Eisen. Der Mann stellt Hacken her, Messer, Beile, repariert wohl auch die Steinschloßgewehre seiner Nachbarn. Die Weberei stand in hoher Blüte, litt aber unter der Einfuhr billiger europäischer Erzeugnisse. Neuerdings hat das Gouvernement große Anstrengungen gemacht, diesen Handwerkszweig wieder zu heben. Webstühle findet man heute noch überall im Lande, sehr zahlreich noch in den Landschaften Adaklu und Agofime, südlich von Misahöhe. Die gewebten Stoffe verstehen die Eingeborenen auch mit Pflanzensäften zu färben. Weit verbreitet ist die Töpferei, meist in Händen der Frauen liegend; die Gefäße werden mit der Hand mit Hilfe von glatten Steinen geformt; mit spitzen Holzstäbchen werden die Zierlinien eingeritzt. Sehr bemerkenswert ist ferner die Korb- und Mattenflechterei, die Bearbeitung von Tierfellen, aus denen Messerscheiden, Gürtel, Patronentaschen gearbeitet werden.

Die Küsten-Ewhe sind tüchtige Fischer; jedes Dorf hat auch seine Jäger. Die Ewhe sind vor allem aber tüchtige Handelsleute; recht zahlreich sind die

Märkte, und sie werden oft von Tausenden von Personen besucht. Es gibt Produktenmärkte, auf denen die Händler Palmöl und Palmkerne, Kautschuk und anderes auflaufen; auf anderen Märkten werden europäische Einfuhrwaren umgesetzt; am stärksten besucht sind immer die Lebensmittelmärkte. Da werden Jams angeboten, Maniok, Bohnen, Zwiebeln, Erdnüsse, Papayas, Ananas, Mangos, Limonen, Palmölkerne, Fische, Töpfe, Kalebassen, Messingstäbe, Schnaps, Pulver; daneben gibt es zubereitete Speisen und Getränke, wie Fische und geröstete Mäuse, Fleischklöße in Palmöl, Palmwein, Wasser, das in der Trockenzeit teuer bezahlt wird. Als Münzen dienen deutsche 5- und 50-Pfennigstücke, im Innern häufig Bündel von Tabaksblättern.

Kapitel 2

Die Togo-Hinterlandbahn und ihr Wirkungsbereich

Der gegebene Grenzstrom nach Westen für unsere Kolonie Togo wäre der Voltafluß gewesen; wir hätten eine prächtige Verkehrsstraße an ihm gehabt. Denn von seiner Mündung bis nach Kete-Kratschi hinauf ist er schiffbar. Dort, weit im Innern, hat er noch die bedeutende Breite von 400 bis 500 Meter. Leider kommt dieser Fluß für uns nicht in Betracht; im ganzen Unterlauf haben die Engländer uns von ihm abgedrängt. Dies ist um so bedauerlicher, als dadurch auch der große Nebenfluß des Volta, der Oti, der in einer Länge von 400 Kilometer beinahe das ganze Schutzgebiet durchquert, für uns ziemlich unbrauchbar wird. Schon beim Eintritt in unser Schutzgebiet ist der Oti 100 Meter breit. Der Fluß hat zahllose Windungen. Wäre die Voltamündung unser, so hätte sich auf Volta und dem Oti eine Schiffahrt bis weit ins Innere der Kolonie entwickeln können. Das war unmöglich, und so setzen schon in den neunziger Jahren des vorigen Jahrhunderts Eisenbahnbaupläne ein. Vor allem wünschte man eine Verbindung mit dem Gebirge, wo im Jahre 1890 Leutnant Herold die Station M i s a h ö h e baute.

Das Agomegebirge, an dessen Hängen sich die Station Misahöhe erhebt, ist keine vereinzelte Erhebung; von der Goldküste an zieht es sich durch die ganze Kolonie hindurch, bald breiter, bald schmäler, im Süden mehr eine geschlossene Bergkette bildend, weiter nach Norden sich in Längsstreifen teilend, sich zu Haufengebirgen zusammensetzend, eine mäßig hohe, bald wild zerrissene, bald Hochplateaus bildende Bodenschwelle, die weit ins französische Dahomeyland hineinreicht.

Der südliche Teil dieses Berglandes ist das Agomegebirge, in seinen höchsten Spitzen knapp 1000 Meter hoch; ihm vorgelagert sind das Adaklu- (550 Meter) und Agu-Massiv (980 Meter). Die Berglehnen und Täler des Agomegebirges sind mit üppigem Hochwald bestanden, welchem die unermeßlich hohen Bäume von tadellos geradem Wuchs, das undurchdringliche, großblätterige Laub, die kühn von Ast zu Ast sich schwingenden Lianen und endlich die noch in größerer Menge auftretende Oelpalme das typische Gepräge eines tropischen Urwaldes verleihen.

Dies Gebirge sollte erreicht werden und damit der Weg nach dem reichen und wichtigen Kpandu, dessen Häuptling Dadagu bis 1894 erklärter Feind der deutschen Regierung war.

Das Eweland schließt mit dem Gebirge ab; die Landschaft Kpandu, am Volta gelegen, gehört streng genommen nicht mehr dazu, noch weniger aber die nördlich davon gelegene Landschaft Nkunya und dann das große schöne Bergland Buëm und der Distrikt Tapa am Asuokoko, einem Nebenflusse des Volta. Alle diese Landschaften gehören ins Gebiet der Guanvölker, die bis 1875 vom Aschantikönig beherrscht wurden. Infolgedessen wird in diesen Gegenden auch noch das Tshi, die Aschantisprache, gebraucht.

In der Landschaft Kpandu macht sich der Einfluß der Ewhe noch stark bemerkbar; mit Nkunya dagegen, das sich um den Häuptlingssitz Wurupon erstreckt, betritt der Reisende ein völlig anders geartetes Gebiet. Die Hütten sind viereckig und zu Gehöften zusammengestellt. Große, runde Kornspeicher, aus Lehm gebaut und mit Palmenblättern gedeckt, stehen daneben. Bei Wurupon liegt der „Heilige Wald", der Sitz des Obergottes Sia. Er fordert grausame Menschenopfer; überwundene Feinde werden ihm zu Ehren zerstückelt. Daher die Menschenschädel, Beinknochen und menschlichen Kieferknochen in der Häuptlingshalle zu Kpandu. Die deutsche Verwaltung hat darin gründlich Wandel geschaffen, hat aber alle Scheußlichkeiten des Fetischdienstes noch nicht beseitigen können.

Ein sehr schönes Gebirgsland, mit prächtigem Hochwald bestanden, ist die Landschaft Buëm; Häuptlingssitz ist Borada. Südlich davon liegt im Gebirge Akpufa eine Missionsstation von besonderer Wichtigkeit, weil dort und bei Santrokofi Eisenerzlager festgestellt worden sind. Die Eingeborenen haben einen primitiven Bergbau betrieben und mit ihren Schächten Tiefen von über 40 m erreicht; doch scheinen die Lagerstätten kaum abbauwürdig zu sein. Immerhin könnten bei weiteren Untersuchungen reichere Fundstätten aufgedeckt werden. Buëm mit seinen tiefen Gebirgstälern und schroffen Höhen ist Zufluchtsort versprengter Bevölkerungsteile gewesen, die zum Teil aus Dahomey und aus dem Aschantigebiet stammen; sie lebten dort ziemlich abgeschlossen und sind, wie schon das Aeußere der Dörfer zeigt, zu verhältnismäßig großem Wohlstande gelangt. Borada, der Königssitz, ist sogar hervorragend gut angelegt. Der Ort hat eine breite Hauptstraße mit Schattenbäumen, Ruhebänken und selbst Abzugsgräben an den Seiten.

Trotz der verschiedenartigen Elemente herrschte im Buëmlande eine musterhafte Ordnung, die allerdings nur durch die starke Hand des alten

Agu-Dorf Phot. Dr. Lohmeyer

Blick auf Misahöhe Phot. Dr. Lohmeyer

Akpanga in Borada möglich war. Vor nicht langer Zeit ist dieser interessante, tatkräftige und auch über eine gewisse Macht verfügende Negerfürst gestorben. Zu den erwähnten versprengten Volksstämmen gehört auch die Bevölkerung des Felsennestes Baika, welche mit der von noch drei anderen Dörfern eine eigene Sprache spricht. Baika liegt, wie Hupfeldt, der tüchtige Kenner von Land und Leuten in Togo, erzählt, auf einem hohen, auf allen Seiten abschüssigen Gipfel. Die Häuser sind überall, wo sich nur eine Stelle hat finden lassen, dem Felsen angeklebt. Um von einem Haus zum andern zu gelangen — die Häuser haben die flachdachige Lehmkastenform — muß man, da jedes eine andere Höhenlage hat, große Umwege machen, über Felsblöcke und Dächer klettern. Einige sind so dicht an die Abhänge gebaut, daß man meint, sie müßten jeden Augenblick abstürzen. Dazwischen finden sich runde, dicke Türmchen, die fast wie Bastionen aussehen, mit Lehm- oder Graskappen. Das sind die Vorratskammern der Leute, die allerdings auf ihrem kahlen, sonnendurchglühten und oft sturmgepeitschten Gipfel in großer Dürftigkeit leben. Andere versprengte Stammesreste mit eigenen Sprachen findet man in Lipke und Akpafu sowie in Santrokofi. Auch die Santrokofisprache wird nur in drei Dörfchen von zusammen einigen hundert Leuten gesprochen.

Sehr interessant ist diese Gegend durch die dort betriebene Eisengewinnung. Die etwa 2 Meter hohen runden Hochöfen sind den unsern nicht unähnlich. Sie haben eine Arbeitsöffnung am Boden und, wenn diese beim Betriebe geschlossen ist, zwei andere Oeffnungen für die Schlacke und Windform. Die Beschickung geschieht mit glühender Holzkohle, schwarzer Holzkohle und zerschlagenem Eisenstein von Nußgröße. Der Ofen wird durch einen Blasebalg in Brand gesetzt. Mit 17stündigem Betrieb erhält man eine Luppe von 4 bis 5 Kilogramm.

Heute sind diese interessanten Hochöfen nicht mehr in Betrieb; die Schmiede beziehen importiertes Eisen. Die Kultur verdrängt auch hier altgewohnte Werktätigkeit. Nördlich von Buëm zieht sich am Ajuokoko entlang die kleine Landschaft Tapa. Dort werden aus dem Holz des Seidenbaumwollbaumes Kanus gebaut, die sehr dauerhaft sind. Sonst hat der Bezirk keine Bedeutung.

Kriegstrommel und Trompete aus Kpandu

Die Togo-Hinterlandbahn und ihr Wirkungsbereich

Die Togo-Hinterlandbahn hat diese Länder alle mehr oder weniger erschlossen. Sie ist 122 Kilometer lang. Der Bau der Bahn begann im September 1904; am 27. Januar 1907 wurde die ganze Strecke feierlich eröffnet. Die Bausumme (7 800 000 Mark) wurde dem Schutzgebiet durch die Etats 1904—1906 in drei Raten als eine in 30 Jahren zurückzuzahlende Anleihe zur Verfügung gestellt, die mit 3½ Prozent zu verzinsen ist. Der Verkehr entwickelte sich sehr schnell. Man hatte wöchentlich drei Züge in jeder Richtung als genügend angesehen, mußte aber im Jahre 1907 schon in jeder Richtung täglich einen Zug laufen lassen.

Im Anschluß an den Bahnbau stellte die Togo-Baumwollgesellschaft in Palime eine neue Entkernungsanlage fertig; mehrere Verkaufsläden wurden gebaut. Solche Läden wurden auch errichtet in Banjakoi im Kreise

Blick auf die Avatimeberge

Ho, in Kpakple und Kpandu; an letzterem Orte stellte die katholische Mission ein massives Schulgebäude fertig. Bemerkenswert ist, daß im Misahöhebezirk die wohlhabenderen Eingeborenen anfingen, nach Europäerart große, luftige Häuser zu bauen, und in Fessi (im selben Bezirk) hat ein Eingeborener ein Becken zum Auffangen des Regenwassers aufgemauert. Die Produktion an Baumwolle nahm im Bezirk Misahöhe zu; sehr gute Baumwollernten erzielten die schwarzen Bauern am Agu. Schon 1906 wurde der Bau einer Straße von Agome-Palime über Jo und Kame nach Kpandu in Angriff genommen; die Arbeiten werden im nächsten Jahre beendet sein. Die wirtschaftliche Entwicklung der angrenzenden Distrikte wird dann noch schneller vor sich gehen. Die Misahöhe liefert seit einigen Jahren auch Kakao; Kolabäumchen sind angepflanzt; die größte Ausdehnung hat der Kakaobau aber in Buëm genommen, besonders in Worawora. Dort besitzen 34 Eingeborene 16 550 Kakaobäume in Einzelpflanzungen von 200 bis 1000 Stück.

Kapitel 3
Das Baumwolland von Togo

Auf die Baumwollkultur von Togo hat man große Hoffnungen gesetzt; aber der Anbau will nicht recht vorankommen. Im Jahre 1910 ist wieder ein Rückgang der Produktion eingetreten; auch die Qualität der Baumwolle läßt zu wünschen übrig. Zum Zentrum des Baumwollbaus von Togo ist die östliche Landschaft Atakpame geworden, ein ebener, von vielen Wasserläufen durchzogener Bezirk, der mit dem Küstenlande seit einigen Jahren durch eine gute Straße verbunden ist und in kurzem mit der Hauptstadt des Küstenlandes, Lome, auch durch eine Eisenbahn in Verbindung stehen wird. In diesem Lande ist der Baumwollbau geradezu zur Volkskultur geworden. Namentlich in den letzten Jahren war der Aufschwung der Kultur geradezu rapid. Die jährliche Steigerung des Ertrages betrug bis zu 76 Prozent, und im Jahre 1909 wurden bereits 800 000 Pfund Baumwolle geerntet. In Nuatjä, der Hauptstadt des Baumwollbezirks Atakpame, wurde deshalb eine Ackerbauschule eingerichtet, um der schwarzen Bauernbevölkerung die verbesserten Pflanz- und Arbeitsmethoden beizubringen, denn Plantagen gibt es in Togo nur wenige; der Baumwollanbau liegt hauptsächlich in der Hand der Eingeborenen. Die schwarzen Bauern bearbeiten ihre Ländereien mit der Hacke, und auch im Bezirk Atakpame pflanzen sie zuallererst die notwendigen Nahrungsmittel, wie Jams, Erdnüsse, Maniok, Mais, Reis, Guineakorn, Bohnen, Kürbisse, und zwischen diesen Fruchtfeldern liegt da und dort auch ein Baumwollfeld. Die Baumwollsaat wird etwa im Mai in den gut gelockerten Boden gelegt, nach wenigen Wochen gehen die Pflänzchen auf und wachsen bei günstiger Witterung schnell heran zu Stauden von 0,70 bis 1 m Höhe. Nach drei Monaten etwa blüht die Baumwolle mit schöner, großer Blüte (gelb oder rosafarben); nach Abblühen bildet sich eine Kapsel von Pflaumengröße bis zur Größe eines kleinen Hühnereies. Die Kapsel enthält die harten Samenkörner, sie sind in weiche, blendendweiße Fasern eingehüllt, die eigentliche Baumwolle (Lint). Zur Zeit der Reife springt die Kapsel auf, und die Lintwolle quillt heraus. Sie wird mit dem Samen zusammen aus der Kapsel genommen; besondere Maschinen (Ginmaschinen) befreien die Lintwolle von dem Samen. Dieser macht 67—72 Proz. der Frucht aus, die Lintwolle nur 25—31 Proz.

Baumwollpresse
Durch die Presse wird die Baumwolle auf den engsten Raum zusammengedrängt, um in der rechts auf dem Bilde zu sehenden Ballenform versandt zu werden

In zahlreichen Orten des Bezirks sind solche Ginmaschinen aufgestellt, ferner auch Baumwollpressen. Sie pressen die Baumwolle in Ballen von 500 Pfund zusammen.

Die südlichen Landschaften des Bezirks Atakpame (Nuatjä und Sagada) sind noch von Eweleuten bewohnt. Sie sind eben; Baumsavanne wechselt mit dichtem Busch ab. Die größeren Flußläufe sind von stattlichen Wäldern begleitet. Der Jamsanbau ist in Nuatjä sehr entwickelt; Jams wird bis nach der Küste verhandelt. In dem Orte Adima, an der Bahn gelegen, wird jeden fünften Tag ein kleiner Markt abgehalten. An den Markttagen bringen die Eingeborenen ihre Baumwolle zu den Aufkaufstellen. Zwei europäische Firmen unterhalten in Nuatjä Läden; im Orte befinden sich eine Regierungsstation, die mit einem europäischen Beamten besetzt ist, eine Post- und Telegraphenstation, ein Regierungsrasthof und eine große Herberge für durchziehende farbige Händler. Mit der Regierungsnebenstation ist ein kleiner Versuchsgarten verbunden; die katholische Mission unterhält in Nuatjä eine kleine Schule. In der Nähe von Nuatjä, 12 Kilometer von der Bahn entfernt, liegt im Quellgebiet des Haho die Aufforstungsfläche, die sich in den Bezirk Misahöhe hineinzieht; durch die Aufforstung sollen die Wasserverhältnisse des Haho, der den ölpalmenreichen Bezirk des Schutzgebietes durchfließt, geregelt, die Extreme von Trockenheit und Feuchtigkeit, worunter die Kulturen sehr stark leiden, beseitigt werden.

In der Landschaft Sagada, die durch einen fahrbaren Weg an Nuatjä angeschlossen ist, ist die Baumwollproduktion sehr entwickelt; sie hat dort eine große Zukunft. Alle vier Tage wird im Ort Sagada ein größerer Markt abgehalten, zu dem die Eingeborenen Baumwolle bringen. Zwei europäische Firmen unterhalten Niederlassungen.

Zwischen den Landschaften Nuatjä und Atakpame befand sich früher unbewohnte Steppe. Dort wurde vom Gouvernement eine Niederlassung begründet, in der zum Teil Eingeborene angesiedelt wurden, die wegen schwerer Straftaten aus ihrer Heimat entfernt und unter Kontrolle gehalten werden mußten. Von den nordwärts gelegenen Landschaften des Bezirks gehört Atakpame zum größten Teil dem Flachlande, Akposso dem Berggebiet an. Die Landschaft Atakpame wird auch nicht von einem einheitlichen Volksstamm bewohnt; neben den Atakpameleuten sitzen Dahomeyneger darin, die vor Jahrzehnten aus dem Dahomeyreiche vertrieben worden sind. Auch die Atakpame wohnten früher in der Ebene östlich des Monu. Zu Anfang des vorigen Jahrhunderts etwa wurden sie von den Dahomey über diesen Fluß gedrängt, und sie kauften vom Könige der Akposso Land und bauten sich am Gebirgshange eine neue, stark befestigte Hauptstadt, eben Atakpame, das bis zu 10 000 Einwohner gehabt haben soll. Aber auch in den neuen Wohnsitzen waren die Atakpame vor den Dahomey nicht sicher. Diese brachen wiederholt in das Land ein und haben dort schändlich gehaust. Noch im Jahre 1897 war die Stadt Atakpame ein Trümmerhaufen. Auf dem Berge, auf welchem sich jetzt die kaiserliche Station Atakpame erhebt, hatte Behanzin, der König von Dahomey, mit seinem Amazonenkorps seine Residenz aufgeschlagen, und kein Tag verging, ohne daß an 40 Sklaven und Gefangene geschlachtet wurden. Als Behanzin nicht mehr genug Opfer fand, zog er weiter. Vorher aber schlachtete er die letzten gefangenen Atakpame und kochte ihr Fleisch zusammen mit dem von Schafen und ließ es zurück. Nach der

Baumwollschule in Nuatjä   Phot. Dr. Lohmeyer

Das Baumwolland von Togo

Besiegung Behanzins durch die Franzosen hatten die Nachbarn Ruhe; die Atakpame wagten sich aus ihren Gebirgsschluchten aber erst in die Ebene zurück, nachdem eine deutsche Station bei ihrer alten Hauptstadt begründet worden war. Sie begannen dann auch wieder mit dem Aufbau ihrer Hauptstadt. Die Station ist 1898 gebaut worden; sie liegt auf einem Berge 40 Meter über der Stadt. Der Blick von der Station erinnert stark an das Werratal; deshalb ist der Stationsberg auch der Hörselberg genannt worden. Die Stadt Atakpame hat etwa 4000 Eingeborene; sie hat eine Post- und Telegraphenstation. Jeden fünften Tag wird im Orte Markt

Auf dem Schießplatz von Atakpame

abgehalten, zu dem bis zu 2000 Menschen aus der ganzen Umgegend zusammenströmen. Der Markt findet auf einem großen, freien Platze statt, der dicht an einem Abhang gelegen ist. Von drei Seiten wird der Marktplatz von den Hütten der Stadt umschlossen. Im Hintergrunde sieht man die bewaldeten Akpossoberge. Auf diesem Platze kommen jeden fünften Tag 1000 bis 2000 Neger zusammen, schwatzen und feilschen. Atakpame ist ein wichtiger Handelsplatz für Kautschuk. Er wird in den umliegenden Landschaften Akposso, Agbaba, Adele gewonnen und in Atakpame umgesetzt. Der jährliche Umsatz beträgt bis zu 400 000 Mark und darüber. Dazu kommt das zunehmende Baumwollgeschäft. Daher haben acht europäische Handelsfirmen in der Stadt Zweigniederlassungen errichtet. In nächster Nähe von Atakpame sind die ersten aus dem Atakpame-Bezirk stammenden, in Nuatjä ausgebildeten jungen Leute angesiedelt worden; es soll dort eine Art Musterpflanzung entstehen.

Die katholische Mission besitzt in Atakpame zwei Niederlassungen; die Zahl ihrer Schüler und Schülerinnen beläuft sich auf ca. 300. Die evangelische norddeutsche Mission hat in Atakpame einen europäischen Missionar stationiert und dort mit dem Bau einer Hauptstation begonnen. Sie unterrichtet im Bezirk in 7 Schulen ca. 150 Schüler.

Am Monuflusse, in der Nähe von Sagada, sind Goldvorkommen festgestellt worden; von größerer Bedeutung könnte ein Chromeisenstein-Vorkommen in der Nähe der Bahn Lome—Atakpame bei dem Dorfe Gleï werden.

Westlich von Atakpame, im Gebirge, liegt die Landschaft Akposso mit dem Hauptort Bato. Sie ist Oelpalmengegend und enthält den Hauptteil der auf mehr als 2 Millionen Stück geschätzten Oelpalmenbestände des ganzen Bezirks Atakpame. Ein Teil von Akposso liegt noch in der vom Amufluß und seinen Nebenflüssen durchströmten Ebene; dieses Süd-Akposso war bis in die jüngste Zeit in beständiger Unordnung. Alle Dörfer hatten Krieg miteinander; erst die Gründung der Station Atakpame hat Ordnung gebracht. Der größte Teil von Akposso ist Gebirge, dessen Täler mit Urwald gefüllt sind, der große Bestände von Kautschuklianen birgt. Lange wagten sich die Händler in dies Gebiet nicht hinein, weil die Akposso wegen ihrer Räubereien verrufen waren; besonders gefürchtet war der Häuptling Wapa von Bato, der „Löwe von Akposso". Dieser Räuber und Tyrann wütete vor Gründung der deutschen Stationen Atakpame und Bismarckburg furchtbar im Lande; Zeugnis davon legte ab das Schädelhaus im Dorfe Bato, wo die Schädel der erschlagenen Feinde aufbewahrt wurden. Immerhin hielt Wapa auf Ordnung in seinem Gebiet, und nach Gründung der deutschen Stationen war er klug genug, sich gut zu uns zu stellen. Das Köpfen der erschlagenen Feinde dauerte aber in Akposso noch geraume Zeit fort. Hauptmann Herold, der Erbauer der Station Misahöhe, berichtet, daß ein Akpossomann in Atabi aus dem Schädel seines erschlagenen Feindes eine Trinkschale gemacht und Herz und Hände geräuchert in seiner Hütte aufgehängt habe.

Zum Bezirk Atakpame gehören noch die Landschaften Kpedji und Dume (Dume östlich des Monuflusses gelegen); die Einwohnerzahl dieser ziemlich großen Gebiete beträgt nur 4000 Köpfe. Kpedji liefert jetzt etwa 100 Ballen gleich 50 000 Pfund entkörnte Baumwolle; deshalb ist dort eine Kraftentkernungsanlage aufgestellt worden. Bis zum Kriege der Franzosen gegen die Dahomey war Kpedji von diesen abhängig; später wurde es selbständig. Der am 80 m breiten Monu gelegene Ort Kpedji (jetzt knapp 1000 Einwohner) war früher ein bedeutender Handelsmittelpunkt, ist aber durch die Menschenschlächtereien des Königs Behanzin von Dahomey völlig heruntergekommen. Das Land (auch der deutsche Teil von Dume) wird sich unter deutscher Herrschaft langsam erholen. Bei Kpedji hat der Monu eine Breite von etwa 50 Meter. Mächtige Granitfelsen ragen aus dem Wasser hervor, so daß viele Strudel und Sturzbäche entstehen. Der Fluß wird von wildromantischem Galeriewald begleitet. Jenseits des Monu, nach der Dahomey-Grenze zu, folgt lichte Baumsavanne auf hügeligem Terrain.

Die Bahn Lome—Atakpame wird binnen wenigen Monaten ihren vorläufigen Endpunkt erreicht haben; über ihre Fortführung ist noch keine Bestimmung getroffen.

Teilansicht von Atakpame

Kapitel 4
Ein altes Handelszentrum am Voltastrom

Kete-Kratschi, in nächster Nähe des Voltaflusses gelegen, spielt heute keine große Rolle; noch vor 10—15 Jahren aber hatte es für den Handel nach und von der Goldküste eine hervorragende Bedeutung. Es war damals eine Doppelstadt, bestand aus dem Königs- und Fetischsitz Kratschi mit etwa 1000 Einwohnern; eine halbe Stunde davon entfernt lag Kete, der Handelsmittelpunkt, der zur Zeit seiner größten Blüte über 3000 Hütten und an 10 000 Einwohner zählte. An 8000 Haussa wohnten damals in der Stadt. Schon zur Zeit der deutschen Besitzergreifung machte Kete dem nördlich im heutigen englischen Gebiet gelegenen Handelsort Salaga starke Konkurrenz; als 1892 diese Stadt zerstört wurde und die Salagaleute nach Kete zogen, erlangte es einen großen Aufschwung. Da es an der Grenze der Schiffbarkeit des Volta liegt, ist Kete der gegebene Eingangsplatz für Mittel- und Nordtogo gewesen, bevor der Bahn- und Wegebau dem Handel im deutschen Gebiet andere Wege wies. Etwa um 1895 herum muß dort noch ein großartiges Leben geherrscht haben. Auf dem Marktplatz standen die vielen viereckigen, aus Matten hergestellten Verkaufsbuden; da fand man fertige Haussagewänder, einheimische und europäische Stoffe, gemusterte Kopf- und Umschlagetücher, Garne aller Art, Haussawaffen, Schuhe, Sattel- taschen, Reiterstiefel, Zügel, Zäume. Dazu kamen Landesprodukte aller Art, Früchte und Gemüse, Kautschuk, Felle; Rum und Gin fehlten natürlich nicht. Früchte und Lebensmittel wurden von den schwarzen Weibern feil- geboten, die schwatzend vor ihren flachen Körben saßen; zubereitete Speisen aller Art gab es, auch zubereitetes Fleisch; die Schlächterei war damals in Kete ein blühendes Gewerbe. Vieh wurde auf dem Markte gehandelt, wohl auch ein wenig Sklavenhandel getrieben; die Händler der Küste trafen in Kete mit den Karawanenleuten aus dem Innern zusammen; der Handel in der Stadt lag in den Händen der ansässigen Haussa, die ganz gewiegte Händler sind. Soweit sie Wanderhändler waren, zogen die Karawanen der Haussa mit Trommelklang in die Dörfer ein, führten Musikanten und ge- werbsmäßige Spaßmacher mit sich; welches Treiben sich beim Zusammen- strömen vieler solcher Karawanen in Kete entwickelte, kann man sich lebhaft ausmalen. Auch zogen wohl arabische Schriftgelehrte mit, die gegen Entgelt Briefe schrieben, Verträge aufsetzten.

Der Handel von Kete stand unter dem Schutze des Fetischs von Kratschi, für den auf dem Markt Opfergaben, also Abgaben erhoben wurden. Dieser

Ein altes Handelszentrum am Voltastrom

Götze hieß Odenta, dem Tier-, auch Menschenopfer gebracht werden mußten. Kratschi hatte auch seinen Fetischhain; er barg zahllose Paviane, die zur Mittagszeit sich im Dorfe einfanden, um ihre Mahlzeit einzunehmen. Die Eingeborenen hatten überall auf Plätzen und bei den Hütten Gefäße mit Jams aufgestellt, woraus die Affen ihren Hunger stillten.

Den Engländern war der aufblühende Handel Ketes ein Dorn im Auge; sie suchten ihn auf alle Weise zu stören. Sie behinderten die Schiffahrt auf dem Volta, und als 1899 bei der Aufteilung des neutralen Gebiets Salaga den Engländern zugesprochen wurde, zogen sie nach und nach den größten Teil der in Kete ansässigen Salagleute auf englisches Gebiet zurück. Kete ging zurück.

Jäger von Akposso

Die Landschaft Kratschi breitet sich in der Ebene der Flüsse Volta, Oti, Dako und Asuokoko aus; die Niederung liegt in etwa 150 Meter Meereshöhe und ist für Ackerbau vorzüglich geeignet. Die Bewohner sind denn auch tüchtige Ackerbauer und fleißige Fischer. Sie haben sich zumeist mit dem Anbau von Lebensmitteln zur Versorgung von Karawanen befaßt; der Baumwollbau kommt wegen der schlechten Transportverhältnisse nur schwer vorwärts. Um Bimbila, den Hauptort der im Norden des Bezirks gelegenen Landschaft Nanumba, wird etwas Baumwolle angebaut; doch ist das Erträgnis nicht viel über 10 Tonnen. Auch einige hundert Rinder stehen dort.

Die Landschaft Nanumba gehört bereits zum Machtbereich des Königs von Dagomba, dessen Gebiet in die Bezirke Sansane-Mangu und Bassari hineingreift; wir wollen dies Königreich gleich hier zweckmäßig besprechen.

Station Kete-Kratschi

Als erster Vertreter des Deutschen Reiches betrat von François im Jahre 1888 die Hauptstadt Jendi des Dagombareiches, das sich weit über die heutige deutsch-englische Grenze erstreckte. Er fand eine große, weitläufig gebaute Stadt mit vielen schönen Bäumen in den Straßen; dem Empfang, welchen ihm der König bereitete, wohnten 60 Trommler, 500 Krieger und 10 000 Zuschauer bei. Des Königs Leibgarde steckte in wattierten Panzerhemden, war zum Teil mit Hinterladern, zum Teil mit Bogen und Pfeilen bewaffnet; auch die Pferde trugen über Stirn und Brust Wattepanzer, seidene und samtene Zaumzeuge dazu und Schabracken. Weiter bestand des Königs Macht aus Lanzenreitern und Fußsoldaten; diese führten zum Teil vergiftete Pfeile, Schwerter und Streitärte. Die Landschaft Nanumba durchzog Kling im Jahre 1890. Er ging über den von Krokodilen wimmelnden Dako und fand in Nanumba eine wasserlose, ausgedorrte Steppe. Kling besuchte auch die Hauptstadt von Nanumba, Bimbila; er schätzte sie damals auf 3000 Hütten und fand einen vielbesuchten Handelsplatz inmitten weit ausgedehnter reicher Felder. Wie Jendi lag auch Bimbila an der großen Handelsstraße von Timbuktu, Bornu, Bagirmi, Sokoto, Kano und Wadai nach Salaga, Kete-Kratschi und der Goldküste. Heute ist Bimbila bedeutend zurückgegangen, und auch Jendi hat eingebüßt. Immerhin ist der Verkehr noch so bedeutend, daß die Verwaltung in Bimbila 25 Rundhütten zur Unterbringung der durchziehenden Händler erbauen ließ.

Zum Machtbereiche des Königs von Dagomba gehören auch Sansugu und Nakpali im Bezirk Bassari; beide sind recht volkreiche Orte und

Ein altes Handelszentrum am Voltastrom

bedeutende Märkte. Sie liegen inmitten zahlreicher, gut angebauter Felder. Den volkreichsten Teil des Dagombareiches bildet die Ebene des Oti etwa vom 9. Breitengrade ab bis hinauf in die Höhe von Jendi. Da wird sehr eifrig Ackerbau getrieben; man kann kilometerweit zwischen den Feldern mit Jams, Mais, Hirse, Erdnüssen, Bohnen, Tabak wandern. Bei Napari und Sansugu wurde schon vor der deutschen Besitzergreifung Baumwolle zum Gebrauch der Bevölkerung angebaut; daraus wurden die Panzer für die Krieger und ihre Pferde angefertigt. Auch die Viehzucht wird besser. Man findet gute Pferde und Buckelrinder, Schafe, Ziegen, Hühner, Tauben und Enten. In der weiten Savanne finden sich Elefanten und Büffel, Löwen, Leoparden, aber auch Hasen, Perlhühner, Antilopen. Die Bewohner dieser Landschaften sind schlanke, gut gebaute Gestalten; die Gesichter sind ziemlich regelmäßig. Die Wohnungen sind meist Gehöfte, aus 6 bis 8 runden Hütten bestehend, die durch eine Mauer miteinander verbunden sind. Die Dagombaleute tragen Haussagewandung; sie sind fast durchweg Mohammedaner. Aber auch heute noch findet man da und dort einen Fetisch.

Als die deutsche Verwaltung im Jahre 1892 die flüchtigen Salagaleute nach Kete zog und den Häuptlingssohn Lempo als Häuptling von Salaga bestätigte, während der Dagombakönig für Karbaki eintrat, stellte er sich uns feindlich gegenüber. Dr. Gruner, der Führer der großen deutschen Togo-Hinterlandexpedition, fand die Straße gesperrt, als er über

Marktszene

Jendi nach Sansane-Mangu ziehen wollte. Gegen die Dagomba wurde im folgenden Jahre Oberleutnant von Massow mit der Polizeitruppe entsandt; Jendi wurde erstürmt und der Durchmarsch erzwungen. Die Lektion hielt aber nicht lange vor; bald ließ der Dagombakönig wieder die Straße für deutsche Handelskarawanen schließen. Als dann im Jahre 1900 die Aufteilung des Dagombareiches zwischen Deutschland und England erfolgte, mußte eine neue Auseinandersetzung mit dem Herrscher in Jendi vorgenommen werden, die aber ohne große Wirkungen blieb. Der Dagombakönig hielt es für geraten, sich gut zu uns zu stellen, und er ist auch bis heute im großen und ganzen unbelästigt geblieben, ist doch heute noch das Hinterland von Togo für den Handel gesperrt.

In Kete-Kratschi bereits tritt der Reisende in das Gebiet des Islams ein. Heute noch gibt es zahlreiche Moscheen in der Stadt, Lehmgebäude mit flachen Dächern, mit einem Haupt- und zwei Seitenschiffen im Innern. Je weiter man nach Norden kommt, desto stärker wird der Einfluß des Islams. Im britischen Nordnigerien und im französischen Teile des Westsudan haben sich wiederholt islamitische, gegen die europäische Herrschaft gerichtete Bewegungen gezeigt, die zu Aufständen führten; auch in Nordtogo sind schon wiederholt islamitische Wanderprediger aufgetreten. Bisher aber ist es der Verwaltung mühelos gelungen, diese Bewegungen zu unterdrücken. Es war sogar möglich, am 5. November 1906 für die Bezirke Mangu-Jendi, Sokode-Bassari und Kete-Kratschi eine Verordnung betreffend die Erhebung einer Wegegebühr zu erlassen. Es wurde damit der Zweck einer Besteuerung des Binnenhandels als Ersatz für die komplizierte Zollerhebung an der Hinterlandsgrenze verfolgt. Weiter wurde durch Verordnung vom 15. November 1906 ein Verbot betreffend Einfuhr und Besitz von Feuerwaffen in Teilen der Bezirke Sokode-Bassari und Mangu-Jendi erlassen. Die Verwaltung will die großen mohammedanischen Königreiche, zu denen auch das Dagombareich gehört, nicht zu mächtig werden lassen.

Eine Sonderstellung nimmt im Bezirk Kete-Kratschi der Bereich der Bezirksnebenstelle Bismarckburg ein; dort liegen im Gebirge die Landschaften Agbaba oder Akebu, Adele oder Bedere und Tribu. Der Asuokoko hat in diesem Gebirgslande sein Quellgebiet. Die Landschaft Tribu umfaßt im wesentlichen das aus der Otiebene steil aufsteigende Gebirgsland, das im Osten vom Asuokoko begrenzt wird. Von der Otiebene aus geht es mehrere Tagereisen lang durch dichten Gebirgswald; auch im Innern ist Tribu steinig, gebirgig und unwegsam. Die Bevölkerung der Landschaft Akebu hat eigene Sprache und lebt ziemlich dicht zusammen; sie gibt sich zum großen Teil dem friedlichen Geschäft des Webens hin. In einem Teile der Dörfer gibt es in fast jedem Hause einen Webstuhl; es werden recht haltbare Stoffe mit hübschen Mustern hergestellt. Akebu ist eine sehr hübsche Berglandschaft mit vielen kleinen Flußläufen, Schluchten, dichten

Wäldern, rauschenden Wasserfällen; es hat sehr reiche Bestände an Oel- und Weinpalmen. Im nördlichen Teile der Landschaft liegt Grassavanne mit Affenbrotbäumen und Fächerpalmen; sie ist außerordentlich wildreich. Nördlich von Akebu liegt Adele, dessen Berge von der Oti- wie der Angä- und Monu-Ebene aus großartig und massig erscheinen. Sie steigen aber nur bis zu etwa 900 Meter an. In malerischen, dichtbewaldeten Schluchten, oft wildromantisch, stürzen unzählige Wasserläufe aus den Bergen in die Ebene; diese Gebirgsschluchten sind die Fundstellen für Lianenkautschuk, der

Eingeborene Weber bei der Arbeit

in Adele und Tribu besonders eifrig gesammelt wird. Dieser Gebirgs-lianen-Kautschuk ist am heimischen Markte unter dem Namen „Adele-Niggers" schon zu einem gewissen Ruf gelangt.

Zur Kautschukgewinnung werden mit einem einfachen Messer 1 bis 10 cm lange Rindenstreifen von der Liane abgeschält. Der aus den Wunden hervortretende Milchsaft wird mit Salzwasser oder Limonenwasser besprengt und dadurch zum Gerinnen gebracht. Die dabei ausgeschiedene Kautschuk-masse ist anfangs weiß, nimmt aber später eine dunkelrosa bis bräunliche Färbung an. Die geronnene Masse wird von den Kautschuksammlern vor-sichtig abgelöst und die erhaltenen dünnen Streifen werden zu kleinen Bällen zusammengerollt. Es kommt vor, daß Produzenten absichtlich kleine Rinden- und Holzstückchen und Steinchen beim Aufrollen der Streifen in die Kautschukbällchen bringen, um rascher zu einer größeren Menge Kautschuk zu kommen. Um derartigen Verfälschungen zu begegnen, ist schon im Jahre 1901 eine Verordnung erlassen worden, welche verfügt, daß die in den Handel gebrachten Kautschukbälle wenigstens bis zur Mitte entzweigeschnitten sein müssen.

Es kommt vor, daß Kautschuksammler beim Einsammeln von Kautschuk zur Erzielung einer höheren Ausbeute die Lianen durchschneiden. In der Tat ist der Austritt von Milch für den Augenblick sehr beträchtlich; aber die durchschnittene Liane verkümmert und stirbt ab. Diese Gewinnungsart gefährdet naturgemäß den Fortbestand der Lianen, und sie fällt daher unter die nach der Verordnung vom 4. Juni 1900 betreffend die Gummigewinnung und den Gummihandel verbotenen Arten der Gummigewinnung.

Kautschuk kann aus den Lianen das ganze Jahr über gewonnen werden. In der Trockenperiode ist der Milchvorrat geringer, in der Regenzeit größer; in letzterer ist dafür der Milchsaft ärmer an Kautschuk.

Die Wunden vernarben nach einigen Monaten, und nach einem Jahre kann dieselbe Liane wieder angeschnitten werden. Häufig warten die Sammler aber nicht so lange, sondern zapfen die Pflanzen in kürzeren Unterbrechungen an, die Lianen sind dann aber weit schneller erschöpft. Wird das Anzapfen mit der nötigen Sorgfalt betrieben, so kann eine Liane lange Jahre Ertrag liefern.

Es gibt in diesem Gebiete auch einen Kautschukbaum; sein Produkt bleibt aber weit hinter dem Lianenkautschuk zurück. Die Gewinnung von Kautschuk aus dem Baum geschieht durch Einhiebe mit Haumessern in die Rinde des Stammes und stärkerer Aeste. Man findet oft Bäume, die mit derartigen Einschnitten bedeckt sind.

Zwischen den Landschaften Akebu und Adele gab es lange Zeit heftige Streitigkeiten; überhaupt lebte in dem ganzen Berggebiet der Bezirksnebenstelle Bismarckburg eine sehr unruhige Bevölkerung, die zeitweilig den Karawanenverkehr zur Küste völlig lahmlegte. Deshalb wurde hier schon 1888 von Oberstabsarzt Dr. L. Wolf eine Station gegründet, eben Bismarckburg. Sie liegt 713 m hoch; die durchschnittliche Jahresregenmenge ist ca. 1450 mm. Die mittlere Lufttemperatur beträgt 24 Grad Celsius. Als höchste Temperatur im Schatten wurden 37,8 Grad Celsius gemessen, als niedrigste 14 Grad Celsius. Die Station hatte in der ersten Zeit nach ihrer Gründung vieles zu leiden, und es bedurfte mehrerer Strafzüge gegen die Akebu- und Adeledörfer, ehe völlige Ruhe eingetreten war. Die Unbotmäßigkeit der Bevölkerung hing wohl damit zusammen, daß in dieser Gebirgsgegend einer der Hauptsitze des Fetischkultes war. Ein Hauptsitz des Götzenkults war lange Zeit in Dikpeleu, in der nächsten Nähe der Station Bismarckburg. Dort saß die Oberpriesterin Nunu Elisi, bei der vor jedem wichtigen Geschäft (Hausbau, Reise) angefragt werden mußte. Auch wurden Streitfälle vor sie gebracht, die häufig durch die Giftprobe entschieden

Ein altes Handelszentrum am Voltastrom

Totenschau

wurden. Dazu wurde die Rinde eines bestimmten Giftbaumes benutzt; Dr. R. Büttner hat ein Stück von einem solchen Baum nach Berlin mitgebracht. Nunu Elisi, die Oberpriesterin und Giftmischerin, kam natürlich bald in Konflikt mit der kaiserlichen Station. Eines Tages entwich sie aus Dikpelëu, ging nach Ketschenke und beredete den dortigen Häuptling zum Sturm auf Bismarckburg. Nunu führte die Angreifer, der verhüllte heilige Fetischstuhl wurde vorangetragen. Selbstverständlich wurde der Sturm abgeschlagen, und der „heilige Stuhl" ging verloren.

Ein anderer großer Fetischort war Dipongo; dort wirkte der Oberpriester Baopura, der sehr angesehen war und seinen Wohnsitz in Dadease hatte. Als er starb, strömten dort viele Hunderte Fremde zusammen. Ueber die Totenfeier berichtete Dr. Büttner, daß sie eine ganze Anzahl Tage und Nächte gedauert habe. Das Getöse der Trommeln und des Tanzlärms war entsetzlich.

In früheren Jahren pflegten schwarze Händler nach den Dörfern von Adele, Akebu und Tribu hinaufzuziehen, um dort Gummi, Oel, Palmkerne einzukaufen; kleine Kautschukballen waren in diesen Landschaften Zahlungsmittel geworden. Heute haben sich die wilden Gesellen aus den Bergen längst daran gewöhnt, nach Atakpame auf den Markt zu ziehen und ihre Erzeugnisse an den weißen Mann zu verkaufen. Der Bau der Bahn Lome—Atakpame und die Fertigstellung einer guten Straße von Atakpame nach Bismarckburg werden auch die Bergländer im Zentrum der Kolonie schnell dem Handel und Verkehr erschließen.

Kapitel 5
Im Eisenlande von Togo

Der das Schutzgebiet fast in der ganzen Längsausdehnung vom Süden nach Norden durchstreichende Gebirgszug, der zwischen Atakpame und Bismarckburg sich zu einem Berglande von beträchtlicher Längen- und Breitenausdehnung erweitert, setzt sich nördlich Bismarckburg als verhältnismäßig schmale Kette fort, die sich bald aber wieder in mehrere Streichen teilt, deren mittlere auf Bassari zugeht, die westliche auf Banjeli, während die östliche zwischen Sokode und Basilo ein ausgedehntes, sehr viehreiches Hügelland bildet, in dessen Tälern mit großem Erfolg Baumwolle angebaut wird.

Die wichtigste ist die westliche, auf Banjeli zugehende Bergkette; sie verläuft mit dem etwa 490 Meter aus der Ebene sich erhebenden Djole-Berg, an dessen Hängen sehr bedeutende Eisenerzlager festgestellt sind. Das Eisen wird von den Eingeborenen der Umgebung seit alten Zeiten gewonnen; es mag früher seinen Weg bis weit in die westlichen Sudanländer, nach Bornu, Bagirmi, Wadai hinein gefunden haben. Auch heute noch versorgt Banjeli den größten Teil des Hinterlandes mit Roheisen, das von den dortigen Eingeborenen zu Geräten, Werkzeugen und Waffen verarbeitet wird.

Die Eisenerzstätten von Banjeli sind im Jahre 1906 von einem Sachverständigen untersucht worden. Das Haupterzlager beim Dorfe Biagpabe liegt frei zutage. Nach einer vorläufigen Schätzung können aus diesem Hauptlager 25 Millionen Tonnen Eisenerz im Tagebau gewonnen werden.

Der Sachverständige spricht sich in seinem Gutachten dahin aus:

"Für eine Nutzbarmachung des Erzlagers von Banjeli ist eine Eisenbahnverbindung mit der Küste unbedingte Voraussetzung. Die Gewinnungskosten der Erze dürften, da nur Tagebau in Anwendung kommt, recht gering sein, denn Abraum ist kaum vorhanden, wenigstens auf der Haupterzpartie, und die Arbeitslöhne würden sehr niedrig sein. Da die Eingeborenen selbst von altersher das Erz gewinnen, so dürften sie unschwer zu brauchbaren Arbeitern zu erziehen sein. Zumal da ihre eigene Eisengewinnung wohl bald aufhören würde, wären sie meiner Ansicht nach als Arbeiter zu haben, denn bei einer Bahnverbindung mit der Küste würden sie bald ihre gegenwärtige Anspruchslosigkeit aufgeben und dann zur Befriedigung ihrer gesteigerten Lebensansprüche zum Gelderwerb gezwungen sein."

Die Umgegend von Bassari ist ziemlich stark bevölkert; die Gesamtbevölkerung des Bassarilandes kann man auf mehr als 50 000 Köpfe annehmen. Früher war dieses Völkchen sehr unruhig und wegen seiner Räubereien in der ganzen Umgegend verhaßt, auch die Handelskarawanen

Hochöfen der Eingeborenen bei Danjeti mit dem Erzberg im Hintergrund

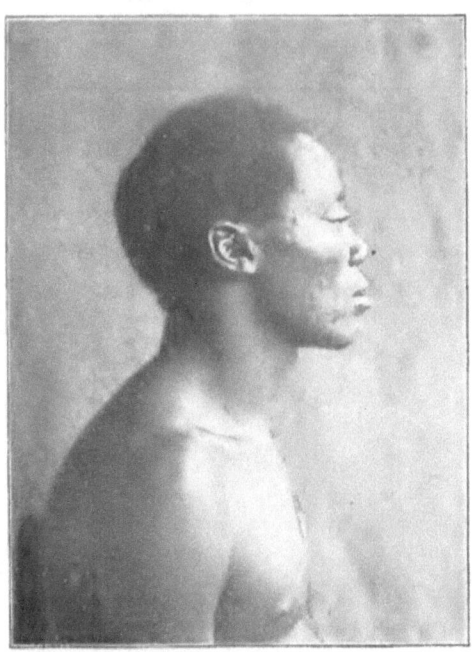

Typus eines Bassari   Phot. Dr. Lohmeyer

zogen nur ungern durch Bassari, weil sie fürchten mußten, dort ausgeraubt zu werden. Das Land, im Zentrum bergig, reicht nach Westen in die Oti-Ebene und nach Norden in die Ebene des Kara hinab. Nach Westen grenzt Bassari an das Dagombareich; zwischen den Dagomba- und den Bassarileuten hat es häufig Streitigkeiten gegeben. Diese sind große, stattliche Leute; bezüglich ihrer Eigenschaften schreibt Graf Zech, daß sie gewalttätig, jähzornig, räuberisch wären und Neigung zur Lüge hätten. Dazu schildert er sie als faul, eigensinnig und schwer lenkbar und als arge Trunkenbolde. Sie brauen Bier aus einer eigens zu diesem Zweck angebauten Hirseart, und durch Zusatz von Luffa machen sie dies Bier noch besonders berauschend. Dazu gewinnen sie Palmwein von Weinpalmen. Täglich nachmittags zwischen 2 und 3 Uhr finden in allen größeren Dörfern unter besonderen Schattenbäumen Palmweingelage statt. Um 5 Uhr nachmittags gibt's Fortsetzung auf dem Marktplatz, wo Bier verkauft wird. Früher haben die Bassari viele Sklaven gehalten, namentlich Kabauresklaven; heute haben auch sie sich unter das deutsche Joch beugen müssen. In Bassari befindet sich eine Regierungsstation, die heute schon dauernd mit einem Europäer besetzt ist.

Den größten Einfluß im Bezirk Sokode-Bassari besitzt der Oberhäuptling von Tschaudjo, der seinen Sitz in Paratau, nicht weit von Sokode hat. Ihm sind unterworfen die Landschaften Fasan, Bo, nördlich von Bismarckburg, Tschamba. Die Landschaft Bo verlegte noch 1896 dem Grafen Zech den Weg; der Häuptling von Bo wurde aber von Zech mit Hilfe von 100 herbeigeeilten Tschaudjosoldaten und 40 Reitern geschlagen; seitdem mußte Bo Tribut nach Paratau bezahlen. Oberhäuptling von Paratau war damals Dyabo Bukari; von ihm schrieb der amtliche Jahresbericht 1898/99:

Im Eisenlande von Togo

„Er war der einzige Mann des Gebietes, mit dem man rechnen mußte. Er hätte damals etwa 300 Reiter, gegen 1000 Gewehrträger und mehrere tausend Bogenschützen ins Feld führen können. Er hatte bei aller Tyrannei einen königlichen Zug in seinem Charakter, wußte sich mit eindrucksvollem Zeremoniell zu umgeben, verfügte über kluge und treue Ratgeber und besaß neben einer imponierenden Erscheinung eine natürliche, ruhige Würde, die jedem im Gedächtnis geblieben ist, der ihn kennen lernte."

Ueber diesen so glänzend charakterisierten Mann schreibt Dr. R. Büttner, der treffliche und ausgezeichnete Kenner von Togo, anläßlich eines Besuches bei Dyabo im Jahre 1891:

„Besonders imponierten die zu Ehren der Besucher veranstalteten Reiterspiele sowie die Art, in welcher die von einem erfolgreichen Raubzuge zurückkehrenden Reiter ihren König begrüßten. In rasender Karriere sprengten die wilden Gesellen dann heran, mit den weiten wehenden Gewändern, den Fessen, Turbanen und Kriegsmützen, den hochgeschwungenen Speeren, Schwertern und Gewehren, den phantastisch aufgeschmückten Pferden ein farbenreiches Bild gebend. Die Reiter trugen weite Pluderhosen oder sehr hohe besporrnte Stiefel. Die Pferde sind reichlich behängt mit Decken, Kauri- und Glockenschnüren, mohammedanischen Amuletten und heidnischen Fetischgegenständen an Stirn, Hals, Mähne und Schwanz.

Auch die mohammedanischen Sonn- und Festtage wurden unter Dyabo eindrucksvoll begangen. Bereits am frühen Morgen wurde in

Muschelhelm aus dem Bergland von Togo

Paratau der Feiertag (Freitag) mit dem Getöse der sechs großen Trommeln, einer ganzen Anzahl von Hörnern, Elefantenzähnen und eisernen Glocken eingeleitet. Diese Musikbande hatte auf dem Platz vor des Königs Gehöft Aufstellung genommen und wechselte in ihren Produktionen mit Sängern ab, die mit wirklich melodischem Tonfall und schönen Stimmen das Lob des Herrschers sangen. Der Konzertplatz war tagsüber von vielem Volk besucht, gegen Abend erschien der König in reichster Seidengewandung, um inmitten seiner Großen niederzusetzen und sich mit ihnen am Konzert und an großen Töpfen schäumenden Hirsebieres gütlich zu tun.

Ich habe damals des Königs ununterbrochene und vielseitige Tätigkeit bewundert. Zahlreich sind die ihm täglich zugehenden Boten, die seine Befehle in Empfang nehmen, und immer steht eines seiner schönen Pferde zum sofortigen Gebrauch gesattelt."

Uyabo Bukari ist 1898 gestorben; er stellte der deutschen Herrschaft, von der er freilich nicht viel zu sehen bekam, sich nicht unfreundlich gegenüber. Auch der jetzige Oberhäuptling von Tschaudjo ist ein kluger Mann, der mit Eifer Baumwolle baut und große Rinderherden sein eigen nennt.

Tschaudjo ist teils Gebirgs-, teils Flachland. In der Niederung von Tschaudjo sind außer Sokode, der Station, die Hauptorte Kirikiri, Tschamba und Paratau. Kirikiri ist ursprünglich von den Franzosen besetzt gewesen; sie bauten dort eine große Station, mit großem Exerzierplatz, schönen Hütten, Soldatenlager, Getreideschuppen, Pferdeställen. Jetzt ist diese Station, die 1897 deutsch wurde, von einem schwarzen Posten besetzt. Unter dem Namen Kirikiri werden eine ganze Anzahl Negerdörfer zusammengefaßt, die sich am Monuflusse entlangziehen. Alle die kleinen Häusergruppen liegen unter mächtigen Palmen; viele Bäche laufen zum Mono hin. Die Gegend ist prachtvoll, erinnert in vielem an Gegenden am Fuße des Riesengebirges. Die Ortschaften zusammen haben zwischen 6000 und 8000 Einwohner. Etwa 5 Stunden südlich von Kirikiri liegt am Monuflusse Tschamba, noch größer und volkreicher als das erstere. Die großen Dörfer haben außer dem Häuptling noch einen Galadimi, eine Art Minister, einen mohammedanischen Großen und dann den Limam, eine Art Oberpriester. Sie sind oft mächtiger als die Häuptlinge. Tschamba besteht aus etwa 20 einzelnen Dörfern; es hat einen sehr bedeutenden Markt.

Die Flußniederungen sind zuweilen sumpfig; das Gras wird über mannshoch. Viel Wild (auch Elefanten) steht noch in diesen Ebenen. Besser als Kirikiri und Tschamba ist die Königsstadt Paratau, im Hügellande gelegen, inmitten reicher Felder und Oelpalmenwälder; sie zählt an 6000 Einwohner, hatte neuerdings an Sokode verloren.

Im Berglande von Sudu-Bafilo liegt hart an der Grenze in entzückender Lage der Polizeiposten Sudu, etwa 700 Meter über dem Meere; rauschende Bäche durchströmen das schöne Bergland mit herrlichem, üppigem

Pflanzenwuchs zwischen den Uferfelsen. In jenen Gebirgsgegenden haben sich Sabermareiter angesiedelt, die eine recht interessante und bewegte Vergangenheit haben. Saberma ist eine Landschaft im Sudun bei Gurma. Die jungen Männer aus Saberma bildeten eine Art Söldnerheer, das aus Lust am wilden Kriegsspiel sich an jeden Machthaber verdingte, der seine Dienste in Anspruch nahm. Sie waren also eine Art afrikanischer Landsknechte, die gegen Lohnzahlung für den Zahlenden Kriege ausfochten. Sie waren aber auch arge Plünderer und schonten weder Freund noch Feind dabei. Die neue Zeit hat dem Treiben dieser wilden Gesellen ein Ende gemacht. Dem Gouvernement stellen sie sich aber noch gern bei Expeditionen zur Verfügung. Ein bedeutender Ort im Gebirge ist Basilo, wo auch Sabermareiter sitzen; der Häuptling von Basilo ist bereits von Paratau unabhängig. Manche der Bergdörfer wie Kadara und Kumende haben eine prachtvolle Lage.

Zum Bezirk Sokode-Bassari gehört auch die Landschaft Anjuna mit den Hauptorten Blita und Djabotaure, nördlich von Kpedji gelegen; die Anjanaleute haben viel unter den Nachbarn leiden müssen. Dyabo Bukari von Tschaudjo ist noch zu Anfang der neunziger Jahre wiederholt in das Land eingebrochen und hat es ausgeplündert. Blita, das sehr wohlhabend war, ist infolgedessen sehr zurückgegangen. Unter der deutschen Herrschaft beginnen die friedlichen Anjanaleute sich wieder zu erholen.

Sokode, der Sitz der Bezirksverwaltung, ist wegen seines Marktes berühmt, der alle sechs Tage stattfindet. Dabei strömen bis zu 8000 Menschen im Orte zusammen. Am Markte sind von der Bezirksleitung Unterkunftshäuser für Haussahändler erbaut worden und eine Reihe kleiner Verkaufshallen. Die Deutsche Togogesellschaft unterhält eine Faktorei im Orte; ferner wurde neuerdings ein massives Gebäude errichtet mit 3 Zimmern und einer Veranda mit Fernsprechraum. Das Gebäude ist von der Postverwaltung gemietet worden. Das Kolonialwirtschaftliche Komitee hat einen Sägengin und eine Spindelballenpresse in Sokode errichtet; jetzige Besitzerin ist die Togogesellschaft.

Station Bassari

Kapitel 6

Im geheimnisvollen Berglande — Nordtogo

In einem großen, nach Nordosten offenen Bogen umzieht der in den Oti einmündende Karafluß nordöstlich von Bassari und nördlich von Sokode ein im nach Dahomey hineinspringenden Winkel liegendes sehr interessantes Bergland, das vor 12 Jahren noch so gut wie unbekannt war. Die Bewohner dieses Berglandes schlossen sich vollkommen ab, auch gegen schwarze Händler und die Mohammedaner von Haussa; sie kamen nur zu kleinen Märkten an der Grenze und verschwanden dann wieder im Innern. Hauptmann von Massow war Anfang 1899 als der erste Weiße in Kabure, wie das Bergland heißt, in der Fetischstadt Bufale; bezeichnend ist, daß selbst die Neger seine Erzählungen nicht glauben wollten. Merkwürdige Erzählungen gingen bis 1899 über dies in die Landschaften Kabure, Lama-Tessi, Sfola, Difale und Losso zerfallende Gebiet; es wurde berichtet, daß es die Hälfte der Einwohnerzahl von ganz Togo habe, und daß die Hauptstadt Groß-Lama 4 km lang und 3 km breit sei und 180 000 Einwohner zähle. Das ist natürlich arge Uebertreibung gewesen; tatsächlich aber sind die Bergländer dicht bevölkert; sie mögen an 100 000 Bewohner haben.

Wirklich erschlossen wurde dies Bergland durch die deutsch-französische Grenzkommission, die 1899 von Mitte September bis Anfang Oktober unter heftigen Kämpfen das Gebiet durchzog. Führer waren Leutnant Preil und der Franzose Major Plé. Preil schildert die Landschaft in begeisterten Worten. Es ist eine entzückende, wildromantische Berglandschaft mit zahlreichen Flußtälern, bewaldeten Hängen, steilen, steinigen Abhängen, wilden Schluchten. Hier eine der eindrucksvollen Schilderungen Preils:

„Weiter geht es etwas am Hange entlang, um einen Hügel herum — und überrascht bleibe ich stehen, und staunend sehen auch die Neger in die einzig schöne Berglandschaft hinein, die bis jetzt noch nie das Auge eines Weißen geschaut hat. Tiefe Täler mit Bächen, hohe Felsen, über 90 Grad geneigt, schroff 300 Meter abfallend, um dann in bewaldetem, steilem Hange noch 400—500 Meter sich ins Tal zu senken. Groteske Felspartien, einzelne Felsblöcke von Häusergröße, wild durcheinander geworfen. Soweit das Auge sieht, bewaldete Kuppen, Felsengebirge, Täler, in der Ferne durch zwei Berge hindurch die Otiebene. Ich war mächtig ergriffen. So bin ich durch Gottes Fügung der erste Weiße, der dieses geheimnisvolle Land erschaut hat. Meinem lieben von Massow war es nicht vergönnt. Und dazu ziehen wir durch ein Land, das auf hoher Kulturstufe steht. Die Einwohner sind außerordentlich fleißig, bauen großartige Wege (selten bei Negern), teilen durch

Im geheimnisvollen Bergland — Nordtogo

Steindämme ihre Felder an den Felsen in kleine Quadrate, damit der Mutterboden nicht weggeschwemmt wird, bauen Häuser, die einen ausgeprägten Konstruktionssinn verraten, treiben Viehzucht, kurz, sind sehr intelligent." Zahllose Flüsse und Bäche durchziehen das Land, das hervorragend angebaut ist; eine amtliche Denkschrift aus dem Jahre 1908 bemerkt über die Kulturhöhe dieser Gebiete:

„Besondere Erwähnung verdienen noch die dichtbevölkerten Kabure-, Losso- und Tamberma-Gebiete, deren Bewohner zwar im allgemeinen noch

Tamberma-Burg in Nordtogo   Phot. Major Langheld

etwas wild und unkultiviert sind; sie haben es aber auf dem Gebiete des Ackerbaues zu einem verhältnismäßig hohen Grade der Kultur gebracht. Wohl sind auch die übrigen Bewohner Togos gute Ackerbauer, doch hält ihre ziemlich flüchtige Feldbestellung keinen Vergleich aus mit der intensiven Bodenkultur der Kabure- und Losso-Leute. In Kabure beispielsweise gibt es wohl nur wenig Ackerland, welches nicht bis hoch in die Berge hinauf auf das sorgfältigste, teilweise unter Zuhilfenahme von Düngung, bestellt wäre. Aehnliche Verhältnisse liegen in Tamberma vor.

Selbstverständlich sind die Bewohner vorzügliche Arbeitskräfte. Die aus jenen Gebieten beim Bahnbau Lome—Palime verwendeten Losso- und Kabure-Arbeiter waren die besten Bahnarbeiter des Schutzgebiets und vor allem bei den Erdarbeiten vorzüglich zu gebrauchen.

Diesen intelligenten, kulturfähigen und produktionswilligen Völkern, welche heute noch völlig unbekleidet gehen, durch Anschluß an den Ausfuhrhafen die Möglichkeit des Absatzes und damit die Möglichkeit des Erwerbs zu schaffen, ist eines der vornehmsten Ziele der geplanten Bahn."

Merkwürdig ist die Bauart der Häuser und Dörfer in Kabure-Losso. Preil glaubte sich ins Mittelalter versetzt, als er das erste Farmdorf sah. Kleine nette Burgen mit Plattform, Zinnen und Bastionen schauten ihm entgegen. Sie sind aus Holz, Lehm und Stroh aufgeführt, 7 bis 8 Meter hoch, mit nur einem Eingang und haben zwei Stockwerke. Im unteren befinden sich die Viehställe und Gerätekammern, während auf der Plattform sich Wohn- und Schlafhütten erheben, der Kornspeicher angelegt ist.

Eigentümlich sind auch die Dörfer angelegt. Sie bestehen aus einer Anzahl großer Gehöfte, davon jedes 5—50 und mehr Hütten umfaßt. Die einzelnen Hütten sind kreisrund mit Umfassungsmauern aus Stein und Lehm; das kegelförmige Dach ist aus Stroh. Die zu einer Familie oder Sippe gehörenden Hütten sind von einer Steinmauer umschlossen, so daß eine solche Familienwohnung einer Festung gleicht. Deshalb ist es für den Fremden fast unmöglich, aus einer solchen Stadt herauszufinden. Als die deutsch-französische Grenzkommission 1899 das Fetischdorf Bufale besetzte und die Offiziere den Ort durchsuchten, mußten sie wiederholt Mauern durchstoßen, um aus dem Gewirr von Schläuchen und gewundenen Gassen herauszufinden.

Die Bewohner des Landes gehen auch heute noch ganz unbekleidet, einige wenige tragen Felle. Schmuckgegenstände sind Ohrringe aus Eisen, Ringe aus Leder am rechten Arme, Fingerringe; die Nasenflügel sind durchbohrt; durch die Oeffnungen werden Hirsehalme oder Eisenstücke gesteckt. Die Frauen sind schön tätowiert und von hübscher Gestalt; manche sind sogar als schön zu bezeichnen.

Die Grenzkommission von 1899 kam, wie schon erwähnt, nur unter schweren, andauernden Kämpfen durch das Land; jetzt liegen auch diese lange verschlossen gewesenen Gebiete offen, und die Leute kommen nach Sokode, Bassari, gehen sogar tief in den Süden des Schutzgebiets zum Bahnbau. Kleine Unregelmäßigkeiten kommen freilich noch vor; so mußte 1907 und 1908 gegen einige Tambermadörfer eingeschritten werden. Nach einigen Schüssen war die Sache aber erledigt.

Der bedeutendste Ort ist die alte Fetischstadt B u f a l e, auf einem Berge gelegen und etwa aus einem Dutzend Dörfer bestehend. Der Fetisch von Bufale sollte ganz besondere Kraft besitzen; er galt bis an den Tschadsee hinauf und nach der Küste hinunter als besonderer Liebling des höchsten göttlichen Wesens. Deshalb wurde auch die Fetischstadt Bufale selbst unter großen Schwierigkeiten, die die Einwohner von Kabure machten, viel besucht; leider haben wir über die Vorgänge vor 1898 fast gar keine Kunde. Groß-

Im geheimnisvollen Berglande — Nordtogo

Galeriewald in Togo

Losso sollte nach früheren Mitteilungen eine sehr große Stadt sein, hat sich aber als erheblich kleiner erwiesen, als man annahm; immerhin gibt es mehrere Ortschaften im Gebiet, die einige tausend Bewohner zählen.

So gute Ackerbauer die Kabure- und Tambermaleute sind, in der Viehzucht stehen sie nicht so hoch wie beispielsweise die Tschaudjo-Völker. Pferde haben sie keine; das Rindvieh ist ziemlich dürftig, auch Kleinvieh ist nicht viel vorhanden. Besonders gut angebaut ist Süd-Kabure; die Landschaft gleicht einem wohlgepflegten Garten. Da gibt es stellenweise auch noch gutes Vieh. Nord-Kabure und Tamberma sind ärmer, steiniger, werden aber auch gut bestellt.

Die Gebirge scheinen abbauwürdige Erze zu enthalten. An der Nordseite des Tschädeberges, in der Landschaft Lama-Tessi gelegen, steht ein altes Eruptivgestein an, das zum Teil große Blöcke eines titanhaltigen Magneteisens führt. Weiter sind am Durchbruch des Flusses Keran durch das Ssola-Gebirge unweit des Dorfes Kudjambo im Tonschiefer Einlagerungen von Graphit beobachtet worden.

Wichtiger als etwaige Erdschätze aber ist die Arbeitskraft der fleißigen, verhältnismäßig zahlreichen Bewohner; sie stellt einen hohen Wert für das Schutzgebiet dar.

Der ganze Norden Togos wird von dem Bezirk Sansane-Mangu mit der Bezirksnebenstelle Jendi eingenommen; es handelt sich um ein Gebiet von etwa 14 000 qkm mit rund 225 000 Einwohnern. Es wird vom Oti und seinen Nebenflüssen bewässert und bildet, abgesehen vom gebirgigen Nordwesten (Moba ist eine hübsche Berglandschaft) eine leicht gewellte Ebene, die zur Regenzeit meilenweit unter Wasser steht. Verrufen sind die Flußniederungen wegen ihres Insektenreichtums. Preil, der von Gando nach Mangu marschierte und dann nach Gwando in der Nordostecke von Togo, schreibt, daß selbst die Träger durch die zahllosen kleinen Stechfliegen halb wahnsinnig gemacht wurden. Ein Essen bei Licht war ganz unmöglich. Gegessen wurde in etwa 6—8 Meter Entfernung von der in eine Schüssel mit Wasser gestellten Lampe. Auf dem Tisch stand außerdem ein Becken mit glühenden Kohlen, auf das Tabak gestreut wurde. Inmitten dichter Rauchwolken wurde gespeist.

Die Regenzeit dauert in Nordtogo bis Anfang bezw. Mitte Oktober. Das Gras wächst dann bis 4 Meter hoch; die Wege sind unter Wasser, und ausgedehnte Sümpfe bedecken die niedrig gelegenen Landstrecken. Der Oti ist bei Mangu 150—200 Meter breit; er hat viele Krokodile, und nördlich und südlich der Station sind auch die Flußpferde recht zahlreich. Endlose, langweilige Grassavanne bedeckt die weite Ebene. Aus den Mobabergen kommt der Fluß Vorbendi, der nördlichste Nebenfluß des Oti in der Kolonie; an seinen hohen Ufern ziehen sich weite Palmenhaine hin. Nördlich des Flusses aber gibt es wieder trostlose Grassavanne. Verstreut darin liegen kleine Farmgehöfte. Im östlichen Teil des Gebiets, in den Ebenen des Oti, Kumaga und Kara, findet sich eine ähnliche Bauart der Dörfer wie in Kabure, insoweit ähnlich, als viele Hütten zu einem Komplex vereinigt sind, der viereckigen Grundriß hat und nach außen vollkommen durch mannshohe Mauern abgeschlossen ist. Der Eingang in das Viereck geht durch eine offene größere Hütte, in der zwei Pferde oder zwei Esel stehen können. Die Hütten sind

Im geheimnisvollen Berglande — Nordtogo

rund, aus Lehm und mit Stroh gedeckt, haben sehr niedrige Eingangslöcher. Die Lage der Hütten zueinander ist derart angeordnet, daß zwei Straßenzüge entstehen. Diese sind mit festgestampftem Lehm aufgefüllt und mit einer Neigung nach den Straßenenden versehen, zur Abwässerung. An der Straße steht vor jeder Hütte ein Hühnerstall in Kegelform, er ist durch Lehmmauern mit der Hütte verbunden. Am nördlichen Oti und seinem Nebenfluß Vorbendi liegt die Landschaft Bogu mit den Hauptorten Bogu am Vorbendi und Gwando. Bogu ist ganz hübsch unter einer Menge Delebpalmen gelegen; Gwando liegt in der Nordostecke der Kolonie östlich vom Oti; es ist ein ziemlich großer Ort mit einem eigenen „König".

Im allgemeinen ist das Gebiet um Gando bis nach Losso-Kabure herunter wenig bewohnt; die Gegend liegt flach und ist sehr sumpfig. In der Trockenzeit macht sich der Harmattan sehr bemerkbar, ein Wind, der die Luft ganz mit feinem Staub erfüllt. Oberleutnant Preil hat den Oti vom Einflusse

Zur Trommelsprache gebrauchte Signaltrommeln

des Borbendi etwa bis Sansane-Mangu befahren. Er fand zumeist 3 bis 8 Meter hohe Lehmufer, zuweilen felsig und steinig, eine große Zahl Inseln im Flusse, Steine, Baumstämme; auch waren ein halbes Dutzend Katarakte von ½ bis 1½ Meter Höhe zu überschreiten. Der Fluß wimmelte von Flußpferden und Krokodilen. Die vielen kleinen Inseln im 150—200 Meter breiten Flußbett sind von einer zahlreichen Vogelwelt belebt. An den Ufern des Flusses wechselt Grassavanne mit Buschwald. In zahllosen Windungen zieht sich der Oti durch das leicht gewellte Land. Die Bevölkerung ist nicht zu zahlreich; nur wenige Dörfer liegen in der Nähe des Flusses, aber viel zerstreute Farmen. Sansane-Mangu, die Hauptstadt des Bezirks, Sitz des Königs von Tschokossi, erhebt sich hart am rechten Oti-Ufer. Es ist eine räumlich sehr ausgedehnte Stadt mit 9000—10 000 ständigen Einwohnern; zwischen den Gehöften und einzelnen Gehöftekomplexen breiten sich Felder und Viehweiden aus. Die Mehrzahl der Bewohner sind Mohammedaner; daher gibt es viele Moscheen in der Stadt, die ganz den Eindruck einer mohammedanischen Niederlassung macht. Doch gibt es auch noch Fetischhäuser und Fetischpriester. Sansane-Mangu hat einen großen, viereckig gebauten Markt mit einem kleinen Pavillon in der Mitte, in dem die Kapelle konzertiert; an den Seiten entlang ziehen sich die Markthallenstände hin, wo die Händler und Händlerinnen sitzen. Es werden Lebensmittel verkauft, wie Kola, Pfeffer, Salz, Okro, Fleisch, dazu Tabak, Borgu-, Gurma-, Haussastoffe, europäische Stoffe, Schuhe, Portemonnaies; Fächer, Körbe, Perlen, Messer und anderes. Die Verwaltung bemüht sich, Sansane-Mangu in jeder Weise zu heben; von dem Tschokossi-König wird sie dabei in tatkräftiger Weise unterstützt. Die Tschokossi sind das herrschende Element im Nordbezirk; sie sind erobernd in das Gebiet eingedrungen und haben die ursprünglichen Einwohner unterworfen. Am zahlreichsten sitzen sie in der Nähe von Sansane-Mangu; doch sind sie auch über die anderen Provinzen des Nordens verbreitet, weil das eroberte Gebiet unter die vornehmsten Familien aufgeteilt wurde.

Die westliche Hälfte des Bezirks Sansane-Mangu ist etwas bergig; sie besitzt reiche und gute Weiden und daher einen verhältnismäßig starken Rindviehbestand. Eine im Jahre 1908 veranstaltete Zählung hat 12 682 Bullen und 37 270 Kühe ergeben, einen Rindviehbestand von 50 000 Stück, während der Bestand im ganzen übrigen Schutzgebiet nur 20 000 Stück beträgt. Der Norden ist demnach das Viehzuchtland der Kolonie.

Moschee in Sansane-Mangu

Kamerun

Kapitel 1
Ein Kameruner Küstenbummel
von Hans Berthold

Achtzehn volle Tage trägt uns nun schon das gastliche graue stählerne Woermannschiff. Die Ausländer haben unser Schiff schon verlassen. Die letzten Franzosen haben wir in Contonou, die letzten Engländer, bis auf einen, dessen Reiseziel Duala ist, im britischen Lagos an Land gesetzt. Ueber dem stahlblauen Meere, das scheinbar so träge daliegt, wölbt sich ein dunstiger, glutvoller Tropenhimmel. In den Räumen ist es kaum auszuhalten vor Hitze, obschon die elektrischen Ventilatoren in allen Ecken surren.

Leewärts taucht ein Dampfer auf — ein Ereignis! Kaum ist das Schiff unseren Blicken entschwunden, da ruft es von vorn: „Die Insel!"

Richtig! Dort, wenige Striche nach Backbord, taucht aus dem in bleierner Ruhe daliegenden Meere ein verschwommener, unbestimmter, bläulich-grauer Fleck heraus. Es ist der über 3000 Meter hohe O Wassa. Immer deutlicher werden die Formen des Riesen, welcher auf der spanischen Insel Fernando Po sich erhebt. Und nun kommt auch schon der über 4000 Meter hohe Fako, der Götterberg oder Kamerunberg, zum Vorschein. Es ist ein erhebendes Bild.

Jetzt liegt zu unserer Rechten ganz deutlich erkennbar die spanische Insel Fernando Po, und zu unserer Linken heben sich die wuchtigen Formen des Kamerunberges vom dunstigen Tropenhimmel ab. Es ist ein gewaltiger Eindruck, den dieser Berg auf uns macht. Götterberg nennen ihn die Eingeborenen. Wahrscheinlich hat es schon in früheren Jahren in seinem Innern gepocht und gehämmert, daß die phantasiereichen Eingeborenen auf den Gedanken gekommen sein mögen, da drinnen trieben geheimnisvolle, überirdische Wesen ihr Spiel! — In verschwenderischer Fülle hat die Natur am Fuße dieses gewaltigen Berges ihre Gaben ausgestreut. Ein üppiges, dichtes Grün umgibt den Fuß des Berges bis über die halbe Höhe hinauf, wo der kahle rötliche Gipfel über 4000 Meter in die vor Wärme zitternde Luft ragt. Leise Uebergänge sind das Hauptmerkmal tropischer Landschaften. Da ist nichts von den scharfen Konturen, wie man sie in Nord- und Südafrika sieht, nichts von den wechselvollen Farbenspielen, welche in jenen anscheinend so toten Gegenden uns immer wieder erfreuen. Rauschend gleitet unser Schiff dem Ziele, Victoria, entgegen. Jetzt werden die Pirateninseln sichtbar, welche sich, mächtigen Säulen gleich, aus dem Wasser erheben. Ihre Köpfe bedeckt ebenfalls üppiges Grün, — sie und zwei größere waldige Inseln, Mondoleh und Ambas, deren erstere Quarantänestation ist, schließen die geräumige Bucht im Halbkreis ab. Im Hintergrunde dieser Bucht liegen die schneeweißen Häuser von Victoria, unmittelbar am Fuße des Kamerunberges die Gebäude der Pflanzungsgesellschaft Victoria und auf einem Hügel das stilvolle Bezirksamt. Zwischen den sepiafarbenen Parateninseln, welche frechen Seeräubern einstmals zur Wohnstätte dienten, gleitet unser Schiff hindurch bis in die Mitte der Bucht; die schweren Anker fallen platschend in die Tiefe, Flaggengrüße werden mit dem Lande ausgetauscht, pfeilschnell schießen schneeweiße Boote, von verwegenen schwarzen Kerlen getrieben, auf unser Schiff zu. Diese stämmigen, dunkelhäutigen Ruderer sind Meister in ihrem Fach. Dort ein Boot, mit der Reichsflagge am Heck, zeichnet sich vor allen anderen durch schlanken Bau aus. Die schwarze Mannschaft ist in weiße Matrosenkostüme gehüllt, auf den wolligen Köpfen prangen weiße Seemannsmützen — man sieht, zweierlei Tuch macht auch hier die Leute stolz. Drunten am Fallreep steht der erste Offizier zur Begrüßung des Bezirksamtmannes und des Arztes. Ein kurzer, straffer Befehl, die Ruderer stehen senkrecht im Boote, dem die Behörden entsteigen. Die Formalitäten sind bald erledigt. Die gelbe Flagge, das Zeichen, daß das Schiff dem Verkehr freigegeben ist, steigt herab, und nun beginnt ein fröhliches Leben an Bord, besonders in den Restaurationsräumen, denn ein Schiff aus der Heimat ist hier an dieser Küste nichts Alltägliches. Gar eintönig ist das Leben des Kaufmanns und des Pflanzers hier, obschon harte Arbeit das Leben eines jeden ausfüllt. Mit dem ersten Boote fahren wir hinüber ans Land. Ueberall sind wir gastfreundlich aufgenommen. Nach einem Willkommentrunke führte uns der Leiter der Victoriagesellschaft durch seine Pflanzung, welche eine etwa 60 Kilometer lange schmale Feldbahn durchzieht. Dort, jenseits des Baches, den wir, von dem Bootshafen der Victoriagesellschaft kommend, überschreiten, liegen die mit schattigen Veranden umsäumten Gebäude der weißen Beamten. An dem Wege stehen, weit aus dem Innern gekommen, mit Speeren und Keulen bewaffnete, halbwilde Bakwiri in nicht gerade sehr malerischen Kostümen. Schüchtern machen sie uns Platz, aber wir fühlen die giftigen Blicke, die sie uns nachsenden, nachdem wir ihnen den Rücken gekehrt haben. Haben wir ihnen nicht erst persönliche Freiheit gebracht, haben wir nicht ihr Eigentum geschützt, haben wir sie nicht teilhaftig werden lassen vieler Güter unserer Kultur? Sie haben kein Verständnis dafür, um so weniger als sie diese Güter erst durch Arbeit verdienen müssen.

Dort hinter dem mächtigen, mit allen möglichen Waren ausgerüsteten Faktoreigebäude liegen, umgeben von den behaglichen Häusern der schwarzen Aufseher, die Kakaobereitungswerkstätten sowie die Schuppen für die Lokomotiven und die Ställe für Reit- und Zuchttiere, eine großartige Anlage, welche nach Norden hin abgeschlossen wird durch die sehr bescheidene katholische Mission und Kirche sowie durch das abseits auf einer Anhöhe gelegene geräumige Hospital der Gesellschaft. Wer alle diese Wohlfahrtseinrichtungen, welche vornehmlich für Schwarze bestimmt sind, gesehen hat, kann nur des Lobes voll sein für dieses Plantagenunternehmen. Hervorragendes Interesse beansprucht die Anlage für Kakaobereitung. Die reifen Früchte werden geöffnet, ihrem Inneren die Kakaobohnen entnommen, welche dann einen künstlichen Gärungsprozeß durchmachen und schließlich getrocknet werden. Vor dem mächtigen Hause steht schon ein kleiner Extrazug bereit, der uns bergan in die riesige Plantage führen soll. Es ist ein wunderbarer Anblick, den diese Plantage bietet. Im Schatten oft 50 Meter hoher Urwaldriesen stehen viele Tausende breitblättriger Kakaobäume, aus deren Stämmen unmittelbar die großen roten oder gelben Früchte treten. Unzählige Bäume sind gefällt worden, um für Kakao Platz zu machen. Welche Unsumme von Arbeit steckt doch in diesem Unternehmen! — In scharfen Kurven keucht die Bahn bergauf. Zu unserer Rechten erweitert sich der kristallhelle Gebirgsbach oft zu wirklichen Seen. Durch die Lichtung sehen wir dann auf der anderen Seite galerieartig aufsteigend den jungfräulichen Urwald, den noch keines Menschen Fuß betreten hat. Zahllose Affen, Papageien, Adler, bunte Turakos und andere buntschillernde Tropenvögel, aber auch Raubvieh belebt dieses undurchdringliche Chaos von Stämmen, Lianen und Sträuchern. Eine heiße, schwere Luft wie in einem Treibhaus umgibt uns. Man ringt förmlich nach Atem, denn noch sind wir an die freie, salzige Seeluft gewöhnt. Viele Hunderte von schwarzen Arbeitern durchziehen täglich die Plantagen unter Aufsicht von Weißen und holen die bunten Früchte herbei. Auch Gummi ist angepflanzt worden — freilich der Mühe Preis kann erst erwartet werden, wenn die Bäume ein bestimmtes Alter haben. Das ist das Schicksal einer jeden Plantage — man muß warten, bis sie sich bezahlt macht. Dort kommen einige Wagen rasselnd den Berg herunter, schwerbeladen mit Kakaofrüchten, hier zieht ein Trupp fröhlicher Eingeborenen auf feuchten Pfaden talwärts zur Küste, die wir freilich viel schneller erreichen. Vom Meere her hallt schon das erste Signal unseres Dampfers, dessen Sirene ihren tiefsten Baß angestimmt zu haben scheint. Sausend geht's bergab. Es ist eine halsbrecherische Fahrt mit diesen schmalen Feldbahnwagen. Glücklich langen wir aber unten an.

Nun gleitet unser Schiff aus der Bucht hinaus. Dort im Westen sinkt hinter der spanischen Insel Fernando Po die Sonne ins Meer. Ihre letzten Strahlen fallen auf den kahlen Gipfel des Kamerunberges, der tropische Himmel steckt seine herrlichsten Lichter auf. Dort oben auf halber Höhe des Berges werden die Lichter von Sopo und Buea sichtbar. Als der Morgen graut, liegen wir in der Kamerunmündung. Ein wunderbarer natürlicher

Blick vom Bezirksamt auf Victoria

Hafen! — Zu beiden Seiten bilden Creeks zahllose Inseln. An den schlammigen Ufern ragen eintönige Mangroven empor, deren Rinde Gerbstoff liefert. Dahinter Urwaldriesen aller Art. Ueber dem stillen, lehmigen Wasser des Kamerunflusses lagert ein leichter Nebel. Jetzt gehen wir vor Anker in respektvoller Entfernung von der Hauptstadt Duala, eine mit geringen Kosten zu beseitigende Sandbarre versperrt tiefergehenden Fahrzeugen den Weg. Jetzt lichten sich die Nebel. Duala wird sichtbar. Schlohweiße Häuser am Strande und auf der steilen Höhe darüber, dazwischen üppige Bäume und Gärten. Vor Duala auf dem Wasser liegen eine Anzahl kleinerer See- und Flußfahrzeuge. Die schlanke „Herzogin Elisabeth" mit ihrem jachtartigen Bau zieht unsern Blick zuerst auf sich. Duala gegenüber auf der anderen Seite des Flusses Bonaberi, der Ausgangspunkt der Manengubabahn. In aller Eile werden die Passagiere abgesetzt, welche nach Duala gehen wollen, dann steuern wir nach flüchtigem Gruß wieder hinaus in die See, den südlichen Häfen zu. In wenigen Stunden kommt Kribi in Sicht, der bedeutendste Platz an der Südküste.

Wald, Wasser und Himmel, unbestimmte Farben, verschwommene gerade Linien — das sind die Merkmale des Südens, des so reichen Südens. Landschaftlich bietet er nichts, und wenn nicht alle Zeichen trügen, ist auch die Zeit wirtschaftlicher Blüte hier überschritten. Als ich vor Jahren nach einem Abstecher nach Kamerun mit einem Woermann=Schiff heimwärts reiste, schwammen die Batangaleute in Sekt und Gold. Der Gummi hatte den Agenten der Firmen hier Riesensummen in den Schoß geworfen. Nicht leicht hatten sie die Schätze verdient! Strapazen, Gefahren von Menschen und Tieren, verlangten ganze Kerle. Jetzt ist es alle mit dem Gummi, man muß sich mit weniger hochwertigen Produkten begnügen.

Wieder platschen die Anker in die Tiefe. Während der Nacht ist die ganze Ladung für die drei Küstenplätze Kribi, Plantation und Longji an Deck aufgestapelt worden. Unsere kleine Dampfbarkasse geht zu Wasser und nimmt unsere Brandungsboote, die in unglaublich kurzer Zeit beladen worden sind, ins Schlepp. Ganze Berge grüner Kisten, auf welchen der ominöse Name „Gin" und dann „Old=Schiedam" eingebrannt sind. „Der verfluchte Schnaps!" sagt der eine der Herren, welche mit mir an Land gehen — in Wirklichkeit ist es gar nicht so schlimm mit den verheerenden Folgen des Schnapsgenusses, denn betrunkene Neger sieht man dort selten, wo Palmwein und dergleichen nicht fabriziert werden können. Der Schnaps ist gehörig verdünnt, und die Verdauung der Eingeborenen ist eine so vorzügliche, daß der Schnaps wirklich keine bösen Folgen hat. Auf jedem der vier Boote ist eine schwarze Mannschaft. Wohl 20 Minuten ging die Fahrt durch anscheinend ruhiges Wasser, aber noch immer waren wir weit von der Küste entfernt. Auf einmal reißt uns die Barkasse in jäher Wucht vorwärts. Die Taue knarren, die Boote rennen einander an. Im selben Augenblick bleibt die Barkasse stehen, während die vier Boote, von einem furchtbaren Roller erfaßt, vorwärts geschleudert werden. Im Nu sitzen wir auf dem Heck der Barkasse. Unsere schwarzen Ruderer haben ihre lanzettförmigen „Paddles" aufgenommen und streben auseinander zu kommen. Ehe wir uns über die Gefahr klar sind, hat der glücklicherweise unverletzt gebliebene Steuermann die ihm anvertraute Barkasse mit kräftiger Faust freigemacht, die Trossen gelöst und in weitem Bogen den Booten das Feld freigemacht. Da faßt uns ein neuer Roller und jagt uns, während achtern der schwarze Steuermann stehend scharf Ausschau hält, um im rechten Augenblick die auf dem schmalen Bord hängenden nackten muskulösen schwarzen Gestalten in Bewegung zu setzen, weiter vorwärts. Jetzt brandet die See zurück. Während in unglaublich kurzem Takte die Ruder einsetzen, stellt sich das Boot fast kerzengerade in die Höhe, bis der Schwall vorübergerauscht ist. Alles ist wie gebadet. Jetzt faßt uns ein neuer Roller, die Ruder fliegen ins Boot. Ein Knirschen und zugleich ein fester Ruck, im Nu springen wir über Bord auf den feuchten Küstensand und stürmen die Böschung hinauf, daß uns die nachfolgende Brandung nicht erreiche und ins Meer reiße.

„Hätte dumm ablaufen können," meint ein alter Major a. D., der eine merkwürdige Vorliebe für die seidenweiche schwarze Haut der Eingeborenen zu haben scheint, — seine afrikanischen Erfahrungen reichen über die Küste nicht hinaus. Vor dem mit einer schattigen breiten Veranda umgebenen Gebäude der „Gesellschaft Südkamerun" steht eine eben aus dem Innern kommende Karawane. Sie hat Elfenbein und Gummi gebracht. Die Leute sind fast durchweg unbekleidet, denn den Grasbüschel, welchen sie an einem Leibriemen aufgehangen haben, kann man kaum als Kleidungsstück ansehen. Die Haut ist rissig und grau vor Dreck — man sieht den Leuten die Strapazen einer langen Reise durch den dicken Busch nur zu deutlich an. Die Beamten der Firma möchten sich gern mit uns etwas erzählen, aber die Arbeit drängt — der Dampfer wartet nicht. Gehen wir nach Kribi selbst hinüber.

Ein kleiner, wildschäumender Fluß trennt uns von dem Orte. Jetzt führt eine Brücke hinüber. Vor 10 Jahren war der alte wacklige Brettersteig, welcher die beiden Ufer miteinander verband, der Schauplatz eines aufregenden Kampfes. Die Bulu hatten den Ort überfallen, die etwas abseits liegende katholische Mission geplündert, und wenn die streitbaren Paters sich nicht in den Weg gestellt hätten, wären die Schwestern wahrscheinlich diesen blutdürstigen grausamen Horden in die Hände gefallen, die, phantastisch tätowiert, weiß bemalt und mit Federn kriegerisch geschmückt, daherstürmten. An der Brücke kam der Kampf zum Stehen. Mancher Bulu mußte ins Gras beißen; sie versprachen wiederzukommen, haben es bisher unterlassen.

K r i b i ist der Ausgangspunkt der wichtigsten Karawanenstraßen des Südens. Daher trägt es auch ein richtiges internationales Gepräge. Da sehen wir Leute aus Njem, Jaunde, Npangwe, ja sogar Fanleute, welche noch heute große Vorliebe für Menschenfleisch haben. Die Opfer werden erst tüchtig gemästet und dann erschlagen und kunstgerecht tranchiert in den Kessel gesteckt.

In der kurzen Zeit, die uns bleibt, machen wir dem Bezirksamt, der Polizei- und Missionsstation, welch letztere etwas landeinwärts liegt, einen Besuch. Nun besteigen wir wieder die Brandungsboote, welche von einem halben Hundert kräftiger Arme ins Meer geschoben werden. Dann schwingen sich mit katzenartiger Gewandtheit die stets lachenden schwarzen Bootsleute hinein in das Fahrzeug, und nun beginnt wieder der Kampf mit der Brandung, wie man ihn selten sieht. Im Takte keuchen die schwarzen Kerle eine monotone, abgerissene Melodie, welche der Bootsführer strophenweise vorsingt. Bei jedem Ruderschlage krümmen sich die breiten Rücken, scharf spähen die Augen voraus auf das Wasser, dessen tückische Bewegung wohl bekannt, ursächlich aber keineswegs einwandfrei festgestellt ist. Von Bord aus sehen wir, nachdem der Dampfer längst den Kurs nach Norden gelenkt hat, zur Küste hinüber. Wir denken der Weißen da drüben, die, umlauert von der Gefahr der Tropen, ein einsames, freudloses Dasein führen.

Wieder laufen wir in die Mündung des Kamerunflusses, des Wuri, ein. Von ferne sehen wir schon wieder den riesigen Baumwollbaum, der uns als Richtung dient. Zur Rechten liegt der Erholungsort für Europäer, Suellaba, gerade am Ausgang des Flusses. Eine lange Landzunge reicht weit in das Meer hinein. Frische Winde streichen über sie hinweg und verscheuchen die häßlichen, feinsurrenden Träger des Malariagiftes und anderer Krankheitsstoffe, die Moskitos und die Tsetsefliege. Zu dem Sanatorium, welches dort errichtet worden ist, gesellt sich auch ein mühsam angelegter Gemüsegarten von erheblicher Ausdehnung, und hübsche Herden werden sichtbar, etwas Unerhörtes und selten Gesehenes hier an der Kamerunküste. Es ist ein schweres Stück Arbeit, hier Gemüse und Früchte zu ziehen. Die sengenden Strahlen der Sonne, der karge Boden, die zahllosen Schädlinge erschweren die Wirtschaft sehr. Dort am Strande suchen, ungefährdet von Haifischen, Kurgäste die sogenannten Quaquas, eine Art Taschenkrebse. Andere mögen landeinwärts in den dichten Mangroven- oder Urwäldern Elefanten, Leoparden, Wildschweinen, Affen, Papageien, Antilopenarten nachstellen. Eine üppige Vegetation tut sich dort auf. Unweit der Station ist auch eine Fischräucherei entstanden. Der Fluß und das Meer bieten für den Fischer unendlich reiche Gründe, auch Krabben sind in ungeheuren Mengen hier vorhanden und bilden einen besonderen Leckerbissen für den Fremden. „Camarao" nannten die Portugiesen bei der Entdeckung Kameruns eben nach diesen Krabben das Land. Die Engländer machten aus Camarao „Cameroons", und wir sagen heute „Kamerun".

Ein Kameruner Küstenbummel

Wieder gehen wir vor der Barre vor Anker. Ein flinkes Boot trägt uns in halbstündiger Fahrt nach Duala. Auf dem hölzernen Landungssteg wimmelt es von Vagabunden in allen möglichen Kostümen. An dem kaiartig ausgebauten Strande herrscht reges Treiben. Schwarze Arbeiter, nur in ein Hüftentuch gehüllt, Gigerl in weißen Anzügen mit Strohhüten auf den schwarzen Wollköpfen und vielleicht sogar in Lackschuhen und roten Krawatten, Dorfschöne, stattliche, graziöse Erscheinungen, welche ihre Reize nicht nur ahnen lassen, hin und wieder auch ein geschäftiger Weißer, ein buntes, lebendiges Bild, das sich da vor den umfangreichen Faktoreien und Werft-

Kribi   Phot. Dr. Lohmeyer

anlagen, welche stark beschäftigt zu sein scheinen, darbietet. Man ist gerade dabei, ein kleines spanisches Kriegsschiff neu aufzulackieren, das eben erst das Schwimmdock der Woermannlinie verlassen haben mag. Auf dem Flusse selbst liegen das Küstenfahrzeug „Nachtigal", der winzige Heckraddampfer „Soden" und der elegante Kreuzer „Herzogin Elisabeth", auf dessen Vorschiff drohend eine Revolverkanone blitzt.

Kräftige Arme heben uns vom Boote nach der schlüpfrigen, moosüberzogenen Treppe, welche zum Landungssteg hinaufführt. In dem schmutzigen Wasser des Wuri tummeln sich Dutzende von Negern jeden Alters und Geschlechts. Es sind gute Schwimmer, und man findet durchaus nichts Anstößiges an diesem Familienbade. Ein paar kräftige Püffe nach rechts und links machen uns Platz. Höflich sind die Schwarzen sicherlich nicht — das ist doch anders in Togo, wo jeder Farbige den Weißen grüßt und der Weiße bei aller Leutseligkeit seine notwendige Stellung der Masse der Schwarzen gegenüber leicht aufrecht erhält.

Wir steigen die Anhöhe hinauf auf der breiten, wohlgepflegten Straße. Wer Duala von früher her kennt, muß überrascht sein von dem riesigen Wechsel, der sich hier vollzogen hat. Das ist nun freilich keineswegs den Eingeborenen gutzuschreiben, sondern der Energie des zu früh verstorbenen Bezirksamtmanns von Brauchitsch und des Marineoberstabsarztes Professor Ziemann. Regelmäßige, breite Straßen, von tropischen Bäumen umsäumt und sauber gehalten, längs derselben behördlich auf Sauberkeit hin kontrollierte Hütten, in denen die Eingeborenen auch Fenster haben anbringen müssen. Zur Rechten, an einem freien Platze, steht der merkwürdige Palast des verstorbenen Manga Bell, an dessen Rückseite im geschlossenen Viereck die Zimmer der zahlreichen Frauen einen Hof umgeben, auf dem noch zahlreichere Kinder spielen. Manga Bell war zwar Christ, aber ebenso klug wie leidenschaftlich. Er soll an 160 Frauen besessen haben — also ein kleiner Sultan. Unmittelbar an den Palast schließt sich das Europäerviertel, das einen äußerst behaglichen Eindruck macht. Freilich sind wir bescheidener als unsere britischen Nachbarn in Lagos, die in wirklichen Palästen hausen.

Auf dem mit schönen Zierpflanzen bestandenen Platze konzertiert die Kapelle der Eingeborenen — sie hat es unter weißer Leitung zu einer schönen Fertigkeit gebracht. Aber merkwürdig — sobald der Weiße auf Urlaub ist, laufen die schwarzen Musikanten davon, und der Rest vollführt eine geradezu jämmerliche Musik. Ganz im Süden haben die Haussahändler ihr Heim aufgeschlagen. Sie kommen vom Innern, sind Mohammedaner und kleiden sich recht phantastisch. Die Frauen sind entschieden zurückhaltender als die Küstennegerinnen, die, um ihrer leidenschaftlichen Putzsucht frönen zu können, sich nur zu gern bei wohlhabenden Weißen zu „night palavers" einladen lassen. Häufig findet man schon, daß diese schwarzen „Damen" ihre wohlgeformten Körper in europäische Korsetts zwängen und auf dem Wollkopf zierliche Pariser Hüte mühsam balancieren. Da sieht man drollige Bilder. Dort das Backfischchen hat sich ein Schleppkleid geleistet. Die Schuhe mögen die Schöne gedrückt haben, deshalb hat sie sie in die Hand genommen. Vielleicht fürchtete sie auch, daß der Regen ihnen schaden würde, jedenfalls hält sie ihre gelben Lackstiefel sorgsam unter dem aufgespannten Schirm. Dort der Stutzer trägt weiße niedrige Schuhe. Er hat die Hosen aufgekrempelt, offenbar um die rotseidenen Strümpfe, die er eben erst erstanden hat, zur Schau zu tragen.

Ein prächtiger breiter Weg führt von der Bellstadt hinüber zur Akwastadt. Beide waren früher durch Sumpf und Wald voneinander getrennt. Im Interesse der Gesundheit haben die beiden um Duala so hochverdienten Männer von Brauchitsch und Ziemann den Wald niederlegen und den Sumpf entwässern lassen. Damit ist für einen herrlichen Gemüsegarten Platz geschaffen und dem schlimmsten Feinde von Schwarzen und Weißen, der Malaria, der giftigste Stachel genommen worden. Es ist ein entzückendes

Bild, welches sich von dem einzigen Hotel Dualas aus, das an dem einen Ende dieser Straße liegt, bietet. Weit hinüber schweift der Blick über die Straße und die Gärten zu den schlichten Gebäuden der katholischen Mission, deren Kirche alles überragt.

Zum Abendessen hat uns Herr von Brauchitsch gebeten. Lautlos huschen schneeweiß gekleidete farbige Diener von einem zum andern — es hat Mühe gekostet, sie anzulernen — und reichen Speisen und kühle Getränke. Seit langem wieder einmal frisches Fleisch und Gemüse. Drüben im Offizierkasino spielt die Kapelle. Heute ist aus dem Innern nach blutigen Kämpfen und monatelangen beschwerlichen Märschen eine Abteilung eingetroffen — Grund genug zur Feier, um so mehr, da morgen eine andere Abteilung Abschied nimmt. Bald leiser, bald mächtiger tönen die Klänge herüber durch den wundervollen Park, und unten, tief unter dem Abhange, rauscht melancholisch das Wasser des Wuri, welches die wilde Brandung zurückzudrängen sucht. Zahllose Käfer surren durch die warme Tropennacht — Kamerun hat doch seine Reize ....

Ein schlankes Boot trägt uns über den breiten Fluß nach Bonaberi. Eine brütende Hitze liegt über der Landschaft. Dort drüben wird gegraben, gebaut, gehämmert, es ist das Entstehen der ausgedehnten Bahnhofsanlage. Ein Zug bringt uns nach dem Innern. Zwar gibt es noch keine Personenwagen. Wir nehmen in einem offenen Güterwagen Platz. Ein großartiges Stück Arbeit ist hier geleistet worden. Meilenweit schier undurchdringlicher Wald und giftiger Sumpf. Jeder Meter mußte den feindlichen Elementen ab-

Landungsbrücke in Duala

gerungen werden. Welch bewundernswerte Arbeit deutscher Ingenieure ist hier geleistet worden! — Freilich, wie lange noch, so wird man an die Gefahren des Sumpfes nicht mehr denken und ebensowenig an die ungeheuren Strapazen einer Reise durch den Urwald, durch den man sich mit dem breiten Buschmesser oft Schritt für Schritt den Weg bahnen muß. Auch für Kamerun bricht eine neue, eine hastende Zeit an, die Anklänge an Europa werden auch hier altafrikanisches Wesen verdrängen, der alten Buschromantik Tage sind gezählt!

Palast Manga Bells in Duala

Dann und wann lichtet sich der Wald zur Rechten oder zur Linken. Dort stehen Häuser der Eingeborenen aus Holz und Matten, und daran anschließend breiten sich primitive Felder aus, auf denen die hauptsächlichsten Nutzfrüchte des Landes gezogen werden. Neben deutschem Gelde spielt die Muschel als Zahlungsmittel noch eine Rolle. In einem der Dörfer bleiben wir. Wir sind Gäste eines Negers, welcher eine Faktorei vertritt. Nach dem Abendbrot sitzen wir noch plaudernd draußen vor der Tür, vor welche der Schwarze sorglich einige wohlgeschnitzte Palaversessel gesetzt hat, auf denen wir Platz nehmen. Seine Töchter, im landesüblichen Kostüm, kredenzen uns Tee. Sie sind auffallend hübsch. Es ist bezeichnend für die Denkart der Küstenneger, daß der Alte uns erklärte, er würde seine Töchter uns für 200 Mark verkaufen, aber ein Neger müßte das Doppelte geben. Das klingt seltsam, wenn man weiß, daß im allgemeinen die Töchter für den Negervater ein Vermögen darstellen. Aber die Leute hier rechnen trotzdem. Ein weißer Schwiegersohn wird gern belästigt von den schwarzen Verwandten, und gewöhnlich muß er tief in das Portemonnaie greifen, um diese Besuche einzuschränken. Die Unterhaltung wurde, wie überhaupt in

Ein Kameruner Küstenbummel

Faktorei am Wuri bei Jabassi

Kamerun und auch in Togo, in dem fürchterlichen Küstenenglisch gepflogen, eine merkwürdige Erscheinung in Ländern, welche schon seit 25 Jahren deutsch sind.

Wir bummeln durch die einzige Straße des Dorfes. Da vor einer Hütte sitzt ein alter Mann und bearbeitet die Palavatrommeln. Jahrelanges Studium ist nötig, um sich mit den geheimnisvollen Zeichen dieser Sprache vertraut zu machen. Auf viele Meilen hin tauschen diese Leute ihre Nachrichten aus. Ein Telegraph arbeitet kaum viel schneller als diese Nachrichtentrommler.

Der nächste Tag sieht uns auf dem winzigen Heckraddampfer „Soden", der uns nach Jabassi den Wuri aufwärts bringen soll. Was wir an Lebensmitteln brauchen, nehmen wir mit. Langsam geht es vorwärts, oft bedroht durch riesige Baumstämme, welche der Fluß herabführt. Dort zur Rechten, am äußersten Ende der Akwastadt, die erste industrielle Anlage von Duala, die Holzfabrik der Firma Steher u. Pingel. Dann verengert sich der Fluß. Zu beiden Seiten tritt der Wald an die Ufer heran. Flußpferde und Krokodile werden immer seltener hier. Nach kurzem Aufenthalt bei Bonambasi steuern wir auf Jabassi zu. Dort sind wir Gäste des liebenswürdigen Leiters der alten englischen Firma John Holt.

Auf die Dauer wird das Reisen zwischen dichtem Urwalde wirklich langweilig, wenn man nicht Botaniker ist oder der Jagd obliegt. So waren wir alle wirklich herzlich froh, als wir in Duala wieder anlangten, von wo uns etliche Tage später unser Dampfer wieder heimatwärts führte. Als wir in die offene See steuerten, sahen wir hoch oben am Kamerunberge den romantischen Bau des Gouverneurpalastes der Hauptstadt Buëa, auf dessen schneeiges Weiß die Nachmittagssonne ihre grellen Strahlen warf. Noch ein kurzer Besuch von Victoria und dem Botanischen Garten, der in der ganzen Welt einen Ruf hat, dann verließen wir Kamerun, unsere blühendste, aber auch unerschlossenste Kolonie. Das wird anders werden, wenn die Bahnen nach dem Innern fertig sind, wenn der Urwaldgürtel durchbrochen ist, der sich wehrend vor den Reisenden legt, dessen Ziel das geheimnisvolle reiche Innere ist. Das alte Kamerun, wie wir Alten es kannten, wird dank dem Vordringen der unwiderstehlichen europäischen Energie schon in wenigen Jahren der Geschichte angehören.

Nun liegt es in nebelgrauer Ferne wieder hinter mir, aber oft und gern denke ich an das Land und seine weißen Pioniere zurück.

Kapitel 2

Der Götterberg

Ueber Jahrtausende hinweg grüßt uns sein Name aus der Geschichte. „Der Träger der Götter wird er genannt," so schreibt der karthagische Flottenführer Hanno über den Großen Kamerunberg, bis zu dem er auf seiner großen Expedition zum südlichen Afrika gelangte. Im Tempel in Karthago legte Hanno den auf Erztafeln eingegrabenen Bericht über seine Expedition nieder. Er berichtet am Schlusse: „Wir fuhren an einem ganz feurigen Lande vorbei, welches voll von Dünsten war. Sehr große feurige Ströme aber ergossen sich von hier ins Meer. Wegen der Hitze konnte man das Land nicht betreten. Von Furcht ergriffen, schieden wir unverzüglich von dort. Nach viertägiger Fahrt gewahrten wir nachts das Land mit Flammen erfüllt. In der Mitte aber war ein besonders hochreichendes Feuer, größer als die übrigen, welches anscheinend bis zu den Gestirnen reichte. Tagsüber zeigte es sich als ein sehr hoher Berg, der „der Träger der Götter" heißt. . . . Wir fuhren nicht weiter, da das Getreide anfing zu mangeln."

Die großen Feuer sind nichts anderes als Grasbrände, die man heute noch während der Trockenzeit beobachten kann; die „Dünste", welche Hanno sah, sind der aufsteigende Rauch, und das besonders hochragende Feuer ist der Große Kamerunberg, auf dem wahrscheinlich ebenfalls starke Grasbrände wüteten.

Weitere Kunde vom Götterberg kam erst beinahe 2000 Jahre später; sie brachte der Portugiese Diego Cao, dem sich der deutsche Forscher Martin

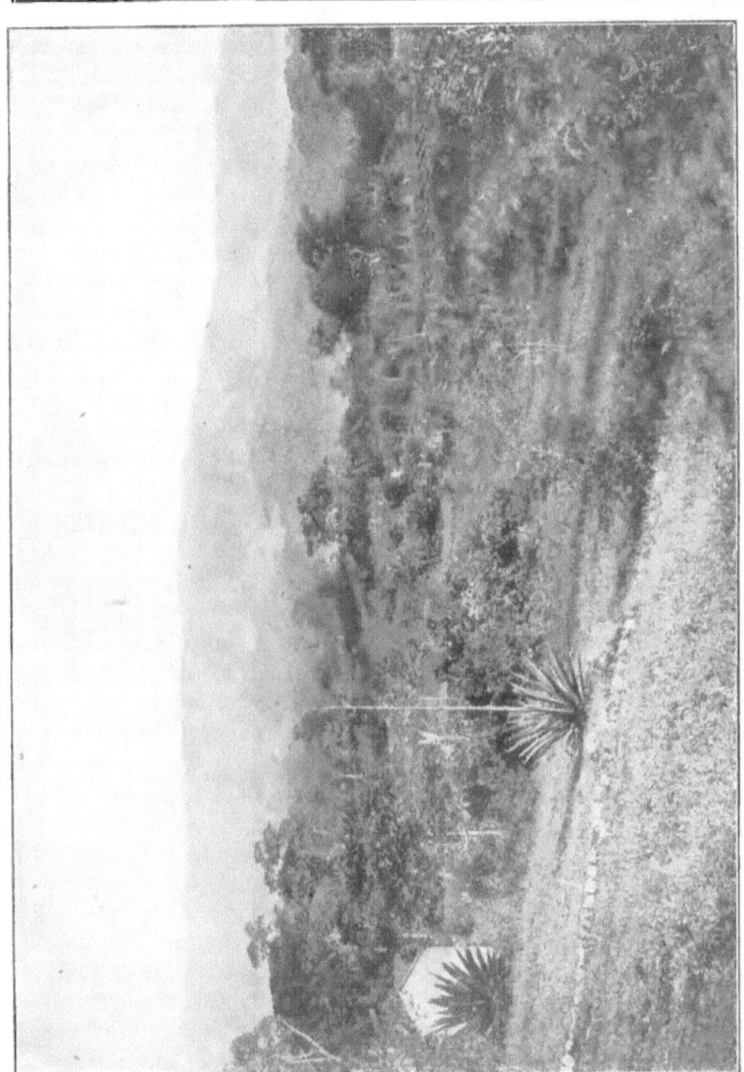

Der Kamerun-Berg von Buëa aus gesehen

Boheim angeschlossen hatte. Ihr Schiff ankerte Ende 1486 oder Anfang 1487 in der Victoriabucht am Fuße des Großen Kamerunberges.

Im 18. und 19. Jahrhundert wurde die Kamerunküste immer häufiger besucht; bestiegen wurde der Kamerunberg nie. Den ersten Versuch machten 1861 die beiden Engländer Burton und Man; 1862 gelangten sie zum 4070 Meter hohen Gipfel. Sie gaben ihm den Namen „Victoria and Albert Peak". Die Eingeborenen nennen den Kamerunberg Mongo ma loba, d. i. Berg des Gottes; den höchsten Gipfel heißen sie Fako. Das Kameruningebirge steigt als Vulkanmassiv aus dem Meeere empor; der Durchmesser des Gebirges beträgt 50 km, der Flächeninhalt 150 qkm. Von der Küste steigt das Gebirge allmählich bis zu 1000 Meter Höhe an und erhebt sich dann plötzlich auf 1715 Meter Höhe zum Kleinen Kamerunberg, dem Mongo ma Etinde der Eingeborenen. Der Etinde — nur 5 Kilometer von der Küste entfernt — ist eine alte Vulkanruine, bis zum Gipfel vom Urwald bedeckt. Vom Kleinen Kamerunberg aufwärts geht's zu Mans Quelle, vom Engländer Man 1861 entdeckt; sie liegt 2400 Meter hoch und ist von zahlreichen Kratern und Vulkankesseln umgeben; hinter ihr steigt der Helanen-Berg zu 2828 Meter Höhe an. Von da hebt sich das Gebirge in sanfter Steigung zum höchsten Gipfel. Das obere Gebirge ist wegen seiner porösen Beschaffenheit trotz reichlicher Niederschläge sehr wasserarm; in der unteren Region aber rieseln zahlreiche Wasseradern.

Vom Fako senkt sich das Kamerungebirge nach Norden zu den Ausläufern des Manenguba-Hochlandes hinab. An diesem Abhange befinden sich mehrere Seen; so der Barombi ba Koto und der Elefantensee bei Johann-Albrechtshöhe, der ein wunderbares Bild bietet mit seinen 70 Meter hohen Steilabfällen, von mächtiger Urwaldvegetation bedeckt. Nach Westen senkt sich das Gebirge langsam zur Rio del Rey-Ebene; nach Osten fällt es steiler ab. Da liegt in rund 1000 Meter Höhe B u ë a , der Sitz der Regierung. Etwa 300 Meter tiefer liegen die Militärstationen G r o ß - und K l e i n - S o p o , die Hauptstation der Militärverwaltung.

In B u ë a ist der schöne Palast des Gouverneurs errichtet, etwa an der Stelle, wo am 5. November 1891 der Hauptmann Freiherr von Gravenreuth, der „Löwe von Ostafrika", gegen die Bakwiris fiel. Gouverneur v. Puttkamer ließ zunächst ein Erholungsheim für die Beamten auf dem Berge erbauen; später legte er den Sitz der Zentralbehörden dorthin. Es entstand dann der Gouvernementspalast, ein großes, weißes, weithin leuchtendes Gebäude. Jetzt sind noch Gebäude für die Beamten des Gouvernements hinzugekommen, für die Kassenverwaltung, die Post; verschiedene Kaufleute siedelten sich an; eine Polizeistation wurde eingerichtet, ferner eine Sennerei. So wächst Buëa zu einem freundlichen Städtchen heran. Vorwerk und Sennerei Buëa produzierten im Jahre 1907·08 12 042 Liter Vollmilch, 678 Liter Mager- bezw. Buttermilch, 106 Liter Rahm, 2327½ Pfund Butter und

Der Götterberg

2572 Stück Käse. Die angelegten Kulturen in Buëa enthielten: Kautschukbäume, Tabak, Tee, der sich günstig entwickelte, Chinin, Kampfer, Kokainsträucher, Patschulikraut, Zitronellagras, zahlreiche Fruchtbäume und Sträucher. Von Victoria führt eine Straße nach dem Städtchen hinauf; rechts und links von ihr liegen die Plantagen der Westafrikanischen Pflanzungsgesellschaft, die Kakao, Kautschuk und Bananen baut. Durch ihr Gelände führt eine 40 Kilometer lange Kleinbahn, die bis Sopo geht, für die Personenbeförderung aber nicht benutzt wird.

Lange Zeit nahm man an, die letzten Ausbrüche des Kamerunberges lägen sehr weit zurück, und der Vulkan sei im Erlöschen begriffen; wir sind aber durch die Ausbrüche im April-Mai 1909 eines anderen belehrt worden. Besonders heftige Erschütterungen erfolgten in der Nacht vom 26. zum 27. April; am 27. mußte Buëa geräumt werden. Glühende Gesteinsmassen flogen bei den Ausbrüchen bis 500 Meter hoch, und ein Lavaerguß erfolgte. Diese Ereignisse haben die Erzählungen der Eingeborenen bestätigt, die sie Dr. Preuß 1891 machten, daß vor ungefähr 30 Jahren Feuer den Berg hinuntergelaufen wäre und die Erde so gezittert hätte, daß die Leute umgefallen wären.

Von Dr. Preuß besitzen wir auch eine prächtige Schilderung des Aufstieges auf den Bergriesen. Er entwirft folgendes Bild über den Marsch durch die obere Urwaldregion und das weiter aufwärts gelegene Grasland bis zum Gipfel:

„Schon beim Eintritt in dieselbe (die Urwaldregion) gemahnen einzelne Baumfarne daran, daß der Charakter der Vegetation in der kühleren Höhenlage sich geändert hat. Bald nach dem Eintritt in den Urwald hört man das Rauschen eines Baches und hat ihn auch bald erreicht. Es ist ein kristallklares, kaltes Gebirgswasser, durch felsige Schluchten sich seinen Weg bahnend und hier und dort Wasserfälle bildend. Hier, bei etwa 1000 Meter Meereshöhe, trifft man bereits den ersten Bürger unserer deutschen Flora, nur etwas sperriger und schlanker als in der Heimat. Der Weg führt nun eine Strecke weit in einer Schlucht; hier werden die Wasserbehälter gefüllt, denn weiterhin bis hinauf findet sich kein Wasser mehr. Durch schattigen Urwald geht es weiter. Auf einer Höhe von 1500 Meter treffen wir die ersten Kaffeebäumchen. Bei etwa 1770 Meter tritt eine wesentliche Veränderung der Vegetation ein. Der Urwald hat da und dort Lichtungen, und wir gewahren eine sehr interessante Flora, welche uns lebhaft an die Heimat erinnert. Von neuem nimmt uns geschlossener Urwald auf, und schon macht sich die Ungeduld geltend über die immer noch so fern erscheinende Grasregion, auf welche kein Uebergang, etwa in der Größe der Urwaldbäume oder dergleichen hindeutet. Da öffnet sich ganz plötzlich vor uns der Wald, und unter den Baumriesen hervortretend stehen wir mit einem Mal am Rande des Graslandes, 2000 Meter hoch. Es ist ein überraschender, ergreifend schöner

Anblick. Klar liegen die Berge vor uns, soweit das Auge reicht, mit wogendem Grase bedeckt, im Süden liegt, wie eine Landkarte, die Kamerunmündung und der Guineagolf ausgebreitet. Alsdann geht es auf ziemlich steilem, oft steinigem Pfade durch das offene Grasland die Berge hinan in westlicher Richtung. Der Wind bläst scharf aus Nordnordost. Einige Male werden kleine Schluchten überschritten, welche wieder reichere Vegetation entfalten; den letzten Waldstreifen traf ich in 2500 Meter Höhe. Auf gleicher Höhe befinden sich in einer tiefen und breiten Schlucht einige geräumige Felsenhöhlen, deren Wände mit einem auffallenden Lebermoose überkleidet sind. An der Westseite der Schlucht geht es nun auf einem undeutlichen Pfade direkt die Berge hinan in nördlicher Richtung. Die Steigung ist sehr bedeutend. Die Vegetation zeigt bis etwa 2700 Meter keine wesentliche Veränderung. Nunmehr verliert sich der Weg. Latschenartige Gesträuche, aber immer noch bis zu 5 Meter hoch, wachsen dicht, und die Gräser sind stellenweise noch so üppig, daß sie bis an die Hüften reichen. Selbst in dieser Höhe noch sah ich einen Schmetterling, ja noch höher hinauf traf ich sogar eine grüne Mantis.

Nach einstündigem scharfen Steigen sind zwei terrassenförmig aneinander liegende Vorberge erstiegen, und der „Fako" (die höchste Spitze) kommt in Sicht. Der kleine Kamerunberg, der „Mongo ma Etinde", zeigt sich zwischen zwei Kuppen hindurch. Das Wetter ist klar; nur wenige Federwölkchen und Schäfchen über uns, unter und hinter uns ist alles in Wolken gehüllt. Der Wind bläst kräftig aus dem Osten. Vor uns steigt das Gebirge wellenförmig bis zu dem Fuß des Fako an, der sich dann noch in einer Höhe von etwa 1000 Meter gewaltig aus der Umgebung heraushebt. Der höchste Gipfel erscheint scharf und an der Westseite eckig. Die eigentümliche fahlgelbe Färbung des im frischen Winde wogenden Grases, die sich scharf davon abhebenden schwarzgrünen Kienholzbäumchen und die hier und dort zutage tretenden schwarzen Basaltfelsen und Lavablöcke verleihen dem Ganzen den Anblick einer großartigen Oede; und der Eindruck des Großartigen wird noch gesteigert durch den im Hintergrunde von dem mit weißen Federwölkchen bedeckten Himmel sich scharf und finster abhebenden Fako.

Das Gehen in den in einzelnen festen Büscheln wachsenden Gräsern ist beschwerlich; gefährliche Abgründe und Abstürze gibt es nicht. Der geringe Luftdruck macht sich besonders beim Bücken und Ausgraben von Pflanzen durch den Blutandrang nach dem Kopfe bemerklich. Die Vegetation wird spärlicher; Moose und Flechten treten auf. Lerchenartige Vögel zeigen sich hier und dort. Sie erheben sich ganz wie unsere Lerchen laut singend in die Luft, halten sich dort, halb flatternd, halb schwebend, eine Weile und lassen sich dann wieder niederfallen.

Nach einstündigem beschwerlichen Marsche stoßen wir auf die ersten Lavafelder. Sie bestehen aus lauter lose übereinander geschichteten Lava-

Der Götterberg

Ausbruch des Kamerunberges

stücken von Faustgröße bis zu mächtigen Blöcken und haben scharf begrenzte Ränder. Die Oberfläche ist von einer grüngrauen Flechte überzogen, welche dem Ganzen eine eigentümliche Färbung verleiht. Hier und dort ragt ein mit Gras bewachsener Hügel hervor, um den die Lava herumgeflossen ist. Das Gehen auf den scharfen, porösen, losen Lavablöcken ist besonders für die nackten Füße der Schwarzen sehr unangenehm, und nur langsam kommen wir vorwärts. Endlich stehen wir vor dem letzten derselben, der etwa 1 Kilometer breit ist, und hinter welchem der Fako unmittelbar aufsteigt. Hier mache ich Halt und schlage mein Biwak auf.

Die Temperatur sinkt rasch: 4 Uhr nachmittags 12,8 Grad Celsius, 5,25 Uhr 9,5 Grad, 6 Uhr abends 8,5 Grad. Der Vollmond leuchtete die ganze Nacht und erhöhte das Eigenartige der Landschaft. Der Wind weht stoßweise aus Nordost. Südost blitzt und donnert es aus schwarzem Gewölk wie von einem heranziehenden Tornado. Glücklicherweise kam er nicht. Die Temperatur betrug um 5,45 morgens + 2 Grad Celsius. Die Schwarzen froren erbärmlich trotz warmer Decken und waren kaum zurechnungsfähig. Die aufgehende Sonne beleuchtete den bis zur Hälfte seiner Höhe herab weißbereiften Pik, ein wundervoller Anblick. Um 7 Uhr brachen wir auf. Nachdem das Lavafeld überschritten war, gelangten wir an den nunmehr steil ansteigenden Fako. Um 8,40 Uhr sind wir am Ende des zusammenhängenden Grases angelangt und gehen auf Lava weiter; Flechten und Moose sind zahlreich. Jetzt gelangen wir an die ersten der schon von weitem auffallenden, glatten, glänzend schwarzen Flächen, welche von vielen Seiten die Wände des Fako bilden, und welche ich aus der Entfernung für Felswände hielt. Es sind Aschenfelder. Wie Flugsand entweicht die Asche unter den Füßen. Der Wind weht mit steigender Stärke. Meine Schwarzen wickeln sich dicht in die Decken ein, fassen sich öfters nach den Köpfen und klagen über Kopfschmerz. 3900 Meter sind wir nun hoch, aber nicht mehr weit vom Ziele, und nach wenigen Minuten stehen wir am Südrand des großen Kraters, welcher noch bedeutend niedriger liegt als der Nordrand. Die Kraterwände bestehen vollständig aus vulkanischer Asche. Den Krater westlich umgehend, steigen wir durch hohes Gras und Flechten nochmals an, und um 10,20 vormittags standen wir oben, 4070 Meter hoch. Hier weht der Wind mit der Heftigkeit eines Sturmes; kaum kann man sich auf den Füßen halten."

Den Kamerunberg bewohnen die Bakwiri, die uns viel zu schaffen gemacht haben. Vor 20 Jahren waren sie ein schmutziges, aber trotziges Volk. Sie hielten im Jahre 1891 Dr. Preuß gefangen; die anrückende Gravenreuthsche Expedition wurde gezwungen, umzukehren, nachdem am 5. November der Führer gefallen war. Um ihn nicht in die Hände der Bakwiri fallen zu lassen, wurde er samt dem Maximgeschütz, das man auch nicht mehr zurückschaffen konnte, begraben. Erst drei Jahre später ging eine neue Expedition den Berg hinauf, Buëa wurde gestürmt, der Stamm der Buëa fast vernichtet, die Leiche Gravenreuths wurde geborgen und unter

Das Gouverneurhaus in Buëa

dem Denkmal beigesetzt, das ihm auf der Joßplatte bei Duala errichtet worden ist.

Heute sind die Bakwiri schon stark von europäischer Kultur beleckt; sie haben etwa 60 Ortschaften am Kamerunberge. Die Gemarkungen der einzelnen Sippen sind von lebenden Zäunen umgeben. Sie pflanzen Bananen, Reis, Erdnüsse, Zuckerrohr, Oelpalmen, treiben auch Viehzucht.

Am Nordwest- und Westabhange des Kamerungebirges wohnen den Bakwiri fremde Stämme, darunter eine Menge kleinster Gemeinschaften.

Am Bergmassiv scheint noch viel unbenutztes gutes Siedlungsland vorhanden zu sein, doch ist das Gebirge trotz seiner großen Küstennähe noch wenig bekannt.

Das Urwaldgebiet Kameruns

Wir besprechen das Kameruner Urwaldgebiet in den drei nächsten Kapiteln. Ueber das Gesamtgebiet ist einleitend zu sagen:

Die Grenze des geschlossenen Urwaldes verläuft in Kamerun von einem Punkte 50 Kilometer nördlich Ossidinge an der deutsch-englischen Grenze auf Dschang zu, biegt aber vor Erreichen dieses Ortes im Bogen nach Süden auf das Manengubagebirge ab und verläuft von da über die Nachtigal-Schnellen am Sanaga und weiter südlich dieses Flusses über Gamane (Bertua) zum Kadeï-Flusse, dem sie (im großen und ganzen) bis zur deutsch-französischen Grenze folgt.

Dieses geschlossene Urwaldgebiet ist nicht etwa als eine große Ebene zu betrachten; eben ist nur der kleinere westliche Teil, begrenzt von einer Linie von Kampo über Lolodorf nach den Nachtigal-Schnellen. Aber auch in diesem Tieflande erhebt sich das Kamerungebirge und zieht sich nördlich davon das Manengubagebirge fast bis zu seinen Ausläufern; nach Westen steigen aus der Ebene auf das Obang-Bergland, das Rumpi- und Aua-Massiv. Vorgelagert ist das Rio del Rey-Tiefland. Oestlich und südöstlich der Manengubaberge und des Kamerungebirges dehnt sich die vom Wuri und den Unterläufen des Sanaga und Njong durchströmte Ebene, die südlich von Kribi zu einem schmalen Küstensaum wird. Aus dieser Ebene steigt das Südkameruner Randgebirge auf, und dahinter erhebt sich der geschlossene Urwald auf durchschnittlich 700 Meter hohem Plateau. Dieses Plateau entwässert zum Teil nach dem Kongo, zum Teil nach dem Meere; die Wasserscheide ist nicht klar ausgeprägt. Zum Kongosystem gehören der Dscha, der Kadeï mit Nebenflüssen, der sich mit dem Mambere vereinigt und nach der Vereinigung den Namen Sfanga annimmt. Zum Meere strömen der Njong mit Nebenflüssen und der Campo. Die Bewohner des Urwaldgürtels sind

die heimatlosen Bekelle oder auch Bagiella genannt, die Fan- oder Fang-
völker, anscheinend aus dem Kongogebiet eingewanderte Bantus und die
eigentlichen Kamerun-Bantu, die Ngumba- und Mabeastämme. Zu den
Ngumba gehören auch die Maka und Bakoko. Die Fangruppe hat mit
den Maka das Mischvolk der Ntem gebildet; zu den Fan-Völkern gehören
Jaunde-, Bule-, Bane-, Mpelle-, Etum- und Esum-Leute. Die Bekelle oder
Bagiella sind mit den Pygmäen des Kongo-Urwaldes verwandt; die Männer
haben nur 1,47—1,55 Meter Größe, die Frauen sind noch bis 15 Zentimeter
kleiner. Die Körperform ist gedrungen, die Brust hoch und breit; die Bagiella
sind tüchtige Jäger. Ihre Hautfarbe ist hell wie Schweinsleder etwa, die
Augen sind klein, die Ohren groß, die Nase ist flach. Die Mabea scheinen
nach Hauptmann Dominik eine Zwischenstufe zwischen Bekelle und Ngumba
zu sein; auffallend hat er die Aehnlichkeit zwischen dem Kopfe eines alten
Mabea und dem eines Gorilla gefunden. Auch die Ngumba- und Maka-
völker sind ein schwächlicher, unansehnlicher Menschenschlag; weit besser gebaut
sind die Angehörigen der Fan-Stämme.

Kapitel 3

Das Rio del Rey-Tiefland — Die Ossidinge-Hochländer

Die nordwestlichen Ausläufer des Kamerungebirges enden am Flüßchen
Meme, das an den Hängen des Rumpi-Massivs entspringt und in den west-
lichsten der vielen Creeks mündet, die von da bis zur Grenze tief das Vor-
land durchfurchen. Weiter strömen aus den Bergen herab der Ndian und
der Akpa-Korum, kleine Flüßchen, die aber um Rio del Rey mächtige
Buchten bilden, das sogenannte Rio del Rey-Aestuar. Aestuare sind
schlauch- oder trichterförmige Wasserbecken mit Süßwasser gefüllt, in die aber
das Meer zur Flutzeit eindringt; die zwischen den einzelnen Buchten liegenden Landstreifen sind flaches Schwemmland, mit teilweise wattartigem
Charakter. Bei Rio del Rey bildet dies Schwemmland Inseln und Halbinseln, wie die große Bakassi-Halbinsel. Das Schwemmland des Aestuars
ist schlammiger, von der Flut großenteils überschwemmter Boden; in der
Ebbezeit steht Brackwasser im Schlamm und heben die Luftwurzeln der
finstern Mangrovendickichte sich daraus hervor; sie nur scheinen das sumpfige
Land festzuhalten, daß es nicht vom Meere entführt wird. Unmerklich, je
weiter man die Wasserarme hinauffährt, wird das Land fester, geht der
Mangrovebusch in den graugrünen Küstenurwald über.

Das Rio del Rey-Tiefland — Die Offidinge-Hochländer

Fetisch-Anbeter im Tanzschmuck

Aus der Ebene steigt nördlich des Kamerungebirges das Rumpi-Massiv auf, ein in der höchsten Spitze sich bis zu 1500 Meter erhebendes Bergland, wild zerklüftet, mit ragenden Felswänden und romantischen Schluchten, in denen reißende Gebirgsbäche in schäumenden Kaskaden zu Tal stürzen. Der westliche Nachbar dieses schönen Berglandes, das zum größten Teile mit Urwald bedeckt ist, ist das Aua-Massiv, das einen schmalen Rücken gegen Süden vorschiebt, den Gebirgsstock des Odondok mit dem 1100 Meter hohen Hewettberg. Keilförmig schiebt sich zwischen die Gebirgsländer die Ndian-Ebene ein. Am Nordabhange der Rumpiberge entspringt das Flüßchen Aja; seine Ebene scheidet das Rumpi- vom Obang-Massiv, das seinerseits durch die Ebenen von Tinto und von Banjang vom Manengubagebirge und vom Bamenda-Bali-Hochlande getrennt wird. In der Banjang-Ebene liegt nahe der Grenze die kaiserliche Station Offidinge. In ihrer Nähe sitzt am Croßflusse der aus dem Süden eingewanderte Stamm der Boki; die Banjang-Leute haben sich bei Tinto und in der Banjang-Ebene niedergelassen. Südlich Offidinge liegt am Westabhange des Obang-Massivs das Klakaland, das erst vom 10. bis 23. Januar 1907 vom ersten Europäer, dem Bezirksamtmann Dr. Mansfeld in Offidinge, betreten wurde. Er stellte fest, daß dies bis dahin ganz unbekannte Gebiet zur Hälfte aus

Urwald mit großen Kautschukbeständen besteht, zur anderen Hälfte dicht bevölkert und mit großen Farmen besetzt ist. Weitere wichtige Stämme sind die Baso am Elefantensee um Johann-Albrechtshöhe, die Mlonge in den Rumpibergen, die Bakundu, die Ekoi, Bakogo, Obang, Ngols, Batanga. Alle diese Bantustämme, den Kamerun-Bantu angehörig, zeigen in Kultur und Sprache große Uebereinstimmung; sie sind recht schwach an Zahl und wohnen in Straßendörfern mit Lehmhäusern. In der Mitte des Dorfes befindet sich das große Palaverhaus. Die Gebiete der einzelnen Sippen sind oft durch hohe Hecken voneinander abgegrenzt. Sie haben keine Tore, und man muß auf Leitern oder Baumstämmen hinübersteigen. Die Häuser sind rechteckig mit Giebeldach; die Boki bei Ossidinge haben halbrunde Häuser.

Der westlichste Teil des Urwaldgürtels (Bezirk Rio del Rey, Johann-Albrechtshöhe und der südliche Teil von Ossidinge) ist der Sitz der Geheimbünde, des Totenreichs, der Gottesurteile und Maskentänze, auch Kannibalismus kommt noch vor. Dicht bei Ossidinge liegt der düstere Totensee, von zahllosen Sagen umwoben. Diese westlichen Stämme glauben an ein Totenreich unter der Erde; neun Tage muß der Tote dorthin wandern und auf dem Wege den Teufel überwinden. Die Banjang glauben, daß Verstorbene als Vögel zurückkehren können; nach dem Glauben anderer Stämme haben die zurückkehrenden Toten eine weiße Hautfarbe. (!) Die Furcht vor den Toten spielt im religiösen Leben eine bedeutende Rolle. Sie treiben sich des Nachts herum, um Schaden zu stiften; also müssen sie durch Opfer bei guter Laune erhalten werden. Gottesurteile sind weit verbreitet; man findet den Gifttrank, das Anfassen der glühenden Axt, Eintauchen der Hand in heißes Oel. Bei den Eingeborenen des Ossidinge-Bezirks ist der Brautraub weit verbreitet; nach der Angabe von Dr. Mansfeld betreffen 75 Prozent aller Klagen vor Gericht dies Vergehen.

Die Hauptbeschäftigung der Stämme ist Fischerei an der Küste, Jagd; eifrig wird Ackerbau betrieben. Die Felder werden im Walde angelegt; größere Stämme bleiben stehen, kleinere werden gefällt; das Buschwerk wird abgebrannt. Der Boden wird mit der Hacke bearbeitet. Die wichtigsten der angebauten Feldfrüchte sind Bananen, Planten, Jams, Kürbisse, Tomaten, Bohnen, Bateten (süße Kartoffeln), Mais, Erdnüsse. Die Oelpalme wird in den höheren Lagen eifrig gepflegt; Zuckerrohr wird am Rumpigebirge und am Croßflusse gezogen. Die Stämme des Rumpigebirges bauen auch Pfeffer an; Tabaksbau bürgert sich auch mehr und mehr ein. Die Großviehzucht ist nur in den grasreichen Tälern der Gebirge möglich; Geflügel wird recht zahlreich gehalten. Nach Dr. Mansfeld haben alle Croßfluß-Stämme Schweine. Bemerkenswert ist, daß die Waldstämme weder Milch noch Eier genießen. Bei Mamfe am Kreuzflusse und bei Nsakpe gibt es zahlreiche Salzquellen; es wird dort Salz gewonnen.

Das Rio del Rey-Tiefland — Die Ossidinge-Hochländer

Geheimbündler aus dem Abo-Gebiet beim Fetisch-Tanz

Von Handwerken sind die Töpferei und das Flechten von Körben und Matten aus Gras und Palmfasern verbreitet; im Rumpigebiet und am Croßflusse werden auch recht haltbare Stoffe aus Palmfasern gewebt. Das Schmiedehandwerk wird eifrig betrieben; eiserne Lampen, ja, sogar mehrarmige Kronleuchter werden im Waldgebiet nördlich des Kamerunberges gefertigt. Auch der Messingguß ist nicht unbekannt.

Von Musikinstrumenten finden sich im ganzen Waldgebiet die Holztrommeln, aus ausgehöhlten Baumstümpfen angefertigt; die westafrikanische Gitarre kommt vor, ein merkwürdiges Instrument. Unter einem Kasten sind dünne Aeste befestigt, an deren Enden die Saiten geknüpft sind, die straff über den Kasten gezogen werden, so daß die Aeste sich aufwärts biegen. Als Kleidung dienen mehr und mehr europäische Baumwollstoffe; Waffe ist jetzt meist das Feuersteingewehr.

Das Klima im Waldlande ist heiß und feucht; für europäische Ansiedlung ist es nirgends geeignet. Das Waldland kommt nur für den Handel und die Anlage von Großpflanzungen in Betracht. Häfen für das besprochene Gebiet sind außer Rio del Rey auch Victoria und Duala, dieses, da die

Manengubabahn für die Erschließung auch der Bezirke Johann-Albrechts-höhe und Ossidinge in Frage kommt. Rio del Rey hatte 1908 einen Gesamthandel von 763 732 Mark, 422 861 Mark in der Einfuhr und 340 871 Mark in der Ausfuhr. Faktoreien und Niederlassungen haben im Gebiete die Deutsch-Westafrikanische Handelsgesellschaft in Hamburg und die Gesellschaft Nordwestkamerun in Berlin, ferner John Holt u. Cie Ltd., Liverpool, R. u. W. King, Bristol und W. D. Woodin u. Cie. Ltd., Liverpool. Plantagen gibt es fünf im Bezirk Johann-Albrechtshöhe und eine im Bezirk Ossidinge. Diese ist Kaffee- und Kautschukpflanzung, während der andere Bezirk vorzugsweise Kakao anbaut.

Regierungsstationen sind im Gebiete: Rio del Rey, Johann-Albrechtshöhe, Ossidinge und Bascho; in Mbo und Bare, im Manengubagebirge dicht an der Urwaldgrenze gelegen, sind Militärposten. Die Station Ossidinge konnte erst nach schweren Kämpfen gegen die Ekoi und Keaka gegründet werden. Ihre Niederwerfung war 1902 beendet. Erster Stationsleiter in Ossidinge wurde Graf Pückler-Limpurg; als er 1904 starb, brach der Aufstand von neuem aus; erst nach schweren Kämpfen konnte er unterdrückt werden. Bei Bascho ist jetzt ein kleiner Polizeiposten. Auch in der Umgebung dieser dicht an der englischen und Urwaldgrenze gelegenen Station hat es harte Kämpfe gegeben. Noch vom 16. März bis 3. Juni 1908 mußte eine Expedition gegen die Bascholänder unternommen werden, weil die Reichweite des mit einem weißen Unteroffizier und 20 Farbigen be-

Hauptfaktorei der Gesellschaft Süd-West-Kamerun am Croßfluß

setzten Postens nicht weiter als 15 Kilometer über die Station hinausging. Dazu hatte der nördlich von Bascho sitzende Stamm der Badschama noch die 1904 an einem Tage erfolgte Ermordung von fünf Europäern auf dem Gewissen. Gegen sie und die Assumbos mußte vorgegangen werden. Gegen Elfenbein und Gummi hatten die Leute sich über die englische Grenze mit Vorderladern versorgt; sie leisteten sehr hartnäckigen Widerstand. Auf deutscher Seite fielen 13 farbige Soldaten, fünf wurden schwer, drei leicht verwundet. Auf Seiten der Gegner wurden 491 Tote gezählt, 84 wurden gefangen und 144 Gewehre erbeutet. Jetzt ist die Umgegend von Bascho friedlich. Bei Bascho fließt der 60—70 Meter breite, mannstiefe und reißende Ma-Fluß vorüber, mit 50 Meter hohem, schönem Wasserfall in der Nähe. Im Schutze der einfach, aber zweckmäßig angelegten Station hat sich dort Bascho sehr schön entwickelt; überall sind neue Häuser und Farmen entstanden. Die frühere Militärstation Fontem ist jetzt aufgegeben; auch gegen Fontem und Tinto hat noch vor wenigen Jahren schwer gekämpft werden müssen.

Station Albrechtshöhe wurde 1895 begründet; es sind dort drei europäische Beamte tätig. Seit 1899 wird der Bezirk von einem landwirtschaftlich vorgebildeten Beamten geleitet. Die Station besitzt eine kleine Kakao- und Kola-Pflanzung und einen kleinen Stamm Zuchtvieh.

Kapitel 4
Die Sanaga-Njong-Ebene

Südöstlich der Ausläufer des Manengubagebirges und des Kamerun-Massivs breitet sich bis zum Südkameruner Randgebirge hin die von Urwald erfüllte und von zahlreichen Flüssen durchströmte Tiefebene, der die großen, tief ins Kameruner Gebirgsinnere reichenden Wasserläufe Sanaga und Njong den Namen gegeben haben. Der Sanaga nimmt tief im Innern von Kamerun in zwei Quellflüssen seinen Ursprung. Der südliche Quellfluß, der Lom, entspringt im Mberegebirge, südöstlich von Ngaumdere, hart an der deutsch-französischen Grenze; mit ihm verbindet sich der Djerem, der 60 km östlich Ngaumdere entspringt. Der Lauf dieser beiden Quellflüsse ist noch wenig erforscht. Nach ihrem Zusammenfluß hat der Sanaga eine Breite von 400 bis 500 m. Er strömt dann weiter durch teilweise noch völlig unerforschte Gebiete; erst etwa 60 km vor den Nachtigalschnellen beginnt die bekannte Flußregion. Das Flußbett ist steinig, von Wald begleitet, obschon außerhalb der Waldregion liegend; Elefanten tummeln sich darin und Krokodile. Nördlich Jaunde liegen die Nachtigalschnellen; mehrere

Kilometer weit brauſt der 400—500 m breite, von ſchmalem Galeriewald eingefaßte Strom über Felſen und Geröll an den Sitzen der Bakokos vorüber, die auch heute noch mit Vorſicht behandelt werden müſſen. Dann folgen weiter ſtromabwärts noch die Herbert-Fälle, und erſt bei Edea, 75 km von der Mündung, wird der Fluß ſchiffbar.

Der zweite große Hauptſtrom der Ebene, der Njong, hat ſeinen Urſprung ſüdlich der Militärſtation Dume; ſeine Schiffbarkeit beginnt ſchon in 45 km Entfernung von den Sümpfen, in denen er entſpringt. Sie endet bei den Tappenbeck-Schnellen; von da ab bis kurz vor ſeiner Mündung iſt der Fluß für die Schiffahrt nicht brauchbar. Deshalb ſoll auch von Duala bis Widimenge am Njong die Kamerun-Südbahn gebaut werden.

Flüſſe der Tiefebene ſind der Dibambu und der Wuri, der bis Jabaſſi ſchiffbar iſt; aus dem Manengubagebirge ſtrömt der Mungo in reißendem Lauf über die öſtlichen Ausläufer des Kamerungebirges dem Meere zu. Er iſt ein rechter Sohn der Berge mit prachtvoll bewaldeten Schluchten.

Mungo und Wuri bilden mit dem Sanaga das ſogenannte Kamerunäſtuar, jenes merkwürdige, um die große Kamerunbucht ſich gruppierende Gewirr von Inſeln, das zuſammen mit der vorgelagerten Felſeninſel Fernando Po die Bucht und die kleine Bai von Victoria am Fuß des Kamerungebirges zu guten Häfen macht, während am übrigen Teil der Küſte donnernde Brandung auf das Land ſteht, die eine Landung zu nicht ungefährlichem Wagnis macht. Ein Gewirr von großen und kleinen Inſeln breitet ſich ſeitlich der Station Victoria aus; unzählige Kreeks, ſchmale, bald mit Süß-, bald mit Seewaſſer gefüllte Waſſerarme, winden ſich zwiſchen den Schlammaſſen hindurch, auf denen dichter Mangrovebuſch wächſt. Von der entgegengeſetzten Seite ſtößt eine Halbinſel weit vor, ſo daß eine nur 8 km breite Einfahrt entſteht. Hinter dieſer Halbinſel liegt die Manoka-Bucht, von der aus ſich das Kwakakriek zum Sanagafluſſe hinzieht. Das Dibambukriek, die Mündung des gleichnamigen Fluſſes, ſendet Ausläufer zum Wurikriek, aus dem wieder eine Anzahl anderer Waſſeradern ſich abzweigen: ſo liegt rings um die Kamerun-Bucht ein Wirrwarr von Waſſer und Land, als hätte Gott für dieſen Teil der Erde die Scheidung von Feſtland und Waſſer noch nicht ausgeſprochen. Mangrovebüſche mit lederartig feſten Blättern bedecken die ſchlammigen Inſeln und Inſelchen; zur Zeit der Ebbe ſtehen ſie auf ihren aus dem Erdreich herausragenden Luftwurzeln wie auf Stelzen. Sonſt wächſt nichts, da die ſalzige Flut anderen Pflanzenwuchs nicht aufkommen läßt. Sie führt aber Unmengen von Seetieren mit, die während der Ebbe in dem Wurzelgeflecht herumkrabbeln. Zahlloſe Vögel beleben deshalb die Büſche, nach willkommener Beute ausſpähend.

Wo das Schwemmland feſter wird, treten die Mangrovebüſche zurück; der Buſchwald beginnt mit ſeinem Reichtum an Arten. Schlingpflanzen klettern an den höheren Bäumen empor; große Blüten und farbige Früchte

Die Sanaga-Njong-Ebene

leuchten; Wein- und Oelpalmen schwingen ihre Wedel; ungeschlachte Flußpferde tauchen wohl aus dem Wasser auf, und aus dem Walde stampft, alles schwache Holz zerbrechend, der riesige Elefant hervor, um im Wasser zu baden. Träge aber sonnt sich auf Sandbänken der Alligator, während über dem Ganzen Geieradler und Nashornvögel schweben, Graupapageien ziehen. Der Buschwald macht schließlich dem Hochwald Platz; das Gebiet des Kamerunästuars ist verlassen. In diesem Schwemmgebiet wurden unter den Duala-Leuten und anderen Stämmen die ersten Faktoreien angelegt. Die Faktoreileiter aber wohnten auf den sogenannten Hulks, alten abgetakelten und in der Kamerunbucht in der Nähe des Ufers verankerten Schiffen; dort

Hängebrücke über den Mungo mit Aufstieg und Befestigung

suchten sie Schutz vor den gefährlichen Insekten und den Tücken der Eingeborenen. Heute sind diese Hulks längst verschwunden.

Auf der Ostseite des Kamerunästuars bis über den Kwakwakreek hinunter wohnen die etwa 20 000 Köpfe starken Duala. Sie sind Händler und Fischer, gehen als Händler auf ihren Booten weit ins Innere und treiben nur wenig Ackerbau. Sie zerfallen in die vier Stämme Bela, Akwa, Elami, Andere. Ihre Dörfer liegen an den Ufern der Flüsse und Kreeks; bekannt sind Joßdorf, Bellstadt, Akwastadt, Hickory, die alle dicht bei Duala liegen. Vor 30 Jahren steckten die Duala noch am tiefsten in heidnischer Kultur. Unter ihnen waren Geheimbünde, Maskentänze, Giftproben und Menschen-

Handwerkskünstler aus dem Abo-Bezirk

opfer besonders im Schwange; die älteren Faktoristen haben noch Anfang der 80er Jahre des vorigen Jahrhunderts "King Bell" dem Kannibalismus huldigen sehen. Heute aber ist er ein sehr moderner Herr. Als 1905 deutsche Parlamentarier Kamerun und Duala besuchten, statteten sie auch "King Bell" eine Visite ab. Darüber berichtete Dr. Otto Arendt, daß die Wohnung Bells überladen wäre mit deutschen Möbeln und Kostbarkeiten. In Bells Salon wurden sieben Spiegel gezählt. Selbst das Sekt "pumpen" hatte der schwarze König schon gelernt. Am Möwensee, einem Teil des großen Kamerunhaffs, haben die Duala Fischräuchereien; auch darauf verstehen sie sich.

Im Westen und Nordwesten des Kamerunästuars wohnen nur noch wenig Duala; da und in den von der Küste abgelegenen Teilen des Bezirks Duala haben sich zahlreiche andere Stämme angesiedelt. Die stärksten sind die Plantagenbau und Farmwirtschaft betreibenden Abo (ca. 10600 Köpfe) und Dibamba (rund 8000 Köpfe). Letztere treiben auch etwas Handel. Hauptsächlich der Fischerei liegen ob die Wuri (4300 Köpfe); andere Stämme sind: die Bassa mit 2000, Pongo mit 7500, Bakoko mit ca. 3000, Balung mit etwas über 3000 Köpfen. Der Bezirk Duala wird insgesamt von rund 64000 Eingeborenen bewohnt, darunter 21550 Männern. Er ist dicht besiedelt; die Hauptstadt Duala hat etwa 20000 farbige Einwohner.

Die Sanaga-Njong-Ebene

Duala gegenüber, in Bonaberi, nimmt die Manengubabahn ihren Anfang; sie führt 160 km weit ins Innere, etwa bis zum Militärposten Bare, der zum Bezirk Dschang gehört. Damit ist die Urwaldgrenze überwunden; die Bahn wird aber bis zu dem wichtigen Handelsplatz Bamum, dem alten Fumban, weitergeführt werden müssen. Ihr Endpunkt ist in Garua und später am Tschadsee zu suchen; bis sie dahin kommt, wird aber noch eine ganze Reihe von Jahren vergehen.

Den Wuri aufwärts liegt noch in der Urwaldzone die Regierungsstation J a b a s s i, Hauptort des Bezirks Jabassi, der mit seinen nördlichen Teilen über das Urwaldgebiet hinüber- und in das Manenguba-Bergland hineinreicht. Die Station liegt auf einer Anhöhe über dem Wuristrom, der dort eine Hügelkette durchbricht und dicht oberhalb Jabassis Stromschnellen bildet. Die Fahrt den Wuri aufwärts ist prachtvoll; üppiger Tropenwald erhebt sich an beiden Ufern; in der Regenzeit ist der Fluß so tief, daß kleine Dampfer verkehren können, während in der Trockenzeit die Station kaum im Kanu zu erreichen ist. Trotzdem ist Jabassi bedeutender Handelsmittelpunkt, wichtig schon der sehr zahlreichen Bevölkerung des Bezirks wegen, die auf 180 000 geschätzt wird. Zahlreiche Zweigniederlassungen der Handelshäuser in

Ein Kameruner Kriegskahn

Duala befinden sich deshalb am Orte; auch Haussahändler haben sich niedergelassen.

Die Station Jabassi ist im Oktober 1901 begründet worden; zurzeit ist sie mit 3 Europäern besetzt. Der Bezirk Jabassi liegt küstennahe; trotzdem ist er noch recht wenig bekannt. Und noch im Jahre 1906 haben im Hinterlande Unternehmungen gegen unbotmäßige Stämme, namentlich die Ngone, erfolgen müssen. Die Bevölkerung im Bezirk Jabassi ist stark durcheinander gewürfelt; sie gehört noch zum Teil den Kameruner Bantustämmen an; doch haben sich von Norden Wute und Tikar dazwischengeschoben.

Auch der Bezirk Edea liegt größtenteils im Tieflande; er umfaßt den Unterlauf der Flüsse Sanaga und Njong. Schon im Bezirk Duala beginnt das Gebiet der Bakoko; es zieht sich den Sanaga aufwärts bis beinahe nach Jaunde ins Hochplateau hinauf. Das Bakokogebiet gehört zu den fruchtbarsten und dichtestbevölkerten Teilen des ganzen Schutzgebiets; leider stehen die Bakoko wie auch die ihnen verwandten Bambimbistämme der Verwaltung immer noch ablehnend, teils direkt feindlich gegenüber. Im Januar und Februar 1907 unternahm Hauptmann Freiherr von Stein zu Lausnitz zwischen Sanaga und Wuri eine Erkundungsexpedition. Er wollte durch das Gebiet der Bambimbi und Bakoko quer hindurchziehen, mußte angesichts der Schwäche seiner Expedition, und weil die Träger versagten, seine Absicht aufgeben und den größten Teil dieser Gebiete umgehen. Im amtlichen Kolonialblatt vom 1. Juni 1908 hat Freiherr von Stein über seine Unternehmung berichtet. Das Land der Bafiastämme konnte er überhaupt nicht betreten. Teile von Bakololand durchzog er; er gesteht aber, daß der Marsch recht kritisch war. „Eine einzige falsche Maßnahme, ein kleinster Uebergriff hätte zweifellos sofort zu kriegerischen Verwicklungen größeren Stils geführt. Noch weiter nördlich von der genannten Strecke dürfte sich übrigens die Situation noch wesentlich ungünstiger für eine friedliche Aufgabe gestalten." Im nördlichen Teil von Bambimbi, nur 70 km von Edea entfernt, hatte die Bevölkerung noch keinen Europäer gesehen. Das noch vor 3½ Jahren! Diese Tatsache zeigt, wie unerforscht das Küstengebiet noch ist und wie wenig von seiner vollständigen Beherrschung gesprochen werden kann.

Von Edea abwärts ist der Sanagafluß sehr breit und bietet einen majestätischen Anblick; kurz vor dem Ausfluß ins Meer liegt der Ort Malimba. Vom Sanagafluß aus kann man durch Kreeks in den Njong fahren; an seinem Ausfluß liegt Klein-Batanga; nach den Untersuchungen des Freiherrn von Stein zu Lausnitz ist es möglich — wenn einige Kreeks, die versumpft sind, ausgehoben werden — mit einer Barkasse von Duala aus bis in den Njong zu fahren.

Südlich vom Njong, bereits in den Ausläufern des Randgebirges, befindet sich die Regierungsstation Lolodorf, ehemals Militärstation, jetzt Bezirksamtsposten und dem Amte Kribi unterstellt; Bezirk Kribi reicht von einer Linie Dehane (am Njong)—Lolodorf bis hinunter zur Südgrenze. Den Ort Kribi haben wir in einem früheren Kapitel kennen gelernt; Kampo ist als Hafen von geringer Bedeutung. Bei Kribi liegt eine ganze Anzahl Pflanzungen; sie reichen bis nach Bipindihof ins Innere, und die Kribipflanzer und Kaufleute haben schon einmal den Plan gehabt, auf eigene Kosten eine Bahn ins Innere zu bauen.

Südlich Kribi wird die Ebene schon sehr schmal; stellenweise fällt die Küste sogar steil ins Meer. Viel Oelpalmen gibt es da im Süden; Reiskulturen im großen Stile dürften aussichtsreich sein. Zwischen Sanaga- und Njongmündung — das Land ist dort sehr sumpfig — treten so massenhaft

Wasserfälle bei Edea

Elefanten auf, daß die Bakoko-Bewohner des Gebiets sich zur Auswanderung genötigt sahen.

In der Tiefebene ist die Trommelsprache zu Haus; Maskentänze und Geheimbünde auf religiöser Grundlage — namentlich bei den Leuten der inneren Stämme — fehlen nicht. Gottesurteil und Tierorakel werden noch geübt. Gerade in der Stromebene, die, weil die Flüsse ein Eindringen ins Innere ermöglichten, am ehesten bekannt wurde, haben aber die Missionen mit großem Fleiß gearbeitet und auch einige Erfolge erzielt. Die evangelische Basler Mission hat — zumeist im Tiefland — gegen 9000 Gemeindemitglieder, 2500 Taufbewerber und über 10 000 Schüler. Die Leistungen der schwarzen Gemeinden im Jahre 1908 beliefen sich auf 9672 Mark. Die

Baptisten-Mission hat gegen 1600 Mitglieder und ca. 2000 Schüler, die amerikanische Presbyterianische Mission 1200 Mitglieder und über 3200 Schüler. Die katholische Mission in Kamerun berechnet die Zahl ihrer Christen auf ca. 10 000, die der Taufbewerber auf 6000 und der Schüler auf etwa 5000. Das sind im ganzen genommen schon bemerkenswerte Erfolge, und ein reiches Tätigkeitsfeld eröffnet der Bahnbau den Missionen.

Kapitel 12

Im Gebiet der Kannibalen

In der zweiten Hälfte des Jahres 1909 ging durch die Presse die Mitteilung, daß die Verwaltung des Bezirks Lomie gegen abscheuliche Ausschreitungen habe vorgehen müssen. In den Waldbezirken des oberen Njong und Dscha stieß eine militärische Expedition auf eine arg verschüchterte Bevölkerung, die durch raubgieriges Gesindel dezimiert wurde; es hatte sich der Geheimbund der „Tigermänner" gebildet, dessen Mitglieder mit Masken und Fellen behangen in der Nacht in die Dörfer eindrangen, Räubereien und Morde verübten, wohl auch Menschen verschleppten, um sie zu zerstückeln und zu verzehren. Das große Urwaldgebiet an den Quellen des Njong und Dscha und bis nach Ebolowa nach der einen und zum Sanga nach der anderen Seite hinunter ist die Gegend blutigen Kannibalismus und grausamer Menschenschlächtereien noch heute. Wohl sind drei Kompagnien Schutztruppe auf dies Gebiet verteilt, wohl befinden sich acht Regierungs- und Militärstationen dort, aber wie der Schein schwacher Kerzen auf dichtem Nebel, so liegen sie, nur die allernächste Umgebung beleuchtend, auf dem undurchdringlichen Dunkel des Urwaldes, dessen Inneres — abgesehen von Wasserstraßen und Wegen — noch keines Weißen Fuß betrat. Dumpfbrütende Hitze zittert über und unter dem Blättergewirr; laues Wasser rinnt zu Bächen und Strömen zusammen, und wie in der Pflanzen- und Tierwelt da das Riesenhafte lebendig wird und das Ungeheuerliche, so brütet die Natur auch in den Menschen Instinkte aus, die die Völker unter anderen Himmelsstrichen längst vergessen haben. Wohl zieht der Weiße mit einer Schar Krieger auf den wenigen ihm zugänglichen Pfaden mit seinen Donnerbüchsen durch den Wald, die den fliegenden Tod im Rohre tragen; aber der wilde Njem und der Maka, der Pongwe sehen in dem Weißen immer noch ein starkes Tier, dem nicht leicht beizukommen ist, das sie aber, wenn es geht, töten und — fressen möchten, wie sie es mit den von ihnen verdrängten Kamerun-Bantu getan haben, die jetzt von den Weißen beschützt werden. War das ein Leben im Urwalde, ehe er kam! Fressen oder gefressen werden! war die Losung. In den Todesschrei der Opfer mischte sich

Im Gebiet der Kannibalen

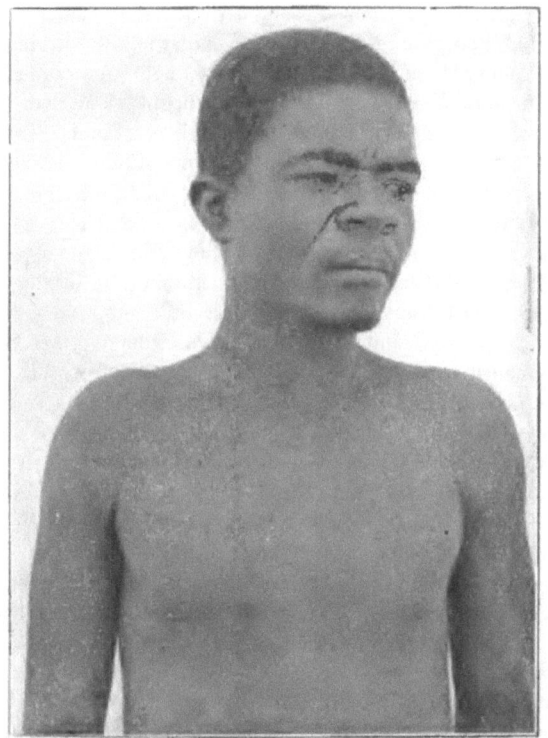

Typus eines Fan-Negers   Phot. Major Langheld

das blutdürstige Geheul der Sieger; unter wilden Zeremonien wurde der erschlagene Feind zerteilt und verzehrt, um mit dem Genusse seines Fleisches seine Stärke zu erwerben. Und so wird man den Weißen erschlagen und verzehren, wenn man das ungestraft kann. Und der Njem und Pangwe kauften Gewehre und Patronen, die aus dem Kongogebiet durch Händler gebracht wurden; sie sind noch heute bereit, sie gegen den weißen Eroberer zu gebrauchen, wenn er sie in ihrem Treiben stört. In den tiefen Wald aber ist der Weiße noch wenig gedrungen; heute noch mögen sich dort grausige Tragödien abspielen, die ebensowenig der Mit- und Nachwelt überliefert werden wie die wilde Geschichte dieser Urwaldgebiete.

    Wie haben sie vor sechzig, vor hundert Jahren ausgesehen? Streifte damals nur der Bekelle (Bagiella), der jagende Pygmäe des Kamerunwaldes, durch die tropische Pflanzenwirrnis? Hatten noch andere Völker ihre Wohnstätten dort? Fest steht allerdings, daß noch nach der deutschen Besitznahme weite Strecken dieses östlichen Urwaldes menschenleer waren. Durch die Fulbe hart bedrängt, die das Grasland zwischen Ngaumdere und Garua besetzt hatten und von da aus Sklavenjagden unternahmen, strömten aus dem Norden Kamerunneger in das Urwaldgebiet; bald aber kamen aus dem Kongobecken die Fan-Völker hereingeströmt, vielleicht selbst durch die Sklavenjagden der Araber aus ihren früheren Wohnsitzen verdrängt. Wilde Kämpfe erhoben sich; die Kamerun-Bantu wurden zur Küste gedrängt, während die Fan-Völker bis zum Njong hin vordrangen, ihr südlichster Stamm, die Bule, sogar bis zur Küste. Ihre Wohnsitze erstrecken sich von Groß-Batanga und Kampo an über Ebolowa bis zum Sanaga; vornehmlich sitzen sie auf der Hochebene, während im Tieflande nur wenige Buledörfer vorhanden sind. Dieses außerordentlich kriegerische und recht zahlreiche Volk zerfällt in ungefähr 50 Stämme; der mächtigste Stamm ist der der Jekombe. Die Jewól wohnen um Ebolowa. Nördlich der Wohnsitze der Bule haben sich zu beiden Seiten des Njong die Bane angesiedelt; bei Jaunde sitzt das Fan-Volk der Jaunde, von großer Wichtigkeit für die deutsche Verwaltung, da mit Vorliebe ihm das Soldatenmaterial entnommen wird; auch die Mwele gehören der Fan-Gruppe an. Dagegen sind die Maka, die im Bereich der Dume-Station wohnen, Kamerun-Bantu, und die Njem, am Oberlauf des Dscha wohnend, sind ein Mischvolk zwischen Fan- und Kamerun-Bantu. Wie alle Mischvölker haben sie die schlechten Eigenschaften beider Rassen angenommen. Maka und Njem sind die ärgsten Kannibalen; nach der Angabe des Hauptmanns Dominik sollen sie sogar planmäßig Menschen mästen.

Den ersten Vorstoß in das Kannibalengebiet machte 1897-98 Oberleutnant von Karnap-Quernheimb, damals Chef der Regierungsstation Jaunde. Er stellte den großen Reichtum der Gebiete an Elfenbein und Gummi fest und fand an den Flüssen Sanga und Dscha (Ngoko) eine ganze Reihe von Niederlassungen belgischer und holländischer Firmen, die vom Kongo her gekommen waren. Deutsches Kapital tat sich nun mit belgischem zusammen, und es wurde mit einem Kapital von 2 Millionen Mark die Gesellschaft Süd-Kamerun gebildet, die eine große Landkonzession erhielt, ein Gebiet von 81 000 Quadratkilometer, das die ganze Südostecke der Kolonie umfaßte, nach Norden bis zum 4. Breitengrade und nach Westen zum 12. Längengrade hinreichte. Die Erschließung dieses Gebietes nahm die Gesellschaft in den ersten Jahren vom Kongo aus vor. Sie brachte drei Dampfer über den Kongo nach dem Sanga; es wurden neue Niederlassungen angelegt und der Gummi- und Elfenbeinhandel wurde aufgenommen, der bald gute Erträge brachte. Im Jahre 1903 wurden bereits für über zwei Millionen Mark Kautschuk und für 755 000 Mark Elfenbein ausgeführt, im Jahre 1904 für 3 375 000 Mark Kautschuk und 910 000 Mark Elfenbein. Kein Wunder, daß sich nun auch die Händler in Kribi und Kampo wie in Batanga regten,

Der Lokundje bei Lolodorf. Kamerun

um auch ihren Teil an den Schätzen zu bekommen. Sie trieben waghalsige Agenten, weiße und schwarze, auf dem Njong vor, drangen bis Akono-Linga, Kam und Lomie hinauf, so daß die Südkamerun-Gesellschaft um ihren Einfluß besorgt wurde. Sie entsandte deshalb im Oktober 1904 unter Führung ihres tatkräftigen Direktors Grafen von Schlippenbach eine Handelsexpedition von Kribi an den Njong, um oberhalb der Tappenbeckschnellen einen Dampfer zu Wasser zu bringen. Das gelang zwar; aber die Expedition konnte nur wenig über Akono-Linga vordringen, weil sie auf feindselige Haltung der Eingeborenen stieß. Bald darauf brach der Aufstand in hellen Flammen aus. Es müssen ganz eigenartige Verhältnisse um jene Zeit im Gummigebiet geherrscht haben. Trotz der Warnungen und Verbote der Verwaltung lieferten die Händler den Leuten Waffen und Munition, drangen sie in das feindliche Makagebiet ein, das kreuz und quer von Händlern und Wanderkarawanen durchzogen wurde; die Waren wurden, wie Hauptmann von Stein amtlich berichtete, vorschußweise verausgabt. Sie bestanden sowohl bei der Gesellschaft Südkamerun wie bei den Küstenfirmen der Hauptsache nach in Pulver und Blei. Diese Artikel wurden so reichlich eingeführt, daß sie stark entwertet wurden. Aber auch den geringen Gegenwert mochten die Eingeborenen nicht leisten; sie hatten ja, was sie wünschten, Gewehre und Munition, auch ohne Arbeit erhalten. Auch die Handelskarawanen mochten sie nicht mehr verpflegen; allerdings war die Verpflegung der Hunderte von Trägern und Händlern, die auf den Straßen herumlagen, auch nicht leicht. Die Eingeborenen verlangten hohe Preise, und fortwährend gab es Differenzen. Natürlich suchten die Händler Verpflegung und Bezahlung der vorschußweise gelieferten Waren durch herrisches Auftreten zu erhalten; das gab den letzten Anstoß zum Aufstande. Am 26. November 1904 zeigte der Vertreter der Firma Randad und Stein in Tunga an, daß Maka Händler der Firma ermordet hätten. Am 5. April 1905 wurde der Kaufmann Hinrichsen von der Bremer West-Afrika-Gesellschaft von den Esso in Ebole-Bengono ermordet. Das gab das Signal zum allgemeinen Aufstande. Mit knapper Not entkamen die Weißen aus den Faktoreien; diese wurden zerstört, und zahlreiche Gewehre und Munition fielen den Aufständischen in die Hände. Zweihundert Träger, die mit Gummi durch das Aufstandsgebiet zogen, wurden ermordet und gefressen. Der Leiter des Militärpostens Kam, ein Unteroffizier, unternahm einen Streifzug, der sehr schneidig durchgeführt wurde; er wurde aber angegriffen, selbst verwundet und hatte schwere Verluste. Hauptmann Scheunemann wurde beauftragt, gegen das Aufstandsgebiet vorzugehen; er hatte 8 Europäer, 180 Farbige und 2 Maschinengewehre zur Verfügung. Zunächst wurden mit Erfolg die Njem bekriegt, dann wurde Ebole-Bengono, der Herd der Bewegung, nach heftiger Gegenwehr genommen. Die Verluste waren erschreckend hoch. Vom 18. August bis 19. Oktober 1905

Im Gebiet der Kannibalen

Alte Signaltrommel aus Nord-West-Kamerun

hatte die Expedition bereits einen Verlust von 2 Europäern und 103 Farbigen. Dabei waren knapp 200 Mann ins Gefecht gekommen. Bis zum März 1906 hatte die 9. Kompagnie 80 Prozent Verluste. Bis gegen Ende des Jahres 1906 währten die Kämpfe, und die Lage wäre verzweifelt geworden, hätten die kriegerischen Bule sich erhoben oder hätten die Jaunde- und Bule-Soldaten, die unter furchtbaren Strapazen und geradezu ungeheuerlichen Verlusten im Grunde genommen doch gegen ihre eigenen Stammesbrüder kämpften, nur ein einziges Mal versagt. Sie blieben aber bei der Fahne und schlugen sich hervorragend.

Eine sehr interessante Episode in den Unternehmungen des Hauptmanns Scheunemann war das Vorgehen gegen das Dorf Bakomene, in der Nähe von Molundu, am Dschafluße gelegen. In Bakomene (d. i. großes Dorf) hatte sich das Raub- und Mordgesindel der ganzen Umgegend sowohl von deutscher wie französischer Seite zu einer Art Republik zusammengeschlossen. Sogar Deserteure vom Kongo, vom Senegal und aus Monrovia waren vertreten. Das etwa 1500 Meter lange Dorf bestand aus 20 Abteilungen, jede unter einem selbständigen sogenannten Banjochef. Diese Banjos waren große, mit Palisaden umgebene Blockhäuser. Mausergeschosse Modell 71 schlugen nicht durch. Das Dorf hatte etwa 1000 Einwohner, darunter 300 Krieger von Profession. Diese Bakomeneleute waren der Schrecken der Umgegend. Sie waren für Karawanen und selbst die Molundu-Station eine ständige Gefahr. Anordnungen der Station wurden verlacht. Soldaten, die hineingeschickt wurden, wurden die Ausrüstungsgegenstände vom Leibe gerissen. Hauptmann Scheunemann marschierte in das Dorf. Vor einer großen Versammlung der Krieger — die Häuptlinge ließen sich nicht sehen — setzte er in zweistündiger Verhandlung die Absichten der Regierung auseinander. Die Leute benahmen sich aber sehr herausfordernd und kamen auch späteren Aufforderungen, nach Molundu zu kommen, nicht nach. Also mußte das Raubnest (am 4. Februar 1905) gestürmt und exemplarisch bestraft werden. Mit der „Republik" Bakomene war es damit zu Ende.

Im Oktober 1906 waren die Njem unterworfen; die Maka widerstanden noch. Gegen sie wurden die Abteilungen der Hauptleute Schlosser und Dominik nochmals im Dezember 1906 in Bewegung gesetzt. Die Maka sitzen vom Njong, etwa von Abong-Mbang ab über Dume hinaus bis nach Bertua im Grasland. Die Flüsse haben dort zu beiden Seiten Sumpfniederungen mit hohem Grase, in dem die kämpfenden Maka sich sehr geschickt zu verteidigen wußten. Es kommt zuweilen sogar zu einer Art Dschungelbildung in den niedrig gelegenen Erdsenken. Sehr bemerkenswert ist, daß die Maßnahmen von Dominik von Hunderten von Mwele-, Jekoba- und Esumkriegern, die eben erst unterworfen waren, unterstützt wurden. Den Hauptwiderstand leistete der Häuptling Ndele-Menduga, der zur Feier der bewaffneten Erhebung ein großes Menschenschlachten und -Fressen veranstaltet hatte. Die Expedition des Hauptmanns Schlosser fand in den von ihr durchzogenen Dörfern vielfach Teile frisch getöteter menschlicher Körper. Einige Male wurden die Maka sogar beim Festschmause überrascht. Wählerisch sind diese Kannibalen durchaus nicht; es wurde festgestellt, daß sie ihre eigenen getöteten Stammesgenossen mit Gier auffraßen; sie haben sogar in Verwesung begriffene Leichen und einen gefallenen Soldaten verzehrt, dessen Körper mit Petroleum übergossen worden war. Nach langen und schweren Kämpfen wurde dieser wilde Stamm unterworfen. Die Maka bauen viereckige Hütten wie alle Bantu; einzelne eingesprengte Stämme haben auch Rundhütten. Sie treiben Ackerbau; Vieh ist sehr wenig vorhanden. Großvieh scheint fast ganz zu fehlen; auch Ziegen und Schafe besitzen sie sehr wenig. Ferner stellt Hauptmann Dominik einen auffälligen Mangel an Wild in dem Gebiete fest. Auf dem Hunderte von Kilometern langen Marsch von Jaunde bis in die Dume-Gegend hat er kein einziges Stück Wild auf Läufen angetroffen.*)

Das Ergebnis der langen Kämpfe im Makagebiet war die Anlage der **Dume-Station**. Sie wurde an der Stelle des Dume-Flusses gebaut, wo er mit einer Breite von 20 m schiffbar zu werden beginnt. Die unterworfenen Stämme wurden gleichzeitig auch angehalten, Wege zu bauen. Der 300 km lange Weg von Dume nach Jaunde führt durch das Jengue-Jebekolle- und Makaland, die um 1904 noch nicht unterworfen waren; im Jahre 1907 aber hatten die Eingeborenen auf der ganzen Strecke trotz schwieriger Geländeverhältnisse eine für afrikanische Anforderungen genügende Straße gebaut. Die Station Lomie wurde endgültig gebaut; Posten wurden nach Akono-Linga und Sangmelima vorgeschoben; um dem Treiben der Händler

---

*) Dies ist mit eine der Hauptursachen des andauernden Kannibalismus.

Im Gebiet der Kannibalen

Ein Nachbar des Urwaldmenschen   Phot. Grauer

zu wehren und dem Waffenschmuggel, wurde der Posten Molundu verstärkt und der Posten Akoafin am Eingange ins Gebiet der Bule geschaffen. Es galt, ihre Versorgung mit Gewehren und Munition zu verhüten. Vor allem aber wurde das Gebiet der Gesellschaft Südkamerun auf 15 000 qkm beschränkt und von der Süd- und Ostgrenze abgerückt.

Die Expedition zur Unterwerfung der Njem und Maka hat zur eingehenden Untersuchung namentlich der Stromverhältnisse des mittleren und oberen Njong geführt. Freiherr von Stein zu Lausnitz hat darüber berichtet, daß in der Gegend von Widimenge eine ausgesprochene Flußniederung beginnt, die nach Osten immer ausgedehnter und sumpfiger wird. Das Quellgebiet des Njong endlich ist eine 5—10 km breite, sehr tiefe, lagunenartige Sumpfwaldlandschaft, die von unzähligen kleinen Wasseradern durchzogen wird. Also eine Art Spreewald im tropischen Urwalde. Aehnliche Erscheinungen finden sich auch im Quellgebiet des Longmapfot, des wenig südlicher fließenden Nebenflusses des Njong. Auch da ist eine viele Kilometer lange Urwaldsumpflandschaft, von vielen kleinen Wasseradern durchzogen. Ein Verkehr in diesem Gebiet ist ohne kilometerlange Brücken oder Dämme gar nicht möglich; als Fahrthindernisse für Kanus kommen in Betracht gestürzte

Baumstämme, die überwuchernde Vegetation, die Reusenanlagen der Eingeborenen. Nur diese Kinder des Urwaldes finden in dem Sumpfdickicht zurecht, das aus den mangroveartigen Mapfok-Bäumen gebildet wird; daher führt auch der Nebenfluß des Njong den Namen Longmapfok.

Die Urwaldwildnis ist die Gegend der großen Gummiwälder und des Elfenbeins; infolge Raubbaus haben die Schätze aber schon stark abgenommen. Kautschukproduktion und Elfenbeinausbeute sind neuerdings stark gesunken. Die Verwaltung tritt auch der Aasjägerei und der Waldverwüstung erfreulicherweise scharf entgegen. Das ist auch sehr nötig. Die Expeditionsleiter haben wieder und wieder berichtet, daß die Gummisammler die Bäume zur Kautschukgewinnung nicht angeritzt, sondern vollständig heruntergeschlagen haben; so drohte dem ganzen Reichtum des Bezirks Zerstörung.

Auch das Gebiet des Dume und des Kadeï ist untersucht worden; dort sind besonders gummireiche Wälder, namentlich am unteren Dume. Auch Elefanten gibt es dort in Menge. Die Bevölkerung sitzt am Dume und Kadeï ziemlich dicht; es ist starker mohammedanischer Einschlag vorhanden. Das Gebiet liegt zum Teil auch schon außerhalb der Urwaldzone.

Die Stämme der Fan-Gruppe haben nicht den ausgesprochenen Negertyp der Sudan-Bantu mit dem kleinen bis mittelgroßen gedrungenen Körper, den plumpen, häßlichen Gesichtern, flachen, breiten Nasen, dicken Lippen; jene sind vielfach hoch gewachsen, haben lange, schlanke Glieder. Auch die Gesichter sind nicht so negerhaft. Oft findet man bei den Fanstämmen eine rötlichbraune Hautfarbe. Körperverunstaltungen kommen überall bei den Urwaldstämmen vor. Die Feldfrüchte sind im Kannibalengebiet dieselben wie an der Küste; Oelpalmen werden in der Nähe der Dörfer viel angebaut. Zu großen zusammenhängenden Waldungen vereinigen sie sich an den Rändern des Urwaldes, wo er ins Grasland übergeht. Zuckerrohr wird von den Bule, den Jaunde, Mwele, Maka, Esum angepflanzt. Mit der Viehzucht ist es dagegen im Kannibalengebiet schlecht bestellt, auch Großwild scheint selten zu sein.

Infolge des Gummi- und Elfenbeinhandels haben sich europäische Baumwollstoffe schnell über das ganze Waldland verbreitet; die ursprüngliche Tracht geht verloren. Interessant sind noch die Haarfrisuren der Jaunde- und Banefrauen, deren Herstellung halbe Tage dauert, weshalb sie auch wochenlang aushalten müssen. Am Dscha findet man Haarfrisuren, die mit Kautschuksaft steif gemacht sind, so daß sie wie Hörner vom Kopfe abstehen. Merkwürdigerweise besitzen die Pygmäen des Kamerun-Urwaldes keine Bogen und Pfeile, ganz im Gegensatz zu ihren Verwandten am Kongo. Die Jaunde und andere Fanstämme hatten früher die Armbrust als Waffe; jetzt sind überall Feuersteingewehre verbreitet. Die Waldstämme haben oft vor der Gefechtsstelle Bambussplitter in den Boden gesteckt und dadurch unsere Truppe schwer geschädigt.

Im Gebiet der Kannibalen

Im Urwalde bestand bis vor wenig Jahren Sperrhandel, d. h. die Waren konnten nur von einem Stamm zum andern verkauft werden, und alle suchten sich zu bereichern. Heute ist diese Sperre größtenteils aufgehoben. Viel hat zur Schaffung eines durchgehenden Handels die Anlage von Straßen beigetragen, die ständig von der Truppe kontrolliert werden.

Ueber die Sitten und Gebräuche der Fanstämme im Walde ist noch wenig bekannt; Blutsfreundschaft scheint noch zu herrschen. Als bei den Duala die Schutzpockenimpfung eingeführt wurde, glaubten sie an eine

Palavertrag auf der Station Jaunde

Blutsfreundschaftzeremonie. Bei den Fanstämmen finden in der Pubertätszeit gewisse Zeremonien statt; so müssen die Knaben sich mit weißer Farbe bemalen und nur mit einem Grasschurz bekleidet sich monatelang im Busch aufhalten. Von alten Männern erhalten sie dort Unterricht. Sie spielen die Seelen der Verstorbenen, dürfen zur Nachtzeit ins Dorf kommen und dort ungestraft allerlei Unfug verüben. Wenn ihre Prüfungszeit vorüber ist, kehren sie unter großen Festlichkeiten ins Dorf zurück und werden dann in die Gemeinschaft der Männer aufgenommen. Der Glaube an Hexen und Tierorakel ist im Waldlande weit verbreitet, doch scheinen Geheimbünde nicht zu existieren.

Die Station Dume ist im Juni/Juli 1907 gegründet; gegenwärtig sind 7 Europäer in Dume stationiert. Im ganzen Bezirk Dume wohnen 55 Europäer; 28 davon sind Händler, zum großen Teil Angestellte der Gesellschaft Südkamerun. Bezirk Ebolowa hat 35 Weiße; auf der Station sind 1 Regierungsbeamter, 5 Schutztruppenangehörige und 1 Pflanzer. Es wirken 4 Missionare in diesem Bezirk und 12 Händler und Kaufleute sind tätig Zu Ebolowa sind die Posten Sangmelima und Akoasin zuständig.

Der erstere, im April 1907 gegründet, ist mit einem Offizier und einem Unteroffizier besetzt. Beide sind recht tätig gewesen; es sind Felder mit Mais, Reis und Zuckerrohr angelegt und eine Viehwirtschaft eingerichtet worden; allen Häuptlingen des Stationsbereichs ist die Anlage von Oelpalmfarmen zur Pflicht gemacht worden. Der Posten selber hat Anfang 1909 an 5000 Kerne gesteckt. Offiziersposten A k o a f i n , im Jahre 1907 gegründet, ist mit 3 Europäern besetzt. Station Akono-Linga am oberen Njong ist mit 3 Regierungsbeamten besetzt; noch weiter stromaufwärts liegt südlich Dume der Offiziersposten A b o n g = M b a n g, der zur Militärstation Lomie zuständig ist. Lomie, im Oktober 1904 gegründet, ist mit 8 Europäern besetzt; die Station hat einen kleinen Versuch mit Anpflanzung von Kaffee gemacht. Abhängig von ihr ist Molundu mit 1 Regierungsbeamten und 2 Offizieren. Im Lomie-Molundu-Bezirk leben 58 Europäer, darunter 41 Händler. Diese Ziffern tun dar, daß das Gummi- und Elfenbeingebiet noch immer stark bearbeitet wird; stete Beaufsichtigung ist nötig, damit nicht neue schwere Unruhen entstehen.

Sehr wichtig für die Verwaltung sind die Stämme der Jaunde und Bule, die das Soldatenmaterial liefern; gerade zu ihnen sind aber viele ausgediente Soldaten zurückgekehrt. Darin liegt eine dauernde ernste Gefahr.

Kapitel 13

Das Reich Adamaua

Es ist hier nicht der Ort, die interessante Geschichte der Sudanvölker zu schreiben. So viel nur sei gesagt, daß auf der Straße zwischen Obernil und Tschadsee so viel Völkerstürme dahergebraust sind, daß die Geschichte Mittelafrikas, wäre sie geschrieben worden, mit der europäischen jeden Vergleich aushalten könnte. Garamanten und Gobir, Hyksos, Eso, Esussu, Kanuri, wie sie alle heißen: diese interessanten Völkerschaften bieten dem Forscher ein überreiches Material; im Rahmen eines populären Buches über die deutschen Kolonien ist nicht Raum für ihre Geschichte. Uns interessieren hier lediglich die F u l b e , die in unserer Kolonie das große Reich Adamaua geschaffen haben, das in gewissem Sinne auch heute noch vorhanden ist, nur daß die deutsche Reichsregierung die Stellung des Emirs von Jola, des früheren Herrschers von Adamaua, eingenommen hat. Nach den Angaben des Afrikaforschers Barth saßen die Fulbe ursprünglich im südlichen Marokko, sind in grauer Vorzeit (Fellachen?) aber aus Aegypten gekommen. Ueber Südmarokko sollen sie zum Senegal gelangt sein, und von da drangen sie im 17. und 18. Jahrhundert bis zum Tschadsee, nach

Das Reich Adamaua

Nordnigerien und ins Grashochland von Kamerun vor. Die Fulbe lebten anfangs als Hirtenvölker unter der Herrschaft der Negerkönige. Im Jahre 1806 erhoben sich die Fulbe von Sokoto und gründeten ein eigenes Reich, das sich sehr schnell ausbreitete. Um die Mitte des vorigen Jahrhunderts war die Verfassung des großen Fulbereiches so, daß eine ganze Anzahl lose zusammenhängender Staaten bestand, die den Sultan von Sokoto als gemeinsamen Oberherrn anerkannten, auch als religiöses Oberhaupt. Die Fulbe waren fanatische Mohammedaner.

Fulbe-Häuptling Buba von Garua mit Gefolge   Phot. Major Langheld

Auf der Grashochebene des heutigen Kamerun und bis zum Benuë hin war das Reich Adamaua entstanden mit dem Emir von Yola an der Spitze. Der Emir erkannte den Sultan in Sokoto an; er selber wieder war weltliches und geistiges Oberhaupt einer ganzen Anzahl kleinerer Reiche, die, von Yola ausgehend, sich um Garua, Kontscha, Banjo, Tibati, Ngaumdere, Marua gebildet hatten. Die Herrscher dieser kleineren Reiche waren gewissermaßen Lehnsleute des Emirs von Yola, durch Schwur auf den Koran ihm zur Gefolgschaft verpflichtet; die meisten haben diesen Schwur auch treulich gehalten und sind mit dem Emir von Yola zugrunde gegangen, als die Engländer ihn aus seiner Hauptstadt vertrieben und 1901 die deutschen Offiziere Dominik und von Bülow ihn glänzend aufs Haupt schlugen und seine Macht vollständig brachen.

In langwierigen Kämpfen hatten die Fulbe ihre Macht schon bis über den 6. Breitengrad ausgedehnt, als die ersten Deutschen ins Land kamen.

Im Süden widerstanden noch die Wute und Tikar, zwei sehr kräftige Völkerschaften, die Mbere und Mbum, ferner die Bata; dann aber hatten die Heidenvölker sich in den Gebirgen an der Nordwestgrenze und im Manengubagebirge festgesetzt; auch die Unterwerfung des Mandaragebirges westlich von Marua gelang nicht. In der Tschadsee-Ebene setzte das alte Reich Bornu dem Vordringen der Fulbe eine Grenze; auch das Logone-Sumpfland und Binder und Lere wußten sich unabhängig zu halten.

Die Regierungsform bei den Fulbe ist despotisch. Das Land ist in Provinzen geteilt, an deren Spitze wieder ein Statthalter, Lámido genannt, steht. Die Stadt und der Distrikt, in dem der Oberstatthalter beziehungsweise Statthalter residiert, gehört ihm direkt, bildet also seine Hausmacht. Der Lámido verwaltet das ihm überwiesene Gebiet als Herrscher und zahlt an den Oberstatthalter (den Emir in Yola) jährlichen Tribut an Sklaven, Pferden, Vieh, wertvollen Stoffen, Weibern u. a. Im Kriegsfall muß er auf Befehl Heeresfolge leisten und von der gemachten Beute einen bestimmten Anteil seinem Lehnsherrn überlassen. Jede Provinz ist selbst wiederum in Distrikte oder Städte eingeteilt, und an der Spitze eines jeden steht ebenfalls ein Oberhaupt, das unter denselben Bedingungen von dem Lámido eingesetzt ist wie dieser von seinem Lehnsherrn. Die Ortsvorsteher der unmittelbar unter einem Lámido stehenden Orte heißen Galadima.

Was nun die Oberstatthalter betrifft, wie z. B. den Emir von Yola, so entsprach ihre Stellung ungefähr der der großen Herzöge im mittelalterlichen Deutschland. Die Verfassung des großen Fulbereiches erinnert stark an die mittelalterliche Lehnsverfassung in Deutschland; an den Höfen gab es auch den Kanzler, den Zeremonienmeister, den Feldherrn; auch der Hofzwerg fehlte nicht. Und wie im mittelalterlichen Feudalstaat wurden gewisse einflußreiche Aemter nicht an Freie, sondern an Hörige überwiesen. Die Emire und Lámidos nahmen so viele Sklaven und Fremde, die zugewandert kamen, wie nur möglich in Dienst, um sich eine Hausmacht zu schaffen, und der Wunsch, eine möglichst große Hausmacht zu besitzen, war der Hauptgrund der von den Fulbe sehr eifrig betriebenen Sklavenjagden.

Die Fulbe waren Viehzüchter; für Handel und Gewerbe hatten sie kein Verständnis. Den Handel hatten im Fulbereich die betriebsamen Haussa und Kanuri (ein Mischvolk) in Händen; manche spielten als Bankiers der verarmten Fulbherrscher eine große Rolle. Es fehlte an einem Mittelstande in dem Reiche, und das war seine größte Schwäche. Adamaua brach eigentlich überraschend schnell zusammen.

Das alte Reich Adamaua wird im großen und ganzen von der Residentur Adamaua eingenommen, mit der Hauptstadt Garua und der Nebenstation Ngaumdere. Die deutsche Verwaltung hat die alten Sultanate bestehen lassen und dem Residenten etwa die Stellung des Emirs von Yola gegeben.

Das Reich Adamaua

Häuptlingsgehöft aus Wum (Bafum)

Resident von Adamaua mit dem Sitz in Garua war in den Jahren 1904-1905 Major Langheld. Er hat in seinem Buche „Zwanzig Jahre in deutschen Kolonien" eine interessante Schilderung über seinen Einzug in Garua und seine Arbeit dort gegeben. Er fuhr den Niger-Benuë im September 1904 aufwärts und traf am 12. Oktober in Garua ein. Langheld erzählt:

„Am 12. Oktober gegen 10 Uhr näherten wir uns Garua. Die Gegend ist ziemlich flach; einzelne niedrige Hügel mit Gras und Durrafeldern und wenigen verkrüppelten Bäumen. Um 10 Uhr legten wir an der Landungsstelle an.

Hoch zu Roß erschienen Strümpell, Sergeant Schmidt, der Lámido mit seinen Paukenschlägern und Gefolge.

Es war ein hübsches, farbenprächtiges Bild, die Europäer in ihren Uniformen, gefolgt von berittenen Ordonnanzen, welche mit Lanzen ausgerüstet waren, die Eingeborenen in ihren Haussagewändern.

Ich bestieg ein mitgebrachtes Pferd, und, eskortiert vom Lámido und dem Gefolge, ritten wir zur Residentur, die etwa 2 km vom Benuë auf einem sanft ansteigenden Hügel liegt. Das Wohnhaus des Residenten ist ziemlich geräumig, auf einem Sockel aufgebaut, es besteht aus Ziegeln und Asbestplatten und ist mit Wellblech bedeckt. Dahinter liegen die Magazine und Wirtschaftsgebäude. Links davon befindet sich das Wohnhaus der übrigen

Europäer. Fünf Minuten von der Anlage entfernt befand sich das alte Haus der ersten Kompagnie mit einigen strohgedeckten Europäerhäusern...

Die mir unterstellten Gebiete zerfielen in die beiden Hauptteile Adamaua und Bornu . . .

Adamaua gilt als eines der schönsten, fruchtbarsten Länder des Westsudans. Es bestand damals aus einer Menge kleiner Heidenstaaten, die von Mallem Adama, einem Heerführer des Sultans von Sokoto, um 1825 erobert wurden. Die Heiden wurden unterworfen und gaben die Sklaven für die Fullah ab. Ein Teil zog sich in die unwegsamen Gebirge zurück, wohin ihnen die berittenen Fullah nicht folgen konnten, und bewahrten ihre Unabhängigkeit. Sie sind unversöhnliche Gegner der Fullah, und beide suchen sich so viel Abbruch als möglich zu tun."

Zum nördlichen Teil von Adamaua gehören die Landschaften Binder, Marua, Garua, Bubandjidda mit dem Hauptort Rei-Buba.

Binder und Marua liegen an den Ausläufern des Mandaragebirges. Für das gute Verhältnis der Verwaltung zu den Leuten von Binder ist bemerkenswert, daß, nachdem Binder infolge des deutsch-französischen Grenzabkommens vom 18. April 1908 französisch geworden war, der Sultan von Binder mit seinen Leuten auf deutsches Gebiet zog und Neu-Binder begründete. Bei Marua war es im Juli 1907 zu einem Aufstand von nur kurzer Dauer gekommen, der durch einen Mekkapilger veranlaßt worden war. Marua ist ein sehr großer und wichtiger Fulbeort; er hat etwa 10 000 Einwohner. Der Ort ist vollständig geschlossen, außerdem ist jedes Gehöft von einer Lehmmauer umgeben. Durch ein trockenes Flußbett wird die Stadt in zwei Teile geteilt; in dem einen wohnen die Fulbe, im andern die Haussa, Kanuri und sonstigen Fremden. In seiner Umgebung liegen eine ganze Anzahl großer Städte und stattlicher Dörfer, die zusammen über 100 000 Einwohner bis 150 000 haben mögen. Stattliche Gehöfte liegen da, von mehreren hundert Meter langen Lehmmauern umgeben, hinter denen die großen Kegeldachhäuser liegen; breit sind die Wege, wohlgepflegt die Felder. Bedeutend ist die Vieh-, namentlich die Pferdezucht. Westlich vom Mandara-Gebirge liegt der bedeutende Fulbeort Mubi; im Gebirge haben sich in Gauar Fulbe angesiedelt. Gauar wurde von den heidnischen Stämmen andauernd so schwer belästigt, daß Hauptmann Zimmermann eingreifen mußte. Südlich des Mandaragebirges steigen aus welliger Ebene zahlreiche isolierte Bergstöcke auf, die, je weiter nach Süden, desto weiter auseinandertreten und niedriger werden, bis sie in die Ebene des Benuë übergehen; in der Garua liegt Be — nuë heißt nach Barth „Mutter des Wassers". Der Fluß entspringt wenig nördlich von Ngaumdere; kristallklar rauschen seine Quellbäche über Felsen und Klippen. Dann geht es durch eine wellige, mit Gesteinschottern bedeckte Landschaft, das alte Sultanat Bubandjidda, das von noch zwei anderen Flüssen bewässert wird, dem Rei, an dem Rei Buba liegt, Hauptstadt des Sultanats, die 1901 von Oberleutnant Radtke gestürmt wurde, und dem Sidi oder Mao Schinna. Im Lande Bubandjidda erheben sich eine Anzahl Inselberge, die nach Süden ins Ngaumdere-Hochland übergehen, nach Westen in das Sfari-Gebirge und das dahinterliegende Alantika-Gebirge. Dieses erhebt sich bis zu 1500, das erstere bis zu 2200 Meter. Südlich der beiden Gebirgsmassive liegt eine weite Ebene, vom Faro durchströmt, die sogenannte Faro-Bucht; östlich des Sfari-Gebirges dehnt sich die noch sehr wenig bekannte Benuë-Bucht. Sie gehört noch zum Bubandjidda, während die Faro-Bucht durch das Sultanat Kontscha eingenommen wird. Auch über die Faro-Bucht ist noch wenig bekannt; eine Erkundigungsreise den Faro-Fluß aufwärts hat im März 1907 Oberleutnant Strümpell gemacht.

Partie am Benuë Phot. Major Langheld

Mit etwa 600 Meter Breite mündet der Faro 50 Kilometer unterhalb Garua in den dort 800 Meter breiten und normal 3 Meter tiefen Benuë. Als erster Europäer stand der deutsche Reisende Heinrich Barth an der Stelle des Zusammentreffens beider Flüsse.

Passarge schildert die Benuë-Ebene bei Garua:

„Nach Nordost, Ost und West zu schweift der Blick über eine 2 bis 3 Stunden breite, wellige Ebene, aus der sich mehrere bis 50 Meter hohe Sandsteinrücken und Hügelreihen erheben. Begrenzt wird dieselbe nach Nordosten und Norden durch ein steiles, von Schluchten durchfurchtes Sandsteinplateau, das sich mit einer schroff abfallenden Wand jäh aus dem

Benuëtal erhebt, während seine Hochfläche wohl noch um dieselbe Höhe weiter ansteigt, das Hossere Tengelin. Im Süden und Osten blickt man in das eigentliche grüne Tal des oberen Benus, in welchem sich das blaue, gewundene Band des Flusses hinzieht. Ein unruhiges Berg= und Hügelland erhebt sich jenseits des Flusses, und zwischen diesem und dem Tengelingebirge schaut man nach Nordost über eine weite Ebene bis zu fernen Höhenzügen."

Garua ist ein wichtiger Knotenpunkt für eine Anzahl Handelsstraßen; blühender ist die Stadt Tschamba am Faro. Sehr große Fulbeorte sind auch Adumre und Bebene. Kontscha, am Westrande der Farobucht, war früher eine große, schöne Stadt, ist heute sehr zurückgegangen; geringere Bedeutung hat Laro. Ein kleineres Fulbe-Sultanat hatte sich auch in Gaschaka entwickelt auf einem niedrigen Hügellande mit Inselbergen; Gaschaka ist heute ohne alle Bedeutung.

Wir kommen jetzt noch zu den Fulbelandschaften Ngaumdere, Tibati und Banjo. Die beiden letzteren fallen bereits in den Militärbezirk Banjo. Ngaumdere und Tibati nehmen den Hauptteil des Graslandes von Kamerun ein. Starke Heidenstämme haben sich darin aber südlich von Tibati gehalten. Wenn der Reisende durch die Kameruner Urwaldregion hindurch ist, betritt er eine andere Welt. Sehr hübsch schreibt Hutter in seinen „Wanderungen und Forschungen im Nord-Hinterland von Kamerun" darüber:

„Zwei verschiedene Welten liegen vor den Augen des Forschers, wenn er, auf den Höhen vor Bali Halt machend, den Blick nach Norden und Süden wendet. Rückwärts gegen Süden stürzen die Hänge steil ab in Täler und Schluchten, und Berg reiht sich an Berg, mit Oelpalmen überdeckt, aus Tiefen von 500 und 1000 Meter rauschen die Wasser herauf, bis hinaus in die fernsten Weiten schweift der Blick über das ganze durchschrittene Urwaldgebiet da unten — vorwärts nach Norden, Osten und Westen Hügelwelle auf Hügelwelle; dazwischen weite Täler, und wie grüne Wogen schwanken in ungemessenen Flächen die hohen Schilfgräser darüber hin. Fern am Horizont grenzen in blauer Luft verschwimmende Bergketten das weite Landschaftsbild ab. Dieses windgepeitschte Grasmeer mit seinen 2, 3 Meter hohen Halmen, mit seinen nebelumwallten Höhen, mit seinen Hirsefarmen gibt die frohe Gewißheit, die Südgrenze Westadamauas erreicht, betreten zu haben.

Der erste Anblick dieser wogenden grünen Meere ist überwältigender fast als der der Urwaldmassen des Waldgebiets. Da unten wirken die Ausmaße in der Senkrechten, hier oben die maßlosen Flächen. Panaeen, 2 Meter und höher, schießen, oben scheinbar lückenlos gelassen, büschelförmig aus gesonderten, erhöhten Wurzelstöcken auf. Der Boden zwischen letzteren ist nackt, hart und mit dem festen Quarzgeröll, der Lateritbildung zugehörig, bedeckt. Mit scharfen Schilfblättern sind die starken Halme bewehrt, die beim Durchmarsch bald blutige Furchen über Gesicht und Hände ziehen. Blumenschmuck ist der Grassteppe fremd; nur verstreut wächst die mattrot oder gelb blühende Indigostaude; ein Okrostrauch mit seinen gelben und roten Farben steht da und dort. Gespenstig ragt ab und zu das knorrige, krüppelhafte Geäst einer einzelstehenden Zwergakazie aus dem Halmenmeer hervor. Die Rinde ist geborsten, Stamm und Aeste angekohlt von den jährlich wiederkehrenden Grasbränden; doch unermüdlich sprossen bald wieder die Blätter, unermüdlich ersetzt der zählebige Baum, was das Feuer zerstört hat . . . . .

Doch entbehren auch die eigentlichen Grasgebiete durchaus nicht höherer Vegetation. In den Mulden und Tälern längs der zahlreichen, quellfrischen Wasserläufe ziehen sich schmale Waldstreifen hin: dichter Busch, Buschwald und hohes Schilf auf feuchtgrundigem, streckenweise sogar sumpfigem Boden. Diese Waldstreifen bleiben ewig frisch und grün; die Grasbrände dringen wie in geschlossene Holzbestände, versengen höchstens die Ränder . . ."

Aehnlich wie Hutter hier die Gegend bei Bali beschreibt, ist das ganze Gebiet zwischen dem Urwald und dem Tschadsee, abgesehen von den Gebirgsländern. Von Tieren kommen in diesem Graslande vor der Elefant und der Büffel, der Schimpanse, der Gorilla nur an den Rändern des Urwaldes. Dagegen ist der Leopard häufig, und auch der Löwe fehlt nicht. Schlangen gibt es in Mengen; aus der Familie der Eidechsen sind der braune Gecko und der bis zu 4 Fuß lange Leguan zu erwähnen. In den Flüssen fehlt es nicht an Krokodilen und Flußpferden; in Herden bis zu 200 Stück durchstreift die Kuhantilope die Grassteppe. Aus der Vogelwelt sind Raubvögel aller Art, namentlich Geier, zu erwähnen, Papageien, Wald- und

Station Garua

Feldhühner aller Art, wilde Tauben. Eine Landplage schlimmster Art ist die Wanderheuschrecke, die in dichten, nach Milliarden zählenden Schwärmen das Land durchzieht. Der Neger ißt sie mit wahrer Leidenschaft roh, gedörrt, auch in Palmöl gebraten.

Eine besondere Stellung in dem weiten Grasgebiet nimmt das Ngaumdere-Hochland in engerem Sinne ein. Es ist 1000—1300 Meter hoch, mit wilden, zerrissenen Gebirgsketten, die über 2000 Meter Höhe emporsteigen; der ganze Teil dieses Gebirgslandes östlich Ngaumdere ist noch sehr wenig bekannt. Die Flußläufe sind noch nicht festgelegt; noch viel weniger kann von einer Erforschung der ganzen Hochebene gesprochen werden. Sie wurde früher von den kräftigen und ziemlich unabhängigen Fulbestaaten Ngaumdere und Tibati eingenommen. Die Hauptstadt des Sultanats Ngaumdere, die gleichnamige Stadt, war früher groß, volkreich und wohlbefestigt; die Fortifikationen schildert Passarge in seinem Buche über Adamaua folgendermaßen:

„Eine Lehmmauer von 3—4 Meter Höhe, unten 1½, oben 1 Meter dick, umgibt die Stadt von allen Seiten. Nach Art der mittelalterlichen Befestigungen ist sie mit Zinnen gekrönt, welche meist 1 Meter hoch sind und von meist quadratischen, stellenweise rundlichen Formen. Die Schießscharten sind zuweilen mit Querbalken versehen und die Zinnen selbst mit Gucklöchern durchbrochen oder mit Zacken und Türmchen verziert. Große massige Tore mit 5 Meter hohen Lehmwänden bieten im Inneren Raum für starke Wachen. Ein Graben von 3 Meter Breite und Tiefe trennt die Mauer von einem breiten, rings um die Stadt führenden Wege. Ein breites, grasiges Tal zieht sich an der Stadt hin und ist mit Tausenden von Skeletten gestorbener Sklaven und hingerichteter Verbrecher übersät. Von allen Seiten grinsen einen die bleichen Schädel an, und über die zerstreuten und zerbrochenen Knochen schreitet der Fuß. Wenn ein Kriegszug heimkehrt, sollen die Leichen der gestorbenen Sklaven zu Dutzenden vor der Stadtmauer umherliegen."

Das war vor 15 Jahren; heute hat die Verwaltung kräftig durchgegriffen. Das Kriegmachen ist nicht mehr so leicht; die Machthaber unternehmen nichts, ohne nicht zuvor beim weißen Manne angefragt zu haben. Ngaumdere ist sehr eng gebaut; es hat heute über 15 000 Einwohner. Mauern, Wälle und Gräben sind noch vorhanden, aber nicht mehr in Ordnung. Da die Stadt nicht mehr Raum genug in ihren Mauern für alle Einwohner hat, sind vor den Mauern einige größere Dörfer entstanden. Der Königspalast mitten in der Stadt ist ein Quadrat von 200 Meter Seitenlänge, mit 6—8 Meter hoher Mauer umgeben. Er hat einen großen Empfangssaal mit von Lehmmauern getragener Decke.

Eine ziemlich begangene Straße führt von Ngaumdere nach Kunde, auf dem 6. Breitengrade an der deutsch-französischen Grenze gelegen. Sie führt

Das Reich Adamaua

über den großen Fulbeort Dibi mit schöner, großer Moschee. In der Gegend von Ore-Lainde beginnt menschenleeres Gebiet; die andauernden Sklavenjagden der Fulbe haben es zur Wüste gemacht.

Neben Ngaumdere hat im alten Adamaua das Sultanat Tibati eine große Rolle gespielt. T i b a t i, die Hauptstadt, war früher sehr bedeutend; sie muß noch vor 20 Jahren über 20 000 Einwohner gehabt haben. Die Stadt hatte Wall und Graben, Zugbrücken; die Länge der Umwallung war gegen 7 Kilometer. Die Tore waren durch mächtige Torhäuser mit dicken Lehmwänden geschützt. Im großen Sultanspalast wurden nach der Erstürmung von Tibati (1898) 38 große Elefantenzähne gefunden, alle über 1 Zentner schwer.

Heil unserm König, Heil! Phot. Major Langheld

Die großen Zeiten für Tibati sind längst vorüber; die Stadt ist jetzt sehr zurückgegangen. Den Sklavenzügen und Räubereien hat die deutsche Verwaltung ein Ziel gesetzt; dazu kommt, daß Tibati abseits der großen Handelsstraße liegt.

Im Fulbegebiet sitzen eine Anzahl von den Fulbe unterjochter Negerstämme, so bei Ngaumdere die Mbum-Heiden, in Bubandjidda die Dama. Dann spielen die Haussa in Adamaua eine große Rolle, ein vorzügliches Industrie- und Handelsvolk; sie stammen aus dem Sudan und unternehmen sehr weite Handelsreisen über Entfernungen von 1000 Kilometer und mehr.

Die Fulbe selber sind Hamiten, vielleicht aber mit nordischem Blut gemischt; manche Autoren erwähnen bei ihnen blonde Haare und blaue Augen. Die Haare sind wellig, zuweilen sogar straff; die Körper schlank gebaut, die Gesichter schmal und lang; der Nasenrücken ist hoch und gerade. Die Hautfarbe der Fulbe ist ziemlich hell. Körperverunstaltungen kommen auch bei den Fulbe und Kanuri vor, und zwar ist das Durchbohren der Nasenflügel keine Seltenheit. Die Fulbe sind sämtlich Mohammedaner und religiöse Fanatiker. Die Fulbe und Haussa haben die islamitische Tracht nach Adamaua gebracht; sie ist auch zu den Tikar-, Wute- und Baiaheiden gedrungen. Waffen sind die Lanze, das Dolchmesser; Abwehrwaffen der Fulbereiter waren der Wattepanzer, auch eiserne Panzer kamen vor.

Daß die Fulbe sich mit der deutschen Herrschaft ausgesöhnt hätten, kann nicht behauptet werden; noch im Jahre 1908 wurde eine ernste Verschwörung in Ngaumdere durch Zufall entdeckt. Die deutsche Verwaltung sucht deshalb die Heidenvölker, die erbitterten Gegner der Fulbe, zu sich heranzuziehen.

Kapitel 14
Die Heidenländer der Westgebirge

Zur Küstenregion gehört eigentlich noch das Manengubagebirge, das bis zu 2400 m Höhe ansteigt, zwei Querriegel, einen nach Südosten und einen nach Nordwesten, entsendet und nach Nordwesten sich die Grenze entlang zieht bis zum Mandaragebirge hinauf, nördlich des Benuë. Diese Gebirgszüge, kein einheitliches Ganze bildend, sondern mit niedrigen Senken dazwischen, in denen die Flüsse strömen, sind die bevorzugten Gebiete der Heidenstämme, die da vor den hereindringenden Fulbe Schutz gefunden haben. Die Unwiderstehlichkeit der Fulbe beruhte auf ihrer gepanzerten Reiterei, der die Heiden auf den Hochebenen von Adamaua und in den Ebenen der Flußläufe nicht gewachsen waren, aber in den Bergen waren die Panzerreiter wenig verwendbar, und da konnten die Heiden die sklavenjagenden Fulbe mit blutigen Köpfen heimschicken.

Das interessanteste Gebirgsgebiet ist das nördlich der Wuri-Njong-Ebene, das sich von da bis Banjo-Gaschaka etwa hinaufzieht. Aus der Ebene erhebt sich das Manengubagebirge, vulkanischer Natur, im Kupeberge 2110 und im Mlonakomassiv 2400 m hoch; die Bergzüge in der Umgegend des Militärpostens Mbo heißen das Mbogebirge, und dicht dabei liegt der Bergkessel von Fontem. In diesen wilden Gebirgsgegenden hatte das Volk der Bangwa seine Wohnsitze, gegen das blutige Kämpfe zu führen waren. Zwischen Fontem und Bali erhebt sich das steile und wilde Balibergland; seine nördliche Fortsetzung steigt bis zu 3000 m empor. Bali, Bafut und Bamenda liegen da dicht beieinander. Weiter nach Nordosten folgt dann das Kumbo-Hochland, in seinen Gipfeln auch bis zur Höhe von 2500 m emporsteigend; auch am Plateau von Gaschaka und der Faro-Bucht wulsten sich die Gebirgsränder bis über 2000 m hoch empor. Bei Gaschaka aber beginnt schon die Gegend der so sehr gefürchteten Muntschi-Heiden, gegen die so mancher tapfere Offizier gefallen ist. Überhaupt hat die Überwindung von Bafut, Bamenda, Kumbo viel Blut gekostet. Im Gebiete der Bali hatte Dr. Zintgraff 1889 die Station Baliburg angelegt. Er war der Führer der sogenannten Nord-Hinterland-Expedition, war bis Yola gezogen, mit dessen Emir er einen Vertrag schließen wollte; die Engländer traten ihm aber entschieden entgegen. Er mußte umkehren,

Panzerreiter der Fulbe

wollte aber in dem Gebirgslande um Bali und Bafut festen Fuß fassen. Die Bali stellten sich von Anfang den Deutschen nicht unfreundlich gegenüber; dagegen hatte Zintgraff mit den Bafut und den Bandeng häufig Zusammenstöße. Um Baliburg gegen diese starken Stämme sicherzustellen, wollte er vor seinem Abmarsch zur Küste — 1891 — ihnen noch einen tüchtigen Denkzettel verabfolgen. Mit 6 Europäern, über 200 mit Gewehren bewaffneten Kriegern und mehreren hundert Hilfskriegern ging Zintgraff gegen die Bafut und Bandeng vor. Es kam zu einem schweren Kampfe, und schon neigte sich der Sieg auf die Seite der Deutschen, als plötzlich die Mannschaften dreier Vasallendörfer der Expedition verräterisch in den Rücken fielen. Nun wandte sich der Sieg in eine schwere Niederlage: 4 Europäer, 170 Leute der Expedition und mehrere hundert Bali fielen; Baliburg war nicht zu halten; es mußte aufgegeben und der Rückmarsch zur Küste angetreten werden. Das war im März 1891. Aber bereits im Juli rückte Zintgraff wieder vor, und am 25. August 1891 zog er wieder ins Gebiet der Bali ein. Das neue Vorgehen gegen die Bafut und Bandeng endete mit ihrer schweren Züchtigung; Baliburg wurde wieder instandgesetzt und neu besetzt. Aus den Bali wurde eine Truppe von hundert Mann aufgestellt, die sich wiederholt gut bewährte. Baliburg mußte leider 1893 aufgegeben werden. Es kam die Zeit der Flaue in der deutschen Kolonialpolitik; vom Kanzlertisch im Reichstage fiel das böse Wort: „Uns könnte niemand Aergeres und Unangenehmeres zufügen, als wenn man uns ganz Afrika schenkte!" Und am 1. Januar 1893 kam nach Baliburg der Befehl, die Nord-Hinterland-Expedition aufzulösen und den Rückmarsch zur Küste anzutreten. Bis zum Jahre 1898 blieb nun dies Gebiet beinahe verschollen; da führte die Gründung der Gesellschaft Nordwest-Kamerun eine Aenderung herbei. Die Gründung erfolgte am 6. Dezember 1898; am 31. Juli 1899 erhielt die Gesellschaft die Konzession. Sie entsandte sofort eine größere Expedition unter Hauptmann Ramsay in das Konzessionsgebiet. Die Tätigkeit der Gesellschaft Nordwest-Kamerun führte endlich dazu, daß 1902 die Militärstation Bamenda gegründet wurde, die zwischen den Ortschaften Bali, Bafut, Bandeg, Kumbo liegt. Bis zum Jahre 1906 war dies Gebiet nach schweren Kämpfen unterworfen. In dem Gebirgslande ist es recht kühl; Eisbildungen während der Trockenzeit sind selbst in 1200 m nicht selten, verheerende Hagelstürme brausen über die Hochländer, auf denen in 2300 m Höhe östlich von Kumbo der Maunves-See liegt. In den Flußebenen ist es heiß und schwül. Grasland und Parklandschaft wechseln ab.

Von großen Tieren kommen vor Löwen, Leoparden, Antilopen, Elefanten; der Schimpanse soll im Balihochlande so häufig sein, daß die auf dem Felde arbeitenden Frauen von bewaffneten Männern geschützt werden müssen, da die Tiere sich an den Weibern vergreifen. (Siehe Hans Meyer, „Kamerun".) Bali, Bafut, Bametta, Bamessong sind ins Hochland eingewandert; sie haben die häßlichen, kleinen Ureinwohner unterworfen. Die Bandeng, Bamarda und andere sind alte Bewohner, wahrscheinlich auch die Bafum. Die Stämme sitzen um das oft sehr volkreiche Hauptdorf. In der Mitte des Dorfes liegt das sehr ausgedehnte Häuptlingsgehöft, daneben befinden sich Markt und Palaverhalle oder -platz. Die eingewanderten Stämme haben vielfach mohammedanische Kleidungsstücke. Die Baliweiber gehen bis zur Geburt des ersten Kindes nackt; bei Festlichkeiten tragen sie hinten eine Art Pfauenschwanz, aus fächerartig zusammengestellten Stäbchen angefertigt. An heißen Tagen geht alles nackt. Die Stämme sind vorwiegend Ackerbauer, und gar nicht schlechte; Dreifelderwirtschaft ist üblich. Die Bali sind als Kapaunenzüchter berühmt, sonst ist die Viehzucht nicht bedeutend. Kannibalismus war früher bei den alteingesessenen Stämmen üblich.

Das Handwerk steht noch in ziemlicher Blüte, geht neuerdings aber zurück, namentlich die früher hochstehende Eisengewinnung, Weberei und Färberei. Die Schmiedekunst wird noch eifrig geübt; die Holz- und Elfenbeinschnitzerei ist bedeutend. Es werden Elfenbeinringe, Kriegshörner, Trinkhörner geschnitzt. Auch Flechterei und Töpferei sind noch gut ausgebildet.

Die Bali, hochgewachsene Gestalten mit ansprechenden Gesichtszügen, früher in der Gegend von Kontscha ansässig, von wo sie durch die Fulbe vertrieben wurden, haben sich um ihren Hauptort Bali angesiedelt, der nach

Die Heidenländer der Westgebirge

einer Schätzung von Moisel 30 000 Einwohner haben soll. Der Herrscher Fonjonge ist ein sehr verständiger, europäerfreundlicher Mann; er begünstigt die Arbeit der Baseler Evangelischen Mission nach Kräften. Die Bafut sind ein sehr kriegerisches Volk, an 30 000 Köpfe stark; ihr Hauptort B a f u t dürfte 10 000 Einwohner zählen. Südlich davon liegt Bandeng, über eine Stunde lang, mit 10 000 Einwohnern. Mit den Bametta, die im Balihochlande nahe der englischen Grenze wohnen, einem Kannibalenstamm, hat Hauptmann Glauning schwere Kämpfe führen müssen.

Im Manengubagebirge wurde im Frühjahr 1907 die Station D s ch a n g angelegt. Als 1905 der Bau der Manengubabahn beschlossen war, wurde es nötig, die Manengubavölker zu unterwerfen; nach heftigem Kampfe wurden sie durch Oberstleutnant Müller besiegt. Zur dauernden Niederhaltung wurde dann der Militärposten Dschang begründet, mit Unterposten in Bare und Mbo. Eine Unmenge von Völkerschaften sitzt im Kumbohochlande, von Kumbo bis nach Kentu an der englischen Grenze hinauf, wo jetzt ein von Bamenda abhängiger Militärposten errichtet ist. Hauptmann Glauning hat dies interessante Hochland eingehend im Kolonialblatt von 1906 beschrieben. Nach seinen Angaben herrscht dort ein unbeschreibliches Völkergewirr, und er glaubt, daß in dieser Ecke 500 000 Menschen leben.

Die östliche Abdachung der Gebirge nach dem Mbamflusse zu, dem westlichen Quellflusse des Sanaga, der im wilden Genduru-Gebirge entspringt, heißt das Bamum-Plateau. Da und auf der Tikar-Hochebene hat das große Volk der Tikar seine Wohnsitze, das in viele Stämme zerfällt. Es hat sich lange mit Erfolg gegen die Fulbe von Tibati verteidigt, die, nachdem sie die Hochebene entvölkert hatten, sich an Tikar heranmachten, um dort Sklaven zu fangen. Sie stießen da aber auf die dem Lande eigentümlichen befestigten Gaue, Wohnstätten mit weiten Feldern dazwischen. So zogen die Leute von Bamum und Ngambe, einer anderen großen Tikarstadt, sich wiederholt in ihre befestigten Lager zurück; die Fulbe errichteten dann ein Kriegslager (Sanserni) unmittelbar vor der feindlichen Stadt und belagerten sie jahrelang.

Ein Ibis als rattenvertilgendes Haustier

Der Sultan von Tibati zum Beispiel hatte 11 Jahre im Sanserni vor Ngambe gelegen! Ein vollständiges Dorf war entstanden, Farmen angelegt, große feste Lehmhäuser gebaut; und nach der Feindesseite zu schützte das Lager Wall und Graben. Bis die Farmen ertragsfähig sind, lebt das Heer auf Requisition, die durch die findigen Weiberkolonnen — auch diese folgen den Kriegern — beigetrieben wird. Große, breite Straßen führten nach Norden und Süden. Dieses enge, jahrelange Beieinanderwohnen der Gegner erinnert unwillkürlich an die Schilderung der trojanischen Zeit. Wie dort, hatten sich auch hier die Gegner herausgefordert und im Angesicht beider Stämme Zweikämpfe ausgeführt. Recht harmlos muß der Krieg schließlich geführt worden sein, denn oft wurde wochenlang überhaupt nicht gekämpft, und Belagerer und Belagerte hielten auf einem neutralen Platz gemeinsam Markt ab.

Als die Deutschen ins Gebiet kamen, wurden die Tikar hart vom Sultan von Tibati bedrängt; dieser stellte sich uns feindselig gegenüber. Er entfloh schließlich, wurde aber gefangen und nach Duala gebracht; die Befreiung von ihrem Feinde haben uns die Tikar hoch angerechnet. Ein treuer Gefolgsmann ist uns der Sultan N d j o i a v o n B a m u m (Fumban); er ist ein sehr interessanter und tüchtiger Mensch. Er hat eine eigene Schrift erfunden, für jedes Wort ein besonderes Zeichen; auch kartographische Skizzen und Aufnahmen hat er schon gemacht. Ndjoia steht der Mission und der europäischen Kultur freundlich gegenüber. Daß er und sein Volk auch edle Gefühle entwickeln, zeigt der Bericht des Leutnants von Wendtstern über die Uebergabe des Kopfes des Bamum-Herrschers Sango an Ndjoia und sein Volk (Kolonialblatt 1907). Sango war im Jahre 1898 gegen die wilden Banso im Kampfe gefallen. Sie hatten den Kopf des Feindes geräuchert und aufbewahrt. Als sie 1906 von den Deutschen besiegt worden waren, wurde ihnen aufgegeben, den Kopf des Sango auszuliefern. Leutnant von Wendtstern erhielt den Auftrag, den Kopf an Ndjoia abzuliefern. Er berichtet über die ergreifende Szene:

"Es war ein eigentümlicher, unendlich vielsagender Blick, mit dem Joja (Ndjoia) nur eine Sekunde den ihm von mir hingehaltenen Schädel betrachtete. Dann brach der starke, große Mann laut schluchzend wie ein Kind zusammen. Joja wurde von seinen Großleuten, die meist heftig weinten, aufgehoben und auf einen Stuhl gesetzt. Es dauerte lange, bis er sich etwas beruhigt hatte; dann bat er mich, ihm den Kopf zu geben. Er streichelte das Haupt und drückte es unter Tränen an sich. Hierauf gab er den Befehl, den Schädel mit den Tüchern in einen schönen mitgebrachten Korb einzupacken. Die Tücher waren Ueberreste der Kleider Sangos, die er bei seinem Kriegszuge nach Banso getragen hatte. Lange saß Joja schweigend da, unverwandt auf den Korb sehend, dann wandte er sich plötzlich um, drückte mir heftig die Hand und sagte:

Sultan von Bamum auf dem ihm von Seiner Majestät dem Kaiser geschenkten Thron

„Ich danke Dir tausendmal, daß Du mir den Kopf meines Vaters gebracht hast. Ich und mein Volk werden dies den Weißen nicht vergessen, und ich sage Dir offen, erst jetzt sehe ich wirklich, daß der Weiße es gut mit mir meint." Schließlich bat er mich, nach Fumban zurückgehen zu dürfen. Joja bestieg auf dem Rückmarsche sein Pferd nicht. Er, seine Großleute und seine Soldaten gingen mit abgenommener Kopfbedeckung hinter dem Korbe her, in dem jetzt der Schädel lag."

Als Leutnant von Wenckstern nach Bamum kam, dankte ihm Ndjojas Mutter unter Tränen, und der Häuptling forderte sein ganzes Volk zu ständigem Dank gegen den Weißen auf.

Die Stadt Bamum (Fumban) ist von gewaltigem Umfang, über 35 km; sie hat an 20 000 Einwohner. Der große Markt wird täglich von 3000 bis 4000 Menschen besucht. Der Königspalast ist sehr groß, ein Quadrat von 100 m Seitenlänge; er hat gegen 200 Gänge und Zimmer. Seit dem Eintreten friedlicher Verhältnisse hat sich die früher dicht um die Hauptstadt sitzende Bevölkerung der Bamum mehr über das Land verbreitet. Sie steht noch stark unter mohammedanischem Einflusse hinsichtlich der Kleidung, vieler Kulturgeräte; aber christliche Religion und Kultur fassen mehr und mehr Fuß. In Bamum befindet sich eine große, über 2000 Seelen starke Haussakolonie.

Banjo, nordöstlich von Bamum gelegen, war früher ein selbständiges Fulbesultanat; die Machtbefugnisse seines Herrschers sind aber stark beschnitten worden. Die Militärstation Banjo wurde 1902 gegründet; von ihr abhängig ist der Posten Barua, nördlich Gaschaka. Die Stadt Banjo hat etwa 6000 Einwohner, das Sultanat 27 000. In diesen Gebirgen beginnen die Gebiete der Muntschi-Heiden, die noch mit vergifteten Pfeilen kämpfen und bei ihren Nachbarn sehr gefürchtet sind. In diesen Gegenden hat die deutsch-englische Grenzkommission sehr heftige Kämpfe gehabt. Von Laro (nördlich Kontscha) nach Bola hinauf hat Oberleutnant Strümpell im April 1907 aufgeklärt. Er fand im Gebirgsstock Alantika die Tschamba-Heiden. Sie haben früher einen kleinen Tribut nach Bola gesandt. Die Tschamba-Heiden sind mittelgroß, mit unschönen Gesichtszügen; in der Mehrzahl sind sie von den Fulbe beeinflußt. Die Weiber gehen aber fast ganz nackt. Bei beiden Geschlechtern fällt die künstliche Haarfrisur auf. Bald ähnelt sie der Frisur der Fullah- und Haussaweiber, bald sind Figuren in das Haar rasiert, bald ist das Haar bis auf eine über den Schädel laufende Raupe abrasiert. Die Leute haben gut gebrannte Tonwaren; selbst Blasebälge werden aus Ton hergestellt. Gute Schmiedearbeiten, wie Schwertmesser, Dolche, Speerspitzen, Haarpfeile, sind vorhanden.

Heidenstämme wohnen endlich noch im stark zerklüfteten, bis 1000 m ansteigenden Mandara-Gebirge nördlich Garua. Das Gebirge scheint sehr gut bevölkert zu sein; Hauptmann Zimmermann schätzt 250 000 Bewohner.

Die Heidenländer der Westgebirge

Blick auf Bamum

Im Jahre 1904 fiel im Kampfe gegen die Heiden bei Mubi Hauptmann Thierry; auch Zimmermann hatte gegen sie zu kämpfen.

Die Stämme im Mandaragebirge sind sehr tüchtige Ackerbauer; man kann sagen, daß sie für uns ein wertvolleres Element darstellen als die mohammedanischen Fulbe.

Hauptmann Zimmermann spricht mit wahrer Liebe von diesen Heiden. Er schildert sie wie folgt:

„An den Hängen dieses Plateaus und den angrenzenden Gebirgszügen hat sich ein Völkchen angebaut, das jeder lieb gewinnt, der länger mit ihm in Berührung gekommen ist. Als die Fullahhirten vor Menschenaltern diese Landesbewohner aus den fruchtbaren Niederungen in das Felsgebirge zurückdrängten, haben sie das Volk vor der Entartung und Verweichlichung gerettet, der sie nun selbst verfallen sind. Not und Entbehrung hat die Heiden zur Arbeit erzogen; sie sind gesundet in der frischen Höhenluft und an den klaren Quellwassern und geschickt und anstellig geworden in dem harten Kampf ums Dasein, den Mensch und Natur ihnen aufzwangen. Nicht auf der Hochfläche selbst konnten sie sich niederlassen, sondern sie mußten die Hänge besetzen, um dem auf Sklavenraub ausgehenden Feind den Aufstieg zu wehren. Die stete Kampfbereitschaft verwies den Mann aufs Feld, das Weib baute Haus und Hof, bereit, beim geringsten Warnungssignal mit Kind, Vieh und Besitz in die vorher erkundeten Schlupfwinkel zu verschwinden. Und mit welcher Liebe hat sich dies Volk der harten Arbeit hingegeben, auch dem steilsten Hang durch mauerbekleidete Terrassenanlage noch ein Stückchen Boden zur Bestellung abgerungen, jedes Fleckchen zwischen Fels und Stein ausgenutzt und mit förmlichen Talsperren der Wegschwemmung des teuren Bodens entgegengearbeitet. Ihre Farmen sind Musterleistungen, ihre Wohnsitze richtige Schmuckkästchen; auf Schritt und Tritt begegnet man der Liebe zum eigenen

Unsere Kolonien

Geschnitzte und mit Perlen bedeckte Grabfigur aus Bamum

Heim und zur Ordnung, dem Sinne für Gemütlichkeit und schöne Form; in diesen einem Bienenkorb ähnlichen Wohnsitzen haust tatsächlich ein Bienenvölkchen. Die Baumwollpflanzungen der Pakas, die Maueranlagen der Mogudis sind mustergültig; in Ton gebrannte Kuppelabschlüsse zieren vielfach ihre Hütten; obeliskenartige Türpfosten von 3 m und mehr flankieren häufig die Eingänge der mauerumzäunten Weiler für die einzelnen Familien."

Amtlich wird die Bevölkerung von Banjo auf 130 000 geschätzt, die von Dschang auf 200 000 Köpfe. Die weiße Bevölkerung dieser Gebiete ist sehr gering; sie sind, abgesehen vom Bikar- und Balilande, noch fast gar nicht erschlossen und in vielen Teilen noch ganz unbekannt.

Eine Anzahl europäischer Handelsgesellschaften arbeitet in den Bezirken: die Bremer Westafrika-Gesellschaft in Tibati, die Deutsche Kamerun-Gesellschaft in Dschang, Banjo, Bamum, die Deutsch-Westafrikanische Handelsgesellschaft in Lum, Bezirk Dschang, die Gesellschaft Nordwest-Kamerun in Lala (Bezirk Dschang), Bamenda, Bamum, Widekum, Ngambe (Hochland von Tibati), Gorori (Bezirk Banjo), Hatton und Corkson (Liverpool) in Ngambe, Heinze in Banßo, John Holt u. Cie. (Liverpool) in Dschang, Mbo, Banjo, Gorori, N. u. W. King in Ngambe, Tibati, Menzel in Bamum und Kentu, Pagenstecher u. Cie. in Kontscha, Gaschaka, Karbabi, Randad u. Stein in Tibati. Die Handelstätigkeit ist also eine recht lebhafte zu nennen.

Die Station Banjo hat einen ausgedehnten Farmbetrieb aufgenommen; nach den Erfahrungen ist die Produktionsfähigkeit des Landes sehr gut. Es hat sehr gutes Ackerland und vor allem prächtige Weidegründe. Es wird Kautschuk produziert (die Bestände sind noch sehr groß und fast unberührt), Oel; große Mengen Honig werden gewonnen. Bei Kontscha bauen die Eingeborenen Baumwolle; sie bildet einen hauptsächlichen Marktartikel.

Kapitel 15

Die Heiden des südlichen Graslandes

Südlich von Tibati und östlich von Tikar, ferner südlich von Ngaumdere hatten sich bis zum Beginn der deutschen Herrschaft im Graslande einige Heidenstämme gegen die Fulbe gehalten, so namentlich die Wute, die nördlich des mittleren Sanaga wohnen; westlich von ihnen, nach dem Gebirge zu, liegen die Wohnstätten der Bati, eines schönen, kräftigen Sudanstammes. Oestlich der Wute trifft man an den Grenzen des Graslandes noch auf Mwele und Esum; noch weiter östlich wohnt zwischen Bertua, Kunde und Baturi am Kadei das große Volk der Baia. Das Baialand ist eine sehr ausgedehnte, von Ost nach West ansteigende Hochfläche. Zwischen ihm und den Gebirgen von Tikar dehnt sich eine Mulde, in der der Sanaga fließt; der größte Teil dieser Mulde ist mit ungeheuren Grasflächen bedeckt. Als Hauptmann von Stillfried vom Posten Joko nach Kunde zog, hatte er tagelang durch wahre Graswälder zu ziehen. Das Gras erreichte eine solche Höhe, daß der auf dem Pferde sitzende Reiter keinen Ueberblick hatte. Die Flußläufe sind natürlich von Galeriewald begleitet.

Die nördlichen Baia, nördlich und östlich von Kunde (eine große Baiastadt, leider französisch) wohnend, sind ein armseliges Volk; sie haben schwer unter den ewigen Sklavenjagden der Fulbe zu leiden gehabt. Ihre Bekleidung ist höchst mangelhaft, die Hütten sind sehr dürftig. Die Leute essen von Tieren ziemlich alles, was sie in die Hände bekommen, Ratten, Baumeidechsen, Käfer. Das nördliche Gebiet ist reich an Honig und Wachs, auch Gummi ist vorhanden. Die südlichen Baia haben ihre frühere Entwicklung besser bewahrt. Sie haben als Sitz der Oberhäuptlinge mit Wall, Graben und Palisaden befestigte Ortschaften; ihre Hütten sind Kegeldachhäuser. Von den Mohammedanern haben sie vielfach die Kleidung angenommen. Der stärkste Stamm ist der von Gamane (Bertua). Dieses, eine nach afrikanischen Verhältnissen stark befestigte Stadt, wurde seinerzeit vom Hauptmann von Stein genommen. Die Baia haben uns im allgemeinen wenig zu schaffen gemacht; sehr schwere Kämpfe waren dagegen gegen die Bati und Wute zu führen. Hauptmann Ramsay hatte 1892 in ihrem Gebiet am Mbam, etwas oberhalb seiner Mündung in den Sanagafluß, die Balingastation angelegt, die er dem Leutnant von Volckamer unterstellte. Er selber zog weiter nach Norden; er wollte zum Tschadsee. Aber die Leute seiner Expedition, die etwas übereilt zusammengestellt war, meuterten; schleunigst mußte Hauptmann Ramsay umkehren und die Balingastation sich selbst überlassen. Es wurde leider von der Küste her lange nichts getan, dem Leutnant von Volckamer Hilfe zu bringen; er blieb auf sich angewiesen, und es hat sich da, am Rande des Urwaldes, eine grauenvolle Tragödie abgespielt, über die man Bestimmtes nie hat in Erfahrung bringen können. Als Mitte 1893 endlich eine Expedition unter Rittmeister von Stetten nach Balinga kam, fand sie die Station zerstört; von Volckamer und sein Gehilfe, der Unteroffizier Szadok, waren verschollen. Welches aber ihr Los gewesen ist, ist niemand unklar, der die wilden kannibalischen Neigungen der Wute und Bati kennt.

Gegen die Wute haben dann schwere Kämpfe geführt werden müssen. Als die Unseren zuerst ins Land kamen, da waren sie freilich den Wute-Häuptlingen Ngila und Ngutte hochwillkommen; sie verbanden sich mit der Expedition des Hauptmanns Morgen sehr gern zum Sturm auf die Fulbestadt Gandella; von den Fulbe wollten sie frei sein. Aber die Herrschaft der Weißen wünschten sie auch nicht, und es kam wiederholt zu heftigen Kämpfen, die aber nie bis zur Vernichtung führten. Ngutte und Ngila waren klug genug, ihre Freundschaft anzubieten, wenn sie merkten, daß die Sache für sie schlecht ausgehen könnte. Ngila freilich, der alte Räuber (heute heißt seine Stadt Ndumba und ist nördlich der Nachtigal-Schnellen gelegen), hatte 1899 den Anschluß verpaßt; seine feste Stadt, hinter der er damals den deutschen Truppen trotzen wollte, wurde von Major von Kamptz gestürmt. Er selber wurde in Gefangenschaft geführt und an seiner Stelle Ngane als Häuptling eingesetzt. Ngutte aber lenkte beizeiten ein und blieb Häuptling über seinen Stamm. Der wildere von den beiden innerafrikanischen Despoten war Ngila; er konnte grausam bis zum äußersten sein. Ueber das Treiben an seinem „Hofe" erzählt Hauptmann Dominik in seinem Buche „Vom Atlantik zum Tschadsee":

„Nie wieder wird ein Europäer schauen, was ich bei Ngila und Ngutte und nur zwei oder drei Menschen vor mir gesehen hatten. Rohe, wüste, unmenschliche Bilder waren es, aber wahre Erlebnisse. Ein Mensch, von menschenfressenden Kannibalen zum Gott erhoben; vor ihm lagen sie im Staube. Kein Unfreier durfte ihn schauen; wenn er ausspie, so balgten sie sich um seinen Speichel, den sie sich als wundertätig in die Haut verrieben. Ich sehe Ngila beim Kampfspiel selbst den Speer ergreifen, ihn gegen seine anstürmenden Krieger schleudern, sehe einen Mann getroffen zusammenstürzen, über den, dem Häuptling zujubelnd, die anderen hinwegjagen. Ich sehe Ngutte in der Tür des hohen Mattenzaunes stehen, der seine Weiberhäuser umgab; die Sklaven werfen Brot für die verhungerten Sklavenkinder auf den Platz. Lachend greift der Häuptling nach einer Handvoll Speere, die er auf die sich balgenden Kinder schleudert. Ich höre das Kreischen des Weibes, das Ngila unter dem Beifallsgesange seiner Frauen an den Armen an der Decke aufgehängt hat, weil man sie der Untreue zieh, und der er hohnlachend mit seinem Messer den Leib öffnete. Grausige Bilder, aber afrikanische Wahrheit."

Die Heiden des südlichen Graslandes

Wenig angenehm muß auch eine andere Szene bei Ngila gewesen sein, von der Dominik berichtet:

„Ich sah mich in stiller Wehmut im Geist in vergangenen Tagen neben dem alten Ngila sitzen, sah die Tausende vor mir, die damals, triefend vom Blute Gefallener, mit dem sie sich beschmiert hatten, vor ihrem Häuptling tanzten, hörte ihren frenetischen Jubel, wenn Ngila selbst zum Speer griff und ihr Siegestaumel so groß wurde, daß sie, ohne des Gastfreundes zu gedenken, aus heiseren Kehlen dem Häuptling zuschrien: „Ngiua" (Elefant), „Alheri" (Allmächtiger) — wie sie es von den Haussa-Lobsängern gehört hatten — und: „Ngila kann den Weißen töten!"

Um die Hauptstädte von Ngila und Ngutte hatten sich trotz aller Grausamkeit der Wute-Herrscher große blühende Fulbe-Ansiedlungen gebildet. „Wer einmal in seinem Leben zu Ngila oder Ngutte geht," hieß es bei den schwarzen Händlern, „wird entweder aufgefressen oder hat, wenn er heimkehrt, für sein Leben genug verdient." Die Haussa brachten Pferde und Esel ins Wuteland, ließen sich da als Aerzte, Schmiede, Sattler nieder, verdienten sehr schön; allerdings kam es wohl auch vor, daß Ngila, über irgend etwas ergrimmt, Hunderten den Kopf abschlagen und seinen Leuten das Fleisch der Ermordeten zum Festmahl zurichten ließ.

Das war noch in den 80er und 90er Jahren des vorigen Jahrhunderts; aber schon 1901, als Hauptmann Dominik das Wuteland wieder besuchte und bei Ngane, dem Nachfolger Ngilas, und dem alten Ngutte weilte, war vieles anders geworden; heute ist es mit den wilden Taten der Häuptlinge vorüber. Sie haben der deutschen Verwaltung sich fügen müssen.

Ankunft des Wutefürsten Wutscheri vor der Station Jaunde
Phot. Dr. Lohmeyer

Nach Dominik und Morgen besteht das kriegerische und starke Volk der Ngutte aus vier großen Sippen, den Ngila, Ngutte, Wenke und Dandugu. Die beiden letzteren Sippen haben geringere Bedeutung; die Sippen der Häuptlinge Ngila und Ngutte sind aber heute noch stark. Die Häuptlingsstädte waren ehemals befestigt, hatten Wall, Graben und Palisaden; das nicht in der Stadt wohnende Volk saß in zerstreuten Höfen auf dem Lande. Die sehr kriegstüchtigen Wute hatten früher Bogen und

Militärstation Joko. Vorderfront mit Wache und Gefängnis

oft vergiftete Pfeile, Speere und Messer als Waffen, zur Abwehr den Lederschild; seit Mitte der neunziger Jahre vorigen Jahrhunderts sind sie auch in den Besitz von Feuerwaffen gekommen.

Der wichtigste Wuteort ist heute N d u m b a , das frühere Ngila.

Bemerkenswert ist in diesem Gebiet das Fischervolk der Batschenga, das auf Inseln im Sanaga sich befestigte Wohnsitze angelegt hatte; seine Ueberwindung hat viel Anstrengungen gekostet.

Regierungs- und Polizeistation für das interessante Gebiet ist Joko, am Wege von Jaunde (über Ngila) nach Tibati und Ngaumdere; Joko ist Nebenstation von Jaunde. Diese, noch im Urwaldgebiet gelegen, südlich der Nachtigal-Schnellen, wurde 1894 als Stützpunkt für das Vorgehen über Tikar nach Banjo und Kontscha-Yola gegründet; Joko wurde erst 1899 angelegt nach der Besiegung von Ngila und Ngutte. Diese Station macht seit 1907 Versuche mit Baumwolle. Der Bezirk Jaunde wurde 1910 auf mindestens 300 000 Eingeborene geschätzt; im Bezirk Joko wurden 1909 rund 9600 Männer angenommen, darunter 5500 Wute-Männer. Weitere Angaben sind nicht gemacht. Die weiße Bevölkerung belief sich zu Beginn des Jahres 1910 im Bezirk Jaunde auf 57, im Bezirk Joko auf 5 Köpfe. Die Station Jaunde wird jetzt als Festung ausgebaut. Die Jaunde geben uns das beste Schutztruppenmaterial; andererseits sind aber viele Krieger in den Stamm zurückgekehrt, und diese früheren Schutztruppler können bei einem Aufstande zu einer schweren Gefahr werden.

Das Baialand untersteht in seinem größten Teile der Dume-Station. Früher war in Bertua eine Nebenstation; sie ist jetzt nach Baturi am Kadëi verlegt worden.

Kapitel 16
Das Tschadseegebiet

Mit erhebenden Gefühlen kann der Deutsche den Nordteil von Kamerun gewiß nicht betrachten. Nördlich Garua wird das Schutzgebiet bis auf 100 km eingeschnürt, und es ist ihm da ein Stück aufgesetzt, das mit einem Entenkopf sprechende Aehnlichkeit hat. Dieser Entenkopf reicht auch an den Tschadsee. An seinen Ufern, die eine Längenausdehnung von mindestens 400 km haben, haben wir uns ganze 60 km gesichert und dazu noch an dem versumpfenden Teile des Ufers. Für den Verkehr ist der See freilich von keiner großen Bedeutung; aber die Umgegend ist außerordentlich fruchtbar und reich. Ein Besucher des deutschen Tschadseegebiets gibt im Frühjahr 1909 eine anschauliche Schilderung derselben:

„Die Witterung war zu Anfang April in Nordkamerun wenig erfreulich; alle zwei, drei Tage gehen Tornados von solcher Heftigkeit nieder, daß ganze Hauswände niedergedrückt werden, und durch meine Gemächer peitscht der Sturm den Regen, so daß man fast nirgends einen trockenen Platz hat. Das ist aber nicht das Schlimmste, sondern die den Gewittern vorhergehenden Sandstürme. In kurzen Zwischenräumen folgen sich die Windstöße und führen jedesmal einen feinen Staub mit sich, und zwar so reichlich, daß augenblicklich die Tinte an der Feder aufgesogen wird. Alles in allem ist die Situation doch angenehmer als im Urwald, wo es von Mai bis Januar regnet, hier fällt der letzte Tropfen schon Anfang September. Damit mich die Ueberschwemmungsgebiete nicht vom Tschadsee abschneiden, mache ich mich noch schnell vorher nach dem geheimnisvollen See auf den Weg. Am 3. Juni reise ich ab und erreiche am 6. Juli 1909 Wulgo am Tschad. Das Land um Wulgo ist mit den herrlichsten Farmen besetzt, es herrscht dort eine Fruchtbarkeit, von der man sich schwer einen Begriff machen kann. Das ganze Jahr liefern die Farmen reichsten Ertrag von Baumwolle, Erdnüssen, Indigo, Bohnen, Kürbissen, Durrakorn, Weizen usw. Der Anblick dieses üppigen Wachstums war mir eine Wohltat, nachdem ich monatelang nur ausgedorrte Landschaften gesehen hatte. Außerdem weiden dort viele Tausende der schönsten Rinder, und ich bin überzeugt, daß diese Landstriche noch einmal hohe Bedeutung gewinnen werden. Gleich am ersten Tage versuchte ich, von Wulgo aus nach dem See vorzudringen, es war ein zweckloses Unternehmen, man kann augenblicklich das offene Wasser nur auf dem Schari erreichen.

Bis Wulgo trennt den See ein kilometerbreiter Streifen von undurchdringlichem Papyrussumpf. Ich bin einige Stunden in diesem Sumpf gewatet und denke noch mit Grauen an die vielen Moskitostiche, die ich dabei erhielt. Die Temperatur und die Feuchtigkeit in dem beengenden Wirrwarr war kaum zum Aushalten. Zahlreiche Tümpel sind dem See umlagert, und es spielt sich dort ein Vogelleben ab von paradiesischer Fülle. Scharen von Pelikanen, Marabus, Schwänen, Höcker- und Nilgänsen, Enten, Störchen, Nimmersatts, Strandläufern und Möwen treiben dort ihr Wesen, und es war ein herrlicher Anblick, Trupps von fünfzig Pelikanen fischen zu sehen. In geordnetem Halbkreis trieben sie die Fische dem Lande zu und unterstützten sich gegenseitig sehr selbstlos. Dann konnte man die schneeweißen Seiden- und Kuhreiher in Menge sehen. Wie aufgewirbelter Schnee stiegen sie in die Luft. Inmitten dieser Welt geht der Mensch ruhig seiner Beschäftigung nach und fischt mit den Vögeln, ohne sie zu belästigen, um die Wette, und für jeden ist der Tisch überreich gedeckt. Erst der Europäer wird den Futterneid auch dorthin bringen und mit der Grausamkeit der Kultur dieses Paradies stören. Um dem nicht vorzugreifen, habe ich mir versagt, auch nur einen Schuß abzugeben, dagegen habe ich versucht, mit der Kamera das schöne Bild festzuhalten.

Leider werden die Rinderherden von Wulgo jetzt von der Lungenseuche heimgesucht, die aus englischem Gebiet eingeschleppt wurde. Bei der Sorglosigkeit und Indolenz der Eingeborenen ist der Bestand bedroht."

In diesen Zeilen wird ein verlockendes Bild der Fruchtbarkeit und des Reichtums gemalt, und es ist sehr bedauerlich, daß wir von dem reichen Tschadgebiet uns so überaus wenig gesichert haben.

Der Tschadsee, ein Wasserbecken von 27 000 qkm Flächeninhalt, hat natürlich die wandernden afrikanischen Völker ganz bedeutend angezogen; bis aus Syrien und Arabien sind sogar einzelne Stämme gekommen, wie Sagen erkennen lassen, die um den Logonesumpf zu Hause sind. Vor beinahe einem Jahrtausend bildete sich das Reich K a n e m , dessen uralte Hauptstadt gleichen Namens heute noch auf der Nordostseite des Tschadsees zu finden ist; zu Anfang des 12. Jahrhunderts kam der Islam in diesem

Kanuri aus dem früheren Reiche
Kanem am Tschadsee   Phot. Major Langheld

Stubentiere in Kusseri   Phot. Major Langheld

Jäger aus Bornu

Reiche zur Herrschaft und brachte ihm eine gewaltige politische Erstarkung. Arabereinwanderungen kamen dann, es kamen Mischlinge aus Arabern und Negern, ihrem Ansturm erlag Kanem. Neue Reiche bildeten sich; Arabermischlinge wurden das herrschende Element. Auf der Südseite des Tschadsees entstand das Reich Bornu, das zu großer Blüte gelangte. Der Hauptteil des Reiches und seine Hauptstadt Kuka liegen leider auf englischem Gebiet; an Deutschland ist nur ein kleiner Teil gefallen. Bornu hatte um 1820 schwere Kämpfe mit den Fulbe zu bestehen, die anfangs unglücklich verliefen; ein frommer Araber rettete den Staat durch den Sieg über die Fulbescharen bei Ngornu; die alte Bornu-Dynastie wurde beseitigt, und Omar, der Sohn des Siegers von Ngornu, bestieg den Thron. Bornu hielt sich dann bis in die neunziger Jahre des vorigen Jahrhunderts unabhängig, bis es dem Ansturm der Scharen Rabbehs unterlag. Dieser war ein Offizier des berüchtigten Sklavenhändlers Zebir im Bahr el Ghazal-Gebiet. Als Zebir sich Gordon Pascha und damit der ägyptischen Regierung unterworfen hatte, machte sich Rabbeh zum Führer der damit unzufriedenen Soldaten und Offiziere, und er zog mit mehreren tausend Mann nach Westen ab. Er schlug die französische Expedition Crampel, rannte den Staat Bagirmi (am Schariflluß) über den Haufen, nahm Mandschafa am Schari mit stürmender Hand; dann brach er wie ein Unwetter über Bornu herein. Das durch die Kämpfe mit den Fulbe und den Musgu-Heiden geschwächte Reich konnte diesem Ansturm nicht widerstehen; es wurde zertrümmert. Rabbeh zerstörte 1894 Kuka, die Hauptstadt Bornus, und unterwarf diesen ganzen Staat. Dikoa, im deutschen Tschadgebiet, nördlich vom Mandaragebirge, am Jadseram-Flusse gelegen, machte er zu seiner Hauptstadt. Er dehnte sein Reich bis Sokoto und bis zum Schariflluße aus. Im

Jahre 1899 erschienen die Franzosen in den Tschadseeländern; sie wurden von den Bagirmi als Befreier vom Joche Rabbehs begrüßt. Die Franzosen schlugen 1899 den Sultan bei Kano und 1900 bei Kusseri; er fiel in diesem Gefecht. Sein Sohn Fadlallah setzte den Kampf fort; aber auch er wurde geschlagen und blieb auf dem Schlachtfelde. Die Franzosen hatten mit diesen Kämpfen einen großen Vorsprung am Tschadsee gewonnen und drohten uns ganz von diesem See abzudrängen, und hätte nicht Konsul Ernst Vohsen im Jahre 1893 das Kamerunkomitee zusammengebracht und dieses die Mittel zu einer Adamaua-Expedition unter von Uechtritz und Dr. Passarge, die, den Niger

Haussa-Händler mit charakteristischem großen Strohhut

und Benuë hinaufgehend, mit den Sultanen von Bubandjidda, Ngaumbere und Marua Verträge abschlossen, so wäre das stolze Wort wahr geworden, das der Franzose Mizon 1892 in der Geographischen Gesellschaft zu Paris sprach: „L'hinterland de Camerouns était fermé." Die von Konsul Ernst Vohsen zusammengebrachte Adamaua-Expedition hat trotz geringer Mittel Großes geleistet; das soll nicht vergessen sein. Sie gab uns den Anspruch auf den geringen Anteil am Tschadsee. Die Umgebung des Tschadsees auf deutschem Gebiet ist bereits geschildert. Das Uferland bildet während der Regenzeit einen großen Sumpf. Das hängt damit zusammen, daß auf der wenig über 60 km langen deutschen Uferstrecke sich drei Flüsse (Jadserum, Ebeji und Schari) in den See ergießen, der Schari noch in mehreren Armen.

Der Schari hat ein sehr ausgedehntes Quell- und Stromgebiet; seine Quellflüsse reichen von der deutsch-französischen Küste östlich Kunde bis zur französisch-englischen Sudangrenze hinüber. Sein Hauptzufluß, der Logone, kommt aus der Gegend von Ngaumbere. Nur der Unterlauf dieser beiden Flüsse kommt für Kamerun in Betracht. Hochinteressant ist dann die Schilderung Nachtigals über den Teil von Bornu. Er schreibt:

„Von den südlichen Grenzdistrikten Bornus, Mandara u. a., senkt sich das Bornuterritorium in einer Höhenlage von 2000 bis 3000 m ganz unmerklich gegen Tschad zu, welcher eine Meereshöhe von ungefähr 270 m hat. Dieser Teil des Reiches ist so flach und eben, daß die denselben durchschneidenden Flüsse, wenn sie während der trockenen Jahreszeit überhaupt wasserhaltig bleiben, entweder nur vereinzelte Wassertümpel in ihren Betten bilden oder ein so geringes Gefälle haben, daß es schwer ist, ihre Richtung zu erkennen. Diese ebenmäßige Flachheit erklärt die Seltenheit kleinerer, sich in Flüsse und Flüßchen ergießender Rinnsale. Wo sich eine leichte Bodensenkung findet, bleibt das Wasser der Regenzeit als Flachsee, „kuluga", stehen, bis es nach Monaten der Kraft der Sonne und der Trockenheit der Atmosphäre gelungen ist, dasselbe zur Verdunstung zu bringen, und während der Regenzeit werden viele Gegenden infolge ihrer Abflußlosigkeit schwer passierbar. Waltet, wie nahe dem Tschad, ein günstig gemischter Sandboden vor, welcher das Regenwasser aufzufangen imstande ist, so herrscht in den regenreichen Jahren große Fruchtbarkeit bei leichter Bodenkultur. Wo aber die vielfach unter der oberen Sandschicht befindliche Tonerde zutage tritt, wird der Segen des Himmels leicht ein zu reichlicher. Die waldreichen Gegenden des Südens und Südostens sind häufig durch nackte Bodenabflachungen unterbrochen, welche während der Regenzeit und einige Monate nachher, also in manchen Jahren fast während der Hälfte des Jahres, unter Wasser stehen und, ausgetrocknet, einen tiefschwarzen, zerklüfteten Moorboden zeigen. Durch diese charakteristischen und in der trockenen Jahreszeit zugleich öden und traurigen Bildungen, welche „firki" genannt werden, zeichnen sich vorzüglich die um den Südwestwinkel des Tschad gelegenen Gegenden aus."

Zwischen Schari und Logone liegt das Logone-Sumpfland, das sich unabhängig von Bornu und unabhängig von den Fulbe halten konnte. In die sumpfigen Ländereien zwischen diesen beiden Strömen, von einem ganzen Netz von einem Hauptstrom zum andern gehender Wasserarme durchschnitten, wagte sich die Reiterei der großen Staaten nicht hin. So hielten sich in diesem Sumpfland die Musgum-Heiden unabhängig. Sehr angenehme Menschen sind sie im allgemeinen nicht. Die Männer sind häßlich und plump; die Weiber, an und für sich auch nicht anmutig, tragen große Holzscheiben in Ober- und Unterlippe, so daß das Gesicht ein entenartiges Aussehen bekommt. Der geistige Besitz dieser Stämme ist nicht bedeutend. Wie aber alle Heiden in Kamerun versprechen sie für die deutsche Verwaltung ein sehr brauchbares Element zu werden, da sie arbeitsam und fleißig sind. Die verachteten Stämme sind das eigentliche Kulturelement, während die stolzen Fulbe und körperlich ansehnlichen Mischvölker, die früher von Sklavenjagden lebten, für unsere Arbeit an der Kolonie wenig leisten werden. Hauptmann Stieber hat die Longone-Gegend vor einigen Jahren besucht; er berichtet darüber im „Deutschen Kolonialblatt" von 1905:

Das Tschadseegebiet

„In der Mitte floß der breite, mächtige Logone dahin, und zu beiden Seiten dehnten sich in nicht abzusehender Entfernung ein Weiler jener sauber gebauten Musgum-Hütten nach dem anderen unter herrlichen Delebpalmen aus. Soweit man blicken konnte — das Land ist völlig flach und der Rundblick weit — Haus an Haus, Gehöft an Gehöft, dazwischen bestellte Felder, umgegraben und zum Teil mit Düngung versehen, unterbrochen nur durch die grünen, sich eng an die Gehöfte anschließenden Tabakpflanzungen. Und dieser Anblick nicht nur auf Stunden, sondern auf Tage, ja Wochen hindurch, wobei allerdings die Bauart der Hütten infolge der Bodenverhältnisse wechselte. . . . Wie viele Tausende von Menschen sich hier angesiedelt haben, läßt sich so oberflächlich gar nicht taxieren; jedenfalls ist hier noch ein Menschenbestand vorgefunden, der zu den weitaus reichsten im ganzen Schutzgebiet gehört, und dessen Erhaltung gegen innere und äußere Feinde unser eifrigstes Bestreben sein muß, dabei Menschen, die nicht unter dürftigen Verhältnissen leben, sonderen deren Viehzucht, Pferdezucht und mustergültige Bestellung eines reichen Bodens ihnen die angenehmsten Lebensbedingungen sichern . . .

Unser Eintreffen in Musgum hatte man am gestrigen Tage gehört, aber unser Vordringen weiter südwärts uns wohl nicht zugemutet; denn etwa

Musgum-Hütten   Phot. Major Langheld

bis auf 1 km Entfernung vor uns begann nun eine wilde Flucht nach beiden Seiten hin, Viehherden, groß und zahlreich, wurden durch Reiter im Galopp abgetrieben, während blökende Schafe nur langsam vorwärtskamen, bezw. als wertlos gänzlich ihrem Schicksal überlassen wurden; dazwischen ein breiter Strom von Menschen, zu Pferde und zu Fuß, auf Ochsen oder Eseln, beladen mit dem wertvollsten Hausgerät und gefolgt von einer großen Schar schreiender Kinder. Dieses Bild nahm kein Ende. Denn dort sorgt niemand für den andern, benachrichtigt niemand den andern, sondern jeder ist nur für sein Heil bedacht, von dem Grundsatze ausgehend, daß die üble Lage des Nachbars nur zur Hebung des eigenen Loses beitragen kann . . ."

Es fehlt an sozialem Zusammenhalt in diesen Heidenvölkern; unsere Aufgabe ist, sie zusammenzufassen zum Arbeiten nach bestimmtem Ziele. Immerhin sind im Gebiet der Musgum-Heiden ansehnliche, umwallte Städte entstanden, wie Musgum und Mala. Die Häuser sind Lehmhütten von Bienenkorbform; die sauber gehaltenen Höfe werden oft von niedrigen Lehmmauern umgeben. Schlanke Delebpalmen steigen über die Hütten empor. Daß der Ackerbau im Heidengebiet auf hoher Stufe steht, haben schon die Schilderungen Stiebers bewiesen. In erster Linie werden Durra und andere Hirsearten angebaut, daneben Baumwolle und Tabak. Bemerkenswert ist, daß die Musgu ihre Toten sorgfältig bestatten.

Bei Logone-Birni etwa hört das Logone-Sumpfland auf, und es beginnt dichter Dornbuschwald, meist Akazien. Er greift über den Schari ins französische Gebiet hinein und zieht sich auf deutscher Seite bis zum Ebeji-Fluß hinüber und zwischen ihm und Schari bis zum Tschadsee hin. Den Scharifluß begleitet ein Streifen tropischen Niederungswaldes. In diesem Gebiet wohnt das Volk der Kotoko, das zu Barths und Nachtigals Zeit von Bornu abhängig war. Zwischen sie eingestreut wohnen Kerebina, nomadisierende Jäger, wahrscheinlich von den Ureinwohnern abstammend. In diesem Buschgebiet werden häufig große Tontöpfe ausgegraben, die frühere Bewohner zur Bergung der Leichen angefertigt haben dürften. Die Kotoko wohnen in Städten; die hauptsächlichsten sind Logone-Birni, Gulfei, Ngala, Djilbe. Sie bauen große, sogar Stockwerke besitzende Lehmhäuser.

Westlich des Ebeji-Flusses trägt der Boden Grassteppe mit Dornbäumen; hier sitzen die Kanuri, Mischlinge aus vorderasiatischen Stämmen und Negern, und Araber, Schua-Stämme. Diese haben die Schöpfräder Nordafrikas zur Bewässerung eingeführt. Obwohl wilde Krieger mit Nomadenblut, sind sie doch tüchtige Hirten und gute Ackerbauer. Sie produzieren Milch und Butter (der Milch setzen sie Haare von Kühen zu, um sie haltbar zu machen), Weizen, Baumwolle. Die Kanuri sind sehr

Das Tschadseegebiet

Soldatenwohnungen in Kufferi   Phot. Major Langheld

fleißige Ackerbauer und Handwerker, auch tüchtige Viehzüchter; von Gewerben betreiben sie besonders die Weberei und Färberei. Als Händler haben die Kanuri unter den Fulbe eine große Rolle gespielt. Sie bauen rechteckige Lehmhäuser. Ihr Hauptort ist Dikoa, das zur Zeit Rabbehs bis 100 000 Einwohner hatte, jetzt hat es 20 000. Die Stadt ist von einer gewaltigen Mauer umgeben; täglich findet ein großer Markt statt, der von weither besucht wird. Außer den Bewohnern der Umgegend finden sich Mandara- und Musgu-Heiden ein, Haussa bis aus Südkamerun und Lokote; sogar aus Tripolis kommen arabische Händler herunter.

Eine bedeutende Handelsstadt ist auch Bama, südlich von Dikoa.

Das Tierleben, zum Teil schon eingangs geschildert, ist im Tschadgebiet sehr reichhaltig. Elefant, Nashorn und Büffel treten in Scharen auf; die Giraffe ist in diesem Gebiet heimisch, und da Wildschweine in Mengen vorkommen, sind Löwen und Leoparden sehr häufig. Groß ist der Reichtum der Gewässer an Fischen; der Fischfang liefert der Bevölkerung einen großen Teil des Nahrungsbedarfs. Flußpferde und Krokodile fehlen natürlich nicht.

Für den Europäer ist das Gebiet höchst ungesund, einmal der wahnsinnigen Hitze wegen — es wurden Temperaturen bis 49 Grad beobachtet; dazu kommt in der Regenzeit das massenhafte Auftreten der Malaria-Mücken und in der Trockenzeit der aus der Sahara wehende geradezu unerträgliche Nordostpassat (Harmattan). Außer den der Residentur in Kusseri unterstellten 14 Schutztruppenangehörigen, die sich auf die Station und die 3 Posten Maniling, Bongar (beide im Logonegebiet) und Dilva verteilen, gibt es daher keine Weißen im Residenturbezirk.

Kusseri hatte ein burgartiges Stationsgebäude aus Lehm aufgeführt mit zwei Lehmtürmen und Strohdach; in der außerordentlich starken Regenzeit des Jahres 1908-09 ist der größte Teil der Gebäude eingestürzt. Es wird ein Neubau in gebrannten Ziegeln aufgeführt, deren Herstellung geglückt ist. Der Neubau erhält Wellblechdach. Was die Verwaltung betrifft, so sind die alten Verhältnisse im wesentlichen geblieben; die Residentur führt nur eine Art Oberaufsicht.

Kanu aus Prinz-Heinrich-Hafen
Phot. Hans Schmidt

Vierter Teil:
Die Südseeschutzgebiete und Kiautschou

Kapitel 1
Kaiser-Wilhelmsland und Bismarck-Archipel

Den Hauptteil des Südsee-Schutzgebiets bilden Neu-Guinea und der Bismarck-Archipel. Der Flächeninhalt des deutschen Anteils an der großen Insel Neu-Guinea beträgt 181 650 qkm. Zum Bismarck-Archipel gehören die große Insel Neu-Pommern (25 000 qkm groß), Neu-Mecklenburg mit 11 700 qkm; die weiteren Inseln und Inselchen des Archipels und die beiden zu Deutschland gehörigen Salomoninseln Buka und Bougainville haben zusammen noch etwa 20 000 qkm, so daß das Inselgebiet etwa 237 000 qkm umfaßt.

Als erster Europäer kam der Portugiese George de Meneses 1526 nach Neu-Guinea; er nannte die Insel Papua. Nach ihm besuchten Spanier und Engländer die Insel und die umgebende Inselwelt, eine Besitzergreifung durch europäische Mächte fand aber nicht statt. Erst im Jahre 1824 schlossen die Niederlande und England einen Abgrenzungsvertrag, durch den die niederländische Regierung sich die Insel bis zum 141. Längengrade und 47 Minuten vorbehielt; im Jahre 1828 nahm sie tatsächlich von diesem Gebiete Besitz. Im Jahre 1855 erschienen die ersten Missionare der Utrechter Mission im Lande; englische und australische Missionare folgten nach. Von den 70er Jahren ab wurde die Forschung lebhafter; erwähnt sei, daß 1871 ein Russe auf Neu-Guinea an der Astrolabe-Bai erschien. Er hielt sich ein Jahr auf, kehrte 1876 zurück und machte 1877 der russischen Regierung den Vorschlag, dort eine Kolonie zu gründen. Sein Tod aber machte diesen Bestrebungen ein Ende. Deutsche Kreise richteten seit 1880 ihr Augenmerk auf die östliche Hälfte der Nordküste von Guinea und die angrenzenden Inseln; es wäre vielleicht nicht so bald zu entscheidenden Schritten gekommen, hätte nicht 1883 die englisch-australische Kolonie Queensland Neu-Guinea und die benachbarten Inseln schlechtweg als annektiert erklärt. Die Befürchtung wurde in Deutschland wach, daß die ganzen deutschen Interessen in der Südsee auffliegen könnten, und auf Anregung und unter Führung des Geheimen Kommerzienrats von Hansemann bildete sich ein Konsortium, das sich zur Aufgabe stellte, eine Südseekolonie zu erwerben. Das dem Reichskanzler vorgelegte Projekt fand seine Zustimmung, und nach Vortrag bei dem Kaiser konnte Fürst Bismarck auch den Schutz des Reiches versprechen.

Erfreulicherweise lehnte der englische High Commissioner jede Verantwortung für das Vorgehen der Queensländer ab, und so war die Gelegenheit noch gegeben, einzugreifen. Das Konsortium schob die in der Südsee arbeitende Handels- und Plantagengesellschaft vor; in Sydney erwarb diese den Dampfer „Samoa" und rüstete eine Expedition aus. An ihrer Spitze standen Dr. O. Finsch und Kapitän E. Dallmann. Von Mioko, der Niederlassung der Handels- und Plantagengesellschaft, aus unternahm die „Samoa" bis Ende Januar 1885 fünf Fahrten nach Neu-Guinea und machte als Vorbereitung auf die Flaggenhissung Landerwerbungen. Am 1. November 1884 war auch das deutsche Kriegsschiff „Elisabeth" in den Südseegewässern angekommen. Es hatte am 7. August in Angra Pequena die deutsche Flagge gehißt und war direkt nach Neu-Guinea gefahren. Dort folgte bis Anfang 1885 eine Flaggenhissung der anderen, und am 15. Mai 1885 wurde der Neu-Guinea-Kompagnie ein kaiserlicher Schutzbrief erteilt. Die Kompagnie hatte bis zum 1. April 1899 die Landeshoheit; an diesem Tage ging die Hoheit auf das Reich über. Mit England ergaben sich anfangs einige Zwistigkeiten, weil, als die deutschen Erwerbungen begannen, auch die Engländer sich der Nord- und Ostseeküste zuwandten; durch Abkommen mit England vom April 1886 wurde das Territorium von Neu-Guinea in seinem heutigen Umfange festgestellt.

Bei Betrachtung des Schutzgebietes beginnen wir mit Kaiser-Wilhelmsland. Das große Gebiet ist noch wenig bekannt, obgleich eine große Zahl Expeditionen -- über 40 -- ins Innere unternommen worden sind. Die Küste führt im Westen den Namen Finschküste, nach dem verdienten Forscher, dann folgt die Hansemann-Küste. Sie schließt mit dem Kap della Torre ab. An der Finschküste liegt Berlinhafen; über die Umgegend hat P. Friedrich Vormann in der „Kölnischen Volkszeitung" einen sehr interessanten Bericht gebracht. Dort wohnt der etwa 500 Köpfe zählende Volksstamm der Walman, auf 4 Dörfer verteilt. Die Küste längs des Walmangebiets ist öde und verlassen; eine fürchterliche Brandung steht an, namentlich während des Nordwestmonsuns. „Bis zu drei Meter steigen die wilden Wogen in die Höhe, um dann plötzlich mit großem Getöse nieder zufallen, und dieses Spiel wiederholt sich Schlag auf Schlag viele Monde lang. Schäumend wird der weiße Gischt an die sandigen Ufer getrieben, und wehe einem Fahrzeug, das von diesen Wellen erfaßt würde. Die Dörfer liegen hart am Meeresstrande in Kokospalmenhainen, sonst sieht man nur das Gestrüpp mit Luftwurzeln, worin ganze Scharen von roten und grünen Papageien krächzend ihr Spiel treiben.

Der Finschküste sind viele Korallenriffe vorgelagert. Sie wird von dem Toricelli-Gebirge begleitet. Weiter im Süden erhebt das alpenartige Bismarck-Gebirge seine Gipfel bis zu 4300 Meter Höhe. Die Gebirge Alexandergebirge, 1300—1500 Meter hoch, ziehen sich nach Südwesten ins

Hütten des Dorfes Siar, Prinz-Heinrich-Hafen   Phot. Hans Schmidt

Mangrovesumpf der Neu-Mecklenburg
vorgelagerten Insel Kabotteron   Phot. Hans Schmidt

Land. Die Ebene des Kaiserin-Augustaflusses trennt jenes vom Hanstein- und Viktor-Emanuel-Gebirge. Dieses soll bis 3600 Meter hoch sein. Der Lauf des Kaiserin-Augustaflusses, der für kleinere Dampfer schiffbar ist, ist ziemlich genau festgelegt worden, zuerst durch die wissenschaftliche Expedition 1888. Besser noch bekannt ist der Lauf des Ramu-Flusses, den mehrere Expeditionen, die unter Dr. Lauterbach, Tappenbeck und anderen ins Innere gingen, festgelegt haben. Der Fluß entspringt südlich der Astrolabe-Bai und ergießt sich in Nähe der Mündung des Kaiserin-Augustaflusses ins Meer. Zwischen den weit auseinanderliegenden Quellen der beiden Flüsse erstreckt sich eine wilde Gebirgslandschaft mit Erhebungen, die, soweit sie festgestellt sind, 3400 Meter erreichen.

Oestlich der Ramumündung liegen Potsdamhafen, Hatzfeldthafen, Franklin- und Hansemann-Bucht; das Land ist überall gebirgig; bis in die Nähe der Küste ziehen bis zu 1200 Meter hohe Erhebungen. Nach einem Bericht des Bezirksamtmanns von Friedrich-Wilhelmshafen ist die Küste außerordentlich fruchtbar. Es gibt sehr große Eingeborenen-Pflanzungen. Im Tambermagebirge gibt es riesige Kautschukbestände.

An der ganzen Nordküste bis nach Berlinhafen hin hat die Neu-Guinea-Gesellschaft Plantagen angelegt; dort arbeitet auch die katholische Mission vom göttlichen Wort. Sie hat sehr bemerkenswerte Erfolge erzielt.

Anfang 1907 wurde in Eitape, auf der an der Westseite von Berlinhafen gelegenen Landzunge, eine Regierungsstation errichtet. Sie ist dem Bezirksamt Friedrich-Wilhelmshafen unterstellt.

Das Hinterland der Astrolabe-Bai, an der Friedrich-Wilhelmshafen und Stephansort liegen, gehört zu den bekanntesten Teilen des Schutzgebiets. In die Bai mündet der Gogolfluß, den Dr. Lauterbach im November 1890 aufwärts marschierte. Der Fluß bildet den Zugang zu einer großen Ebene, die Gogolebene benannt. Sie besitzt sehr fruchtbaren, tiefgründigen Boden. In 3—4 Meter Tiefe liegt blauer Ton. In die Astrolabe-Bai mündet noch ein zweiter Fluß, der Kabenau-Fluß. Dann beginnt die Maclay-Küste, die landeinwärts vom Kant- oder Gladstone-Gebirge begleitet wird, das bis 3500 Meter ansteigt; dahinter liegen die Finisterre-Kette, das Markham- und Krätke-Gebirge; weiter im Süden erhebt das alpenartige mächtige Bismarck-Gebirge seine Gipfel bis zu 4300 Metern Höhe. Die Gebirge bilden eine nach Osten vorspringende Halbinsel, die den Huon-Golf nach Norden abschließt. Expeditionen von der Astrolabe-Bai zum Huon-Golf haben mehrere stattgefunden; die letzte machte Anfang 1909 der Deutsche Dammköhler, der im Oktober desselben Jahres ermordet wurde. Ueber seine Unternehmung hat Dammköhler berichtet:

„Lange Fahrten mit einem Segelschiff brachten mich, nachdem ich den ganzen Bismarck-Archipel durchkreuzt, im Jahre 1901 nach Deutsch-Neu-

Blick auf das Jbo= und das dahinter aufsteigende Bismarckgebirge

Guinea. Als Angestellter der Neu-Guinea-Kompagnie und des Kolonialwirtschaftlichen Komitees beteiligte ich mich an den Golderpeditionen, die uns bis an den Fuß des Bismarckgebirges führten, ferner nahm ich teil an Kautschuk- und Guttapercha-Expeditionen. Jahrelang reizte es mich schon, das unbekannte Innere des Landes zu erforschen. September 1907 unternahm ich die erste Reise ins Innere. Die Eingeborenen, die noch nie einen Weißen gesehen hatten und bei meinem Anblick zuerst in größtem Schrecken davonliefen, waren teils scheu, teils stellten sie sich sehr feindlich, so daß ich in keinen Verkehr mit ihnen treten konnte. Die Feststellungen dieser ersten Reise dienten mir nur als Grundlage für meine zweite große Expedition, die ich am 1. Januar 1909 von Friedrich-Wilhelmshafen aus antrat, und die ich nach fünf Monaten unendlich schwerer Strapazen, härtester Entbehrungen und größter Hindernisse an der Küste des Huon-Golfs beendete. Auf dieser Reise begleitete mich mein Freund Oldräß, ein Landwirt aus Mecklenburg.

Es war Dezember, die Regenzeit hatte bereits eingesetzt. Flüsse und Bäche waren angeschwollen. Ende Dezember brachen wir von Friedrich-Wilhelmshafen nach Stephansort auf. Die Flüsse zwischen diesen beiden Orten mußten durchschwommen werden. Zum Glück waren unsere Pferde die reinen Wasserratten. Die Kompagnie hatte uns für unsere Expedition fünf schwarze Jungen geliehen, die wir nach beendeter Reise zurückgeben mußten; die Unterstützung unseres Unternehmens durch die Regierung bestand in einem leihweise überlassenen Schwarzen, sechs Karabinern und einem Geschenk von 300 Patronen. Am 1. Januar 1909 verließen wir Stephansort. Es regnete jeden Tag. Wir mußten uns oft erst einen Weg durch den dichten Urwald bahnen, denn der seinerzeit von mir für die Guttapercha-Expedition angelegte Weg, der so viel Geld gekostet hat, war stellenweise nicht mehr vorhanden, sondern durch den Regen völlig ausgelöscht. Ueber die unendlichen Strapazen und Entbehrungen will ich gar nicht erst berichten; genug, daß wir die Ramu-Ebene mit halb verhungerten Pferden, alle aufs äußerste erschöpft, erreichten. Dort schlugen wir unser Lager in einer kleinen Grasebene auf. Von Eingeborenen keine Spur. Wir rasteten eine Woche und erholten uns. Ich machte photographische Aufnahmen von dem gegenüberliegenden Bismarckgebirge, auf dessen höchsten Spitzen wir Schnee liegen sahen. Nun ging es ohne Weg und Steg durch Sümpfe. Wenige Tage später traf uns neues Unglück. Während der Nacht waren zwei unserer besten Pferde eine zehn Meter hohe senkrechte Wand hinabgestürzt und verendet. Nun hatten wir nur noch sechs Pferde. Am 6. Februar erreichten wir die große Ebene östlich vom Berge X und schlugen unsere Zelte in einem kleinen Wald mitten in der Ebene auf. Landschaftlich war es hier wunderschön; es gab Kokospalmen und Bananenpflanzungen in Menge, gutes Futtergras für die Pferde. Mein Freund Oldräß, der Landwirt, war ganz begeistert und hatte schon Visionen von großen Rittergütern mit ausgedehnten Plantagen und zahlreichen Viehherden. Am 13. Februar marschierten wir weiter mitten durch die große Ebene; der Regen hatte etwas nachgelassen.

Wir passierten zwei große Dörfer mit Kokosplantagen; hier liefen die Bewohner aus Furcht vor den ihnen gänzlich unbekannten Pferden davon. Der Uebergang über einen großen Nebenfluß des Ramu bereitete große Schwierigkeiten. Wir verweilten zwei Wochen dort und machten viele lohnende Ausflüge in die Gebirge, wo ich Wildschweine, Tauben, andere Vögel und die herrlichen, nur in Neu-Guinea vorkommenden Paradiesvögel schoß. Von letzteren gibt es allein über 40 Arten, deren seltenste die blauen sind, von denen überhaupt nur wenige Exemplare in Museen sind. Sie kommen nur vereinzelt ganz hoch in den Gebirgen vor. Dann ging es weiter durch ein sehr großes Dorf von beinahe 100 Hütten. Auch hier entflohen die Eingeborenen beim Anblick unserer Pferde, die sie für große Raubtiere hielten. Am 24. Februar erreichten wir die Gabelung des Ramu. Dies sind zwei gleich große Arme, von denen der im Finisterre-Gebirge, zwischen Helmholtz- und Lepsius-Spitze entspringende mitten durch die Ebene fließt, während der andere 20 Kilometer am Bismarckgebirge entlang fließt und dann die Grenze zwischen Bismarck- und Krätkegebirge bildet. Den ersten, der sehr reißend war, mußten wir mit einem Floß aus angeschwemmten Baumstämmen kreuzen. Wir brauchten einen ganzen Tag dazu und waren am Abend todmüde. Die Pferde durchschwammen trotz der starken Strömung mit Leichtigkeit den Fluß. Am andern Morgen brannten wir das lange dürre Gras ab, um schneller vorwärts kommen zu können. Die abgebrannte Ebene war in drei Tagen schon wieder grün, und nach einer Woche hatten wir das schönste Futter für unsere Pferde. Hier wäre ich gerne länger geblieben, um in den Gebirgen nach Gold zu suchen, leider begann es aber wieder tüchtig zu regnen. Der dadurch von neuem reißend gewordene Fluß machte es mir unmöglich, an das jenseitige Ufer zu gelangen. Da unser Proviant erschöpft und keine Dörfer in der Nähe waren, mußten wir länger als eine Woche nur von Sago leben, den wir uns aus den in der Nähe wachsenden Sagopalmen bereiteten. Behagen wollte diese Kost weder uns Europäern noch unseren schwarzen Begleitern. Wir wurden auch zusehends dünner, unsere Stimmung wurde von Tag zu Tag gedrückter. So brachen wir am 8. März unsere Zelte ab und erreichten nach zwei Tagen das Land, wo Milch und Honig

Mädchen aus Kaiser-Wilhelmsland
Phot. Hans Schmidt

fließt. Wir kamen jetzt in die Nähe der großen Stämme der freundlich gesinnten Eingeborenen, zu denen mich schon meine erste Expedition geführt hatte. Sie nannten sich „Garaman". Da die Eingeborenen wohl schon nachts zuvor unsere Feuer gesehen hatten, kamen sie immer näher. Wir machten kurze Zeit Halt und labten uns an der Milch der Kokosnüsse. Trotzdem die Leute Lebensmittel brachten, konnten sie das Stehlen, das allen Eingeborenen Neu-Guineas eigen zu sein scheint, nicht lassen. In kurzer Zeit hatten sie trotz unserer Wachsamkeit aus unseren Zelten entwendet, was sie nur erreichen konnten. Wir brachten die Nacht mit Kochen und Essen all der uns geschenkten Herrlichkeiten zu. Man brachte uns immer wieder Lebensmittel im Ueberfluß. Wir lebten wie die Fürsten.

Inzwischen hatte die Trockenzeit eingesetzt. Das Wasser des Flusses Wuffi war jetzt niedrig, und so kreuzte ich mit drei unserer Jungen den Wuffi, um in dem gegenüberliegenden Krätkegebirge nach Gold zu suchen. Von diesem kleinen Ausflug brachte ich Quarzproben mit, die auf das Vorhandensein von Gold schließen lassen.

Das Pyramidengebirge lag vor uns und sah in dieser Entfernung wunderschön aus. Nach vielen Strapazen erreichten wir am 7. Mai die ersten Dörfer der uns noch unbekannten Wilden. In der Nacht zuvor hatten wir ein starkes Erdbeben. Es war hohe Zeit, daß wir wieder unter Menschen kamen, denn unser Proviant war zu Ende und unsere Stimmung nicht die beste. Die Eingeborenen, die unser Feuer wohl bemerkt und in der Nacht sich dicht an unser Lager geschlichen hatten, hätten uns sicher auch überfallen, wenn ihnen nicht unsere Pferde wieder Furcht und Schrecken eingeflößt hätten. Es war eine wilde Bande! Von Statur die größten, die wir bisher getroffen. Als wir ein kleines Gebüsch passierten, hörten wir ihr Kriegsgeschrei. Den Weg fand ich mit Pfeilspitzen bedeckt. Ich machte ihnen Zeichen der Freundschaft; nach einigem Zögern kamen sie näher. Sie sahen recht kriegerisch aus. Wiederholt zeigten sie auf die Pistole, die ich stets bei mir trug, und forderten mich durch die Worte „bum, bum" auf, sie fortzuwerfen. Nachdem wir diese Eingeborenen am 10. Mai verlassen hatten, führte uns unser Weg durch mindestens 20 verlassene Dörfer. Sechs davon waren anscheinend durch Ueberschwemmungen vernichtet worden. Auch lagen überall Menschenknochen umher, was darauf schließen ließ, daß unter den Eingeborenen vor nicht langer Zeit Krieg gewesen war. Was wir während der letzten 40 Kilometer an Strapazen durchzumachen hatten, läßt sich in kurzen Worten gar nicht sagen. Unsern Weg durch den dichten Urwald mußten wir uns erst Schritt für Schritt selbst schlagen. Endlich erreichten wir am 23. Mai die Küste am Huon-Golf.

Das Ergebnis unserer Expedition ist wohl zweifellos als großer Erfolg anzusehen. Mit etwa 10 000 Menschen, die nie zuvor einen Europäer gesehen, Frieden und Freundschaft zu schließen, ist nicht so leicht. In wenigen Wochen gedenken wir wieder nach dem Innern aufzubrechen und uns dort niederzulassen und mit Hilfe der Eingeborenen Plantagen anzulegen. Mit der uns vom Kolonialwirtschaftlichen Komitee geschenkten Baumwollsaat konnten wir noch keine Versuche anstellen. Sie kam zu spät in Friedrich-Wilhelmshafen an. Wir nehmen sie das nächste Mal mit. Eine Kiste Erzgestein haben wir zur Untersuchung nach Deutschland geschickt und hoffen gute Erfolge in der Gewinnung von Gold verzeichnen zu können."

Vom Huon-Golf aus sind Versuche gemacht worden, den Papua-Golf an der Südküste von Neu-Guinea zu erreichen; den ersten Versuch mußte der unerschrockene Forschungsreisende Otto Ehlers 1895 mit dem Leben bezahlen. Spätere Reisende sind glücklicher gewesen, haben aber mit so

Pfahldorf bei Angriffshafen, Kaiser-Wilhelmsland

vielen Schwierigkeiten zu kämpfen gehabt, daß über das Innere des östlichen Teiles von Neu-Guinea noch starkes Dunkel gebreitet liegt.

Ueber Klima und Vegetation des Innern fehlt es noch sehr an Beobachtungen; es läßt sich noch in keiner Weise sagen, ob nicht, wenn das Land erst weiter erschlossen ist, weiße Pflanzer sich in den Gebirgsgegenden werden niederlassen können. Einstweilen arbeiten nur die Neu-Guinea-Kompagnie und die Missionen im Gebiet, daneben noch in der Hansabucht der Pflanzer W. Grams.

Das Klima an der Küste ist fürchterlich; selbst die chinesischen Kulis sterben weg. Es ist heiß (Mitteltemperatur 26—27 Grad) und feucht; es fallen 3000—6000 Millimeter Regen, eine unglaubliche Menge. Der Pflanzenwuchs ist unter diesen Umständen — abgesehen von einigen Teilen der Küste — natürlich sehr üppig; von tropischen Pflanzen gedeihen Kakao, Vanille, Pfeffer, Tabak, Teakholz. Die Neu-Guinea-Kompagnie hat ausgedehnte Kautschuk- und Kokospalmen-Pflanzungen angelegt, die alle vorzüglich gedeihen. Von wild wachsenden Pflanzen seien der Brotfruchtbaum und die Sagopalme genannt. Auch wilde Guttabäume und Kautschuklianen scheinen reichlich vorhanden zu sein; die vom Kolonialwirtschaftlichen Komitee unter Führung des Dr. Schlechter entsandte Expedition hat reiche Bestände festgestellt.

Die Tierwelt ist ziemlich ärmlich; von Vögeln finden sich seltene Gattungen, namentlich der schöne Paradiesvogel. Die eingeborene Bevölkerung, in kleinste Stämme zersplittert, gehört der Papua-Rasse an. Menschenfresserei ist allgemein verbreitet gewesen, an der Küste, wo die deutsche Verwaltung immer mehr Boden gewinnt, jetzt aber stark eingeschränkt. Im Innern wird sie immer noch geübt. Kindesmord ist sehr häufig. Die katholische Mission arbeitet mit großem Eifer, hat auch Schulen eingerichtet, die sehr gute Erfolge erzielen; auch die evangelische Mission hat nennenswerte Erfolge. Aber große Teile der Küste sind noch unkultiviert. So herrscht unter den Eingeborenen bei Berlinhafen ständige Fehde; Blutrache wird geübt, keine Autorität anerkannt. In der Umgebung von Friedrich-Wilhelmshafen herrscht ein eigentümliches Recht der ältesten Männer als Ortsoberhäupter. Sie bestimmen über Heiraten, Besitzfragen, das Zeremoniell bei Totenfeiern, verfügen über Zugehörigkeit der Kinder zum Dorfe.

Hauptorte auf Kaiser-Wilhelmsland sind Friedrich-Wilhelmshafen und Stephansort an der Astrolabe-Bai. Bei Wilhelmshafen ist eine Landungsbrücke gebaut, die den größten Dampfern das Anlegen gestattet. Der Ort hat umfangreiche Stationsgebäude. Stephansort ist wichtige Pflanzstation, einige Kilometer von der Küste abgelegen; eine 10 km lange Feldbahn führt von da nach Erima am Meeresstrande. Ein Mittelpunkt für Pflanzungen der Neu-Guinea-Kompagnie ist auch Konstantinhafen. Auf Kaiser-Wilhelmsland wurden zu Anfang 1910 226 Weiße gezählt.

Die große Insel Neu-Pommern (25 000 qkm) ist im Innern mit vulkanischen Gebirgen erfüllt und fast ganz unbekannt; gut durchforscht ist nur der nordöstliche Teil, die sogenannte Gazelle-Halbinsel. Ihren Namen hat sie von der Expedition des Admirals von Schleinitz, der 1874—1876 die ganze Ostseite vermessen hat. Nach dem Namen des Expeditionsschiffes „Gazelle" erhielt die Halbinsel ihren Namen. Sie wird von dem Baininggebirge durchzogen, ist im übrigen welliges Hügelland. Im Baining haben sich eine Anzahl Kleinsiedler niedergelassen, die zum Teil aber schwer zu kämpfen haben.

Sitz der Regierung und des Gouvernements für die ganze Südsee ist Rabaul (Simpsonhafen) an der Blanchebucht, jetzt schon die größte Europäersiedlung und Haupthafen der ganzen deutschen Südseekolonie. Der Norddeutsche Lloyd hat dort einen Zentralhafen und Stapelplatz geschaffen; drei Lloyddampfer vermitteln den Verkehr mit Sydney, Melbourne, Hongkong und Jokohama und laufen Simpsonhafen zweimal im Monat an. Südwärts des Ortes liegt die schöne Insel Matupi; eigenartig sind die Bienenfelsen in der Blanchebucht. Auf einer Halbinsel liegen drei vulkanische Berge, Mutter, Tochter-Nord und Tochter-Süd. Bei Herbertshöhe, der alten Regierungsstation, liegt die Riesenpflanzung Raluana mit weit über 100 000 Kokospalmen. Simpsonhafen ist nur wenige Kilometer von Herbertshöhe entfernt.

Kaiser-Wilhelmsland und Bismarck-Archipel

Der große Bienenkorb aus der Blanche-Bai

Neu-Pommern vorgelagert sind die Inseln Neu-Mecklenburg und Neu-Hannover. Erstere (11 700 qkm groß) wird von dem 1000—1200 m hohen Schleinitzgebirge durchzogen. Auf dieser Insel haben sich eine große Anzahl Chinesen als Pflanzer niedergelassen. Regierungsstation ist Käwieng. Neu-Mecklenburg ist noch wenig bekannt; es soll wertvolle Holzbestände enthalten. Die weiteren Inselgruppen, wie Neu-Lauenburg, Französische, Admiralitätsinseln, die Matthias-Insel, tragen gleichfalls zahlreiche Kokospflanzungen und Pflanzungen der Firmen Hernsheim & Cie., Bismarck-Archipel-Gesellschaft, Neu-Guinea-Kompagnie, Forsayth, der Missionsgesellschaften. Dazu kommen viele Einzelpflanzer. Außer einer ganzen Anzahl kleinerer Inseln und Inselgruppen gehören zum Bismarck-Archipel noch die beiden Salomoninseln Buka und Bougainville. Sie wurden — nachdem vom 28. bis 30. Oktober 1886 das Kanonenboot „Adler" die Flagge gehißt hatte, im November 1888 durch den Landeshauptmann Krätke, den jetzigen Staatssekretär des Reichspostamts, besucht; später hat die Forschung sich aber mehr auf Neu-Guinea und die Gazellehalbinsel als diese Inseln geworfen. Die erste Durchquerung von Bougainville hat Gouverneur Hahl im Juli 1908 vorgenommen. Er fand im Innern ein wildes Gebirge, überschritt die Paßhöhe dieses Kronprinzengebirges, das bis zu 2400 m ansteigen soll, in mehr als 1500 m Seehöhe. An der Kaiserin-Augustabucht (Südwestseite der Insel) wurden ausgedehnte Sümpfe gefunden. Auf der Insel gibt es tätige Vulkane. Die Nordhälfte ist von dem Kaisergebirge erfüllt, das bis zu 3100 m ansteigen soll. Buka, die kleinere Nordinsel, ist hügelig mit Erhebungen bis zu 400 m. Hauptort von Bougainville ist Kiëta. Bougainville und Buka zusammen sind etwa 10 000 qkm groß. Eine allgemeine Zählung der Bevölkerung ist noch nicht durchgeführt; eine teilweise Zählung in 6 Bezirken ergab auf Bougainville 7000 Einwohner. Die Leute sind noch sehr wild; aber es ist doch schon gelungen, sie zur Kopfsteuer und Steuerarbeit heranzuziehen. Auf der Ostseite der Insel ist ein 8 m breiter, über 70 km langer Weg mit ca. 150 größeren und kleineren Brücken gebaut worden.

Der Bismarck-Archipel besitzt großen natürlichen Reichtum und wird ohne Zweifel eine bedeutende Entwicklung nehmen. Im Jahre 1900 waren 2200 ha Kokospalmenpflanzungen im Archipel; am 1. Januar 1908 waren

Pier des Norddeutschen Lloyd im Simpsonhafen

schon 11 141 ha mit 1 162 316 Bäumen bepflanzt, und Ende 1908 waren 12 442 ha Kokospalmenpflanzungen mit 1 284 000 Bäumen vorhanden. Dazu kommen an 110 000 Stück tragende Kaffeebäume. Die Kopraausfuhr betrug 1909 rund 8653 Tonnen. Der Gesamthandel von Kaiser-Wilhelmsland und Bismarck-Archipel belief sich 1907 auf 5,4 und 1909 auf 5,13 Millionen Mark, der Export in diesen beiden Jahren auf rund 2 Millionen und 2,46 Millionen Mark. Ein wichtiger Exportartikel ist Trepang. Dies sind getrocknete Seewalzen (niedrigstehende Seetiere), die nach China ausgeführt und dort als Leckerbissen verspeist werden. Sie werden teuer bezahlt. Auch Perlschalen und Schildpatt werden ausgeführt.

Die europäische Bevölkerung des Bismarck-Archipels und der Salomoninseln belief sich am 1. Januar 1910 auf 462 Köpfe; Simpsonhafen hat über 200 weiße Einwohner.

Kapitel 2
Deutsch-Mikronesien

Westlich der Philippinen beginnt die deutsche Inselwelt der Südsee, sie zieht sich bis zum 175. Grad östlicher Länge durch mehr als 40 Längengrade, reicht, wenn man von der Inselwelt um Neu-Guinea absieht, mit Nauru bis zum Aequator und mit den Marianen bis zum Wendekreise hinauf. Ueber eine gewaltige Meeresfläche von der Ausdehnung eines halben Kontinents liegen Tausende kleiner Inseln gebreitet, so recht eine Welt der Kleinen, ein Mikronesien im wahren Sinne des Wortes bildend. Man kann drei Gruppen unterscheiden: Palau-Inseln, westliche Karolinen und Marianen, östliche Karolinen und Marshallinseln. Die Tausende kleiner Inseln und Inselchen, von den kleinsten Atollen und Riffen abgesehen, haben aber nur 2626 qkm Flächeninhalt und 56 000 Einwohner, darunter etwa 400 Weiße.

Die Entdeckungsgeschichte der Karolinen- und Palauinseln reicht bis ins Jahr 1525 zurück; der Portugiese Diego da Rocha und der Spanier Alonso de Salazar waren die ersten Besucher. Dann brachte die Expedition des „Rurik" unter Otto von Kotzebue, die Adalbert von Chamisso als Botaniker begleitete, nähere Kunde. Kotzebues und seiner Nachfolger Leistungen stehen aber hinter denen des Deutschrussen Graf Lütke weit zurück. Er war Kommandant der russischen Korvette „Senjawin", durchkreuzte 1827/28 den ganzen Karolinen-Archipel und brachte grundlegende Karten mit.

Im Jahre 1869 sandte das Hamburger Haus Godeffroy Schiffe und Agenten in die Südsee und auch nach den Karolinen, auch das Haus Hernsheim u. Cie. stellte sich ein. Deshalb wurde im August 1885 die deutsche

Flagge auf Jap gehißt, da die Karolinen als herrenloses Land angesehen wurden. Das nahmen die Spanier aber gewaltig übel; in Madrid kam es sogar zu lächerlichen Ausschreitungen gegen die deutschen Farben. Bismarck nahm päpstliche Vermittelung an, durch welche die Inseln Spanien zugesprochen wurden; den Spaniern ist es in der Folgezeit aber nie gelungen, die Inseln ganz zu beherrschen. Sie sind daher wohl recht froh gewesen, daß Deutschland sie ihnen nach dem unglücklichen Kriege mit Amerika im Jahre 1899 für 16¾ Millionen Mark abnahm.

Die Marianen (Ladronen oder Diebsinseln) wurden bereits 1521 von Ferdinand Magelhaens entdeckt; die ersten Jesuitenmissionare (1688) fanden eine zahlreiche, kräftige Bevölkerung von etwa 100 000 Köpfen vor. Als der Jesuitenpater Diego im April 1672 ermordet wurde, begann ein grauenvoller Krieg gegen die Eingeborenen, der mit ihrer fast völligen Vernichtung endete. Im Jahre 1741 waren nur noch gegen 1800 „Pfarrkinder" vorhanden. Mit den Karolinen gingen 1899 auch die Marianen in deutschen Besitz über.

Die Marshallinseln wurden 1529 von Saavedra entdeckt; aber erst die englischen Kapitäne Gilbert und Marshall haben im Jahre 1788 diese Inselwelt näher untersucht. Chamisso spendete der Bevölkerung sehr hohes Lob, das aber unverdient war; die Marshallinseln waren bald als arge Piraten- und Räubernester verrufen. Godeffroy dehnte seine Unternehmungen dorthin aus; am 29. November 1878 schloß Kapitän von Werner auf dem Kriegsschiff „Ariadne" im Namen des Deutschen Kaisers mit den Oberhäuptlingen von Jaluit einen Vertrag ab, dem im Oktober 1885 die Flaggenhissung auf der Inselgruppe folgte.

Palau besteht aus 7 großen und 20 kleineren Inseln, alle von ausgedehnten Riffen umgeben. Die Hauptinsel Baobeltaob ist 50 km lang, 5—20 km breit; sie ist 300 qkm groß. Die etwas bergige Insel erreicht in der höchsten Erhebung 650 Meter. Die gesamten Inseln haben 3000 Einwohner. Guttragende, gesunde Kokosbestände ernähren die Bewohner. Ausgedehnte Strecken im Innern des Hauptlandes, ganze Inseln der Gruppe, welche Jap an Fläche um ein Vielfaches und auch weit an Fruchtbarkeit übertreffen und die früher von 40 000 Menschen bewohnt waren, sind heute entvölkert. Künftige Unternehmungen auf diesen vielversprechenden Inseln erfordern Arbeiter.

Die Palaugruppe ist andauernd wenig botmäßig gewesen; eine aufständische Bewegung im Jahre 1906 konnte aber durch schnelles und energisches Auftreten des Stationsleiters im Keime erstickt werden. Es wurde mit Aufhebung sämtlicher Zauberer, die sich als die einflußreichsten Gegner jeder Kulturbestrebung von jeher gezeigt haben, vorgegangen; das allgemein übliche Verschenken der Kinder wurde verboten. Auf der Insel Baobeltaob sind große Kohlenbestände vorgefunden; sie sind aber zu jung und darum unbrauchbar. Auf der Palauinsel Angaur und auch einigen kleinen

Inselchen sind reiche Phosphatlager gefunden worden; im Februar 1909 begann in Angaur der Abbau. Das Bezirksamt für Palau ist in Jap auf den westlichen Karolinen. Diese Westkarolinen bestehen aus einer Anzahl Riffe und Atolle (Atoll = Korallenbank, die auf einem unter Wasser liegenden Riff bis über den Meeresspiegel emporgewachsen und mit etwas Erde bedeckt ist. Die Bank umschließt kranzförmig oder auch im Halbkreis eine offene Wasserfläche). Das einzige hohe Land ist Jap; die höchste Erhebung der Insel steigt aber nur 300 Meter über den Meeresspiegel. Jap ist mit

Gebäude der Deutsch=Niederländischen Telegraphen=Gesellschaft in Jap
West=Karolinen

etwa 7000 Menschen übervölkert; die Kokosbestände sind fast ertraglos. Am Karfreitag 1907 ging ein schwerer Taifun über die Zentral-Karolinen, von denen ein kleiner Teil mit 3000 Einwohnern zum Verwaltungsbezirk Jap gehört. Sie wurden fast völlig zerstört. Jap zerfällt in mehrere politische Bezirke, deren Häuptlinge einen weitreichenden Einfluß bis weit nach den östlichen Karolinen hin ausüben. Das Bestreben der deutschen Verwaltung geht dahin, die Leute von der stark übervölkerten Insel auf andere Gruppen zu überführen.

Zum Bezirksamt Jap gehören auch die Marianen, und so erstreckt sich der Amtsbereich dieser Regierungsstelle über eine Fläche mit der Ausdehnung von Stockholm bis Neapel und von Sardinien bis Saloniki. Daher kann der Bezirksamtmann ohne ein Motorfahrzeug gar nicht auskommen.

Unsere Kolonien

Die Marianen mit 3000 Eingeborenen sind fruchtbare, zum Teil ganz unbesiedelte, zum andern Teil viel zu spärlich bewohnte hohe Inseln. Die bestehenden deutschen Unternehmen sind Pflanzungen und Pachtungen zur Ausbeute fiskalischer Kokosbestände, der Viehherden und der Vogelinseln. Sie verlangen zahlreiche Arbeiter.

Die Marianen sind überaus fruchtbar, die großen Inseln bis auf die höchsten Erhebungen mit Kalk bedeckt und für die Kokoskultur geeignet. Die Schäden der Taifune von 1905 sind ausgeheilt.

Also Reichtum, Fruchtbarkeit, Untervölkerung, Händebedarf herrschen auf Palau und den Marianen, Dürftigkeit, drohende Not, Uebervölkerung auf Jap, den Zentral-Karolinen und Südinseln des Bezirks.

Dieses Mißverhältnis auszugleichen ist ein Gebot der Menschlichkeit, der Vorsicht, eine Pflicht der Verwaltung.

Die Hauptinsel ist Saipan mit 185 qkm (Guam mit 514 qkm haben die Vereinigten Staaten im Friedensschlusse gefordert und erhalten), danach kommen Tinian mit 130, Rota mit 114 qkm. Saipan ist Sitz der lokalen Verwaltung und der Postagentur. Den Hauptteil der Bevölkerung der Insel bilden die Reste der körperlich stark heruntergekommenen, aber geistig recht regsamen Ureinwohner, der sogenannten Chamorro. Dazu kommen Karolinier, etliche Japaner, Malaien. Die Gesundheitsverhältnisse der Eingeborenen sind nicht gut; der größte Prozentsatz des Volkes stirbt langsam an einer Art „galoppierenden Schwindsucht" aus.

Eine besondere Merkwürdigkeit auf Tinian ist die dem Fiskus gehörige, etwa 2000 Stück starke Herde verwilderter Rinder. Dazu kommen große Scharen verwilderter Schweine, Hühner und Ziegen. Diese Herden sind an die deutsche Tinian-Gesellschaft verpachtet.

Die Hauptinseln in der östlichen Karolinengruppe sind: Ponape, Truk, Kusaie. Dazu kommen eine Anzahl kleinerer Inseln und Riffkränze. In der Mortlockgruppe bilden 90 Eilande einen großen Lagunenring; das größte Eiland Lukunor hat 35 km Umfang. Die Bewohner dieser Eilande sind außerordentlich tüchtige Seefahrer und Schiffsbaumeister; sie haben schon in alter Zeit nur nach den Sternen, ohne Kompaß, den Weg bis zu den Marianen gefunden. Ihre Sprache wurde Handelssprache der Karolinen.

Ponape, der Sitz des Bezirksamts, ist etwa 350 qkm groß, im Innern sehr bergig, mit Schluchten, Tälern und kleinen Seen; der höchste Berg ist 870 Meter hoch.

Die Insel zerfällt in 5 Landschaften, die durch 5 voneinander unabhängige Familienstämme oligarchisch beherrscht werden. Diese Adelsgeschlechter — joupeiti — beanspruchen das Eigentumsrecht an Grund und Boden, vergeben ihn zu Lehen an ihre Untertanen, können ihnen diese Lehen aber jederzeit wieder entziehen. Dieses Entziehen der Lehen will die Verwaltung verbieten; deshalb drohten im Jahre 1908 Unruhen auszubrechen.

Blick auf Ponapé

Zufällig war das Kriegsschiff „Condor" erreichbar, und so konnten die drohenden Feindseligkeiten zurückgehalten werden. Es ist nun vereinbart, daß die bisherigen Lehensgüter freies Eigentum der Inhaber werden; dafür haben die Lehensträger 15 Tage im Dienste des Bezirksamts bei Wege- und Brückenbauten tätig zu sein. Von ihrem Verdienst erhalten die früheren Lehensherren die Hälfte als Entschädigung. Weiteren Grund zur Beunruhigung geben die scharf zugespitzten konfessionellen Gegensätze auf der Insel. Ponape hat nur 3200 Einwohner, doch haben evangelische und katholische Mission da scharf gegeneinander gearbeitet. Die Bewohner sind sämtlich Christen, zur größeren Hälfte Protestanten, zur kleineren Katholiken.

Zu Anfang des Jahres 1911 brach ein Aufstand auf einer Nebeninsel in Ponape aus, dem der Bezirksamtmann Rößler zum Opfer fiel.

Ein altes Kulturdenkmal auf Ponape sind die eigenartigen Ruinen von Nan Matal oder Nan Tauatsch. Auf einer Fläche von 42 Hektar Größe ist ein stadtartiger Bau aufgeführt, der aus einer großen Zahl vierseitiger, aus Basaltsäulen errichteter Bauwerke besteht; die ganze Anlage ist von engen Kanälen durchzogen. Deshalb hat man sie das „mikronesische Venedig" genannt. Die große Schwere der gewaltigen Säulen hat ungeheure Anforderungen an die Transporttechnik gestellt. Die Eingeborenen wissen nichts über Entstehung und Zweck dieser Bauwerke.

Rul oder Truk ist eine eng zusammengedrängte Gruppe basaltischer Inseln, die von einem Wallriff umschlossen sind; der Archipel, dicht bevölkert, ist 130 qkm groß; die Bevölkerung beträgt über 14 000 Köpfe. Die Inselgruppe ist die wirtschaftlich wichtigste des Bezirks.

Kusaie oder Ualan besitzt vulkanischen Charakter; spitze Basaltklippen steigen im Innern auf. Die ganze Insel ist mit Wald bedeckt und, wie die meisten der kleinen Eilande, von einem Riffgürtel umschlossen. Auf Kusaie sind 4 Missionsstationen. Es hat nur 514 Einwohner.

Die Bewohner Palaus und der Karolinen sind eine Mischrasse; die Männer sind gut gebaut und kräftig, bleiben aber hinter unserer Mittelgröße zurück. Die Frauen sind klein und schmächtig, in der Blütezeit nicht unschön; sie altern aber schnell. Bemerkenswert ist die strenge Einteilung der Völker in Stände. Die Religion ist ein Geister- und Ahnendienst; das in der ganzen Südsee verbreitete „Tabu" (Verbot) fehlt nicht. Die Stellung der Frauen ist eine verhältnismäßig geachtete und freie; auf Palau haben sie neben den Männern ihr eigenes Reich mit weiblicher Regierung. Leider herrscht viel Unsittlichkeit. Die Männer haben viel Freude an Krieg und Streit; Freude an Tanz und Spiel sind allgemein.

Die Häuser der Inseln ruhen auf Steinunterbau; auf das Dach wird viel Sorgfalt verwandt. Malereien und Schnitzwerke sind sehr beliebt.

Die Marshall-Inseln bilden zwei Gruppen sehr niedrig liegender (im allgemeinen 4 Meter über dem Meeresspiegel) Atolle. Die längere östliche Kette führt den Namen Ratak, d. i. Inseln gegen Tagesanbruch. Sie zählt 15 Atolle. Die westliche Kette, Ralik oder Inseln gegen Tagesende genannt, besteht aus 18 Atollen. Alle haben dieselbe Entstehung, denselben Bau; jeder Inselring umschließt eine Lagune von verschiedener Tiefe. Das größte Atoll ist Kwajelin, mit 110 km Länge und 75 km Breite einer der umfangreichsten Korallenkränze. Er hat 80 Teilinseln. Sehr fruchtbar und gut bewohnt sind die Atolle Ebon und Namorik; das Hauptatoll ist Jaluit, der Sitz der Verwaltung. Man zählt in diesem Atoll 55 Sandinseln, zwischen denen sechs Passagen in die 50 Meter tiefe Lagune führen. Die europäische Niederlassung zieht sich an der Lagunenseite hin. Neben den Gebäuden der Landeshauptmannschaft liegen da die Gerichtsgebäude, die Mission, die Gebäude der Jaluitgesellschaft, die Post; für den Personen- und Güterverkehr sind zwei Piers in die Lagune hineingebaut.

Die Bewohner der Marshall-Inseln wurden früher zu 15 000 Köpfen angenommen; eine im Jahre 1908 durchgeführte Zählung hat nur 9267 ergeben. Sie wurde in der Weise vorgenommen, daß bei der Namensnennung immer ein Steinchen niedergelegt wurde; die Steinchen wurden dann gesammelt und gezählt. Es ist möglich, daß gegen früher eine Abnahme stattgefunden hat. Nach Angaben der Eingeborenen sollen im Jahre 1907 auf der Ralik-Gruppe etwa 400 Personen an Erkältungskrankheiten gestorben sein. Sehr groß ist der Mangel an jungen Männern und Kindern, eine Folge ausschweifender Lebensweise. Sie bedroht die Bevölkerung mit dem Absterben.

Karolinerinnen im Tanzschmuck

Inneres eines Eingeborenenhauses auf Kusaie, Ost-Karolinen

Von großer Bedeutung für die Inselgruppe sind die Phosphatfelder auf Nauru, einer kleinen vereinzelten Insel. Die deutsch-englische Phosphat-Kompagnie hat dort große Anlagen geschaffen, Drahtseil- und Feldbahnen, Kanalisation und Wasserleitung, elektrische Beleuchtung; für Verladezwecke sind eine eiserne und eine hölzerne Brücke da. Die Phosphatausfuhr betrug im Jahre 1909 rund 74782 Tonnen im Werte von 4486920 Mark.

Der Marshall-Insulaner hat eine unbezähmbare Wanderlust, schwärmt für Tänze, Besuche, Familienfeste; er ist ein ausgezeichneter Bootsbauer. Auf den Inseln war von altersher die Kunst heimisch, eigenartige Seekarten aus Muscheln und Stäbchen anzufertigen. Die Leute besaßen ihre einheimisch schöne, wenn auch nicht zu reichlich zugemessene Kleidung; unter dem Einfluß der Mission ist eine geradezu greuliche europäische Kleidung aufgekommen. Allerdings muß in seinem eigenen Interesse — da sonst das Völkchen ausstirbt — seinen laxen Sittlichkeitsbegriffen mit Strenge entgegengetreten werden.

Alle Inseln Mikronesiens haben ein tropisch-ozeanisches Klima mit einem Jahresmittel von 24 bis 27 Grad Celsius; die Niederschläge sind sehr hoch, 3000—4500 mm gegen 500—550 im nördlichen Deutschland. Eine schwere Plage sind die Taifune. So brauste am Karfreitag 1907 ein schwerer Taifun über einen Teil der Karolinen hinweg. Vor dem Taifun lebten auf mehr als 10 der größten ostkarolinischen Riffinseln zusammen etwa 3600 Menschen. Ihre Hauptnahrung bildeten neben der Kokosnuß besonders die Brotfrucht und der Taro. Im Taifun stürzten oder brachen nun sämtliche Brotfruchtbäume nieder, eine hohe Flutwelle zerstörte die

Tarofelder und nahm 272 Eingeborene mit fort. Die Kokosbestände wurden zwar nicht in dem Maße zerstört wie auf Oleai und Mogmog, d. h. nicht entwurzelt und dauernd vernichtet, wohl aber ihrer Blüten und Fruchtansätze beraubt und so auf zwei bis drei Jahre ertraglos gemacht. Diese entsetzlichen Stürme sind eine schwere Gefahr für die Inselwelt.

Die weiße Bevölkerung der Ostkarolinen beträgt 80 Köpfe, die der Westkarolinen, Palau und Marianen 111. Die Marshall-Inseln hatten 1909 179 weiße Einwohner, davon entfiel etwa die Hälfte auf Nauru.

Die Gesamteinfuhr der Inselgruppen belief sich im Jahre 1909 auf 3 795 455 Mark, die Ausfuhr auf 5 869 316 Mark. Auf den Marshall-Inseln hat J. de Brum eine Bootsbauerei eingerichtet; seine Boote werden von den Eingeborenenhäuptlingen gern gekauft. Die größeren Inseln werden von den Dampfern des Norddeutschen Lloyd angelaufen.

Kapitel 3

Die Perle der Südsee

Der ganze Jammer deutscher Kolonialpolitik faßt den Kolonialschriftsteller an, wenn nur das Wort „Samoa" ausgesprochen wird. Was eigener Unverstand, fremde Mißgunst, kleinlicher Parteigeist und in kleinstaatlicher Enge ausgebrütete Engherzigkeit nur immer an der aufblühenden deutschen Kolonialsache verbrechen konnten: das Kapitel Samoa begreift allein alles in sich.

Im Jahre 1857 entsandte das Hamburger Handelshaus J. C. Godeffroy & Sohn von Valparaiso das erste Handelsschiff nach den noch unerschlossenen Gebieten der Südsee; bald machte es Samoa, speziell Apia, zum Stützpunkt seiner Unternehmungen. Der deutsche Handel blühte so mächtig auf, daß 1868 bis 1870 der Gesamthandel von Samoa und Tonga einschließlich der über Samoa verfrachteten Ausfuhr benachbarter Inseln bis auf wenige tausend Mark in deutschen Händen war. Noch 1877 betrug die Einfuhr 1 587 000 Mark (davon deutsch 1 247 000 Mark), die Ausfuhr 2 503 000 Mark (davon deutsch 2 216 000 Mark). Es war natürlich, daß sich sehr bald Engländer und Amerikaner einmischten, namentlich Abenteurer und Kolonialengländer schlimmster Sorte, und sie hatten ihre Regierungen hinter sich, die Deutschen nichts. Englische Kriegsschiffe erschienen, um mit dem König Malietoa Verträge abzuschließen; ein amerikanischer „Oberst" Steinberger wußte sich sogar zum Kriegsminister Malietoas aufzuschwingen. Und als dieser ihn auf drohendes Verlangen der Engländer beseitigen wollte, stürzte Steinberger den König und nahm sogar gegen ein englisches Kriegsschiff den Kampf auf.

All diesen Intrigen und Treibereien gegenüber konnten die Deutschen sich nur auf den Standpunkt strengster Rechtlichkeit stellen, und es gelang ihnen, das Vertrauen eines großen Teiles der Samoaner zu erwerben und zu erhalten. Das gelang um so eher, als sie sich von den Parteikämpfen zurückhielten, während ihre Gegner eine Partei gegen die andere auszuspielen suchten. Sie schlossen mit den Leuten Verträge, ließen sich von ihnen die Ländereien der Gegner verschreiben; das Ende war, daß Amerikaner und Engländer mehr Landansprüche besaßen, als auf den Inseln überhaupt kultivierbares Land vorhanden war.

Die günstige Entwicklung der deutschen Südseeinteressen traf im Jahre 1879 ein schwerer, fast vernichtender Schlag. Schon 1873 war das Haus Godeffroy schwer erschüttert gewesen; nur durch die günstige Entwicklung des Südseegeschäfts wurde die Firma damals vor dem Zusammenbruch bewahrt. Der großen, im Jahre 1876 hereinbrechenden Handelskrise war es aber auf die Dauer nicht mehr gewachsen; das Haus löste sich auf. Nun drohten die Besitzrechte Godeffroys in der Südsee auf England überzugehen; Fürst Bismarck suchte das Verhängnis abzuwenden. Er regte an und unterstützte Ende 1879 die Gründung einer „Deutschen Seehandelsgesellschaft für Samoa"; die Gesellschaft kam unter Voraussetzung einer dreiprozentigen Zinsgarantie des Reiches für ein Kapital von 10 Millionen Mark auch zustande. Der Bundesrat erklärte sich am 14. April 1880 mit der Vorlage einverstanden; aber der Reichstag lehnte am 27. April mit 128 gegen 112 Stimmen die Beteiligung des Reiches ab. Der Führer der obsiegenden Mehrheit war der Abgeordnete Bamberger.

In England und Amerika rief diese Abstimmung großen Jubel hervor; uns aber hat sie schwere Sorgen und die gefährlichen Verwicklungen des Jahres 1899 auf den Hals geladen. Die Amerikaner und Engländer auf Samoa begannen selbstverständlich mächtig gegen die dortigen Deutschen zu wühlen; die deutschen Ansiedler hatten einen schweren Stand. Von Neu-Seeland aus wurden alle möglichen Intrigen gesponnen, um den deutschen Einfluß ganz zu beseitigen; als 1884 dem Fürsten Bismarck die Aufdeckung einer solchen Intrige gelang, wurde zwar von London ein kalter Wasserstrahl nach Neu-Seeland gerichtet und die Zettelungen hörten eine Weile auf; bald aber setzten sie wieder mit voller Macht ein. Die Hetzer handelten aber insofern sehr unklug, als sie sich des englandfreundlichen Königs Malietoa als Werkzeug bedienten, und als dessen Leute sich an deutschem Eigentum vergriffen und die deutschen Pflanzer und Kaufleute mit Gewalttätigkeiten bedrohten, wurden deutsche Kriegsschiffe nach Samoa entsandt, die eine Schutzwache an Land setzten. Nun suchten die Engländer abzuwiegeln; es war aber zu spät. Die aufgehetzten Leute Malietoas gingen sogar zu Ausschreitungen gegen die deutschen Matrosen über. Das brachte das Maß zum Ueberlaufen. Der Kommandant des deutschen

Die Perle der Südsee

Geschwaders ließ durch ein Landungskorps am 17. Juli 1887 Malietoa ergreifen; er wurde über Kamerun nach Hamburg gebracht und von da nach Jaluit in die Verbannung. An Malietoas Stelle trat Tuiatua Mataafa, der Günstling der Amerikaner; der deutsche Kandidat Tamasese drang nicht durch. Er wurde, da die von ihm erhoffte deutsche Hilfe ausblieb, zweimal von Mataafa geschlagen. Dieser zog als Sieger in Apia ein; sofort begannen wieder die Drangsalierungen der Deutschen. Es wurde so arg, daß der deutsche Konsul Knappe wieder die Hilfe des Ge-

König Mataafa mit seinem Gefolge Phot. Antelmann

schwaderchefs nachsuchen mußte. Mataafa bezog ein festes Lager im Bergfort Luatuanuu, östlich von Apia gelegen; unter Heranziehung der Konsuln von England und Amerika wurde beschlossen, ihn dort einzuschließen und zu entwaffnen. Als aber ein deutsches Landungskorps, bestehend aus vier Offizieren und 140 Mann, im Morgengrauen des 18. Dezember 1888 diesen Beschluß zur Ausführung bringen wollte, wurde Mataafa von amerikanischer Seite gewarnt; er konnte rechtzeitig den Widerstand organisieren. Es kam zwischen den Küstenvororten Apias namens Fangalii und Vailele zu schweren Kämpfen, wobei Leutnant Sieger und 14 Mann fielen, Leutnant zur See Spengler erlag seinen schweren Wunden, dazu waren 30 Mann schwer und 9 leicht verwundet. Erst durch das Eingreifen der deutschen Kriegsschiffe, die einige wohlgezielte Granatschüsse abgaben, wurde der Widerstand der Samoaner gebrochen. Mataafa war zwar nicht regelrecht besiegt, aber der deutsche Mut hatte ihm imponiert, und nun hatten die Deutschen in Samoa einige Zeit Ruhe. Die Prüfungen aber waren noch nicht abgeschlossen. In den Tagen vom 15. bis 17. März 1889 wütete ein furchtbarer Orkan; er vernichtete vor Samoa vier stattliche Kriegsschiffe mit 210 Mann, darunter zwei deutsche Schiffe. Das deutsche Kanonenboot „Eber" sank mit seinem Kommandanten, 2 Offizieren, dem Arzt, dem Zahlmeister und 68 Mann; „Adler" wurde auf das Riff geworfen und verlor 20 Mann. Vom amerikanischen Geschwader sanken „Trenton" und „Vandalia" mit 117 Mann. Die deutsche Korvette „Olga" lief auf den sandigen Strand auf und rettete sich. In den Stunden der Not benahmen die Samoaner sich hervorragend. Obschon noch Feindseligkeiten herrschten, setzten sie doch mutig ihr Leben ein, wenn es möglich war, mit den Fluten kämpfende Matrosen zu retten. Sie haben damals gezeigt, daß sie ein edles Volk genannt werden müssen.

Der Berliner Vertrag vom 19. April 1890 „regelte" die Verhältnisse in Samoa. Deutschland verzichtete auf alle Vorrechte, erkannte Englands und Amerikas Interessen als gleichberechtigt an und willigte in die Wiedereinsetzung Malietoas in die Königswürde. Als Mataafa Widerstand leistete, wurde er durch eine gemeinsame Aktion der Mächte unschädlich gemacht und durch ein deutsches Kriegsschiff nach Jaluit gebracht. Malietoa regierte schlecht und recht bis zu seinem am 22. August 1898 erfolgten Tode. Nun setzten neue Wirren ein. Der gegebene König, von Deutschland nunmehr unterstützt, war Mataafa; der amerikanische Oberrichter Chambers setzte aber Tanu ein und bestimmte Tamasese als Vizekönig. Es begannen damit jene Kämpfe und unglaublichen Vergewaltigungen Deutscher besonders durch den englischen Konsul Maxse, deren Brutalität von der ganzen gebildeten Welt verurteilt worden ist. Mataafa mit seinen Anhängern schlug sich hervorragend; er hat den Engländern und Amerikanern sogar Geschütze abgenommen. Ihre Schlappen versetzten sie in rasende Wut; sie beschuldigten alle Deutschen des Einverständnisses mit Mataafa, behandelten unsere Reichsvertreter mit ausgesuchter Mißachtung; Maxse brachte es sogar fertig, den deutschen Ansiedler Kapitän Hufnagel und den Polizeichef Marquardt verhaften zu lassen. Diese unglaublichen Vorgänge führten endlich dazu, daß eine reinliche Scheidung verlangt wurde. Am 14. November 1899 wurde nach langen diplomatischen Verhandlungen ein Abkommen in London getroffen. Deutschland erhielt dadurch die Samoainseln Upolu und Sawaii nebst den herumliegenden kleineren Inselchen; Amerika erhielt Tutuila mit dem einzigen Hafen Pago-Pago und Manua. Das Einverständnis Englands mußte erkauft werden durch Abtretung von Tonga und der Salomonsinseln mit Ausnahme von Buka und Bougainville. Am 1. März 1899 wurde in dem neuen Schutzgebiet die deutsche Flagge gehißt.

Hauptstraße von Apia, rechts deutsches Konsulat Phot. Antelmann

Häuptlingshäuser in Apia Phot. Antelmann

Unsere Kolonien

Samoa, unsere jüngste, ist auch unsere kleinste Kolonie. Mit ihren 2588 qkm ist sie zwar mehr als fünfmal so groß wie das nur 501 qkm fassende Kiautschou; aber den mehr als 100 000 Einwohnern dieser Kolonie hat Samoa nach der jüngsten Zählung (1. Oktober 1906) nur 33 478 gegenüberzustellen. Die beiden Hauptinseln sind Upolu und Sawaii (ca. 870 und 1690 qkm groß). Upolu, langgestreckt, ist 70 km lang, an der breitesten Stelle 25 km breit; die Insel wird von vulkanischen Erhebungen durchzogen, deren höchste etwa 1000 Meter erreicht. Die Insel hat nur geringe Küstenentwicklung; die flachen Buchten sind als Häfen wenig brauchbar. Am günstigsten liegen für die Schiffahrt die Verhältnisse noch in der Saluafata-Bucht; dort hat die Regierung auch die Marinestation errichtet. Die Insel hatte mit Einschluß der dicht bei ihr liegenden Eilande Manono (8,5 qkm) und Apolima (4,7 qkm) bei der letzten Zählung 20 662 Einwohner, darunter 6185 Männer. Sawaii, 1691 qkm groß, hat rhombische Grundform; aus dem Meere steigt die Insel zu einem ausgedehnten Zentralgebirge auf, dessen höchste Erhebung, der Toiawea, bis zu 1650 Meter Höhe ansteigt. Sawaii hat noch in jüngster Zeit vulkanische Ausbrüche gehabt. Im Jahre 1902 bildete sich im Innern der Insel unter Erdbeben, wodurch manches Besitztum zerstört wurde, ein Krater, der nicht allzuviel Lava ergoß; weit stärker war der Ausbruch 1905, der bis ins Jahr 1908 hinein dauerte.

Am 1. oder 2. August 1905 brach, nachdem eine Anzahl kleinerer Erdbeben vorausgegangen war, 12 km südlich des Hafenplatzes Matautu ein Vulkan aus, der Steine und Lava auswarf, die sich allmählich bis zu 200 Meter Höhe auftürmten. Dann ergossen sich Lavaflüsse, die mitten im Urwald ein etwa 35 qkm großes Lavafeld schufen, wobei eine große Zahl Eingeborenenpflanzungen zerstört wurde. Anfang Dezember erschien die Lava an der Küste und zerstörte auf einer 10 km langen Strecke der Küstenlinie eine ganze Anzahl Dörfer; auch die katholische Mission Sinafoa wurde vernichtet. Das Lavafeld dehnte sich über 65 qkm aus. Der Lavaeinfluß ins Meer ließ kochende Wassersäulen entstehen, die bis zu 500 Fuß Höhe emporgeschleudert wurden; es bildeten sich giftige Gase, die die Blätter der Brotfruchtbäume und Bananen in weitem Umkreise zerstörten. Die Tätigkeit des Vulkans dauerte bis ins Jahr 1908; noch im September 1908 fand ein Lavaerguß statt. Er richtete aber nicht viel Unheil an. Sawaii ist im Innern recht unwegsam; das Gouvernement hat aber in den letzten Jahren dem Wegebau auf der Insel große Aufmerksamkeit geschenkt.

Die Wasserverhältnisse sind auf Sawaii keine besonders guten. Im Küstengebiete gibt es einige kleine, dauernd laufende Flüßchen, doch sind die Eingeborenen meist auf Sickerwasser angewiesen. Ihren Durst stillen sie am liebsten mit Kokosnußmilch. In dem arg zerklüfteten Innern von Sawaii mit seinen vulkanischen Schlackenhalden gibt es nur einige Kraterseen, sonst kein fließendes Wasser. Sawaii hat, obgleich es beinahe doppelt

Die Perle der Südsee

Ein samoanischer Sprecher

so groß wie Upolu ist, nur 12 816 Einwohner; der Wasserarmut wegen ist die Insel weit unfruchtbarer als die begünstigtere Nachbarinsel.

Das Klima der Samoainseln ist ozeanisch mit sehr reichlichen Niederschlägen (2500—3800 Millimeter); trotzdem ist es mit seiner nicht viel über 28 Grad Celsius hinausgehenden Maximaltemperatur auch für Europäer gesund. Die kühlere Jahreszeit, die zugleich die regenärmere ist, fällt in die Monate Mai bis November; in der wärmeren regenreichen Zeit treten zuweilen schwere Orkane auf.

Die Vegetation der Inseln ist außerordentlich üppig, besonders gilt das von dem verhältnismäßig wasserreichen Upolu, das von einer ganzen Anzahl kleiner Flüßchen durchzogen wird, die gleich silbernen Bändern durch das üppige Grün des reichen Pflanzenwuchses leuchten. Auch kleine Wasserfälle gibt es; die Natur hat alle Reize über die glücklichen Inseln ausgeschüttet.

Tiefgründige Ackerflächen gibt es weder auf Samaii noch auf Upolu, und wo kleine Strecken fruchtbaren Schwemmlandes sich gebildet haben, liegen zahlreiche Basaltblöcke im und auf dem Boden, so daß eine Bodenbearbeitung mit Pflügen und Maschinen ausgeschlossen erscheint. Kokospalmen, Banyabäume (Ficus), Brotfruchtbäume, Pandanus haben auch in den Basalttrümmern zusagende Wachstumsbedingungen gefunden; ein üppig grüner Wald, besonders reich an Farnen und Orchideen, überzieht (abgesehen von den neuen Lavafeldern auf Sawaii) die Inseln. Der Pflanzer hat auf Samoa nach Rodung des Waldes für die Entfernung der schlimmsten Steintrümmer zu sorgen; damit ist die Hauptarbeit der Bodenbestellung geleistet.

Die Tierwelt Samoas ist sehr ärmlich. In den Bergen leben viele verwilderte Schweine (ziemlich die einzigen jagdbaren Tiere), leider auch verwilderte Hunde und Katzen. Die mit den Schiffen eingeführten Ratten sind zur wahren Landplage geworden. Reichhaltiger als die Tierwelt des Landes ist die des Meeres.

Das Interessanteste an Samoa sind wohl seine Bewohner; sie sind eines der liebenswürdigsten und lebenslustigsten Völker dieser Erde. Nach neueren Forschungen soll Samoa das Stammland der Völker der ganzen polynesischen Inselwelt sein. Eine große politische Rolle scheinen die Samoaner trotzdem nicht gespielt zu haben. Im Gegenteil sprechen manche Anzeichen dafür, daß Samoa wiederholt von benachbarten Inselreichen unterjocht wurde. Sicher ist, daß die Tonganer längere Zeit in Samoa geherrscht haben; der Tongakönig Talaaifeii hat die Samoaner gezwungen, jene langen Steinwege und wallartigen Mauern zu errichten, die heute noch Tonganerwälle und Tonganermauern genannt werden.

Die Schwäche des Inselreichs resultierte aus dem Mangel an straffer politischer Einheit. Soziale Gegensätze besaß es nie; das Volk hat dem Adel nie den Vorrang streitig gemacht. Aber unter den zahlreichen vornehmen Familien (mindestens 2500—3000 gleich 8000—10 000 Köpfe, ziemlich ein Drittel der Gesamtbevölkerung) nahmen die Streitigkeiten um Rechte und Titel kein Ende. Am begehrtesten war die höchste Würde des Tupus, des Herrschers über alle Samoaner; sie hat nur selten errungen werden können. Daneben gab es eine ganze Reihe wichtiger Institutionen und Körperschaften, dem Europäer zumeist unverständlich; aber der Samoaner zeigte ein sehr ausgeprägtes Unterscheidungsvermögen. Für eine genaue Auseinandersetzung der alten samoanischen Organisation ist hier nicht der Platz; wir wollen nur erwähnen, daß es eine gesetzgebende Körperschaft (Malo) gab, bestehend aus Taimua (Tumua) = Oberhaus und Faipule = Unterhaus; daneben gab es die Distriktshäuptlinge. Auf Grund der Bedeutung ihrer Vertreter im Malo beanspruchten einzelne Ortschaften eine Art Vorherrschaft im Distrikt, und so gab es fortwährende Streitigkeiten. Die deutsche Verwaltung hob daher 1905 die alte Verfassung auf, legte den Schwerpunkt der Lokalverwaltung in die einzelnen Ortschaften, und es wurde ein neues Malo, nur aus Unterhaus bestehend, geschaffen, das nur zweimal im Jahre zu Beratungen einberufen wird. Ohne kleine Widerstände ist diese Neuordnung nicht durchzuführen gewesen; aber die Bevölkerung gewöhnt sich

langsam daran, denn der Samoaner macht sich im allgemeinen keine großen
Sorgen; er ist der immer fröhliche Student der großen Völkerfamilie. Sang
und Spiel, das waren ehedem und sind noch die Hauptbeschäftigungen der
Samoaner; dazu kommen für die Männer Jagd und die Frauen Anfertigung
von Schmuck, Bereiten des einfachen Mahles; das höhere geistige Bedürfnis
der Männer befriedigten früher politische Streitigkeiten und der Krieg,
der sich aus solchen Streitigkeiten entwickelte. Einen großen Raum nahmen
und nehmen im Leben des Volkes Wettspiele aller Art ein. Im Wett-
tanzen, Wettfischen, Wettrudern möchte jedes Dorf die Meisterschaft haben.
Eine Herausforderung folgt der anderen; das ging früher oft so lange, bis
die offene Feindseligkeit das Spiel beendete. Bei diesen Spielen wurden
Wetten aller Art abgeschlossen; der Samoaner pflegte dabei auch das letzte
einzusetzen, wenn seine Leidenschaft einmal erregt war. Als in den neunziger Jahren des vorigen Jahrhunderts das Kricketspiel in Samoa eingeführt wurde, warfen sich beide Geschlechter mit wahrer Wollust auf diese
Neuigkeit, und die Leidenschaftlichkeit der Spielparteien nahm dabei so be-
drohlichen Umfang an, daß das Spiel allgemein verboten werden mußte.

Vornehme Samoanerin   Phot. Antelmann

Trotz der Ausartung des Spieleifers gibt es nichts Reizvolleres, als den Wettkämpfen der Samoaner zuzusehen. Man muß die außerordentliche Gewandtheit der wohlgebauten Männer bewundern, noch mehr die Grazie und Anmut der plastischen Frauengestalten.

In Samoa herrscht heute noch eine weitgehende Gastfreundschaft. Wenn einer Ortschaft das Leben zu langweilig wird, dann rüstet sie sich mit Matten und allem möglichen Eßbaren aus und zieht in ein Nachbardorf. Dort werden nun die mitgebrachten Gaben und alle Vorräte im Dorfe unter Sang und Tanz aufgezehrt, bis nichts mehr übrig ist.

Die Dörfer der Samoaner liegen zumeist am Meeresstrande unter Kokospalmen, Mango- und Taro-Bäumen; an den Häusern ist das Kunst- und Wertvollste das feste Dach, das auf Stützbalken ruht und Tragpfeilern in der Mitte. Wände, Fenster und Türen gibt es eigentlich nicht. Die Zwischenräume zwischen den Stützbalken werden abends und nachts durch Matten aus Kokosblattfiedern geschlossen. Hausmöbel waren früher ganz unbekannt; Tisch, Bett und Stuhl vertrat die kunstvoll geflochtene Matte, die abends ausgebreitet, bei Tage aber zusammengerollt und unter dem Dach verwahrt wird. Jetzt sind mehr und mehr europäische Bedürfnisse aufgekommen, Nähmaschinen, Petroleumlampen, Regenschirme, einzelne Möbel, Truhen zum Aufbewahren von Wertgegenständen; auch europäische Stoffe kommen mehr und mehr in Aufnahme, die leider das so kleidsame originale Kostüm mehr und mehr verdrängen. Zu Festlichkeiten wissen die Samoanerinnen sich sehr geschmackvoll zu kleiden. Das reiche, volle Haar, zumeist kurz gehalten, ist mit Blumen geschmückt, der Oberkörper mit Kränzen umwunden. Der Körper wird mit parfümiertem Kokosnußöl eingerieben, das die Haut weich wie Seidensamt macht. Immer noch ist das Tätowieren des Körpers üblich; es wird an beiden Geschlechtern zur Zeit der Reife vorgenommen. Die Frauen lieben Sternmuster und zierliche Arabesken, die Männer alle möglichen Figuren.

In den Wohnhäusern wird nicht gekocht; für das Kochen der Speisen sind besondere Steinöfen in Gebrauch, in denen Fleisch und Früchte aller Art auf und unter erhitzten Steinen gedämpft, gekocht und gebraten werden. Die Samoaner pflegen aber immer noch alle Speisen kalt zu genießen. Die gemeinsame Hauptmahlzeit findet des Abends statt; im übrigen wird nach Belieben gegessen, wenn nicht gerade eine Festlichkeit ganze Familien vereinigt. Die Speisekarte der Samoaner ist sehr reichhaltig; das Meer und der Wald liefern Eßbares in Fülle, und ohne viel Mühe fällt es den glücklichen Naturkindern in den Schoß.

In Apia herrschen unter dem Einflusse des europäischen Vorbildes besondere Verhältnisse; dort haben die Häuser und Lebensgewohnheiten der Samoaner bereits europäischen Zuschnitt erhalten; in den fern der Hauptstadt liegenden Dörfern findet man aber immer noch die alten Verhältnisse.

Bereitung von Kawa, einem Lieblingsgetränk der Samoaner

Phot. Dr. Berger

Der **materielle Besitz** der Samoaner bestand früher in der Hauptsache aus kunstvoll geflochtenen Matten, deren Herstellung oft Jahre erforderte, aus Tanzgürteln, Körbchen aller Art; die Männer schnitzten Kawabowlen, Rednerstäbe, Keulen, Haarkämme, Trinkgefäße, Speere. Die Herstellung des Nationalgetränkes der Samoaner, der Kawa, ist bekannt. Die Kawawurzel wird zerkaut, in die Bowle gespien, mit Wasser versetzt, tüchtig durchgeknetet; dann werden die festen Bestandteile herausgefischt. An Stelle des Kauens der Wurzel ist neuerdings das appetitlichere Reiben oder Klopfen getreten. Der Trank soll, wenn man sich erst daran gewöhnt hat, außerordentlich durststillend und erfrischend wirken. Den Alkohol in jeder Gestalt lehnen die Samoaner erfreulicherweise immer noch ab; in Apia freilich gibt es schon „Zivilisierte" genug, die einen tüchtigen Rausch und seine Folgen kennen. Das liebste Getränk der Samoaner ist aber immer die Kokosmilch nahezu reifer Nüsse; die Früchte holen die Männer vom Baume herunter, den sie sehr gewandt ohne Leiter ersteigen.

Der **geistige Besitz** der Samoaner ist viel bedeutender als der materielle; er zeigt ein hochentwickeltes Volk mit eigenartiger hochstehender Kultur. Die Religion des Volkes ist ein **Ahnenkultus**, der besonders von den Vornehmen gepflegt wird. Daher kommt es, daß die Häuptlingsgeschlechter ihren Stammbaum lückenlos einige Jahrhunderte zurück verfolgen können. Der um die Samoaforschung hochverdiente kaiserliche Marinestabsarzt Dr. Augustin Krämer hat für die Tamasese-Familie 32 Ahnen ermittelt. Die Schöpfung der Welt stellen sich die Samoaner folgendermaßen vor:

Zunächst war leai, das heißt Nichts oder der Raum, das Weltall ohne Etwas. Daraus entstand nanamu, das heißt ein Geruch, Wohlgeruch, aus dem sich allmählich efuefu, ein Dunst oder Rauch entwickelte, der sich schließlich zu ao, Wolken, verdichtete und endlich im eleele, der Boden, die Erde, feste Form gewann. Danach entstanden Winde, die den Dunst bewegten. Dann erscheinen Tangaloa, der erste und größte Gott, Mond und Sonne, das Meer und das Süßwasser. Dann kommt die Sintflut; das Land wird vom Meere verschlungen; aber das Feuer entsteht und vermählt sich mit dem Wasser, um mit ihm die Erde, samoa, zu erzeugen. Auf der Erde siedelten sich zunächst kleine Pflanzen an, aus denen immer größere entstanden bis zum Baum; die stärkste Pflanze aber ist die Liane, die den Baum als Leiter zur Höhe benutzt und seine Äste zerbricht. Gott Tangaloa sandte Tuli, den Vogel, zur Erde; er fand, daß auf der Liane Würmer entstanden waren. Daraus formte Tuli auf Befehl Tangaloas Menschen. Das sind die Gemeinen. Die Edlen aber stammen von Tangaloa und den Untergöttern ab.

Ehebruch, Diebstahl und Verleumdung galten früher den Samoanern als schlimmste Verbrechen, die sogar mit Todesstrafe geahndet wurden; von den Mädchen wurde verlangt, daß sie unberührt in die Ehe eintraten.

Die Perle der Südsee

Auch eine Art Vestalin gab es, die „Taupou" oder Dorfjungfrau, die allgemein geehrt wurde und Repräsentantin der Dorfschaft war. Die Frau ist in diesem Volke hochgeachtet, sie ist die treue Gehilfin des Mannes. Die Ehe galt als heilig; allerdings war die Trennung sehr leicht. Sie konnte erfolgen, wenn die Eheleute merkten, daß sie zueinander nicht paßten.

Dichterisches Talent ist den Samoanern nicht abzusprechen. Das ist aus ihren Volkssagen, Ueberlieferungen und Liedern erkennbar, um deren Sammlung sich Dr. Stuebel, der frühere Kolonialdirektor, hochverdient gemacht hat. Als Generalkonsul hat Stuebel in den 80er Jahren des vorigen Jahrhunderts eine sehr wertvolle Sammlung samoanischer Urtexte über Volkssagen und Ueberlieferungen angelegt, die im Museum für Völkerkunde übersetzt und bearbeitet worden ist. Hervorragend ist die Rednergabe der Leute; die Sprecher der Dörfer pflegen hervorragende Parlamentarier zu sein und vollendete Volksversammlungsredner.

Verwaltungshaus der Plantage Saluafata auf Upolu   Phot. Mertens & Co

Sehr stark ist das musikalische Talent entwickelt. Die Sprache Samoas schon ist sehr vokalreich und äußerst klangvoll. Erstaunlich ist die Schnelligkeit, mit der die Samoaner ihnen unbekannte Instrumente meistern lernen. Es ist in Apia nichts Ungewöhnliches mehr, eine hellbraune Samoanerin mit ihren geschmeidigen Händen die Klaviatur eines Pianos bearbeiten zu sehen. Die Männer haben sich an Zieh- und Mundharmonika, die Zither gewöhnt. Ein Beweis für die geistige Regsamkeit des Volkes ist auch der im Jahre 1904 unternommene Versuch, in Apia in rein samoanischen Kreisen einen Konsumverein zu gründen. Zu Anfang 1904 war der Weltmarktpreis für Kopra so stark gefallen, daß den Eingeborenen in Samoa nur 5 Pfennig für das Pfund gezahlt werden konnten. Bei ihrem Mangel an Verständnis für die inneren Gründe derartiger Preisbewegungen und ihrer Sucht, europäische Einrichtungen und Gebräuche nachzuahmen, erschien den Samoanern die von außen in sie hineingetragene Idee, das Kopra- und Warengeschäft selbst in die Hand zu nehmen und nach Art eines Konsumvereins eine Gesellschaft zum Verkauf von Kopra und Einkauf von Waren zu gründen, derart verlockend, daß sie sich einen großen Teil des Jahres hindurch mit Erörterungen über die Begründung einer solchen, „Oloa" genannten Gesellschaft beschäftigten. Einige Häuptlinge waren so in diese Idee vernarrt, daß sie sich Unbesonnenheiten zuschulden kommen ließen und bestraft werden mußten.

Von den alten Volksbräuchen der Samoaner schwindet leider ein Stück nach dem andern; nach einem Menschenalter wird nicht mehr viel übrig sein. Das ist bedauerlich, ist aber nicht mehr zu ändern.

Der Sitz der Verwaltung ist Apia; die Stadt besteht aus sieben ineinander übergehenden Eingeborenendörfern. Das Stadtgebiet ist sehr ausgedehnt; es zieht sich 10 Kilometer ins Hinterland hinein und umfaßt eine große Anzahl Plantagen. Die Einwohnerzahl Apias ist etwa 1500; darunter sind 420 Weiße. Unter der deutschen Verwaltung ist ein ausgedehntes gutes Straßennetz im Stadtgebiet entstanden; der Ort erhielt Straßenbeleuchtung; die Hafenverhältnisse von Apia wurden bedeutend verbessert. Am 1. Januar 1910 waren im Stadt- und Pflanzungsbezirk Apia 67 Kilometer öffentliche Wege vorhanden. Es gibt in Apia eine Schiffsbauerei, eine Eisfabrik, eine Mineralwasserfabrik, Photographen fehlen nicht; sogar ein Prozeßagent hat sich niedergelassen. Ein Likörfabrikant wohnt im Dorfe Lotopa. Das Ortsfernsprechnetz Apia hatte 1908 Hauptanschlüsse 57 und 36 Nebenanschlüsse.

Die Missionen sind im Schutzgebiet sehr rührig; alle Samoaner sind Christen. Manche sind sogar mehrmals getauft. Nach dem Jahresbericht 1908-09 hatten die drei evangelischen Missionen 24912+6436+1002 Anhänger, zusammen 32350. Die katholische Mission zählte 6471 Anhänger, so daß 38821 Christen auf den Inseln waren, während die letzte

Auf Samoa eingeführte chinesische Kulis bei der Arbeit   Phot. Mertens & Co

Oeffnen der Kokosnüsse und Schneiden der Kopra

Volkszählung (vom 1. Oktober 1906) nur 33471 Einwohner ergab. Da eine Zunahme um ca. 5400 Köpfe in zwei Jahren sicher nicht erfolgt ist, müssen manche Samoaner doppelt getauft sein.

Die gesamte weiße Bevölkerung belief sich am 1. Januar 1910 auf 473 Personen. Ansiedler, Pflanzer, Gärtner waren 75 auf den Inseln, Kaufleute, Händler, Gastwirte 100.

Die Gesamtfläche der Plantagen und Versuchsgärten (bebaut und unbebaut) war 49 700 ha etwa; die Zahl der weißen Beamten 73, der farbigen Arbeiter 1913. Auf den Plantagen standen 1909-10: ca. 675 000 Kokospalmen, 1 168 000 Kakaobäume, 430 400 Hevea-, 36 400 Castillon-Kautschukbäume, 7000 Kaffeebäume, dazu noch andere Pflanzen, im ganzen gegen 2,63 Millionen Stück Bäume aller Art.

Die Kopraernte brachte im Jahre 1909 9500 Tonnen, davon 7000 Tonnen von Pflanzungen der Eingeborenen. Der Wert der Tonne Kopra betrug zwischen 240 und 360 Mark. Die Kakaoproduktion der Eingeborenen dürfte wegen Mangel an Verständnis aufhören; dagegen ist die Tabakkultur der Samoaner anerkennenswert.

Der Gesamthandel Samoas belief sich im Jahre 1909 auf 6 359 008 Mark; davon entfielen 3 337 629 Mark auf die Einfuhr, auf die Ausfuhr 3 021 379 Mark. Hauptausfuhrartikel sind Kopra, wovon 1909 für 2 580 000 Mark ausgeführt wurden, Kakao (Ausfuhrwert 406 200 Mark), Kawawurzeln (Ausfuhr 1909 für 32 600 Mark). Kawa wird nach Fiji zum dortigen Gebrauch verschifft, der Boden Samoas ist für diese Kultur besonders geeignet.

Samoa kommt in den letzten Jahren ohne Reichszuschuß aus; im Etat für 1911 balancieren die Ausgaben und Einnahmen mit 932 000 Mark.

Kapitel 4

Sitten und Gebräuche der Südsee-Insulaner

Manche Forscher behaupten, daß die Besiedlung fast aller Inseln der Südsee von Samoa ausgegangen sei. Das wäre um so verwunderlicher, als man sich kaum etwas Verschiedeneres denken kann als das schöne, liebenswürdige, fröhliche Völkchen der Samoaner und die dem wildesten Menschenfressertum frönenden Bewohner Neu-Guineas und der meisten Inseln des Archipels. Schon das Äußere ist grundverschieden. Die Bewohner Neu-Guineas, die Papuas, müssen für den Europäer wohl den Inbegriff menschlicher Häßlichkeit bilden. Dazu haben sie die Gewohnheit, ihre dunkelbraunen Körper, die als Bekleidung nur ein schmales Band um die Lende

Sitten und Gebräuche der Südsee-Insulaner

aufweisen, auf das scheußlichste mit allerlei schrecklichen Farben zu bemalen. Ein solches Papuanergesicht, das einen ausgesprochen semitischen Typus zeigt, sieht mit den gelben, schwarzen und weißen fingerdicken Strichen, mit den schwarz oder weiß untermalten Augen und dem Wirrwarr der in dem dichten, schwarzen Kraushaar steckenden Federn, Hölzer, Muscheln und Kämme wie eine Teufelsfratze aus. Dieses sonderbare Putzbedürfnis haben übrigens auf Neu-Guinea nur die Männer, während die Frauen fast gar keinen Schmuck tragen. Das entspricht jedoch ihrer traurigen Rolle als der geplagtesten Haustiere, die nicht nur die häuslichen Geschäfte besorgen, sondern auch das Feld bebauen müssen, während die Herren der Schöpfung einen unüberwindlichen Abscheu vor jeder Arbeit haben. Trotzdem sind sie zu manchen Arbeiten sehr geschickt und verstehen es, sich alle möglichen Waffen und Instrumente aus Stein oder geschliffenen Muscheln anzufertigen, und auch ein gewisser künstlerischer Sinn fehlt ihnen nicht, wie man aus den hübschen Ornamenten ersehen kann, mit denen sie ihre primitiven Häuser schmücken. Allein die verschwenderische Natur, die die Menschen jener Gegenden immer mühelos ernährt, hat sie ebenso bedürfnislos wie faul gemacht. Daher kommt es auch, daß das gemünzte Geld unter den Eingeborenen fast gar keinen Eingang finden kann, und daß die Papuaner fast nur für den Tauschhandel zu haben sind. Namentlich ist es der schwarze amerikanische Kautabak, der als besondere Kostbarkeit gilt und von den Eingeborenen gern mit den Gütern des Landes bezahlt wird. Unter den Bewohnern des Archipels ist übrigens auch das „Muschelgeld" in Gebrauch. Eine bestimmte Art von kleinen kreisrunden Muscheln wird glatt geschliffen und auf einer Schnur aufgehängt und repräsentiert so einen bestimmten Wert. Für

Eingeborener aus der Bismarckebene
mit Nasenpflock
Phot. Hans Schmidt

zehn oder zwölf solcher Muschelgelder kann man schon ein Schwein kaufen. Eine Frau ist bedeutend billiger. Sie kostet nur acht bis neun solcher Schnüre.

Bei den Papuas herrscht absolute Gütergemeinschaft. Da sich keinerlei größere staatliche Organisation gebildet hat, bildet jedes Dorf eine große Familie, der alles Gut gemeinsam ist. Oft hat das nächstgelegene Dorf schon eine andere Sprache, wie denn das Völkergemisch in diesen Gegenden sich in den merkwürdigsten Erscheinungen ausprägt. So findet man vom Kohlschwarz bis zum Hellgelb alle Hautfarben vertreten; auch Albinos kommen zuweilen vor. Bei den Küstenvölkern, die mit Weißen in Berührung kommen, hat sich als gemeinsames Mittel zur Verständigung das sogenannte Pidgen-Englisch eingebürgert, eine groteske Verballhornisierung der englischen Sprache, die wohl in Deutsch-Neu-Guinea und dem Archipel durch die deutschen Schulen, die dort errichtet worden sind, wird verdrängt werden können.

Eine Eigenschaft ist den Bewohnern aller dieser Gegenden Neu-Guineas, des Bismarck-Archipels, der Salomons- und der Marshall-Inseln gemeinsam. Alle sind sie Menschenfresser. Namentlich die Kanaken des Bismarck-Archipels, vor allem die Bewohner der Nordküste der Gazellen-halbinsel frönten früher dem Kannibalismus in furchtbarer Weise, während jetzt diese scheußliche Gewohnheit schon etwas nachgelassen hat. Ein Missionsbericht aus dem Jahre 1897 verbreitet sich ausführlich über den Kannibalismus im Archipel.

„Kannibalismus" — so berichten die Missionare an ihr Mutterhaus in Westfalen — „herrscht im ganzen Archipel. Die Toten des eigenen Stammes werden nicht gegessen, sondern in der Regel nur die gehetzten und mit dem Speer erlegten Fremden, ohne daß diese gerade Feinde zu sein brauchen. Man fängt Stammesfremde ab, wo man ihrer nur habhaft werden kann. Bei geeigneten Gelegenheiten wird ein Toter auch von Nachbarstämmen gekauft, aber nur wenn nachgewiesen ist, daß er gehetzt und „weidgerecht" mit dem Speer getötet worden ist. Stammesgenossen werden nur gegessen, wenn sie als unverbesserliche Taugenichtse gelten, nachdem man sie unter gräßlichen Martern, die den Fleischgeschmack verbessern sollen, getötet hat. Daß Weiber gegessen werden, kommt seltener vor. Europäer werden in diesem Gebiete nie verzehrt, ihr Fleisch soll den Kannibalen zu salzig sein, auch einen Beigeschmack von Tabak und Alkohol besitzen. Jeder Häuptling hat zwei ständige „Minister", einen Sprecher und einen Schlächter. Ersterer besorgt das Reden, letzterer das Schlachten und Zerlegen. Auf manchen Inseln besorgen Frauen das Geschäft, indem sie jedes Stück sorgfältig in Bananenblätter wickeln, die ihnen die Mädchen herbeischaffen. Die Männer rüsten sich unterdessen mit Sang und Tanz zum Festschmause; Frauen dürfen nur das verzehren, was die Männer übrig lassen. Der Kopf wird nie gegessen, ebensowenig die Eingeweide. Bein- und Armknochen des Opfers werden am stumpfen Ende der Speere befestigt; die Eingeborenen glauben, daß das ihnen die Stärke des Mannes, dessen Knochen sie besitzen, verleihe und sie den rachewütenden Verwandten des Gegessenen gegenüber unverwundbar mache. Sollte aber ein Kanake von seinem eigenen Häuptling getötet worden sein, so kann der Leichnam von einem anderen Stamme gekauft werden. Wollten wir hier" — schließt der Bericht — „ein Verzeichnis der Inseln aufstellen, auf denen Menschenfresserei herrscht, so könnten wir füglich hinter dem Namen jeder einzelnen einen solchen Fall anführen."

Auf Neu-Hannover ist es Brauch, die

Geisterhaus in Lemieng an der Brandenburg-Küste,
Kaiser-Wilhelmsland   Phot. Hans Schmidt

Schädel der erschlagenen und verspeisten Feinde auf Pfähle zu stecken, und in manchen Ortschaften gibt es eigene Kriegshäuser, wo diese Schädel aufbewahrt werden. In einem dieser Häuser wurden einmal von einer Strafexpedition an tausend Menschenschädel gefunden. Für die Ausrottung dieses schrecklichen Brauchs wirken nach besten Kräften die Missionen, und in deren Wirkungssphäre hat der Kannibalismus so ziemlich aufgehört. Die kaiserliche Regierung rüstet ab und zu Strafexpeditionen aus, wenn ihr ein Fall von Menschenfresserei zu Ohren kommt, aber so leicht ausrotten läßt sich eine so tief eingewurzelte Unsitte nicht, zumal in einem Gebiete, das so groß ist wie halb Deutschland, zum Teil von Weißen noch gar nicht betreten, und das sehr mangelhafte Verbindungen hat. So wird es vielleicht noch viele Jahre währen, ehe das Menschenfressertum im Archipel nicht mehr Wahrheit, sondern ein schauriges Märchen aus alter Zeit ist.

Unsere Kolonien

Geburt und Tod vollziehen sich unter der Kannibalenbevölkerung des Archipels unter allerlei sonderbaren Zeremonien. Sobald ein Kind das Licht der Welt erblickt, wird es unter allerlei Segenssprüchen der zahlreich anwesenden Frauen in den Rauch des offenen Feuers gehalten, dann erst gewaschen und ihm die Milch einer jungen, süßen Kokosnuß zu trinken gegeben, während die Wöchnerin sogleich nach der Geburt im Meere ein Bad nimmt. Man hat nicht gehört, daß Mutter und Kind durch diese Zeremonien jemals geschädigt worden wären. Wenn es mit einem der Südsee-Insulaner zum Sterben geht, so vollzieht sich sein Scheiden aus der Welt je nach seinem Reichtum an Divarra (Muschelgeld) unter der größeren oder geringeren Anteilnahme der Bevölkerung. Soll ein reicher Mann sterben, dann strömen Freunde und Verwandte in großer Zahl zusammen. Ein mächtiges Klagegeschrei erhebt sich und Tränenströme fließen. Es sind aber wahre Krokodilstränen, denn alle die Gäste harren mit Ungeduld auf die Verteilung der Geldmuschelschnüre, die sofort nach dem Tode erfolgt. Wenn ein armer Mann stirbt, sind Schmerz und Freude gering oder gar nicht vorhanden. Hat der Erblasser endlich noch während der Verteilung seiner Habe sein Leben ausgehaucht, so wird seine Leiche in das Haus seiner Mutter gebracht, denn in der Südsee herrscht zum großen Teile das Mutterrecht. In der Hütte oder vor ihrem Eingang bleibt die Leiche oft bis zu ihrer völligen Verwesung liegen, ohne daß die furchtbaren Ausdünstungen die Umgebung irgendwie genieren würden. Wenn endlich das Begräbnis in der Hütte selbst erfolgt, wird ein ganz seichtes Grab geschaufelt, die Leiche einfach hineingelegt und der Boden dann festgetreten. Ueber dem frischen Grabe kochen und wirtschaften dann die Frauen ruhig weiter.

Als Zeichen der Trauer ist außer der schwarzen Bemalung des Gesichts und des Tiefschwarzfärbens der Haare noch die freiwillige Auferlegung von gewissen Entbehrungen, das Tabu, gebräuchlich. So wird für zwei oder drei Monate die Kokosnuß mit dem Tabu belegt, und es ist nicht selten vorgekommen, daß einer, der heimlich das Verbot brach, erschlagen wurde. Die Frau des Verstorbenen enthält sich zehn Monate des Schweinefleischessens, des Tanzens usw.

In Neu-Pommern gibt es übrigens eine Sekte, die Iniets, die sich des Genusses des Schweinefleisches, das im übrigen auf den Südsee-Inseln zu den beliebtesten Hauptnahrungsmitteln gehört, gänzlich enthält. Die Iniets haben heimliche Zusammenkünfte, in denen es manchmal toll zugehen soll. Sie verachten die Schweinefleischfresser und nehmen in ihren Bund nur Männer auf. Frauen können immer und überall Schweinefleisch essen. Diese Enthaltsamkeit der Iniets dürfte eine hygienische Grundlage haben, denn nicht selten suchen ältere Leute, wenn sie schwerkrank sind, in dem Geheimbunde Aufnahme zu finden, da sie hoffen, dadurch ihre Gesundheit wiederzuerlangen. Im übrigen aber herrscht bei Gesundheit, Krankheit und Tod der krasseste Aberglaube. Wenn einer stirbt, so wird der Südseeinsulaner niemals eine natürliche Todesursache annehmen, sondern immer irgend einem bösen Zauberer, deren es nicht wenige gibt, die Schuld zuschieben. Deshalb wird häufig an dem Toten eine sonderbare Zeremonie vorgenommen. Es wird ihm ein Stückchen der Nase, des Ohres, der Zehen und der Finger abgeschnitten, Kalkstaub darüber geblasen und dabei allerlei Verwünschungen ausgestoßen. Auch in der Südsee gilt übrigens die Eule als Totenvogel.

Duk duk-Tänzer   Phot. Hans Schmidt

Einer der seltsamsten Volksgebräuche ist das Duk duk-Wesen oder -Unwesen, wie man es besser nennen könnte. Der Duk duk ist ein Geheimbund, der sich zumeist aus bestimmten privilegierten Familien rekrutiert und unter einer schreckhaften Geheimniskrämerei allerlei Erpressungen, namentlich an Frauen, verübt. Als eine Art Kult betreiben die Mitglieder dieses Bundes den Duk duk-Tanz, wobei sie sich mit allerlei greulichen Masken versehen. Graf Joachim Pfeil, der sich viel mit dem psychologischen Leben der Kanakenstämme befaßt hat, ist der Meinung, daß anfänglich der Duk duk nichts anderes war als eine Form, in der das Abschließungsbedürfnis der Kanaken bei der Totenfeier für abgeschiedene Vorfahren zum Ausdruck kam. Einige Personen vereinigten sich und legten Masken an, um damit allen denen Furcht einzujagen, die sich etwa neugierig vordrängen wollten, um unberufene Zeugen der Trauerzeremonie zu sein. Als sie die

Wirkung dieser grauenerregenden Masken, namentlich auf die furchtsamen Weiber, bemerkten, vereinigten sie sich zu einer diese Furcht ausnützenden Gemeinschaft, die sich der besseren Wirkung halber mit einem geheimnisvollen Zeremoniell umgab. Ernst von Hesse-Wartegg hatte Gelegenheit, einem von vier Mitgliedern des Bundes ausgeführten Duk duk-Tanze beizuwohnen, von dem er folgende Schilderung entwirft:

„Der im Walde gelegene Tanzplatz war mit allerlei absonderlich geschnitzten und grell bemalten Emblemen phantastisch geschmückt. In der Mitte erhob sich ein hohes Bambusgerüst, über und über mit Bananenbündeln behängt, und im Hintergrunde stand, umzäunt von Palmflechtwerk, eine Hütte. Die nackten Männer, welche dem Tanze beiwohnten, etwa hundert an der Zahl, trugen groteskten Schmuck. Vom Halse hingen vorn und hinten Bündel buntfarbiger Crotanblätter und -Blüten, in ihrem durch Kalk gebleichten, gelblichen Kopfhaar steckten Büschel von Papagei- und Kakadufedern, ihre Gesichter und Leiber waren mit Zieraten in grellen Farben bemalt, und die meisten trugen lange Speere, deren Spitzen mit kunstvoll zusammengestellten Federsträußchen geschmückt waren. In der Mitte des Platzes führten die vier Duk duk-Gestalten ihre grotesken Bewegungen und Sprünge aus. Einer allein von ihnen würde auf einem europäischen Maskenfeste größeres Aufsehen erregen als alle anderen Masken zusammengenommen. Der Anblick dieser Gestalten ist so unheimlich, daß die Heidenangst der Weiber vor ihnen begreiflich ist. Von ihrem Körper war nichts zu sehen als die nackten schwarzen Beine vom Schenkel abwärts. Der Rest wurde von einem aus Palmen- oder Pandanusblättern hergestellten Weiberrock in Krinolinenform umhüllt, der wahrscheinlich über ihren Köpfen zusammengebunden war. Durch Ausschnitte in diesen weit vom Körper abstehenden Blättermassen konnten sie sehen, andere Ausschnitte gestatteten ihnen, im Bedarfsfalle die Arme auszustrecken. Auf diesem Blätterwerke saßen die merkwürdigsten Masken, die ich jemals gesehen habe. Aus Holz geschnitzt und geformt wie unsere ältesten Ritterhelme, waren sie mit absonderlichen Zieraten bemalt und liefen nach oben in eine ein bis zwei Meter hohe Spitze aus, die mit Federbündeln, gefärbten Halmen usw. geschmückt war. Auf einer Seite kauerten einige junge Leute rings um eine riesige Holztrommel auf dem Boden und bearbeiteten sie mit hölzernen Schlägeln."

Man kann sich denken, wie dieser tolle Mummenschanz auf die meisten Gemüter der abergläubischen Kanaken wirken mag. Die lächelnde Verachtung der Europäer hat dem Duk duk in der Nähe der Ansiedlungen viel von seinem Nimbus genommen; im Innern aber steht der erpresserische Spuk noch in voller Blüte und artet zu manchen Zeiten zu wilden Orgien aus. Namentlich die Tabuzeit, in der die Duk duk-Feste stattfinden, wird dadurch zu einem wahren Kannibalenkarneval. Die Feste dauern einen ganzen Monat, gewöhnlich den April oder Mai hindurch).

Sitten und Gebräuche der Südsee-Insulaner

Noch gefährlicher als das Duk duk-Unwesen, das ja im allgemeinen nur das Vermögen der Eingeborenen bedroht, ist auf manchen Inseln, namentlich auf den Salomoninseln, die geheimnisvolle Organisation der Kopfjäger. Es sind dies professionelle Mörder, die ihre Opfer beschleichen, töten und des Kopfes berauben. Die Köpfe werden zur Ausschmückung der Gemeindehäuser verwendet. Auf den deutschen Salomoninseln herrscht dieser Gebrauch nicht, dagegen sind deren Bewohner eingefleischte Menschenfresser und vor allem Fremdenhasser. Letzteres kann nicht wundernehmen, denn die Spanier und Engländer, die diese Inseln zuerst anliefen, haben unter den Eingeborenen mit furchtbarer Grausamkeit gewütet. Die Küstenbewohner bauen deshalb ihre Häuser zumeist auf unzugänglichen Felsen, die sie mit Lanzen und Pfeilen, in deren Anfertigung sie ungemein geschickt sind, verteidigen. Auf den Salomoninseln herrscht Vielweiberei; mit der ehelichen Treue nehmen es die Eingeborenen sehr genau, und ein Fehltritt des

Maskenträger aus Neu-Pommern Phot. Hans Schmidt

Weibes gibt dem Manne das Recht, die Ungetreue zu töten. Die Vielweiberei hat in diesem Gebiete eine besonders schlechte Stellung der Frau und häufigen Kindesmord zur Folge, der überhaupt im Archipel keine Seltenheit ist. Wenn die Frauen einem Häuptling durch Eifersucht oder sonstwie zu schaffen geben, hat er ein sehr einfaches Mittel, die Ordnung herzustellen. Er tötet die ihm lästigen Weiber einfach durch Beilhiebe. Beim Tode eines Häuptlings wurde häufig ein Teil der zurückgebliebenen Frauen erschlagen, der Rest unter die Söhne des Verstorbenen verteilt.

Die Bewohner der Marshall-Inseln sind unvorteilhaft durch ihre zügellose Sinnlichkeit bekannt. Dort ist auch die Tätowierung allgemein eingeführt; sowohl Männer wie Weiber werden tätowiert, und zwar bedecken sie fast den ganzen Körper in umfangreichen und zeitraubenden Prozeduren mit allerhand Mustern und ornamentalen Motiven. Namentlich auf der deutschen Insel Nukumane ist dieser haltbarste Körperschmuck ganz allgemein. Ehe man an die Arbeit geht, werden Gebete gesungen und getanzt mit den Weibern, die bei diesem Tanz von keinem Männerauge erblickt werden dürfen, um das Haus herum, wo die Jünglinge den „Farbenschlag" empfangen. Für die Jünglinge und Männer sind während dieser Zeit, wie Marine-Generaloberarzt Dr. Krämer berichtet, der den Tätowierungen besonderes Augenmerk schenkte, die eigenen Frauen Tabu. Bei allen Festen tragen die Marshallaner als besonderen Schmuck ein Halsband, das aus den Schneidezähnen der Ahnen gefertigt ist. Sie betrachten es als ihren kostbarsten Besitz und können sich nur sehr schwer davon trennen. Ferner gibt es da Halsbänder aus feingeschliffenen runden Muscheln und aus Schild-

Mann von Siar, Kaiser-Wilhelmsland
im Tanzschmuck mit Trommel
Phot. Hans Schmidt

pattblättchen. Noch ein weiterer Körperschmuck ist die Erweiterung der Ohrlöcher zu monströser Größe. Wenn das Ohrläppchen selbst nicht mehr ausreicht oder der bindfadendünne, langsam erweiterte Ring bricht, so nehmen sie Anleihen von der Wange, ähnlich wie bei uns die Aerzte bei Nasenverschönerungen Stirn- und Wangenlappen zu Hilfe nehmen. So erreichen sie es häufig, daß sie durch das Ohrläppchen den ganzen Kopf durchstecken können. Für einen Bewohner dieser Inseln gibt es keine ärgere Beleidigung, als wenn sich ein Gegner im Streite an seinen Ohren vergreift.

Kapitel 5
Kiautschou

Bereits Friedrich der Große hatte seine Augen auf China gerichtet; seine großen Handels- und Schiffahrtsunternehmungen gingen aber unter seinen Nachfolgern zugrunde. Preußen mußte erst um seine Stellung im Deutschen Reiche und auf dem europäischen Kontinent kämpfen, ehe es sich an größere Aufgaben wagen konnte.

Im Jahre 1859 wurden die Unternehmungen des großen Königs nach Ostasien wieder aufgenommen. Engländer und Franzosen hatten durch ihren Krieg gegen China im Vertrage von Tientsin (27. Juni 1858) die Oeffnung einer Anzahl chinesischer Häfen für den internationalen Handel erzwungen; um an der zu erwartenden Entwickelung ebenfalls Anteil nehmen zu können, rüstete Preußen eine Expedition nach China aus, die 1859 unter dem Prinzen Adalbert abging. In der Folge wurde am 2. September 1861 zwischen Preußen und China ein Handels- und Freundschaftsvertrag abgeschlossen.

Der deutsche Handel mit China entwickelte sich namentlich seit den 80er Jahren des vorigen Jahrhunderts ganz bedeutend; zu Anfang dieses Jahrhunderts nahm er in Ostasien die zweite Stelle ein. Neuerdings ist Japan, das riesige Anstrengungen macht, mächtig emporgekommen; aber nach wie vor spielen deutsche Schiffahrt und deutscher Handel in Ostasien eine hervorragende Rolle. Die Notwendigkeit, diesem Handel einen Stützpunkt zu geben, stellte sich besonders während des japanisch-chinesischen Krieges heraus, und so wurde die Frage der Erwerbung eines Hafens an der chinesischen Küste im Jahre 1895 akut. Man dachte zunächst an einen Vertragshafen, etwa an Amoy; 1897 aber entschieden sich die maßgebenden Kreise für die Kiautschoubucht, die in aller Stille ausgemessen und für die Schaffung großer Anlagen höchst geeignet befunden worden war. Dazu hatten die Reisen des Freiherrn von Richthofen in Schantung diese kohlenreiche, gut bevölkerte Provinz als hervorragendes Hinterland erkennen lassen. Ferner war bekannt, daß die Stadt Kiautschou viele Jahrhunderte hindurch Hauptausfuhrplatz der Provinz Schantung und eine blühende Handelsstadt gewesen war. Seit Anfang des 19. Jahrhunderts war aber der innere Teil der Kiautschoubucht mehr und mehr versandet; es hat wohl auch eine Bodenerhebung stattgefunden, da die Stadt Kiautschou jetzt 7 km vom Meeresstrande entfernt liegt. Der Handel ging schon in der ersten Hälfte des vorigen Jahrhunderts mehr und mehr zurück; den Todesstoß erhielt er, als 1860 Tschifu als Vertragshafen eröffnet wurde. Der ganze frühere Verkehr von Kiautschou ging nach Tschifu. Das war die Lage, als 1897 die deutsche Besetzung erfolgte.

Im November 1897 hatte ein fanatisierter Volkshaufe in der Provinz Schantung die beiden deutschen Missionare Nies und Henle ermordet; damit war der äußere Anlaß gegeben, den Wunsch nach Erwerb eines Hafens in die Tat umzusetzen. Am 14. November 1897 schon erschien unter dem Befehl von Vizeadmiral von Diederichs ein deutsches Geschwader in der Kiautschoubucht und landete Truppen. In Tsingtau, damals ein Fischerdorf von etwa 1000 Einwohnern, lag eine kleine chinesische Garnison, weil die chinesische Regierung die Kiautschoubucht befestigen wollte; um die deutschen „Gäste" höflich zu empfangen, hatte der chinesische Befehlshaber eine Ehrenkompagnie aufgestellt. Er war sehr überrascht, als er ebenso höflich, aber sehr entschieden aufgefordert wurde, Tsingtau gefälligst zu räumen. Der Chinese sah die deutschen Seesoldaten an, die drei Kriegsschiffe in der Bucht; das genügte ihm. Und schleunigst zog er ab. Damit war die Kiautschoubucht nebst umliegenden Dörfern ohne Schwertstreich in deutschen Besitz gelangt. Es folgten Verhandlungen mit der chinesischen Regierung, die schnell zum Ziele führten; schon am 6. März 1898 kam ein Vertrag zustande, durch den das Kiautschou-Gebiet auf 99 Jahre an Deutschland gegen eine nominelle Pachtrate verpachtet wurde.

Das deutsche Pachtgebiet umfaßt zunächst die beiden Halbinseln, die die Kiautschoubucht bis auf einen etwa 4 km breiten Eingang verschließen; die nördliche Halbinsel mit der Stadt Tsingtau ist im Umfange von 462 qkm deutscher Besitz, die südliche Halbinsel Hai-hsi ist 47 qkm groß. Deutsch ist ferner der Landstrich um die ganze Bucht, bis zu dem die Hochwassergrenze geht; im Bereich dieser Grenze liegen die beiden kleineren Orte Hsi-jing und Taputau; letzteres ist dem Orte Kiautschou vorgelagert und mit ihm durch Bahn verbunden. Endlich sind deutsch die beiden Inseln in der Bucht, Vintau und Huangtau, ferner eine Anzahl kleinerer Inseln vor der Bucht. Der Gesamtflächeninhalt des Schutzgebiets ist 551,7 qkm, die Einwohnerzahl beträgt 162 761, darunter waren Mitte 1910 1621 Weiße, wovon 1531 Deutsche waren. Dazu kamen 2275 Soldaten.

Der Hauptteil des Schutzgebiets, die 462 qkm große Tsingtau-Halbinsel, ist sehr gebirgig; im Osten dieses Teiles erhebt sich das Lau-schan-

Kiautschou

Der Strand von Tsingtau im Jahre 1889, vor der Pachtung

Gebirge mit Höhen über 1000 m. Die höchste Spitze des Gebirges (1130 m) liegt dicht an der deutschen Grenze auf chinesischem Boden. Der Berg wird oft von Tsingtauern bestiegen; unter den Deutschen hat sich bereits eine Art Alpenverein gebildet. Der Verein will die Naturschönheiten des Lau-schan erschließen. Schönheiten sind genug vorhanden, namentlich seit in den letzten Jahren die deutsche Verwaltung sehr viel zur Aufforstung des Gebiets getan hat. Im Jahre 1905/06 betrug die Aufforstungsfläche rund 90 ha, im folgenden Jahre 28 ha. Von Oktober 1908 bis Oktober 1909 wurden 4 ha neu aufgeforstet. An Behörden und Private wurden im selben Jahre 1029 Hochstämme, 42375 Halbstämme und Sträucher, 584 Koniferen und 3 900 200 Forstpflanzen abgegeben. Die Nachfrage nach Akazienpflanzen war so groß, daß ihr bei weitem nicht genügt werden konnte. So wetteifern Behörden und Private im Gutmachen der vielen Schäden, die durch die unverständige chinesische Forstwirtschaft entstanden sind. Es beginnen sich die Höhen um Tsingtau mit Wald zu bedecken; auch im Lau-schan-Gebirge wird aufgeforstet, namentlich in der Umgebung des Genesungsheims Mecklenburg, das in prächtiger Umgebung auf luftiger Höhe im Gebirge liegt. Dieses Genesungsheim wurde von Oktober 1908 bis Oktober 1909 von 1140 Personen besucht; 1024 kamen aus dem Schutzgebiet, 146 von außerhalb. Im August 1909 wurde ein Rekonvaleszentenheim für Soldaten errichtet.

Unsere Kolonien

Die Aufforstungsarbeiten sind nicht leicht, weil ungünstige Witterungsverhältnisse oft alle Mühe zunichte machen; dazu kommen Kiefernspinnerplage, Baumwanzen, Waldbrände infolge unvorsichtigen Umgehens der Chinesen mit Feuer. Das Jahr 1906 hatte in den drei Monaten Juni bis August 478 mm Regen gebracht, dagegen brachten Juli und August 1908 nur 95,3 mm Regen. Immerhin haben die aufgeforsteten Flächen schon wasserhaltende Kraft, so daß die ersten Erfolge der Waldpflege in den Jahren der Dürre sich zu zeigen beginnen.

Im Lau-schan entspringen einige kleine Flüßchen, so der Pai-scha-ho, der die nördliche Grenze bildet, der Litsun-ho, Hai-po und andere. Die Flüsse fließen in der Ebene zum Teil unterirdisch, führen nur in den Bergen ständig Wasser, doch findet man in den Flußbetten bei Nachgraben schon in geringer Tiefe Wasser. So liegen im Hai-po-Flusse eine Anzahl Brunnen und eine Pumpstation, von wo eine Wasserleitung zum Wasserturm bei Tsingtau führt.

Die Ausläufer des Lau-schan sind die Höhen in der näheren Umgebung von Tsingtau, die wild zerklüfteten Prinz-Heinrich-Berge (384 m hoch); noch näher der Stadt liegen Iltisberg, Moltke-, Bismarck- und Diederichs-Berg. Sie haben nur noch Höhen von 160 m abwärts. Auf dem rund 100 m hohen Diederichs-Berg, direkt vor den Toren von Tsingtau gelegen, sind die Signalstation und eine funkentelegraphische Station errichtet. Zwischen den Bergen breiten sich fruchtbare Täler, sie sind sehr dicht besiedelt und ausgezeichnet angebaut.

Die südliche Halbinsel Hai-hsi ist auch etwas bergig, aber unfruchtbarer als die nördliche; die Bevölkerung ist wenig dicht. Das gleiche gilt von den Inseln. Auf der Insel Yin-tau, dem größeren der beiden in der Kiautschoubucht liegenden Eilande, wird neuerdings Salz gewonnen. Die letzte amtliche Denkschrift über das Kiautschougebiet sagt darüber:

„Die nach mehrjähriger Unterbrechung mit dem Jahre 1903 neu einsetzende Salzgewinnung hat in den letzten Jahren eine starke Steigerung erfahren. Während in China der ganze Salzhandel Regierungsmonopol ist und Salz darum auch nicht ausgeführt werden darf, waren Salzgewinnung und -handel im Schutzgebiete von vornherein frei. Diese Tatsachen haben zahlreiche Ortschaften benutzt, auf dem ausgedehnten, zum Schutzgebiete gehörigen Wattlande Salztennen anzulegen. Nach der jetzt durchgeführten Registrierung der Tennen, durch welche die vielfach strittigen Besitzverhältnisse an Salzland geregelt und eine Ueberwachung der Salzgewinnung ermöglicht wurde, waren am 1. Oktober 1909 129 Tennen in Betrieb. Für mehr als 50 neue Salztennen sind bereits Erlaubnisscheine ausgegeben, so daß im nächsten Jahre eine weitere Steigerung der Salzgewinnung erwartet werden darf. Da das Salz durch Verdunsten von Seewasser in Luft und Sonne gewonnen wird, so hängt die Menge des Ertrages in erster Linie

Kiautschou

von der Witterung ab. Im Berichtsjahre, das allerdings für die Salzgewinnung besonders günstig war, kann der Gesamtertrag auf rund 800 000 Pikul geschätzt werden. Der größte Teil dieser Mengen wurde für Rechnung der chinesischen Regierung angekauft und nach dem Yangtse, ein Teil auch von Tsingtau-Firmen nach Wladiwostok und Hongkong verschifft. Ob die Salzgewinnung sich dauernd auf der jetzigen Höhe wird halten können, hängt davon ab, ob das hier gewonnene Salz weiterhin den bisherigen Absatz finden wird, und insbesondere ob auch im Schutzgebiete selbst eine Industrie ins Leben gerufen werden kann, die den nicht absatzfähigen Teil des Salzes (zu Kali, Soda usw.) verarbeitet."

Ueber das Schutzgebiet sind gegen 300 Ortschaften verteilt, die alle von außen einen ziemlich guten Eindruck machen, doch sind sie im Innern immer noch recht schmutzig, wenn sich auch unter der deutschen Verwaltung vieles zum Besseren gewendet hat. Die Bauart der Dörfer ist durchweg sehr regelmäßig, die Straßen laufen meist rechtwinkelig aufeinander zu. Neuerdings werden auch in den Dörfern immer mehr Ziegelbauten angelegt. Die deutsche Verwaltung hat sich den Wegebau besonders angelegen sein lassen. Die Bevölkerung ist kräftig und arbeitsam, dazu recht ordnungs-

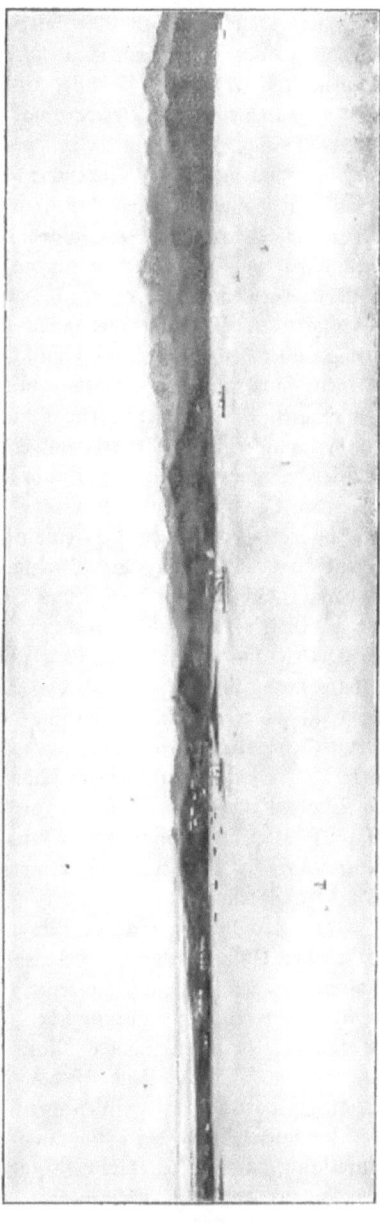

Das Schutzgebiet Kiautschou von der See gesehen

liebend; sie folgt den Intentionen der Verwaltung willig. In zunehmendem Maße wird Obst angebaut; die Versuche mit Kartoffeln, Zuckerrüben, Baumwolle, Hanf, sibirischem Gras werden von der Bevölkerung gern aufgenommen, sie sieht ein, daß sie unter der deutschen Herrschaft gewinnen kann.

Die Hauptarbeit der Verwaltung im Schutzgebiet gilt der Ausgestaltung von Tsingtau, und es ist da in zwölf Jahren eine Leistung ohnegleichen zustande gekommen. Im November 1897 wurde das Gebiet erworben, Tsingtau war damals ein elendes Fischerdorf, heute ist es eine werdende Großhandelsstadt mit 36000 Einwohnern, großartigen Hafenanlagen und Einrichtungen, um die Tsingtau die ganze chinesische Küste beneiden kann. Vom Gouvernementshügel oberhalb des Gouvernementsgebäudes hat man einen großartigen Blick über die mächtig sich dehnende Stadt. Nach rechts schaut man über den Moltkeberg hinweg zum Großen Hafen mit der Werft, über einen ganzen neuen Stadtteil mit Fabrikschornsteinen, der sich zum Kleinen Hafen hinunterzieht; etwas nach links erheben sich die massigen Schlachthofanlagen, das Elektrizitätswerk und die Mission aus dem Gewirr der Häuser. Dann tauchen weiter nach links auf der Bahnhof, das Bezirksamt und der Leuchtturm an der Spitze der Tsingtau-Halbinsel. Ueber die Bucht hinweg aber grüßen die jenseitigen Berge. Nun wendet man sich links und hat unter sich die Tsingtau-Bucht mit der kleinen Arkona-Insel davor; dicht unter dem Hügel liegt das mächtige Gouvernementsgebäude. Weiter nach links erhebt sich machtvoll die neue Christuskirche; eine Hügelkette mit dem Signalberg schließt das Bild ab. Hinter dieser Hügelkette dehnt sich der Strand der Auguste-Viktoria-Bucht mit Strandhotel. Eine ganze Anzahl Villen sind dort entstanden, die in schönes Grün gebettet liegen; ein immer lebhafteres Badetreiben spielt sich an dem Strande ab. Tsingtau mit seinem schönen Sommerklima wird wohl bevorzugter Badeort für ganz Ostasien. In der Saison 1908 waren 575 Badegäste in Tsingtau, in Saison 1909 (Juni bis September) trotz sehr ungünstigen Wetters 537. Die Badegäste kommen aus Shanghai, Tientsin, Tschifu, Hankou und Japan.

In der geschütztesten Ecke der Auguste-Viktoria-Bucht liegt der Badestrand; an der Ostseite dehnt sich der große Exerzierplatz aus, hinter dem die Iltiskasernen liegen. Weitere Kasernen liegen nördlich des Bismarck-Berges bei dem großen Dorfe Tai-tung-schen; in nächster Nähe, unterhalb des Moltke-Berges, befinden sich die Moltke-Baracken. Auf den Höhen nördlich der Auguste-Viktoria-Bucht ist das Artillerielager nebst Schießstand angelegt; die Feldartilleriekaserne befindet sich am Westufer der Tsingtau-Bucht auf der schmalen Spitze der Tsingtau-Halbinsel. Weiter liegen auf dieser Halbinselspitze das Elektrizitätswerk und der Schlachthof (dicht neben dem Kleinen Hafen), das Militärhöhenlager mit Infanterieschießstand; noch weiter nach der äußersten Spitze vorgeschoben befindet sich das Dorf Tái-hsi-sschen.

Das Fischerdorf Alt-Tsingtau war am Ostufer der Tsingtau-Bucht, nördlich der Arkona-Insel angelegt; oberhalb der ganzen Breite der Bucht liegt landeinwärts Neu-Tsingtau, sehr regelmäßig gebaut. Am Strande zieht sich das Kaiser-Wilhelm-Ufer entlang mit Zoll- und Hafenamt, dem Hotel Krippendorf und Prinz-Heinrich-Hotel; auch die Deutsch-Asiatische Bank liegt an dieser Uferstraße. Durch eine vom Reichskanzler erteilte Konzession ist der Deutsch-Asiatischen Bank die Genehmigung erteilt worden, Pfandbriefe auf den Inhaber auszugeben. Somit ist auch eine koloniale Hypothekenbank für Tsingtau ins Leben getreten.

Die Ausdehnung Tsingtaus war zunächst von der Bucht nordwärts bis zum Observatoriumshügel vorgesehen; seitwärts dieses Hügels ist die Chinesenstadt Tapautau angelegt worden, die sich bis zum Kleinen Hafen hinzieht, an dem noch Geländeaufschüttungen vorgenommen werden, so daß noch Platz gewonnen wird. Seitdem nordöstlich vom Moltkeberg aber der Große Hafen zur Ausführung gekommen ist, hat sich in dem Gelände zwischen Großem Hafen und Tapautau eine sehr lebhafte Bautätigkeit entwickelt. Dort sind — abgesehen von Wohnhäusern für die Beamten der Werft — mehrere Ziegeleien und Krankenhäuser entstanden; eine Anzahl Straßenzüge sind durchgelegt, so daß die Stadt sich auch nach dieser Seite entwickeln wird.

Das Chinesenviertel hat saubere Straßen und viele stattliche Gebäude; immer mehr reiche Chinesen wandern in Tsingtau ein.

Eine hervorragende Anlage in jeder Beziehung ist der mit großen Kosten ausgebaute Große Hafen, der so gut wie aus dem Nichts geschaffen wurde. Zunächst wurde eine sehr umfangreiche Geländeaufschüttung gegenüber dem Moltkeberg vorgenommen, die bis in die jüngste Zeit fortgeführt wurde; noch im Jahre 1908 wurde eine Bewegung von 500 000 cbm Boden vorgenommen. Dann wurde ein mächtiger, nahezu halbkreisförmiger Steindamm angesetzt, der sich auf eine kleine Insel und ein Riff stützt. Der mächtige, an der Krone 11—15 Meter breite Steindamm umschließt ein Hafenbecken von 1500×1600 Meter Ausdehnung. Der Damm hat über 3 Kilometer Länge. An dem dem Lande abgekehrten Ende des Dammes hat eine bedeutende Geländeaufschüttung stattgefunden; dort liegt das Werftgebiet. Die Einrichtung entspricht allen modernen Erfordernissen; Eisenbahngleise, die über den ganzen Molendamm laufen, verbinden die Werft mit der Eisenbahn. Ein 150-Tonnen-Hebekran steht zur Verfügung. Zur Werft gehört ein Schwimmdock von 16 000 Tonnen Tragfähigkeit. Im Hafen sind drei Molen angesetzt, zwei große Molen von 500 bis 600 Meter mittlerer Länge und eine kleine Petroleummole. Die Zufahrt zum Hafen und ein großer Teil des Beckens selber sind durch Baggerungen auf 9,5 Meter Tiefe gebracht.

Dank den großartigen Hafenanlagen spielt Tsingtau im internationalen Verkehr bereits eine sehr bedeutende Rolle. Der Gesamtwert des Handels von Tsingtau belief sich in der Zeit vom 1. Oktober 1909 bis 30. September 1910 auf rund 64,1 Millionen Dollars (Durchschnittskurs des mexikanischen Dollars 1,76 Mark), also auf 113 Millionen Mark. Der Gesamthandel aller übrigen deutschen Schutzgebiete im Jahre 1908 betrug 138,3 Millionen Mark. Die Ausfuhr Tsingtaus stellte sich im angegebenen Zeitabschnitt auf 29 200 000 mexikanische Dollars = 51,4 Millionen Mark, 1908 auf 46½ Millionen.

Der Schiffsverkehr des Tsingtauer Hafens ist von 511 Schiffen mit 670 085 Registertons im Jahre 1908-09 auf 568 Schiffe mit 806 759 Registertons in 1909-10 angewachsen; große fremde Schiffahrtslinien lassen mehr und mehr den Hafen auf ihren regelmäßigen Fahrten nach Europa anlaufen. Dies geschieht neuerdings regelmäßig durch Schiffe der größten englisch-ostasiatischen Linie, der Peninsular and Oriental Steam Navigation Company; auch die japanische Nippon Yusen Kaisha beteiligt sich mehr und mehr an diesen direkten Fahrten. Hoffentlich wird nun auch die deutsche Reederei nicht länger zögern, den blühenden Hafen regelmäßig anlaufen zu lassen.

Tsingtau hat eine Gouvernementsschule mit der Berechtigung, Zeugnisse für den einjährig-freiwilligen Dienst ausstellen zu dürfen; sie wurde Ende 1909 von 135 Schülern besucht. Oeffentliche Bibliothek (11 200 Bände) mit Lesezimmer ist in der Stadt; sie besitzt Kraft- und Lichtzentrale, öffentlichen Fernsprechdienst, prachtvolle Trinkwasserversorgung und Kanalisation; die zahlreichen Krankenhäuser sind eine Wohltat für die chinesische Bevölkerung.

Eine Zweigniederlassung der chinesischen Staatsbank hat sich Ende 1909 in Tsingtau etabliert; ferner hat um dieselbe Zeit eine Gesellschaft, an der mehrere chinesische Firmen beteiligt sind, zwischen Tapautau (auf dem Wattgebiet vor Kiautschou gelegen), Hungschypai und Tsingtau eine Dampfbootverbindung für die Personenbeförderung eröffnet. In dem an der Kiautschoubucht gelegenen Orte Hungschypai ist eine Oelmühle mit Dampfmaschinenbetrieb eröffnet worden.

Von größter Bedeutung für die Entwickelung sind die Schantung-Eisenbahn mit Abzweigung nach Poschan und die Kohlenlager bei Wei-hsien und Tsze-tschwan. Der Eisenbahnbau wurde am 23. September 1899 begonnen; schon am 1. Dezember 1901 konnte die erste Strecke von 128 km Länge dem Verkehr übergeben werden, und im Juni 1902 war das Kohlenrevier Wei-hsien (183 km) erreicht. Die ganze Bahnlinie bis Tsi-nan-fu West (395 km) und die Zweiglinie bis Poschan (39 km) wurden am 1. Juni 1904 eröffnet. Die Baukosten für die Bahn stellten sich auf 52,9 Millionen Mark. Der Personenverkehr der Bahn war im Jahre 1909 auf 714 665 gefallen, 1908 hatte er schon 845 177 Personen betragen. Dagegen stieg der Güterverkehr von 418 269 auf 649 685 Tonnen. Längs der Bahnlinie hat eine Aufforstung stattgefunden.

Bergwerksschacht Fang-tje bei Wei-hsien

Die Schantung-Bergbau-Gesellschaft hat im Wei-hsien-Revier den Annie- und Fang-tje-Schacht niedergebracht; über Tage sind bedeutende Anlagen entstanden, wie Brikettfabrik, Kohlenwäsche, viele Beamten- und Arbeiter-Wohnhäuser. Im Wei-hsien-Felde wurden von Oktober 1908 bis Oktober 1909 rund 287500 Tonnen Kohle gefördert gegen 183000 Tonnen im Jahre zuvor.

Die chinesische Belegschaft in diesem Felde hatte im Frühjahr 1909 etwa 4800 Köpfe betragen, im September fuhren durchschnittlich 2650 Mann an. Im Winter sind erfahrungsgemäß wieder mehr Arbeitskräfte zu erwarten. Die Zahl der im Wei-hsien-Felde beschäftigten deutschen Beamten und Vorarbeiter betrug im September 1909 54 Köpfe. Im Poschantale wurden zu gleicher Zeit 1750 Chinesen und 20 Deutsche beschäftigt. Dort sind der Hung-schan- und Tsze-tschwan-Schacht in Betrieb. Das Poschan-Feld förderte vom 1. Oktober 1908 bis 30. September 1909 rund 123700 Tonnen Kohle gegen 48500 Tonnen im Jahre zuvor. Das finanzielle Ergebnis der Schantung-Bergbau-Gesellschaft ist trotz des vermehrten Abbaues auch in dem bis 31. März 1909 laufenden Geschäftsjahre nicht befriedigend gewesen; die Gesellschaft hat immer noch mit Verlust gearbeitet.

Ein sehr bedeutsames Ereignis für die Kolonie war die Eröffnung der deutsch-chinesischen Hochschule am 25. Oktober 1909. Die Leitung der Anstalt ist einem früher an der Kaiserlichen Universität zu Peking tätig gewesenen deutschen Dozenten anvertraut; auch das übrige Personal wurde so weit wie möglich aus deutschen, an chinesischen Schulen bereits tätigen Lehrern zusammengestellt, und nur wo dies nicht angängig war, wurden Dozenten hinausgesandt. Da bestimmte Anhaltspunkte für die Beurteilung des zu erwartenden Schülermaterials für die Oberstufe im einzelnen nicht vorhanden waren, so wurde die Anstellung von solchen Lehrkräften im Hauptamt auf die Fächer beschränkt, für die geeignete Schüler nach den bisherigen Beobachtungen am ehesten zu erwarten waren. Daneben wirken an der Hochschule Beamte des Schutzgebiets, unter denen sich Kräfte befinden, die für eine solche Tätigkeit in besonderem Maße geeignet erscheinen.

Das Lehrpersonal besteht außer dem Direktor jetzt in der Oberstufe aus einem Dozenten für Rechts- und Staatswissenschaften, einem Dozenten für Maschinenbaufach und damit zusammenhängende Lehrgegenstände, einem Lehrer für Forst- und Landwirtschaft sowie für Zoologie und Botanik und mehreren Beamten. In der Unterstufe wirken zwei akademisch gebildete und zwei Elementarlehrer. Für den chinesischen Unterricht sind vier einheimische Lehrer angestellt.

Auf eine möglichst vollständige Ausstattung der Anstalt mit Lehrmitteln ist besonders Bedacht genommen. Hierbei hat das verständnisvolle Entgegenkommen der deutschen Industrie, die wertvolles Anschauungsmaterial in Gestalt von Maschinen, Apparaten, Waren- und Rohmaterialmustern sowie Zeichnungen umsonst oder gegen geringe Vergütung beigesteuert hat, eine wesentliche Beihilfe geleistet.

Der in dem Statut vorgesehene chinesische Studieninspektor ist im Sommer 1909 von der Regierung in Peking ernannt worden. Er hat bei den Vorarbeiten zur Organisation der Anstalt eine sehr nützliche Tätigkeit entfaltet, wie denn das Zusammenarbeiten mit den chinesischen Behörden überhaupt durchweg angenehm und erfolgreich war.

Für die kulturelle Bedeutung des Schulunternehmens, die über das engere Gebiet der Kolonie weit hinausreicht, kann eine wichtige Entschließung der chinesischen Regierung aus dem Jahre 1909 als bezeichnend gelten: Der amtliche Regierungsanzeiger in Peking hat am 21. Mai 1909 ein genehmigendes Kaiserliches Edikt auf einen Bericht des Unterrichtsministeriums veröffentlicht, wonach „für den Unterricht in fremden Sprachen auf allen mittleren (damit natürlich auch den höheren) Schulen des Reiches Englisch und Deutsch als die wichtigsten Sprachen angesehen werden sollen". „Im Hinblick darauf," heißt es dann weiter, „daß die Verhältnisse nicht in allen Provinzen gleich sind, können von den Provinzialschulbehörden auch andere Sprachen für den Unterricht bestimmt werden." Durch dieses Edikt ist für den gesamten deutschen Unterricht in China eine entscheidende Wendung herbeigeführt worden.

Bei Eröffnung der Hochschule sagte der Vertreter des chinesischen Unterrichtsministers in seiner Festrede:

Kiautschou

„Als Vertreter des Unterrichtsministeriums erscheine ich heute zur Teilnahme an der feierlichen Eröffnung der Tsingtauer Hochschule und habe mich dabei von der großartigen Anlage und der reichen Ausstattung überzeugt. Ich sehe in der Errichtung einen schönen Beweis der Freundschaft der beiden Regierungen. Aus dem Anblick dieser Schar wissensdurstiger Schüler aber schöpfe ich die Hoffnung, daß sie eines Tages tüchtige Männer werden, uns zur Freude und zur Genugtuung. Möchtet Ihr Schüler Euren Lehrern folgen, ihre Lehren aufnehmen und mit aller Kraft nach geistiger und sittlicher Vervollkommnung streben. Widmet Ihr Euch einer der vier Fakultäten, so leiste jeder das Beste in seinem Fache. Ohne einen Schritt über die Schwelle Chinas zu setzen, genießt Ihr den Vorteil persönlichen Verkehrs mit hervorragenden Männern Europas und Eures Vaterlandes ebenso gut, wie wenn Ihr ins Ausland reistet, erreicht unter geringerer Mühe die höhere Möglichkeit gründlicher Studien. Wahrlich, ein unschätzbares Glück! Reichen Lehrstoff bietet Euch diese Schule; Ihr Schüler, die Ihr hierher gekommen seid, pflückt die Blüten abendländischen Wissens und bewahrt den schönen Kern nationaler Eigenart. Habt Ihr Eure Studien beendet, so könnt Ihr Verwendung und Anstellung in Eurem Vaterlande finden, dann werdet Ihr Euch würdig erweisen der Absicht, der die Gründung dieser Schule entsprungen ist."

Diese Worte zeigen, daß ein gutes Verhältnis zwischen der deutschen und chinesischen Verwaltung sich herausgebildet hat. Im Jahre 1910 wurde die Hochschule von 145 Schülern besucht. Die eigenen Einnahmen des Schutzgebiets haben sich von 2 399 000 Mark im Jahre 1909 auf 4 190 665 Mark in 1910 erhöht, und es steht zu hoffen, daß die noch immer hohen Reichszuschüsse in den nächsten Jahren heruntergehen werden. Das Schutzgebiet Kiautschou ist der Marineverwaltung angegliedert, die mit ihrer Tätigkeit auf diesem Arbeitsfelde sich ein sehr gutes Zeugnis ausgestellt hat.

Anhang

Deutschland am Kongo
Von
Conrad Alberti-Sittenfeld

Im Augenblick, da dieses Buch abgeschlossen wird, sind die deutsch-französischen Verhandlungen bezüglich des Marokkohandels noch nicht beendet. So viel scheint indessen ziemlich sicher, daß Deutschland für die begründeten Ansprüche, die es in Marokko aufgibt, von Frankreich eine Landentschädigung in demjenigen Kolonialgebiet erhalten dürfte, das die politische Geographie mit dem Namen Französisch-Kongo zusammenfaßt. Da dieses Gebiet an Deutsch-Kamerun grenzt und auch physikalisch- und wirtschaftsgeographisch mit dieser unserer Kolonie die größte Aehnlichkeit besitzt, so dürfte es später vermutlich auch mit dieser vereinigt werden. Wie groß der Anteil Deutschlands sein wird, steht in diesem Augenblick noch nicht fest: anscheinend handelt es sich um einen von Norden, etwa aus der Gegend des Tschadsees laufenden Streifen, der sich weiterhin gegen Westen wenden und nördlich von Libreville die Küste des Atlantischen Ozeans erreichen wird. Es ist in Aussicht genommen, diplomatische Verhandlungen mit Spanien einzuleiten, die — vielleicht gegen Zahlung eines angemessenen Kaufpreises — Deutschland den Besitz des kleinen Stückes Spanisch-Guinea und der Kamerun vorgelagerten Insel Fernando Poo sichern sollen.

Wenn Deutschland Besitz am Kongo erhält, so gelangt es zur Herrschaft über ein Gebiet, dessen Erforschung und Aufklärung wenigstens zum Teil deutschem Verdienst zugeschrieben werden muß. Der deutsche Afrikareisende Lenz, dessen Name von allen Geographen mit Ehren genannt wird, hat in den 70er und 80er Jahren des neunzehnten Jahrhunderts hier höchst wichtige Untersuchungen angestellt. Eine ganze Reihe französischer Forschungsreisender hat sich dann dieser Gegend zugewandt, von denen der ehemalige Schiffsoffizier Graf Savorgnan de Brazza weitaus der bedeutendste gewesen ist. Seinen eifrigen Sorgen verdankt die französische Regierung hauptsächlich den Besitz dieser Kolonie, die Wissenschaft die Erforschung des Kongo und seiner gewaltigen Nebenströme. De Brazza begann seine Forschungen im Jahre 1875, und seine wichtigste Kulturtat war die Gründung der nach ihm benannten Station Brazzaville (1880), die sich allmählich zu einer kleinen Stadt auswuchs, als sie für die Kongoschiffahrt von Bedeutung wurde. Seinem unablässigen Drängen gelang es, die

Der Dampfer „Eugène-Etienne", der den Verkehr auf dem Sangafluß vermittelt

Mit Genehmigung der Dépêche Coloniale Illustrée, Paris

Hügellandschaft des Mittel-Kongos mit Trägerkarawane

Mit Genehmigung der Dépêche Coloniale Illustrée, Paris

Regierung und die Kolonialfreunde in Frankreich zu überzeugen, daß diese Gegenden unter französische Herrschaft gestellt werden sollten, damit sie nicht unter die Botmäßigkeit der Internationalen Kongo-Gesellschaft kämen, für die sich Stanley und König Leopold von Belgien bemühten, und aus der später der Kongostaat hervorging. De Brazza war als Gouverneur und Generalkommissär der französischen Regierung in jenen Landgebieten unermüdlich tätig und machte verschiedene neue große Untersuchungsreisen. Seine letzte Fahrt unternahm er im Frühjahr 1905, um die Mißstände festzustellen, über die vielfach Klage geführt worden war. Er fand sie zu seinem Leidwesen vollständig bestätigt, und diese unliebsame Entdeckung wirkte so niederdrückend auf sein Gemüt, daß er nicht mehr die physische Kraft fand, einem heftigen Dysenterieanfall zu widerstehen, der ihn überwältigt hatte. Als schwerkranker Mann bestieg er das Schiff, und unterwegs, in Dakar, wo er im französischen Hospital Genesung suchte, erlag er dem heimtückischen Klima der Tropen.

Ueber den Wert des Landes gehen die Meinungen der sachverständigen Reisenden sehr auseinander. Challaye, der de Brazza auf seiner letzten Fahrt begleitete, denkt sehr skeptisch über den Wert dieser Kolonie, während Gentil, um ungefähr dieselbe Zeit Regierungs-Generalkommissar des Französischen Kongos, glaubt, daß sie eines Tages die beste französische Kolonie in Afrika sein werde. Die Wahrheit dürfte wohl auch hier in der Mitte liegen.

Die Haupttätigkeit der französischen Regierung am Kongo liegt in der Zeit zwischen 1883 und 1898: in diesem Jahre mußte Marchand in Faschoda vor den Engländern zurückweichen, und die Franzosen verloren die Aussicht, ihre Herrschaft über den Sudan und von da nach Osten und Nordosten hin auszudehnen.

Die etwaigen Minenschätze des Französischen Kongos sind noch so gut wie unerforscht. Es scheint, daß eisen-, zink- und bleihaltige Mineralien in diesen Gebieten vorkommen, doch ist man sich darüber noch nicht völlig im klaren. Die Schiffbarkeit der Flüsse leidet sehr unter den vielen Stromschnellen; namentlich der Ogowe ist durch sie für den Verkehr fast ganz ausgeschaltet. Einer der Hauptflüsse der Kolonie ist die Sanga, die dadurch für uns besonders interessant wird, daß sie den Hauptstrom in dem Terrain bildet, das voraussichtlich an Deutschland fallen wird. Sie ergießt sich in den Kongo und ist etwa 1760 Kilometer lang.

Das Klima des unter dem Aequator liegenden Landes ist tropisch und dem in Kamerun herrschenden verwandt. Die Küsten sind sehr ungesund, das Fieber wütet daselbst: das Innere ist ein wenig besser. Die Europäer können hier nicht persönlich arbeiten, und auch als Herren und Aufseher bedürfen sie von Zeit zu Zeit Heimaturlaub, um ihre durch die feuchte Hitze angegriffene Gesundheit wiederherzustellen. Die Regenzeit fällt in die Monate zwischen dem 15. September und dem 15. Mai und ist ein wenig kühler, die Trockenzeit ist heißer, und das Thermometer bewegt sich zwischen 20 und 35 Grad. Der April gilt als besonders stürmisch und regnerisch, nicht minder der Oktober und November.

Der Hauptort des Landes, der Wohnsitz des Regierungskommissars, ist Brazzaville am mittleren Kongo, wo die Eisenbahn endigt; der

Fetischdienst zur Bekämpfung der Schlafkrankheit in einem Dorfe des Mittel-Kongos

Mit Genehmigung der Dépêche Coloniale Illustrée, Paris

zweitwichtigste Ort ist Libreville an der Küste des Atlantischen Ozeans. Die Bevölkerung der gesamten Kolonie soll 8—10 Millionen Schwarze betragen, doch ist diese Schätzung natürlich nur eine annähernde. Ihre Kultur steht auf der primitivsten Stufe: sie gehen fast ganz nackt und sind zum großen Teil noch Kannibalen, Menschenfresser. Sie treiben bestenfalls einen ganz einfachen Hackbau, sie pflanzen Bataten (süße Kartoffeln), Maniok usw., die aber auch erst durch Missionare eingeführt sind, und Bananen, die erst vor ein paar Jahrhunderten aus Amerika herübergekommen sind. Die Pflanzungen der Europäer erstrecken sich auf Kautschukbäume, Kaffee, Kakao (etwa 450 000 Sträucher) und etwas Vanille. Die Hauptprodukte des Landes sind wilder Kautschuk, der von den Lianen des Urwaldes gewonnen wird, und Elfenbein. Aber die Elefanten werden allmählich ausgerottet, und die Lianen zapfen die mit dem Kautschuksammeln betrauten Eingeborenen nicht sachgemäß an, sondern hauen sie um, so daß sie auch eines Tages verschwunden sein werden. Die Zollverhältnisse sind verschieden im sogenannten Gabundistrikt (dem nach dem Meere zu gelegenen Teile des Landes) und im Innern, was Anlaß zu großen Unklarheiten und Streitigkeiten gibt. Der Transport ist in dem ganzen Lande nur durch Träger möglich, und diese sind sehr schwer erhältlich. Frühere Expeditionen und Kolonnen haben oft einen unschönen Zwang und Druck auf die Eingeborenen geübt, haben sie zu Trägerdiensten gepreßt und in diesem armen Lande, in dem Fleisch, Gemüse, Milch und Eier schwer erhältlich sind, ihnen oft gewaltsam ihre letzten Unterhaltsmittel genommen, so daß die Bevölkerung sich von den gewöhnlichen Straßen schon bis auf 50 Kilometer zurück ins Innere gezogen hat, wodurch ein Marsch oft den Eindruck vollständiger Oede hervorruft. Größere Wirtschaften sind übrigens bei den Eingeborenen selten: der Stamm der Pawins am Ogowe z. B. hatte fast gar keine Sklaven, da die meisten der Kriegsgefangenen auf der Stelle gefressen werden.

Der Frauenkauf im Verkehr befreundeter Stämme geschieht nicht selten in der Form der Abzahlung, besonders wenn der Bewerber nicht imstande ist, den Eltern der Braut den Preis auf einmal zu entrichten. Bisweilen werden auch Verträge auf Lieferungstermine abgeschlossen: der Bewerber sichert sich die Frau schon in deren kindlichem Alter und zahlt so lange auf sie an, bis sie heiratsfähig und die verhandelte Summe erreicht ist.

Den allgemeinen Eindruck des Landes schildert der Reisende Challaye, der Begleiter de Brazzas, als äußerst monoton. „Ueberall Wüste, überall Hungersnot," sagt er, und an einer anderen Stelle: „Wir sind noch nicht lange im Ubangi-Schari-Distrikt, und schon haben wir mehrere Kranke angetroffen, ja von vielen Todesfällen vernommen: Wie traurig ist eine Beerdigung in diesem traurigen Afrika!" Der Tod tritt hier sehr häufig in der Form der Schlafkrankheit ein, die in diesen Gegenden wütet und die ausnahmslos zum Tode führt — auch die Versuche Robert Kochs, der entsetzlichen Krankheit entgegenzutreten, sind vergeblich gewesen.

Das Unglück des Landes und das größte Hindernis seiner wirtschaftlichen Entwickelung sind die großen Konzessions-Monopolgesellschaften. Ein trauriger Handel! „Die Geschichte dieser Gesellschaften ist sehr interessant," sagt Challaye; „hinter den oft skandalösen Tatsachen ahnt man schäbige finanzielle und politische Intrigen; alle Sorten von Schacher, Verräterei, Gemeinheit und Korruption." Ungeheure Landstrecken sind von den verschiedenen Kolonialministern Frankreichs an Parteifreunde verschenkt oder gegen kleine Summen ausgeliefert worden. Namentlich Delcassé hat in der Zeit, als er noch Kolonialminister war (1895), sich durch unglaubliche Rücksichtslosigkeit nach dieser Richtung ausgezeichnet. Die ersten Konzessionen haben die Gesellschaften mit so ungeheuren Befug-

Die Niederlassung Lambaréné   Mit Genehmigung der Dépêche Coloniale Illustrée, Paris

nissen ausgestattet, daß selbst, als 1899 ein ehrlicher Mann, Guillain, das Kolonialministerium erhielt, er nicht mehr viel gutmachen konnte. Die Gesellschaften, von denen ca. 40 etwa 95 pCt. des Landes in Besitz haben, schalten und walten wie Souveräne: sie organisieren die Polizei, erheben Steuern, sprechen Recht, und der Regierungsbeamte, der wagen würde, sich gegen ihren Druck zu erheben, würde direkt vom Kolonialminister seines Amtes enthoben werden. Keine Gesellschaft hält sich an die Vorschriften ihrer Konzession in bezug auf Aufforstungen, Wegebauten und ähnliche Verbesserungen. Wenn die Eingeborenen nicht genug Lianengummi abliefern, so werden sie gezüchtigt, ja dauernd an Leib und Leben geschädigt. Der Arbeitslohn wird nicht in Geld, sondern in Form von Waren ausgezahlt, und dabei werden den Eingeborenen ihre Leistungen zum niedrigsten, die Waren zum denkbar höchsten Preise angerechnet. Nach dem Abkommen der Berliner Internationalen Kongokonferenz ist der Handel auch in Französisch-Kongo frei, aber diese Bestimmung steht nur auf dem Papier. Denn nach der französischen Rechtsanschauung sind die Landesprodukte als ein Teil des Bodens anzusehen, auf dem sie wachsen, und da der Eingeborene kein bares Geld hat, könnte er nur mit Landesprodukten zahlen: über diese aber darf er nicht verfügen, und die Gerichtshöfe haben noch außerdem erkannt, daß alle Abmachungen mit Eingeborenen, bei denen Zahlung in Landesprodukten vorgesehen ist, ungültig sind. So werden die klarsten internationalen Abmachungen von den Franzosen tückisch umgangen. Der

Versuch der französischen Regierung, den Verfall der Konzessionen herbeizuführen, weil die Konzessionäre ihre Pflichten nicht erfüllen, ist bisher immer von den französischen Gerichtshöfen durchkreuzt worden. Es wäre daher der Rückkauf der Konzessionen nötig, und man hat berechnet, daß dieser das französische Volk mindestens 100 Millionen kosten würde. Auf eine solche Mindestsumme muß sich auch Deutschland gefaßt machen.

Es ist bezeichnend, wie die aufrichtigen Franzosen selbst über den Wert ihrer Kolonie am Kongo denken. So schreibt der genannte Félicien Challaye in seinem Werk „Le Congo français" (S. 106): „Das äquatoriale Afrika stimmt tieftraurig. Die ewige Eintönigkeit seiner weiten Landschaften, seiner glanzlosen Horizonte, seiner schweigenden Einsamkeiten, seiner düsteren Wälder, seiner gewaltigen Gewässer tötet das Denken, versteift die Empfindung, krampft die Herzen zusammen. Die schwere, feuchte Hitze schlägt den Weißen nieder, das Fieber lastet als eine beständige Gefahr auf ihm. Kein Teil einer eingeborenen Menschheit ist primitiver, barbarischer, träger, ausgehungerter. Hier ist das klassische Land der Sklaven- und Menschenfresserjagden. Das Buch, das man hier wiederlesen muß, ist Dantes Hölle."

Challaye schildert schreckliche Einzelfälle, auf deren Wiedergabe wir hier verzichten können, weil sie, wie mit ziemlicher Sicherheit gesagt werden darf, ein Ende nehmen werden, sobald das Land in deutschen Besitz übergegangen sein wird. Denn Deutschland wird natürlich der sittlichen Verpflichtung nachkommen, der Gewinngier der französischen Gesellschaften ein Ende zu machen und die Eingeborenen menschlich zu behandeln und — wenn dies auch nur langsam gehen dürfte — ihnen die Elemente der Bildung beizubringen, die schrecklichen Gebräuche, wie die Menschenfresserei, zu unterdrücken und die Ausbeutung und Mißhandlung abzustellen. Deutschlands koloniale Aufgabe am Kongo wird insofern eine ganz neuartige sein, als es hier zum erstenmal einen Kolonialboden betritt, der von anderen geschädigt und verdorben ist, deren Fehler es wieder gut zu machen hat, und es steht zu hoffen, daß es sich hier ebenso bewähren wird wie da, wo es in zivilisatorischer Hinsicht jungfräulichen Boden betreten hat. Sein Gewinn wird in den ersten Jahren im Vergleich zu den Ernten der Franzosen vielleicht auf diese Weise sinken — sein Ruhm, sein Verdienst um die Sache der Menschheit kann dadurch aber nur steigen.

Karte der vermutlichen Gebietsabtretungen im Französischen Kongo

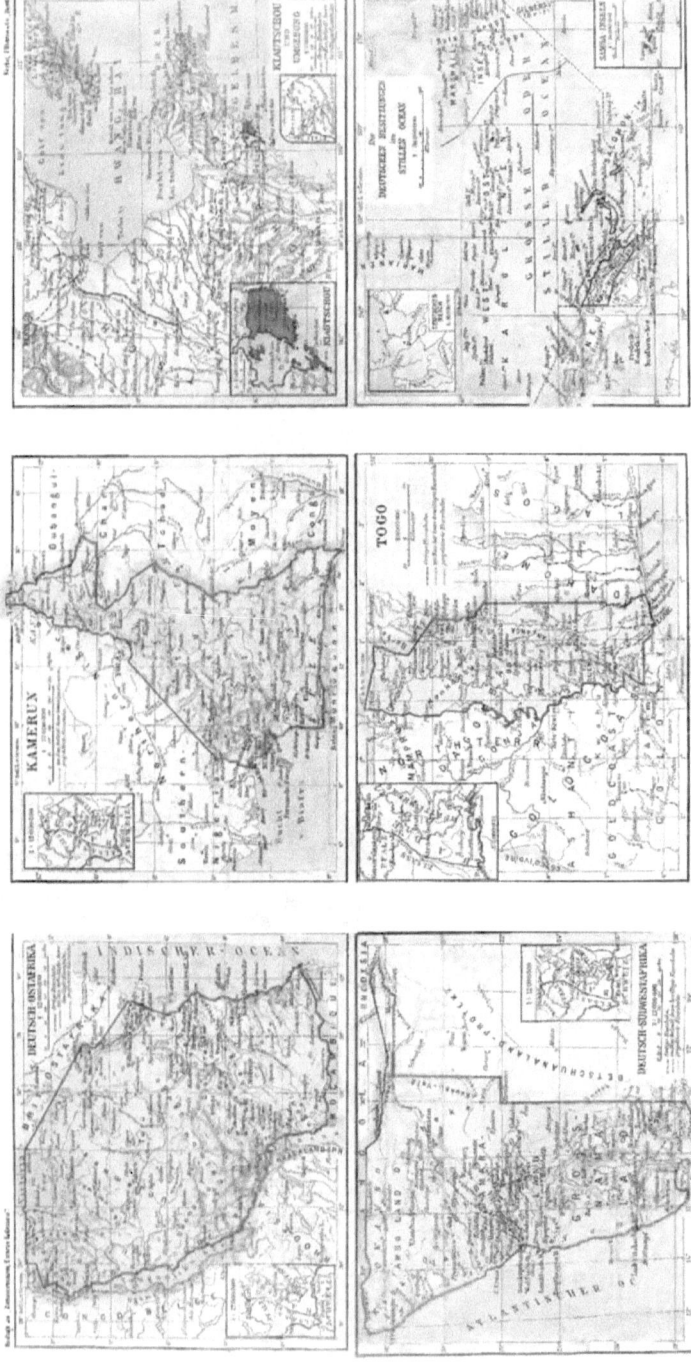

www.ingramcontent.com/pod-product-compliance
Lightning Source LLC
Chambersburg PA
CBHW020526300426
44111CB00008B/564